并逐渐从宗教朝圣之旅发展为趋向个体性与文化性的人文旅游。第二章则介绍了17—18世纪初古典主义时期法国凭借“在知识与文艺上的统治地位”，成为继意大利之后的另一个欧洲旅游胜地。第三章详述了英国上流社会开创的“壮游”（The Tour 或 The Grand Tour）传统，这种游学型旅游以补充学校教育为目的，成为英国贵族子弟“获取智慧、提升品德”的实践教育。第四章阐述了温泉疗养地、海滨浴场等兼具社交性质的贵族消夏度假旅游地，并指出“水疗”（Spa）一词源自英国人开发的斯帕温泉疗养站。第五章回顾了作家卢梭在作品中关于欧洲风景的书写如何使自然景观成为旅游者趋之若鹜的胜地。第六章则梳理了18世纪欧洲各地兴建乡间别墅的热潮背后的历史渊源与发展历程，贵族们奔赴乡间住宅与庄园享受宁静与悠闲，并通过举办集体游戏项目与体育运动展开社交，造就了季节性的乡村旅游现象。第七章详述了18世纪后半叶阿尔卑斯山、比利牛斯山等地如何成为欧洲游客向往的高山旅游目的地，并以当时勃朗峰的旅游热为例，提出登山运动在19世纪便融入了精英旅游的理念。第八章聚焦欧洲南部地区成为冬季度假旅游热门选择的历史。

作者在第一部分重点关注了欧洲旅游在不同时期的创新如何与社会变革中的问题相互呼应，并以之作为精英主义旅游的文化特征。第二部分继而阐述19 至20 世纪欧洲社会精英阶层的旅游史，作者将其称作“一部精英主义的扩散史”。第二部分共有六个章节，第一章从19世纪的浪漫主义、自然主义等思潮出发，通过分析文学作品和旅游指南中的描述还原当时的旅游心理，指出文学与历史事件的发生地开始对游客产生吸引力，并催生了一批相关旅游指南，继而形塑着游客的审美与旅游选择。第二章重新回到勃朗峰、霞慕尼等高山地区，揭示了冰海冰川的独特魅力，19世纪登山探险运动成为旅游时尚，并涌现了一批高山温泉疗养地与度假酒店。第三章以“度假的艺术”为主题，探讨19世纪出现的以户外运动、休闲娱乐、自然观光为主的乡村旅游复苏。文学、艺

推荐序

“旅游”是人类社会经济发展到一定阶段的产物，是人们的一种社会实践，一种认知活动，一种需求体验，也是一种经济现象。纵观历史，人类探索世界的脚步从未停歇。从孔子周游列国到玄奘西游取经，再到马可·波罗游历中国、郑和下西洋，旅行是历史上最古老，也是最重要的人类活动之一。原始时代人们通过空间位移拓展生存领域，而文明社会的商贸、政治、军事、传教、朝圣、探险、流放、迁徙等行为都与旅行密切相关。学界普遍认同现代意义上的旅游源自古代的旅行，随着人类意识与社会分工、交通技术的发展，异地观光与旅行结合起来，形成了最初的旅游现象。1923年托马斯·库克创办了第一家旅行社通济隆（Thomas Cook & Sons Ltd.），标志着现代旅游业的诞生，开启了真正意义上的旅游。随着研究的深入，不少学者认为旅游是社会生产力发展的必然产物，其历史可追溯至更久远的年代。当下国内外旅游业都面临着诸多考验，从业者与研究者都纷纷思考着旅游业何去何从。在这个人类旅游史出现重大转折的时期，也许叩问历史是寻觅良方的最好途径。法国知名学者马克·布瓦耶的这部《西方旅游史（16—21世纪）》（以下简称《西方旅游史》）适时为旅游人回顾前尘提供了丰富、详尽的史料与深刻、精彩的论析。

《西方旅游史》分为两个部分，共计十四章节。第一部分介绍了16世纪欧洲旅游的萌芽和18世纪旅游的新发现。该部分包括八个章节，第一章以16世纪的早期旅游作为起始，回顾了在自欧洲文艺复兴时期开启的充满好奇心的时代，人们是如何通过旅游获得丰富的精神体验，

西方旅游史：16—21 世纪
XIFANG LÜYOUSHI SHILIU—ERSHIYI SHIJI

图书在版编目（CIP）数据

西方旅游史 ：16—21 世纪 / （法）马克·布瓦耶著 ；金龙格等译. --桂林 ：广西师范大学出版社，2022.10
ISBN 978-7-5598-5359-2

Ⅰ. ①西… Ⅱ. ①马… ②金… Ⅲ. ①旅游－历史－西方国家－16—21 世纪 Ⅳ. ①F591.9

中国版本图书馆 CIP 数据核字（2022）第 160873 号

广西师范大学出版社出版发行
（广西桂林市五里店路 9 号 邮政编码：541004
网址：http://www.bbtpress.com）
出版人：黄轩庄
全国新华书店经销
广西广大印务有限责任公司印刷
（桂林市临桂区秧塘工业园西城大道北侧广西师范大学出版社集团有限公司创意产业园内 邮政编码：541199）
开本：890 mm × 1 240 mm 1/32
印张：20.25 字数：520 千
2022 年 10 月第 1 版 2022 年 10 月第 1 次印刷
定价：128.00 元

MARC BOYER

HISTOIRE GÉNÉRALE DU TOURISME

DU XVIe AU XXIe SIÈCLE

西方旅游史

16—21世纪

[法]马克·布瓦耶 著

金龙格 秦琼芳 黎 潜
向东晓 姚 琳 周 金 译

GUANGXI NORMAL UNIVERSITY PRESS
广西师范大学出版社
·桂林·

术作品为工业化城市中的人们展示了怀旧和理想化的乡村景象，而18世纪前修建的各种乡间住宅和此后新建的地产为此提供了丰富的资源。第四章首先以巴斯、尼斯等疗养地为例说明了19世纪精英旅游的季节性，并提出了精英游客随季节流动的旅游模式。这种模式一方面催生了一批温泉与海滨疗养地，使旅游趋于大众化，另一方面也使精英游客从20世纪三四十年代起开始寻觅更为小众的旅游地以躲避人潮。第五章首先阐述了滑雪运动逐渐成为19世纪传统季节性旅游的新型娱乐方式，北欧的许多气候疗养地纷纷推出滑雪项目，各种功能健全的冬季体育运动站应运而生。同一时期的西方游客也将目光投向地中海，美国佛罗里达的海滨度假模式在20世纪被复制到整个加勒比海地区，并延伸至墨西哥湾、加利福尼亚州、夏威夷州等地的海岸城市，造就了新生的旅游季和疗养地。第六章作为全书的终章，从旅游的艺术、科学与实践等方面对作品所取得的成果进行了回顾与展望。

今天，伴随经济社会的发展，旅游已经是人们生活、学习和成长的一部分，旅游的学习性、成长性与发展性从来没有像今天这样重要，以至于旅游的内涵与外延需要再次得到调整、充实甚至重新定义。《西方旅游史》这部皇皇巨著视野之广阔、逻辑之清晰、观点之深刻令人折服，为我们开展旅游教育、旅游研究打开了一扇窗。作者旁征博引，不仅从各类学术文献中寻找素材，也从卢梭、莫泊桑、波德莱尔、巴尔扎克、司汤达、梅里美、夏多布里昂、福楼拜、柯莱特等作家或诗人的书写中获得西方文人志士关于旅游的独特见解。可见作者并非简单梳理不同时期的的旅游现象，而是结合经济、政治、文化、地理等方面变迁，深入探究旅游现象背后的历史根源。这不仅是一部关于旅游的历史，更是一部关于社会、经济、政治、文学、文化、地理、心理、养生甚至医学发展的历史。马克·布瓦耶的《西方旅游史》的跨学科视野为西方旅游与文化研究树立了标杆，可谓旅游史研究中的扛鼎之作。而金龙格教授带领桂林旅游学院法语翻译团队完成的这部译作无疑有着重大的现实意义与学科意义。《西方旅游史》中译本的出版势必为国内旅游研究带来积极的影响，同时也为广大旅游爱好者提供了一部兼具思想深度与阅读趣味的历史文化读物。

王昆欣
世界旅游联盟（WTA）副秘书长
教育部全国旅游职业教育教学指导委员会副主任委员
2022年9月于杭州石函路一号

导言：游客、风景、旅游和度假的历史

研究旅游的著作一般将旅游作为一种经济和社会现象，从不同学科角度进行研究，并评估其影响。本书另辟蹊径，将围绕游客进行研究。游客作为具有自身明显特征的一种人群，出现于18世纪的英国。英语的"游客"（tourist）一词源于"壮游"（Grand Tour或Tour）。而"壮游"指的是18世纪的英国贵族子弟以增长见识为目的，到欧洲大陆进行的游历，终点一般为罗马。英吉利海峡对岸的欧洲人当时甚至不理解这一词的含义。到了18世纪末，欧洲大陆各国才羞羞答答地效仿英国，也开始旅游。

本书涉及的地理范围主要在欧洲，法国为优先的目的地，而英国则占有主导地位。必须承认，单个研究者不可能面面俱到，选择法国可以更方便研究的进行。同时，这一选择是基于历史事实的考量。整个18世纪，乃至19世纪的大部分时期，法国、意大利及当时的萨伏依[1]都是游客的必经之地。这些游客几乎都是欧洲人，其中人数最多、经常最先发现旅游景点和引导旅游风潮的是英国人。晚至20世纪，来自其他国家的游客才逐渐增多。

浪漫主义时期，法语"游客"（touriste）一词出现，先是作为形容

---

[1] 萨伏依（Savoy），又称萨瓦（Savoie），是位于法国东南部、瑞士和意大利西北部，跨立在阿尔卑斯山两侧的一个历史地区。在1416年至1860年间，萨伏依属于萨伏依公国。1792年后法兰西第一共和国侵占萨伏依，直到1815年将其归还予撒丁王国。1860年，撒丁王国将萨伏依割让给法兰西第二帝国。今天法国的萨瓦省为历史上萨伏依的一部分。（本书脚注除标明为"原注"的注释外均为译者所添加）

词，随后以名词形态指称某一类特别的人群。1838年，法国作家司汤达首先使用这一称呼，但这一新词并未为大众所接受。1863年，利特雷[1]还对“游客”一词进行了偏负面的定义：

> 形容外国的旅游者，游客就是只出于好奇和无聊才去旅游的人……

紧接着拉鲁斯[2]给出的定义也大同小异：

> 游客即出于好奇和闲着无聊而出游之人。

可见，当时的词典都把“游客”一词与悠闲联系在一起。那么，历史上多长的时期内，游客都是那些有足够生活来源而无需工作的食利者呢？原因何在？旅游这一生活艺术是在何时为其他社会群体所接受的？被列举出来的游客大多是英国人，而对他们的描述常用一种嘲讽语气：游客是爱花钱的富人，他们自称观赏了当地风情，但其实并不懂得如何观赏。今天的学界用“观光”（语出恩岑斯贝格尔[3]）仪式和“炫耀性消费”（语出凡勃伦[4]）来描述这一现象。

随着时间的推移，“游客”逐渐成为一个复数名词。游客作为一个群体，在人们眼中是“一群人”，是“一帮乌合之众”。旅游景点拥挤的人流、旅游行为的大众化也让游客的形象受损。最终，旅游不再是高

---

[1] 保罗–埃米尔·利特雷（1801—1881），法国词典学家、哲学家，编有七卷本《法兰西语言词典》，也称《利特雷词典》。

[2] 皮埃尔·拉鲁斯（1817—1875），法国语法学家、词典和百科全书编纂家，编有《拉鲁斯百科全书》。

[3] 汉斯·马格努斯·恩岑斯贝格尔（1929—），德国著名诗人、作家。

[4] 托斯丹·本德·凡勃伦（1857—1929），美国经济学家，制度学派创始人，著有《有闲阶级论》《营利企业论》等书。

贵之举。社会精英只好另辟蹊径，去发现新的潜在景点。这种“标新立异的发明”先是由上流社会阶层发起，但最终总避免不了大众化。这也是我许多著作研究的对象。度假旅游季发生变化，旅游景点出名或没落的乱象，不是用自然和气候条件的变化就可以解释的。而自然风光和历史古迹，一旦被联合国教科文组织收录，则成为人类遗产。收录的景点范围越来越广，数量越来越多。收录本身就是对景点的最好推广。

这些现象都属于人为的创造，并为大众文化所认可。旅游景点的形成并不是一个自然而然的过程。旅游书籍上所说的某个景点或古迹“值得一游”其实是大错特错。如果这些景点具有这种价值，也是归功于发现这些景点的人、去过的游客和描绘这些景点的书。旅游景点的排名并非一成不变，是可以颠覆的。游客这一身份也始终在变化，本书的目的就是指出这一现象。梅洛-庞蒂[1]对“变化”这一话题做过很精彩的描述：

> 历史的意义与河流不同，但仍然有其意义。

结合不同文明的历史，我们都可以领会这一意义。18世纪下半叶是旅游大发现的时代，也是革命接连不断、知识和观点广泛传播的时代。这也推动了出于好奇心的旅游的发展，而奠定其基础的是浪漫主义时期。这一时期，旅行文学兴起，旅游指南书籍纷纷出版，旅游的季节性也开始形成。当时的“世纪病”和“忧郁”，是一种看似精神分裂的行为，背后则是无法固守一地的心理，也即诗人波德莱尔在《世界之外的任何地方》中所说的“换床的渴望”。原因何在？乌尔班[2]就此提出“当游客，

[1] 莫里斯·梅洛-庞蒂（1908—1961），法国存在主义哲学家。
[2] 让-迪迪埃·乌尔班（1951—），法国社会学家、旅游史学家。

还是不当游客？这是个问题”[1]这一问题，摒弃人为地将旅游、度假和旅行进行区分的做法，更多地从社会文化角度评价游客这一身份岂不更好？有钱有闲的游客在19世纪被视为“资产阶级征服者”，一种反主流文化甚至还由此产生。而20世纪的大众又是如何模仿显然并不符合其社会特征的旅游行为的呢？

“旅游”（tourisme）一词的含义又是什么？这个词很长一段时间被人弃之不用，它一直存在，但辞典给出定义较晚。1877年的《拉鲁斯百科全书（补编）》中的定义为：

> 旅游，即游客的习惯。

这种解释把旅游掷还给了游客。19世纪的著名作家都未曾使用过“旅游”一词。19世纪末，自行车和汽车先后出现。这种昂贵的交通工具使得自由的旅游成为可能，各种聚集了喜爱旅游的上流社会人士的俱乐部也应运而生，但是当时用来描述这一行为的是英语单词Touring。

20世纪初，旅游的精英主义特征仍然存在。作为一个产业的旅游业尚未出现，那么，为何要对“旅游”进行定义呢？旅游是一种体现身份的个人行为。而当时主流的自由主义思想认为，国家只是暴力机关，不必对旅游进行管理。其实，只需略加观察，就可以看到权力机关对旅游业的宽容态度：管理集市商贩和其他“流动人口”的惩罚式法规并不影响游客；旧有的牛马车交通法规被废止，取而代之的是针对机动车的新交通法规；法律对作为旅游景点的赌场极为宽容，对普通的赌钱行为则进行严厉惩戒；在当时控制流动人口的“旅馆警察”的报告中，对普通宾馆和有“不良人员”往来的可疑旅馆有明显的区别对待。

很长时间内，无人认为旅游局这类机构会有任何存在意义。直至

---

[1] 这也是《旅游白痴》的开篇文字。——原注

1935年，法国才首开先例，设立了旅游专员一职。当时的旅游专员职能较少，在各省也没有代表机构。1929年经济大萧条时，外国游客作为外汇来源才得到重视。那么，什么样的人可以被看作游客呢？1937年，国际联盟首次对游客进行了定义：

> 游客是出于消遣离开平时住所，到外地超过二十四小时，但少于一年的人。

之后各种对游客的官方定义都参照了这一版本，多以出游时长而非目的进行定义，并将徒步旅游者另外分类。唯一始终得到关注的因素非常实际，即何种人可视为游客。此外，在20世纪下半叶，另一个重要的衡量因素是旅游业对国家、区域和当地经济的贡献。而对于"旅游"这一概念，国际专业组织晚至20世纪60年代才对其进行定义，但至今也未达成共识。我于1972年在《旅游》[1]一书中提出的定义是：

> 旅游描述的是人们在闲暇时间离开住处，进行旅游和短期旅居而产生的所有现象，这些旅游以满足工业文明时代的文化需求为目的。

旅游既是一种成为游客的行为（或一种艺术），也是一种物质基础。太执着于定义"旅游"一词，就有可能过度关注旅游业的各种职业，而这些职业只是旅游业的物质基础。

奥地利旅游史学者拉马克曾于1972年不无担忧地指出：

> 使用交通工具和酒店设施的人是旅客，但不能用这一标准来

[1] 马克·布瓦耶：《旅游》，法国瑟伊出版社。

定义游客。我们应该用旅游需求，而不是旅游产品来定义旅游。和车站站长相比，旅店经理与旅游业的联系并没有显得更加紧密……[1]

与其如此，不如像19世纪一样，将旅游定义为一种成为游客的艺术，一种原创性或者从众性的行为？

本书的目的，正是要讲述旅游这一艺术的创新变革，以及几百年来旅游行为的传播。

[1] 拉马克：《关于如何定义旅游》，载《国际旅游学会期刊》，1972年，第12页。——原注

目录

第一部

16 世纪到 18 世纪的旅游革命

旅游并非自古已有的现象。是的，人类在不断迁徙。然而，仅仅通过记述人类的迁徙过程、迁徙路线，就能将旅游史的源头追溯至远古吗？显然不够。旅游是一种特定的行为，安德烈·西格弗里德[1]在《20世纪面面观》中写道："动机造就游客。"旅游并非自古已有，而是一种发明。我们可以追溯"旅游"这个词或其他相关词的源头，最确凿的起源是英语中的"壮游"一词，指的是17世纪末开始在英国贵族子弟中兴起的启蒙之旅。

旅游业的出现要归功于18世纪的英国人。英国人当时在各个领域都是先行者，是蒸汽机、纺织机、汇率稳定的英镑的发明者，也是工业、农业、银行、航海革命甚至政治革命的发起者——早在法国人把国王路易十六送上断头台前一个世纪，英国人就砍了自己国王的头。18世纪的英国人还是各类新式享受的先锋，例子数不胜数，如上流社会热衷的温泉浴疗、海滨度假、冰川探险，以及对乡村和庄园城堡的探索。英国人还发掘了适合不同季节的旅游景点和度假胜地：冬天到法国南部的尼斯[2]、耶尔[3]和1834年后流行的戛纳[4]等温暖地区度假；夏天到巴斯[5]和斯帕[6]泡温泉，到布莱顿[7]、奥斯坦德[8]等海滨城市做海水浴，或者到霞慕尼[9]、采尔马特[10]等高山避暑。

那么，是什么孕育了旅游革命呢？16世纪有没有出现当时不知名，却预示着出于好奇心的旅游肇始的现象呢？经济和社会领域的历史学家

[1] 安德烈·西格弗里德（1875—1959），法国地理学家、政治评论家。
[2] 法国东南部著名海滨度假城市，也是滨海阿尔卑斯省省会。
[3] 法国瓦尔省的一个市镇，位于该省西南部，属于土伦区。
[4] 法国滨海阿尔卑斯省的一个滨海城市，也是戛纳电影节的举办地。
[5] 英格兰西南部的一座古老小城，天然温泉胜地，也是英国唯一列入世界文化遗产的城市。
[6] 比利时东部阿登地区的一个小镇，以温泉闻名于世，水疗SPA的名字即源于该镇。
[7] 英国南部海滨城市，度假胜地，以其密布鹅卵石的海滩而著称。标志性建筑是英皇阁。
[8] 比利时西北部的海滨度假城市。
[9] 位于勃朗峰脚下的法国滑雪胜地，1924年首届冬奥会在此举行。
[10] 瑞士南部瓦莱州的一个小镇，位于阿尔卑斯山群峰之中，是度假和滑雪胜地。

一般将16世纪视为18世纪各种革命的根源，我们对旅游的研究也遵循同样的路线。

我们认为，文艺复兴的大变革开启了一个充满好奇心的时代。蒙田当时的《意大利游记》已经呈现出革新的气象，他的游记完全是为自己而写。他当时也已在酝酿《随笔》的写作。他写道："只有多样性和拥有多样的体验才能让我感到满足。"[1]中世纪的"罗马之路"是条朝圣之路，而进入近代后，意大利之旅就成了追溯历史和艺术起源的文人雅士的必然选择。

[1] 蒙田：《随笔》，第三卷，第49页。——原注

第一章　旅游史前史：1492—1642（或1660）年

这一时期极具象征意义。1453年，君士坦丁堡被土耳其人占领。1492年，西班牙完成收复失地运动，加上哥伦布发现美洲大陆、法国国王查理八世第一次远征意大利等一连串事件，宣告中世纪正式结束。文艺复兴、宗教改革和反改革、人文主义思潮纷纷登场，包括旅游指南在内的书籍因印刷术发明而得到广泛传播，这是一个蓬勃发展的时代，直至古典主义时期才重归平静。路易十四[1]1642年登基、1660年亲政标志着这一充满创新精神的漫长世纪——实际是一个半世纪的结束。

从1492年开始，法国瓦卢瓦王朝[2]的国王和神圣罗马帝国的皇帝们纷纷越过阿尔卑斯山，争夺米兰公国。意大利各式奇观是促使他们远征的重要原因。他们带回了意大利的大艺术家，罗马、威尼斯和佛罗伦萨[3]的城市景观图，并在自己的城堡内展出带回的纪念品。这一时期的人文主义者，不管是来自法国、英格兰还是神圣罗马帝国，不管是学者还是艺术家，都必须前往意大利参观游历。

好奇心没有界限。1492年，正是好奇心让查理八世派人登上了法国东南部多菲内省的艾吉耶峰[4]，这可视为登山运动的开端。在之后的

---

[1] 路易十四（1638—1715），法国国王，也称“太阳王”，在位时间长达72年。在其统治时期，法国国力鼎盛，成为欧洲霸主。

[2] 卡佩王朝的支系，1328—1589年间统治法兰西王国。

[3] 意大利中部的一个城市，托斯卡纳区首府。15至16世纪时欧洲最著名的艺术中心，欧洲文艺复兴运动的发祥地。

[4] 法国东南部伊泽尔省阿尔卑斯山区的一座山峰，海拔2086米，是韦科尔高地最著名的山峰，以平坦宽阔的山顶和陡峭的山坡而知名。艾吉耶（Aiguille）在法语中意为“针”。

19世纪，登山运动被视为最高形式的旅游行为。

一、1492年，第一次险峰登顶

去意大利的路上，查理八世必须越过阿尔卑斯山。最常规、也是最近的路线是取道塞尼山[1]。不过，查理八世并不着急。他曾听说过当地人称之为“艾吉耶”的一座山峰。在好奇心驱使下，他决定不走巴亚尔山口[2]，而是取道距离更远的卢拉克鲁瓦–奥特小镇[3]，绕道查尔特勒高地[4]前往加普[5]。热尔维·德·蒂尔伯里[6]曾于1211年描述过这座“无人踏足的山峰”的陡峭山势：

> 这是阿尔卑斯山脉最奇特的山峰。艾吉耶峰像一座倒过来的金字塔。其他的山峰离地面越远，形状越细；而它恰恰相反，越往高处，形状越宽大，如同从天而降。所有看到的人都担心它会坍塌。

对于一座2097米高、独自屹立于韦科尔高地[7]前方的石灰岩山峰而言，这一描绘可谓相当有趣!

---

[1] 塞尼山（另译塞尼峰）位于阿尔卑斯山北部，是萨瓦省和意大利都灵大都会之间的一座高原，自古以来就是战略和通商要道，有不少山口可以通行，其中就包括塞尼山山口。

[2] 法国东南部上阿尔卑斯省的一条重要山道，长约8.2公里。

[3] 法国东南部德龙省的一个小镇，是阿尔卑斯山区多条道路的交汇点。

[4] 法国东南部伊泽尔省和萨瓦省交界处的一片高地，面积约400平方公里，海拔最高点达2082米。著名的大查尔特勒修道院即坐落于此。

[5] 法国上阿尔卑斯省省会。

[6] 12至13世纪的英国政治家、教士。

[7] 法国东南部伊泽尔省和德龙省交界处的一片高地，海拔最高点达2341米。根据法国国家地理林业信息研究所（IGN）的最新数据，艾吉耶峰海拔为2086米，而非此处说到的2097米。

查理八世命令东朱里安[1]的领主安托万·德·维尔[2]“派人去试试看那座山能不能爬”。于是，1492年6月27日这一天，人类第一次登上了这座山的顶峰。所有登山运动历史学家和山区居民都将其视为“登山运动真正的开端”[3]。所有人都会提到此次登山的艰险细节，登山者登顶时惊讶地发现“山顶有一片宽阔的草原，一群岩羚羊和各种美丽花草”[4]。德·维尔在山顶停留了六天，其间还召唤书记官记录所见所闻。在所有此类登山历险中，这是最早而且最有证可循的一次。当时的格勒诺布尔市[5]议会议长记录了这位国王顾问的描述：

> 我告别国王，他派我去尝试能否登上那座无人攀登的山峰。感谢上帝，我用一些工具，想办法爬上了山。我已经在这儿待了三天，我们一共十多人，有教士，也有其他勇敢的人，还有一位国王的掌玺大臣。在得到答复之前，我们不会离开。他们会看到，在我们之前，可以说没人登上过这座山峰。他们还会看到我攀登的路线，这是我和我的同伴走过的最可怕的登山路。[6]

的确是史无前例的探险壮举！在此之前，阿拉贡[7]国王佩德罗三世自称曾于1280年登顶卡尼古峰[8]，见到有龙栖息的湖泊，此事应属杜撰。

---

[1] 另译栋瑞利安，法国东北部孚日省的一个市镇。

[2] 德·维尔（大约1450—1504），洛林人，查理八世的顾问和侍从。——原注

[3] 欧文：《征服群山》，昂热尔译，第17页。——原注

[4] 柯立芝、希姆勒、莫雷尔-库普里：《艾吉耶峰》，第170—179页，载《阿尔卑斯和多菲内省期刊》，1909—1910年，第153—158页、第169—175页；《征服群山》，欧文著，第18页及其他页。——原注

[5] 法国东南部城市，伊泽尔省省会。

[6] 伊泽尔省档案局保存了德·维尔为证明自己的探险任务而仔细汇集的材料。——原注

[7] 阿拉贡王国是11至18世纪存在于今西班牙东北部的一个王国。

[8] 法国西南部比利牛斯山脉的一座山峰，海拔2784米。

而彼特拉克曾写下1336年登上旺图峰[1]的诗意回忆，他的描述极为夸张："登山遇到了极大的困难。这座山其实是一块巨大险峻的岩石，几乎无法攀登。"[2]马洛塞纳[3]和旺图峰之间的海拔落差很大，但仍无法与前往意大利的朝圣者和旅游者面对的困难相比。这些人能从塞尼山一直攀登至罗恰梅洛内峰[4]上的一座礼拜堂。这座3500多米高的雪山攀登难度并不大，应是中世纪结束后唯一获得命名的阿尔卑斯山峰。登上这座山峰具有某种"苦行"意义。[5]

德·维尔的成功登顶可谓震惊世人。也许16世纪以来，艾吉耶峰的岩石持续坍塌，让石灰岩壁变得更为陡峭，而当时并非如此。查理八世派出的人也皆是攀爬中世纪高墙的能手，他们还使用了梯子、绳索和爪钩等工具。不过，他的这次登山探险没有任何科学研究意义，也不是为了观赏美景，纯粹只是奉命行事。因为没有任何后续计划，接下来的三个世纪再也无人登顶。

二、意大利之旅的记述

随着印刷术的发明，旅行文学开始出现，两者产生关系并非偶然。大部分旅行文学所描述的都是意大利，标题一般都很长，常以拉丁文的"Descriptio"（全貌）或者"Itinerarium"（路线）等字眼或者这两个词在作者自己语言中的同义词作为开头。福特汉姆还为此编写了一本"目录"[6]。这一时期，旅游的新颖之处不在于中世纪就已存在的意大利之

[1] 另译成旺杜山、冯度山、凡图山或风秃山，法国南部普罗旺斯地区的最高峰，海拔1909米。

[2] 参阅夏尔·格斯《登山轶事》，第23页及其他页；布伦《旺图峰》，第18—20页。——原注

[3] 法国南部吕兹省的一个小镇，位于旺图峰山脚下。

[4] 意大利西北部皮埃蒙特大区的一座山峰，海拔3538米。

[5] 在苦行精神激励下，一位名为博尼法斯·罗塔里奥·德·阿斯缇的虔诚教徒于1358年登上山顶，并留下了一幅三折画，目前保存在意大利苏萨市天主教堂。——原注

[6] 福特汉姆：《法国道路及路线指南目录》，1552—1850年，第6页。——原注。福特汉姆（1854—1929），英国制图学家。

旅，而在于旅游动机的多样化。随着16世纪历史的缓慢发展，旅游逐渐与朝圣之旅分道扬镳，发展出自己的特点。杜普龙[1]指出："朝圣和旅游的差别在于群体心理方面的差别。"他把朝圣的"神圣性"和"整体性"与游客的"自我中心"进行对比。16世纪的朝圣甚至圣战精神——耶路撒冷的召唤——与新出现的好奇心理同时存在[2]。

无论春夏秋冬，阿尔卑斯山都是16世纪朝圣者、商人、好奇的旅游者需要面对的主要障碍。宗教机构在阿尔卑斯山设有许多落脚点，旅游指南书会就其招待质量进行点评。塞尼山、蒙热内夫尔、罗塔雷山口、大小圣伯纳山口、辛普龙山口的招待所游客最多。[3]16世纪时，仅仅在法国阿尔卑斯山区就有74家招待所[4]。

意大利之旅越来越趋向个人性和文化性。神职人员、士兵、艺术家和商人皆因职业需要前往意大利。教皇权力日趋集中，出于各种原因前往罗马的人也越来越多。他们一般都具备一定学识，热衷于参观古罗马遗迹。杜贝莱[5]跟随自己的枢机主教[6]叔父来到罗马。他以多愁善感的十四行诗著称，但世人常忽略他对古罗马帝国的各种思考。蒙田此时也受命到罗马觐见教皇，但他对此似乎漫不经心，反而对旅途的所见所闻

[1] 杜普龙（1905—1990），法国历史学家、人类学家。

[2] 杜普龙：《旅游和朝圣，集体心理思考》，载《交流》杂志1967年第10期，第97—121页；另参考杜普龙死后由伽利玛出版社于1997年出版的论文《十字军东征》。——原注

[3] 蒙热内夫尔为法国上阿尔卑斯省的一个山区小镇。罗塔雷山口为法国上阿尔卑斯省的一条重要山区通道。大小圣伯纳山口位于法国东南部阿尔卑斯山区，是连接南欧与北欧的重要通道。辛普龙山口又称辛普伦山口，瑞士南部本宁阿尔卑斯山脉与勒蓬廷阿尔卑斯山脉之间的山口。

[4] 关于阿尔卑斯山的旅馆，可阅读：《各个时代的山区》，约翰·格朗德-卡特莱特著，第一卷，第69—73页；《中世纪的上多菲内省》，斯加拉福著；《阿尔卑斯山区道路》，罗曼著，上阿尔卑斯省研究协会，1903年，第239页中提出这一数字。1515年，西格诺在《关于从高卢往意大利的所有通道、地点、地区的详细情况》一书中提供了详尽的描述。——原注

[5] 杜贝莱（1522—1560），法国诗人，"七星诗社"重要成员。他的叔父让·杜贝莱（1498—1560）1535年被教皇保禄三世封为枢机主教。

[6] 枢机主教是教宗治理天主教会主要的助手和顾问之职务，因穿红衣、戴红帽，故在中文环境里，经常被天主教外人士称为红衣主教。

深感好奇。

16世纪末起，前往意大利的英国人越来越多：作为人文主义者，他们会用英语记录旅途经历；作为反教皇者，他们对罗马感到好奇，但对朝圣毫无兴趣；作为猎奇者，他们的旅游范围不局限于意大利，而是扩展到了越来越广阔的地区。菲尼斯·莫里森[1]在他1591至1595年的4年欧洲之旅中参观了罗马，并于1595年11月至1597年7月旅居耶路撒冷。他的游记《路线图》于1617年以英文出版，内容新颖独特。科里亚特[2]自称“浪荡公子和大话王”，他于1611年出版的游记《科里亚特的野游》非常幽默，“他喜欢生动的细节”[3]。1608年，他花五个月游览了欧洲地中海地区，随后前往君士坦丁堡、耶路撒冷、波斯和印度等地，最后死于印度苏拉特。他的同代人给他起了“环游者”和“步行者”的雅号。布洛克认为《科里亚特的野游》为现代旅游播下了一颗种子[4]。从16世纪起，“壮游”（Tour）一词出现的一百年前，英国人就创造了“造就青年人之旅”的概念。其中一些例子有：国会议员之子菲尼斯·莫里森刚从牛津大学毕业，就于1591年离开英国来到欧洲大陆，他对从宗教到贸易的各种领域都充满强烈兴趣；当时还是一名年轻医生的伊夫林[5]于1641年前往欧洲旅游，对“壮游”这一概念进行了阐释：

> 从经验丰富的好奇旅者的报告来看，我认为在游览完意大利、法国和荷兰之后，文明世界的其他地方可视为完全未开化的状态，

[1] 菲尼斯·莫里森（1566—1630），英国旅行文学作家，先后在剑桥大学和牛津大学学习。他的代表作《路线图》是了解16至17世纪欧洲大陆社会生活的重要文献。其父亲托马斯·莫里森是国会议员。

[2] 托马斯·科里亚特（1577—1617），英国旅行文学作家。

[3] 布拉什：《古代旅游者眼中的萨瓦》，第164页，他翻译了《科里亚特的野游》中关于萨瓦地区的部分。——原注

[4] 纽玛·布洛克：《文艺复兴时期的地理》，第115页。——原注。纽玛·布洛克（1934—2017），法国地理学家、地理历史学家。

[5] 约翰·伊夫林（1620—1706），英国作家、园艺师，英国皇家学会的创始人之一。

不值一看。[1]

人文主义背景的旅游者人数日增，越来越多的旅游指南和游记也以法语、英语，尤其是拉丁语出版。16世纪下半叶，意大利成为最受青睐的旅游目的地，许多专门描写意大利的拉丁语书籍也随之出现，其中最著名的当属多明我会教士利安德·阿尔伯蒂[2]写就的《意大利全貌》。他于1550年对包括科西嘉岛在内的意大利各地进行了介绍，并对意大利的地中海东岸和直至瓦尔河的西岸地区进行了区分。

伊拉斯谟是文艺复兴时期最具代表性的旅行家。他以拉丁文写作，环游了整个欧洲，积累了大量见闻[3]。他的好友托马斯·莫尔[4]居住在英格兰，这也是他最中意的目的地；而在法国，他最心仪的是里昂[5]。16世纪的最后30年，菲利普·锡德尼[6]于1572至1575年，蒙田于1580至1581年重走了伊拉斯谟的路线。两人都游览了欧洲部分地区，最后一路漫游到罗马。早在蒙田之前，锡德尼就自称“世界主义者”。不过，当时的世界主义是有局限的：文艺复兴时期的人追溯的是希腊－拉丁、犹太－基督教及地中海文明的历史根源，但对地理大发现的重要性浑然不觉。地理的发展总比历史慢半拍[7]，如吕西安·费弗尔[8]所言：“16世

[1] 《日记和信件：1641至1706年》，约翰·伊夫林著，1813年出版。——原注

[2] 利安德·阿尔伯蒂（1479—1552），意大利历史学家、天主教多明我会教士。

[3] 伊拉斯谟（约1467—1536），出生于荷兰鹿特丹，以著作《愚人颂》知名。他的另一著作《论演说家》更好地展现了他的个性。他的《对话》和《杂事》则记录了旅游见闻和各地的风土人情。——原注

[4] 托马斯·莫尔（1478—1535），英国政治家、作家、社会哲学家与空想社会主义者，是英国文艺复兴的代表人物之一，《乌托邦》一书的作者。

[5] 位于法国东南部，是法国第三大城市，也是奥弗涅－罗讷－阿尔卑斯大区首府，罗讷省省会。

[6] 菲利普·锡德尼（1554—1586），英国文艺复兴时期的著名诗人。

[7] 有关16世纪地理学的早期发展，见丹维尔1945年的博士论文《人文主义者的地理》和阿特金森的《法国文艺复兴新视野》，以及纽玛·布洛克的《文艺复兴时期的地理》。——原注

[8] 吕西安·费弗尔（1878—1956），法国历史学家，与布洛克同为年鉴学派的创始人。

纪的人用了很长时间才接纳颠覆其世界观的新发现。”[1]文艺复兴时期的地理著作几乎都限于欧洲范围。阿特金森[2]认为，这一状况要到1605年才得到改变。他还给出了一个精确的数字：之后的5年，介绍欧洲之外国家的著作比整个16世纪都要多。

16世纪和17世纪上半叶，法国吸引了大量旅游者。商人、朝圣者、贵族，前往意大利的旅游者络绎不绝，法国国王及王室成员和侍从也加入旅游大军之中。马力诺·吉奥斯丁尼亚诺[3]曾如此描述：“在我作为大使的四十五个月中，我一直在路上，王室从未在一个地方连续停留十五天以上。”[4]王室一般在卢瓦尔河[5]的那些城堡之间往返，弗朗索瓦一世[6]之后又加上法兰西岛地区的城堡。同时，法国东南部也未被忽视：路易十二[7]到过里昂和格勒诺布尔，弗朗索瓦一世也曾在多菲内省留下自己的足迹。[8]凯瑟琳·德·美第奇王后[9]1679年几乎全在法国东南部度过，大部分时间驻留于多菲内省。勒华拉杜里[10]在其著作《罗芒狂欢节》中描述了这次旅游的情景。

法国作为旅游目的地的吸引力还在于其声名鹊起的地方特色：蒙彼

[1] 参阅吕西安·费弗尔和马丁合著的《书籍的出现》，第423页。——原注

[2] 阿特金森（1892—1960），美国文学史学者。

[3] 马力诺·吉奥斯丁尼亚诺是16世纪初威尼斯共和国驻法国大使。

[4] 《十六世纪威尼斯大使往来》，摘自《未发表的法国历史文档》，第一卷。——原注

[5] 法国第一大河，发源于法国东南部的中央高原，注入大西洋，全长约一千公里。

[6] 弗朗索瓦一世（1494—1547），法国文艺复兴时期的国王，因热情支持文化艺术而在法国文化史上留下了独特的印记。

[7] 路易十二（1462—1515），法国国王，被称为“人民之父”。

[8] 博纳罗：《16世纪的旅途生活》，第十五卷，第67页。——原注

[9] 凯瑟琳·德·美第奇（1519—1589），意大利美第奇家族女贵族，1547至1559年为法国王后。原文的“1679年”有误，应为1579年。

[10] 埃马纽埃尔·勒华拉杜里（1929—），法国著名年鉴派史学家，代表作有《蒙塔尤》《朗格多克史》《罗芒狂欢节》等作品，《罗芒狂欢节》中的罗芒即今天伊泽尔河畔的罗芒，法国东南部城市，是德龙省的一个市镇。此处见《罗芒狂欢节》，第171页及其他页。

利埃医学发达，普瓦捷法学可与帕多瓦和博洛尼亚媲美。[1][2]这两个城市对德语母语者非常有吸引力。巴塞尔的费利克斯·普拉泰[3]1552年到1559年于蒙彼利埃学医[4]。他年幼的弟弟托马斯·普拉泰[5]追随兄长的足迹，也于1595年至1599年到蒙彼利埃游学。兄弟两人相隔40年的相同经历，为我们提供了宝贵的对比材料。托马斯还“和当时其他富有的巴塞尔人一样，环游了法国、荷兰和英国”[6]。

德语地区的人文主义者在法国游历时非常关注古罗马遗迹，会前往尼姆、普罗旺斯和里昂游览。意大利因为“教皇影响太大”，对他们的吸引力反而不大，而且罗马无处不在的文艺复兴景象也对他们构成障碍。他们想学习法语，更偏好法国的卢瓦尔河地区。从17世纪初开始，法国国王王宫迁至巴黎，巴黎也由此成为其旅游目的地之一。该选择哪条路线呢？只要罗马和耶路撒冷还是最终目的地，法国和阿尔卑斯山就仅仅是顺路的中途停靠站。但从16世纪末起，对于德语地区的人而言，法国已然是不可错过的旅游目的地。这些德语旅游者来自北方，很多人认为法国南部特别值得一游，而最简单的路线是沿着普拉泰兄弟、蓬塔

[1] 蒙彼利埃为法国南部城市，埃罗省省会。普瓦捷为法国西部城市，维埃纳省省会。帕多瓦为意大利北部城市，帕多瓦省省会，从13世纪起，该地的医学和解剖学领域一直享有很高的声誉。博洛尼亚为意大利北部城市，艾米利亚-罗马涅地区首府，该地的博洛尼亚大学创建之初便以法学和医学两个专业著称。

[2] 贝茨：《1600年的旅游》，第115页；杜普伊：《发现古代法国的外国旅游者》，第18页。——原注

[3] 费利克斯·普拉泰（1536—1614），瑞士医学家、解剖学家、植物学家。

[4] 《法国16世纪到17世纪教育》，查提耶和其他人合著，该书绘制了蒙彼利埃医学院注册学生的图表。在费利克斯·普拉泰那个时期，有70位学生注册入学（37%为外国人）。而1592年只有10位学生注册入学。17世纪时，注册入学的学生数目又回升到70名，但只有13%是外国人。——原注

[5] 托马斯·普拉泰（1574—1628），瑞士医学家、植物学家。

[6] 费利克斯和托马斯·普拉泰的《旅游笔记》前言。该笔记非常私人化，1892年出版，现保存于巴塞尔。兄弟两人年龄相差38岁（他们的父亲在73岁再婚）。勒华拉杜里写过一本以他们为主题的书。——原注

努斯[1]和斯特罗贝尔伯格[2]走过的巴塞尔—日内瓦—南蒂阿路线，从里昂方向进入法国；另外一个选择是亨兹纳[3]的路线，通过图尔努斯直达索恩河[4]。如果旅游者和蓬塔努斯一样，仅想游览法国南部，则可以顺时针方向游玩。如果想游遍法国和意大利，路线则变得复杂。正如阿布拉姆·格尔尼兹[5]在《比利时—高卢远游》中仔细给出的路线：他从弗兰德[6]开始，一路走遍巴黎、诺曼底、卢瓦尔河地区和勃艮第[7]，再经过里昂前往日内瓦和格勒诺布尔，从罗讷河[8]谷顺流而下，到达首个终点站马赛。随后，他又前往尼姆和蒙彼利埃，并继续游览阿基坦地区[9]和中央高原[10]，再回到里昂，最后直奔意大利。他到过三次里昂，将其称为"法国的佛罗伦萨"[11]。

曾在法国中部居住两年，随后前往巴黎的金泽林[12]，解释了其德语同胞热爱法国中部地区的原因。他必须先到奥尔良、布尔日或者穆兰停留一年[13]。巴黎只是顺便游览，因为去过巴黎会使法国人对你刮目相看，但巴黎人言语粗俗，不宜久留，只有中部的卢瓦尔河谷地区的语言环境更适合学习法语。夏季时，可以游览卢瓦尔河谷地区的其他城市，

---

[1] 蓬塔努斯（1571—1639），荷兰历史学家，生于丹麦。父母是因宗教冲突而流亡丹麦的荷兰新教徒。

[2] 斯特罗贝尔伯格（1593—1630），奥地利医学家。

[3] 亨兹纳（1558—1623），德国法学家。

[4] 图尔努斯，法国东部索恩-卢瓦尔省的一个市镇。索恩河，法国东部的一条河流，是罗讷河的主要支流。出自亨兹纳：《路线图》，第64页。——原注

[5] 阿布拉姆·格尔尼兹（生卒年不详），17世纪德国旅行文学作家和地理学家。

[6] 又译为佛兰德斯或弗朗德伦，西欧历史地名，范围大约相当于今法国东北部、比利时大半及荷兰西兰省的南部。

[7] 法国中东部的一个地区，是著名葡萄酒产区。

[8] 法国东南部的一条河流，发源于瑞士的阿尔卑斯山区，向南流入地中海，全长约812公里。

[9] 位于法国西南沿海，西临大西洋，南面与西班牙相邻。

[10] 法国中南部的火山高原，面积约9万平方公里，平均海拔约700米。

[11] 格尔尼兹：《比利时—高卢远游》，其中有40页以巴黎为主题，60页以里昂为主题。——原注

[12] 金泽林（1590—1620），德国旅行家、法学家，著有欧洲多国游记。

[13] 奥尔良为法国中部城市，中央大区首府和卢瓦雷省省会，卢瓦尔河流经该城。布尔日为法国中部城市，谢尔省省会。穆兰为法国中部城市，阿列省省会。

随后在普瓦捷过冬。第三年，旅游者已经掌握法语，可以正式开始其环游[1]。布卢瓦、图尔和索米尔[2]都是旅游者可以停留的城市[3]。金泽林认为同胞中很多人一开始便启程前往巴黎，这一选择并不可取；更有甚者，直接穿过瑞士，坐船沿罗讷河而下，为了经济实惠，选择在“物价低廉的纳博讷高卢[4]地区”居住。金泽林同意，“就游玩而言，这些地方的条件得天独厚”，但也告诫自己“不要模仿这些俗人”。他认为，“跑到南部省份学法语的外国人以后会后悔不迭”，“当地人的法语怪异且不地道”。[5]可以看出，巴黎现有的吸引力是在旅游者对法国产生兴趣之后，是在法国国王和王室迁至凡尔赛才产生的，时间较晚。1679年，金泽林发表了《供法国人及外国人使用的法国旅游指南》。如书中前言所述，该书的出版要归功于德语地区的前人。该书专为德语旅游者所著，第四版还是题献给丹麦国王的儿子的。

三、夏尔·艾蒂安[6]和《旅游指南》

从1552年起，在法国出版商兼印刷厂厂主夏尔·艾蒂安的努力下，旅游的范围得到扩大。他当时已用法语出版了著名的《法国道路旅游指南》《法国各地游记》和耶路撒冷、意大利及其他国家和地区游记。作为印刷厂厂主，艾蒂安首先于1552年“在朋友要求下”，以不署名的方式出版了《法国道路旅游指南》（以下简称《旅游指南》）。当时，“指

[1] 金泽林：《路线》，伯纳德译本，第26页及其他页。——原注

[2] 这三个城市都是位于法国中部卢瓦尔河谷地区的重要城市。

[3] 贝茨：《1600年的旅游》，第115页。——原注

[4] 罗马帝国位于今法国南部朗格多克和普罗旺斯的一个行省。

[5] 金泽林：《路线》，第26—28页。——原注

[6] 夏尔·艾蒂安（1504—1564），文艺复兴时期欧洲著名学者之一，在法国巴黎从事出版印刷工作长达10年之久，凭此在当时的欧洲产生了广泛影响力。

南”一词词性为阴性，直至18世纪才变为阳性[1]，但指的是导游这一职业而非书籍。艾蒂安的这本“指南”显得“新颖大胆”，是“第一部带注释点评的路线图书，是之后四个世纪所有游记的参考对象和原型”[2]。同在1552年，面向朝圣者的《法兰西王国河流与旅游》[3]出版。虽然印刷出版困难重重，但对于当时尚无地图、官方道路图和驿站管理的法国来说极为有用。16世纪时，没有任何政府部门对道路和桥梁进行维护。旅游者往往无法获得准确的道路信息，而艾蒂安可以提供此类信息。他的兄弟、合作伙伴和他本人旅游经验丰富，并广泛阅读前人留下的文档。艾蒂安在编写中发挥了自己在医学、文献学、天文学和历史学方面的天赋。16世纪晚期，艾蒂安家族的里昂出版社成为首个“实用书籍”出版社，出版了当时四分之一的地理著作。《旅游指南》利用“商人、朝圣者和旅游者提供的信息”，提供了“法兰西王国的城市、乡镇、城堡、农场列表，各种有关距离、地标、招待所、邮局、主教教区、修道院、隐修院等宝贵的法国历史信息”，并记录了路口、优质旅馆，甚至还收录了各地美食、经济活动、风景、奇观和古迹。作为一本对法国主要道路进行注释点评的路线图书，《旅游指南》语言风格简练，体积小巧，非常方便携带，而且错误极少。

《旅游指南》一书当时大受欢迎，艾蒂安1552年底开始推出新的版本。该书的成功和作者匿名也促成了很多不同版本的流传。福特汉姆爵士做过一个统计，发现从1552到1668年，共出现过至少28个版本。这些便携版本并未成为图书馆的故纸堆，而是被广泛使用，以至于目前留

[1] 利特雷1863年的《词典》将“指南”定为阳性名词，第一释义为“指导人们的人”，第二释义是“包含指示的著作”。——原注

[2] 贝尔纳：《旅游指南》前言，第13页。——原注

[3] 全名《圣地、西班牙、意大利和其他国家及法国各地旅游；法兰西王国河流》，1552年，第113页，重印多次。该书描述了罗马、耶路撒冷、圣地亚哥-德孔波斯特拉、圣保曼山、圣玛丽和勒皮。——原注

存的原版书已经所剩无几。[1]

《旅游指南》一书还不断被人模仿，如让·贝尔纳的《从法国到苏格兰旅游者必备英国道路指南》（1579年）。后来类似的书籍也不断抄袭《旅游指南》的内容，但抄袭者很少承认这一点。[2]维拉蒙就抄袭了艾蒂安书中罗马到耶路撒冷、巴黎到塞尼山的路线，连注释都仅仅做了把“不良”换成“恶劣”一类的细微改动。马耶讷·图恺[3]于1591年出版的《全貌》[4]抄袭了艾蒂安著作中的法国部分，在其他国家部分运用了同一手法。德语作家夸德和恩斯通过“重温”艾蒂安的路线撰写出自己的著作，而书中很多内容与《旅游指南》雷同。[5]在出版一个世纪后，艾蒂安的著作《法兰西王国河流与旅游》仍然于1644年启发路易·库隆[6]写出同名书籍，书中地图相同，仅仅增加了部分内容。关于《旅游指南》，博纳罗曾如此评价：“所有人都读过，但是没有任何游记史学家提过它的名字。”[7]《旅游指南》还启发了查理九世穿越法国的想法：从1564年1月24日到1566年5月1日，他进行了整个16世纪最长、也是卡佩王朝[8]史上最长的王家旅游。“在处理完所有棘手事务后”，查理九世开始出巡，“以增进与其忠良子民的互相了解”。查理九世到达普罗旺斯后，经过马赛、土伦，最后到达耶尔欣赏橙子树。回程时，他穿过朗

---

[1] 国家图书馆的藏书中藏有前三版，每版一本。——原注

[2] 贝尔纳：《从法国到苏格兰旅游者必备英国道路指南》，巴黎，1579年。——原注

[3] 马耶讷·图恺（1550？—1618），法国历史学家、政治理论家。

[4] 即马耶讷·图恺的著作《法国、德国、意大利和西班牙全貌，带有路线和驿站指南，以及来往四大地区最著名的省份和城市》，日内瓦，1591年。经福特汉姆计算，该书在1653年之前重印了13次。其中法国描述在前，共占9页纸。——原注

[5] 夸德和恩斯：《伽利略风物》，1600及1609年。——原注

[6] 路易·库隆（1605—1664），法国地理学家。

[7] 博纳罗：《艾蒂安旅游指南》，第一卷，第16页。——原注。博纳罗（1882—1964），法国图书馆学家、作家、记者。

[8] 卡佩王朝（987—1328），法国封建王朝，因建立者雨果·卡佩（987—996年在位）而得名。

格多克[1]地区，绕路回到巴黎。他走的巴黎—第戎[2]—里昂—罗讷河这条名副其实的“环法之旅”路线成为之后两百年的经典。后来，年轻的路易十四在去圣让德吕兹[3]迎娶西班牙公主的路上也悠闲地游历了艾蒂安[4]—索恩河和罗讷河走廊，再加上普罗旺斯和朗格多克的这一路线。

德得扬[5]在《论蒙田游记》中写道，《旅游指南》是“那个时代的贝德克尔”[6]。旅游者信赖《旅游指南》，他们自己的游记中都记录了这一点。16世纪的旅游者写游记的目的是日后自己阅读，而非出版。所有的游记，都是在作者死后很久才偶然发现的，从蒙田到普拉泰，从锡德尼到布夏尔[7]。这些游记应该都很私人化，但为什么里面全是走一样的路、看一样的风景、住同一批旅馆？原因可能是：所有这些人文主义旅游者读的都是同一本夏尔·艾蒂安的《旅游指南》或者17世纪根据《旅游指南》进行内容扩充的其他指南。这些手抄的游记在旅游途中经过各种磨损，很少能留存至今。与此相反，许多“全貌”和“路线图”类书籍因为放在家中而得以保存。

16世纪和17世纪上半叶是旅游类书籍形成的时代。我们今天对这一领域的区分在文艺复兴时期就已产生：一方面是实用旅游指南，一方面是为旅游做准备或加深对旅游认识的学术作品。此外，当时已有旅游指南的蓝绿之争[8]；还有各种旅游者“必看”的风景列表。维拉蒙领主于1595年出版了供那些想获知“重点风景点”的人文主义旅游者阅读的《旅游》一书。他还教旅游者如何避免路途中的危险，例如书中的题

[1] 法国南部一个地区，濒临地中海，是法国的重要葡萄酒产区。
[2] 法国东部城市，是勃艮第地区的中心城市，也是科多尔省省会。
[3] 法国西南部比利牛斯–大西洋省的一个市镇。
[4] 应为圣艾蒂安，法国东南部重要城市，卢瓦尔省省会。
[5] 德得扬（1910—2003），法国罗曼语语文学家、比较文学理论家。
[6] 贝德克尔是19世纪德国著名旅游指南书出版商。
[7] 布夏尔（1606—1641），法国作家、民法和教会法学家。
[8] 指乐利弗雷的《蓝色指南、绿色指南和红色眼镜》。——原注

注部分幽默地写道：

> 法国人，看看这些外国人！
> 不必担忧，请踏上远行之旅。
> 从维拉蒙出发，正当壮年，
> 用自己的经验帮你远离危险。[1]

四、蒙田，第一位游客？

蒙田的旅游独特之处到底在哪里？不是他的目的地是意大利，也不是路线。从罗马回来时，他经过了塞尼山、莫里耶讷[2]和尚贝里[3]，到达里昂并停留了八天。除罗马外，他在里昂待的时间比在意大利任何城市都长。其实，他急着要回家，因为波尔多[4]市民已将他选为市长。在路上，蒙田做了很多笔记，目的不是出版游记，而是写作《随笔》一书。当时，没人知道蒙田正在写游记。他的游记迟至1770年才在其城堡的阁楼被人发现。默斯尼埃·德·凯尔隆[5]在1774年第一次出版蒙田的游记，一出版便大受欢迎[6]。对于当时的卢梭[7]主义者来说，蒙田的喜好较为新颖：他不自诩“见过世面”[8]，也不自诩是对艺术、遗迹、风景和当地习俗“嗅觉灵敏”的旅游者。不过，游记中的一些细节还是让人惊

---

[1] 《维拉蒙领主的旅游》，前言部分。——原注

[2] 法国东南部萨瓦省阿尔卑斯山区的一个山谷，长达130公里。

[3] 萨瓦省省会。

[4] 法国西南部重要城市，所在地区是世界著名葡萄酒产区。

[5] 默斯尼埃·德·凯尔隆（1702—1780），法国作家、出版家，18世纪时供职于法国国王图书馆，编辑出版蒙田的《游记》。

[6] 1774至1775年5次再版，见德雷亚诺的《蒙田的声誉》，第362页及其他页。——原注

[7] 让-雅克·卢梭（1712—1778），法国18世纪启蒙思想家、哲学家、民主政论家和浪漫主义文学流派的开创者，启蒙运动代表人物之一。

[8] 蒙田原话，见德得扬的《论蒙田游记》，第35页及其他页。——原注

讶，如生硬直接的医学笔记[1]；他一反自己的哲学家风范，对朝圣地的投入之情也不为当时的人所理解。1775年后，蒙田的《游记》不再出版。18世纪时，蒙田的影响也比较有限。

直到浪漫主义时期，蒙田的价值才被真正发现。同为大旅行家的让-雅克·安培[2]钦佩蒙田“语气平静、充满好奇心而不夸张”，而圣伯夫[3]认为蒙田的旅游方式与当时初现的“游客”的旅游方式非常相似：

> 《游记》本身并没有什么重大的文学意义，但从道德和理解作者的角度而言却非常有价值。蒙田在旅游过程中执着于观察和理解一切，几乎没有进行任何沉思，而是把思考留在最后……他不带任何成见……努力适应所经国家的各类习俗……这一点上，他和那些戴着有色眼镜看世界的旅游者不同，他无论走到哪里，总是以当地人的角度看待问题……[4]

德得扬在其论文中也写道：

> 其实蒙田的旅游就是今天我们所说的旅游。他有着一个游客所有的优点、缺陷、好心情、天真，对一切事物的无穷好奇、可爱的自我中心。他对当地的生活细节有很大好奇心，会打听当地人的菜谱，记录取暖和着装的方式，记录饮食习惯和异国人民……对于他来说，一切都是有益并有教育意义的。[5]

---

[1] 默斯尼埃·德·凯尔隆在《序论》中说道，这证明蒙田并不想将游记公开发表。格里姆和狄德罗在《文学信件》中也对此表示惊讶。——原注

[2] 让-雅克·安培（1800—1864），法国物理学家安培之子。——原注

[3] 圣伯夫（1804—1869），法国文学史家、文学批评家。

[4] 圣伯夫：《星期一漫谈》，第2卷，第161页。——原注

[5] 德得扬：《论蒙田游记》，1946年，第35页。——原注

这一观点略显夸张。蒙田并不具备游客的根本特点，即中立性。他的身份是官员，而他在罗马也有外交任务。他在旅游途中四处游历，寻找矿泉水，以期缓解他的肾结石，并由于对天国的精神追求和对艾蒂安作品的阅读，参观了各处朝圣之地，满足了好奇心。在游历7个月后，蒙田后悔回家太早。他本想参观罗讷河谷和朗格多克地区，但最后却不得不横穿枯燥的中央高地。蒙田试图融入每个踏足的国家，甚至在穿越阿尔卑斯山时用意大利文写游记。蒙田自称“非常健忘”[1]，需要为自己写备忘录，以便在以后回忆时找回当时鲜活的印象。他有时会直抒胸臆，认为“雪橇实在是有趣”——这是16世纪的特有看法；他认为尚贝里“美丽又繁荣”，里昂“很让我喜欢”。他还经常长篇累牍地描写一些无人问津的地方。毫无疑问，蒙田是唯一描写过塞尼山山口景色的作家。他也是唯一注意到萨瓦城市特点的作家，他描写圣朗贝尔昂比热：“一条小溪从城市主街中间流过，街的两旁矗立着许多有挡雨披檐的房子。”他对地理位置也很敏感，在到达安贝里厄[2]时，他知道自己还在萨瓦，于是写道：“我开始踏上法国式的平原。”

这些旅行作家，如普拉泰兄弟、锡德尼、埃斯普林查、布夏尔，在仅为自己写游记的同时，也开创了游客这一新的生活艺术。比起传统旅游者生硬杜撰、用于出版的游记，他们的所见所闻更为真实。蒙田和其他“私人旅游者”、诙谐打趣的夏培尔以及那些卖弄学问的《全貌》不同：布夏尔在普罗旺斯参观古迹时求教其他作者；蒙田毫不掩饰自己的疲惫和身体不适；普拉泰和布夏尔也不避讳费用问题和种种不快。

人文主义旅游者有“以自我为中心的哲学”，同时又对非我敞开胸怀。所有的旅程都是对话，而对话者总是在变换。中世纪的朝圣者以“我们”为己，与上帝和圣徒对话。这种观念在16世纪艾蒂安发表《朝

---

[1] 蒙田：《随笔》，第2卷，第17页。——原注

[2] 圣朗贝尔昂比热和安贝里厄都是法国东部安省的市镇。

圣者指南》，以及蒙田在登上朝圣地洛雷托[1]时仍然存在。然而，旅游者在游历多地，在意大利的古迹中找到自己文化的源泉和标志后，逐渐形成了对“别处”和“他者”的新认识和新观念。路易十三[2]的史官安德烈·杜舍斯内根据主教管区将各类法国古迹分类，因为这是唯一自古罗马以来几乎未变的行政区划[3]。杜舍斯内和罗伯特·达灵顿[4]、托马斯·科里亚特[5]等其他16世纪末的旅行家，尤其是英国旅行家一样，极为赞赏这种分类方法。

从蒙田到布夏尔，人文主义的旅行家都在游记中体现了他们以自我为中心的特质。布夏尔和自己的“替身”和“超我”俄瑞斯忒斯[6]谈话[7]。这种写作手法颇有精神错乱感。布夏尔为自己而不是可能的读者记载他在旅途中的各种卑劣行为，在停留时间很长的土伦的放荡行为，甚至用古希腊文及一种露骨的方式描述自己不堪的性生活。之后的18世纪是一个大胆探索的时代，著名如卡西尼[8]的地图、孟德斯鸠的旅游[9]和萨德的放荡[10]，都可以在艾蒂安、蒙田和布夏尔的旅游中看到影子。某种程度上，他们已经勾勒出了感性的后辈浪漫主义旅行家的轮廓。

---

[1] 罗马天主教朝圣地，位于意大利中部的马尔凯大区，传说圣母玛利亚的居所位于此地。

[2] 路易十三（1601—1643），法兰西波旁王朝第二任国王，路易十四的父亲。

[3] 安德烈·杜舍斯内：《法国各城市、城堡和名胜的古迹》，1610年。——原注。安德烈·杜舍斯内（1584—1640），法国历史学家、地理学家，被称为“法国历史学之父”。

[4] 罗伯特·达灵顿：《法国风光》，1604年。——原注。罗伯特·达灵顿（1561—1637），英国旅行文学作家。

[5] 托马斯·科里亚特：《科里亚特的野游》，1611年。——原注

[6] 古希腊神话人物，杀死自己的母亲及其情人，为父报仇，但也因此而发疯，四处流浪。

[7] 布夏尔：《忏悔录》和《日志》，作者执着于用希腊文写作。——原注

[8] 多米尼克·卡西尼（1625—1712），意大利出生的法国天文学家。他发现了土星的四颗卫星，以及土星光环中间的缝隙，“卡西尼缝”由此得名。

[9] 德得扬前文所列举著作的结论部分将蒙田的《意大利游记》和孟德斯鸠死后一百年方才出版的游记进行比较。——原注

[10] 布夏尔的出版者阿尔西德·博诺将其和萨德侯爵做比较。——原注

五、以古迹为主的旅游胜地

关于这一时期旅游者感兴趣的旅游胜地，我们可以查阅三种资料：

第一种资料是“旅游指南”，描述从巴黎出发到其他目的地的各类主要道路。这些目的地并非都是边境地区：在法国东南地区，一般为阿维尼翁或马赛，格勒诺布尔或昂布兰；而艾蒂安的《旅游指南》一般从法国开始，到尼斯或都灵[1]终止。这些概括性的书籍没有任何个人色彩，只提供旅游距离和驿站信息，并对途经的城市做简单的旅游信息介绍。

第二种是“路线图”或“全貌”，这两种资料互相借用，更注重各类名胜，为旅游者提供环游法国的各类路线选择，以及沿罗讷河游历的陆路水路路线。这类资料一般很少介绍新的旅游地点。

第三种是并非为出版而写的“游记”，优点在于真实，原创性强，但质量参差不齐，其所见所闻并无普遍意义。游记作者所走的都是相同路线，这也证明一些路线因为异乎寻常或由旅游指南指定而成为习惯路线。

根据这些资料，我们将当时的旅游胜地进行了分类，并整理出这些资料提供的旅游建议。在此，我们只会重点探讨两类旅游路线：以阿尔卑斯山为主要障碍的意大利之旅和愈发受欢迎的环游法国之旅。

第一类旅游胜地是古迹。意大利，尤其是罗马在古迹旅游上的优势极为明显。罗马坐拥斗兽场[2]、万神殿[3]、古浴场[4]、古引水渠及古剧场等

[1] 意大利第三大城市，也是皮埃蒙特大区首府，位于该国北部。

[2] 罗马地标性古建筑，是古罗马帝国专供贵族和自由民观看斗兽或奴隶角斗的地方，建于公元72至80年间，已成为古罗马文明的象征。

[3] 罗马万神殿是至今保存最为完整的罗马帝国时期古建筑，始建于公元前27年，后因火灾毁坏，约公元118年在哈德良皇帝时期重建。

[4] 浴场是古罗马贵族和平民最喜爱的休闲及社交场所，古罗马帝国境内曾存在许多大型公共浴场。而首都罗马最豪华的浴场当属修建于公元212到217年的卡拉卡拉浴场。

众多古迹。人文主义旅游者阅读过各类古罗马考古学的著作，在旅游时也会携带古罗马作家的书籍[1]。他们尤其喜爱曾经属于古罗马的普罗旺斯。《游记》和《路线图》两书还提到加尔桥[2]、尼姆的卡利神殿[3]和斗兽场。马耶讷、夸德、恩斯、蓬塔努斯等人还描写了阿尔勒的古建筑，但因为阿尔勒不在前往蒙彼利埃或马赛的路线上，所以并非所有游记作家都描写过阿尔勒。埃斯普林查[4]和托马斯·普拉泰[5]在私人日记中详细描写了亨兹纳、金泽林和格尔尼兹等人的德语指南中常常提到的古迹，但很少提到这些古迹的历史来源，也几乎从不进行审美上的评价。锡德尼曾如此揶揄他们的肤浅："大多数人只是看到了表面的光鲜，他们远途跋涉，最后的结果只是催生了一种新潮流：人们将他们的经历编成戏剧，尽情嘲笑。"

同时，旅游者的认识也很不完整，他们会忽略许多历史遗迹。旅游者一般沿罗讷河坐船到阿维尼翁或者蓬圣埃斯普里，并直接前往尼姆，从而错过弗雷瑞斯、圣雷米和孔达的大多数古迹，甚至奥朗日的古建筑。[6]

旅游者对古希腊和古罗马时代充满向往，但对中世纪则不然，这也体现了相对于古希腊和古罗马时代，人们对"哥特"时代，即中世纪的轻蔑态度。尽管罗马城的中世纪历史也颇为丰富，但旅游者对此兴趣

[1] 蒙田在路上带了提图斯·李维和贺拉斯的著作，布夏尔则带上了艾比克泰德和塞内卡的著作。——原注

[2] 位于法国南部加尔省的古引水渠，是一座三层的石头拱形桥，高49米，长269米，建于公元1世纪的古罗马帝国时期。加尔桥跨越那尔河，将水引至尼姆，再分至公共澡堂、喷泉和私人住宅。

[3] 卡利神殿是一座古罗马时期的方形神殿，建于公元5年左右。

[4] 埃斯普林查：《旅游日志》，第250页及其他页。——原注

[5] 托马斯·普拉泰：《旅游笔记》，第235至238页。——原注

[6] 蓬圣埃斯普里为法国东南部加尔省的一个市镇。弗雷瑞斯为法国东南部瓦尔省的一个市镇。圣雷米为法国东南部罗讷河口省的一个市镇。孔达为历史地名，位于法国东南部，范围约相当于今日的沃克吕兹省，曾为教皇领地。奥朗日为法国东南部沃克吕兹省的一个市镇。

不大。罗马各种雄伟的哥特式教堂在当时并不受欢迎。对中世纪的轻视还延伸到罗曼艺术风格。马赛的圣维克多修道院[1]除了金泽林外，基本上无人问津[2]；塔拉斯孔[3]的勒内国王行宫门前冷清；阿维尼翁的教皇行宫无人提起；艾克斯市[4]的古罗马历史及普罗旺斯的风俗也仅有零星介绍[5]。16世纪的里昂是最受旅游者欢迎的法国城市，连巴黎都甘拜下风。原因是里昂曾为高卢首都，是一座带"古代"光环的城市，而非中世纪建筑。几乎所有旅游指南都会介绍法国维埃纳市[6]，大部分旅游者都会在维埃纳待上一两天。[7]维埃纳城内有一座"古老的罗马庙宇"（语出维拉蒙、蓬塔努斯），但对于旅游者而言，它是本丢·彼拉多[8]之城。彼拉多因判处耶稣死刑而饱受悔恨折磨，而这一悔恨之情深深扎根在15—16世纪的宗教意识之中。关于彼拉多也出现了许多神话传说，有的与瑞士卢塞恩的彼拉多峰[9]有关。[10]然而，其实另一座在维埃纳的彼拉多峰才是彼拉多放逐和去世之地。艾蒂安的《旅游指南》曾写道："据传说，葡萄园中的大金字塔才是彼拉多的居所。"维拉蒙、亨兹纳、蓬塔努斯、金泽林和格尔尼兹等人推荐旅游者去参观维埃纳这座名为"彼拉多金字塔"或"彼拉多之墓"的金字塔。而城市入口两旁的古

[1] 位于马赛旧港南岸，公元5世纪时在一座古代旧城遗址上建筑而成。

[2] 金泽林：《旅游指南》，法文译本，第236页。——原注

[3] 法国东南部罗讷河口省的一个市镇，保存有15世纪法国国王勒内二世统治时修建的一座城堡。

[4] 罗讷河口省的一个城市，曾是普罗旺斯地区的政治、经济和文化中心。

[5] 格尔尼兹：《比利时—高卢远游》，第456页引用了一首二行诗："议会、西北风和杜朗斯河/三者合力，普罗旺斯民不聊生。"——原注

[6] 法国东南部伊泽尔省的一个市镇，曾是罗马帝国时期法国的重要城市。

[7] 维拉蒙：《旅游》，第8页。——原注

[8] 本丢·彼拉多（？—41），公元26年至36年的罗马帝国犹太行省总督，他在任时曾下令将耶稣钉死在十字架上。

[9] 卢塞恩是瑞士中部的一座城市，也是琉森州的首府。彼拉多峰位于卢塞恩西南15公里处，海拔2132米。

[10] 由于迷信，从卢塞恩湖前往彼拉多峰的道路禁止通行。据说掉入湖中的石头会唤醒彼拉多，并引起洪灾。见1555年登上彼拉多峰的杰斯纳的《全貌》一书。——原注

塔则被称为“彼拉多之塔”[1]。他们还推荐旅游者去参观“彼拉多故居”，金泽林认为其于维埃纳周围，而亨兹纳认为在图尔农[2]，格尔尼兹和斯托罗贝尔博格则认为在圣瓦利埃[3]附近的蓬瑟斯。[4]

这些人文主义旅游者常怀有一种中世纪教徒的虔诚。朝圣者会走遍米拉比利亚，即“神迹或赦罪之地”，蒙田也同样如此。16世纪和17世纪的旅游者热爱探访奇观，尤其是多菲内地区的奇观。1656年，萨尔瓦安·德·波瓦斯厄[5]的著名诗歌中就列出了多菲内的各处奇观。但早在此之前的一百年，旅游者就已知晓多处奇观。杜日维尔[6]提到的有无毒塔[7]、火泉[8]和艾吉耶峰[9]；艾蒂安也提到了这些地方，称其为“国家的精华和古迹”，并将萨瑟纳日涌泉洞[10]和维齐尔[11]加入其中；还有很多旅游指南加入莱迪吉耶尔公爵城堡[12]；金泽林则于1616年列出大查尔特勒修道院[13]、无毒塔和“可以煮熟鸡蛋的火泉”；1515年，西尼奥记述了“凯拉斯的吗哪[14]”：“不久前，凯拉斯山谷有食物从天而降，和以色列的上帝天赐吗哪之事如出一辙”[15]；还有弗朗索瓦一世曾让人探索的拉巴

---

[1] 博纳罗：《艾蒂安旅游指南》，第一卷第36页和第二卷第171页。——原注

[2] 法国东部萨瓦省的一个市镇。

[3] 法国东南部德龙省的一个市镇。

[4] 金泽林：《旅游指南》，法语译本，第248页。——原注

[5] 萨尔瓦安·德·波瓦斯厄（1600—1683），法国学者，多菲内历史学家。

[6] 埃马尔·杜日维尔（1491—1558），多菲内法学家和历史学家。

[7] 法国东南部伊泽尔省的一处古城堡遗址，“多菲内七大奇迹”之一，传说毒蛇无法靠近。

[8] “多菲内七大奇迹”之一，位于法国伊泽尔省，因泉水中含有大量甲烷，与氧气接触后发生燃烧而得名。

[9] 埃马尔·杜日维尔在《多菲内全貌》中写道：“我们自己目睹并描述了很多外国学者提到过的三个奇迹”，第181至第182页。——原注

[10] 法国伊泽尔省的一处洞穴，“多菲内七大奇迹”之一。

[11] 法国伊泽尔省的一个市镇，位于该镇的维齐尔城堡现为法国大革命博物馆。

[12] 法国东南部上阿尔卑斯省的一座城堡，建于16世纪末。

[13] 位于法国伊泽尔省查尔特勒高地的一座修道院，是查尔特勒隐修会修道士的居所。

[14] 凯拉斯是法国上阿尔卑斯省的一个山谷。吗哪是《圣经》中的一种天降食物。

[15] 雅克·西尼奥：《高卢至意大利的所有路线、地点、地区的准确全貌，汉尼拔及凯撒走过的道路》，法语版，第四章。——原注

尔姆洞穴[1]。16世纪时，还出现了一种星象旅游现象：人文主义旅游者去参观占星家诺查丹玛斯的故乡沙隆。诺查丹玛斯死于1566年，之后，所有的旅游指南都将沙隆排在阿尔勒或艾克斯之前进行推荐。

大查尔特勒修道院也是新的旅游目的地。当时，修道院旅馆都有接纳隐居的非教徒的传统，但到了文艺复兴时，情况出现了变化，这座修道院成了18和19世纪旅游业大发展的一种先兆。到修道院的新访客不再以虔诚教徒为主，很多甚至都称不上是天主教徒。“游客”（touriste）一词仍未出现，他们却可谓货真价实的游客，全为参观欧洲最大的隐居地而来。儒勒·布拉什[2]曾说：“从文艺复兴时期开始，去格勒诺布尔的旅游者，但凡有一点好奇心，都会取道萨佩。”[3]很多到意大利和法国的旅游者都会从格勒诺布尔绕道前往查尔特勒，其中难度较低的路线是取道波尔特山口[4]：法国王后凯瑟琳·德·美第奇于1579年走的就是这条路。一些从尚贝里来的旅游者走的则是经由圣皮埃尔—当特勒蒙的查尔特勒山谷的小路，格尔尼兹便是其中一个。很多旅游者也会走吉耶峡谷[5]，但峡谷内年久失修的老桥经常无法通行[6]。每位旅游者都称赞修道院比许多旅店还热情好客。考虑到此处本来荒无人烟，这种热情更令人惊喜。作为新教徒的格尔尼兹曾明确地写道，“任何来访者，不论是谁，都会受到整整三天的热情款待，而且不需支付任何费用”，但可在离开时随意捐助一点钱。格尔尼兹在修道院住了三天，当时院内的德国区已经没有空位——旅游者按国籍分开居住。当时是1630年，欧洲尚处于

[1] 他派了两名死刑犯进洞探险，并承诺事后赦免他们。两人最终冒险乘船进洞，见识到洞内的地下湖。见小布里的《从里昂到巴尔姆的路线》，第36页。——原注

[2] 儒勒·布拉什（1893—1970），法国地理学家。

[3] 布拉什：《韦科尔和查尔特勒》，博士论文，第二章，第415页。——原注

[4] 法国伊泽尔省查尔特勒高地的一条山区通道。

[5] 位于法国伊泽尔省和萨瓦省的一个峡谷。

[6] 见《一个查尔特勒修士眼中的查尔特勒》，布特莱著，第14至第20页；《大查尔特勒修道院的荒漠》，帕斯卡尔著，第272页；布拉什的博士论文，第二章，第133页及其他页。——原注

三十年战争时期，正值开春之时，“雪刚刚停”[1]。可想而知查尔特勒络绎不绝的人流。

虽然如此，这些旅游者对大山却只有畏惧之心。从词源上来看，法语“山峰”（mont）本身就有“恐怖”“骇人”的含义。[2]阿尔卑斯山是到意大利的必经之路，一路诸多艰难险阻，但海路上又有柏柏尔人[3]出没，非常凶险。因此，欧洲很早就出现了以阿尔卑斯山为主题的旅行文学，西尼奥于1515年写就的《全貌》[4]就是一个典型例子，他在书中记载了10条穿越分水线的主要通道，以及分别从阿尔卑斯山两边穿越山脉的路线，并描述了与每个山口相关的历史事迹。穿过大小圣伯纳山口，对面便是意大利瓦莱达奥斯塔[5]地区，“汉尼拔[6]也曾从此处翻越阿尔卑斯山”；查理曼[7]曾经从塞尼山前往苏萨；蒙热内夫尔则被形容为“炮兵行进的最佳和最易通道”，也是查理八世走过的路线。从格勒诺布尔出发，有三条路通往布里昂松[8]：其中炮兵最易通过的路线是卢拉克鲁瓦－奥特；西格纳借用查理八世的事迹对艾吉耶峰进行描述，这一描述显然也启发了拉伯雷的写作；最常见的路线是经过巴亚尔山口和维齐尔，行程可缩短一日；西尼奥还提出罗塔雷山口路线，可再缩短一日行程，“但非常艰难”。过了蒙热内夫尔之后，游客可以通过多瓦尔[9]或者

[1] 格尔尼兹：《比利时—高卢远游》，马瑟译本，第12页。——原注

[2] 见昂热尔著作。——原注

[3] 西北非洲一个说闪含语系柏柏尔语族的民族，以骁勇善战闻名。

[4] 即雅克·西尼奥《高卢至意大利的所有路线、地点、地区的准确全貌，汉尼拔及凯撒走过的道路》，巴黎图桑丹尼出版社，1515年。——原注

[5] 意大利西北部的一个多山的大区，也是意大利面积最小的大区。西临法国，北方与瑞士接壤，南方毗邻皮埃蒙特大区。

[6] 汉尼拔（前247—前183），北非古国迦太基的著名军事将领，曾率兵翻越阿尔卑斯山进攻罗马。

[7] 查理曼（742—814），也称查理大帝，欧洲中世纪早期的法兰克王国的奠基人，其建立的王国疆域包括西欧的大部分地区。

[8] 法国东南部上阿尔卑斯省的一个市镇。

[9] 古地名，位于意大利西北部。

佩鲁斯山口[1]下山到都灵。他还提到，从阿维尼翁到意大利，有多条旅游路线，但全部都比较难走：其中三条通过凯拉斯和拉尔什山口[2]；以及取道腾德山口[3]的小道；最后是沿着热那亚沿海地区[4]前行的路线。然而，布夏尔到达土伦后，并不愿尝试这些路线。

几乎所有的现代游客都钟爱塞尼山。前往罗马的大路经过里昂、拉图尔迪潘、艾格贝雷特、尚贝里、蒙美利扬和塞尼山[5]：这是朝圣的经典路线[6]。熟知西尼奥《全貌》的艾蒂安未提供其他路线。蒙田1581年的旅游，维拉蒙、科里亚特和格尔尼兹从萨瓦前往皮埃蒙特的旅途，弥尔顿1639年从意大利的回程，以及其他很多旅游者都取道塞尼山。1642年后，旅游者对塞尼山的钟爱也未见减弱。当时，萨瓦领主有意保持这条通道艰险的状况。[7]这一时期的所有旅游指南都描述了这条艰难的通道和旅游者面对群山的畏惧，并简略介绍了路过的里昂、尚贝里和格勒诺布尔等城市。

很长时间内，塞尼山都是旅游者可以游览的唯一一座高山。很多旅游者都曾描绘过前往塞尼山的道路。他们的描述体现了人们对阿尔卑斯山看法的演变。[8]而穿越萨瓦的道路则鲜有记录，即使有，也是抱怨道

[1] 法国东部安省阿尔卑斯山区的一个山口。

[2] 法国东南部上普罗旺斯阿尔卑斯省的一个山口，位于法国与意大利边境。

[3] 法国东南部滨海阿尔卑斯省的一个山口，位于法国与意大利边境。

[4] 指从法国意大利边境至意大利热那亚地区的热那亚湾沿海地区，位于高山与大海之间，形状狭长。

[5] 拉图尔迪潘为法国伊泽尔省的一个市镇。艾格贝雷特为阿尔卑斯高山峡谷，位于法国东南部，长约130公里。蒙美利扬为法国萨瓦省的一个市镇。

[6] 西尼奥自己也出版了一本小册子，为朝圣者标注旅游距离，但这一小册子已遗失。见《博纳罗》，艾蒂安出版社，第28页。——原注

[7] 出于军事原因：以防法国军队快速侵入意大利皮埃蒙特地区。见布拉什的《古代旅游者眼中的萨瓦》，第89页。——原注

[8] 下文会做论述。——原注

路失修、路途漫长、旅馆质量堪忧。[1]一位名叫欧仁·德尚的旅游者于1500年前后曾如此形容萨瓦：

> 该国为人间地狱，
> 从艾格贝雷特到塞尼山，
> 翻越层峦，
> 四到六天苦行，
> 没有栖身之处。[2]

所有旅游者中，仅有科里亚特提及莫里耶讷山谷[3]的城市，并赞美艾格贝雷特的葡萄园。[4]维拉蒙观察到"因为水质问题，萨瓦人的喉咙显得硕大"[5]。在离开或进入阿尔卑斯山前，只有尚贝里的景色值得一提。萨瓦地区的任何其他城市，包括阿讷西[6]都无人问津，而尚贝里则被认为是拥有美丽城堡和街道的魅力之城。[7]一个重大的遗漏是：因为艾蒂安未提及尚贝里礼拜堂中的耶稣裹尸布，之后的旅游指南也无一提及，裹尸布迁移至都灵[8]一事也无人知晓。有人记载在尚贝里附近的艾克斯有一些古罗马浴场。日瓦尔写道："此地有三个可治病和强身健体的知名浴场。"[9]亨利四世在巡幸艾克斯时，就决定自掏腰包，让自己的

---

[1] 见《科里亚特的野游》，第215页；格尔尼兹的《比利时—高卢远游》，马瑟译本，第180页及其他页。——原注

[2] 引自布拉什的《古代旅游者眼中的萨瓦》，第11页。——原注

[3] 法国东南部萨瓦省阿尔卑斯山区的一个峡谷，长达125公里。

[4] 《科里亚特的野游》，第219页。——原注

[5] 见维拉蒙领主的《旅游》，第13页。——原注

[6] 阿讷西是法国东南部的一个美丽的小城，距瑞士日内瓦只有几十公里。

[7] 见蒙田、艾蒂安的作品以及金泽林的《旅游指南》法文译本，第345页；《科里亚特的野游》，第215页；维拉蒙的《旅游》，第11页；格尔尼兹的《比利时—高卢远游》，第365至第372页。——原注

[8] 1578年，在圣嘉禄·鲍荣茂主教的要求下迁移。——原注

[9] 日瓦尔：《多菲内全貌》，第78页。——原注

士兵到浴场疗养。[1]

从塞尼山通道通行的人数最多，但该通道并不是唯一的选择。从16世纪末起，前往意大利的旅游者不再限于英国人和法国人，许多日耳曼人通过辛普龙山口和圣哥达[2]等瑞士和奥地利的山口前往意大利，但他们也同样惧怕大山之险峻。这一时期的旅游指南大多以欧洲国家分类，但却有许多以阿尔卑斯山为主题的专著，如康拉德·格斯纳[3]和乔西亚斯·希姆勒[4]的著作。一般认为，他们的著作开启了阿尔卑斯山情结[5]的先河，并具有重要宇宙学和地形学意义[6]。萨瓦地区的第一幅地图于1562年出版。[7]前往意大利的旅游者通常都要经过日内瓦和里昂。各类旅游指南也都推荐游览两城，并描写其名胜风景，尤其是16世纪享有盛名的里昂。[8]15和16世纪的国王及王室多在里昂长驻，如路易十一世、查理八世、路易十二世、弗朗索瓦一世、法国摄政王后露易丝·德·萨瓦（在其子弗朗索瓦一世被囚禁帕维亚[9]期间）、亨利二世和查理九世。里昂的集市比日内瓦的竞争对手更有名。同时，里昂也成了重要的银行业和货币汇兑中心。外国人，尤其是佛罗伦萨人数量众多，在里昂迅速获得较高社会地位，其中就有加达涅[10]。里昂还有众多印刷厂厂主，1548年时达413位，又没有大学的森严规矩，因而产生了活

[1] 夏布洛尔:《温泉与气候医疗演变》，第31页。——原注

[2] 瑞士南部阿尔卑斯山区的一个山口，是连接南欧与北欧的重要通道。

[3] 康拉德·格斯纳（1516—1565），瑞士博物学家、目录学家，著有五卷本《动物史》。

[4] 乔西亚斯·希姆勒（1530—1576），瑞士神学家、历史学家。

[5] 他们著作的拉丁书名见《意大利之行》及柯立芝的《希姆勒及登山运动起源》。——原注

[6] 见布拉什的《古代旅游者眼中的萨瓦》，第101页。——原注

[7] 《萨伏依公国全貌》，1562年于威尼斯由佛拉尼出版（都灵图书馆）。——原注

[8] 见各种版本的《里昂和里昂人故事》，克莱恩克劳斯及拉特里耶著。——原注

[9] 意大利北部城市。

[10] 加达涅（1495—1543），法国商人、银行家，出生于意大利佛罗伦萨。

跃而自由的知识和艺术圈，并得到王室的支持。[1]各种旅客、商人络绎不绝，于是里昂的资产阶级纷纷在交易所附近建起酒店，酒店业由此兴起，全市有超过“两百家旅馆和酒馆”[2]。常常前往里昂的伊拉斯谟也留下了完整的记载。他的第一部《对话集》第一章主题即为各类旅馆，其中讲到德国旅馆接待态度怠慢，而相比之下法国人热情好客，在里昂尤其如此。[3]有一则名为博多福和纪尧姆的两个人之间的对话就很好地体现了里昂人乐观、节俭、能干的名声：

博：“为什么现在旅游者都习惯到里昂待上两三天？我一般只要一上路，不到终点是不会停下的。”

纪：“我恰恰相反，我不明白人们怎么舍得离开里昂。”

博：“为什么？”

纪：“因为在里昂有一个地方，连尤利西斯的伙伴都舍不得走，那儿有很多美艳女子。在里昂这家旅馆，永远比在家里还要好。”

随后，纪尧姆开始夸耀自己和旅馆女老板及其女儿之间的愉快对话：

博：“那，价格多贵呢？”

纪：“价格很便宜。我很惊奇，他们收费那么低，对待客人却如此热情。”

---

[1] 里昂的文艺复兴诗人享有盛名；16世纪上半叶的大作家大多曾在里昂居住：拉伯雷居住了3年（1532—1535），并在此发表《巨人传》；艾蒂安·多雷、马罗、让-安托万·杜巴伊夫也曾在里昂居住过4年（1536—1540）。——原注

[2] 博纳罗：《16世纪的旅途生活》，载《历史问题期刊》，第65期，第68页。——原注

[3] 伊拉斯谟：《作品集》，卡斯特拉出版社，第二卷，第22页及其他页。“德国的旅店接待员不向到来的客人问好，客人有要求也不回应；如果客人提出异议，还会顶嘴：‘如果你不喜欢这里，就去别处住吧！’”——原注

博："那房间呢？"

纪："我们刚进门，就有面带笑容的活泼女孩进来。她们问我们有没有脏衣服，如果有，她们就拿去洗，衣服会清洗得有如崭新。怎么说呢？除了马厩，到处都能遇到年轻女孩。就算在马厩，也经常会有年轻女孩进来。她们和旅游者道别时，热情得好似和自己的兄弟和亲人道别一般。"

文艺复兴时期，所有的旅客和旅游指南都热情赞美里昂。维拉蒙写道"以贸易繁荣而知名，商铺满城皆是"[1]；马耶讷称其为"里昂名城"[2]；而亨兹纳认为里昂是"很著名的港口"城市。

为什么里昂能成功吸引旅游者？原因其实和米兰、佛罗伦萨、威尼斯等名城相似：旅游者钦慕这些城市的繁华美丽，而文艺复兴时期留下的各类建筑更令人叹为观止；里昂和鲁昂[3]一样，是文艺复兴风格建筑最多的外省城市[4]。对里昂的描述集中在资产阶级聚居的圣让街区那些充满意大利风情的美丽建筑，包括加达涅酒店和布里亚酒店[5]。

游历意大利的旅游者也钦佩意大利出色的城市规划，而当时欧洲的其他地区远远落后于意大利。里昂则于此时，在索恩河和罗讷河之间划出城市建设用地，亚德雷男爵[6]也建造了阿尔姆广场。据亨兹纳记载，里昂的白莱库街区常有男性和年轻人聚集进行身体锻炼。路易十三时期，这一街区被改造成广场，种上椴树，在当时的法国可谓独一无二。

---

[1] 维拉蒙领主：《旅游》，第7页。——原注

[2] 马耶讷：《简版全貌》，第41页。——原注

[3] 法国西北部城市，滨海塞纳省省会及诺曼底大区首府。

[4] 拉夫当：《城市规划史》，第二卷，第153至第155页。——原注

[5] 加达涅是一位在里昂发家的意大利银行家，其具壮美的文化复兴风格的邸宅现已成为里昂的历史博物馆。菲利贝尔·德洛尔姆留下的著作极少。他生于里昂，从意大利回到家乡后，开始建造邸宅以及位于但尼的弗朗索瓦一世陵墓。——原注

[6] 即弗朗索瓦·德·博蒙（1513—1587），法国宗教战争时胡格诺军队的将领。

“前旅游”时代的旅游者都偏爱城市的美感。与孤立的古建筑相比，他们更喜欢同时代人设计的建筑。建筑在他们的旅游中占首要地位。这一趋势从16世纪开始，和18世纪重视“景色优美”和“浪漫”的品位恰恰相反。简而言之，是不是可以说当时旅游者更喜欢“开放与全球视野”，而现在我们所说的游客则更关注一些“趣闻轶事”？

旅游者长时间逗留里昂还有一个技术原因——即使是时间紧迫的旅游者也会停留数日。一般来说，旅游者会在里昂换一种交通方式：从沙隆至里昂，里昂至阿维尼翁，或反方向，一般都走水路，他们到里昂后，会改走到罗阿纳[1]、提耶尔[2]、格勒诺布尔、尚贝里、日内瓦的陆路。虽然从巴黎到阿维尼翁，旅游者会一直走水路，但也需要换船。[3]而去意大利的旅游者，也都必须规划好行程。格尔尼兹写道：“在离开里昂去意大利前，我暂时停止记述旅游见闻，为其他旅客提供三个方面的有用建议。”

到意大利的旅游者首先需要和一名经理签署合同，合同内容涵盖一切。格尔尼兹还细心列举了各种支付方式，并提供了一份合同样本[4]：

> 我，签名如下……在里昂向……承诺：本人驾驶或雇人驾驶马车，将以上先生从此地送往日内瓦，再从日内瓦送往都灵。途中由本人为他们每人提供符合其地位的马匹并承担马匹费用，他们需要支付从此地至都灵的所有过路费、人员饮食费和他们的马匹从本市到都灵的费用。旅途总费用为三十九里弗[5]。

[1] 法国中部卢瓦尔省的一个市镇。

[2] 法国中部多姆山省的一个市镇。

[3] 亨兹纳：《路线图》，第64页，从日内瓦进入法国，到图尔努斯，再乘船沿索恩河而下，随后骑马至阿维尼翁及之后的目的地。从图尔努斯到阿维尼翁，布夏尔走的是水路。——原注

[4] 《比利时—高卢远游》，瓦谢兹译本，“从里昂到日内瓦”部分，第17页及其他页。——原注

[5] 781至1795年的法国货币单位，一里弗相当于一古斤银的价格。

旅游者还需要提供健康表，证明自己“未感染黑死病或任何其他传染病”。格尔尼兹补充说，旅游者还需要“证明在法国布洛瓦或者里昂居住超过六个月，这两地在意大利以公共卫生状况良好著称”。维拉蒙[1]和科里亚特[2]提到，他们曾向里昂政府请求提供这一健康证明，因为如无此证明，他们将无法进入意大利的皮埃蒙特地区。此外，旅游者还需要在里昂购买外汇。维拉蒙还叮嘱旅游者在里昂的银行提供“换汇票”时要注意的事项，尤其要确认票上有“等重的金埃居[3]”的文字说明。[4]40年后，格尔尼兹仍然推荐选择换成“等重的金埃居、西班牙金币或皮斯托尔金币”。维拉蒙还提到在罗马用汇票换钱非常方便，但会被征收7%的邮费。他还后悔在旅途中身上带了一半的现金，“我后悔自己这么不小心”。因为身上的钱多于去罗马规定的80埃居上限，他两次被搜身，所携带的钱差点被没收。穿过萨瓦地区的旅程也需要钱币，格尔尼兹强调：“不要接受磨损、成色不好、重量不对的钱币”，“也不要接受萨瓦币”，因为“萨瓦本地人和外国人都知道萨瓦币名声不好”。在里昂，旅游者一般用法国货币。

六、16世纪的旅游者

16世纪的旅游者虽然人数不多，但影响非常深远。这要归因于艾蒂安的《旅游指南》和随后出现的各种全貌类的学术著作。从文艺复兴时代开始，意大利就是第一旅游目的地。此后，旅游目的地排名开始出现，但绝大多数目的地都是城市。罗马仍是最受欢迎的目的地，随后是

[1] 维拉蒙：《旅游》，第9页。——原注

[2] 科里亚特：《科里亚特的野游》，第1卷，第214页。——原注

[3] 中世纪法国货币名称，先后以金埃居和银埃居的形式存在。

[4] 维拉蒙：《旅游》，第6页。——原注

米兰、佛罗伦萨、威尼斯等意大利城市。法国的里昂和巴黎地位相当，随后是蒙彼利埃和阿维尼翁，以及阿姆斯特丹和安特卫普等一些北方城市。

第二章　古典主义时期的插曲（17世纪至18世纪初）

从16世纪旅游业开始萌芽，到18世纪下半叶的“旅游革命”，中间似乎经历了一个漫长的、旅游风气逐渐减弱的世纪。在两个旅游风气盛行的年代之间的一百多年，这一潮流却衰减下去了，可以说，路易十四统治的“伟大世纪”是一个足不出户的慵懒世纪。

尽管如此，这一时期仍然值得讨论。在这个“伟大世纪”，法国的霸主地位确立。[1]法国“在知识和文艺上的统治地位”[2]通过凡尔赛宫和法国宫廷得到很好体现，法语也成为占压倒性优势的语言，旅游指南也开始使用法语。从17世纪中期到18世纪中期，法国开始与意大利竞争成为高层次旅游者的目的地。

一、博学者的旅游

从16世纪末起，旅游从漫不经心的游历变成越来越具有学术色彩的出游。日耳曼人为旅游增添了一些学究气。欧洲中部和北部的广阔山河为一系列拉丁文[3]指南提供了素材，这些书都使用拉丁语的“路线

[1] 见路易·洛的《启蒙时代的法国化欧洲》，贝尔及萨尼亚克丛书；《法国的霸主地位：路易十四》，“民族与文明”丛书。——原注

[2] 见上述贝尔及萨尼亚克著作，第3页。——原注

[3] 这些著作的作者包括德国人、荷兰人、丹麦人、德语区瑞士人、中欧犹太人，例如乔西亚斯·希姆勒（1574）、埃塞克·蓬塔努斯（1606）、恩斯（1609）、亨兹纳（1612）、金泽林（1616）、斯特罗贝尔伯格（1620）、布特雷（1621）、格鲁伯（1629）、阿布拉姆·格尔尼兹（1601）。——原注

图”“全貌”“远游”“美景”“评论”作为书名。从1640年开始，法国人开始出版法文的旅游指南，并大肆抄袭日耳曼前辈。库隆的著作连标题都照搬格尔尼兹，并描述同样的路线和旅店。这些法语著作大受欢迎，多次重印，许多作者也纷纷加入新书出版的队伍中。[1]让·布瓦索的《高卢地理图册》等地图出版。这些书籍都满足了许多博学的旅游者，尤其是德国学者的需求。

德国人一直就有旅游的传统。保罗·阿扎尔[2]称旅游为17世纪末德国人的“习性和癖好”[3]。他在自己的喜剧《准政治家》中描写的圣艾福蒙德这一人物，就是典型的德国旅游者。他如此写道：

> 我们世世代代都在旅游，没有什么可以阻挡我们。我们刚学完拉丁语，就开始准备旅游了。第一个要准备的就是一本《路线图》，了解路线；第二个是一本描述每个国家风俗名胜的小书。有学识的人会从家里带一本装订精美的、被叫作《友谊录》的空白册子。他们每路过一地，都会去拜访有学识之人，并让他们在空白册子上签名。

阿扎尔赞叹说：“德国旅游者真是不畏艰辛。”耶稣会教士德·瓦雷那的建议就是为这样的旅游者而准备的。他们更倾向于从斯特拉斯堡或者弗兰德而不是日内瓦进入法国，这样可以直接到巴黎或奥尔良学好法语。即便气候宜人，他们在法国的旅途也不从普罗旺斯或朗格多克地区开始。德·瓦雷那采纳了金泽林的建议，学法语才是最重要的目标。

---

[1] 德·瓦雷那：《法国旅游》，1639年，他直接在前言中提到这一点。德·瓦雷那和库隆这两名耶稣会教士的著作多次重印。从1655年起，吉尔贝·索尼耶·德·魏迪埃以自己的名字重新出版了德·瓦雷那的著作。——原注

[2] 保罗·阿扎尔（1878—1944），法国作家、历史学家、哲学家，1940年当选法兰西学院院士。

[3] 见福特汉姆的《法国道路及路线指南目录》，第24页；巴伯的《在法国的旅游者》，第87页；保罗·阿扎尔的《欧洲思想的危机》，第一卷，第7页。——原注

当然，学法语并非唯一目标。瓦雷那长篇大论的前言中就讲到了这位博学旅游者上路的目标[1]；而库隆的《法国远游》的副标题也明确写道：“忠实展现每个城市的稀有和奇异风物，这些城市的距离、著名战役、道路和通道列表。”这位17世纪的旅游者想了解法国和法国政府，体会法国人的风俗，了解法国名人，拜访尚在世的名人，欣赏他们的收藏品。他决心凭借地图学习法国地理，了解法国河流。而库隆正是为此出版了一部专门著作[2]。

17世纪末出版的《法国风物与旅游》，以及整个18世纪出版的各类旅游书籍，包括旅游指南或全貌书籍一直在模仿古老的路线图，沿用其渊博的知识，这些著作还会增加一些额外细节，并大体保留原本选择的路线和旅游计划，其中包括瓦雷那的环法旅游指南，艾蒂安、库隆、拉佛尔斯、杜登斯[3]等人的旅游指南对从巴黎出发的道路的描述。其中，皮加尼奥尔·德·拉佛尔斯[4]的著作最负盛名。在所有这些书中，对于每座城市的感受和所见的城市名胜的认定基本保持一致。旅游指南作者一直在复制前人。地理学家德尼于1776年推出一本自称创新的著作[5]，他在前言中评论道：“如果地理学家可以轻松抄袭其他人的作品，那还有什么必要离开家，让自己饱受热天、下雨、冰雹的折磨呢?”

从夏尔·艾蒂安的《旅游指南》到18世纪的各种《全貌》，旅游出版物一脉相承。《旅游指南》多次再版至1644年，之后不断被抄袭，改头换面后再出版。17世纪最后一次使用“指南”是在1672年，伯恩·卡

---

[1] 德·瓦雷那：《法国旅游》。——原注

[2] 库隆：《法国河流或河流历史与地理总述》，1644年，两大卷。当时夏尔·艾蒂安已经出版《河流旅游指南》。——原注

[3] 路易·杜登斯（1730—1812），18世纪法国作家，父母为胡格诺教徒，因遭迫害而流亡英国。

[4] 皮加尼奥尔·德·拉佛尔斯（1669—1753），法国地理学家。

[5] 德尼的《法国旅游引导》路线图的原创性在于其编册方式：每条路线都编成约30页的小册子。——原注

斯·德·圣莫里斯[1]出版了《外国旅游者忠实指南》。后来，“指南”[2]作为一种大众读物而逐渐式微，终至被抛弃[3]。1724年，都德[4]使用了“指南”一词，成为18世纪最后一位使用该词的法语作家。他的《法兰西王国道路新旅游指南》对照艾蒂安的《旅游指南》，突出自己的创新特点，并在前言中声称要取代艾蒂安的地位。对于旅游者而言，在法国寻路不再是一种冒险。自1707年起，面向旅游者的各类书籍可以直接参考热约[5]出版的驿站图册。各级行政机关还对道路进行管理，大量增设驿站。18世纪末，杜尔戈[6]开创有固定时间的公共马车服务。在英国、法国、荷兰等欧洲国家，为方便游客而设计的便携书籍都包含了准确详尽的必要信息。1723年，都德在这些书籍中加入一些地图。拉佛尔斯的《全貌》最为全面。艾克斯皮里[7]修道院院长[8]的地理著作也为这些书中的国家介绍提供了很多参考。

为提高读者满意度，18世纪的作者十分重视实用性的改进。当时的地理工程学家米歇尔和德思诺斯合著的《法国旅游忠实指南》中，每条道路都有专门的一页介绍。此书于1746年出版，之后的30年多次再版，直至1776年被地理学家德尼的著作取代。德尼的《法国旅游引导》按道路分册，每册30页左右。在副标题中，他声称涵盖了公共马车行驶的所有法国道路。此书先后再版了十多次。

---

[1] 伯恩·卡斯·德·圣莫里斯，1692年出生，卒年不详，法国诗人、伦理学家。

[2] 18世纪晚期的《大百科词典》未收录这一含义。——原注

[3] 利特雷于1863年确定“指南”（guide）的第一个含义为“为人们提供指导”，第二个含义为“收录指导说明的著作的名称”。——原注

[4] 路易-皮埃尔·都德，生卒年不详，18世纪法国王家地理工程学家。

[5] 亚历克西-于贝尔·热约（1632—1712），法国17世纪最著名的制图学家。

[6] 安娜-罗贝尔-雅克·杜尔戈（1727—1781），法国经济学家、政治家，曾任路易十六的财政大臣。

[7] 1752年开始著书，出版了未完成（止于字母S）的六卷《词典》；其《地理学家手册》也以艾克斯皮里为笔名，于1757至1803年多次再版。——原注

[8] 艾克斯皮里修道院院长（1719—1793），全名为让-约瑟夫·艾克斯皮里，法国地理学家、历史学家。

二、古典主义时期法国的霸主地位与足不出户的风潮

法国霸主地位始于路易十四时期。1670年，法国作家萨维尼昂·德·阿尔奇埃在其致读者函中解释了到法国旅游的理由："法国取得各种胜利，已成长为一个繁荣强盛的国家，所有国家都视其为世界第一帝国，没有一个人不想来法国看看。我相信，如果我可以向其他国家的人介绍法国的风物，也未尝不是一件乐事。"[1]他书中的第三章共有至少292页，对法国各种繁荣伟大景象不吝赞美之词："体面辉煌的剧院""科学艺术的学府""享受生活的极乐天堂""想发家致富的人选择定居的理想国度""年轻人与女孩的乐园""世界上最适合信徒生活的国家""政府有为、个人享有自由的国度"，等等。

然而，法国本国的旅游者对传播法国的霸主影响却贡献甚少。古典主义时期的法国人大多不喜出门旅游。让·布杜[2]曾提到："古典主义时期的法国作家，至少在其成熟时期，全都待在巴黎。"[3]他认为在这两个时期之间，来自外部的影响才比较明显。一方面，拉伯雷、蒙田、孟德斯鸠、德·布罗斯等法国作家热爱旅游；另一方面，"古典主义时期几乎没有受到外部的影响"。阿扎尔写道："古典主义精神喜欢稳定，想成为稳定本身。"[4]丹维尔将之称为"笛卡尔停滞"，"导致现代地理的出现被延后"[5]。一位耶稣会教士则认为"1660年是地理学历史的转折点，新事物不再是焦点，耶稣会学院开始注重修辞和重复，四十多年间都没有出现新著作"，"法国被自己的成功迷惑，它被全世界羡慕和热爱，于是慢慢失去对遥远国度的兴趣，开始故步自封"。古典主义者只对凡尔赛感兴趣，他们的视野局限于国家边境之内和国王军队可以掠夺的地方。耶

[1] 萨维尼昂·德·阿尔奇埃：《法国风物》，第一版，1770年，前言。——原注

[2] 让·布杜（1651？—1706），法国王家印刷商。

[3] 见贝迪耶和阿扎尔：《法国文学》，第一卷，第482页。——原注

[4] 阿扎尔：《欧洲思想的危机》，第一卷，第482页。——原注

[5] 丹维尔：《人文主义者的地理》，博士论文，第411页。——原注

稣会教士勒孔特[1]一针见血地指出："我们只关注法国的荣耀，几乎忘了世界上还有其他国家。"[2]

古典主义这种孤芳自赏的特点还有许多佐证，比如各种著作书目中极少引用外国资料[3]，绘画中没有异国物品，古典主义作家满足于足不出户的生活。而在生活经验上，"布瓦洛[4]在法国中部的波旁做温泉治疗时，竟然以为自己到了世界尽头，巴黎郊外的奥岱伊对他已经足够远了。拉辛和布瓦洛非常不愿意参加国王的远足。博须埃[5]和芬乃伦[6]从未到过罗马。莫里哀只去过一次法国南部的佩泽纳的理发店"[7]。而这种足不出户的慵懒，正是由国王引领的潮流。路易十四自己只在法国进行过一次长途旅游，即1660年迎娶玛丽·特蕾莎[8]之旅。在路上，他得知婚礼将延期数月，于是顺便游览了法国南部。从1月9日到3月底，他选择一条传统路线，参观了普罗旺斯地区的古罗马遗迹，4月时继续到朗格多克地区游览。[9]

拉辛于1661年11月从巴黎启程，前往于泽斯[10]的舅舅家。这一普罗旺斯之行的唯一目的是谋取一个神职人员的身份。他对出远门怨气冲天，并和奥维德[11]相比较，担心自己回到巴黎后会失去"高雅气质"，而奥维德"具有让人无法忘怀的古罗马的高雅"。他还对挚友勒瓦瑟神

---

[1] 勒孔特（1655—1728），汉名李明，法国耶稣会教士、数学家，1685年被路易十四派遣至中国传播基督教。

[2] 丹维尔在前引提到的著作第479页处引用前人语。——原注

[3] 见布歇·德·拉理查德利的著作。——原注

[4] 尼古拉·布瓦洛（1636—1711），法国诗人、文学理论家。被称为古典主义的立法者和发言人。

[5] 博须埃（1627—1704），法国主教、神学家，以讲道及演说闻名。

[6] 芬乃伦（1651—1715），也译作费讷隆，法国散文作家、神学家。

[7] 见阿扎尔前引提到的著作，第6页。——原注

[8] 玛丽·特蕾莎（1638—1683），法国国王路易十四的王后，西班牙国王腓力四世之女，1658年法国与西班牙停战并决定联姻后，她与路易十四结婚。

[9] 梅那尔：《尼姆城市史》，第六卷，第150页及其他页。——原注

[10] 法国南部加尔省的一个市镇。

[11] 奥维德（公元前43—公元17或18），古罗马重要诗人。

父吐露心声："我可能只需要六个月就会忘记一切，回到巴黎后，别人都听不懂我说的话了。如果我成了天下最有名的乡下人，你会感到高兴吗？"[1]几个月后，他意识到此行目的无法实现[2]，便不再留恋普罗旺斯的美好风光。这是拉辛的唯一旅游。而拉封丹[3]也只是1663年时，为了陪伴被流放到利穆赞[4]的一个名叫让纳尔的亲戚才第一次离开巴黎。然而，塞维涅夫人[5]一生走过的旅途不下万里。这位侯爵夫人时常在利夫里和罗歇[6]的假期居所、勃艮第的自家庄园、巴黎的府邸之间奔波，多次到维希[7]和波旁拉尔尚博[8]泡温泉，还常去格里尼昂[9]看望女儿[10]。因此，她曾多次经过罗讷河谷，游历马赛，并参观普罗旺斯的名胜。不过，正如加伊[11]所言："这些旅游都是出于实际事务的需要，而非一种对旅游本身的热爱，或对未知国度的纯粹好奇。"[12]她还梦想"有一种会飞的机器，可以免去旅途劳顿，只需几个小时，就从布列塔尼飞到普罗旺斯"。塞维涅夫人的三卷本《书信集》对旅途的描述平淡无奇。她虽然极富写作天赋，能在信件中寥寥几笔就将巴黎和王室的琐事讲述得绘声绘色，将某个滑稽人物刻画得栩栩如生，从未亲临战场却把战斗场景描写得惊心动魄，但她在描绘旅游的种种发现时却写得黯然失色。她在

---

[1] 拉辛：《给勒瓦瑟的信》，1661年12月26日，七星文库版，第411页。——原注

[2] 皮卡尔于《拉辛信件往来》的前言中写到；在第370页也提到。——原注

[3] 让·德·拉封丹（1621—1685），法国著名寓言诗人。

[4] 法国中部一个大区的名称，北邻中央大区。

[5] 塞维涅夫人（1626—1696），原名玛丽·德·拉比坦－尚塞尔，法国作家，出身贵族。

[6] 利夫里，巴黎东北郊外的一个市镇。罗歇，现为罗歇－塞维涅城堡，位于法国西部的伊勒－维莱讷省。

[7] 法国阿列省的一个温泉小镇。

[8] 法国中部阿列省的一个市镇，是波旁家族的起源地。

[9] 法国中部德龙省的一个市镇。

[10] 塞维涅夫人于1672—1673、1690—1691、1694—1696年间在此居住，并于1696年4月17日逝世于此。——原注

[11] 杰拉尔·加伊（1882—1974），比利时作家、文学批评家，以对塞维涅夫人的研究而知名。

[12] 塞维涅夫人：《书信集》前言，七星文库版，第一卷，第45页。——原注

画自己熟悉的布列塔尼风景时，有时会显露出一些印象主义[1]风格，但对维希[2]、罗讷河谷和普罗旺斯的描写，读起来却如同嚼蜡！对她来说，罗讷河只不过是旅途中的一个障碍，令她感到“厌恶”和“恼怒”。对沿途经过的罗讷河两岸，她熟视无睹。只有一次，她无意中提到瓦朗斯[3]。她到过阿维尼翁多次，但从未提及壮观的断桥和雄伟的教皇宫。不过，她对马赛却偏爱有加：“我被这座城市独特的魅力迷住了。”她简短地描绘了马赛，但是两天后，她表示已经感到“厌烦”[4]了。

在格里尼昂，塞维涅夫人提到一座城堡：“它有着不寻常的美丽”，还注意到相比她上次来访，城堡发生的变化[5]。但是，如此美丽和新颖的景色，也是着墨不多。她偶尔会对女儿[6]提起旺图峰，抱怨冬天寒冷，并说“我们的山之所以美，是因为让人望而生畏，是一种恐怖之美”[7]。

由此可见，塞维涅夫人的旅游描述全是简短、模糊的情绪表达。她从未对见到的景物进行过描述，从未发出过对美的惊叹。塞维涅夫人的写作以随心所欲闻名，我们可以推断：她旅游经验丰富，但对周遭的古迹和景色没有任何兴趣，因此，她的旅游一无所获。在这一点上，她和在于泽斯的拉辛和在利穆赞的拉封丹非常相似。对她来说，旅游唯一的乐趣在于旅伴：1673年，她在女儿以及修道院院长库朗其的陪伴下，

---

[1] 马塞尔·普鲁斯特很欣赏塞维涅夫人的油画《罗歇的月光》。——原注

[2] 塞维涅夫人在维希居住期间，仅仅简短地提到“步行道很美丽”（塞维涅夫人的《书信集》，1677年9月24日，七星文库版，第二卷，第358页）；塞维涅夫人还很讨厌波旁的“沉闷无聊”（《给格里尼昂夫人的信》，1687年10月7日，第三卷，第180页））。——原注

[3] 塞维涅夫人：《书信集》，第三卷，第782页。——原注

[4] 《给格里尼昂夫人的信》，1673年1月25日，第600页。——原注

[5] 《给库朗其先生的信》，1694年10月14日，第869页。——原注

[6] 《给格里尼昂夫人的信》，1689年7月13日，第482页。——原注

[7] 《给库朗其先生的信》，1695年2月3日，第877页。——原注

横穿普罗旺斯[1]；她登上圣博姆山[2]，因为这是当时流行的朝圣地[3]，而她女儿也熟悉此处[4]。杜舍纳[5]从中注意到塞维涅夫人的情感模式和普鲁斯特相似，“一个地方会让她想到女儿，她通过在普罗旺斯获得的感受和印象，寻找女儿的存在”[6]。内心的感情告诉她：“没有你在，我什么地方也不喜欢，无论是普罗旺斯还是别的地方。有你在，我寻找的一切就都有了。”[7]我们可以断言：塞维涅夫人的法国东南地区之行，目的仅仅是看望女儿，而她对普罗旺斯的喜爱，也不过因那里是她回忆女儿的一个所在。如果女儿住在加拿大，那她喜爱的就是加拿大[8]。

总而言之，17世纪下半叶，很少有上层人士出门旅游。即便有，也不是为了游览未知国度或获取新知识。他们一般会待在城堡中，朋友间互相拜访、组织聚会、享受美食。塞维涅夫人向表兄描述自己在格里尼昂时的“城堡生活”，用了半页纸描述那里——“宴席不断”“盛产小山鹑”“鹌鹑、斑鸠，应有尽有”“这儿的日子太惬意了！”[9]杜舍纳回顾了[10]1675年8月度假时的愉快时光，当时马林镇长在自己的拉图代格城堡大宴宾客，从早上七点到深夜，美酒、音乐、游戏与闲谈、散步等各种活动从不间断。直到有一天，马林发现有一位客人向自己妻子求爱，他勃然大怒，才停止举办这种宴席。在罗歇的塞维涅夫人听闻此事，写

[1] 此次旅游于1673年4月格里尼昂夫人在艾克斯分娩后发生。杜舍纳在1963年第二期《法国文学历史期刊》上发表了三封从未发表的库朗其修道院院长的信件，讲述了此次旅游。——原注

[2] 法国南部罗讷河口省和瓦尔省的一座山脉。

[3] 参考杜舍纳上述文章，第176页。——原注

[4] 《给塞维涅夫人和格里尼昂夫人的信》，1962年4月27日。——原注

[5] 杜舍纳（1930—2006），法国传记作家、历史学家，研究塞维涅夫人及书信文学的专家。

[6] 杜舍纳作此结论，上述文章，第179页。——原注

[7] 塞维涅夫人：《给格里尼昂夫人的信》，1672年4月27日。——原注

[8] 格里尼昂先生曾被任命为加拿大总督。——原注

[9] 塞维涅夫人：《给库朗其先生的信》，1614年10月14日，第三卷，第869页。——原注

[10] 在1962年5月24日的一封信中，杜舍纳使用了梅让讷图书馆文章《首位镇长逗留时拉图代格城堡发生的事情》的手稿，拉图代格位于吕贝隆山脚下。——原注

信给女儿了解详情：“镇长是怎么打自己妻子的？”[1]总之，虽然贵族们足不出户，但他们的种种轶事却传遍法国。

三、诙谐的旅行文学：夏培尔和巴肖蒙

塞维涅夫人的《书信集》是17世纪上流社会人士活动的一个范例。旅游是他们的职责，而非兴趣所在。于是，他们在旅途中常常会怀念宫廷生活的种种，而塞维涅夫人对此的描写可谓惟妙惟肖。夏培尔和巴肖蒙沿用这一写法，开创了一种新型的诙谐旅行文学：旅游者对他们所见的风景轻描淡写，却不时回想暂时远离的宫廷生活，并描写外省的贵族社会和对他们的接待。夏培尔和巴肖蒙都以“有思想的文化人”自居，作品标题十分简约：《游记》[2]。夏培尔是主要作者。这两名自由主义者在书中讲述了7年之前，即1656年[3]到法国南方的昂科斯[4]进行温泉水疗的一次旅游。

《游记》广受欢迎，并在之后的一个半世纪内多次再版。从18世纪中叶起，《游记》还系统地加上了《续篇》[5]一起出版，其中最著名的是

---

[1] 塞维涅夫人：《给格里尼昂夫人的信》，1675年10月26日。——原注

[2] 夏培尔，即克洛德·埃马纽埃尔·卢耶埃（1626—1686），是财政大臣卢耶埃的私生子，后得到其父承认，并师从哲学家伽森狄，与莫里哀以及当时的自由主义分子关系密切，曾因触犯法律而入狱，出狱后与之前的不良关系断绝来往。

弗朗索瓦·勒科瓦尼厄（1624—1702），巴肖蒙领主，雅克·勒科瓦尼厄之子，曾在投石党运动中起重要作用。在《游记》一书的最初版本中，出于对巴肖蒙贵族身份的尊重，夏培尔并未署名。《游记》于1663年出版，1697、1708、1714、1732、1746和1755年再版。夏培尔在1732年本中开始以主要作者署名，在1755年本中名字出现在巴肖蒙之前。《游记》及其《续篇》于18世纪下半叶多次再版。——原注

[3] 勒菲弗尔·德·圣马可1755年的著作给出了这次旅游的日期。1656年时，两人年龄为30岁。——原注

[4] 夏培尔：《游记》，1777年，第21页。昂科斯位于比利牛斯山脚下，以治疗胃疼的温泉而闻名（塞维涅夫人在其《书信集》中多次提及）。——原注

[5] 全称为《朗格多克和普罗旺斯游记续篇》，以下简称《续篇》。

于1740年出版的勒弗兰克·德·蓬皮尼昂[1]的《续篇》，也简称为《MLF续篇》[2]。夏培尔的《游记》和《续篇》糅合了诗歌和散文，这也是这种新的文学风格的一个鲜明特点。拉辛正是以此风格向拉封丹讲述他前往罗讷河地区的旅游经历的[3]。勒弗兰克在马赛则大胆地创作了一首以伊夫城堡[4]为主题的诗歌，诗中的韵脚全部为“伊夫”，以一种随意的方式描写了阴暗的监狱[5]。

《游记》混合了滑稽和诙谐，满篇都是溢美之词。夏培尔和巴肖蒙无时无刻不想念在巴黎的“文学之友”，如布鲁桑兄弟，甚至还明言书是为他们而写；拉辛、拉封丹和塞维涅夫人的游记也是同样内容；夏培尔和巴肖蒙游记的每一章都会讲述在旅馆发生的不寻常事，或者与贵族的会面，如土伦的骑士保罗[6]，阿维尼翁的卡斯泰拉纳夫人[7]；拉封丹的游记同样不吝篇幅地描写各种会面和轶事；塞维涅夫人记述了她在马赛、艾克斯和阿维尼翁遇到的贵族人士；拉辛从罗讷河抵达里昂[8]，他对旅伴做了详细描写：“我们相伴而行，一路欢声笑语。旅伴之中，有三个胡格诺教徒、一个英国人、两个意大利人、一位司法官员、三位国王的书记官和两位王家卫队的士兵。”[9]他还以夏培尔的诙谐语气，讲述

[1] 勒弗兰克·德·蓬皮尼昂（1709—1784），原名让-雅克·勒弗兰克，也称蓬皮尼昂侯爵，法国诗人、学者。

[2] 主要作者为勒弗兰克·德·蓬皮尼昂，他与伏尔泰的争论广为人知。另外两名旅游者为“人民之友”米拉波侯爵和莫尔维尔修道院院长。——原注

[3] 拉辛：《给拉封丹的信件》，1661年11月2日。——原注

[4] 法国马赛伊夫岛上的一座要塞，也是小说《基督山伯爵》中男主人公的囚禁地。

[5] 《MLF续篇》，1777年，第113页。——原注

[6] 夏培尔：《游记》，1777年，第53页。——原注。骑士保罗（1597—1667），原名为让-保罗·德·索墨尔，是法国海军史上的传奇人物。

[7] 夏培尔：《游记》，1777年，第57—58页。——原注

[8] 拉辛：《给拉封丹的信件》，1661年11月2日，七星文库版，第400—403页：“我们在罗讷河上度过了两天，并在维耶讷和瓦朗斯过夜。”——原注

[9] 1661年11月2日的同一封信。——原注

了他在瓦朗斯[1]的遭遇。他描述南方人糟糕的法语，尤其是在于泽斯的情景：

> 在瓦朗斯的情况更加糟糕，我向一个仆人要一个便壶，他却在我的床下放了一个火盆。接下来发生的灾难你们可以自己想象：一个人半夜从床上起来，对着一个火盆方便。这只是其中一个例子。我敢说，我就像一个莫斯科人到巴黎一样亟需一名翻译。不过，我开始意识到，当地的语言是西班牙语和意大利语的一种混合。因为我能听懂这两门语言，我有时就会用它们来和当地人沟通。[2]

然而，对罗讷河地区、风景和路过的城市，拉辛只字未提。同样让人惊讶的是：夏培尔和巴肖蒙知识如此渊博，长途跋涉，穿过整个法国，却对文化之城蒙彼利埃仅做了寥寥几笔描写；在教皇之城阿维尼翁，他们只是对诗人达苏西[3]进行了抨击。夏培尔已与达苏西断绝关系，并冒着火刑危险，指出了他反自然的道德观[4]。他们也未提及马赛，并解释道，"你们对马赛已经多有听闻……你们会觉得厌烦的"[5]，但他们仍然登上了马赛守护圣母教堂，并给斯库德里[6]写了一首讽刺短诗[7]。伏尔泰对这本书大加赞赏，称其为"具有最迷人的诙谐风格和最有教育意义的游记"。19世纪的诗人夏尔·诺迪埃[8]再版此书时，认为此书"用

[1] 法国东南部城市，德龙省的一个市镇，也是该省的省会和人口最多的城市。
[2] 拉辛：《给拉封丹的信件》，1661年11月2日。——原注
[3] 夏尔·克瓦博（1605—1677），笔名达苏西，法国诗人。
[4] 夏培尔：《游记》，1777年，第49页。——原注
[5] 夏培尔：《游记》，1777年，第49页。——原注
[6] 玛德莱娜·德·斯库德里（1607—1701），法国小说家、诗人。
[7] 夏培尔：《游记》，1777年，第51页。——原注
[8] 夏尔·诺迪埃（1870—1944），法国作家、小说家、诗人，曾任法兰西学院院士。

词细腻，短情诗非常优美；法兰西精神在此大放光芒；无与伦比的轻松、优美和细腻”[1]。而19世纪的文学批评家圣伯夫注意到古时旅游者对自然美景毫不在意，他评论道：“这些高贵的灵魂离开他们的圈子，离开巴黎王家广场或玛莱区的沙龙到外地旅游，与其说他们发现了自然，不如说是对自然的曲解和滑稽模仿；他们掩饰真正的自然，给自然加上自己的装饰来获取乐趣。他们展现的是自己固有的神话、习惯、社会阶层腔调和用语。”[2]

除了诙谐描写和结识上流社会人士外，古时旅游者还表达了对当时各地区女性的看法。夏培尔认为蒙彼利埃女人是“蓬头散发的荡妇”[3]，阿尔勒的女子美丽动人[4]。拉辛从到达于泽斯那一刻起，就不吝对普罗旺斯女性的赞赏之词：“这里的每一个女子都光彩照人，妆容也非常自然。”[5]

古时旅游者还非常在意旅游的舒适度。拉辛在前往于泽斯的路上，“每晚都急急忙忙”地赶在其他人前面到达旅馆，就为了抢到最佳的床位。他写道：“所以我每晚都睡得很香。”[6]他们的游记长篇累牍地记载住所和饮食，用今天的话说，这就是一种“美食之旅”。圣伯夫还写道[7]，夏培尔和巴肖蒙在旅途中“从布尔拉雷讷[8]开始就吃个不停，每一站都会大快朵颐一番”。他们在诗歌和散文中歌唱美食。他们在游记中提到

[1] 夏尔·诺迪埃：《夏培尔的旅游》，1825年，前言。——原注

[2] 圣伯夫：《星期一漫谈》，第11卷。——原注

[3] 夏培尔：《游记》，1777年，第45页。——原注

[4] 夏培尔：《游记》，1777年，第48页：“这里的女子整洁、礼貌、美丽，她们脸上满是假美人痣，显得颇是风骚。”——原注

[5] 拉辛：《给拉封丹的信件》，1661年11月2日，选自《作品集》，七星文库版，第370页。——原注

[6] 拉辛：《给拉封丹的信件》，1661年11月2日。——原注

[7] 圣伯夫：《星期一漫谈》，第11卷。——原注

[8] 巴黎西南郊的一个市镇。

奥尔贡、卡西斯、拉西约塔、圣马克西曼、孔得里约和罗底丘[1]这些地方时，毫无例外都是在描写当地的美酒。拉辛和塞维涅夫人也认为记述美食是理所当然的。18世纪时，夏培尔《游记》的所有《续篇》都有大量关于美食的诗歌，对美酒也有诸多赞誉。

古时旅客对自然景色只字不提，对风土民情、政治和经济也毫无兴趣。游记往往很冗长，但对路过的城市都是寥寥数语，仿佛是从一本《路线图》里摘抄的。夏培尔以下的描写就是一个例子："博凯尔[2]以其集市而闻名"[3]，"美丽且知名的阿尔勒"[4]，"沙隆是一个小城市，除了诺查丹玛斯的墓以外，没有什么出奇之处"，而各地的古迹在他的游记中找不到只言片语的记载。两人对马赛也没有做任何描写，"我们认为这一地区没有值得一看的美景，就立刻匆忙离开了"[5]。仅从他们这一漫不经意的语调中，你绝不会想到，就在同一年（1656年）的夏季，马赛粮食歉收，人们担忧爆发鼠疫；同时，马赛与中央政府的关系变得紧张；7月29日至8月1日，瑞典女王克里斯汀娜从罗马乘船来到马赛，根据安托万·德·菲力克斯的记述[6]，这在当时是一个重大事件。对法国内地生活的无知是17世纪旅行作家的一个共同特点。拉辛甚至不知道

[1] 均为法国葡萄酒产区。奥尔贡，法国南部罗讷河口省的一个市镇。卡西斯，罗讷河口省的一个滨海小镇，以奇险秀丽的峡湾而知名，是著名的避暑旅游胜地。拉西约塔，罗讷河口省的一个滨海小镇。圣马克西曼，法国多地有以圣马克西曼命名的市镇，此处应是指法国南部瓦尔省的圣马克西曼-拉-圣博姆。孔得里约，法国东南部罗讷省的一个白葡萄酒法定产区，位于里昂市南面40公里处。罗底丘，位于罗讷省，里昂市南面约30公里处，是罗讷河谷最负盛名的葡萄酒法定产区。

[2] 法国南部加尔省的一座历史古城。

[3] 夏培尔：《游记》，1777年，第47页。——原注

[4] 夏培尔：《游记》，1777年，第48页。——原注

[5] 夏培尔：《游记》，1777年，第52页。——原注

[6] 根据梅让讷图书馆未公开过的安托万·德·菲力克斯的《回忆录》。也可参考皮洛尔热1656年的《瑞典女王克里斯汀娜的马赛之行》，载《普罗旺斯历史研究院史料汇编》，1949年第12期。——原注

里昂以南的法国南方人民说奥克语[1]。他酷爱阅读古希腊和古罗马的典籍，却对橄榄树一无所知。他对橄榄油的成见在使用过一次之后荡然无存，“橄榄油的气味可比法国最好的黄油淡多了”。

古时旅游者的游记只为自己而写。1696年，瓦勒度派[2]的教士萨缪尔·奥利维尔穿过法国东南地区到蒙彼利埃和塞特，“他的游记空洞无物，令人惊讶”[3]，没有任何对风景和古迹的描写，也没有提及路易十四废止《南特敕令》[4]这一重大历史事件，以及教友的命运。而另一方面，萨缪尔·奥利维尔对沿途住所，接待他的人和对他的态度却很在意，他详细记载了自己吃过的食物以及价格。著名的《MLF续篇》的作者也有意以一种轻松随意的语调描写自己的旅游，与夏培尔的《游记》一样，书中的路线相同，提及的地区只限于普罗旺斯和朗格多克。经过马赛后，得出与夏培尔一样的结论：“马赛属于那种就算是一句描写也显得过多的城市。”[5]夏培尔在诗中抱怨雨天；弗兰克则写诗赞叹纳博讷的宁静天空。真是一种诙谐的自相矛盾！ 18世纪下半叶时，德玛依、热尼亚尔、格雷塞、贝尔丹[6]和其他人的游记也保留了夏培尔自然随意的风格。

夏培尔这种诙谐旅行文学类型的影响持续整个18世纪，甚至19世

---

[1] 法国南方的一种语言，属于罗曼语族，20世纪前是法国南方的主要语言。

[2] 12世纪起源于法国的一种寻求师法基督，以贫穷、单纯的生活方式传播福音的宗教运动，因创始人法国里昂人瓦勒度而得名。

[3] 奥利维尔·弗兰克：《萨缪尔·奥利维尔的旅游》，第41页。——原注

[4] 法国国王亨利四世1598年签署颁布的一条敕令。敕令承认法国国内胡格诺教徒的信仰自由，并在法律上享有和公民同等的权利。1685年，法王路易十四废止《南特敕令》，致使数年间25万以上的新教徒逃离法国。

[5] 蓬皮尼昂：《朗格多克和普罗旺斯游记》，1777年，第110页。——原注

[6] 德玛依（1723—1761），原名约瑟夫-弗朗索瓦-爱德华·德·克尔桑布勒，法国剧作家。让-弗朗索瓦·热尼亚尔（1655—1709），法国作家、剧作家。让-巴蒂斯特-路易·格雷塞（1709—1777），法国诗人、剧作家。安托万·贝尔丹（1752—1790），法国诗人。

纪的前25年[1]。1790年，勒马尔尚前往普罗旺斯旅游，他的记述也命名为《游记》。他写道："我也像夏培尔和巴肖蒙一样用诗歌和散文记述旅游。"[2]像他们一样，勒马尔尚和他的旅伴也决定用戏谑的态度对待旅途中的惊险遭遇：他们在里昂被当成贵族，差点被处绞刑；他还像夏培尔一样称赞美味的晚餐，品尝同样的科特-若提美酒，游览夏培尔和蓬皮尼昂走过的地方：阿维尼翁、沃克吕兹省、马赛守护圣母教堂、伊夫城堡等。他在赞扬或批评的同时，有意持和前人相反的立场，这是当时一种标新立异的方式。

这便是18世纪在上流社会人士中占主导地位的"古典旅游"诙谐文学风格，包括德·布罗斯和伏尔泰在内的18世纪最著名的旅游者都以这一方式撰写游记。这一风格一度盛行，直至以卢梭代表的新感觉和自然趣味的出现。

四、古典主义时期炫耀式的蛰居生活

17和18世纪时，贵族、"出身高贵"的人和学者都渴望能被国王接见，甚至在宫廷里生活。亲眼见识国王的每日起居成为他们的追求，这一潮流在路易十四居住的凡尔赛宫达到顶峰，国王甚至被比喻为"太阳"。与此相反，远离凡尔赛宫简直就是最残酷、最痛苦的流放。塞维涅夫人的表哥布西-拉布丹伯爵便是一个鲜活的例子：他被幽禁在其勃艮第城堡中，于是在其《书信集》中大吐苦水。他以讽刺的方式记述了大量宫廷生活的风流轶事[3]，将凡尔赛宫描绘成一座美妙的城堡。

---

[1] 夏培尔的《朗格多克和普罗旺斯游记》及主要的《续篇》于18世纪末被收入25卷的全集《想象的旅游、沉思及观点》，1783年出版的《诗歌和散文游记集》及1796年首次出版并4次再版至1824年的《拉梅桑热尔：法国和其他国家游记集》。——原注

[2] 勒马尔尚：《马赛和土伦游记》，第4页及其他几页。勒马尔尚还于1798年写了《悲惨的耕种者》。——原注

[3] 记载在《高卢爱情故事》中。——原注

身处这一伟大时代的上流社会人士将足不出户的生活方式作为一种炫耀资本。凡尔赛宫建成后，又经过翻新、扩大，新建了许多花园和花坛，成为贵族展示和自我展示的场所。路易十四就是其中之一，他亲自写了一本名为《如何展示花园》的书，为侍臣提供建议，后者当然是将其作为命令执行。观赏凡尔赛宫的最佳方式是漫步其中，并不时在视野开阔的观光点适当停留。此时，即使是对景色的欣赏也是经过有如以下的精心设计：

> 从大理石庭院的前厅走出城堡，走到露台上，在高处驻足，欣赏花坛、水池和喷泉。随后，一直走到泰坦女神勒托喷水池上方，远眺王家大道、阿波罗喷水池和大运河，最后，转身欣赏花坛和城堡。

18世纪欧洲的所有国王都效仿路易十四，建造可与凡尔赛宫媲美的宫殿。这种宫殿的花园、水池和长廊都要井井有条，同时又能为王室提供一种田园牧歌式的氛围。俄国彼得大帝的效仿可谓达到极致，他以一种最绚丽的方式，将其新首都，即圣彼得堡建成一座炫耀式的城市。17世纪和18世纪初，贵族阶层的理想生活并不是足不出户，而是在自己或国王的城堡和花园内漫步，而乐趣在于在其中偶遇其他贵族，或参加一些有情调的宴会。直至18世纪末，《百科全书》中“环游”（tour）一词仅有一种引申义：“环游花园”[1]。

“展示的方式”在古典主义时期扩展至城市的范围。16到18世纪，在欧洲各国的首都、大都市或想成为大都市的城市，学者们写书介绍自己的城市和古迹，提供在市内街道闲逛的建议。最近的一个学术研讨

[1] 对于本义，词典列举了一系列圆形的加工机器。——原注

会[1]指出，此类书籍曾大量存在，旨在坚定本地乡绅的自豪感，并向到访的名人展示当地的重要古迹。这些书籍并非便携式旅游指南，主要目的不是吸引外国人来访。他们通过书籍介绍自己的城市。巴黎于1530年出版《克若泽》及其他介绍城市的书籍；约翰·史铎[2]于1598年出版《伦敦的周日》；儒文·德·罗什福尔[3]于1672年出版介绍图尔的书籍，使用了一些非常有创意的地图。这些书籍的出版也巩固了这些城市的固有形象。

短暂的中断

古典主义时期并非一个无足轻重的过渡阶段，也不是一种倒退。旅游者的好奇心确实是消退了。德·丹维尔[4]指出，新兴的地理学在这一时期出现了停滞。这一说法不无道理。对未来的展望在这一时期也消失了。不过，夏尔·艾蒂安的《法国道路旅游指南》仍在出版并持续了150年。个人游记因为不用于出版而不为人所知。诙谐旅行文学的出现填补了这一空白。虽然对于之前的风格是一个重大改变，但不能否认诙谐旅行文学记述美酒美食的作用：之后的17世纪，美食旅游开始出现。

文艺复兴和古典主义时期创造了风景。对风景的描写都是用拉丁文写就的。拉丁文已不再使用，但作为一门典雅语言，正适合扮演这一角色。学识渊博的日耳曼语旅游者因其母语尚未形成书写形式，尤其钟爱使用拉丁语这门可展现自己学问的语言[5]。之后，许多游记开始使用法语写作，17世纪中叶起，法语压倒其他语言，成为主要的旅游用语。

---

[1] 巴黎狄德罗第七大学“16至20世纪出版的旅游指南研讨会”，1998年12月3—5日，研讨会的论文由贝林–玛帕蒙德出版社于2000年出版。——原注

[2] 约翰·史铎（1524—1605），英国历史学家和古物收藏家。

[3] 儒文·德·罗什福尔（1640—1710），法国制图学家。

[4] 弗朗索瓦·德·丹维尔（1909—1971），法国地理学家、历史学家。

[5] 关于拉丁语的作用，可阅读弗朗索瓦·瓦凯的《拉丁语：16至20世纪的符号帝国》，1999年。——原注

最后，在古典主义时期，一些人群也形成了空闲之时出游的习惯，以上流社会人士为主的多季节旅游业在之后的几百年间逐步成熟。古典主义时期的神职人员和王室成员既不需谋生，也不担任公职，他们会连续多日足不出户，在寓所闲游打发时间，必要时到宫廷露一下面，夏季和秋季到城堡居住，连续多日在森林内狩猎。17世纪时，前往温泉进行水疗已成为一种习惯，为创作诙谐旅行文学找到了机会。虽然温泉景点尚未完善，季节规律尚未形成，但基石已经铺下。城市内的宾馆也将成为冬季度假者的住所。

第三章 以游学为目的的壮游：英国人的创造

“壮游”无疑是英国人的一项创造。英国历史学家米德和马克斯韦尔认为这一创造始于1700年。[1]法国历史学家阿扎尔认为，这是“欧洲思想危机”的一个结果，“壮游运动在欧洲局势稳定之后出现，而此时，面对更爱游历的北方竞争对手，凡尔赛宫的光彩大不如往昔”。1697年《里斯威克条约》[2]的签订被视为“新思潮压倒足不出户的法式古典主义”的结果。阿扎尔还指出：“英国人的游学是对学校教育的一种补充。刚从牛津、剑桥毕业的贵族子弟，带着一笔丰厚的旅游费用，在家庭教师的陪同下，穿过英吉利海峡，踏上壮游的旅途。”[3]

18世纪的人常会注意到，“英国人的游学经验比其他任何欧洲国家的人都丰富”[4]。切斯特菲尔德伯爵[5]曾做过壮游，并要求儿子效仿。他在1753年说过：“上层社会的任何人都要进行壮游。”18世纪末，艾利·德·博蒙[6]在其《论法国和英国的教育》[7]中指出了英国人的这一特点：

[1] 参考威廉姆·米德的《18世纪的壮游》，波士顿，1914年；以及康斯坦缇娜·马克斯韦尔的《法国的英国旅游者（1698—1815年）》。——原注

[2] 1697年，《里斯威克条约》在荷兰里斯威克签订，法国结束与由英国、荷兰、神圣罗马帝国组成的大同盟的“九年战争”。

[3] 保罗·阿扎尔：《欧洲思想的危机》，第一卷，第7页，第一卷第一章的标题是《从稳定到变革》。——原注

[4] 勒布朗：《论英法两国的信件》，1745年，第一卷，第37页。——原注

[5] 切斯特菲尔德伯爵（1694—1773），英国著名政治家、作家。

[6] 艾利·德·博蒙（1793—1874），法国学者、地质学家。

[7] 安德烈·布尔德的《路易十六时期巴黎的英国贵族》中曾引用此文，第8页。——原注

壮游是英国人学校教育的一种补充，因此构成了他们的实践教育，旅游是一国人民自由度的试金石。土耳其苏丹将臣民囚禁在奥斯曼帝国这一巨大牢狱中。与此相反，对自由的人民而言，旅游是一种获取智慧、提升品德的新方式。

从17世纪末到18世纪末的一百年间，只有英国贵族，或者说一部分有这一特权的英国贵族才能到欧洲大陆游学。也就是说，这种带有炫耀意味的行为并非存在于整个英国贵族阶层[1]，而仅限于一部分对新的文化观念反应较敏锐的贵族。英国的上流社会阶层担心自己所在的岛国的地理位置过于封闭，他们想成为当时“流行”的“世界公民”“世界主义者”[2]。

令人困惑的是，为何在很长时间内，英国上流社会阶层这一独特行为都未被效仿?“壮游”这一行为不可能毫无先兆地无中生有。追溯起源，其词源无疑是来自法语tour[3]一词，随着诺曼人征服英国而进入英语，17世纪末，在一些法语化的英语单词，比如 Tour或Grand Tour中产生了“旅游”这一新的词义。而形容词“旅游的”（tourist）显然是19世纪初时产生于英语“旅游”（tour）一词。法国主导的18世纪欧洲大陆很长时间内都不知道tour的这一新词义。狄德罗的《百科全书》[4]及

[1] 从历史学者的角度，我认为这一行为并不适用于整个阶层。凡勃伦的《有闲阶级论》及布迪厄的《区隔》对此有详细分析。——原注

[2] 马克斯韦尔在《法国的英国旅游者（1698—1815年）》中持此看法，第2页及其他页。——原注

[3] 法语tour则来自拉丁语的tornus，指圆形的加工机器。——原注

[4] 《百科全书》描述了各种类型的tour，即圆形的加工机器（陶轮、制锅工具等），但未收入“旅游”这一词义。——原注

孔狄亚克的《同义词词典》都未收入这一词义[1]。1784年，小沃克索尔还需要翻译其法国外省旅游指南的标题，以赢得欧洲大陆读者[2]。

以游学为目的的旅游在历史上已有先例。中世纪时，意大利博洛尼亚、曼托瓦和法国蒙彼利埃等大学会交换最优秀的毕业生。16世纪时，参与交流的大学越来越多，学生交换日益频繁。为了纪念这一时代，20世纪的欧洲学生交换项目被命名为“伊拉斯谟”。作为一名热爱求知和旅游的人文主义者，伊拉斯谟来自巴塞尔。普拉泰兄弟同样来自巴塞尔，他们在三十多年的时间跨度内，先后前往蒙彼利埃学习医学，毕业后并不急于返乡，而是游览了欧洲各地并写成了游记[3]。这些都是具有重要意义的新现象。16世纪末，一位巴黎人也“以医生身份”来到了蒙彼利埃，并“打算前往意大利旅游”[4]。

17世纪时，有两种以游学为目的的旅游类型并存：一种是外国知名大学毕业生的旅游；另一种是毕业已久、学识渊博的学者前往法国和意大利的游学。17世纪陆续出版的拉丁文或法文《路线》《全貌》都在前言中建议：（旅游者）“年纪不应太小”，“应先完成神学、法律或医学的学业”。图书馆保存有许多手稿或旅游笔记，如《理查德·西蒙斯[5]在法国及意大利使用的笔记本（1648—1649年）》。意大利和法国始终是最受欢迎的旅游目的地，有时候，旅游者也会前往瑞士、西班牙或荷兰。17世纪末，“旅游”一词开始出现在约翰·克朗什和威廉·布罗姆

---

[1] 孔狄亚克在《同义词词典》中以花园和城市的环形路线为例，给出了“环形路线”这一含义，但未以“环游法国”或“旅游”为例。——原注。孔狄亚克（1714—1780），法国作家、哲学家。

[2] 小沃克索尔：《环游法国西部省份》，伦敦，1784年，以及于1784年译成法语并于荷兰出版的《法国南部省份游记》。——原注

[3] 他们的游记仅作为私人日记。托马斯·普拉泰的日记仅由杰克·林德赛用英语出版过一次，书名为《一位弟弟的游记》，1963年。我的博士论文已指出普拉泰兄弟的重要性。他们的知名度要归功于勒华拉杜里。——原注

[4] 《从未出版过的游记》，国家图书馆法语手稿，第275张。——原注

[5] 理查德·西蒙斯（1617—1660），英国日记作家、保皇党成员。

利[1]分别于1676年和1692年出版的著作中。这两位绅士还曾前往法国和意大利，进行了一次较传统的旅游。[2]

1672年，法国作家伯恩·卡斯·德·圣莫里斯对两种旅游进行了区分：

> 外国人一般说的“小旅游”（petit tour），指的是游览从奥尔良到布列塔尼的南特等卢瓦尔河畔城市及其周边景点。有的人会将这一范围扩展至拉罗谢尔，甚至波尔多。到达波尔多后，他们一般会返回巴黎。
>
> 而“壮游”的范围超出上述城市，可达吉耶讷、朗格多克、普罗旺斯和多菲内，一直到里昂后，他们才会折返巴黎。而对于许多德国人、波兰人和瑞典人来说，这一路线可能是经弗朗什-孔泰[3]，或者经日内瓦进入瑞士，返回他们的国家。有的人也将里昂到意大利的路线包括在内，但是这一路线过长，我们不必在意，只需用我们初始的路线来定义即可……[4]

英国游学的真正先驱者是哲学家洛克[5]和主教吉尔伯特·布涅特[6]。洛克于1675—1679年游览法国，他在其著作中讲述了这趟旅游[7]，并阐

---

[1] 威廉·布罗姆利（1663—1732），英国政治家，曾任英国下议院议长。

[2] 约翰·克朗什：《一位英国绅士的法国和意大利之行》，伦敦，1676年；威廉·布罗姆利：《一位贵族的法国和意大利壮游记述》，伦敦，1692年。——原注

[3] 弗朗什-孔泰大区位于法国东部，与瑞士接壤。

[4] 《外国人在法国旅游的忠实指南》，圣莫里斯领主阿尔西德·博讷·卡斯著，巴黎洛瓦松出版社，1672年，第264页。另参考第97页、第140页。——原注

[5] 约翰·洛克（1632—1704），英国哲学家、经验主义的开创人，同时也是第一个全面阐述宪政民主思想的人。

[6] 吉尔伯特·布涅特（1643—1715），苏格兰哲学家、历史学家、索尔兹伯里主教。

[7] 《洛克在法国的旅游》，1675—1679年。——原注

述了对教育的一些看法[1]：

> 习惯上，教育的最后一个环节是旅游。一般认为，旅游是学业的结束，可以促进完整人格的形成。我承认，让年轻人到外国旅游有很多益处，但是选择的时机往往不当，使得年轻人难以获取这些益处……目前，人们习惯在16至21岁间旅游，这个年龄段也正是最不适合一个人提升和完善人格的时候。

洛克认同学习法语很有意义，同时也批评由家庭教师陪同旅游这一做法，他写道："（家庭教师）不过是一个平庸的小学文化程度的人，没有远大梦想，缺乏阅历。""一百名家庭教师，有没有哪怕一名曾见过高贵精神的人？"他如此发问，并断言"学生都会鄙视和羞辱家庭教师，所以家庭教师不可能对学生产生积极的影响"[2]。他建议应进行两次游学：第一次是在7至14岁时，在家庭教师陪同下进行，目的是学习一门外语，尤其是法语；第二次在21岁后单独进行。

另一名先驱者是吉尔伯特·布涅特主教，他曾与博须埃主教进行论战，后来成为索尔兹伯里的主教。1685—1686年，他逃离信仰天主教的国王詹姆斯二世统治下的英国，前往瑞士、意大利和德国及法国的一些地方旅游。他知识渊博，求知欲强，对从阿尔卑斯山区和莱茵河的要塞到神学问题等各种领域都很感兴趣，并敢于批判刚撤销《南特敕令》的法国对新教徒的迫害。他的著作以当时盛行的书信形式出版，并大获成功，多次以英语和法语再版。他希望通过该书，阐述"一个精神高贵的人在瑞士、意大利和德国及法国的一些地方旅游后的看法"[3]。

---

[1] 洛克：《对教育的一些思考》。——原注

[2] 洛克上述著作，第359页及其他页。——原注

[3] 布涅特：《瑞士、意大利……旅游印象记》，鹿特丹，1686年。法语版同样在鹿特丹出版，1687年，1688年和1718年再版。——原注

从17世纪的最后30年起，英国便在包含研究著作、旅游见闻和"想象旅游"的旅行文学中占据主导地位。"想象旅游"的代表作品是约翰·史密斯的小说《格列佛游记》[1]。英国人在旅游上的先驱角色与其在其他领域的领先是一致的，而这一地位在18世纪体现得更加明显。英国贵族阶层与欧洲大陆贵族阶层的差异逐渐变大，传统的历史学家也指出了英国贵族阶层在欧洲的崛起。这种崛起伴随着英国贵族形象的改观，欧洲大陆的贵族阶层以艳羡的目光看待英国贵族，并迷恋一切来自英国的事物。而在"英国热"的兴起和英国新观念成为主流的过程中，英国旅游者起到了非常重要的作用。

游学的起源变得清晰，游学作为一种教育，并不孤立于社会环境而存在。将教育史局限于教育机构和教学实践是一个严重错误！许多教育史研究完全忽视"壮游"的作用。[2]无实际用途的旅游成为18世纪英国社会的贵族阶层的一个主导特性，起到区分贵族与其他阶层的作用，就有如击剑、音乐和舞蹈等无实际用途的艺术和运动在欧洲大陆的作用[3]；尤其是击剑，在巧妙的炮兵战术和复杂的军事要塞已经成为主导的战争艺术的时代，击剑仅仅是一种贵族身份的象征。贵族教育体系中还纳入已不再是交际语言的拉丁语，并表现出对古希腊和古罗马的崇拜。从这一意义上来说，壮游也是一种对古罗马历史源泉的追溯。

法国西部城市昂热的一个数据还显示，17世纪最初30年，马术学院吸引了众多国家的贵族子弟[4]。马术学院和壮游之间存在相似之处，它们都是由贵族阶层的精英分子垄断的社会文化活动。同时，没有任何

[1] 《格列佛游记》作者应为爱尔兰作家乔纳森·斯威夫特（1667—1745），而非英国探险家和作家约翰·史密斯（1580—1631）。

[2] 如巴里亚和亚旺西尼等人。——原注

[3] 艾利·德·博蒙：《论法国和英国的教育》。——原注

[4] 参考儒贝尔的《17世纪昂热马术学院的外国贵族——据一份未出版的1601—1635年的档案》，《安茹杂志》，1893年。这一数据涵盖640名外国人，包括德国人、弗拉芒人、英格兰人和苏格兰人。——原注

女性参与其中，但在英国这个“离经叛道”的国度存在一些例外情况：玛丽·沃特利·蒙塔古夫人便是其中之一[1]。她前往意大利游学，并登上塞尼山，成为17世纪初唯一敢于独自旅游的女性。一般而言，贵族女性只会陪同其家人旅游，比如查斯特菲尔德伯爵的妻子与女儿就曾陪同其环游法国，但伯爵后悔带上妻女出行，因为“妻女在梳妆打扮和穿衣上浪费大量时间，谈吐拿腔捏调，让他感到十分厌烦”。

18世纪时，前往欧洲大陆旅游成为英国贵族子弟越来越明显的一个特征。查斯特菲尔德伯爵紧跟这一风潮，于1753年将其刚从威斯敏斯特学院结束9年学业，并已修读古希腊语和拉丁语的儿子送往欧洲大陆。1763年《巴黎和约》[2]签订后，《旅游》《壮游》《贵族旅游指南》等书籍大量出版，为英国贵族子弟前往欧洲大陆旅游提供了指导。所有这些书籍的前言都长篇累牍地宣扬这种旅游的教育意义。这种论调在今天的人看来是陈词滥调，但在当时却是一种新式思想。纽金特[3]曾声言：“旅游获得的知识可使灵魂丰富，可修正判断，可摒除教育带来的偏见，可培养外在的举止和修养。”

1784年，约翰·安德鲁[4]向一位前往法国壮游的贵族子弟提出一些教育的建议：“你已经到了适合旅游的年龄……你今年二十岁……这是去壮游的年龄。”安德鲁认为，像培根这样天赋异禀的人可以从少年时期的旅游中吸取营养，但这种情况非常少见，因为在开始旅游前，必须先阅读大量书籍，并学习法语和拉丁语，“否则，别人会将你当成‘暴发户’（原文为法语）对待；最好也掌握意大利语；最后一点，如果你还没忘记学校里学的古希腊语，你可以认真提高水平。年轻人难道不应

[1] 蒙塔古夫人：《书信集》，第2卷，第30页。——原注。玛丽·沃特利·蒙塔古夫人（1689—1762），英国贵族、书信体作家，其夫曾出任驻奥斯曼帝国大使，她随同前往，在这期间写的书信对伊斯坦布尔进行了生动描写，并将预防天花接种的方法带回了英国。

[2] 1763年英国、葡萄牙同法国、西班牙为结束七年战争而缔结的和约。

[3] 托马斯·纽金特（1700—1772），爱尔兰历史学家、旅行作家。

[4] 约翰·安德鲁（1736—1809），英国历史学家。

该去结交‘上层社会’（原文为法语）人士吗？旅游时不应该携带大量书籍，应该专心观察当地的风俗人情、当地人的举止和思想，因为旅游的主要目的，是获取通过其他途经无法学到的知识”[1]。

18世纪有关英国人壮游的著作对这种游学持强烈的批评态度，且批评内容始终不变。由此可推测，旅游指南上的建议或父母的建议并未得到重视。批评的内容一般是陪同贵族子弟旅游的家庭教师粗俗平庸，贵族子弟不够成熟。壮游指南书籍本意正是要弥补这些缺陷。书籍作者知识渊博，精通法语，熟知欧洲大陆，杜登斯和纽金特都属于流亡到英国的法国胡格诺教徒。然而，贵族子弟的阅读范围仅限于这些书籍吗？他们需要向父亲提交旅游报告吗？这样的报告基本无迹可寻。此外，跟这一时期的法国家庭不同[2]，这些英国贵族子弟的家庭似乎并不关心他们如何使用旅游费用。

整个18世纪，英国人乐此不疲地嘲讽壮游的英国贵族子弟。亚历山大·蒲柏[3]在其名作《愚人志》中描写了各种令人发笑的悖论：

> 年轻的英国人，出发去壮游：
> 他游遍世界，却一无所知，
> 他学会了基督教世界的一切恶习，
> 他遗忘了自己的语言，却未学会一门外语，
> 他在古老的土地上一路遗失了古老世界的知识。

这些英国纨绔子弟走马观花，对古迹熟视无睹，对学习外语也不

[1] 约翰·安德鲁：《致一位贵族子弟的信》，伦敦，1784年，第574页，内容主要是旅游建议。——原注

[2] 马赛工商会档案处鲁基金会档案第59卷显示，整整四代（1729至1800年）富商的子弟都会真正出于完成教育的目的而旅游，他们的父母会对旅游费用进行管控。其中一名父亲在信中写道：“感谢您拒绝了他向您借钱的请求。”——原注

[3] 亚历山大·蒲柏（1688—1744），18世纪英国伟大诗人。

甚热情。他们将旅游视为吃喝玩乐，终日与其他英国人厮混。回到英国后，他们又迎合潮流，常常聚集在马卡罗尼俱乐部[1]，大肆吹嘘自己的旅游经历[2]。

英国纨绔子弟的这种毫无教养、放肆无礼的态度常常激起法国旅游者的不满。德·布罗斯曾于1740年说道：

> 这里遍地都是英国人……他们大肆挥霍。罗马人拥抱英国人带来的金钱，但意大利人内心都更青睐德国人。出发旅游，到罗马挥霍钱财的习惯是英国人教育的一部分，但对他们大部分人来说，这样的旅游毫无收获。通过旅游来学习的聪明人只是少数，大部分人终日待在台球馆打发时间。他们在罗马的日子只会和其他英国人厮混，离开罗马时，连斗兽场在哪儿都不知道。[3]

40年之后，杜帕蒂[4]以同样严厉的语气评论道：

> 认真学习的人不到百分之二，其他人只会到处周游，待在旅馆饮酒喝茶，唯英国独尊，对其他国家不屑一顾。这就是英国人所谓的旅游。他们还会随手翻一翻的唯一一本书是邮局的地图册。[5]

英国贵族子弟并不是对欧洲大陆持轻率肤浅看法的唯一人群。杜登

[1] “马卡罗尼”原意指意大利的通心粉。18世纪60年代，在英国，“马卡罗尼”这个词指喜欢穿最时髦的外国服装、模仿外国派头的纨绔子弟。当时，伦敦的马卡罗尼俱乐部常聚集着一群花花公子，他们喜欢吃意大利通心粉之类的外国菜肴，而不喜欢吃普通的英国食品。

[2] 参考伊迪丝·西特维尔的《荒唐的英国人》，巴黎，1988年。——原注

[3] 德·布罗斯：《意大利来信》，贝萨尔出版社，第一卷第21页及第二卷第9页。——原注

[4] 让-巴普蒂斯特·莫西埃·杜帕蒂（1746—1788），法国法官、作家。

[5] 杜帕蒂：《1785年意大利之行书信集》。——原注

斯在人生的最后岁月对此有所醒悟[1]，他批评英国旅游者普遍固守成见，自我陶醉在作为英国人的优越感中[2]。斯摩莱特[3]于1763—1765年在法国旅游时的表现，正是一个典型的英国旅游者的形象：满腹牢骚，指责法国的一切，认为法国人“柔弱无力”“粗陋无礼”，旅馆，尤其是普罗旺斯的旅馆“肮脏且昂贵”[4]。在斯摩莱特的《法国和意大利游记》中，只有关于尼斯的信件才是赞美（对于气候）多于指责（对于居民），整本书也只有这些信件被译成法语，但《游记》在英国广受欢迎，尼斯成为英国尽人皆知的城市，这本书同时也强化了英国人认为批评欧洲大陆是一种“时髦”的看法。

斯摩莱特的成功最终持续至斯泰恩[5]的《在法国和意大利的感伤旅行》[6]出版。斯泰恩在书中反驳之前的游记作者，描写了在欧洲大陆旅游的愉快经历，称赞他遇到的人热情好客，但斯摩莱特除外。他将斯摩莱特称为“斯牢骚”，他写道：

> 斯牢骚从博洛尼亚到巴黎，又从巴黎到罗马……但他离开时，心中只有悲怨和气恼。他看到的一切都是惨淡无色，扭曲变形。他描述的所见所闻，其实不过是他可怜兮兮的情绪。

斯摩莱特的朋友约翰·摩尔[7]从前者身上看到了英国旅游者的通病：

[1] 杜登斯：《一位停止旅游的游客的回忆录》，1806年1月版，第51—52页。——原注

[2] 若利亚在《斯摩莱特和法国》中对此有所陈述，第119页。——原注

[3] 斯摩莱特（1721—1771），苏格兰诗人、作家，以创作恶汉小说出名，代表作《蓝登传》（1748）。

[4] 参考斯摩莱特的《法国和意大利游记》各页内容，尤其是在巴黎写就、指责法国人的第七封信，他在信中批评一切，甚至认为法国的历史古迹“毫无意义”。——原注

[5] 劳伦斯·斯泰恩（1713—1768），英国小说家。

[6] 斯泰恩：《在法国和意大利的感伤旅行》，1768年。斯泰恩之前在意大利和法国南部旅游（他于1763年在蒙彼利埃遇到斯摩莱特）。——原注

[7] 约翰·摩尔（1729—1802），苏格兰作家和医生。

斯摩莱特身上充满了英国人对于法国人的普遍成见，他永远也无法摆脱这些成见，因为他不可能掌握法语，也就不可能和法国人相处，并形成自己对法国人特性的看法。

摩尔自己也经常旅游，他很惊讶地发现自己的同胞很不受欢迎，他说道："英国旅游者对一切英国事物都表现出一种炫耀式的偏好，其他国家的人很反感这一点。"[1]1784年，"与美国的战争结束"，欧洲大陆的英国旅游者数量在1783年和法国大革命之间达到了一个历史高峰。安德鲁提醒打算利用战后和平时期环游法国的同胞：

鉴于法国人在第二次战争中取胜，他们对我们的态度正从以前的怀疑变成现在的欢迎，前提是英国旅游者不要对法国评头论足，这是英国旅游者一贯的毛病。法国上流社会阶层尤其愿意和英国人交流，并满足他们的好奇心，但是旅游者首先需要学会说法语[2]。

壮游是不是英国人的专利？从某种程度上来说是这样的，欧洲大陆的人甚至不理解这个词。18世纪末，一些法国贵族子弟也开始进行壮游。1773年，德·朗热隆侯爵携17岁的儿子环游法国。他在日记中写道："我作为一个父亲、一名省长和一名老师进行旅游。这是我儿子的学业总结，也是一次对人和万物的观察研究。"拉罗什富科公爵[3]则认为环游法国是对儿子教育的一个补充。他的儿子弗朗索瓦时年17

---

[1] 约翰·摩尔：《一位英国旅游者关于法国和德国的书信集》，法语译本，1781年。——原注

[2] 安德鲁：《致一位贵族子弟的信》，第3、7、9、10页。——原注

[3] 指弗朗索瓦·亚历山大·弗雷德里克·德·拉罗什富科（1747—1827），第七任拉罗什富科公爵，法国军事家、政治家和科学家。

岁，是一名少尉，在波兰家庭教师拉绍斯基的陪同下，于1781年11月至1782年6月游览了法国西部地区。在龙骑兵团服完每年4个月的兵役后，1782年10月，弗朗索瓦和拉绍斯基及弟弟亚历山大前往法国南部省份，这次旅游持续了7个月。1783—1784年的第三次旅游是前往英国看望亚瑟·杨格[1]。第四次旅游是1786年的苏格兰之旅。第五次则是于1787年前往比利牛斯山区的巴涅尔，在回程时由亚瑟·杨格陪同。

一、欧洲壮游的重头戏——法国和意大利

罗马是意大利旅游路线的终点，而巴黎则是法国旅游路线的重头戏。17世纪末和整个18世纪，壮游的英国贵族子弟和旅游学者都会到这两个城市游览。在吸引力方面，法国首屈一指，意大利虽颇有怨言，但也只能接受[2]。其实，意大利人自己也很迷恋法国，并乐意前往法国旅居[3]。意大利影响力在英国式微，1755年前后才出现改观[4]。巴黎对旅游者的吸引力的例子众多，如斯摩莱特[5]，他于1750年前往法国时，尚不足30岁。他大部分时间在巴黎居住，十分喜爱巴黎的沙龙。英国的旅游者都很喜欢这一点。巴黎和蒙彼利埃、阿维尼翁等南部城市都有英式俱乐部，英国旅游者在其中惬意享受，甚至还可以玩惠斯特纸牌游戏。法国贵族中新兴起的“英国热”也让英国旅游者很是受用。

18世纪中叶时，巴黎是许多人欧洲旅游的首站，1769年，卡拉乔

---

[1] 亚瑟·杨格（1741—1820），英国农业经济学家。

[2] 意大利曼托瓦学院曾质疑法国的影响并进行了研究，研究结果证实了法国这一时期的影响力。参考路易·洛的《启蒙时代的法国化欧洲》，第27页。——原注

[3] 意大利人迷恋一切法国事物。参考格拉夫的《意大利的英国热》，第1页及其他页。——原注

[4] 参考罗德里克·马歇尔的《英国文学中的意大利》，第12—19页。——原注

[5] 从巴黎返回英国后，他发表了第一部小说《佩雷格林·皮克》并由此成名。“惬意”（comfort）使用英语的拼写。英国人对接待他们的沙龙也感到很满意，英式马桶也取代了法国的“高椅”。参考若利亚的《斯摩莱特和法国》。——原注

利侯爵[1]进行了其“想了解不同国家的风俗和习惯”的旅游；卢西多尔[2]旅游时一半以上的时间在法国度过，四分之一的时间待在巴黎。[3]而法国壮游指南书介绍的旅游路线往往有所选择：英国年轻人在加来[4]上岸后，不会在法国北方停留，而是直奔巴黎；从荷兰或日耳曼国家前来的旅游者也会直接来到巴黎。他们的旅游路线呈顺时针方向：沿索恩河和罗讷河顺流而下，跳过勃艮第地区，在里昂、查尔特勒、普罗旺斯停留，并止步于耶尔；随后，他们迅速穿过朗格多克地区，在加尔桥古迹、尼姆和蒙彼利埃短暂逗留；最后北上卢瓦尔河地区。法国西部地区和中央高原一般都会被忽略。面向英国贵族子弟的壮游指南书，以及受众更广的《全貌》和《路线图》，内容和旅游路线雷同：同样的自然风景和城市景点，同样对路过的乡村不屑一顾，同样的对古迹的关注，并在18世纪下半叶同样受到百科全书派思想的推动。所有的这些书籍都以“最实用”自居，专门介绍某一个国家，尤其是法国和意大利，或者介绍整个欧洲。书的标题明显体现了这一点，也反映了启蒙时代的精神，即“大欧洲梦”[5]。然而，事实上，这些书籍只赋予西欧部分游学的价值，却无视北欧部分。纽金特的壮游路线[6]仅选择法国、意大利、荷兰和德国四个国家，大约等于现代的“欧洲核心六国”[7]。20年后的1775年，杜登斯将壮游路线扩展至南欧的那不勒斯[8]，以及中欧的柏林、东欧的布拉格和维也纳，这三个首都之后很长时间内都将作为壮游的东

[1] 卡拉乔利侯爵（1719—1803），法国多题材作家，著作涉及文学、历史、政治、神学等领域。

[2] 卢西多尔（1638—1674），瑞典诗人。

[3] 卡拉乔利侯爵：《在欧洲理性旅游》。——原注

[4] 法国北部加来海峡省的一个重要港口。

[5] 参考路易·洛的《启蒙时代的法国化欧洲》及穆斯尼埃和拉布鲁斯的《18世纪》，“文明通史”丛书。——原注

[6] 纽金特：《壮游或环荷兰、德国、意大利和法国之行》（以下简称《壮游》），1756年，标题很具代表性。——原注

[7] 指欧盟的创始国：法国、意大利、德国、比利时、荷兰和卢森堡。

[8] 意大利南部第一大城市，那不勒斯省首府。

线城市。另外一个重要创新是壮游路线向南越过比利牛斯山，进入西班牙，并止于马德里。[1]

这些旅游指南只介绍这一“小欧洲”范围内的主要城市和通往这些城市的道路，完全忽略其他大部分地区和省份、法国的西部和中央高原、意大利南部和威尼斯以南的亚得里亚海沿岸省份。纽金特的选择其实也代表了旅游者的兴趣。他共写了四本旅游指南，每本介绍一个国家，每本都分为四个章节：该国的主要城市和古迹；公共建筑；主要产出；驿站路线列表。

18世纪下半叶，旅游指南在以上首都和主要景点之外，又添加了一些著名的景点，但卡拉乔利侯爵（《在欧洲理性旅游》作者）、德国美学家舒尔泽[2]和“从欧洲大陆的各国首都寄回二十封信的英国旅游者”马丁·夏洛克[3]所罗列的城市和景点基本相同。

新的旅游指南除了传统的巴黎、伦敦、罗马、维也纳、柏林、海牙[4]和阿姆斯特丹等城市外，还收入日内瓦及其周边、那不勒斯及一些冬季度假城市。日内瓦于18世纪被列入壮游路线城市之中。1741年又增加了霞慕尼冰川和费尔内冰川。教皇的逝世并未减弱罗马的吸引力。涉猎广泛的旅游者对作为《新爱洛依丝》[5]故事发生地的莱芒湖[6]饶有兴趣。罗马之外的意大利旅游路线加上了那不勒斯：作为一座典型的巴洛克城市，那不勒斯以波旁王朝时期建筑、歌剧院、著名画家萨尔瓦

[1] 杜登斯：《主要旅游道路路线图或欧洲主要城市游记》，1775年。——原注

[2] 舒尔泽：《1775及1776年南欧国家旅游日记》，1781年译自德语。——原注。约翰·吉奥格·舒尔泽（1720—1779），出生于瑞士的德国哲学家，曾担任数学老师，后专攻美学和心理学。

[3] 马丁·夏洛克使用常见的信件形式描述他的见闻，他的《一位英国游客的信》和《新信件》，1780年，之后以法语版本出版。——原注。马丁·夏洛克（1750—1797），英国旅行家。

[4] 位于荷兰西海岸，是该国的第三大城市。

[5] 《新爱洛依丝》是法国启蒙思想家卢梭于1761年发表的一部书信体小说。

[6] 法国和瑞士边境的一个湖泊，瑞士称其为日内瓦湖，是阿尔卑斯湖群中最大的一个，湖面面积约580平方公里。

托·罗萨[1]而著称。当时正在进行考古发掘的庞贝古城[2]也开始吸引旅游者前来游览。1763年起，英国人开始在冬季到南欧度假，主要是法国的尼斯和耶尔，意大利的比萨[3]和里窝那[4]。一些旅游者，尤其是英国旅游者先在冬季于这些城市之一度假，春季则沿传统路线继续前往意大利游览。1775年，舒尔泽、索绪尔[5]和德吕克[6]正是分别从尼斯和耶尔出发前往意大利的。

当然，路线的选择并非易事。每一本旅游指南都想证明自己的路线是最佳选择。壮游的英国年轻人一般从加来进入法国，并直接前往巴黎。如壮游时间超过一年，他们会按顺时针方向环游法国。如果环游范围较小，他们会从巴黎出发直接到里昂，并在里昂和下罗讷河地区的尼姆、加尔桥、奥朗日和阿尔勒等地逗留。对他们而言，法国东南部就是意大利之行的前发站。前往意大利的路线则一般会选择从塞尼山穿越阿尔卑斯山。塞尼山令人望而生畏，旅游者曾留下众多描述[7]。

英国之旅的路线选择则容易得多，一般都局限于几个英国贵族社交的首选之地：伦敦、巴斯以及1750年后的布莱顿；游览荷兰及中欧的路线选择则颇让旅游者头疼：阿姆斯特丹、布鲁塞尔、根特[8]、斯帕、巴登–巴登[9]、莱茵河沿岸城市、慕尼黑、柏林、布拉格和维也纳都值得一游，没有任何一条突出的路线，而莱茵河的流向又正好与文化游览路线

---

[1] 萨尔瓦托·罗萨（1615—1673），意大利巴洛克画家、诗人。

[2] 意大利南部那不勒斯附近的一座罗马古城，公元79年维苏威火山爆发，庞贝城被火山灰掩埋，一夜之间整座城市全部消失，直到18世纪中期才被挖掘出土。

[3] 意大利中部城市，比萨省首府，因比萨斜塔而闻名于世。

[4] 意大利西海岸的港口城市，里窝那省首府，保留有许多文艺复兴时期的建筑。

[5] 奥拉斯–贝内迪克特·德·索绪尔（1740—1799），瑞士博物学家、地质学家，日内瓦贵族，一般被认为是现代登山运动的创始人。他是语言学家费迪南·德·索绪尔的曾祖父。

[6] 让–安德烈·德吕克（1727—1817），瑞士地质学家、物理学家和哲学家。

[7] 1760年后，阿尔卑斯山峰的恐怖色彩减弱，穿越阿尔卑斯山变得轻松，耗时也变短。——原注

[8] 比利时西北部港口城市。

[9] 德国西南部巴登–符腾堡州的一个城市，著名的温泉疗养地。

相反。

意大利是欧洲大陆之旅的终点站。18世纪下半叶的一个趋势是越来越多旅游者选择在夏季避开意大利。他们一般会到威尼斯参加狂欢节，并在复活节时前往罗马。意大利可谓壮游的重中之重，卡西尼伯爵曾就此指出：

> 对于任何受过教育，想拓展知识、提高品位的人来说，意大利之旅无疑是最惬意、最具教育意义的，也是最有必要的旅游。欧洲没有任何一个地方能像意大利一样丰富多样……[1]

而德·让利斯夫人[2]也为此著书，书名本身就是一个教育规划：《欧洲和世界各地的宗教建筑、油画等的详尽评述——面向青年艺术家和旅游者的教育用书》。

德·让利斯夫人曾获得天文学家拉朗德[3]的旅游指南，该书是“最好、最准确、最公正、最具教育意义的旅游指南，对意大利的描述尤其公正和出色”[4]。这本书后来多次再版，但与其竞争的同类书籍也不在少数，如杜帕蒂的《意大利之行书信集》[5]。18世纪末，纽金特、杜登斯和赖夏德[6]等人的欧洲壮游实用旅游指南将意大利列于与法国同等的位置，并扩大旅游范围：从欣赏罗马斗兽场等古罗马古迹、参观里昂周边的古币博物馆、游览大都市和城市广场，到孟德斯鸠、德·布罗斯和卡

---

[1] 卡西尼伯爵：《外国人在意大利旅游指南》，1778年，《引言》部分。卡西尼伯爵的父亲是首张法国全图的制图师。——原注。卡西尼伯爵（1748—1845），法国天文学家。

[2] 德·让利斯夫人（1746—1830），受启蒙思想影响的法国作家、教育家。

[3] 约瑟夫·杰罗姆·勒弗朗瑟·德·拉朗德（1732—1807），从1768年至去世，担任巴黎天文台台长。他写的《1765—1766年一个法国人的意大利游记》1769年出版，曾多次再版。——原注

[4] 德·让利斯夫人：《宗教建筑》，第8页。——原注

[5] 全称《1785年意大利之行书信集》，两卷本，曾译成多种语言，并多次再版。——原注

[6] 赖夏德（1751—1828），德国作家、戏剧导演。

西尼等人最热衷的油画和雕塑，不一而足。在此之前，法国艺术家前往意大利的目的是教授知识或订购艺术品；而如今，他们前往意大利学习，或陪伴重要人物游览。蓬帕杜夫人的兄弟、王宫总管旺迪埃就曾陪同苏夫洛[1]前往意大利旅居两年之久。休伯特·罗伯特[2]也曾于1760至1765年旅居意大利。银行家、收藏家和艺术资助人贝尔热雷，以及富有的修道院院长古热诺·德·格赫斯也分别于1773年和1775年，在画家弗拉戈纳尔的陪同下前往意大利旅游。[3]艺术家在意大利寻找灵感，而收藏家则大量购入艺术品。古热诺和孟德斯鸠曾写道："英国人把意大利的油画、雕像和肖像画搜刮一空。"[4]不过，并非只有英国人有此爱好。法国每个大城市当时都有酷爱收藏动植物标本和古代碑文的古董商，比如里昂的皇家博物馆馆长巴尔塔扎尔及考古学家斯彭[5]。

二、1789年后的壮游：短暂衰退及英国旅游者的回归

欧洲大陆战火连绵20年，英伦三岛与大陆的联系被切断。作为少数人喜好的壮游本应难以为继，然而事实并非如此。这也有力证明，壮游作为英国贵族子弟的成年礼，具有极强的生命力。法国大革命在其初期激起了英国人对欧洲大陆，尤其是当时正风起云涌的法国的热情，亚瑟·杨格[6]和海伦·玛丽亚·威廉斯[7]便是这一新趣味的例子。英国旅游

[1] 苏夫洛（1713—1780），法国新古典主义建筑师。

[2] 即于贝尔·罗贝尔（1733—1808），国内多误译为休伯特·罗伯特，法国浪漫主义画派画家，曾创作大量古罗马废墟主题的油画。

[3] 贝尔热雷：《未出版的意大利游记》，《引言》部分。——原注。弗拉戈纳尔（1732—1806），法国洛可可风格的代表画家。

[4] 孟德斯鸠：《游记》，第70页。——原注

[5] 雅各布·斯彭：《意大利、达尔马提亚、希腊和黎凡特之行，1675—1676》，里昂，1678年。——原注

[6] 亚瑟·杨格：《法国之旅》，他于1767至1790年间前往法国，其游记的法语版于1793年出版。——原注

[7] 海伦·玛丽亚·威廉斯（1761—1827），英国诗人，支持废奴主义和法国革命。

者在战争期间焦急等待，因为无法成行，他们便转而阅读旅游指南。纽金特、杜登斯、沃克索尔[1]等人的旅游指南多次再版，不再赘述。这一时期还出版了《环游法国》《法国书信》等书籍[2]。环游欧洲是当时所有欧洲贵族的梦想，《旅游大百科丛书》便于1808年应运而生。作者布歇尔·德·拉里查尔德里是一名退休法官，他在书中"收入世界各地、古代和当代、以法语或其他语言出版的游记，并以年代和国别排序……不收入的只有纯粹的历史记载和古典著作"。"欧洲环游"此时仅限于西欧，而有关西欧的游记占了所有游记的一半。[3]

战争结束后，英国旅游者认为持久的和平已经到来，重又踏上了壮游之途。[4]英国贵族子弟迫不及待地开始已拖延许久的壮游计划。兰斯敦勋爵[5]之子亨利·佩蒂[6]在其瑞士家庭教师艾蒂安·杜蒙[7]的陪同下赶赴欧洲大陆。他决意要见到拿破仑一世及其弟吕西安·波拿巴，以及拉法耶特[8]、塔列朗[9]等政界名流。他还在瑞士的科佩认识了斯塔尔夫人及其父内克尔[10]。同时，女性也在此时加入了壮游的队伍，安娜·普兰普

[1] 纳撒尼尔·沃克索尔（1751—1831），英国作家、政治家。

[2] 马克斯韦尔的《法国的英国旅游者（1698—1815年）》第281页及其他页列有这些旅游指南的名单。——原注

[3] 布歇尔·德·拉里查尔德里：《旅游大百科丛书》，巴黎，1808年，6卷本。——原注

[4] 1800年10月1日开始谈判，1802年3月25日英法签订《亚眠和约》后，部分英国旅游者10月底即已出发旅游。——原注

[5] 即威廉·佩蒂·菲茨莫里斯（1737—1805），首任兰斯敦侯爵，英国政治家，曾任英国首相。

[6] 亨利·佩蒂·菲茨莫里斯（1780—1863），第三任兰斯敦侯爵，曾任英国内政部国务秘书、财政大臣和枢密院议长。

[7] 参考让·马丁的著作《艾蒂安·杜蒙》，第52—82页。——原注

[8] 拉法耶特（1757—1834），法国军事家、政治家，参与过美国独立战争与法国大革命，被誉为"两个世界的英雄"。

[9] 塔列朗（1754—1838），法国贵族，法国大革命时期政治人物，曾任法国政府总理大臣。

[10] 斯塔尔夫人（1766—1817），出生于瑞士，法国作家。雅克·内克尔（1732—1804），瑞士银行家，曾任法国国王路易十六的财政大臣。

特[1]和玛丽亚·埃奇沃思[2]还在旅游中结识了巴黎的上流社会人士。动荡的岁月已结束，旅游者回到久别的法国。他们的首站仍然是巴黎，随后是意大利和瑞士，其中一些人在尼斯度过了1801—1802年，以及1802至1803年的冬天。当地的省长为他们举行了盛大的宴会[3]。1802年夏天，在法国旅游的英国人近一万人[4]，大部分人在英法战事再起前返回英国，或前往意大利；少部分人则被困在法国，并受到监视居住的限制。

法国战败后的1814年和1815年，英国贵族子弟又迅速重返法国，另外还有罗米利、阿利森、泰勒、麦克雷迪、伯贝克[5]等人。战争导致的中断，这些贵族热切盼望重游法国。然而，尽管他们对法国的偏好仍未减弱，他们对壮游却颇感失望，并转而游览意大利和瑞士。许多毫无主见的年轻人只会重复纽金特和杜登斯的路线。这些新的壮游旅游者观察并记录，写下了不少有趣的轶事。麦克雷迪曾在法国拉克罗[6]遇到一名旅馆服务员跟他讲述拿破仑1814年经过当地的遭遇。当时拿破仑刚被罢黜，经过普罗旺斯前往流放地厄尔巴岛[7]。

重返法国的英国旅游者发现巴黎“类似一个岛国，对法国外省的平

---

[1] 安娜·普兰普特：《三年记事》，1802—1805年，三卷本。——原注。安娜·普兰普特（1760—1818），英国作家。

[2] 玛丽亚·埃奇沃思与其丈夫一起来到巴黎。其丈夫曾在法国大革命期间与英国军队作战，其堂兄埃奇沃思神父曾于1793年为路易十六效命。——原注。玛丽亚·埃奇沃思（1768—1849），爱尔兰著名儿童文学作家。

[3] 沙托诺弗-朗东省长告知一名部长“有英国重要人物到访尼斯”，法国国家档案局，滨海阿尔卑斯省档案局。——原注

[4] 根据安娜·普兰普特的估计。——原注

[5] 威廉姆斯·罗米利（1757—1818），英国律师。阿奇巴尔德·阿利森爵士（1792—1867），英国律师和历史学家。泰勒（1791—1849），英国律师和历史学家。伯贝克（1764—1825），英国农业革新专家，在北美殖民地的开发过程中起过重要作用。

[6] 法国东南部瓦尔省的一个市镇。

[7] 根据记载在《蓝色杂志》上米勒的陈述，1895年，第716页。——原注。厄尔巴岛是意大利中部托斯卡纳大区西边海域的一个岛屿，面积200多平方公里，是意大利的第三大岛。

凡法国人不屑一顾”[1]，并以取笑他们简朴的生活为乐。赫伯特·泰勒[2]在其法国和意大利游记中写道，法国上层阶级缺乏对宗教的虔诚，而法国南方的普通民众则恰恰相反。他在前往加尔桥的路上和一位神父交谈：

——您不是法国人？

——对，我是英国人，也是新教徒，不过我尊重所在国家的宗教信仰。

——您说得对，不管是伊斯兰教徒、犹太教徒还是新教徒，每个人都有自己向上帝祈祷的方式。

泰勒还诙谐地说道，这一比较并没有把天主教徒包括在内，而且对方“并非有意为之”。

伯贝克于1814年，其他英国旅游者在他之后，都记述了法国南方民众行事方式较为随意，但这并不意味着他们道德堕落。下面这则趣事也是发生于旅游者前往加尔桥的路上：

一位年轻的女性和孩子一起下车时，看到自己的长袜掉了下来。她很随意地提起裙子，调整好袜带。这在外国人看来简直就是不知羞耻。这时，一个了解法国的人告诉朋友：“不用惊讶，法国女人露膝盖并不比英国女人露手肘更显得羞耻，就是这么简单。”[3]

[1] 参考考克斯的《绅士旅游指南》，1817年，《前言》部分。——原注

[2] 赫伯特·泰勒（1775—1839），英国国王乔治三世、乔治四世和威廉四世的私人秘书。

[3] 伯贝克：《法国游记》，1814年。——原注

波旁王朝复辟期间，英国旅游者蜂拥前往法国，1820年有5万人，1830年这一数字达到10万[1]。他们沿着加来到勃艮第的路线，直接来到巴黎。他们会先到巴黎的加里卡尼书店。这家书店专门出售英国旅游者为英国人撰写的旅游指南，其中质量最佳的当属约翰·米里昂以笔名考克斯写就，并于1817年出版的《绅士旅游指南》。他在前言中写道："英国人渴望旅游"[2]，对他们而言，旅游意味着游览欧洲大陆，尤其是法国。壮游路线包括意大利、瑞士、荷兰及莱茵河沿岸地区。旅游者常会在尼斯或波城[3]等城市过冬，这些城市备受英国旅游者青睐，他们往往会待上几个星期，甚至几个月。从18世纪开始，旅游者在欧洲大陆的游览范围都未扩大，而法国是最受欢迎的目的地，得到旅游者的更多关注。波旁王朝复辟时期[4]，法国人明显感觉到旅游是英国人的一种特性。此时的法语虽然并未引入"壮游"（tour）一词，但"游客"（touriste）一词已经产生，指的是外国旅游者，指的是一些奇奇怪怪的英国人，人们对这些英国人的描述带有浓厚的贬义色彩，这种带有贬义色彩的描述将继续下去。第一个对英国旅游者作此描绘的应是来自诺曼底的洪堡。他于1837年在《鲁昂杂志》上发表题为"游客"的文章，对英国旅游者进行描绘，这一日期比司汤达早一年。他写道：

> 对于一个英国人而言，旅游是为了获取某种形式的社会声誉。到法国旅游，也是为了赢得"游客"这个时髦的称誉……不然，他就会被别人笑话，大家会说他没有旅游经验。

---

[1] 参考《维多利亚早期的英格兰，1830—1865年》，莫娜·威尔逊著；《复辟王朝时期的法国》，马塞尔·莫朗著；《19世纪的英格兰和诺曼底》，布里著，载《诺曼底年鉴》1958年第2号。——原注

[2] 原文为法语。——原注

[3] 法国西南部大西洋比利牛斯省省会。

[4] 从1814年拿破仑政权倒台、波旁王朝复辟，到1830年七月革命爆发、波旁王朝被推翻的这一段历史时期。

1841年，艾尔维厄对各种游客进行了大略分类，并将英国人代表的类型定义为“时髦游客”。法国人喜欢嘲笑英国游客，对他们的夸夸其谈颇为反感：

> 英国游客所到之处，都会在出发前确定要游览的地方……对他来说，最重要的事是记录，记下某月某日登上了瑞奇峰[1]或其他高山观景点。风景很美丽，但是大雾笼罩，影响观赏……旅馆的状况还不错……

洪堡还记载了许多此类颇具嘲讽语气的轶事，其中一则讲述一名英国游客，跟旅馆要了一盏灯，晚上“出去看一座大桥”。回到旅馆时，他对洪堡说：“我看到了一座桥。”他逢人便说：“我看到桥了。”另外一则轶事讲述的是一名英国游客，他租了一辆车，打算环游莱芒湖：“他租了一辆小巧的瑞士车，这种车只在边上设有一个座位。很不巧的是，在他的整个旅途之中，座位的靠背都朝向湖的一边。这位英国游客一路穿过洛桑、梅耶里等湖滨城市，却从未见过莱芒湖的影子，还纳闷湖究竟在何方。”这位英国游客最后说：“我来的时候满怀好奇，结果却如此荒谬。”

另一位英国游客跟随在法国南部各地巡演的马丁马戏团，“就为了目睹驯兽师被野兽吃掉”。还有一位英国游客勇敢地旁观了土耳其侵略者在雅典的大屠杀。他虽然佩带武器，却并非拜伦[2]。可是“我曾目睹雅典被劫掠”这一句话，足以让他成为许多沙龙的座上宾，甚至可能为他成就一桩美好婚姻。

---

[1] 位于瑞士中部阿尔卑斯山脉的高峰，海拔1797米。

[2] 拜伦（1788—1824），英国浪漫主义诗人，曾投身希腊民族解放运动，最后病逝于希腊。

英国游客的形象多次出现在大仲马[1]等浪漫主义作家笔下。诗人约瑟夫·梅里[2]也曾在《英国之夜》中有过类似描写。法国人对这一形象越来越熟悉。因此，1848年，路易·菲利普一世[3]化装成英国游客逃往英国时[4]，未被人发觉。而法国大革命时，路易十六乘坐豪华马车出逃至瓦雷纳，却引起注意，最终失败。批评家儒尔达曾就此指出："事实上，1840—1870年这一段时期的法国小说家主要从游客这一身份来描写英国人。"

1840年之后，英国游客的标志性形象是腋下夹着一把雨伞和一本默里旅游指南[5]。法国人将这些形象鲜明、古怪的英国旅游者称为"游客"。但光是"形象古怪"足以解释英国游客为何在欧洲大陆如此不受人待见吗？默里提出了这一问题[6]，并给出了与之前的旅游指南一样的答案：这是因为英国游客的古怪行为层出不穷，且出手阔绰。他们所到之处，不管是意大利、普罗旺斯还是别的地方，当地人总是忍不住想敲他们竹杠。英国游客表现出的咄咄逼人的岛民特性以及他们不知羞耻的态度也很让欧洲大陆人民恼火。因此，"游客"一词一开始就带有一种蔑视的意味。面对英国游客的傲慢，当地人总是以嘲讽回敬。他们认为这些游客不过是一些古怪、讨厌的家伙。

不过，为什么多菲内人亨利·贝尔会选择如此负面的一个新词作为"一名游客的回忆录"的书名呢[7]？假如当时的批评所言不虚的话，原

---

[1] 大仲马，即亚历山大·仲马（1802—1870），法国浪漫主义作家，代表作有《基督山伯爵》《三个火枪手》。

[2] 约瑟夫·梅里（1797—1866），法国作家、记者、诗人。

[3] 路易-菲利普一世（1773—1850），法国国王，1830年七月革命后被拥戴为国王，1848年二月革命中退位，逃往英国。

[4] 布里：《19世纪的英格兰和诺曼底》，《诺曼底年鉴》1958年第2号第267页。——原注

[5] 英国约翰·默里出版公司出版的旅游指南，1836年首次出版，是现代旅游指南的先驱。

[6] 《法国袖珍书的引进》，默里出版公司，1843年。——原注

[7] 亨利·贝尔是司汤达的原名，"一名游客的回忆录"指其作品《旅人札记》（直译应为《一名游客的回忆录》）。

因是司汤达将“游客”一词理解为一个“混迹于下层社会”的“铁器商人”。更糟糕的是，这还是个法国商人。这使得法国人更加难以忍受这一新词，当时的《法国公报》如此评论：

> 在法国，我们将散步、旅游的人称作散步者、旅游者或闲逛者。至于推销商、流动铁器商，法语里面都有专门的称谓，何必去借用英语的词？英语不过是衰弱德语和腐朽法语的一种混合。一本法语书居然用“游客”作为书名，简直让人无法忍受。[1]

在浪漫主义时期，英国的“壮游”（tour）一词已在欧洲大陆广为人知，并得到广泛接受；而“游客”（touriste）一词则用来形容喜爱旅游的富有清闲之人。利特雷作为首个阐释“游客”一词的人，正是下了如此定义：“游客指因为好奇与闲来无事而周游各国的旅游者，他们会到其同胞常游览的国家巡游。游客也指到法国、瑞士和意大利游览的英国旅游者。”1875年，拉鲁斯在其第一版词典中对利特雷的定义做了精简：“游客指因为好奇与闲来无事而周游各国的旅游者。”词典中列举的例子带有嘲讽意味，且常与英国人有关。[2]

19世纪的评论家认为，英国式的旅游对教育和开阔眼界并没有什么作用。他们还一致认为，德·布罗斯意识不到这一点：欧洲大陆壮游这种模式并非旅游者的自愿行为，它不过是英国贵族区别于不喜旅游的其他英国社会阶层和欧洲大陆贵族的一种方式。其实，他们只需要仔细想想艾伯特亲王的经历就能理解。当时，艾伯特亲王的叔叔利奥波德一世公爵打算让其外甥女，即英国维多利亚女王与艾伯特亲王联姻。他教艾伯特亲王说英语，并让他在17岁时到欧洲大陆进行一次英式壮游。

---

[1] 《法国公报》，1838年7月27日。——原注

[2] 《拉鲁斯万有词典》，1875年，“游客”词条。——原注

这次壮游最终耗时两年，艾伯特亲王完整而认真地游历了欧洲各国。[1]

对于英国贵族的一系列非凡的创造，当代的历史学家曾做过一个总结，其中包括壮游、上流社会的温泉浴和浴疗习惯、到法国南部过冬、游览山峰及郊游。1817年起，马修斯[2]建议壮游的英国人冬天时选择前往意大利和普罗旺斯，春天到意大利的湖区，夏天则游览瑞士。这一点在18世纪并不构成问题，根据季节选择度假地的现象要到浪漫主义时期才出现。

[1] 参考昂热尔的《维多利亚女王》，大世界出版社，第62页。——原注

[2] 亨利·马修斯（1789—1828），英国法官和旅行家，著有《一位病人的日记》等作品。

第四章 “到水里去”“泡澡”：温泉疗养地、海滨浴场和“贵族消夏度假旅游季”的发明

这一章要阐述两个常常容易被人们混淆的现象。

第一个现象是“贵族消夏度假旅游季”以及社交性质的温泉疗养站和海滨浴场被发明出来了。社交性质的温泉疗养站和海滨浴场无可争议是由英国人搞出来的，我们能够确定其位置并追溯其起源。这些发明可以追溯到18世纪，它们比壮游的出现稍稍晚一些，也属于追求卓尔不群、标新立异的一部分。我个人建议根据这些发明的诞生地将它们命名为：“布莱顿和巴斯革命”。

而另一个要说到的则是一个令民俗历史学家和人类学家都十分感兴趣的社会现象。“到水里去”和“泡澡”——这两类活动诞生的具体年份我们无法确定，它们早已和古罗马帝国的城市文明融为一体，而古罗马帝国城市文明的发展又使得其矿泉疗养所、温泉浴室和古罗马式的公共浴室成倍增加。自18世纪以来建立的几乎所有的温泉疗养所，我们都可以从它们的名字或遗址中发现古罗马的痕迹[1]。这种年深日久的老资历“让矿泉水充满威望”[2]：人们从何时开始频繁下水早已无法考证，其源头已经消逝在“蒙昧时代”[3]了。这些温泉如今的盛名首先建立在这

---

[1] 从Acqua（水）一词，衍生出Ax，Aix，Acqui，Aachen等词；Balnea（浴）则衍生出Bath，Bains，Bagni，Bagnères等词。——原注

[2] 吉塔尔，药剂历史学家，1950年出版了《水疗与水文学久负盛名的往昔》，该书由药剂史学会出版，第324页。——原注

[3] 蒙昧时代始于人类的幼稚时期，终止于陶器的使用。

14世纪意大利波佐利的一个温泉浴场（意大利诗人彼得罗·达·埃博利的作品法语手抄本中的插画。藏于法国国家图书馆，B.N.fr.1313，fol.7）

种“年深日久”之上，当今学究式的文章声称“在所有的治疗行为中，矿物温泉治疗是最古老且最普遍的”[1]。在地中海沿岸区域和欧洲周边区域的确是这么回事，因为在别处，温泉治疗没有这么高的普及率。自远古时代以来，这片广阔区域的居民出于个人卫生的考虑，出于对社交的需求（穆斯林的蒸汽浴室便扮演了这种角色），又或者出于娱乐、文化交流的需要（如罗马式温泉），会时不时给自己开一些饮剂或者“泥巴

[1] 杜奥：《矿泉水》，法国大学出版社“我知道什么”丛书，第6页。——原注

匈牙利首都布达佩斯是豪华温泉浴场密度最高的城市，许多温泉浴场就建在酒店内

浴”或者“蒸汽浴”之类的方子，来减轻身体的病痛（或者所饲养的动物的伤痛）。这种现象的发生是没有医疗方面的介入的：没有医生开的处方，也没有19世纪人们所说的那种“水务局”的监督管理。温泉水的价值不是建立在化验分析的基础上；泡温泉的人们自己决定什么时候去泡，怎么泡，怎么饮用。像这样的行为，现在我们可以称之为“自己给自己开处方”；我们不相信这种做法今天已经消失了，尽管有人做了

一些表面上的工作[1]。传统的影响一直都能让人感觉到。

医学论说也承认这一观点：说到水疗，造访的频率高才有疗效。而与之相关的科学论证姗姗来迟，很长时间一直都显得很笨拙；在过去，医生们为了指导温泉疗养者和传授浴疗学知识所做的努力往往是白费功夫；医生们纷纷哀叹泡温泉完全是赶时髦，像艾克斯的奥迪奈[2]医生在1840年所写的那样，泡温泉的人就是去那里“吹牛”的。显而易见！这正是理查德·纳什[3]18世纪在英国巴斯发明社交性温泉疗养站的起因；而其他的温泉，先是英国的温泉，然后是欧洲大陆的温泉，很快都发生了变革，从18世纪中期到19世纪末，它们先后都有了一个新名字：Spa[4]。这个名称来源于英国人开发的Spa（斯帕），很快就成了典型的温泉度假村[5]。

温泉度假村建立起来之后才获得医学认可，与其说这种医学认可是原因倒不如说它是结果。医生们搜集论文，热衷于强迫人们接受一些跟到处都适用的“浴疗”和“矿泉水”不一样的说法，因为浴疗实际上涉及所有的水，不管是热的还是凉的、纯净的还是富含矿物质的，这些水都有着“能够治病”的美誉。在法国，法国大革命爆发前，法兰西皇家医学院[6]想使这种大众喜爱的活动合理化。它在整个19世纪开展了一项持续性的监管工作：那些造访频率最高的温泉由领薪资的“医疗

---

[1] 在法国，通常是向往某种疗法的人要求他们的全科医生给自己开该种疗法的处方；医生更乐意满足这种要求，因为比起19世纪的医生，现在的医生不用再学医用矿泉学，而且社会保障对于这方面的管理也往往流于形式。——原注

[2] 皮埃尔-卡西米尔·奥迪奈（1802—1889），法国医生和作家，1840年出版《水季期间的萨瓦地区艾克斯及周边》。

[3] 理查德·纳什（1674—1761），原名博·纳什，是18世纪英国著名的时尚达人和时尚领袖。他与一个金融学家、一个建筑学家一起，把巴斯从一个乡村温泉度假村发展成为权贵享用的度假胜地，除了提供温泉水疗服务，还提供赌博、赛马、打猎等各种娱乐方式。

[4] 一般翻译成放松保养、水疗。

[5] Spa（斯帕）是现比利时境内德语区的一个温泉镇。从19世纪开始，英语中的spa water指的就是温泉矿物质水。——原注

[6] 现为法兰西国家医学科学院。

监管员”负责监管，他们需要提交温泉年度报告并上报观察到的临床病例[1]；但是，这些“医疗监管员”没能获得同行医生和温泉疗养者的认可，后者都要求得到“泡水的自由”。尽管医学院发表了相关论说，但诸如“医用矿泉学”“矿泉疗法”等医学用语在当时并没有获得世人的认可。近20多年来，缩写成“thalasso”的“thalassothérapie”（浴疗）更幸运地被大众接受，然而人们可能不知道，这种浴疗相当于回到原点，也就是说回到1750年前后想和巴斯一决高下的布莱顿：泡海水和泡温泉矿物质水同样有疗效。事实上，在1750年左右，英国人就发明了海水浴疗法：突然在清新、含碘、流动的海水中浸泡会导致短暂的呼吸困难，而这种短暂窒息是有益于身心健康的。不久，为了方便泡海水，相应的海滨浴场纷纷建立起来了：布莱顿、韦茅斯[2]、斯卡伯勒[3]……随后，在欧洲大陆：迪耶普[4]、奥斯坦德、斯赫弗宁恩[5]……露天海水浴场如雨后春笋般纷纷出现，使得那些富裕的“游客们”可以穿上自己的“浴装”，坐在游泳更衣车[6]里舒舒服服地进入大西洋；然后一些身强力壮的“男服务员”或“女服务员”分别把男游客或女游客浸泡到海水中。

新型海水浴疗的原型是上流社会社交界的温泉疗养地，换言之，“布莱顿是巴斯的化身”[7]：它们同样受潮流影响；都结合了治疗的考量和精英的考究；都具有戏剧舞台一样的装潢，好让那些有钱的泡水者能

[1] 法兰西王家或皇家医学科学院（1870年后去掉了“王家”“皇家”）每年都会阅读由“医疗报告员”起草的温泉年度总报告。这可能为制定相关的国家规章管理制度提供了启示。如今，这些被保存在法兰西国家医学科学院的报告是珍贵的历史文献资料。——原注

[2] 位于英格兰多塞特郡。

[3] 英国城市，英格兰东海岸的主要观光目的地之一，有“北方布莱顿”之称。

[4] 法国城市，濒临英吉利海峡的港口都市，属上诺曼底大区滨海塞纳省。

[5] 位于荷兰海牙西北部，是著名的海滨度假胜地。另译作席凡宁根。

[6] 维多利亚时代海滨浴场的一种设施，是一种活动的封闭更衣间，使用者从沙滩一侧的门入内更换泳装，准备就绪后，更衣车即被推向海里。

[7] 参见阿兰·科班的《空旷的地域，西方与海滨的渴望（1750—1840年）》，第287页。——原注

够欣赏公园或者大海的风景以及被其他疗养者看到；两者还有同样的季节性规律。人们通常在6月到9月期间去那里度假。刚开始，即18世纪中期，只有那些“时髦的人”和“高雅人士”才泡海水浴。新式的海水浴是巴斯革命[1]的产物，它并不是这之前几个世纪就有而且一直都存在的涉水和下河下海洗澡的延续，当时卫生部门还没有出台浴场管理规定[2]。从远古时代开始，在盛夏，温带国家的人们就喜欢去离家不远的小河小溪中泡个澡凉爽一下，河流、湖泊、池塘很方便；那些地方没有经过整治、没有海滩、没有泳衣；男人们下水时很随便，有的赤身裸体，有的穿着衣服；年轻女子们则在只有女性的场合才敢冒险，而且是在她们确信自己不会被别人看到的情况下。不同的浴场之间则有很大的文化差异。

一、大众医学与名不见经传的温泉

如今，大多数的温泉疗养地都喜欢把“温泉的历史”追溯到很久以前；当地的学者都在竭尽全力做这件事，但他们也没有太多可以说的，那是因为在这些没什么名气的温泉附近，根本没发生过什么大事。这些温泉总会有缺陷，总有衰落的时候，由于缺乏维护，那些没有获得引流的水源就逐渐干涸或者汇流了；又或者发生了坍塌。从罗马时代到中世纪，那些缺乏管理的温泉大都难逃厄运。然而仍然有几个幸运儿：亚琛[3]、萨瓦地区艾克斯[4]的温泉。从11、12世纪起，拥有至高无上权力

[1] 后文中将会介绍巴斯革命。——原注

[2] 法国省级卫生和社会事务管理局近年来才采取卫生措施，三四十年前，几乎没有形成因为水源受到污染而不要随处下水的概念。——原注

[3] 德国北部城市，靠近比利时与荷兰边境，以温泉著名，拥有欧洲中部最热的温泉，从公元1世纪起这里就是疗养地。

[4] 即今天的艾克斯莱班，当地人常简称为艾克斯，是法国东南部奥弗涅－罗讷－阿尔卑斯大区萨瓦省的一个市镇。因境内温泉资源丰富，它也是一个重要的温泉度假地。

的天主教会非常同情穷苦的人们，想方设法缓解穷人所遭受的苦难，所以，教会给予了穷人自由进入浴场洗浴的权利，同时把那些最穷困的人安置在临时济贫院里。在19世纪，法兰西医学科学院和管理温泉的“医疗观察员”居高临下地打着卫生保健学说的幌子，曾经试图给予穷人免费进入温泉洗浴的特权，然而，这有悖于资本主义发展逻辑。

从中世纪[1]到近代，大部分温泉的泉水管理一直非常粗陋：既没有引水措施，也没有受保护的矿泉水饮水处，更没有专门用来洗浴的场地。浴疗都是在简陋的水池里进行，病人都混杂着泡在水里。他们像古时候一样赤身裸体。直到15世纪，掌控温泉的罗马天主教会都不建议着装入浴。教会试图阻止男女混浴，将温泉专门留出几天时间给女性，这个方法或多或少取得了一些成效；另外一些像艾克斯一样热门的温泉镇早就设立了“女性专用浴池”。从15世纪起，“温泉世俗化”的趋势逐步显现，医院和修道院的区别也变得越来越明显。紧随中世纪纯洁的裸浴而来的，是欢乐放纵的“男女混浴”，特别是在德国巴登地区。与此同时，泡温泉是否需要穿衣服遮羞的问题也开始引人关注。这个巧合并非偶然，这种穿衣服泡温泉的做法源于15世纪的意大利，且随着宗教改革运动的兴起而逐渐占据了上风。对此，作家蒙田觉得很可惜，他曾在普隆比耶尔莱班[2]写道：“我发现这里有一种奇怪的正儿八经。”此外，他还详述了“那些规定女士着衫、男士着小马裤泡温泉的条款”[3]。

从中世纪到古典主义时期[4]，前往温泉的路途充满艰难险阻。除一

[1] 约从公元5世纪持续到公元15世纪，属于欧洲历史三大传统划分的中间时期。

[2] 比利时列日省一城市。

[3] 均选自蒙田的《游记》，他坚信他所到之处都会喝上一口的温泉水所具有的功效。参见昂格朗的《中世纪的温泉水城》、吉塔尔的《水疗与水文学久负盛名的往昔》，两书均有关于泡温泉技巧的详细记载。——原注

[4] 古典主义时期指17和18世纪一部分时期，这段时期欧洲在艺术上对古希腊罗马的古典文化高度认同。

些都市地区的温泉（譬如亚琛、普罗旺斯地区艾克斯[1]）以及城市周围的温泉（譬如昂吉安[2]）之外，那些隐没在大山或者深藏在山谷中的温泉，都没有道路能够通达。为了抵达阿尔卑斯山脉的那些温泉——无论这些温泉是瑞士的、意大利的还是法国的，以及科西嘉岛[3]（包括奥莱萨）、奥弗涅大区[4]的温泉区，路途都十分艰辛。18世纪的最后三十多年里，人们的精神状态发生了改变：负责的人不再无动于衷，比如，科西嘉地方三级会议[5]和朗格多克大区[6]地方三级会议都想打通温泉水周边的道路[7]。

不管是在接待还是住宿方面，为温泉疗养者预备的东西少得可怜，甚至什么都没有。连"高端人士"也不得不忍受着那种和当地人挤在一起的、鱼龙混杂的泡法，跟当地人一样忍受那种不舒服。一些罹患同样病痛的贵族来到暴露在恶劣天气下的温泉，有人记录说他们并没有"受到理所应当的接待"。18世纪末期，在当时总督们的报告、《百科全书》[8]、各种小册子中，以及19世纪初各省省长们的报告中，都能找到对于温泉疏于管理的抱怨，抱怨连引水都没有或者方法很粗陋。人们随心所欲地汲取温泉，在没有保护措施的情况下，水源很容易就被污染了；而温泉的主人，无论是谁，对此都毫无作为；人们通常甚至不知道温泉的主人姓甚名谁。大多数情况下，那些去泡温泉的人都觉得在温泉周边

[1] 法国罗讷河口省的艾克斯常常被称为"千泉之城"。

[2] 指昂吉安莱班，法国法兰西岛大区瓦勒德瓦兹省一市镇，有大巴黎地区唯一的温泉疗养地。

[3] 位于地中海，法国最大的岛屿。

[4] 法国中部一大区。

[5] 指1770—1789年间科西嘉地区的三级会议。

[6] 法国南部的一个省份。

[7] 科西嘉三级会议分别在1770年、1780年和1781年要求修通通往科西嘉一些温泉的道路，其中包括奥莱萨温泉；虽然做出了工程预算表，但根本没有得到执行，甚至都没着手。参看维拉《1763年至1789年的科西嘉》第二卷。而在1769年，朗格多克三级会议要求修一条从勒皮到罗讷省的大道（即今天的102国道）：会议第9个理由是"公众健康"与这条路息息相关，因为病人可以从全省各地来到奈伊拉克，那里的水能创造奇迹。——原注

[8] 由18世纪启蒙思想家狄德罗主编的一套多卷本百科。

的住宿一点都不舒服；一些人露营或者直接在附近的当地人家中借宿。不少农民在18世纪摇身一变，成了旅馆老板。

如果温泉位于修道院或者城堡附近，就会有明显的优势。为了喝到奥莱萨的泉水，或者让人把泉水送到科尔泰[1]，帕斯卡·帕欧里[2]和当时还是中尉的拿破仑·波拿巴都曾在皮艾迪考斯[3]的修道院留宿[4]。我们可以列举很多“城堡温泉”，比如多菲内地区的摩特、沃奈桑伯爵领地[5]上的瓦克拉斯[6]、普罗旺斯地区的格雷乌……在18世纪，这些城堡的主人们都不遗余力地宣称他们对于温泉的所有权，然而却不愿花点心思把他们的城堡变得更加舒适。依云[7]温泉旁有布洛奈城堡[8]，艾克斯旁有塞瑟尔城堡[9]，波旁王朝[10]所有的皇亲国戚们显然都拥有更气派的城堡。在过去，温泉并不配备医生。只有城市里才有医生，然而，温泉却基本上都在乡下。但是温泉疗养者们对此并没有怨言，他们只是去医生那里确认一些信息而已。卢福瓦侯爵[11]在巴雷日温泉甚至连一个药剂师都找不到；瓦尔斯莱班[12]是18世纪造访频率最高的温泉之一，但直到1779年才有了医生。官方的医疗机构——学究式的和城里的——只会无视这些

[1] 位于法国科西嘉岛中部，曾是18世纪中期科西嘉短期独立时的首都，现为科西嘉岛的第四大都市。

[2] 帕斯卡·帕欧里（1725—1807），科西嘉政治家、爱国者，帕欧里家族于1735年开始领导科西嘉人反对热那亚的统治，让科西嘉获得短期独立。

[3] 法国上科西嘉地区一村庄。

[4] 参见祖卡莱利的《奥莱萨的水》，第15—17页。——原注

[5] 教宗国的领土，存在于1241年至1791年，位于今法国普罗旺斯-阿尔卑斯-蓝色海岸大区。

[6] 法国南部罗讷河谷一温泉城堡。

[7] 法国一市镇，位于上萨瓦省北部的日内瓦湖畔，瑞士洛桑的对面，是有名的温泉小镇。

[8] 现瑞士联邦西部法语区的沃州下设的市镇。

[9] 法国安省一市镇，隔罗讷河和对岸的同名市镇相望。

[10] 波旁王朝，一个在欧洲历史上曾断断续续统治法国、西班牙、卢森堡等国以及意大利若干公国的跨国王朝。

[11] 法国政治家。在太阳王路易十四时期担任陆军国务大臣，改革法国军队，是路易十四时期法国最著名的伟大人物之一。

[12] 法国阿尔代省一市镇。

自发的民间活动。对温泉感兴趣的都是当地人，有时也有些“大人物”，这些“大人物”往往只是听人说起过温泉。人们毫无节制地喝着这些泉水，因为他们都在期盼着奇迹。“这是万能药”，法布尔[1]在瓦尔斯莱班这样说道。塞维涅夫人在给她女儿的信中也这样写道：

> 我觉得瓦尔的泉水很神，对那些有损健康的病痛也有疗效。如果不是我实地来体验过这个温泉，我会觉得这个地方就是莫里哀那些医生题材的喜剧中的场景。[2]

到了近代，人们在提到一种水时常常说它“能够创造奇迹”，这样就无须解释它为什么有疗效。而且，又有谁能够解释为什么有疗效呢？医生能吗？在温泉疗养地没有医生，也没有温泉水的管理机构。在治疗方面没有任何定规，没有规范，疗程也是变化不定的[3]。面对那些自相矛盾的建议，饮用温泉水的人或者泡温泉的人都是随心所欲、各行其是。

二、喷涌、消失和万能的温泉

从17、18世纪与19世纪初论述温泉的小册子中，我们能够得知的真相少之又少。这些小册子尽其所能地夸大某一温泉被人造访的历史有多么悠久，可能的话都追溯到了罗马时代。有一些小册子是水源发现者所撰，介绍这个一直无人知晓的温泉；结果50年甚至100年以后，同

---

[1] 法国奥伯纳的一位药剂师，曾在1657年写了关于瓦尔斯莱班温泉水源的报告。——原注

[2] 塞维涅夫人：《给格里尼昂夫人的信》，1689年7月13日关于瓦尔斯莱班的信，及1690年2月5日关于迪涅的信。——原注

[3] 18世纪，在比利时的斯帕小镇，温泉治疗持续6个星期；在西班牙是9天；在普格莱索温泉是10至20天；在蒙多尔山温泉是18至25天，在普隆比耶尔莱班温泉是40天；在意大利是两周。参见吉塔尔的《水疗与水文学久负盛名的往昔》，第124页。——原注

一处温泉又有了一个新的发现者！而之前的那本小册子，因为发行量极少，已经像那个温泉一样被人遗忘了……当然，这处温泉还会继续被人忽视，假如它没有在某次塌方或者洪水中消失的话。

在近代，温泉大多只是在当地小有名气，没有被编入名册或目录。17世纪末期，人们开始关注慈善，外科医生、药剂师、剃须匠尤其是神父们如果想让自己的同胞们放松一下，会告诉他们所在的地区那些对健康有益的温泉。就像尼永斯[1]地区的雅克·隆[2]和里昂地区的很多神父[3]所做的那样。虽然这些温泉已经被人发现，但并没有因此就被开发。自此，为了居民医疗事业的普及（尤其是在乡下），温泉的数量统计工作也开始了。法兰西王家医学会、随后19世纪的法兰西医学科学院以及法国矿业局更是推动了该统计工程的发展。以区域范围来分析、保护温泉，对它们进行分类、发放许可证，构成了这项统计工程不可或缺的步骤。

法国拥有的温泉数量之多令人印象深刻，在法兰西第一帝国时期[4]有1500多个。根据法国药剂历史学家吉塔尔的记录，19世纪末期（1882年有1102个），20世纪中期（1948年有1690个），所记载的温泉数量与第一帝国时期大致相同。[5]的确，在此期间，某地所发现的温泉的数量大量增加。比起18世纪末期，单是瓦尔斯莱班这一地区温泉的数量就增加了四倍。理论上讲，近两个世纪以来，法国是世界上拥有温泉最多的国家……不过如今只有不到十分之一的温泉被批准开发。18世纪末

[1] 法国德龙省一市镇，位于该省东南部，也是该省的一个副省会。

[2] 让妮娜·德麦西在《历史手册》（1988年第1期，第43—70页）上发表了一篇介绍她的祖辈雅克·隆的文章。雅克·隆是离尼永斯不远的旺特罗勒（法国南部市镇）的一个外科医生，他建议人们到居住地周边去做温泉治疗。——原注

[3] 让-皮埃尔·居东，一位博学者，1995年在艾克斯举办的第120届国家科学史大会上宣读了一篇报告：《通信与医疗普及：18世纪里昂地区的牧师、医生和行政人员》。他揭示了神父急切地想让他们的基督徒知道周边有治疗功效的温泉水。——原注

[4] 即拿破仑建立的君主制度国家（1804—1814），又称拿破仑帝国。

[5] 参照前文注释已经提到的吉塔尔的专著，第67页。——原注

和20世纪初，总督们、省长们都在自己所写的报告中特别列举了那些被过度忽视的温泉，并争先恐后地反复陈述“温泉没什么人光顾”“没什么人造访”“只有当地人才知道”；在这些温泉，“只有农民来取水饮用，没有见到有钱阶层的人”。然而，在同一时期的同一类记述中，我们又能够见到对这些“极其灵验”的温泉水的如许赞美：“（温泉）非常干净卫生有奇效”，能够治愈一切病痛。最早的统计数据显示：每个温泉都注明能治疗15到20种疾病；每个温泉都说自己是“最好的”，但没有说明为什么；有一些温泉强调自己“温度是最高的”，多菲内地区的拉莫特莱班温泉水温是60摄氏度。

根据记录，位于所列疾病之首的是风湿病，这一点直到今天也没有改变。到矿物质含量最高的温泉来疗养的人当中，风湿病患者占了一半，接下来依次是麻痹症、关节疾病、消化类疾病、痛风、哮喘病、淋巴结、所谓的抑郁类疾病以及创伤和伤口。最后面的这类疾患在边境省份地区的温泉疗养站更常见。在比利牛斯山脉[1]、阿尔卑斯山脉、汝拉山脉[2]和孚日山脉[3]的温泉疗养站，疗养者人口密度总是格外大。在旧制度[4]时期，甚至是法兰西第一帝国时期，相当大的一部分温泉造访者都是军人。军队的营房或军医院距离温泉都不太远，可以安排这些士兵或老兵留宿，这些士兵都是疾病缠身：骨折、外伤、肿痛、关节疾病、痢疾等。我们可以列举出很多这类性质的温泉，比如比利牛斯山脉的温泉、普罗旺斯和萨瓦省的温泉、从贝阿恩省到汝拉省的萨利和萨兰温泉，再加上巴雷日温泉，阿梅利莱班、迪涅莱班与莫内蒂耶、隆勒索涅、波旁王室的温泉，普隆比耶尔莱班的温泉。这些士兵甚至会带他们

[1] 欧洲西南部山脉，法国与西班牙两国的界山。

[2] 一条呈东北—西南走向的山脉，位于法国和瑞士的边境。

[3] 呈南北走向，位于法国东北部、莱茵河左岸。

[4] 旧制度指法国1789年前的王朝。

的马来泡温泉，当然马是要收费的。[1]这些温泉的疗效可以说是万能的，但除了军人的造访以外，差不多只有当地居民使用这些温泉。18世纪，在科西嘉岛所发现的二十来个温泉除了科西嘉人以外没有人知道；即使是岛上的奥莱萨温泉、皮艾迪考尔斯温泉或瓜尼奥温泉，也没有“大陆上的法国佬”来饮用。[2]

一些作者早就指出过这种温泉水有特效。人们吃惊地发现这些作者的直觉是正确的，当代温泉矿泉科学已经证实了这一点。自1685年起，虔敬的方济各会[3]修士贝尔纳就把布里德莱班[4]温泉推荐给那些“肥胖、湿气重和患有恶疾的人”，他还把昂菲翁温泉推荐给“尿潴留”患者。[5]在法国执政府时期（1799—1804年），已经有人在说依泉[6]小镇的温泉对于皮肤病非常有效[7]，尽管当时几乎没有人知道那个温泉。这些说法完全依据个人经验，人们尚未将水的成分与其治疗功效联系到一块。唯一的例外是：水的温度。

在18世纪最后三十多年里，在拉瓦锡[8]及其研究发现的影响下，一切都发生了改变。他在1770年写了《水的性质》一书。从此以后，人

[1] 法国共和十一年（1802年9月23日到1803年9月23日）的一则布告注明1803年在艾克斯温泉洗浴的马匹每次每匹要收费25生丁（100生丁合1法郎）。——原注

[2] 关于18世纪科西嘉岛温泉的描述，有一本珍贵的手抄本，由意大利人多米尼克·科尔蒂斯所著，名为《科西嘉岛的描述》，现存于意大利热那亚大学图书馆。其由若干关于旅游的小册子组成，其中也有修道院院长高丹所著的《科西嘉之旅》。——原注

[3] 又称方济会，或译法兰西斯会，是天主教托钵修会派别之一。

[4] 位于法国东南部萨瓦省，是1992年冬季奥运会的奥运村。

[5] 这两个都是萨瓦地区的温泉，布里德莱班温泉在塔朗泰斯山谷，昂菲翁温泉靠近依云小镇。是骑士奥尔西让我们了解到布里德莱班温泉，他在1836年重新出版了关于这个温泉的小册子。布里德莱班温泉对治疗肥胖症有疗效，这一特效直到1874年才被菲利贝尔医生发现。贝尔纳在1697年的《水银》第44页提到了昂菲翁温泉和这种疗效，那时依云小镇的温泉还未被发现。依云小镇的温泉直到18世纪末才被发现，被认为在利尿方面的作用比周边的温泉更为明显。——原注

[6] 位于法国阿尔卑斯山脉的温泉。

[7] 参见伊泽尔省级档案馆119M1号档案中的多份报告。依泉温泉（在多菲内地区）对于牛皮癣的治疗定位直到20世纪才被确立。——原注

[8] 拉瓦锡（1743—1794），法国著名化学家、生物学家，被尊称为“近代化学之父”。

们开始信奉这条原则：不是所有的水都适于饮用，而且，即使是可饮用水，不同饮用水的价值也不相同。这一认定具有革命性[1]。18世纪末期的有钱人就不愿意再喝蓄水池里的水和城里的井水了，他们不信任送水工。于是，“水的征服”（语出古拜尔[2]同名著作）的进程便开始了。我在这里强调一种并行性：人们开始分析矿泉水，与此同时把矿泉水装瓶然后拿去销售。生产能让人充满活力或减轻痛苦的水[3]的工业与商业公司兼任双重角色，它们既有把水直接引入室内的大型技术设备，也有按水的疗效建立起来的营销网络，水的疗效被标注在瓶装水的标签上，标签包含以下信息：水质成分分析、水的来源和公众使用后的认可度。

做水质成分分析要花很多功夫，在1880年做过分析的温泉还不多。法兰西第一帝国时期，各省省长都没有表现出多大的热情。[4]这些被细致分析、然后名声大噪并越来越被人喜欢、最后被送到家中以供使用的水，会不会让去温泉疗养地进行疲惫而又昂贵的旅游和驻留变得毫无用处呢？这样的先例也不少了。1600年，亨利四世在里昂停留时，就曾去普格莱索[5]温泉疗养。17世纪末期，凡尔赛宫廷就已经成桶成桶地接收来自瓦尔斯莱班温泉的水了。18世纪时，在巴黎、里昂、马赛和其他大城市，“特权老爷们”已经垄断了瓶装矿泉水的分配与售卖，瓶装水价格被抬得很高：一升瓦尔斯莱班的温泉水售价四里弗，这相当于当时一个短工四天的薪水[6]。王权同时也参与了对矿泉水的掌控。1776年建立的法兰西王家医学协会的首要任务之一包括：鼓励进行水质分析，强

[1] “纯净水”的发现是18世纪末的几场重大革命之一。时至今日，第三世界国家仍不知道这一点。——原注

[2] 让·古拜尔（1942—），历史学家，著有《水的征服》一书。

[3] 水的商业推广并不单纯，比如法国威望迪通用水务公司（1853年由拿破仑三世创办），一些有名的矿泉水大公司如依云、矿翠、巴黎水也是最好的例证。——原注

[4] 上阿尔卑斯省的拉杜塞特温泉也是如此，省级档案馆M系列有好几捆资料可以证明。——原注

[5] 法国中部的一座温泉小镇。

[6] 参见吉塔尔的《水疗与水文学久负盛名的往昔》以及莫里斯·于藏的《瓦尔斯莱班温泉简史》。——原注

制规定售卖的水必须贴标签，监控水的售卖，同时规定在温泉边配备一个“王家医生”。然而，由于法国大革命的影响，这些措施仅仅开了一个头而已。在18世纪末19世纪初，欧洲的矿泉水市场初步形成了。斯帕小镇的水大获成功，这个名字成为温泉水的标志；塞尔特斯温泉[1]的气泡水成了咖啡专用水。在1789年，已经有多达三十多种矿泉水可供巴黎的有钱人选择了，其中还有五种是外国的。当时的人们设想，也许在未来，只有穷人没有办法弄到水，也无法求医，只能继续去原地泡免费的或者收取少量费用的温泉，并且在那里“做温泉治疗”；法国温泉那些简陋的配套设施只能继续满足那些相信民间医术的信徒的需求。过去的人们去“水里泡一下”的动机太复杂，我们也很难理解这种复杂性，而且它还受限于我们的想象力。运输的瓶装水喝起来和在水源地喝的水的味道当然不一样，最简单的实验都可以证明这一点。自19世纪初，人们便开始质疑水质分析的意义。夏普塔[2]既是化学家同时也是部长，他声称：“当我们做水质分析时，相当于在解剖一具尸体。”

三、那些有名的温泉、温泉娱乐与温泉的建设

民间的经验主义摆脱了当局一切断然的干预，在18世纪，这种经验主义成功地使被认为具有治疗功效的温泉数量大大增长，而且还巩固了其中一些温泉的造访率，但这并没有给这些温泉带来欧洲范围内的美誉。到18世纪末，大部分的法国温泉，也包括意大利与德国的温泉，都不为外地人所知。有数据显示，由于这些温泉名气有限，到访的游客很少。在1780年前后，萨瓦地区艾克斯的温泉有500多个温泉疗养者；在1790年，巴登－巴登温泉[3]的疗养者数量则达到了550个。至于其他

[1] 位于德国黑森州陶努斯山区，以天然苏打水出名。

[2] 让－安托万·夏普塔（1756—1832），法国化学家、政治家。

[3] 德国一温泉。

“著名的温泉”——当时的人们都这么叫——一年大概有300人去疗养。很明显，这些数字显然远不能跟到英国温泉以及比利时斯帕小镇泡温泉的人数相比。

国王们、贵族们和大人物们知道哪些温泉是他们这个阶层的人最常去的——这就给此类温泉带来了盛名。从16世纪起，历代的洛林公爵[1]就迷恋普隆比耶尔的温泉，让该温泉有了一群“令人愉快的常客”。蒙田也写道：“那些贵妇们让人把自己带到那里纯粹是因为高兴而不是出于需要。”自16世纪起，纳瓦拉王室[2]使得比利牛斯山脉的几个温泉声名远播；在巴涅尔德比戈尔[3]温泉疗养之后，胡安娜三世[4]治愈了她的不孕症；亨利四世也曾去过欧博讷[5]温泉、热泉[6]温泉和普格莱索温泉疗养。玛格丽特·德·纳瓦尔[7]在科特雷[8]创作了《七日谈》。[9]波旁王朝的王室成员们通过自己的名望，在自己的领地上开发温泉，并冠上一个以“波旁”开头的名字：比如：波旁-朗西，波旁拉尔尚博，波旁莱班。

福尔日温泉水城[10]靠近巴黎，在17世纪上半叶备受青睐；法王路易十三和法国贵妇蒙庞西耶公爵夫人也曾去那里泡温泉。路易十四统治时

---

[1] 古代的洛林包括现在法国的洛林和尼德兰以及德国的亚琛地区。该地区的治理者为洛林公爵。

[2] 纳瓦拉地处比利牛斯山西段南麓，778年巴斯克人宣布独立建国，905年将自己的国家改名为纳瓦拉王国。1512年，上纳瓦拉被西班牙兼并。下纳瓦拉继续保持独立，1589年因其国王亨利继承法国王位而并入法国。亨利在1594年加冕为法国国王，他便是波旁王朝第一代君主亨利四世。

[3] 另译比戈尔的巴涅尔。法国上比利牛斯省的一个市镇，也是该省的一个副省会，位于阿杜尔河畔，下辖巴涅尔德比戈尔区。

[4] 胡安娜·达尔布雷（1528—1572），又称胡安娜三世，1555年至1572年在位的纳瓦拉王国女王，是法国宗教战争的关键人物。

[5] 法国比利牛斯-大西洋省的一个著名的温泉小镇，位于该省东南部。

[6] 位于比利牛斯山脉的温泉小镇。

[7] 玛格丽特·德·纳瓦尔（1492—1549），法国公主、王后和作家，著有《七日谈》。

[8] 法国上比利牛斯省的一个温泉小镇，位于该省西南部。

[9] 参见蒙田的《游记》、昂盖朗的《十六世纪的温泉水城》、帕叶隆的《饮水者》。——原注

[10] 位于诺曼底大区滨海塞纳省一温泉水城，以其赌场而著名。

期的时尚暂时地促进了波旁拉尔尚博温泉的发展，诗人兼文艺批评家尼古拉·布瓦洛和蒙特斯潘侯爵夫人[1]都去过那里；发展较快的还有维希温泉，该温泉被路易十四的御用医生法贡高度赞扬过。德·塞维涅夫人喜欢维希温泉（曾于1676年到访过）甚于波旁温泉（曾在1687年在此疗养），我们从这位侯爵夫人的信函之中，可以看出那些跟她通信的人都去了哪座温泉：福尔日温泉水城、巴雷日、巴拉吕克莱班[2]，迪涅莱班[3]还有瓦尔斯莱班。写到瓦尔斯莱班时，塞维涅夫人嘲笑当时的古怪风气：

> 德·格里尼昂先生[4]去瓦尔斯莱班是因为他在巴黎；达尔勒先生去福尔日温泉，因为他就在阿尔勒附近，而对于（当地）这些可怜的喷泉，本乡人中无先知[5]。[6]

在18世纪，撒丁王国[7]的满朝文武就挤在布洛奈伊城堡[8]饮用安菲翁莱班[9]的水以及产自依云小镇的水了，但其他的温泉疗养者（尤其是日内瓦人），只能住在简陋的小旅馆中。[10]随着法国大革命的爆发，王室就不再光临了，于是依云温泉只剩下为数不多的当地客人——日内瓦人和移居到日内瓦的贵族。

---

[1] 法国国王路易十四最著名的一个情妇。

[2] 法国埃罗省一市镇，属于蒙彼利埃地区。

[3] 法国东南部城市，是上普罗旺斯阿尔卑斯省一市镇，也是该省的省会和人口第二多的城市。

[4] 德·格里尼昂先生（1632—1714），塞维涅夫人的女婿。

[5] 法国谚语，比喻有才能的人在本乡本土中不易受尊重，这里指人们愿意去周边的温泉，而当地温泉水无人问津。

[6] 塞维涅夫人的《书信集》中多处出现过：1689年7月13日关于瓦尔斯莱班的信件，1690年2月5日关于迪涅莱班的信件。——原注

[7] 意大利过去的一个王国，建立于1720年，后来的意大利于该王国的基础上统一。

[8] 该城堡位于今上萨瓦省。

[9] 法国上萨瓦省一市镇，位于该省北部偏东。法国依云矿泉水的取水点及加工厂位于其境内。

[10] 参见依云档案馆文献以及佩鲁的《依云温泉小镇的历史》。——原注

一些大人物的偶尔造访并不足以引来大量人流，温泉经营者还得保证泡温泉者能在温泉边找到人们称之为“娱乐项目”的东西。于是人们以娱乐的名义组织各种形式的娱乐活动：人们在泡完一早上温泉之后在咖啡馆里相聚；午饭后，大家一起阅读、聊天、玩游戏或者看戏。在新兴的温泉水城会有戏剧演出，这些戏剧的灵感来源于泡温泉者的生活。其中的范本就是《SPA温泉水娱乐》[1]，该剧于1730年问世。很多类似于这样的“水城”（其实有一些温泉还不配这样的称呼），都推出了戏剧表演活动。当时还没什么名气的皮埃尔·高乃依[2]就是在福尔日温泉上演了他的作品《梅里达》[3],《福尔日温泉的消遣》[4]（1663）、《波旁家族的众多温泉》[5]（1696）也声名鹊起。《费加罗的婚礼》[6]就是在普隆比耶尔温泉首次上演的。再晚一些年，主要在晚上，游戏占了上风。维托里奥·阿梅迪奥三世[7]为艾克斯莱班温泉颁布的法令规定了游戏的分类：所谓的商业游戏是被允许的，包括象棋、双陆棋[8]、惠斯特桥牌和塔罗牌；而一些“博弈游戏”，比如扑克牌游戏、法老游戏、三十与四十和百家乐[9]则是被禁止的。在18世纪末期甚至出现了轮盘赌博。[10]法国君主政权采取和萨伏依王朝一样的高压政策；然而，不断出现的禁止令不

---

[1] 普鲁士宫廷侍从卡尔·路德维格·冯·普尔尼茨（1692—1775）创作的一部作品。

[2] 皮埃尔·高乃依（1606—1684），法国古典主义悲剧的代表作家，法国古典主义悲剧的奠基人，与莫里哀、拉辛并称法国古典戏剧三杰。

[3] 高乃依于1629年创作的戏剧。

[4] 戏剧名。作者科勒泰（1628—1680），法国诗人。

[5] 戏剧名。作者当古（1661—1725），法国剧作家、演员。

[6] 法国戏剧作家和社会活动家博马舍（1732—1799）的一部喜剧。

[7] 维托里奥·阿梅迪奥三世（1726—1796），撒丁国王。法国大革命爆发后，撒丁王国与法军对抗了四年，1796年被拿破仑率领的法军打败，被迫签署巴黎条约，失去了意大利西北的萨伏依公国和尼斯。

[8] 古代棋盘游戏，后在世界多个地方演变出飞行棋等多个版本。

[9] 均为扑克牌游戏，赌场中最常见的赌博游戏。其中百家乐源于意大利，15世纪传入法国。

[10] 参见佩鲁兹的《过去在艾克斯的生活》，书中多处，以及前面注释中提到的吉塔尔作品第240页。——原注

禁让人产生联想：这些禁止赌博的规则并没有被遵守。[1]

在18世纪，已经有了业余玩家（只在泡温泉疗养时来打发时光的玩家）和专业玩家的区分，（这些专业玩家）通常是温泉小镇的常客，就像莫奈[2]于1786年在《奥弗涅之旅》中所写的那样："比起其他地方，温泉度假村最能吸引这些游戏玩家。"1758年，一位名叫古达尔的人写了《希腊人的故事》，在这个故事中，债务人向他的债权人保证："在巴涅尔温泉与瓦尔斯莱班温泉的旺季，我就付款给您……"

就这样，很多"温泉圣地"变成了赌场：比如比利牛斯山脉、法国中央高原，还有萨瓦地区艾克斯温泉疗养地。而当局对于这些"外国人的特别聚会上所发生的事情"视而不见。18世纪末，艾克斯的市议会讨论着这样的问题：是不是允许赌博游戏会更好一些呢？市议会向首席医生戴斯宾大夫要了一份报告，医生观察发现：

> 下午，在艾克斯温泉，人们感受到的是难以容忍的无聊，这种无聊比人们试图治好的疾病更加难以忍受。

在报告中他给出了这样的结论：

> 最有名的温泉通常是那些能够最大限度地提供快乐的温泉。所以应该允许博弈游戏。

这个问题是老生常谈了。早在16世纪，蒙田就曾提出过，在温泉治疗的疗效当中，温泉水只是占了很小的一部分：

---

[1] 关于游戏重要性的法令（1791年3月1日）由1791年7月22日的制宪议会重新采纳。可参阅《百科全书》（狄德罗主编）中"游戏"条目中关于轮盘赌博的描写。——原注

[2] 莫奈（1734—1817），矿物观察研究学家，他的《奥弗涅之旅》描写了他于1786年在该地区的所见所闻。

如果不能带来足够的愉悦，不能尽情地享受有人陪伴的快乐，不能享受温泉所在地常见的美景和诱使我们去散步与锻炼，那温泉的治疗效果可能会大打折扣……

……因此，时至今日，我都选择在那些环境更惬意、住宿更舒适、生活更方便、有人温馨陪伴的温泉停留，享用那里的温泉水。[1]

在18世纪末，温泉水城的游戏和娱乐的问题已经变得越来越突出了，然而这些问题并没有得到解决。这种不确定性的最新证据就是：没有一个大家都接纳的词用来指称那些泡温泉者聚在一起玩耍的场所。赌场casino这一源于意大利语的词，被用来指称那些惬意的小房子（有时我们也用casin这个词），并把这种房子和“游乐场”区分开来。

然而，对于温泉的引水、水源的清查和大温泉的修建，国王颁布的政令和大人物的创意则拥有更大的效力。比如，法国国王创立了“法兰西王家医学会”，它立马就把温泉统管了起来；在法兰西王家医学会的要求下，佩皮尼昂[2]的医生弗朗索瓦·卡莱尔于1782年出版了第一版《法国矿泉书籍精选目录》。国王还在维希小镇建立了温泉疗养站，这属于国家财产。18世纪，欧什[3]财政区的总督德埃第涅在吕雄[4]实现了一项非凡的建筑工程，对于法国来说，这是该世纪最伟大的项目。萨瓦地区艾克斯的温泉，同样也曾拥有过成为王家财产的机会[5]，然而结果是一样的：撒丁王国国王接管了水源，修建起宏伟的温泉城。在18世

[1] 蒙田：《游记》。——原注

[2] 法国南部城市，东接地中海岸，西接比利牛斯山脉。

[3] 法国西南部热尔省首府，位于图卢兹西南、热尔河西南部山丘上。

[4] 位于法国与西班牙交界处的比利牛斯山脉一座温泉小城。

[5] 在1860年，法国接管了全部的艾克斯温泉，从此它们都属于国家财产。——原注

纪末期，德国与意大利的小君王，瞅准了他们能够掌控矿泉的时机，他们也希望给温泉投入更多的资金。最好的例子就是意大利托斯卡纳地区的蒙特卡蒂尼温泉小镇[1]，每个德国王子都有自己的“巴登”（矿泉疗养地），这种疗养地在浪漫主义时代被认为大有前途。

而在18世纪后期，其他的创意则是出自贵族产业主或者大资产阶级之手，他们极力维护自己对于温泉的所有权。这种“贵族式的反应”的确值得深究。比方说拉莫特的领主，这位城堡主成功地从其邻居蒙特纳尔的领主手上追夺回温泉的所有权，[2]依泉小镇的德·高泰龙侯爵夫人、瓦尔斯莱班的德·蒙洛尔侯爵夫人、在厄泽[3]的拉图尔迪潘家族，以及在上维瓦莱地区圣洛朗莱班[4]的巴尔丹家族都是如此；[5]但他们都没有足够的魄力像国王那样成功推广一个温泉疗养站。通常人们都建议他们像国王那样操作，18世纪末，被狄德罗树为典范的、在大不列颠康沃尔郡的巴斯就是这么做的。

四、英国巴斯革命

狄德罗曾到波旁莱班[6]这个法国最负盛名且离他的家乡朗格勒[7]很近的温泉疗养站去做温泉治疗。然而，狄德罗对他泡温泉的经历感到很失望，于是，他给自己的同胞们提出了这样的建议：

---

[1] 位于意大利托斯卡纳大区北部地区，是意大利最高档的温泉疗养地。曾在罗马时代风靡一时，18世纪后期开始进入全盛时期。

[2] 伊泽尔省级档案馆对于这场争斗有大量的文献记载。——原注

[3] 法国加尔省一市镇，位于该省中北部。

[4] 法国阿尔代省一市镇，是温泉小城。

[5] 巴尔丹是医生和旅馆老板。在法国大革命期间，他购买了这个属于国家财产的温泉。时至今日，巴尔丹家族依然掌管着圣洛朗温泉。——原注

[6] 法国上马恩省一市镇。波旁莱班以治疗性的含硫温泉闻名，每年有超过一万人到此疗养。

[7] 法国东北部市镇，位于该省东南部，是18世纪启蒙运动大师狄德罗的故乡。

> 在波旁莱班温泉疗养并不怎么愉快……当人们离开了这个温泉，是不大可能再来了……如果当地居民们能倾听一下温泉疗养者的心声，他们就会把这里打造成一个有魅力的地方，吸引人们为了自己的身体健康而来。英国人在巴斯和唐桥井[1]就是这么做的：在那里，男人们可以排遣他们的太太所带来的不快，反之亦然，女人们可以暂时从她们丈夫所带来的烦恼中抽身；人们一边喝着泉水，一边欢笑、闲谈、跳舞，而且还有其他令人感到温馨的娱乐活动。[2]

巴斯温泉的独特之处并不仅仅限于它温暖的泉水，古罗马人早就知道这种温热的泉水了；单是这个名字就能够让人想起，这温泉水的疗效有多么悠久的历史。1700年时还只是康尔瓦[3]地区一个小镇的巴斯发生了天翻地覆的变化。我个人建议把这种变化称为“巴斯革命”；这种革新源自英国人的创意。一些英国医生早就声称，英国的温泉比欧洲大陆的温泉更好[4]。英国的学者比拉瓦锡提早一个多世纪研究温泉，还对温泉做了分析。[5]在17世纪末，皇室成员，比如查理二世[6]和安妮王后[7]就已经去过巴斯温泉了。英国人聪明地将泡温泉变成了一种时尚，一种休闲方式。这种转型的要点在于将温泉由“保养健康的地方”转变为

---

[1] 英格兰肯特郡一城市。

[2] 参见狄德罗的《波旁之旅》，《狄德罗文集》，图卢兹阿塞扎公馆博物馆藏版本，第17卷，第346页。——原注

[3] 在1700年，该小镇居民还不到2000人。参见莫瓦的《18世纪的英格兰》（1932年，第70页）。关于该镇，参看拉夫当撰写的《城市规划史》，第二卷，第457页。——原注

[4] 威廉·特纳同样这样认为。他的专著有个长标题，全部写出来是这样的：“对于那些没有温泉便无法恢复健康的病人来说，英格兰以及德国和意大利的温泉所具有的品质和特性非常必要。”——原注

[5] 尤其是威廉·特纳医生，在皮姆洛特的《英国人的假日》中，特纳医生被誉为“英国物理之父”。——原注

[6] 查理二世（1630—1685），英格兰、苏格兰及爱尔兰国王。

[7] 安妮·博林（1501—1536），英格兰王后，英王亨利八世第二个王后。

“度假地、休闲地”。在1672年，就有人观察证实：

> 无数的人去那儿（巴斯），他们会在那里待好几周，既不关心温泉浴，也不关心泉水的饮用，完完全全只是为了在亲朋好友的陪伴下在那里消遣。[1]

在整个18世纪，到巴斯和到唐桥井去泡温泉成为一种时尚。当时，很多英国作家与艺术家都曾在巴斯旅居，描写过它，描绘过它，他们都说，它的成功在于其独创性。传记作者戈德史密斯[2]声称应归功于博·纳什。于1761年逝世的“博·纳什”，在60年间，都是巴斯的“礼仪大师”，这个全新的职位为这位冒险家赢得了“巴斯之王”的雅号。在18世纪，王宫里的人定期造访巴斯，而在其造访的季节，巴斯会吸引两千多游客。[3]

萨克雷[4]观察发现：“整个历史都去那里泡温泉，做温泉治疗了。”[5]

英国人发明了很多东西，所有那些发明把英国变成了“一切革命之母”，而巴斯和“壮游”属于他们最早发明出来的两样东西。暂且把它们重新放回那个世纪的英国历史吧。17世纪末，英国人的社交生活仅限于首都，比法国更甚；夏天，上流社会总是会离开伦敦，到乡村去，而同时期的巴黎，这种“人口流动”的规模就小得多了。戈德史密斯[6]恰如其分地描述了这种状况：

---

[1] 引自巴尔博的论文《巴斯：18世纪一座英国温泉小城》，第12页。——原注

[2] 戈德史密斯：《纳什传》，1765年。——原注

[3] 参见约翰·伍德的《巴斯的描述》，1765年；莱吉的《英格兰历史》，第二卷，第五章；巴尔博的论文中多处提到。——原注

[4] 威廉·梅克比斯·萨克雷（1811—1863），英国小说家。

[5] 萨克雷：《解读四个乔治》。——原注

[6] 奥利弗·戈德史密斯（1728—1774），爱尔兰作家。

> 伦敦是当时“唯一上演快乐与阴谋的剧场”。但是，上流社会的人们却在只住着乡绅和牧民妻子的僻静的乡村度夏，在那里接待他们的租户和佃农的来访；人们感觉到，他们需要一个能够社交、能够赚钱的场所，就像他们在伦敦所做的一样。[1]

在夏天把社交生活搬到一座温泉水城，这完全是英国人想出来的主意，王朝复辟时期的大背景和这背景下道德沦丧的风气是主因。埃普索姆[2]、唐桥井，尤其是巴斯均在革新中大大受益。因为在18世纪，巴斯“不仅是美丽新世界的中心，而且就是一所学院，在那里有人组织、有人监管甚至有人训练人们的纪律”。[3]戈德史密斯解释说：纳什对“为闲人提供娱乐消遣”感到不满，他将这些娱乐置于严格的礼仪之下来管控，而且，他是“第一个教授陌生人之间如何友好相处的人”。

于是巴斯同时建立了优雅的标准、“集体游戏”规则，以及休闲时的社交准则。巴斯和其他海滨浴场还制定了体育运动的规则，至少是绿茵草场上的运动规则。民间的球类运动后来成了草地保龄球运动[4]；最后，在长满青草的球场（比现在的网球场要小）上，网球的规则被确立下来了[5]。英国人对于在欧洲大陆猖獗的赌博行为很迷恋，是纳什把这种迷恋引到了另外一个方向。在巴斯，没有作弊行为了，上流社会要遵守一些规则。对此，都当[6]就曾这样感叹道：“这比欧洲大陆有优势多了！”[7]在18世纪中期，有一些温泉城提供各种各样的娱乐活动。在温

[1] 戈德史密斯：《纳什传》，环球出版公司出版，第519页。——原注

[2] 埃普索姆是英国萨里郡的一个小镇，当地水源中富含硫酸镁。

[3] 参见前面注释提及的巴尔博论文第309页。——原注

[4] 该游戏不应使用“Boulingrain”这一翻译，这是一个不恰当的翻译。——原注

[5] 参见皮姆洛特的《英国人的假日》第26页，以及雷纳德的《英国人的休憩与玩耍，英式休闲的几个阶段》，1931年，第155—171页。——原注

[6] 路易·都当（1730—1812），法国作家，其大半生在英国度过。

[7] 都当：《一位中途休息的游客的回忆录》，1779年，第二卷，第147页。——原注

泉浴之外，还提供各种饮品、散步的场所，组织音乐会、形式多样的表演，以及需要穿着晚礼服出席的每周一次的晚会。[1]在大不列颠的土地上，温泉水城真真正正发挥了其社交的功能：温泉水城为“提高社会地位”提供了渠道，那些新贵通过与传统大贵族的接触得到教益，这在首都是不被允许的[2]。它还促成了“门不当户不对”的婚姻。作家斯摩莱特在他的《佩里格林·皮克尔历险记》中有这样的描述：在巴斯，就有不少专门找富家女子结婚的人；还有想通过投机找到有钱夫婿的女子。比如，约翰·拜伦[3]，他是个鳏夫，而且欠了不少债，在巴斯找到了高登小姐，而后者每年有23000英磅的年金。他们于1785年结为夫妇，生下了一个诗人。斯摩莱特曾多次在巴斯短暂居留，他还记得，1763至1765年间，那时人们刚刚发现了巴斯，他便想出了“地中海的冬季旅游季”，这大大促进了贵族出身的人与新贵的融合。

对此，戈德史密斯开心地说道：

> 巴斯比伦敦更有可能接纳人们进入一个难以进入的圈子。
>
> 那些新贵们在寻找一个没有太多不利因素而且可以习得优雅礼仪的地盘。在那里，肯定可以近距离地看到一些很有修养的人，可以向他们看齐。（《纳什传》）

欧内斯特·拉布鲁斯[4]喜欢把18世纪的法国资产阶级形容为“一群压抑社交天性的人”[5]。当然，巴斯在一定程度上解释了为什么英国资产

---

[1] 参见梅维尔的《博·纳什管理下的巴斯》，1907年，和巴尔博的《18世纪巴斯的生活与书信》，1904年。——原注

[2] 参见前面注释提到的莱吉的专著第二卷第二章，和格朗维尔的《英国的温泉》，1841年。——原注

[3] 约翰·拜伦（1757—1791），英国军官和书信作家。他的儿子拜伦是大诗人。

[4] 欧内斯特·拉布鲁斯（1895—1988），一位专注于社会和经济历史的法国历史学家。

[5] 参见穆斯尼埃与拉布鲁斯作品《18世纪》，“文明通史”丛书。——原注

阶级没有像法国资产阶级一样失落。

巴斯提供了社交性温泉度假胜地的范例。这革命性的城市规划是建筑师伍德父子[1]的杰作。这个“18世纪英国建筑与城市规划最杰出的作品”[2]如今已被列入了联合国教科文组织世界文化遗产名录。巴斯的修建持续了百年，它给人留下的感觉是一个和谐统一的整体，就如同一位法国旅游者在1811年记载的那样：

> 所有的街道都是美丽且崭新的，这仿佛是一座一气呵成的城市。[3]

自从有了巴斯，温泉水城的城市规划设计便要具备以下特征：要将大自然融入城市，青翠的树木必不可少，而且通常要有起伏不平的丘陵，要令人感到温馨，有家的感觉。时至今日，温泉水城的建设，似乎依然在模仿古时的风格；而事实上，参照的样板更多是由设计师伍德父子用漂亮的白石块修建的温泉圣殿，不是罗马式的砖块结构，而是老伍德自1724年开始设计的图纸，不只是复古，他按照罗马的风格将巴斯模塑成型，再用了写实主义风格对它进行加工。[4]诀窍就在于：控制土地，精确计算，不对地面进行平整。[5]这一切的最终目的就在于，打造出新型的社交型温泉度假村。就像拉夫当[6]描述的那样，结果是巴斯

[1] 禹·埃尔德·约翰·伍德（1704—1754），与其子禹·小英格·约翰·伍德（1728—1782）均为英国建筑家。

[2] 参见拉夫当的《城市规划史》第二卷，第457页。——原注

[3] 参见路易·西蒙的《1810至1811年间一个法国游客在英国的旅游》，第一卷，第22页。——原注

[4] 通过对1694年至1776年间的规划图的对比，可以测定这项工作的完成程度。参见莫布雷·格林《18世纪巴斯的建筑》。——原注

[5] 拉夫·阿兰是市长，也是一位文学与艺术事业的资助者。他引荐了伍德、盖医生和德·埃塞克斯伯爵。参见前面注释提及的巴尔博的作品第232页。——原注

[6] 皮埃尔·拉夫当（1885—1982），法国社会历史学家。

“成为古典浪漫主义”。那些不够平坦的地方被改造成了好几个层级：集会广场（女王广场）被设计成四四方方的形状，用来举行集会；马戏场设计为圆形，作为户外运动的场所；“王家新月”[1]则完全采取剧场的设计理念。在四周，两层别墅的建设都遵循同一个设计；这种看起来似乎是一个现当代设计的“模型化布局”，其实早在巴斯就已经实现了，这对小块出卖土地的卖家来说是一笔非常划算的买卖。[2]那些带有门廊的街道汇向广场，而广场是必不可少的社交场所。就其功能性来讲，这是非常完美的，因为温泉疗养者们在这里散步闲逛时就不用担心日晒雨淋了。这给人们的感觉太不真实了：巴斯最初是以“戏剧之城”的理念来设计的，它糅合了古典风格（正是这种风格使巴斯独树一帜）和绿色（使城市获得生机）。在街道、广场和公共场所，好戏一直在上演，而演员则是热爱社交的人们。

因此，在温泉附近，旅游季生活的概念就诞生了。这种引发人们去温泉水边度假的动机在其他形式的“先旅游”中也出现了。在18世纪末，安德鲁就意识到了，他在《给一位年轻绅士的信》中表达了这种遗憾：

> 我们绝大多数的旅游者到法国旅游跟去巴斯、唐桥井和斯卡布罗一样没有其他动机。娱乐和挥霍就是他们主要的、甚至是唯一的目的。[3]

18世纪最后三十多年，随着英国热的兴起，一些受过良好教育的

[1] 又称“皇家新月”楼，环形的佐治亚时期建筑群，如同新月一般。位于巴斯市中心北部闹中取静的高地之上，与圆形广场遥相呼应，是英国最为气势恢宏的大型古建筑群。该楼所处道路与房屋都排列成精巧的新月弧形。

[2] 参见伍德的《巴斯的概述》第二卷，1765年。参见前面注释提及的拉夫当作品，第二卷，第460页。——原注

[3] 参见安德鲁的《给一位年轻绅士的信》，1784年，第2页。——原注

法国人明白了巴斯温泉和欧洲大陆其他温泉的完全不同之处，尽管这些都是造访频率最高的温泉。

狄德罗，还有一位修道院院长勒布朗将巴斯温泉与法国温泉做了对比：

> 一些人认为，巴斯温泉和只能看到残疾、瘫痪和体弱多病者的波旁温泉一样。他们大错特错了。与此相反，正是在这里，在英国，人们才能让身体处于最好的状态，最大限度地让自己的健康受益。[1]

英国的其他水城（爱丁堡、伦敦），甚至欧洲大陆的水城，在做城市规划时也模仿了巴斯。勒杜[2]给阿尔克-赛南的皇家盐场[3]做设计时采用了新古典主义风格，这灵感也来源于巴斯。比利时的斯帕温泉城、意大利蒙特卡蒂尼温泉城[4]、吕雄和艾克斯莱班都是如此。从1779年到1883年，在艾克斯莱班，维托里奥·阿梅迪奥三世下令要将温泉城修建成“水之圣殿”。“那是一座相当宏伟的建筑”，弗朗索瓦·德·拉罗什富科这样写道。[5]

18世纪末，巴斯因它的成功而“遭殃”，因为中产阶级也获得了泡温泉的权利。皮姆洛特[6]估算，每年到巴斯泡温泉的人约有一万二千

---

[1] 勒布朗：《一个法国人的信》，第310页。——原注

[2] 克洛德-尼古拉·勒杜（1736—1806），法国建筑师、城市规划师，新古典主义建筑风格早期杰出代表之一。建造了皇家盐场。

[3] 位于法国东部的旧盐场。该盐场在19世纪关闭，现在作为博物馆和资料馆开放。

[4] 位于意大利托斯卡纳地区北部，意大利最高级的疗养地之一。

[5] 弗朗索瓦·德·拉罗什富科于1782年所著《法国之旅》，第一卷，第151页。——原注

[6] 皮姆洛特（1909—?），《英国人的假日》一书的作者，该书第一版于1947年出版。

AIX-LES-BAINS

Des artistes viennent soigner leur spleen à Aix

艾克斯莱班

艺术家们来艾克斯泡温泉治疗抑郁心情。

人[1]。“那些高雅人士觉得很不舒服”[2]；许多来到巴斯泡温泉的作家纷纷抱怨那里（温泉）的人鱼龙混杂，斯摩莱特还看到了不少流氓无赖和行为不检点的人。[3]这或许就是旅游业中最早出现的格雷欣现象[4]，最早的劣币驱逐良币（或劣质顾客驱逐优质顾客）？可以肯定的是，从18世纪

[1] 参见皮姆洛特的《英国人的假日》第45页。——原注

[2] 参见前面注释提到的巴尔博作品第298页：“由于时尚过度和财富的保存时间过长，一些独一无二的功能正在流失。”——原注

[3] 斯摩莱特使用了这一现象作为1771年的新作《亨佛利·克林克》的主题。——原注

[4] 即劣币驱逐良币。

末开始，贵族阶级开始鄙视巴斯和英国其他的温泉水城了。巴斯自此就被“束之高阁”，它不再履行自己的职责；巴斯离死期不远了。浪漫主义时代见证了这一点。1840年的《布莱克伍德杂志》写到了英国温泉水城的衰落。[1]

从18世纪中期开始，泡温泉的潮流使得布莱顿一时精英荟萃，在这里，精英们纷纷发现了去海里或者去斯帕泡个澡的乐趣。“赖夏德指南”在1793年时写道：“很多人来到这里享受旅居的乐趣，享受能在那里找到的各种快乐。”[2]在1783年，就是想到了斯帕小镇，萨瓦地区的总督制订了一个项目，该项目“旨在把大量外国客人吸引到艾克斯，因为斯帕小镇的地理位置跟艾克斯相比处于劣势，而且温泉水的疗效没有艾克斯好，而艾克斯周边各个国家人流量那么大，人们每年在那里的消费估计会突破两百万”[3]。

在这篇文章中，出现了“游客在当地的消费”这一概念，到19世纪时，在几乎所有由温泉的医疗监督员所写的报告中，我们基本上都能找到这一概念。

在1789年，斯帕小镇超越了巴斯。十来个温泉水城都雄心勃勃，想与它们并驾齐驱。那么，区别这些温泉与其他温泉的标准是什么呢？就是来这些温泉的疗养者数量不断增加：它们已经大大超越那些普通的温泉，每年至少有500个疗养者，还配备了一些常驻医生，最少也得有一个常驻医生。这并不容易。在18世纪，大部分温泉连一个常驻医生也没有；甚至到了19世纪，很多温泉依然没有一个常驻医生。直到1789年，在法国，温泉常驻医生的配备才刚刚起步，而且十分有限。

---

[1] 证据出现得有些迟，《布莱克伍德杂志》1840年所刊文章中详细讲述了英国温泉水城完全被抛弃的过程。——原注。《布莱克伍德杂志》，一份于1817—1980年间在英国出版的月刊杂志，总部设在苏格兰。

[2] 斯帕小镇是唯一被“赖夏德指南”收录的温泉水城，见第105页。——原注

[3] 参见《萨瓦地区总督给撒丁国王的报告》，萨瓦省档案馆存。——原注

“唯利是图的贪婪心”[1]使得一些医生在比利牛斯山脉最著名的三四个温泉兼职；在瓦尔斯莱班，1779年，一道王家法令任命了一个“温泉总管医生”[2]。在1787年，萨伏依王朝则任命约瑟夫·戴思比纳医生来做艾克斯温泉的医生。[3]

另一个确凿的证据：温泉的建筑。如果想要开发一座温泉水城，那就要追随巴斯的脚步，修建成一座新古典主义风格的温泉水城。这种奢侈的功能性建筑的出现可以追溯到18世纪最后30年。除了斯帕小镇，我们还可以举出很多例子：意大利蒙特卡蒂尼、捷克塞得利兹温泉、瑞士普费弗斯温泉、德国巴登温泉、法国吕雄温泉、法国巴雷日温泉和萨瓦地区的艾克斯温泉。这种模仿源于国王或者亲王、王子们，他们很信赖温泉的疗效。在修建与运营一个温泉疗养站时，某些大人物对于该温泉的造访是必不可少的条件；但这还不够。莱迪吉耶尔公爵[4]去了瓦尔斯莱班温泉，但瓦尔斯莱班温泉并没有因此就飞速发展起来。撒丁王国的国王们、英国的一些大人物们和萨伏依王公们早都在喝安菲翁莱班的水了。[5]这给该温泉带来了短暂的活力，但是安菲翁莱班既没有舒适的住宿设施，也没有温泉浴池，因此它无法成为一个温泉疗养站。所以，在19世纪时，依云毫无难度地取代了它。某些大人物的来访不能是那种逸闻趣事型的，而是要刻意而为之，要像我们今天所说的那样投入“温泉疗养站的营销”之中。大建筑家埃蒂尼总督在吕雄就是这么干的，

[1] 让-皮埃尔·皮盖在他的《法属比利牛斯山之旅》（1789年，第311页）中这样描述。——原注

[2] 1781年5月5日关于“矿泉水分配”的法令，是法国在该行业的最早的法令。担任该职务的是来自蒙彼利埃的马蒂耶医生。——原注

[3] 约瑟夫·戴思比纳在1815年被撤职然后又“官复原职”。——原注

[4] 莱迪吉耶尔公爵，本名弗朗索瓦·德·本内（1543—1626），法国宗教战争军事首领和政治人物。法国骑士统帅和法国历史上的六位大元帅之一。

[5] 在1721至1780年间，撒丁王国的国王们造访该地至少6次。夏布莱公爵4次、德·瓦朗斯夫人、安讷西的主教、英国国王的兄长格鲁塞斯特公爵、贝德福德公爵都喝过安菲翁莱班的矿泉水。——原注

是他让大名鼎鼎的黎塞留元帅[1]来到了吕雄。[2]

在18世纪末，就像人们说的那样，一座社交型的温泉疗养站要用多样的娱乐游玩设施来吸引人群。涉及金钱的赌博游戏，在其他地方因为有悖于道德而被禁止，但在温泉疗养站都或多或少被容许了。18世纪，在欧洲其他一些温泉附近，人们都在赌钱，但没有获得许可。一些国王通过发布禁令的方式来制止，维托里奥·阿梅迪奥三世对艾克斯温泉便发布了赌博禁令。而艾克斯市政府则正好相反，它提出准许赌博的请求，把赌博安排在特定的房间中，让这个房间既是游戏厅、阅读室，需要时还可以变成舞厅。修建这些场所的费用来源于各种各样的税收，其中就包括每个来玩的外国人都要支付的“按家庭收取20苏[3]的税款”。在1789年，艾克斯又发明了“短暂居留税”，但没有立即执行。

为了发展温泉疗养体系，实际上把欧洲和英国贵族隔绝开来的拿破仑帝国，做了很多很多。更明确地说，它想用一些温泉水城来吸引欧洲大陆的新旧贵族。在这种情势下，波利娜·波拿巴[4]经常去格雷乌莱班温泉[5]。在艾克斯的萨瓦温泉，所有的精英们都混在一起泡温泉，人们不止一次看见德·斯塔尔夫人和本杰明·康斯坦[6]、雷加米埃夫人[7]和

---

[1] 路易·弗朗索瓦·阿尔芒·迪普莱西·黎塞留（1696—1788），第三代黎塞留公爵，法国元帅，先后多次参加战争并立下战功。

[2] 萨瓦总督需要临时安排；国王给自己预留了布洛奈伊城堡；对于其他人，总督也需要为他们征调房屋，准备马厩。——原注

[3] 法国辅币名，相当于二十分之一法郎，即5生丁。

[4] 波利娜·波拿巴（1780—1825），拿破仑一世的妹妹。

[5] 法国上普罗旺斯省一温泉。

[6] 本杰明·康斯坦（1767—1830），瑞士洛桑出生的法国小说家、思想家、政治家。法国浪漫主义的代表人物之一，也从事政治活动，为拿破仑一世起草了帝国宪法附加法。

[7] 珍妮·佛朗索瓦斯·朱莉·阿德莱德·雷加米埃夫人（1777—1849），一位法国著名的沙龙主办人。

德·波瓦涅伯爵夫人[1]，历代德·拉罗什富科公爵和德·蒙莫朗西公爵[2]也不时在那里出现。在1814年，皇后玛丽·路易丝[3]急切地跑去艾克斯莱班做温泉治疗，其实是去和冯·奈佩格伯爵[4]会面，而不是去找她的丈夫或者她的父亲。

在这样一个社交喜庆聚会的背景下，何不把游戏娱乐的垄断权给予那些温泉疗养地的所有者呢？在艾克斯的尝试后来被写进了法律：1806年6月24日，第一帝国颁布了一套著名的法令，法令的第一条便是全方位禁止性的：

> 赌场在帝国全境范围之内均被禁止。

然而这种全面性在第四条便被削弱了：

> 对于那些有矿泉的地区，还有巴黎市区，在温泉旺季时，在这些地区，我们的警察部门会依据一些特殊条款执行公务。

艾克斯莱班温泉就是这些特殊条款的受益者。但是，和1783年不一样的是，艾克斯市议会这一次是持反对态度的，议会发布了一项决议，该决议的动机十分有趣：

> 议会考虑到每年，在温泉旺季时，在这座城市（艾克斯）都会开设赌局，借口为了吸引外国人，给他们提供休闲和放松方法。

---

[1] 德·波瓦涅伯爵夫人（1781—1866），法国贵族和作家，沙龙主办人。

[2] 德·蒙莫朗西公爵，法国的一个贵族称号。此爵位于1689年改为昂基安公爵，从此成为孔代家族的世袭称号。

[3] 玛丽·路易丝（1791—1847），原为奥地利的玛丽·路易莎，婚后成为法国皇后玛丽·路易丝。她是法兰西帝国拿破仑一世的第二位妻子，并因此成为法兰西帝国皇后。

[4] 冯·奈佩格伯爵（1775—1829），奥地利将军和政治家，玛丽·路易丝的第二任丈夫。

而这种赌博游戏不只是被法律明令禁止，实际上更是伤风败俗之事的温床，只会是社会不安和堕落的源头，对于外国人和本国居民来说均是如此。每年都有很多温泉疗养者在输了之后，不得不中途停止治疗并提前离开。

市议会要求禁止赌博游戏，但这个要求这次并没有获得通过。

从理论层面来说，法兰西第一帝国非常清楚地认识到：一方面实行警察管控是拿破仑精神的一个组成部分，另一方面还要考虑各方的经济利益和特权阶级的需求，这两方面很难调和。

伊泽尔省省长于十二年[1]收到的众多信件就是最好的证据：

我觉得需要邀请您，先生，在您管理的省域范围内的温泉旁、在温泉旺季时常常会有一些个体间的竞争，我需要邀请您过来对这些个体间的竞争进行特殊的监管。

在这些聚会上，身体不适（原文如此）就是为他们的游手好闲找的一个借口，或者可以说是一个原因。在聚会时，人们纷纷表达自己的道德观点，且各个阶层都能表达他们的意见。因此，观察来到您的省域范围内的人都很有必要，无论他们是法国人还是外国人，了解他们到贵省域范围内来泡温泉的动机也是非常重要的。

我甚至希望，在这份报告中，您能够告诉我一个大致的数字，我希望您可以通过他们的财富和身份对他们做一个区分，这样我就能够明确：（来温泉的人）哪个阶层是人数最多的、哪个阶层是最有影响力的。

我写这封信最主要的意图，就是希望您能够多留意一些

[1] 法国共和历十二年，指公元1803年9月24日到1804年9月22日。

关于这些人在温泉边的生活方式，和他们逗留期间消遣的细节情况。此外，您还需要将这种监管扩展到所有的集会地点。[1]

这封信不仅仅阐明了王家管理机构的本质，同时也证明了当时的人们对于矿泉疗养的休闲性已经有了清晰的认识。一个新的事实：这些水（温泉）成为贵族们去度假的一个新借口。这种社交形式在巴斯、斯帕小镇及其他十几个温泉水城更加明显，在法兰西第一帝国时期逐渐扩展，而第一帝国也对问题的本质有了明确的认识：为了促进社交性温泉水疗发展，必须减损那些对于道德的禁止性条款的效力，为了温泉水城的经济效益，需要容许和管控并举，将二者巧妙地结合起来。

五、英国布莱顿与海水浴疗

如今的人们很难想象，海洋并非一直以来都被人们视作珍宝，而且海滩在很长一段时间也缺乏吸引力。大海与海滩，直到18世纪中期，依然像阿兰·科班所写的那样，只是一片“空旷的地域”[2]。自1750年以来，在大不列颠出现了“对于海滨的渴望”。这难道是孤立存在的吗？要知道，英国人自18世纪中期以来就开始泡海水浴了，而且，到19世纪时，泡海水浴的行为已扩展到欧洲西部和北部的海滨了，但让我吃惊的是，地中海海域却被撇在一边。我收集到的文献很清楚地显示：当时，当地的掌权者也试图让游客们在夏天来到地中海沿岸的海滩，但并没有成功。为什么呢？主要是英国人在1760—1770年间发现的南法

[1] 《帝国警察总署3区的行政法院参事给伊泽尔省省长的手写信件》，法国共和历十二年获月20日（即1804年6月20日）。伊泽尔省档案馆。——原注

[2] 阿兰·科班：《空旷的地域，西方与海滨的渴望（1750—1840年）》，弗拉马里翁出版社，1988年。——原注。

地区接待了越来越多过冬度假的人，但一直没有避暑的人。从5月到10月，这片海域非常平静，也没有潮汐，而且还炎热，旅客们都避开这片海滩。这种排斥地中海的现象一直延续到了1925年左右。这是为什么呢？

阿兰·科班并未解释其中的缘由，而是试图把地中海也联系起来，希望能够找到在布莱顿出现“对于海滨的渴望”的渊源。他在自己的“海滩的发现”系谱中同时放入了“罗马人的休闲”、马赛人对于乡间别墅的热爱、夜晚在意大利那不勒斯与巴勒莫[1]的海滨乘车出游兜风。这些混合物的说服力还不够。休闲，与其说是一种行为，不如说是一种特权：这些“悠闲的人”，在依据气候精挑细选过的地域，住着装潢奢华的别墅，过着十分有品质的生活。这些别墅靠近罗马，它们的所有者也不想离罗马太远，同时考虑到意大利半岛的特质——离海洋非常近——虽然这些所有者们常常不去看海。他们并没有从海滨那里受益。他们只是偏爱那里的美景与气候；通常，他们喜欢坎帕尼亚[2]。18世纪的旅游者们在对意大利进行了一番深入的研究与发掘之后，确认了这个选项。的确，那不勒斯海湾是独一无二的；1739年，布罗塞地区[3]的最高掌权者“在从维苏威火山[4]上看了一眼这美景之后，感到又惊又喜”。他还补充道：“这个大海湾布局十分紧凑，只看一眼，我们就能把它尽收眼底。”[5]那里离宽阔的海平线很远；南部的中世纪城堡并不在海边，甚至常常都望不到大海；这些城堡属于乡村快乐的范围。在修得整整齐齐的人行道边，成列的四轮豪华马车就是最好的证明：南部的人们有想要在

---

[1] 意大利西西里岛西北部港口城市，西西里首府，又译作帕勒摩。

[2] 坎帕尼亚是意大利西南部大区之一，首府那不勒斯。大区海岸和近岛屿风景优美，有很多古希腊和古罗马的遗迹，是意大利的旅游胜地之一。

[3] 法国中北部一地区。

[4] 维苏威火山是一座位于欧洲大陆上的活火山，位于意大利南部那不勒斯湾东海岸，被誉为“欧洲最危险的火山”。

[5] 《议会主席布洛斯的家书》，第一卷，第242和第247页。——原注。

步行街上露脸的需求。

必须承认，在旅游史中，大洋与地中海不可混为一谈。直到18世纪中期，相似的情况是，无论是土著居民还是旅游者，他们对于大西洋和大山都很排斥，因为这些地方属于“空旷的地域”，在地图上是一片空白，也没有名字，居住着恶龙和怪兽。这些恐惧有神学方面的依据。对这些地区看法的翻转，是历史性的巧合：布莱顿温泉从1740年开始起步的；而在1741年，英国人温德姆[1]和波科克[2]发现了霞慕尼冰川。这两件事的同时发生并不是偶然，归根结底，都要说到18世纪对于风景认知的大革命。大山不再是骇人的存在，它们开始吸引人，而且在50年后，变成了雄伟壮丽的风景。随着夏多布里昂[3]的作品和英国诗人拜伦的《恰尔德·哈罗尔德游记》的出版，人们开始向大西洋投去赞赏的目光。绘画扮演了至关重要的角色，布里[4]的艺术作品让人们爱上了大山，荷兰人大量的绘画都是以北海为主题。这些绘画以风景为中心，细致入微地呈现了运河、磨坊、树篱与有奶牛的牧场（比方说波特[5]的画），景色一直延伸到海滨。18世纪后半叶，从斯赫弗宁恩出发的一条路，穿过森林，将海牙与大海连接起来。这条早期的道路使旅游者们激动不已；狄德罗曾多次往返于这条路，“一条通往大海的美丽的林荫大道，没有什么比这更令人愉悦的了”[6]。于是，从18世纪末，斯赫弗宁恩便成为一个让人们凝望大海的旅游胜地。

伟大的革新发生在布莱顿：在1740年左右，贵族的海水洗浴从那

---

[1] 威廉·温德姆（1717—1761），英国人，旅行家。

[2] 理查德·波科克（1704—1765），英国人类学家与埃及学家。

[3] 夏多布里昂（1768—1848），法国作家、政治家、外交家、法兰西学院院士。是法国早期浪漫主义的代表作家。

[4] 马克·泰奥多尔·布里（1739—1819），日内瓦画家、作家和登山家。

[5] 保卢斯·波特（1625—1654），荷兰著名的专注于动物和风景画的画家。

[6] 奥诺尔：《18世纪的荷兰》，海牙，1779版。参见前文注释提及的阿兰·科班作品，第45页。——原注

里开始兴起。海水浴这项英国贵族的发明很大程度上归功于巴斯。精英的度假氛围，在这两种类型的疗养站都是如此，一种是温泉，另一种是海水浴，从6月到9月，往返游客都络绎不绝。18世纪末，尼斯和耶尔的海滨浴场也是如此。弗朗西斯·伯尼[1]于1778年出版的、故事情节发生在布莱顿的小说《爱娃琳娜》，让人想起同一时代的夏洛特·史密斯[2]那部故事发生在耶尔的小说《塞拉缇娜》——都是一样的社交氛围。不管是在耶尔（我们已经想到），还是在布莱顿（我们感到很惊讶），大海在小说中都没有地位。

在18世纪中期，巴斯就不再因其别致而居于垄断地位了，巴斯需要革新，需要更多的非同凡响之处。人们认定含盐、含碘且是活水的海水也有矿泉水的治疗效果。海水浴疗法是把人突然浸泡在12至15度的海水中，这可以引起短暂的有益于身心健康的窒息；它有强壮剂的功效，托比亚斯·斯摩莱特对此深信不疑，他是冷水浴的虔诚信徒，是布莱顿的常客。他率先垂范，在1742年发表了一篇关于“水的外用”的论文。在1750—1780年间，众多的医生继续深入研究这一主题：并不只有矿泉水才可以饮用；治疗法也可以是粗暴的浴疗。女性要是患了歇斯底里症、晕厥症和慕男症，那么她就属于强制性海水浸泡浴疗的对象。哲学家德普兰强调：18世纪，贵族阶层中普遍出现了焦虑症倾向[3]。马雷医生[4]在《百科全书》中，以及后来在波尔多科学院发表的论文中，都肯定了海水浴所具有的疗效：海水可以引起有益的肌肉收缩。[5]

---

[1] 弗朗西斯·伯尼（1752—1840），英国讽刺小说家、书简作家与剧作家。代表作为长篇书信体小说《爱娃琳娜》。

[2] 夏洛特·史密斯（1749—1806），英国浪漫主义诗人与小说家。《塞拉缇娜》是她的第三部小说，于1791年出版。

[3] 让·德普兰：《18世纪法国的焦虑哲学》，1979年。——原注

[4] 于格·马雷（1726—1786），法国医生和博学者。

[5] 1776年，波尔多科学院给马雷医生的论文《关于淡水浴和海水浴的作用及其使用》一文颁发奖励。——原注

卢赛尔医生[1]于1755年在布莱顿定居，他成功说服了英国贵族去泡冰凉的海水浴。毫无疑问，他是一个真正的“守门人”，就像我喜欢说的那样，是文化的守护者：他为布莱顿海水浴度假旅游季打开了大门。凭着一种强烈的直觉，儒勒·米什莱[2]毫不犹豫地便将卢赛尔称为“大海的发现者”[3]。

多亏了王室成员的造访和奢华的配套设施的建设，布莱顿很快就声名鹊起。[4]日渐衰老的理查德·纳什对慢慢兴起的布莱顿十分感兴趣，正是布莱顿将巴斯的那一套搬到了海边：沿着大海的木板栈道、从海滩上笔直地伸向大海的海堤步道或者“突码头”，和巴斯那些圆形的广场扮演着同样的角色。再说到布景，一边是森林，另一边是大海；主角也是一样的：英国的贵族纷纷登台亮相。布莱顿的浴疗程序比巴斯还要简化：只在水中快速浸泡一下，而且还要避开大众的视线；早就被发明出来的“游泳更衣车”保护着英国人敏感的隐私。享乐主义在布莱顿占了上风。从18世纪末起，布莱顿就变成了英国的夏都。率先垂范的是来到这里泡海水浴的格洛斯特公爵查理亲王，他是国王乔治三世[5]的弟弟。1780年，公爵在这里游玩得非常尽兴，于是他修建了“格洛斯特行宫”[6]——后来成为王家行宫；这位公爵在布莱顿住了45年，还在这里接待了国王乔治三世与很多王室成员。于是，贵族们也蜂拥而至。

布莱顿的巨大成功引来了众多的海水浴场竞争对手。1760年到18世纪末，大批海滨浴场纷纷建立了起来，最大的海滨浴场有英国东南部

[1] 理查德·卢赛尔（1687—1759），英国医生，被誉为“现代海水浴疗法之父”。

[2] 儒勒·米什莱（1798—1874），法国历史学家，被誉为“法国史学之父”。代表作为1855年出版的《法国史》。

[3] 儒勒·米什莱：《大海》，第四卷，第一章，第279页。——原注

[4] 参见埃德蒙·威廉·吉尔伯特的《布莱顿，古老海洋的小饰物》，伦敦美图恩出版社，1954年；安东尼·戴尔的《布莱顿的历史与建筑》，1950年。——原注

[5] 乔治三世（1738—1820），英国汉诺威王朝第三位君王。

[6] 该行宫坐落于英格兰南岸多塞特郡韦茅斯。格洛斯特公爵查理亲王的医生建议他充分利用这里的空气与海水。

的马盖特[1]、斯卡伯勒、韦茅斯、黑斯廷斯[2]，还有19世纪初在怀特岛[3]涌现的沃辛、绍森德、锡德茅斯和考斯海滨浴场。悬崖之上整整齐齐地排着广场与露台，工作人员在新规划的交通区域进进出出，大量的私人住宅拔地而起，一座比一座奢华。然而，安多尼·戴尔[4]指出，阿兰·科班也再次提到过，在兴建海滨浴场的半个世纪时间里，“似乎没有人想过快乐可以来自在俯瞰大海的高地上欣赏美景或散步”[5]。这就足以说明，这些海滨浴场，它们扮演着巴斯的“女儿”的角色，扮演着社交性质温泉小镇的姐妹的角色，在表达“对于海滨的渴望”和海上游戏运动的诉求之前，它们之间的区别还是很明显的，它们各自具有不同的功能。

正是这种不同使海滨浴场走得更远了，甚至走到了国外。在18世纪最后十几二十年间，具体来说在1783至1792年间，欧洲相对和平，没有什么战乱，英国人终于有时间着手开发一系列海滨浴场了：斯赫弗宁恩、奥斯坦德、加来、滨海布洛涅[6]和迪耶普。这只是起步而已，但已经够了，英国人为这些海水浴场带来了很高的声誉。1792年至1815年期间，虽然英国人不再修建这些海滨浴场，但欧洲大陆的贵族前赴后继，依然在继续开发。同一时期，沿着北海和波罗的海的海岸线，也建立起了众多的海滨疗养站。一些德国医生在英国人的海滨浴场住了一

[1] 以传统乡村风景闻名的肯特郡海滨小城，以美丽的沙滩、热闹的主题乐园闻名，是很受伦敦人喜爱的周末度假胜地。

[2] 英国东萨塞克斯郡东南沿海的一个非都市区，曾经是英国重要的捕鱼港口和海滨疗养地。

[3] 英国南部岛屿。英格兰的一个郡。靠近英吉利海峡的北岸，著名的旅游胜地，有众多的海滨浴场。

[4] 安多尼·戴尔（1912—1993），英国历史学家，《布莱顿的历史与建筑》等作品的作者。

[5] 参见戴尔的《布莱顿的历史与建筑》第54页；以及前面注释提及的阿兰·科班作品第303页。——原注

[6] 法国上法兰西大区的一座港口城市。

段时间，他们回国后纷纷发问："为什么德国没有海水浴疗养站呢?!"[1]沿着波罗的海海岸线，在普鲁士王国国王、丹麦国王和德国的梅克伦堡公爵[2]的倡议下，都争先恐后地修建起了海滨疗养站，例如：巴德多贝兰[3]、特拉沃明德[4]、吕根岛[5]、基尔[6]、希维诺乌伊希切[7]。来看看它们与英国海滨浴场的不同吧：波罗的海含盐度不太高，海潮不太多，但拥有一望无际的海滩，在沙滩上，人们可以尽情地释放对于海滨的渴望，可以开展丰富多样的有趣的活动，特别是可以骑马。北海沿岸，德国人修建的海水疗养站数量并不多，其中有不少都是位于海岛上的，比如黑尔戈兰岛[8]、费马恩岛[9]和库克斯港[10]。然而，坐拥斯赫弗宁恩的荷兰在这一方面却似乎停滞不前。

六、英国人首创的温泉疗养站与海水疗养站

矿物质温泉疗养站与海水疗养站的建立、普及和扩张是18世纪初英国人的首创；彼此相距50年之久的巴斯与布莱顿，是鼻祖级的水疗站了。欧洲大陆随后缓慢地跟上了这个进程。当然，这个过程中，医学基础理论是存在的，但这些理论是通过一些联系不怎么紧密的专论阐述出来的，而这些专论反映了不同学说之间的对立。享乐和社交的成分占

[1] 此问题由德国科学家利希腾贝格在《哥廷根市16—17世纪年鉴》中提出，阿兰·科班曾在自己的作品中引用。——原注

[2] 梅克伦堡公爵（1741—1816），梅克伦堡-施特雷利茨的统治者。1794年至1815年为梅克伦堡-施特雷利茨公爵。

[3] 德国梅克伦堡-前波美拉尼州的一个市镇。

[4] 位于德国城市吕贝克的城区，是德国著名的海水浴场。

[5] 德国最大的岛屿，位于德国东北部的波罗的海。

[6] 德国西北部石勒苏益格-荷尔斯泰恩州首府，也是德国港口城市之一，是著名的旅游城市。

[7] 波兰什切青省西北部一港口城市。

[8] 位于北海东部的小型群岛，行政上隶属于德国。

[9] 欧洲波罗的海西南部的岛屿，属德国西北部的石勒苏益格-荷尔斯泰恩州。

[10] 德国下萨克森州的城市，位于易北河汇入北海的入海口。

主导。18世纪为精英消夏旅游季的机制的建立打下了基础，这种旅游季仅限于那些具有竞争性质的疗养站，人们在那里停留的时间相对长一些，大约有一个月，与乡下的休闲度假时而具有竞争性，时而具有互补性。

第五章　第一个游客——卢梭对大自然、瑞士与科西嘉岛的发现

让-雅克·卢梭通常被视为旅游的发明人。《拉鲁斯词典》是第一部用了一个很长的词条来介绍“游客”这个词的词典，该词典将卢梭确定为“第一位游客”：

> 在公共马车与马拉驳船的时代，“游客”（touriste）基本上是不存在的，只有旅客（voyageur）……在18世纪时，尽管缺乏便捷的交通工具，卢梭还是通过在瑞士和意大利的长途徒步旅游，在旅游者中率先垂范，他背着旅游包，拄着木棍，吃着麸皮面包、乳制品和樱桃，是真正的“自然之子”。[1]

卢梭的旅游确实都是靠双脚走下来的。后世的人们宁愿相信，他这么做是因为乐在其中——卢梭自己也这样说[2]，而不是迫不得已。《拉鲁斯辞典》没有玩什么文字游戏，它向前走了一大步：将旅游和徒步都收录进去了。

我们还是来看看从莫尔奈[3]开始的那些简明易懂的老生常谈吧：《新爱洛依丝》中引入了对大自然的感情和对乡村的热爱。对大自然和乡

---

[1] 《拉鲁斯词典》，1875年，第一版。——原注

[2] 参见卢梭作品《爱弥儿》，第四卷，第130—132页。及《忏悔录》，第五卷。——原注

[3] 参见莫尔奈的论文《从卢梭到贝尔纳丹·德·圣皮埃尔的对法国大自然的感情》（1907年）第185、215、447页。——原注。丹尼尔·莫尔奈（1873—1954），法国历史学家、批评家。

村，卢梭可能都不善于描述，但那又有什么关系呢？他让读者知道它们了！亚瑟·杨格证明了这一点：作为一个富有经验的游客，他深知英国人对于乡村的迷恋；然而，他“将乡间别墅的时兴归功于卢梭作品的魔力”。[1]

因为《新爱洛依丝》有一个阿尔卑斯山背景，所以在19世纪，有不少作者都撰文称“是卢梭发现了阿尔卑斯山”。莱斯利·史蒂芬[2]说得更夸张，他将卢梭誉为“发现阿尔卑斯的克里斯托夫·哥伦布”“崇拜信仰高山的路德”。[3]赖夏德[4]、拉贝多耶尔[5]的旅游指南在1800年前后推荐游客参观卢梭到过的景点，说它们“非常富有浪漫情调”，其实这些景点就是夏尔梅特乡村[6]、莱芒湖湖滨和下瓦莱地区。19世纪时，在由登山史学家[7]、比利牛斯山脉登山史学家[8]所著的大量文献中，极大地弱化了卢梭所起的作用。他们强调，卢梭根本没有攀登过也没有描写过那些有一定海拔的大山，这样的高山他甚至都没看过吧？卢梭这一名字是有象征意义的。因此，考虑到卢梭的形象，同时为了纪念卢梭的作品《新爱洛依丝》（1761）、《爱弥儿》（1762）和《一个萨瓦省的牧师的信仰自白》（1762）[9]，萨瓦省曾宣布1962年为“卢梭年”。

---

[1] 亚瑟·杨格：《法国之旅》，赛伊出版社，第一卷，164页。——原注

[2] 英国作家、批评家、历史学家、传记作者和登山家。

[3] 莱斯利·史蒂芬：《欧洲的度假胜地》，1871年。——原注

[4] 赖夏德：《欧洲旅游指南》，1793年，第一卷，445页。当提及梅耶里、克拉朗和夏尔梅特时，称“这些地区确实富有浪漫情调”。——原注

[5] 拉贝多耶尔：《萨瓦和法国南部之旅》，1807年，第51页，其中将夏尔梅特描述为“闻名而浪漫的地方”。——原注。亨利·德·拉贝多耶尔（1782—1861），法国学者。

[6] 位于法国萨瓦省尚贝里镇高地的夏尔梅特山谷，1736—1742年间卢梭曾在此居住，卢梭的故居今为博物馆。

[7] 在此，我指的是威廉·柯立芝、马修斯、弗雷什菲尔德和昂热尔的作品。——原注

[8] 贝拉尔迪和蒙格隆的作品减弱了卢梭的重要性，其目的在于赞扬拉蒙，将后者描述为“浪漫主义前期的登山家”和“比利牛斯山脉的发现者”。——原注

[9] 节选自卢梭的《爱弥儿》。

一、受到质疑的卢梭：旅游的创新？景观的发现？

我们来重读一下《爱弥儿》，尤其是《爱弥儿》的第五卷。关于旅游的艺术，在卢梭之前，没有人写过类似的东西，后面有了劳伦斯·斯泰恩的《在法国和意大利的感伤旅行》和歌德的《意大利游记》，但分量没那么重。勒内·米歇阿[1]在他的书中揭示了歌德从卢梭那里学到的“重要的一课”，“失恋之后换个环境可以疗伤……”歌德所展现出来的“多愁善感的情节”是从《新爱洛依丝》中借鉴来的。在米歇阿看来，是卢梭先于劳伦斯·斯泰恩使旅游的艺术发生了革命。[2]

《爱弥儿》的第五卷是以给年轻人提建议的方式呈现的。卢梭对“那些由家庭教师陪着，被他们从图书馆拖到古董陈列室的年轻人”深表同情，他主张一种全新的、他本人身体力行过的旅游方式，“要像古代的哲学家一样，用自己的双脚走出去”；“我们应该对植物感兴趣、对农作物感兴趣”；“不应该从书中去读，而要亲眼去看”；“要去找普通民众”。[3]卢梭强化了旅游的教学目的。如果说卢梭使得旅游艺术焕然一新，那是因为他革新了教学法。这篇报告被圣伯夫收录在《风景画家托普费传略》[4]中，他在新型教学法导师托普费[5]的作品中发现了卢梭的精神。《风景画家托普费传略》于8月16日发表，文章是这样开始的：

放假了，是去瑞士旅游、游览阿尔卑斯山的时候了……

[1] 勒内·米歇阿，法国学者，斯特拉斯堡大学文学博士。

[2] 勒内·米歇阿：《歌德的意大利之旅》，第67页与第77页。——原注

[3] 卢梭：《爱弥儿》，第五卷，第199页。——原注

[4] 这篇传略在《新迂回游》出版时，被附在1853年7月16日的《箴言报》中刊出，后被收入《月曜日漫谈》第八卷。——原注

[5] 托普费（1799—1846），瑞士教师、作家、画家、漫画家，被誉为“连环漫画之父”“历史上第一位漫画艺术家”。

那么大自然呢？在卢梭之前，人们了解它吗？莫尔奈用传统的方式提出了这个疑问[1]，他坚持强调这种改变是在1750年左右发生的。有些法国人，比如圣朗贝尔[2]以及像卡拉乔利[3]一样的世界主义者，他们之所以抱怨同时代的人都不了解大自然，那可能是他们都自认为自己是了解大自然的。1750年之后，不少作家有些咄咄逼人地说，他们对法国社会一直以来对乡村如此藐视的行为表示十分愤慨。最后，圣朗贝尔、卢梭以及其他的重农主义者又展开了"城乡对立"的主题讨论：城市"是霸道和邪恶的"，它不懂乡村生活，而乡村生活是"纯真和美德的艺术"[4]，"正是乡村为城市发展提供了活力"，而城市却是"人类的深渊"。在这里，卢梭颠覆了存在了数百年的价值观。自古希腊古罗马时代以来，礼貌、文雅和城市便一直是文明的参照系，文雅、礼貌还有政治正好与农民或"异教徒"的乡村形成对立。在18世纪，一场颠覆这种价值观的革命发生了：乡村成了人们向往的地方，有钱的城里人都开始迷恋乡村别墅了。

在18世纪中期之前，对于大自然不了解是非常普遍的。经典旅行作家对于风景评注的匮乏程度也是令人瞠目的：只有非常简短的说明，从来没有过真正的描述，只能看到简简单单几个关于好坏方面的形容词。当圣伯夫想到绘画，回想起伟大世纪[5]的风景画家们时，他补

[1] 见前注提及的莫尔奈的论文，第17页。——原注

[2] 圣朗贝尔1769年出版的诗歌《季节》，从1749年就开始写了："我在一个不了解或者漠视大自然的国家歌颂大自然。"——原注。圣朗贝尔（1716—1803），法国诗人、哲学家和军官。

[3] 卡拉乔利（1719—1803），法国作家、诗人、历史学家。他在1758年出版的《批评辞典》的"森林"条目中写道："它似乎只在小说中令人感到愉快，因为如今的人们很少去那里散步。"——原注

[4] 出自米拉波的《人类之友》。——原注。米拉波（1715—1789），法国政治经济学家，在《人类之友》中强调从作为创造财富的最重要的源泉来说，农业较商业更为重要。

[5] 另译黄金时代或大时代，指法国历史上的17世纪，因为在法国历史上众多的大事件均发生在17世纪。而且在该世纪，法国的语言、艺术、时尚和法国文学传遍欧洲，法国对于欧洲产生了空前的影响力。

充道：

> 然而，在瑞士，有不少的风景但没有画家，需要等……等到让–雅克·卢梭出现。[1]

但是，对于大自然，人们又能期待什么呢？历史学家试图通过反思人与自然的关系来研究游客迁徙的问题，使用被赋予了现代意义的“自然”这个词，而现代意义上的自然指的是全部不由人类创造的物质世界，它们以不同的形态出现：矿物、植物、动物；这个自然界（自然景观）在人类之外，但同时又在人类之内（因为人类能够感知到大自然）。托普费和浪漫主义者都是这样解读的。

在18世纪，这样的意识还很罕见，或者说它是处于次要地位的。[2]罗贝尔·莫兹[3]指出，若要在这个世纪颂扬大自然，那只会使大自然的意义更模糊不清[4]。在18世纪上半叶，自然观重新流行起来，模棱两可却又令人兴奋[5]，尽管当时关于原始的大自然很少被描述，大山也依旧不被了解，至少在法国是如此[6]。如果说自然观是“历史学家的猎物”，就像阿扎尔在他的作品引言中对吕西安·费弗尔进行解读时提出的那样，那么这种自然观对于旅游历史学家来说没什么用，因为他们更喜欢现实风景。圣伯夫在《风景画家托普费传略》中，就没有用“大自然”这一词，而是使用了词语“风景”。

---

[1] 圣伯夫：《风景画家托普费传略》，第11部分。——原注

[2] 1694年，在法兰西学院规定的七种观念中，像这样对于大自然的定义不被接受。——原注

[3] 罗贝尔·莫兹（1927—2006），法国学者和作家，先后任教于法国索邦大学和里昂大学，出版专著《法国18世纪文学和思想中的幸福观》等。

[4] 罗贝尔·莫兹：《法国18世纪文学和思想中的幸福观》，第560页。——原注

[5] 阿扎尔：《法国18世纪上半叶的自然观》，第二卷，第792页。这篇研究的时间范围是1715年左右至“18世纪后半叶”。——原注

[6] 保罗·阿扎尔和罗贝尔·莫兹教授的论文中都用的是“风景”一词，直到圣朗贝尔才开始使用“自然”一词。——原注

在1750年之后，这一切就真的发生变化了吗？对此我们表示怀疑。圣朗贝尔继续研究“感受对于内心生活的影响”；“每一种风景都对应着心境”。他论述大自然如何通过“四季”更迭影响人类；他将森林视为“能让人感受最深沉感情的植物世界”，“森林……你带给我的是恐惧，但这种恐惧令我感到兴奋！”[1]

对大山看法的变化发生在1714年，首先从瑞士开始，先是斯坦扬[2]，然后是余赫泽[3]，他们不仅重新提起了对于恶龙的恐惧，还提及了一些逸闻趣事（一个人跌入冰隙后神奇得救）。而且还开创了一个从阿莱[4]到卢梭再到考克斯[5]的“神话般的瑞士”的新纪元。萨洛蒙·格斯纳的作品《苏黎世的忒奥克里托斯》[6]，把田园牧歌式的生活写进了阿尔卑斯山。在1733年，阿尔布雷希特·冯·阿莱的诗作《阿尔卑斯山》使人们爱上了阿尔卑斯山。[7]在1750至1752年间，这些作品都没有被翻译成法语，所以读者数量也并不多。接下来，这些作品的影响力很快就被另一股新的、强大的力量——《新爱洛依丝》淹没了。它们传递出来的信息是一样的，然而，卢梭这部作品的阅读量是前面那些作品无法相比的。[8]《新爱洛依丝》一经出版，便使它之前的作品黯然失色。来看看

---

[1] 圣朗贝尔：《季节》，第56页。——原注

[2] 斯坦扬（1695—1752），英国历史学家与政治家。

[3] 余赫泽（1672—1733），瑞士学者、医生和博物学家。

[4] 阿尔布雷希特·冯·阿莱（1708—1777），又名阿尔贝·德·阿莱，瑞士医生、科学家、思想家、诗人与文学评论家。

[5] 威廉·考克斯（1747—1828），英国历史学家和牧师，曾在1771年至1786年间担任贵族的旅游伴侣和家教。他写了许多历史著作和旅游编年史。

[6] 前面注释已提及的莫尔奈论文第261页。萨洛蒙·格斯纳（1730—1787），瑞士画家、诗人，作品有《阿贝尔之死》等。——原注

[7] 参见昆奇的《阿莱在法国的名望》，蒙格隆的《浪漫主义前期》，格朗·卡尔特雷的《不同时代的大山》，弗雷什菲尔德的《德·索绪尔》，它们都强调了阿莱的作用。儒达尔在《勃朗峰的发现》中，也提出了同样的看法。——原注

[8] 参见昂热尔的《18—19世纪法国和英国的阿尔卑斯山文学》（以下简称《阿尔卑斯山文学》），第18页。——原注

昂热尔[1]和贝尔纳·居永[2]是如何说的：

> 这位公众一直在等待的导师，是卢梭：
>
> 《新爱洛依丝》于1761年出版，出版之后在小说界便获得了巨大成功，大山从此揭开了它神秘的面纱[3]。它一经问世，便在广大读者之中引起了热烈的反响。至少有一个世纪，朱丽（《新爱洛依丝》中的女主人公）成功地获得各种有智慧的人的广泛关注，比如：康德、拿破仑、巴尔扎克、司汤达、拉马丁[4]、德·斯塔尔夫人、福楼拜和乔治·桑……

当然，卢梭也从“前辈们”那里借鉴了不少，其中也包括阿莱，但是，是他的才华为他赢得了更广泛的读者群体。卢梭拥有更好的条件去充分了解萨瓦地区的景点、去参观瑞士的瓦莱州[5]，以及去游览莱芒湖，他将《新爱洛依丝》的故事背景放在了莱芒湖畔；他和日内瓦的自然科学家德吕克兄弟[6]一起跑遍了这些景点。18世纪末以及浪漫主义时期的游客们一直在寻找小说情节发生的地点：他们在朱丽待过的地方找到“陶醉”“激情”“狂喜”“叹息”，以及故事发生的背景——莱芒湖畔。湖畔的风景是复合型的，从天气晴朗到暴风骤雨，反映的是卢梭不断变化的心境。在梅耶里[7]这边，自然景观是圣普乐[8]消沉情绪的帮凶，而在莱芒湖的另一侧，阳光灿烂，这种自然景观体现的是德·沃尔玛夫

[1] 克莱尔-伊莲娜·昂热尔（1903—1976），法国历史学家、文学评论家、高山文学作家。

[2] 贝尔纳·居永（1904—1975），法国学者，曾任艾克斯普罗旺斯大学教授。

[3] 参见昂热尔的《阿尔卑斯山文学》，第22页。——原注

[4] 阿尔封斯·德·拉马丁（1790—1869），法国第一位浪漫派抒情诗人、作家。

[5] 瑞士西南部与意大利接壤的一个州。

[6] 指瑞士地质学家、物理学家和哲学家让-安德烈·德吕克（1727—1817）和瑞士地质学家纪尧姆-安托万·德吕克（1729—1812）。

[7] 法国东南部一市镇。

[8] 圣普乐是卢梭《新爱洛依丝》中的主人公。

人[1]的温情。

卢梭让敏感的欧洲人发现的就是这个湖。在1761年，他解释道：

为了把我故事中的主人公们安排在一个让我满意的地方，我不断回顾着旅游中我去过的那些最美丽的地方……博罗梅安群岛[2]让我考虑了很久，那里的美丽风景让我感动，但是，我又觉得，那儿的装饰品和人工的东西太多了，不适合我的主人公。而我需要的是一个湖，最后，我选择了那个湖，我的心从未停止过在其周围游荡的那个湖。[3]

在《忏悔录》中，卢梭又写道：

在我眼里，日内瓦湖及其赏心悦目的湖岸风光，都有一种非同寻常的诱惑力。

卢梭从未描写过那些他喜欢的景点。宣言对他而言就足够了：

住在树叶草地青葱翠绿的地方，我从不觉得悲伤和沮丧！但是，若只有寸草不生的沙滩和裸露的岩石，那可千万别提了。[4]

那些卢梭生活过的地方，他使朱丽进步的地方，后来都变成了我们今天所说的旅游观光景点。卢梭对于大自然的看法，是一个18世纪的人对于大自然的看法："人类为了自己的感受和快乐而驯服了的、人性

[1] 即《新爱洛依丝》中的女主人公朱丽。

[2] 意大利皮埃蒙特大区马焦雷湖的四个小岛。

[3] 卢梭：《新爱洛依丝》，引言。——原注

[4] 《忏悔录》第九章，《卢梭文集》，第十卷，363页。——原注

化了的大自然……被不加掩饰地理想化了……”卡尔·巴特很强烈地感受到了这一点[1]。正因为卢梭爱着如此不够荒野的大自然，所以他当然不可能是“阿尔卑斯山的发现者”。那些登山者认为，卢梭是阿尔卑斯山的发现者这个观点“纯粹只是一个传说罢了”，一个由夏多布里昂创造的传说[2]。夏多布里昂既不喜欢卢梭，也对大山爱不起来，他以跟这两者唱反调为乐。在他的《勃朗峰之旅》中，为了反驳卢梭和卢梭的大山，夏多布里昂引用了几段卢梭赞美大山的文字[3]，之后，由于反复被引用，这些文字成了“文选”。最著名的是《忏悔录》中的文段：

> 平原地区，无论它有多么美，在我眼里永远都不会有多美，我想要的是激流、是峭壁、是冷杉……是大山……是那些在我旁边令我感到十分恐惧的悬崖……[4]

这是一个向世界发出的信仰的宣言。在这里，关于水的主题比关于山的主题更加重要。其实，卢梭想到的是位于尚贝里周边的前阿尔卑斯山地带和莱塞谢勒地区[5]的洪流[6]。

夏多布里昂特别对《新爱洛依丝》中的片段提出了辩驳，在这一段中卢梭断言说：

---

[1] 卡尔·巴特：《18世纪景象》，第45页。——原注。卡尔·巴特（1886—1968），瑞士新教神学家，新正统神学的代表人物之一。

[2] 参见弗雷什菲尔德的《德·索绪尔》第30页，以及加布里埃尔·福尔的《夏多布里昂和大山》第61页。——原注

[3] 夏多布里昂多次指责卢梭把自己誉为“大山的情人”。他声称：“当涉及情感的真实的时候，一定要引用古希腊罗马文化里的东西，古希腊罗马文化对于大山不像卢梭那样思考……”——原注

[4] 《忏悔录》第一部分，第四章。——原注

[5] 法国东南部地区萨瓦省一市镇。

[6] 出自昂热尔的《阿尔卑斯山文学》中的观点，第24页。——原注

> 在高山上，冥想富有伟大崇高的特质……仿佛高悬于人世之上，人们便可以忘却尘世间所有卑微的情感。[1]

卢梭为这种变化找到了合情合理的原因。在这里，也许应该把圣普乐所写的信完全引用过来[2]：

> 在这纯净的空气中，我很明显地感受到了，我找到了自己情绪变化的真正原因，我终于回归了内心的平静，这种平静我已经丢失很久了。
>
> 其实，所有的人都有这种感觉……当身处山上的时候，空气是纯净的，沁人心脾的，人们感到呼吸更顺畅，身体更轻盈，心灵更宁静……

这段著名的文字是高山给人带来的不带感情色彩但真实存在的启示。圣普乐发现自己身上的敏感不见了[3]。但是，注意不要搞错了：这些“高山”仅仅只是莱芒湖边的山丘。卢梭没有经历过这种渐变的感觉，即登山者在海拔升高时，会感到空气越来越稀薄。这种感觉勒加缪早已说过了[4]，拉蒙和塞南古[5]后面也会说到。

不管是在这第23封信中，还是在《新爱洛依丝》其他篇章中，可能都找不到关于大山的描述。必须承认的是，无论是在瓦莱州还是萨瓦，卢梭从未登过高山。1733年，他曾在克吕思[6]待了一个月，但没有

[1] 卢梭：《卢梭文集》第四卷，第50页。——原注

[2] 参见《新爱洛依丝》第一部分，第23封信。这段著名的文字被夏多布里昂和圣伯夫都引用过，莫尔奈、昂热尔和莫兹对其都进行过研究。——原注

[3] 引自前面注释提及过的莫兹的作品，第326页。——原注

[4] 勒加缪：《心灵医学》，1753年，第二卷，第172至174页。——原注

[5] 塞南古（1770—1846），法国散文家和哲学家。

[6] 法国上萨瓦省的一个市镇，位于该省中部偏东。

往更远处行进；他肯定是见过勃朗峰的，但他只字未提[1]。为了去意大利，他曾多次经辛普龙山口和法国塞尼山口越过阿尔卑斯山，然而，对于经过时所见到的山峰，他连一句话也没有留下[2]。卢梭曾在莱芒湖边的多个城市居住过，而且居住的时间还不短，在这些城市，近处的山脉，比如米迪峰[3]和萨雷布山[4]都看得很清楚，但他从未提及过任何一座高山。卢梭对山脉顶峰没有什么兴趣，那么，他的兴趣是冰川吗？可以肯定的是，卢梭从未去过冰川冒险。然而，圣普乐在梅耶里时却提到了冰川。[5]但很明显，这并不是一段描述——在依云能看到什么冰川呢？——而是从德吕克兄弟那儿借鉴来的理论思考，从夏尔梅特出发，卢梭去了大查尔特勒修道院，在旅客留言册上，他写道："哦，海拔呀！"[6]卢梭就是这样称呼大山的。那么，对于圣伯夫的结论我们也没什么可说的了[7]：

> 让-雅克·卢梭，他只是在半山腰，通过他的湖泊，通过他宜人的小屋和果园来了解瑞士。说到卢梭的时候，我们总是说他的夏尔梅特。然而对于我们提及的次要地区或普通地区，他从来没有描述过，更不用说深入研究了。

托普费对高山上三大自然区域的划分，受到了圣伯夫的高度赞赏[8]。其实对于高山上三大自然区域的划分，早在17世纪时，就已经有

[1] 参见瓦洛和昂热尔合著的《勃朗峰山脉的文学图表》。这段短暂的停留在卢梭的《书信集》中被证实。——原注

[2] 在《忏悔录》中没有任何记录，参见昂热尔的《阿尔卑斯山文学》第24页。——原注

[3] 米迪峰，另译南峭峰，瑞士的山峰，位于瑞士西南部，海拔3257米。

[4] 萨雷布山位于法国上萨瓦省北部，紧邻瑞士日内瓦，属于前阿尔卑斯山脉。

[5] 《新爱洛依丝》第一部分，第一章，第17封信。——原注

[6] 朗蒂埃：《瑞士的游客》，1803年，第272页。——原注

[7] 圣伯夫：《风景画家托普费传略》，第12部分。——原注

[8] 见《新迂回游》。参见圣伯夫的《风景画家托普费传略》，第十二部分。——原注

作者勾勒过其雏形了，比如勒加缪。根据圣伯夫的观点，最先发现大山最低处的自然带是再正常不过的了，最主要的功臣还是卢梭。

所有的“高山文学”系列，都要归功于卢梭的成功。“高山文学”在拉波尔德[1]笔下是百科全书式的，而且通常配有插图；刻画“卢梭风情的瑞士”成了一些雕刻家的专长，布里[2]便因此名噪一时。昂热尔写道：在卢梭之后，就没有什么新的灵感出现了，卢梭固化了阿尔卑斯山的“文学和艺术面貌”。

“这便是《新爱洛依丝》带来的恶果。”旅客们、诗人们甚至画家们都不去看风景。小说代替了他们的灵感和想象。他们对大山依然像过去一样充满敌意，却又自相矛盾地将山坡都美化成了田园牧歌般的风景。这种形象过于深入人心，它过于经典而且又十分简单，以至于人们都无法抛弃。卢梭既固定又扭曲了大山的文学面貌。我们几乎是走到一个死角了。从某种意义上来说，圣普乐和瓦莱的风光将在相当长一段时间里甚至永远遮蔽阿尔卑斯山。[3]

二、溯源朝圣：旅游者以及卢梭和伏尔泰的“瑞士”

《新爱洛依丝》的成功为卢梭笔下的“瑞士”带来了一大批慕名前来的旅客。他们来瑞士，是为了进行一场“溯源朝圣”之旅。莫尔奈整理了从1761至1789年间80多部作品，以及130本专写瑞士的出版

---

[1] 拉波尔德：《瑞士图解》。该作品有丰富的图解。作者是当地一个农场主，很多大人物都为该作品签了名。——原注

[2] 布里在卢梭的赞助之下，给自己所有的作品都加入了大山的插图。他还留下了众多的绘画和雕刻作品，它们现存于日内瓦图书博物馆。——原注

[3] 参见昂热尔的《阿尔卑斯山文学》，第41—42页，关于卢梭的总结章节。——原注

一张浪漫主义时代招待客人的宴席图。插画出自托普费《新迂回游》

物。[1]1777年，罗兰夫人观察发现："去瑞士旅游变成了潮流。"[2]梅耶[3]曾在1784年时说道："人们给孩子喂奶……然后来到克拉朗[4]，只有这里……"梅耶是这些新的瑞士之旅的主要作者之一。[5]丹尼尔·罗根[6]走得更远："克拉朗是不朽的。"[7]

让我们从卢梭在瑞士的行程开始吧。首先是梅耶里，它在莱芒湖边。苏格兰作家和医生约翰·摩尔于1781年来到这里，他嚷道："我想

[1] 见前文注释提及的莫尔奈的作品，第58页。——原注

[2] 罗兰夫人：《作品集》，尚帕尼厄出版社，1800年，第三卷，327页。——原注。罗兰夫人（1754—1793），法国大革命时期著名的政治家，吉伦特派领导人之一。

[3] 梅耶（1751—1825），法国作家。

[4] 位于瑞士沃州蒙特勒市的一个小村庄。因为卢梭在这里创作了《新爱洛依丝》一书，克拉朗在整个欧洲都享有盛名。

[5] 梅耶：《瑞士之旅》，第一章，1784年，第二卷，135页。——原注

[6] 丹尼尔·罗根（1691—1771），瑞士军官、银行家，卢梭的挚友。

[7] 讷沙泰勒昂布赖图书馆的手抄信件，在前注提及的莫尔奈作品中被引用，第54页。——原注

我认出了这个地方，在这儿，那两个相爱的人……”[1]歌德曾三次造访瑞士[2]，他在梅耶里哭了。对于所有“大革命时代”先后来到莱芒湖畔的旅游者，我们无法一一列出他们的名字[3]，但他们的动机都是一模一样的——“了解可爱的朱丽的家乡”[4]，“感受朱丽的情人那孤高的绝望”，正如布里[5]所写的那样。杨格也不例外，他一到达萨瓦地区，就不再管农艺学了，而是直奔卢梭故居，高呼他对卢梭的仰慕[6]。

萨瓦人很快就习惯了外国人的虔诚朝圣。旅店老板们也告诉旅游者哪间是卢梭曾住过的房间[7]。卡拉姆津也是“带着朝圣的心情”从莱芒湖畔“卢梭景点”开始他的法国之旅的[8]；他在梅耶里留下了这段饶有趣味的点评：

> 那个农民看到满怀好奇心的新面孔来到这里时，讥笑着对我说：“毫无疑问，这位先生十有八九是读过《新爱洛依丝》了！”[9]

在威廉·考克斯《关于瑞士状况的书信集》中，“卢梭景点”占有重要的地位，他用当时非常流行的、虚构通信的写作方法来细述他的瑞士之旅，他和其他英国人一起，分别于1776年、1779年和1785年到瑞士旅游[10]。在洛桑，考克斯购买了《新爱洛依丝》，每到一个景点，他就会

---

[1] 见约翰·摩尔的《一位英国旅游者关于法国和德国的书信集》，1781年，第四卷，205页。——原注

[2] 分别于1775年、1779年与1797年造访瑞士。——原注

[3] 参见前文注释引用的莫尔奈的论文，以及昂热尔的《阿尔卑斯山文学》第26页。——原注

[4] 参见布里索的《回忆录》，第二卷，第十二章。——原注

[5] 参见《阿尔卑斯山的描述》，第一卷，第8页——原注

[6] 蒙格隆：《浪漫主义前期》，第二卷，第40页。——原注

[7] 参见前文注释提及的莫尔奈的论文，第262页。——原注

[8] 卡拉姆津：《一位瑞士游客的信函——日内瓦介绍》。——原注。卡拉姆津（1766—1826），俄国作家、诗人、历史学家和文学评论家，代表作《苦命的丽莎》。

[9] 见前面注释提及的卡拉姆津的作品，第104页。——原注

[10] 威廉·考克斯：《关于瑞士状况的书信集》，由拉蒙翻译。——原注

读一段:“我不断地观察着这片地区，并将我观察到的与卢梭的描述做对比。”这种去卢梭故居的潮流给卢梭故居带去了好处，为了对这些地方表示敬意，制宪会议将它们列入国家古迹。1793年，埃罗·德·塞歇尔[1]在该地举行了一个公民活动，当时摆放了卢梭的一些肖像和一篇诗体铭文，诗歌由德皮奈夫人[2]创作:

> 让-雅克居住过的陋室，
> 你让我想起了他的才情
> 他的骄傲、他的孤寂
> 他的疯狂以及他的不幸。

米林提供了有关卢梭“纪念博物馆”的全部细节:“许多旅游者和外国人想做的就是一次朝圣。”[3]“浪漫”这个修饰语早在1793年的“赖夏德指南”中就出现了，这个形容词适用于“整个地区”[4]。这种“前浪漫主义”[5]的品位以及法国大革命使得“卢梭景点”声名远扬，但对费内[6]不利。

在伏尔泰生前，旅游者们总是愿意将莱芒湖畔（克拉朗、梅耶里）与伏尔泰的住所联系起来；对于途经日内瓦的外国人来说，伏尔泰住所是日内瓦之旅的最后一站，外国人对这最后一个景点都很感兴趣：比如舒尔泽和夏洛克。德国人舒尔泽曾在柏林与伏尔泰有过一场争论。1775年去尼斯时，他特意选择从日内瓦路过，就是为了能在费内停留一下，

[1] 玛丽-让·埃罗·德·塞歇尔（1759—1794），法国大革命时期的法官和政治家。
[2] 德皮奈夫人（1726—1783），法国作家。
[3] 拉贝多耶尔:《萨瓦和法国南部之旅》，第51页。——原注
[4] 赖夏德:《欧洲旅游指南》，第一卷，第445页。——原注
[5] 蒙格隆:《浪漫主义前期》，第二卷，第40页。——原注
[6] 法国安省的一个市镇。伏尔泰在此安度晚年。

他此行的目的不是去拜访这位长老[1]，而是参观村庄、欣赏花园[2]。1776年时，英国人夏洛克从意大利回来了，为了能够被伏尔泰接见，他带了不少推荐信；他自己使用了四封信的篇幅来描述这一次拜访，信中也记录了这位显赫老者的真知灼见[3]。这些拜访者们对房子并不怎么在意，他们感兴趣的是花园，不仅因为他们是英国人[4]，也由于伏尔泰总是在那里会见访客。至于风景和周边环境，那个时代的旅游者们对它们兴致一般；在夏洛克长篇的记叙中只有最平常不过的几句话：

> 从他的花园里望出去，我们能看到阿尔卑斯山、湖泊、日内瓦城，还有景色宜人的周边环境，伏尔泰用英语说："真是一番美丽的景色。"（It is a beautiful prospect.）他说这句话时，英语发音字正腔圆。[5]

游客则相反，他们对与伏尔泰有关的附近建筑物更感兴趣：比如村庄、教堂甚至是手表工场[6]。

伏尔泰于1778年逝世，他的逝世并没有立即打消人们的好奇心。辛纳·德·巴莱格是一位学识渊博的伯尔尼法官，他想到了将费内放进他1781年对"瑞士西部"的描述之中。[7]除了瑞士本土之外，他只提到了法国热克斯地区[8]，对深深打上卢梭印记的萨瓦地区和冰川地区只字未提。有很多年，很多旅游者依然是从日内瓦绕道去参观费内，就像

[1] 这里指伏尔泰。
[2] 舒尔泽：《1755年尼斯之旅游览线路》，第65页。——原注
[3] 夏洛克：《一位英国游客的信》，第23到第26封信。——原注
[4] 前文注释提及的舒尔泽的作品第67页和夏洛克的第23封信。——原注
[5] 夏洛克，第26封信，第115页。——原注
[6] 参见舒尔泽、西内尔和夏洛克的作品。——原注
[7] 辛纳·德·巴莱格：《瑞士西部的文学和历史之旅》。——原注
[8] 法国东北部一地区。

1782年时[1]年轻的拉罗什富科所做的那样。这并没有持续太久。“都是卢梭的错”，也是法国大革命的错，法国大革命为了尊重卢梭抛开了伏尔泰。伏尔泰去世后，费内之旅便失去了它最核心的吸引力，因为这趟旅游首要的目的就在于能够和这位显赫老者交谈。伏尔泰的英式花园很快就被忽视了，它再也不是最初的样子了。游客们很快就感到失望了，赖夏德说道：

> 自伏尔泰去世以来，一切都发生了变化。当时被吸引过来的居民大都离开了，大部分房屋都废弃了。[2]

辛纳的作品很多旅游者们都阅读过，不少指南都从这本书中汲取了灵感，夸大了伏尔泰带来的经济方面的业绩，其作品中甚至写道：

> 1759年时，当伏尔泰来到费内定居时，在这里（费内）只能看到八间茅屋，而到1755年10月时，有一万两千名居民。[3]

康多[4]找到了伏尔泰的侄孙奥尔努瓦在1775年10月时写给辛纳的信，信写得太夸张了：奥尔努瓦给出的数字之后被多加了一个零！[5]

---

[1] 拉罗什富科：《法国之旅》，第一卷，第146页。——原注

[2] 赖夏德：《欧洲旅游指南》，1793年，第一卷，第441页。——原注

[3] 参见辛纳的《瑞士西部的文学和历史之旅》，第一卷，第332页。——原注。实际人口是1200人。原文1755年也有误，实际应为1775年。

[4] 我要感谢让-丹尼尔·康多，他把他的研究成果给了我，是关于1775年的费内的。他发表了这封此前从未发表过的、奥尔努瓦在1775年10月写给塞内尔的信：这就可以解释在《瑞士西部之旅》的文章中为什么会出现一个奇怪的年份。——原注

[5] 参阅高西的专著《乡下老爷伏尔泰》。——原注

三、对于前浪漫主义的敏感性、被发现的景点与新的眼光

卢梭还引发了一场旅游者的“趣味革命”。在18世纪中期，日内瓦也被纳入了“壮游”名录，它成了“壮游”的一个必经之地，大部分旅游者都是从日内瓦进入法国或者离开法国的，他们来看看费内，来看看与卢梭有关的景点。旅游者们以城市为中心，兴致勃勃地游览着此前一直被忽视的奇异自然风光，包括罗讷河消失之处[1]。索绪尔曾于1778年2月去了罗讷河，他记录道：

> 对于选择取道里昂前往日内瓦的游客，不去参观这个奇观的游客很少。库比[2]的农民……鼓动旅游者们都去看看这个奇观。为了能让游客们下去看看，他们在那里架好了梯子。[3]

索绪尔用了10页的篇幅来描述这个现象，与此同时他还叙述了他自己的经历：朝罗讷河投掷物品[4]……盖塔尔[5]指出[6]，比起“多菲内奇观”[7]，罗讷河的消失更能激起18世纪科学界的好奇心。

水的诗意触动了敏感的心灵：

> 如果我们不到那儿去，我们根本就无法想象罗讷河在消失时创造出的那种壮观的美景，这让我们感到心旷神怡，所以我们在

[1] 在贝勒加德和塞瑟尔之间，罗讷河变成了暗河。自从热尼西亚水电大坝修建以后，这个惊心动魄的景观便看不到了。——原注

[2] 法国瓦尔瑟里恩河畔贝勒加德一古镇。

[3] 索绪尔：《阿尔卑斯山之旅》，1779年，第一卷，327页。——原注

[4] 见前面注释提及的德·索绪尔的作品，第325—335页。——原注

[5] 盖塔尔（1715—1786），法国地理学家、矿物学家。

[6] 出自《法兰西科学院论文》。——原注

[7] 即前文提到的格勒诺布尔周边的七处自然风光与古迹组成的“多菲内七大奇迹”。

那里停留了很久。[1]

卡拉姆津饱含激情地写道：

> 风在咆哮，河水奔涌，这一切汇聚在一起，组成一幅具有奥西昂[2]风格的难以言述的风景。[3]

18世纪的“多菲内奇观”曾是科学院所持立场的受害者[4]。“无毒塔”“火泉”“布里昂松的吗哪”[5]，都是些不足以吸引启蒙运动时代旅游者的奇谈。相反，有一部分奇观由于带有“前浪漫主义的敏感性”而受益，比如拉巴尔姆岩洞[6]、萨瑟纳日涌泉洞、艾吉耶峰，维齐尔城堡。法国大革命就是从维齐尔城堡这里开始的，尤其是大查尔特勒修道院，是真正的名胜。自16世纪起，许多游客开始对隐士的生活感到好奇，纷纷来此参观。1774年，修会教士委员会[7]废除了修会，从此，人们好像对违反自由的东西不再感兴趣了，然而，大查尔特勒修道院的造访率依然居高不下，甚至比以前还要高。拉罗什富科认为这里面有其他的原因：

> 这是我第一次如此近距离地观看如此高的大山。山上散布着

[1] 拉罗什富科：《法国之旅》，1782年，第一卷，第140页。——原注

[2] 奥西昂，苏格兰传说中的诗人。

[3] 卡拉姆津：《法国之旅》，1790年，第23页。——原注

[4] 参见朗瑟洛1729年《在法兰西文学院关于“多菲内奇迹”的演讲》。参照“世界七大奇迹”，“多菲内奇迹”最好也选七个，但是多菲内人对名单的意见并不统一。参见布瓦耶的论文第44章及后页。——原注

[5] “布里昂松的吗哪”在1638年被列入多菲内奇迹，但后来都没被列入“世界七大奇迹”。布里昂松是法国东南部上阿尔卑斯省的一个市镇。

[6] 法国伊泽尔省拉巴尔姆莱格罗特镇的一个岩洞。

[7] 法国国王路易十五在1766—1780年期间设立约束加入修会的教士和监督修道院财务的管理机构。

冷杉树、落叶松和美丽的山毛榉。这些树显得威严而悲伤，让那些站在它们下方的人产生一种奇妙的感觉，让我感到震撼。你欣赏的时候，会感到一阵忧伤……这次短暂的居留很令人恐惧，但很美好。[1]

在18世纪末，“恐惧”这个词还保留着其词源学的本义。恐惧并不是新鲜事物，反而成了一种吸引力。人们的语气也变了，旅游者们对从峡谷攀登有了极大的兴趣，他们选择了最好的时机来游览。1781年，一个旅游者提出了他的建议：“要安排在7月或者最晚8月前往！”[2]1783年，另一个旅游者选择了夏天去旅游，他这样写道[3]：“是因为风景。”这是一个新标志：1770年前，没有任何迹象显示有人有意识地选择夏天出游。

对于这些美景的最好的描述出现在英国大诗人华兹华斯的作品中。在离开剑桥时，他也追随传统，走上了“壮游”之路，但他又给壮游增添了两个新要素：一是满怀热情地观察刚开始的法国大革命，另外就是游历充满“卢梭风情”的瑞士。他来到大查尔特勒修道院并留下了几行文字，这些文字显示出他与他的前辈截然不同：

一直在消失却从来没有消亡的、高度无法估量的森林，瀑布一成不变的轰隆声……从蓝天那么高的地方冲下来的激流，在耳边隆隆作响的岩石，在路边滴滴答答地往外渗水、仿佛有声音在里面说话的黑色岩壁……所有这一切似乎都统一了思想，像是同一张脸上的脸部轮廓，同一棵树上的花朵，像是世界末日的光景，是来世的寓意和象征……[4]

---

[1] 拉罗什富科：《日记》，第一卷，第十三部分。——原注
[2] 德·维高布尔发表的报告，《多菲内游客协会年鉴》，1888年，第162页。——原注
[3] 法国国家图书馆馆藏第13376号，第204页及后页。——原注
[4] 华兹华斯：《序曲》，第四章，昂热尔翻译，载《勃朗峰山脉的文学图表》，第286页。——原注

华兹华斯展开了一个颇具圣经色彩的主题：大山的孤傲——在这里是大查尔特勒修道院——显示“赐予我们一切快乐的上帝的同在”。这首诗是《序曲》的一部分，该诗集在华兹华斯1850年去世之后才出版，诗集证明这位年轻的英国诗人拥有一颗敏感的心和丰富的感情，这种情感可以说前无古人、后无来者。由于大革命，它的出版被推迟了。华兹华斯和柯勒律治是英国浪漫主义的集大成者，他们享有英国“湖畔派诗人”[1]的美誉，即便如此，他们也没有给高山观念的革命带来什么影响。英国人用他们卓越的才华，加深了人们对大自然的感知，而这种感知却在1792年到1815年间被关在欧洲大陆之外，他们的目光再也看不到阿尔卑斯山，只能投向坎伯兰[2]和苏格兰。

眼界的开阔使得人们将眼光投向了更远的地方，投向了比萨瓦地区更遥远的地方，这些地方都是卢梭感性思想的受益者。在18世纪末，旅游者们将梅耶里和沃克吕兹进行对比：不一样的岩石，不同的恋人，但其中蕴含的感情是相似的。杜帕蒂表达出了这种感动：

> 我在所有的岩石上寻找着这些恋人的踪迹。我想，他们一起坐的就是这个地方，这是彼特拉克[3]深爱并且流下了很多泪水的地方。[4]

---

[1] 湖畔派诗人是指19世纪英国浪漫主义运动中较早产生的一个流派。主要代表有华兹华斯（1770—1850）、柯勒律治（1772—1834）和骚塞（1774—1843）。由于他们三人曾一同隐居于英国西北部的昆布兰湖区，先后在格拉斯米尔和文德美尔两个湖畔居住，以诗赞美湖光山色，所以有“湖畔派诗人”之称。

[2] 英国的一个历史地区，位于英格兰的西北部。

[3] 彼特拉克（1304—1374），意大利学者、诗人和早期的人文主义者，亦被视为“人文主义之父”。

[4] 杜帕蒂：《1785年意大利之行书信集》，第一卷，第2页及后页。——原注

在沃克吕兹，杜帕蒂写下了他的第一封关于意大利的信件，他并不满足于仅仅模仿卢梭写一写梅耶里的岩石，他知道如何描述风景。旅游者们看着人们此前一直忘记描写的岩石和涌泉；那里的风光激发了德利尔[1]神父写诗的灵感，也激发了杨格的创作激情：

我想，我看见了一条就像从一个巨大的漏斗底部流出来一样、从山脉中流出的河水，河水在升高，在上涨，然后突然溢出河堤，泛滥成灾，发出雷鸣般的声音，汹涌澎湃，浪花四溅，飞流直下。这幅景象，无论是在诗人还是在画家的笔下，都是永远都描绘不出来的。这就是沃克吕兹的涌泉。而片刻之后，这条河平静下来了，就像一个生性快乐的人，一时冲动了但不一会儿情绪又缓和了下来。然后，它将银波变成碧波，让它们向前滚动，倾泻在一块祖母绿色的地毯上；很快，水流又被分流成众多小溪，从一座座迷人的小山谷中奔流而过。[2]

在法国大革命前夕，从地下喷出的涌泉成为主要的观光景点，很爱挑剔的德·吉贝尔伯爵却指出：

我在阿尔卑斯山和比利牛斯山脉，看到了一百多种更美丽、更神奇的水景。[3]

他的这种看法别人并不赞同：沃克吕兹的涌泉已经名声在外，当革命家们独创性地用自然景观给一些省命名时，他们将扩大了的维耐辛

[1] 雅克·德利尔（1738—1813），法国诗人、共济会会员和翻译家。

[2] 杨格：《法国之旅》，第一卷，第408—412页。——原注

[3] 吉贝尔伯爵：《吉贝尔在法国各地和瑞士的旅游》，第382页。——原注。吉贝尔伯爵（1743—1790），法国作家，法兰西学院成员。

伯爵[1]的领地命名为沃克吕兹省。这种现象独一无二，一个涌泉的名字，成为一个省的名字[2]。

由于前浪漫主义所具备的感性，在游客之中，去欣赏阿尔卑斯山景点和湖岸景点一时风靡了起来，然而，这种感性却对地中海没有兴趣。卢梭见过地中海，但他从来没有提起过。1763年以后，英国人才选择去地中海过冬，并不是大海的原因。18世纪和19世纪初时，有一些作家开始反对大山，提出异议了。他们不反对大海，但反对大西洋。因此，夏多布里昂和贝尔纳丹·德·圣皮埃尔都是这样，后者写道：

> 阿尔卑斯山之旅与比利牛斯山之旅受到了高度赞扬，毫无疑问，这些旅游有自己的乐趣和益处，但我发现，海滨沿岸之旅的乐趣和益处，是无与伦比的。[3]

18世纪末的旅游者们依然对南部的阿尔卑斯山喜欢不起来，他们不喜欢那里的荒芜，不喜欢普罗旺斯石灰质的土壤，尤其不喜欢那石灰质荒地上的植物。布罗斯院长[4]曾经说那里是“芳香扑鼻的小骚货”；当吉贝尔伯爵穿越上普罗旺斯时，他说他“讨厌这片沙漠：这里一片混乱，从没有过任何生活原则，是一片混乱不堪的大自然”[5]。与之相反，有新品味的游客要去领略热姆诺山谷[6]的风光，那里的水和绿叶才是魅力所在。有不少外国旅客也来游览，如安妮·普伦普特里，她用了四页

[1] 维耐辛伯爵领地是教皇的领土，存在于1241年至1791年。

[2] 然而，比起加尔河、德龙河，甚至是瓦尔河，杜朗斯河仍然是更有价值的河流。——原注

[3] 贝尔纳丹·德·圣皮埃尔：《文集》，巴黎，1852年，第九卷，第173页。——原注。贝尔纳丹·德·圣皮埃尔（1737—1814），法国作家、植物学家。1795年选为法兰西学院院士。

[4] 夏尔·德·布罗斯1775年担任勃艮第最高法院院长，人称“布罗斯院长”。曾前往意大利旅游，后出版了《意大利来信》，说到“普罗旺斯只是一个芳香扑鼻的小骚货”。

[5] 吉贝尔伯爵：《吉贝尔在法国各地和瑞士的旅游》，第397页。——原注

[6] 法国罗讷河口省一地区。

的篇幅来赞美它[1]；又比如利涅亲王[2]，他在1781年的报告中指出：“在某些节庆的日子里，有三十多个人聚集在小河边。”[3]德利尔写诗歌颂：

啊，宜人的热姆诺[4]，吉祥的小山谷！

为了寻找18世纪末期旅游者的感觉，没有什么能比在山谷深处走一圈更管用了！这个山谷是属于德·蒙格费埃[5]家族的财产，连手工作坊和修道院的遗址都不缺呢！

在卢梭之后，人们把视线转向了奇闻轶事。游客对细节更感兴趣了，开阔的视野并不能赢得游客们的青睐，他们喜欢树篱、绿树成荫之地和用树木围隔的田地或草坪。杨格做的分层很有特色：在底部是光秃秃的普罗旺斯，顶部是利穆赞森林和克勒兹山谷。[6]继阿尔卑斯山脉之后，其他山脉也陆续被发现，比如，拉蒙发现了比利牛斯山脉，在1786—1788年间，新教传教士乔治·菲施[7]造访过孚日山脉和塞文山脉[8]。旅游者们在各地寻找瀑布和卢梭式的正直的山里人。菲施领略了塞文山谷风景如画的景色，但他对裸露的雄壮山脉无动于衷。卢梭之后的游客们，只能在有限的风景之中、有限的空间之中去感受卢梭的心境了。若是借用符号学家的话[9]，我们可以这样说：18世纪末，内在感受

[1] 安妮·普伦普特里：《在法兰西的三年逗留之记事》，第二卷，第256页及后页。——原注。安妮·普伦普特里（1760—1818），英国作家、翻译家。

[2] 查理-约瑟夫·德·利涅亲王（1735—1814），奥地利陆军元帅和作家，生于布鲁塞尔。

[3] 利涅亲王：《伯勒伊一瞥》，第96页。如今，对于普罗旺斯人来说，热姆诺依然是一个用来娱乐和聚会的场地。——原注

[4] 雅克·德利尔：《田间人》。——原注

[5] 德·蒙格费埃家族，法国一贵族家族，该家族于1783年获得爵位。

[6] 杨格：《法国之旅》，第一卷，第93—95页。——原注

[7] 参见乔治·菲施的《关于法国南部省份的信件》，他曾于1786年参观了法国南部。——原注

[8] 法国中南部一山脉，最高峰海拔1699米。

[9] 参见《交流》杂志特刊，1967年，关于旅游的部分，尤其是布尔热林、让·卡素和格里迪的作品。——原注

被发现了，这是“感到内在幸福”的标志。在卢梭之后，我们总是要回归到“妈妈”那里[1]、回到卢梭故居那舒适的魅力巢穴。更晚些的时候，到19世纪，浪漫主义在某种程度上扩展了这种“恋母情结”的范围，这个范围十分广阔，甚至允许以辩证法作为主导了。然而，那些追寻着卢梭的旅游者们，则被远远落在山脚下了。

四、神话般的瑞士

18世纪，“游客的瑞士”可不仅仅只限于它的13个州，它还包括一些公国、一些主教管辖区，这些公国和主教管辖区之间都或多或少有些联系，有些是盟友，有些是附庸。在这样的瑞士，瓦莱省发挥了最重大的作用，但同时，萨瓦地区和热克斯地区的作用同样不可忽视，有时，甚至汝拉山脉都很重要[2]。1815年以后，卢梭风格非常鲜明的瑞士并不仅仅限于维也纳会议[3]承认的范围，萨瓦地区，有时甚至西部阿尔卑斯山全部都照旧在瑞士的范围之内。比如埃贝尔的《瑞士旅游手册》[4]，约翰·默里、贝德克尔和若阿纳[5]的大型旅游指南，以及大仲马那部颇具浪漫色彩的《瑞士旅游印象》[6]，都证实了瑞士的扩张；瑞士的边界依

---

[1] 指卢梭的情人华伦夫人，她亲切地称卢梭为“孩子”，而卢梭则情不自禁地称华伦夫人为“妈妈”。

[2] 在考克斯43封关于瑞士的信件中，有3封长信是关于瓦莱的，两封是关于霞慕尼的，也涉及了汝拉山脉和梅耶里。——原注

[3] 维也纳会议是1814年9月18日到1815年6月之间在奥地利维也纳召开的外交会议。其目的在于解决由法国大革命战争和拿破仑战争导致的一系列关键问题，保证欧洲的长久和平。

[4] 埃贝尔：《瑞士旅游手册》，1805年，第一版。该书在到1895年的90年间重印了9次。按照字母表的顺序分门别类列举了城市和旅游景点，和其他地方一样，萨瓦地区的景点也被列在里面。——原注

[5] 若阿纳指南，指由法国阿歇特出版社出版的一系列旅游指南，该旅游指南最突出的贡献者是阿道夫·若阿纳，大约在1860年该指南被命名为“若阿纳指南”，也被称为“蓝色指南”。

[6] 大仲马：《瑞士旅游印象》第三卷。该作品约有四分之一的篇幅都用来描写萨瓦地区（霞慕尼、艾克斯等）。——原注

然不明确，它仍旧是一个“图像系统的概念”（正如我们今天所说的），“容积”比容器大。瑞士很快就名声在外了，在1776年，考克斯已经将瑞士认定成一个“名胜”[1]了。拉蒙翻译的威廉·考克斯《关于瑞士状况的书信集》[2]使瑞士出了名。几年之间，关于瑞士的作品逐渐变得越来越多了，有文学作品、词典[3]，还有关于瑞士的参考书，比如小阿莱[4]的作品和辛纳的作品[5]。

在法国大革命前夕，传说中的瑞士在英国人的“壮游”之旅中名列第一。来看看年轻的汤森德[6]吧：他在比利时下船，而没有选择在法国下船。瑞士之行和日内瓦短暂的停留构成了他旅游的主要部分，一个名叫艾蒂安·杜蒙的日内瓦年轻牧师陪着他。赖夏德在1793年出版的《欧洲旅游指南》中写道：“瑞士旅游在意趣上大大超过英国和意大利。”[7]就这样，“赖夏德指南”证实了这种新的对于瑞士的偏好，且这种偏好已经非常普遍了：

> 艺术方面我们暂且不谈，就从阿尔卑斯山的壮丽景色、自然奇观和这个自由慷慨、洋溢着幸福快乐的民族的更有意思的风情来说，和意大利相比，瑞士难道不占上风吗？[8]

---

[1] 考克斯的第一封信开头的用词（可追溯到1776年7月）。英语版第一版可追溯至1780年。——原注

[2] 拉蒙的译作，1781年出版。——原注

[3] 有多部词典均是这样出版的，比如格拉塞的《瑞士历史、地理与政治词典》，伊韦尔东出版社，1777年。——原注

[4] 小阿莱：《关于制作瑞士历史参考书目的建议》，伯尔尼出版社，1771年。——原注

[5] 辛纳：《瑞士西部的文学和历史之旅》，第一卷第15页及后页给关于瑞士地理和历史的书籍做了一个概述。——原注

[6] 汤森德（1739—1816），英国思想家、医生和地质学家。

[7] 赖夏德：《欧洲旅游指南》，第一卷，第452页。——原注

[8] 赖夏德：《欧洲旅游指南》，第一卷，第451页。——原注

考克斯的第一封“关于瑞士的信”中，也是这样开头的：

> 这个国家在其不一样的政府特色和大自然赋予它的独特奇观方面，同样引人注目。

拉蒙在翻译考克斯的《关于瑞士状况的书信集》时写了个译本序，在译本序中加上了其他的主题：“阿尔卑斯山的农民”“风俗习惯”“大山”[1]。不同的旅游者相互补充，呈现了一个多姿多彩的“神话般的瑞士”[2]：

> ——卢梭游历过的瑞士：手拿着《新爱洛依丝》，参观的景点多位于萨瓦地区。
>
> ——参观如诗如画、很快就被誉为“富有浪漫色彩”的瑞士。罗讷河消失之处，萨雷布山，莱芒湖和布尔热[3]的众多湖泊，都是非常不错的选择。
>
> ——高山上的瑞士，这是新发现的，其冰川和勃朗峰是主要景点。
>
> ——从政治的角度来参观瑞士：在考克斯绘制的图上，拉蒙添加了“自由林荫大道”。
>
> ——参观“能找到乡村幸福的瑞士”：在那儿，很容易就能获得幸福感，与其说是“瑞士风情”，不如说是“瓦莱风情”。

这些关于瑞士的不同主题相继在18世纪出现。在18世纪初，瑞士

[1] 威廉·考克斯：《关于瑞士状况的书信集》，拉蒙译，第5页及后页。——原注
[2] 贝拉尔迪：《比利牛斯山主义的过去》，第四部分，第5页。——原注
[3] 位于瑞士洛桑地区，是日内瓦湖在该地区的天然湖岸。

人开始意识到，自己的国家还是不为人所知或者被人轻视的。于是，为了让世人对瑞士有更多的了解，许多学术著作相继出版。1730年，阿尔特曼[1]就是这样为他的作品做解释的：

> 令我惊讶的是，像瑞士这样一个几乎是位于欧洲中心的国家，竟然如此鲜为人知……不仅仅在外国人中，甚至在本国居民中也是如此。

他说，对于外国人来说，瑞士是：

> 一个狼人之乡，在这里，若想看到阳光，只能透过一个洞……若是把一个瑞士人带到欧洲各地，那他所到之处引起的震惊程度绝不亚于一个刚从非洲运来的怪物。

在18世纪中叶，格斯纳和阿莱的作品有了译本[2]。许多人[3]将阿莱视为“阿尔卑斯山崇拜的奠基人”。但对此，还是要持保留意见的：阿莱完全不了解高山，他几乎从不做登山旅游。所以他的描述是不准确的，诸如此类：

> 延伸在悬崖之间的湖泊，就像一面巨大的镜子。跳动的火光在平静的水波上闪耀。[4]

---

[1] 阿尔特曼：《瑞士的状况与趣事》，1730年，第4卷，第一章，第11页，15—16页。——原注
约翰·乔治·阿尔特曼（1695—1758），瑞士牧师，学者。

[2] 1759年萨洛蒙·格斯纳的第一首诗《阿贝尔之死》发表，1762年其《田园诗》发表。——原注

[3] 见莫尔奈的《从卢梭到贝尔纳丹·德·圣皮埃尔的对法国大自然的感情》，第261页；弗雷什菲尔德的《德·索绪尔》，第29页；格朗·卡尔特雷的《不同时代的大山》，第362页及后页；以及坎什的《阿莱的名声》，第81页及后页。——原注

[4] 阿尔贝·阿莱：《阿尔卑斯山》，第34—36节及后页。——原注

读者们在阿莱和格斯纳的作品中读到的山并不是这座山，而是一种新的诗歌类型，一种很罕见的新式牧歌。马蒙泰尔[1]把《阿尔卑斯山的牧羊女》中的故事情节放在莫里耶讷山谷的某个地方；丰塔纳[2]也在作品《果园》中，歌颂阿尔卑斯山和汝拉山脉。《阿尔卑斯山》这首名诗使得旅游者们都奔向瑞士，是瑞士“使阿卡迪亚[3]重新出现在我们眼前，我们去那里，陶醉其中，热泪盈眶，醉醺醺地找寻着能够塑造庄严灵魂的事物”[4]。

参观阿莱诗歌中描述的景象，旅行者们个个兴奋不已；其中一些人甚至天真地跑去和伏尔泰聊起这件事，可伏尔泰不太喜欢阿莱[5]。卢梭促进了这一潮流的发展，他把奔放的感情投在萨瓦地区和莱芒湖畔，他确立了瑞士的形象：瑞士是多愁善感的。我们需要重新读一下《阿尔卑斯山》[6]了，根据罗贝尔·莫兹的观点：幸福是中心主题，美德通往幸福，但美德已不在城市了，它躲进了阿尔卑斯山的人群之中：

> 大自然的信徒，你们又在经历一个黄金时代……
>
> 幸福快乐的人，命运好意地将你拒之于富足生活之外，富足生活是万恶之源。
>
> 如果大自然造出阿尔卑斯山将你与世界隔离开来，那是因为人类自身就是最大的灾难。
>
> 幸福的人，放弃财富带来的有危险的好处。

[1] 让-弗朗索瓦·马蒙泰尔（1723—1799），法国历史学家、作家，百科全书派学者。

[2] 路易·丰塔纳（1757—1821），法国诗人、政治家。

[3] 希腊二级行政区，位于伯罗奔尼撒半岛。

[4] 见前文注释提及的莫尔奈论文，第445页。——原注

[5] 证据见利涅亲王《通信与思想》，第二十部分，第43页。——原注

[6] 这里引用的关于阿尔卑斯山的诗歌均出自查尔耐尔的译本，1760年，第一卷，第25—54页。——原注

幸福与平凡，一直是经典的主题。[1]

在这里知识不在书本中炫耀它的财富。

我们并没有丈量罗马和雅典的道路……

因为在这里，自然是唯一的制订法律者；没有任何束缚来限制令人愉快的爱的王国……

远离城市的喧嚣，灵魂的宁静存在于这些地方。[2]

瑞士的风景令人开心。卢梭在《漫步遐想录》[3]中放大了阿尔特曼关于瑞士的“符号”：

可以说，整个瑞士只是一个大城市，又长又宽的街道上散布着森林，被群山遮挡，分散独立的房屋被英式花园连在一起。[4]

园艺理论家赫希菲尔德[5]喜欢这种风景，因为这是人性化的风景，与高山形成了对比。游客在重新下降到山谷中时，才体验到了愉悦。卡拉姆津在他的《法国之旅》中表达了这一点。1790年，离开日内瓦之后，他路过了费内：

透过窗户，伏尔泰可以看到萨瓦地区的勃朗峰，是欧洲最高的山峰，同时还可以看到绿色的平原、花园和其他怡人的景物。

[1] 罗贝尔·莫兹的论文，第四章，尤其是第175页及后页的“平凡颂”。——原注

[2] 同样参见第46节。——原注

[3] 《漫步遐想录》（又译作《一个孤独的散步者的遐想》），是卢梭以“漫步”为题写下的散文集，1782年出版。

[4] 《漫步遐想录》，第七次漫步。——原注

[5] 赫希菲尔德：《论园艺》，1785年，第5卷，第212页，关于瑞士一章的开头部分。——原注。赫希菲尔德（1742—1792），德国园艺理论家。

第一个来这里的人是由于好奇心，后面来的人才能感受到快乐。[1]

18世纪末，塞南古走遍了瑞士的乡村和莱芒湖畔。他是第一批感受到他称之为“阿尔卑斯山景致的浪漫主义”[2]的游客中的一员，他认识到幸福是一种心境，批评了英国人前往冰川的“狂热”，并建议人们安顿下来，安顿在能让内心感到快乐的瑞士法语区乡村：

> 我不想以旅游者或猎奇者的身份去瑞士旅游。我之所以力图去到那里，是因为我觉得我在其他地方会不舒服……在日内瓦美丽的天空下，我感到很幸福……
>
> 英国人狂热地跑去看冰川和瀑布，把自己搞得疲惫不堪，让自己受累，大家会摈弃这种狂热的，你们将会在这里定居的：沃州[3]是唯一适合外国人的地方……[4]

上面这段文字是1804年英国人以“旅游者”的身份游览瑞士成风的确切证据。

令人心旷神怡的风景，再加上幸福的百姓！自阿莱和卢梭以来，人们开始明白，山里人的幸福源于他们淳朴的风俗。当卢梭在写《瓦莱书简》和《致达朗贝尔关于表演的信》时，在他生动地描绘沃尔玛先生的人物形象时，他传播了一个不受法国影响的、瑞士或者说萨瓦地区的“社会形象”。日内瓦之所以在18世纪吸引了一群外国人，特别是英国

[1] 卡拉姆津：《法国之旅》，勒格莱尔译本，1970年，第15页和第28页。——原注
[2] 塞南古：《奥伯曼》，第211页。在书中是斜体字。——原注
[3] 瑞士联邦的一个州，首府和最大城市是洛桑。
[4] 塞南古：《奥伯曼》，第9和第13页。——原注

移民，首先是因为那是加尔文[1]的城市：外国人很欣赏那里简朴的习俗；考克斯和威廉姆斯小姐[2]都写到：他们喜欢把瑞士人淳朴恬静的生活跟“巴黎社会”的荒淫进行对比。译者拉蒙[3]批评考克斯“只是非常表面地观察了阿尔卑斯山的农民”[4]。拉蒙本人“漂泊流浪着，没有选择特定的路”，与牧羊人同住。在瑞士的山谷中，他找到了“从我们的智者前面逃走的、原始美德的庇护所”。

考克斯用长篇大论，竭尽全力地描述着阿尔卑斯山的甲状腺肿和克汀病患者：这就是大山里一些令人恼火的主题了。拉蒙尽力地弱化其影响[5]；旅游者们对于这些正直的山民充满了卢梭式的热情，他不希望有任何东西阻挡游客们的热情。拉蒙之所以坚持强调“瑞士牧歌”这种“自卢梭时代起就开始出名的曲调”[6]的价值，那是因为这种山里的民歌是山民幸福的体现，就像塞南古[7]观察到的那样：

> 这种曲调能如此强烈地感动山民，只是因为它表现了他们平静的生活，湖水，安宁……

考克斯在其书信集第一卷第174页，曾抱怨旅馆和坐骑的价格过高。拉蒙辟谣道：“我从未经历过这些令人不满的掠夺行为，”并补充

[1] 约翰·加尔文（1509—1564），法国与瑞士著名的律师、牧师、宗教改革时代神学家，新教的重要派别改革宗（或称归正宗、加尔文派）的创始人。1536年定居日内瓦并发表《基督教要义》，1559年圣诞节，市议会通过接纳加尔文为正式公民身份。

[2] 威廉姆斯小姐非常了解法国，她写了九卷《法国大革命书简》，她于1798年造访了瑞士。在她的作品《瑞士新旅游》中，第一卷都是用来描写瑞士社会习俗，并与法国社会习俗作对比。——原注

[3] 弗雷什菲尔德和索绪尔的作品中有大量依据的文件。——原注

[4] 拉蒙为考克斯的《关于瑞士状况的书信集》所做的序言。——原注

[5] 考克斯：《关于瑞士状况的书信集》，拉蒙译，第二章，第一节，第19—20页。——原注

[6] 自卢梭在《音乐辞典》中提到过之后。参见拉蒙翻译考克斯信件的笔记，第二章，第54页。——原注

[7] 塞南古：《奥伯曼》，第147页。——原注

说："但是，你旅游也不要露富不要招摇……在瑞士，没有一个小酒馆老板不觉得自己比他接待的客人强：这里，高调是一点也不合适的，他们都是根据你可能的表现相应地收费。"

关于"神话般的瑞士"最后一个主题：政治自由。无论是在阿莱的作品中，还是在考克斯的书信集中，这个主题都不是至关重要的。考克斯的信件在描述各州宪法时，无论是对贵族制度的宪法还是对民主制度的，都没有表现出任何偏向，但他很自然地强调了内部竞争。拉蒙是第一个对被他本人称之为"瑞士民主人士"[1]的人表示出热情的人，但他并没有说服所有人。辛纳发现，人们对于瑞士的意见分歧很大，对于有些人，瑞士是"自由的庇护所"；而对于另一些人来说，则是"滥用权力与排斥异己的国家"，给出的是一幅"腐化图景"。[2]在法国大革命期间，"赖夏德指南"谈到了这些"幸福的共和国"[3]，而"共和主义者"威廉姆斯小姐则很失望，她曾认为瑞士人"爱的是自由"，但其实瑞士人最爱且唯一的爱是金钱[4]。最后，是塞南古——他可是流亡分子[5]！——告诉我们他在瑞士生活有多么幸福。

五、自由之地科西嘉岛，最初的旅游

瑞士和科西嘉，我们重点看一下它们在18世纪下半叶的共同点吧。

---

[1] 考克斯：《关于瑞士状况的书信集》，拉蒙译，第二卷，第210页，注解中及书中多处可见。——原注

[2] 辛纳：《瑞士西部的文学和历史之旅》，1781年，第一卷，第6页和第7页。——原注

[3] 赖夏德：《欧洲旅游指南》，1793年，第一卷，第452页。——原注

[4] 伊莲娜–玛利亚·威廉姆斯：《瑞士新旅游》，第一卷第2—4页和第二卷多处均有出现。该作品有很强的政治倾向性。威廉姆斯女士的名气很大，她热爱自由，支持法国大革命，她用了九卷的篇幅来描述法国大革命历史。——原注

[5] 在1789年法国大革命中指代流亡国外的法国人，他们一般是保皇派，绝大多数为贵族和高级教士。因为父亲强迫他进神学院，塞南古于1789年8月14日逃亡瑞士，因而被列入"流亡分子名单"。

第一批热情的旅游者发现这两个地方后，这两个地区成了神话般的地方。以前，它们都鲜为人知，科西嘉岛甚至比瑞士更默默无闻。直到1730年左右，科西嘉文化中，优秀头脑仅限于能够列举的一些古老作家：塞内卡[1]的严酷足以排除任何了解科西嘉岛的朦胧愿望。1729年起，发生了使科西嘉岛动荡不安的骚乱——“科西嘉革命”，刚开始时欧洲的舆论对此漠不关心；当然，骚乱引发了第一批描述该岛的作品出版，虽然这些作品并没有引起人们的注意[2]。邻国法国对科西嘉1737—1741年的军事远征几乎没有兴趣。只有泰奥多尔[3]的冒险经历成为“整个欧洲都在谈论的事件”[4]，但这件众所周知的事情像这个王朝一样只是昙花一现。1765—1766年，第一批访问科西嘉的英国人是博斯韦尔和博那比[5]，他们为英国同胞的无知感到震惊。

科西嘉和瑞士，一个成为自由之岛，另一个则成为幸福的孤岛。这两种“集体感伤”的潮流具有相同的源头：让－雅克·卢梭。[6]与《新爱洛依丝》几乎同时代的《社会契约论》（1762）为科西嘉人反抗热那亚提供了合法依据。卢梭说：“欧洲仍有一个有立法权的国家，它就是科西嘉岛。”后来他又预言：“我预感，有一天，这个小岛会震撼欧洲大

[1] 卢修斯·阿奈乌斯·塞内卡（约公元前4年—公元65年），古罗马时代著名的哲学家、政治家、剧作家。曾任尼禄皇帝的导师及顾问，后因躲避政治斗争流亡科西嘉岛，主张提高道德、智慧，认为保持精神上的安宁是人唯一的任务，倡导禁欲主义，要求人们放弃现实生活和欲望。

[2] 第一批描述性作品，是1732和1736年分别用荷兰语和德语写的。第一部法语介绍在1743年出版，所有的作者均是匿名的。关于18世纪的科西嘉岛可以看这几部作品：埃比特尔西亚的《历史中的科西嘉》，维拉的论文《1768年至1789年的科西嘉》和库尔提利尔《科西嘉与18世纪的舆论》。——原注

[3] 泰奥多尔·冯·诺伊霍夫（1694—1756），德国冒险家，曾短暂地担任过科西嘉国王。

[4] 根据德·阿尔让在《犹太信件》中所述，威斯特伐利亚人讷霍夫是18世纪最优秀的冒险家之一，而泰奥多尔仅仅做了不到七个月的国王（1736年）。——原注

[5] 这个话题在博斯韦尔和博那比的日记中多次出现，他们俩将其命名为《科西嘉游记》。他们写到，只有很少的英国人对科西嘉有一点了解，甚至在意大利西部港市里窝那、博那比也同样如此，有不少人不了解科西嘉，更不必说在英国了，学识渊博如斯摩莱特，都将帕欧里父子搞混淆了。——原注

[6] 参见罗谢的论文《梅里美与科西嘉》，第55页。——原注

陆。”[1]不久之后，巴塔福科军官以巴斯夸·帕欧里[2]的名义，请求卢梭起草《科西嘉宪法》；双方有信件来往，但卢梭只是稍稍应付了一下这项工作，最终没去科西嘉。

在欧洲，这一提议引起了轰动。即使像伏尔泰那样并不将其放在眼里的人，也对科西嘉岛肃然起敬了[3]。几年后，英国旅客博斯韦尔和博那比仍希望通过帕欧里证实这一提议的真实性。在欧洲，有传言说这是伏尔泰在故弄玄虚。博斯韦尔和博那比分别在1766年和1767年前往科西嘉岛寻找答案。据称他们这一任务是有官方性质的，帕欧里和巴塔福科以非常恭敬的态度接待了他们。就是在那一刻，科西嘉爱国者和法国驻防互相观察着……博那比没有出版他的“游记”（直到1804年才出版）。但博斯韦尔是了解内情的。他写的游记在英国发行，然后被翻译成多种语言在欧洲传播。在苏格兰，他组织人们为帕欧里签名。[4]两人都亲口问过帕欧里和巴塔福科，帕欧里和巴塔福科确认邀请过卢梭。[5]博斯韦尔最后说：这个计划没有进行真是太遗憾了！

尽管卢梭未能成为科西嘉的梭伦[6]，但他实际上充当了“守门人”的角色。博斯韦尔在前往科西嘉之前，绕道去瑞士见卢梭，并让卢梭为他给帕欧里和巴塔福科写了推荐信[7]。博斯韦尔去科西嘉岛旅游的动机无非是卢梭风格的那种了：

---

[1] 参见卢梭的《社会契约论》，第二卷，第十章。——原注

[2] 巴斯夸·帕欧里（1725—1807），科西嘉政治家、科西嘉独立英雄。

[3] 伏尔泰在1769年的《路易十四时代》中为科西嘉岛添加了一章。——原注

[4] 博斯韦尔的《科西嘉游记》第225页及后页，博那比的《科西嘉游记》第3页。也可参看肖凯1925年5月在《科西嘉杂志》发表的文章。博斯韦尔是一个苏格兰青年。博那比是一个主教的代理人。他们俩都是在里窝那下船的，那里有英国领事馆。——原注

[5] 博斯韦尔：《科西嘉游记》，第227页。帕欧里的目的，并不是真的让卢梭扮演“梭伦”的角色（早在1755年，帕欧里已经为科西嘉制订了一部“宪法”），而是用他的笔为科西嘉人的壮举增色。——原注

[6] 梭伦（约公元前640年—约公元前558年），古希腊时期雅典城邦著名改革家、政治家、诗人。

[7] 博斯韦尔的《科西嘉游记》第164页展示了这些信。——原注

在科西嘉，我看到了在其他地方我们所没有看到的：正在为自由而战的人民；一个曾经一穷二白、被蔑视和压迫的民族，变成了一个繁荣独立的国家。[1]

对“科西嘉事业”的冲动和那里“浪漫”[2]的情调，使得去科西嘉旅游之风在英国大肆流行。有一些普遍原因是很容易理解的：18世纪的英国人在海洋上是占优势的，尤其是英国人对海洋问题很感兴趣，特别是对地中海问题感兴趣；另外也不难想象，促使作为反对派的辉格党[3]支持北美的独立事业的“自由的浪漫主义”，在围绕科西嘉的问题上蓬勃发展，它可以与“反法”相结合，因为从1768年起，科西嘉岛就被转让给法国了。

英国人对帕欧里的热情归功于旅游者博斯韦尔，他收集整理了帕欧里说过的那些话。他把这部“游记”题献给帕欧里，告诉我们[4]，这是“我为自由而建立的纪念碑”。他在结尾部分歌颂帕欧里：“他这样的人如今只能在《希腊罗马名人传》[5]中找到。”[6]博斯韦尔和像苏格兰元帅[7]那样有影响力的英国人，为科西嘉的旅游业发展而不遗余力。当帕欧里不得不流亡英国时，他受到了很好的接待。其他参观了科西嘉岛的英国

---

[1] 博斯韦尔：《科西嘉游记》，第163页。——原注

[2] 马歇尔：《英国文学中的意大利》，第86页。——原注

[3] 英国辉格党是英国历史上的一个政党。该党标榜实行“自由的、开明的原则”，反对君主制，拥护议会制度，辉格党人在宗教观点上多属各种教派的新教徒。19世纪中叶，辉格党与其他资产阶级政党合并，改称自由党。

[4] 博斯韦尔：《科西嘉游记》，第12页。——原注

[5] 一本由罗马历史学家普鲁塔克所撰写的历史书。书中记载了包括恺撒等50位古希腊和古罗马的著名军事家、政治家。

[6] 这是《科西嘉游记》最后一句话；就像整部作品一样，它非常具有“大革命时代”思想的特征。——原注

[7] “苏格兰元帅殿下是科西嘉民族最热心的支持者之一。”卢梭在给博斯韦尔的信中这样写道。《科西嘉游记》，第164页。——原注

游客们，继续用诗歌、随笔和各种作品[1]赞美科西嘉岛。这样，对科西嘉的占有欲在英国不断延续了下来，这种情感在法国大革命期间，就以一个神奇的“盎格鲁–科西嘉王国”[2]的形式得以实现。这个王国便是在旅游者之中已经很普遍流行的、“神奇的科西嘉”的最新化身。

在博斯韦尔的《游记》出版时[3]，法国人对科西嘉岛产生了短暂的兴趣。从未去过科西嘉的热尔曼纳神父，在1776年出版了《科西嘉革命历史》，大获成功。科西嘉人的事业很快就被遗忘了；兼并并没有带来真正的好奇心：出版的游记非常少，而法国人几乎不去游览科西嘉岛[4]。

科西嘉并不太适合旅游。这就是卢梭不去的原因。他在《忏悔录》中告诉我们，他担心渡海的危险，以及在一个“连最简单的生活便利都没有的国家”旅居的不便，而且什么东西都必须携带齐全：“床上用品，衣服，餐具，成套炊具，纸张，书籍。”[5]博斯韦尔证实了科西嘉物资的匮乏：几乎没有酒店[6]。但那又怎样！科西嘉人对外国人依然热情好客。博斯韦尔去下一站时总有推荐信，他在私人住宅里找到了住所。无论是吃饭还是睡觉，他从来都不需要找一个临时旅馆。但是担心会过得不舒适的旅游者，例如沃克索尔[7]，则避免前往科西嘉岛这片“野蛮之地”了。

---

[1] 有大量的英语文献是支持勇敢的科西嘉人的。参见麦考利的《致帕欧里的一封信中对民主政府的简介》，1767年；马歇尔的《英国文学中的意大利》，第86页。——原注

[2] 英属科西嘉王国。

[3] 在《百科日报》发表时很受欢迎。——原注

[4] 沃尔内在科西嘉度过了一年，但是直到1825年，他的观察所记才成卷整理出来。——原注

[5] 卢梭：《忏悔录》，第二部分，第一节，第3页和第12页。——原注

[6] 博斯韦尔的《科西嘉游记》提到：“只有在有部队驻扎的城市，我们才能够找到酒店；在别处寻找都是白费功夫。”——原注

[7] 沃克索尔：《法国南部省份游记》，第一章，第168页；他在马赛待了4个月，他说：“我放弃了参观科西嘉和撒丁岛的计划，是由于这两座岛上充斥着不开化，而且，对于一个好奇的灵魂，岛上能提供的娱乐品和娱乐设施都太有限了。”——原注

18世纪末19世纪初时，去科西嘉岛的距离太远，旅程太危险，满满的不适感使旅游业迟迟不能开始。但至少，科西嘉已经被发现了，依然是受到卢梭的影响。自由之地，神话般的科西嘉，在英国依然魅力不减。但是在18世纪末和19世纪初的法国旅行文学中，历史学家没有发现任何能颠覆当下流行的观点的东西：拿破仑的传奇和高龙巴[1]都向法国人揭示了科西嘉岛。法国人对于拿破仑诞生地的兴趣，确实与拿破仑传奇的诞生有关。在法兰西第一帝国时期，法国人像皇帝一样忽视了科西嘉岛，没有或几乎没有到访过。在1780年至1820年之间，只出现过两三部关于科西嘉岛的游记或介绍。

只有梅里美的杰出才华，才赋予了科西嘉人生机勃勃并充满异国风情的形象，从而激发了人们去科西嘉旅游的热情。然而，在18世纪末，旅游者们已经发现了科西嘉主题旅游的绝大部分元素，他们已经注意到了家族间仇杀轶事、侠盗故事、家庭团结或者声称科西嘉人懒惰、迷信但纯粹而且重视荣誉等奇闻轶事。[2]

六、卢梭的有限革命

卢梭享有如此的盛名，本该是创新的源泉，但是他既没有带来品位的革命，也不是大山的发现者。新的元素不断被加入，刺激着旅游者们去探索、旅游；此前依然未知的景点也有人去参观。一种综摄[3]显出了雏形。杜帕蒂就是一个例子。正如他去世后，他的编辑所指出的那样，

---

[1] 普洛斯佩·梅里美（1803—1870），法国现实主义作家，中短篇小说大师，剧作家，历史学家。他的作品《高龙巴》描述的是关于科西嘉岛特有的“家族复仇”这一古老风俗的故事。

[2] 最早的一批故事出现在神父热尔曼纳的作品当中，他的作品中有多个主题，包括懒惰的科西嘉人。费代尔的《科西嘉的习俗与传统》1799年出版，梅里美的作品《马特奥·法尔哥内》采用了费代尔作品中的多个趣闻轶事。——原注

[3] 综摄（又称融合主义）指的是调和或统合信念（如宗教上）的冲突，也可指对于调和或统合所做的努力。两个以上的宗教在接触与和解后，发展出彼此文化特质的交流现象，借由宗教教义的交互体现，达到多元活动内容与丰富的融合现象。

他进行了一次“意大利之旅”，而不是“仅限于意大利的旅游”。为了展示其新古典主义的品位，他多次引用了温克尔曼[1]，但同时也带着一点革命前的口吻：说到阿维尼翁时，他没有提那里的任何遗迹，但对刚刚受审的不公正判决感到愤慨；在土伦，他也只谈到苦役犯的不幸命运。[2]

真正的、新的重点在于旅游的内在化。因此，赫尔德[3]在1769年参观了整个法国。尽管他的游记有题目[4]，但游记中没有告诉我们他所看到的任何东西，“他只做了一件事——沉思”。

1793年，为了说明去瑞士的旅游者们的新品位，“赖夏德指南”这样解释“旅游最大的魅力”：

> （旅游）能使人的器官更完美地进行活动，使人的灵魂显得无比的安详，这些好处，要么得益于游客能自由自在地呼吸纯净的空气，要么得益于旅游带来的持续运动与不间断的娱乐，要么得益于能够远离一些悲惨境况与麻烦事情。[5]

[1] 温克尔曼（1717—1768），德国考古学家与艺术史学家。

[2] 杜帕蒂：《1785年意大利之行书信集》，引言及作品中多处可见。——原注

[3] 赫尔德（1744—1803），德国哲学家，路德派神学家、诗人，代表作为《论语言的起源》。

[4] 赫尔德：《我的1769年游记》，马克斯·罗谢翻译，巴黎，1942年。赫尔德没有做任何笔记，他只是在旅途结束以后，在南特写了他的游记。该作品在他去世后才出版。——原注

[5] 赖夏德：《欧洲旅游指南》，1793年，第一卷，第452页。——原注

第六章　乡间住宅——18世纪奢侈的发明？

为何提出这样的疑问呢？

作为开篇，是理应提出质疑的。旅游历史学家在21世纪初写作时，会在脑子里强调第二居所在现实中的重要性，尤其是在法国。他很想追根溯源，并在18世纪的乡村住宅中找到源头。在研究了卢梭、探讨了对大自然的发现之后，他便自然而然地追踪到了莫尔奈，发现莫尔奈所写的文字："自1761年起，在巴黎周边，到处都在兴建乡间住宅……"[1]那一年，《新爱洛依丝》出版了，兴建乡间别墅的热潮正是受到了《新爱洛依丝》的影响。

这种索源未免也太操之过急了！其中的因果关系未免也太简单了。说到底，莫尔奈只涉及了巴黎周边的乡间住宅，而且他的例子都来自文学界。他举例说，每年，爱尔维修[2]都会在他的封地度过几个月；贝尔纳丹·德·圣皮埃尔隐居在阿夫赖城[3]了；布封伯爵[4]为了工作，更喜欢待在"安宁的乡村"[5]。这些案例说明，18世纪的文人为了写作和思考——从某种意义上说这是一种职业需要——而逃离被沙龙包围的巴

[1] 莫尔奈：《从卢梭到贝尔纳丹·德·圣皮埃尔的对法国大自然的感情》，第20—27页，以及第443页。——原注

[2] 克劳德·阿德里安·爱尔维修（1715—1771），18世纪法国哲学家、辩论家。他的快乐论、教育理论和对伦理学宗教基础的抨击使他闻名于世。

[3] 法国上塞纳省一市镇。

[4] 布封伯爵（1707—1788），法国博物学家、数学家、生物学家、启蒙时代著名思想家。被誉为"18世纪后半叶的博物学之父"。

[5] 布封伯爵：《未发表的信件》，第一章，第25页。在位于勃艮第的城堡，有钱的布封伯爵视察着他的收成并经营着他的作坊。——原注

黎。但这并不能证明，他们在乡下拥有的或租用的房屋，对他们来说是“休闲屋”。像帕里斯–杜维尔尼[1]和马蒙特尔[2]那样的有钱人和金融家们纷纷在乡村修建起了城堡。17世纪中叶，连富凯[3]都还没有走到这一步！

当有钱人拥有不止一处住所时，怎么知道哪个是主要的住所呢？按房屋大小？按居住时间的长短？哪些住所可以归类为“休闲住所”呢？对于悠闲的人们，对于曾经的拿年金收益的人们，对于当今退休的人们来说，这个问题问了也白问。那么为何将私人度假住所和乡村别墅归类到一起呢？当代真正的旅游专家都知道，计算第二寓所极其困难，而对于法国国家统计与经济研究所[4]来说，第二寓所包括人口普查（3月份）时所有无人居住但并非无主的房屋：结果是，这个总数被高估了。到了18世纪，就更不用说了，计算乡间住所几乎是不可能的，那时各种各样的住所有着五花八门的叫法：地产、城堡、庄园、豪华花园宅邸、乡间别墅、农庄住宅、农舍；而且它们通常没有原始的地籍资料。由于缺少数据，我转而求其次做了一次定性分析，探寻这种导致人们到城外去拥有、兴建和临时占据另一栋住宅的移居的意义。这么做图的是什么呢？

这在古罗马是有先例的。在古罗马时代，就有这种供休闲娱乐的别墅，一些有钱人和贵族都会在度假别墅中度过一年当中的绝大部分时间，享受“有尊严的闲适”[5]。帝王们、最富有的罗马人以及像西塞罗[6]、

[1] 帕里斯–杜维尔尼（1684—1770），法国金融家。

[2] 马蒙特尔（1723—1799），法国历史学家、作家，百科全书派学者。

[3] 尼古拉斯·富凯（1615—1680），路易十四时期的法国财政总管。

[4] 法国的一家从事统计、经济研究的国家研究机构，总部位于巴黎。

[5] 主要作品是让–玛丽·安德烈的《从最早期到奥古斯都时期罗马的精神与道德生活的闲适》，法国大学出版社，1966年。——原注

[6] 西塞罗（前106—前43），罗马共和国晚期的哲学家、政治家、律师、作家、雄辩家。曾担任罗马共和国执政官。

提图斯·李维[1]、塞内卡、马提亚尔[2]那样最渴望沉迷于精神之乐的贤哲，他们在罗马坎帕尼亚[3]地区乡下均有数个度假别墅，且其中必然有一个是靠近大海的。所有的人都在寻找一种由温和的气候、和谐的绿植氛围与宁静构成的"惬意"。18世纪的旅游者，尤其是英国"壮游"之中的旅游者们，从50年代起，在探索赫库兰尼姆古城[4]和庞贝古城时，也揭开了这些用来享乐的别墅和用来休闲的绿洲的面纱。丹尼尔·罗什[5]指出，这种古老的休闲模式和度假模式，给乔治王时代的英国贵族带来了很大的启发。

从古罗马时代到20世纪之间，经历过好几个地产占主导的世纪。18世纪时，在整个东欧、大不列颠诸岛和地中海半岛，大庄园或者大农庄的大规模开发大行其道。与这种土地结构同时出现的是主人的住所，他们的住所是那种没有防御功能、但极具象征意义的城堡。但那些城堡和农民的破房子极不协调。特权阶级一年中大部分的时间都待在乡下，其中的原因五花八门：首先那里有他们的利益——他们要守护粮食收成；其次，他们要对居民行使权力，包括为他们伸张正义；然后是出于社交的需要，要让周边的社交生活都活跃起来；最终，是为了娱乐。18世纪的英国贵族们常在乡间住宅和庄园里举办集体游戏和乡村体育运动，他们组织这些活动并制定规则，直到将它们转变成专门留给精英阶级的运动，网球和高尔夫就是这样诞生的，因为这些运动需要宽大的运动场地；此外，也不要忘了由大地主们垄断的狩猎。正如托斯丹·凡勃伦[6]所阐述的那样，狩猎是典型的贵族活动，极具捕食性，是有闲阶

[1] 提图斯·李维（前59—17），古罗马著名的历史学家，著有《罗马史》。

[2] 马提亚尔（40—104），古罗马文学家、诗人。

[3] 参见约翰·达姆斯的《那不勒斯湾的罗马人》（1970），剑桥大学出版社。——原注

[4] 赫库兰尼姆古城是一座于公元79年被意大利南部的维苏威火山爆发所摧毁的古城，即现今的埃尔科拉诺。

[5] 丹尼尔·罗什：《启蒙世纪》第一卷。——原注

[6] 托斯丹·凡勃伦：《有闲阶级论》，1965年法语版。——原注

级特有的标志。像卢瓦尔河畔的那些城堡、坚固的邸宅、庄园、楼房、乡间住宅，城市周围的豪华花园宅邸和南部的农庄住宅，都有公共的猎区，而这可不是什么小事。

一、对乡间住宅的喜爱

毫无疑问，这种喜爱是模棱两可的。18世纪是资产阶级崛起的世纪，土地和建筑物能让他们获得尊重：克洛德·佩里埃[1]于1780年购买了维齐尔城堡，就证明了这一点。当佩里埃在买下莱迪吉耶尔公爵的旧城堡时，这位来自多菲内的大资产阶级便不再关心他在老家奥特里韦[2]的房子了，因为那个房子太土气，不可能带来社会地位的提升。[3]贵族们对于乡村的新兴趣，往往与他们对于农艺的热情联系在一起。18世纪的英国贵族赶走了自耕农，垄断了土地，通过废除休耕制、选种种植的方法实现了农业革命。而这就迫使他们在自己的土地上停留足够长的时间。在法国，贵族们也同样模仿着英国人，比如拉罗什富科家族，他们是卢梭和杨格的信奉者。[4]18世纪土地价格的上涨，有利于地租的收益，同时可促使大地主阶级更好地去行使自己的权利。

而外省高等法院法官则是一个特殊的类别。在17—18世纪，"假期"一词主要适用于法院休庭的那个较长的时期：夏季和初秋。外省的法官拥有土地；波尔多、蒙彼利埃、第戎的议员则拥有大量的葡萄园；艾克斯的法官和这些"格勒诺布尔的老爷们"都拥有不少分成制租田。早在17世纪，德·塞维涅夫人就发现，"休庭期和诉讼迫使很多人离开了"，不只是法官，还有律师以及执法官员。在18世纪，各省的捐税额

---

[1] 克洛德·佩里埃（1742—1801），法国银行家、商人。他买下了维齐尔城堡，在这里他与多菲内省的政治人物召开会议，预示着法国大革命的到来。

[2] 法国伊泽尔省南部一自然区，位于阿尔卑斯山。

[3] 参见巴拉尔的《伊泽尔省的佩里埃家族》，第23页。——原注

[4] 参见布尔德的论文《18世纪法国的农艺学与农学家》。——原注

纷纷下降，为了弥补这一损失，法官们提高了其土地上的租金和诉讼费的提成[1]。那些做得更好的人，比如艾克斯的法官们，则在18世纪大兴土木：在米拉波大道[2]上或者附近兴建豪宅，或者在艾克斯乡下建造惬意舒适的城堡。[3]

18世纪时，休庭期一开始，外省法院的法官们便迅速奔向他们的乡间住宅，只有在郑重开庭的时候才会返回。为什么呢？出于娱乐与经济利益的双重考量。他们要在他们自己建造或修复的豪华乡村住宅中、在被花园围绕的氛围中，享受宁静与悠闲；艾克斯乡村的大约80座城堡或乡间别墅，全都是为了让眼睛愉悦而设计的——有谁会不爱阿尔伯塔斯[4]花园呢！——同时也为了社交生活：好多城堡都设有剧院，例如多洛内城堡[5]。几乎所有这些城堡或乡间别墅都属于艾克斯的大法官家族，例如瓦拉布尔[6]的盖丹[7]家族和布瓦耶家族[8]。即使在那儿，经济方面的担忧也是存在的：在这些农庄住宅的周边，土壤都非常肥沃，而农庄住宅占有了最好的土地；但是，在18世纪，这些住宅都不在艾克斯建筑规划图之中，它们都属于“附属建筑”，而那些规划图不含农业[9]。通常，这些房屋的正面朝向主要街道，客厅在后面，直接通向花园，

---

[1] 参见埃格雷的论文《多菲内省的最高法院》。——原注

[2] 法国南部城市普罗旺斯地区艾克斯一条宽阔的大道。

[3] 参见马松的《罗讷河口省百科全书》，第十三章，第117—124页。考斯特的《普罗旺斯地区艾克斯》，第104页，作品中给了一个列表。——原注

[4] 法国艾克斯审计法院的第一任院长，他让人在从艾克斯到马赛的路上设计了一个美丽的花园。他于1790年被谋杀，没来得及修建城堡。——原注

[5] 嘉利费家族中有很多大法官，该家族于18世纪修建了多洛内城堡，城堡的剧院构成了城堡东翼。——原注

[6] 关于城堡和河谷的建筑，参见德·热兰·里夏尔和昂热尔的《阿尔克河谷的古建筑》。——原注。瓦拉布尔，法国罗讷河口省加尔达纳镇北部的一个街区。

[7] 盖丹（1688—1767），法国贵族和律师，曾担任普罗旺斯最高法院首席大法官。

[8] 布瓦耶家族是大法官家族，他们在艾克斯有一栋官邸，还买下了埃吉耶城堡，城堡距离艾克斯10公里。——原注。布瓦耶（1645—1709），法国贵族、律师和雕刻家。

[9] 关于艾克斯市政府的规划，参见关于17—18世纪艾克斯艺术建筑的众多作品，如多布雷和德歇尔的作品，尤其是费尔南·普永辉煌的《布局》。——原注

而花园则在背面被附属建筑圈定：这些附属建筑有一个能通车辆的大门，朝向一条小街，附属建筑包括干草棚、马厩和工具房，还有仆人的住所。

首先，这些外省大法官是最大的剥削者，他们监督庄稼收割和农产品的销售，贪婪地扩大他们的土地赋税簿籍的权益，急切地希望获得实物形式的诉讼费。大多数省级大法官更关心延长假期而不是返回工作岗位[1]。埃格雷甚至举了几例格勒诺布尔地方法官的案例[2]，他们玩忽职守到什么地步呢？到几乎一整年的时间都在乡村度过，以便更充分、更直接地开发他们的土地，因为他们的收入满足不了城里人的生活排场。

很难证明，从18世纪的某个时刻开始，人们对大自然有了全新的热爱，对乡间住宅也突然痴迷起来。是莫尔奈夸大了这一点；随后的所有作品，都强调了18世纪的高度统一性，强调这些重大主题的持久性：幸福观、自然观、生存焦虑和对死亡的观念[3]。整整一个世纪，各种动机都交织在一起：经济上的需要，社会上的尊重，还有对于乡村的热爱。但真正的新现象，不如说，是在农村地区修建房屋并在那里生活。

二、意大利的旧模式与英国的新品位：景色与废墟

对我们而言，内容比数量更重要。乡间住宅对于它们的所有者或者租客来说意味着什么呢？它们是不是被效仿意大利的做法用来做度假的地方呢？“度假”这个词是从意大利语中借来的，直到1872年，词典编

[1] 1789年11月3日，当议会决定无限期延长大法官们的假期时，大法官们仍然居住在他们的乡间住宅中，众所周知，这些法官对此根本没有任何实际反应。——原注

[2] 参见前文注释提及的埃格雷论文，第一章，第27页。——原注

[3] 参见巴特、莫兹、阿扎尔、德普兰、法富尔、罗什的作品。——原注

撰家利特雷还认为这是一个新词呢[1]！然而，杜扎[2]指出了该词在18世纪下半叶的一些用法；此外，斯特凡尼尼先生在1740年[3]的一封信件中也找到了这个词。18世纪中期，“度假”这个词羞羞答答地出现并被使用[4]，无法证明乡间住宅是新生事物（它们在这之前已经广为人知），但它证明人们发现了乡间住宅的一种新功能：消遣性。曾几何时，对它们的叫法一直不确定，在南部，它们总是被称为乡间住宅和农庄住宅，有时也被称为度假屋，小房子或破房子的说法也时有见到，但还没有使用“别墅”这一词，别墅的说法要等到浪漫主义时代才使用[5]。因此，对意大利的参考只是稍稍涉及，小房子（cassine）来自皮埃蒙特方言，在法国南部只是用来指“田野间一座供消遣娱乐的小屋”（语出拉伯雷[6]）；在土伦，夏培尔就是在骑士保罗的小房子里见到了他[7]。但是这个词并没有超出普罗旺斯的范围，在普罗旺斯，它与另一个词——农庄住宅（bastide）有冲突，后者的使用在普罗旺斯地区早已经根深蒂固了。18

---

[1] 在18世纪下半叶，哥尔多尼将“度假”作为有钱的威尼斯人的新宠来介绍（威尼斯的有钱人们在夏季去里维埃拉德尔布伦塔度假）。而在法语中，“度假”一词依旧被利特雷忽略，在1875年的《拉鲁斯词典》中，它依然被认为是一个新词。——原注

[2] 杜扎分别给出了1755年和1761年的两个例子。——原注。杜扎（1877—1955），法国语言学家。

[3] 斯特凡尼尼先生是艾克斯文学院的一位教授，依据他给我的信息，法语中最早使用“度假”一词就是在这一年。——原注

[4] 在《大百科全书》中，18世纪和19世纪上半叶的大作家们都没有提到“度假”这一词。——原注

[5] 17、18世纪人们都知道，在意大利，别墅（villa）的定义就是用来娱乐休闲的房屋，但得有多大的面积呢？想想美第奇家族的别墅！要想让这个词“缩小一点”，并被引入法国，还是用了不少时间的。巴尔扎克在作品《被抛弃的女人》中引用了最早的一些例子，他提到了在日内瓦湖边，一座被租来用于消闲的别墅。参见《罗贝尔词典》。——原注

[6] 弗朗索瓦·拉伯雷（1494—1553），文艺复兴时期法国人文主义作家之一，其代表作为长篇小说《巨人传》。

[7] 夏培尔用斜体字写了“cassine”这个词。夏培尔穿过土伦层层叠叠的美丽花园，终于来到了骑士保罗的家里：“他在他的小房子（cassine）里设宴款待我们，他的田间小屋既干净又精致，就像一座充满魔力的宫殿。”——原注

世纪时，“小房子”这个词显得很过气了，很快它就被废弃了。[1]

废弃“小房子”（cassine）目的是为了改用“小屋”（casin）吗？这个词源自意大利语“娱乐场”（casino），它被法国化了，是被从意大利回来的法国旅游者带回来的：孟德斯鸠从1728年[2]开始就使用这个词了，然后德·布罗斯[3]在1740年也使用了。18世纪的作者们并没有搞错，“小屋”不是乡间住宅（那就太小了），而是在乡间住宅旁边——通常是“花园或庭院的尽头”——那一间用于聚会和游戏的小房子，同样用于“派对”。[4]那么，凡尔赛旁边的马里城堡[5]是不是呢？也不是。从面积上来说完全不是一回事——小屋仅仅限于有几间房间而已；从形式上跟意大利那边的原型也不是一回事；从或多或少还有点放纵意味的内容上来说，更不是一回事。这些小屋正好可以成为巴黎周边那些“总督们和宠妃们的豪华花园宅邸”[6]的补充，但还不能取代它们。

而外省（巴黎以外的地方）似乎把这些事都忽略了[7]。在19世纪，小屋就让位给了娱乐场一词，娱乐场指的是一个“公共娱乐场所”[8]，这个没能成功地“法国化”的词拥有了截然不同的意思。意大利语的原意

[1] 参见杜扎和罗贝尔的作品。然而，斯摩莱特在描述资产阶级在尼斯周边的房产时，依然使用“cassine”一词。参见《旅游》，第一章，第13页。——原注

[2] 孟德斯鸠：《游记》（由马松补充完的作品，第二卷，第986页和第1029页）。他描述威尼斯贵族们和米兰的斯科蒂伯爵的“乡间农庄”时用了斜体，他们在威尼斯城和米兰周边都拥有或者租有“美丽的小屋”，小屋门常常位于公园的尽头；小屋被作为聚会的地方，人们在那里打牌，或者举办小型庆典。——原注

[3] 杜扎和罗贝尔将其视为把该词引进法国的人。——原注

[4] 参见卡佐特的《陷入爱情的魔鬼》，第十八章，“在贵族们的乡村小屋中，我也被接纳去参加贵族的聚会……”——原注

[5] 马里城堡，法国皇家住所，位于凡尔赛宫和花园建筑群的西侧。

[6] 普鲁斯特的《追忆逝水年华》第六卷第189页证实：18世纪时，“巴黎周边的村镇依然保留着……豪华花园宅邸……”——原注

[7] 被保留下来的马赛周边的农庄住宅和里昂周边的乡间住宅，都不在市政府的规划之中，而且以前建筑物的用途没有符合这一类型的。——原注

[8] 这是诗人奈瓦尔给“casin”一词下的定义。《拉鲁斯词典》第51867条中补充说，“人们说得更多的词语是‘casino’”。自第一版开始，《利特雷词典》和《拉鲁斯词典》便已经将“casino”一词定义为：“（在温泉水城中的）聚会场所，用来阅读、闲谈玩耍或者跳舞……”——原注

之所以没有被保留，也许是因为他们与享乐的意义联系得太紧密了？我们法国人的思维结构或许能够解释我们对“乡间住宅”“农庄住宅”这类传统术语的偏爱，也许是因为这些词自身的模棱两可性。

18世纪中期，建造一栋乡间住宅似乎是一门新的艺术，这门艺术引发了大量著作的出版，比如1742年布里瑟的著作[1]。意大利受到的影响显而易见。建筑物再现了阿尔贝蒂的精神，阿尔贝蒂赋予了建筑物双重目的：舒适和享受。舒适，说到底就是既美观又适合居住，这些建于18世纪下半叶的乡间住宅在今天看来依然是非常“实用”的。布里瑟态度坚决地、详细地说明了建筑家的职责[2]，仅仅是将其作品章节标题列出来，[3]就能够表明，布里瑟将所有的一切都预想到了。

巴黎周边有不少在1750年至1780年之间修建的建筑，这些建筑物的数量比莫尔奈[4]所宣称的要少。它们位于非常靠近巴黎的乡下：布洛涅、伊西、万森、索镇、圣克鲁、巴涅；它们的总量适度。皮加尼奥尔再版发行的《指南》中，赋予了“巴黎周边”更高的地位，而且每个镇都列出了五栋乡间住宅[5]。当时的《巴黎启事》春季版上推荐了五十来套用于出售或出租的乡间住宅。

要建就建得漂亮一点，这条原则在建造里昂周围的乡间住宅和普罗旺斯的农庄住宅时得到了广泛的遵循。所有的一切——甚至是内部布局

[1] 布里瑟：《乡村住宅的建筑艺术》，1743年。整整两卷，都配了插图。——原注。布里瑟（1680—1754），法国建筑师和作家。

[2] 布里瑟批评了以前的旧习，“人们建造起非常宏伟的建筑物，但其中的住房和舒适的起居设备数量少之又少”，而且不断地指示人们应该做的各种准备，以达到拥有一座真正的乡村住宅的目的。——原注

[3] 内部的房间分布布局、壁橱的安放、厨房的布置、马厩的规模、温室的取暖、冰窖的建造……布里瑟事无巨细地描述了一切。——原注

[4] 参见：布里瑟的《乡村住宅的建筑艺术》，1743年；德斯诺的《巴黎周边地图》，1780年；皮加尼奥尔陆续出版的作品《巴黎市的历史概述》；《巴黎启事》的告示。——原注

[5] 皮加尼奥尔1742年的作品《巴黎市的历史概述》关于巴黎周边有332页描述；1765年的版本有536页描述。——原注

这样最小的细节都没有被放过——都显示出人们对意大利式“舒适性”的关注。面积不要太大，设计也不要太怪诞。农庄住宅（总是）、里昂的乡间别墅（通常）设有两层，第一层的层高高于第二层，且拥有最漂亮的窗户；农庄住宅的屋面几乎是平的；18世纪里昂乡间住宅的屋顶坡度，比同时期里昂普通房屋要小。在底层有一个宽敞的门厅，门厅的两边一边是餐厅，另一边是一个大的会客厅，在普罗旺斯被称作“会客大厅”，会客厅的最里面放置一个大沙发（参见博雷利城堡）。在前厅，有一个石砌的楼梯。这些布局与英式庄园的风格截然不同，会让人联想到意大利风格的别墅的设计。

从外观来看，意大利风格就更浓了，绿色的树叶丛可以防晒。18世纪，无论是在普罗旺斯还是里昂周边，每座乡间住宅附近都建有一个“绿色空间”[1]，普罗旺斯人称之为“黛丝”（tèse）[2]。这个封闭的空间不像伏尔泰在费内的那种绿树棚，它没有外出的通道。

乡间住宅追求的就是享受！布里瑟坚持认为，乡间住宅的视觉享受，既不在于它有多么宏伟，也不在于其外部装饰有多么华丽。[3]它们的美，来自建筑物整体的平衡性——农庄住宅不加修饰的平行四边形形状；也来自建筑物正面的和谐，通常在二楼有阳台和法式落地窗[4]。建筑物正面朝向花园，从中央过道（或小径）看过去，房间呈对称分布，这种结构进一步凸显了这些建筑与意大利别墅的亲缘关系。

普罗旺斯的农庄住宅有一个独特之处：它通常背靠着一个山丘建立，这个小山丘使其免受密史脱拉风[5]的侵袭；因此，我敢说，这种住宅的突出部分是“在后方”，而其他地方则是“在前方”；这种居高临

[1] 就像安妮·普伦普特里在旅游中用法语所写的那样。《在法兰西的三年逗留之记事》第二卷，第194页。——原注

[2] 普罗旺斯语为“teso”，参见马松的《罗讷河河口》，第十三章，第123页。——原注

[3] 布里瑟根据门面的长度，给这些项目做了分类。——原注

[4] 参见莫里斯·加登的论文《18世纪的里昂与里昂人》，第414页。——原注

[5] 法国南部及地中海上干寒而强烈的西北风或北风。

下的位置非常受欢迎。《里昂启事》[1]上多次赞美拥有“美丽的视野”“最宜人的景色”的房屋，它们分布在圣富瓦、圣西尔甚至是卡吕尔和屈尔等地[2]，俯瞰着索恩河谷。里昂的建筑家们模仿罗马和佛罗伦萨的伟大前辈，合理解决了前辈们遇到的困难，将倾斜的地面切削成露天平台，在那里安置了观景台。

在普罗旺斯、土伦、尼斯、马赛，新的审美观念与根深蒂固的习惯产生了冲突：至少从16世纪开始，所有的乡下房子，只要不是农民住的，都被称为乡间住宅、农庄住宅甚至是城堡。它通常如同阿努尔总督所写的那样，只是一个“不值钱的偏僻住处”[3]，或者是一栋紧挨着一块收益分成制租地的自有房屋。18世纪下半叶，新的趣味出现了：人们新建或重建了农庄住宅，给了它们一个规则匀称的外观。事实上，在马赛或土伦附近，18世纪之前那种农庄住宅已经不复存在了。[4]但是，过去的那种趣味和迷恋依然存在：农庄住宅越建越多，但大多面积适中；最重要的是，它们是要使用好几季的。外国游客对南方人的这种做法感到很惊讶，这本身就很能说明问题。安妮·普伦普特里在1802年再次表示：“马赛人对他们的农庄住宅有着难以置信的热爱，以至于他们在每个星期日都要去那里，夏天甚至冬天均是如此。”[5]

普罗旺斯的这种独创性被错误地轻视了，这种独创性带来的影响却是巨大的。在景观方面：在马赛盆地，艾克斯地区，土伦或尼斯的郊区，房屋所有者们偏爱常绿的灌木和松树，而不是更雄伟的落叶乔木。

[1] 《里昂启事》创办于1748年，和《巴黎启事》是一样的式样报刊，是一份广告性的周刊，总部位于里昂第四区。最初最珍贵的69份报刊没有被完整保留下来。我的调查是基于目前里昂市立图书馆保存下来的部分，1750年，1759—1772年。——原注

[2] 圣富瓦是法国东南部萨瓦省一市镇；圣西尔是法国罗讷河附近一市镇；卡吕尔是法国里昂市的第五大郊区，位于里昂东北部；屈尔是法国里昂地区一市镇。

[3] 负责划船苦役的总监阿努尔给科尔贝的信件，1668年4月26日。收入《未出版的关于法国历史的档案丛书》，第三卷，第403页。——原注

[4] 参见马松的《罗讷河河口》，第十三章，第120页。——原注

[5] 安妮·普伦普特里：《在法兰西的三年逗留之记事》第二卷，第194页。——原注

这么做取得了可喜的成绩，能让当地的景观保持四季常青。在巴黎、里昂周边则相反，因季节而异，有枝叶繁茂（如栗树长廊），也有“僻静的结冰的花园”。普罗旺斯乡间住宅的设计和主顾也与法国其他地区不一样，在其他地方，乡间别墅要按照东西朝向，根据建筑家布里瑟的说法，东西朝向是最好的，能够交替照到阳光，可以让住户免受高温的侵扰。这也使乡间住宅有可能出现双立面；在里昂周围，有不少房屋都可以眺望索恩河谷或罗讷河谷。

双立面和建筑师苏夫洛的到来，使得里昂的乡间住宅更具优势，在庭院和花园那边与意大利风格呼应：庭院没有像18世纪的都市酒店那样封闭起来，而是大范围地开放着，并顺着通往大门绿树成荫的大道延伸开来。通常在里昂，乡间住宅前，是宽敞而宏伟的双面石制阶梯结构。苏夫洛通过重建乌兰城堡[1]，展示了这种双梯结构，在卡吕尔建造李维特之家[2]时也是如此。像意大利别墅一样，朝向花园的一面是得天独厚的[3]，这一面可以像意大利法尔内塞宫[4]一样，在两侧分别设置两个凸出的部分。法国东南部的乡间住宅还配备了意大利式的、令人感到惬意的“观景台”，为了拥有一个绝佳的视野而扩展了露天平台：人们设置了一个护栏，建了一个小建筑物，可以俯瞰索恩河或罗讷河。《里昂启事》通常会详细说明，买主或租客可以看到哪条河上“非常美丽的景象”，并赞美那里的绿树成荫和小喷泉[5]。

---

[1] 由苏夫洛于1747年至1749年间重修，当时他刚从意大利回来，城堡属于唐桑的主教，然后又属于蒙塔泽，1789年属于多洛赞，如今属于圣托马·阿坎初中。参见萨洛蒙的《历史城堡》，第三章，第72页。——原注

[2] 现属于里昂市政府的一栋建筑。

[3] 布里瑟再次确认过该意大利传统：“住宅的主体部分应该直接对着庭院的主入口，而且面朝花园。”《乡村住宅的建筑艺术》，第一章，第2页。——原注

[4] 罗马一座杰出的文艺复兴时期的建筑，目前为法国驻意大利大使馆。

[5] 在《里昂启事》中，有四分之一的广告都会吹嘘一番“视野”，1750年4月9日一个古老的广告具有典型性：“小楼出租，花园种有椴树，有一个美丽的露天平台，还有小喷泉，可以看到罗讷河。位于圣朗贝尔。”——原注

普罗旺斯的大多数农庄住宅的底层都被埋在地下，没有什么视野可言。为了能够看到乡村或附近的城镇，南方人偶尔会在农庄住宅房子上面加盖一个小房间；从那里，目光便可以越过修剪成伞状的树木了。马赛靠海边的农庄住宅前面畅通无阻，就为了“让怡人的海风自由进入”，但并不是为了看海……18世纪很多旅游者都十分欣赏博雷利城堡，但他们竟从未提及过近旁的大海！阿兰·科班将南部的“农庄住宅”放在“海滨的渴望”那一系谱中是缺乏根据的。

对乡间别墅的热爱，可以在人类对风景的凝视的历史中找到渊源。风景在文学中，尤其是绘画中所占的位置越来越重要。被描述或被表现出来的风景主要是意大利的；我们仍然可以感知到意大利在旅游中所扮演的角色。从普桑[1]、克洛德·洛兰[2]到休伯特·罗伯特，可以一路追踪他们的绘画作品从“景色”[3]到那些有遗址的风景的演变。景色是目光所驻留的那个点，可以从画家所在的屋顶上的“观景楼”那里欣赏。乡间住宅的这种新理念把一些能够吸引人的重要主题都糅合到了一起，这些主题包括“夫唱妇随”式的夫妻关系、家庭隐私甚至是与废墟遗迹相关的逸闻趣事；而房主们花园里的废墟遗迹有的是真实的，但更多的是伪造的。18世纪时的景观时而充满英雄传说，时而是田园牧歌式的，说明其想象和编造的成分何其之大。[4]

18世纪下半叶，欧洲人都拿英式花园做参照。英式花园是一种智慧的组合，突出了“大自然”的优势地位，但占主导地位的不再是大自然。英式花园并没有导致意大利式花园的消失——意大利式花园在不同的层次之间做文章，在露天平台、喷泉上做文章；它也没有导致城堡周

[1] 普桑（1594—1665），法国巴洛克时期重要画家。

[2] 克洛德·洛兰（1600—1682），法国巴洛克时期的风景画家，其主要活动在意大利。

[3] 景色一词，“veduta”是单数形式，“vedute”是复数形式。——原注

[4] 参见卢浮宫1990年的95期绘画展览。勒格朗、梅塔内和斯特拉基的专辑《从16世纪到18世纪的欧洲风景》。——原注

围法兰西式古典组合式花园的消失。英国历史学家洛基特在解读芒图[1]时声称，1763年之后的英国社会在行为举止、趣味、社会思想等方面都出现了一次真正的“革命”，其中，“浪漫的花园”作为新的时尚是其中最耐人寻味的[2]。而法国人因为“哈英”，可能变得像斯泰恩一样多愁善感。法国人一旦发现大自然，就会迷恋农艺学与英式花园。至少，许多同时代的人是这样认为的，譬如诗人圣朗贝尔、鲁谢、德利尔[3]，再譬如园艺理论家赫希菲尔德和马特莱[4]，他们都建议模仿英式的自然花园。赫希菲尔德对当时出现的那种反差感到震惊：

> 在路易十四年代，勒诺特尔[5]带领整个欧洲朝着对称花园的格局发展，而如今法国人开始“哈英”……在法国，人们对新式的英国品位的热情高涨到不能再高的程度。人们纷纷摧毁旧花园，并开始修建起新的中式或英式花园。[6]

赫希菲尔德提到了卢梭所描绘的“最著名的埃默农维尔[7]”，而伏尔泰在费内接待英国旅游者夏洛克时吹嘘说，是自己将英式花园引入法国的：

[1] 夏尔·芒图（1877—1947），法国内科医生，最重要的贡献是芒图试验——一种测定结核菌素敏感性的皮下试验。

[2] 洛基特：《18世纪末的英国与法国社会关系》，1911年。洛基特多次使用了“革命”这个字眼。——原注

[3] 圣朗贝尔：《季节》（1769）；鲁谢：《月份》（1779）；德利尔：《花园》（1780）。——原注

[4] 最有名的是赫希菲尔德专论《论园艺》。自1755年以来，杜阿梅尔写了一篇盲目崇拜英国人的作品，是关于树木和小灌木的；1770年之后的作品就更多了，参见马特莱的《论花园》（1774）。关于这方面的文学，参见布尔德的作品。——原注

[5] 安德烈·勒诺特尔（1613—1700），出生于法国巴黎的宫廷园林设计世家，法国国王路易十四的首席园林设计师，设计建造了凡尔赛宫，被誉为“皇家造园师与造园师之王”。

[6] 赫希菲尔德：《论园艺》，第五章，第297页与第299页。——原注

[7] 法国瓦兹省的一个市镇。

您想在我的花园里散散步吗？它会让您开心的，因为它是英式的；是我将英式花园这种时尚引入法国的，所有的人都疯狂地迷恋上了它；但是，法国人仿造你们的花园时仿造得很滑稽可笑，他们将三十阿庞[1]的土地分成了三块。[2]

18世纪的法国人无论说什么，无论怎么认为，都只不过是拙劣的英国仿造者。布尔德之所以这样说，是从农艺学的角度出发；而昂热尔则是出于对乡村的爱。昂热尔观察发现："18世纪的法国小说都将英国作为精神家园，但其实那是普雷沃神父的英国"[3]，也就是说一个人们知之甚少的英国。雷诺兹和庚斯博罗[4]都是用自己的画笔直接描绘乡村和森林[5]，和他们俩相比，法国人对于乡村的描绘都是从书本上看来的，画技拙劣。尽管很想从英国借鉴到一些东西，但法国社会太与众不同了，以至于它无法接受英国贵族的习俗。洛基特幽默地描述法国贵族，说他们"被流放到自己的土地上。英国贵族出于娱乐目的所做的事情，法国贵族做起来只是为了惩罚自己"[6]。

英式花园很晚才来到欧洲大陆，尤其是巴黎周边。一些英式花园里的大树还没来得及长到最高，法国大革命便突然爆发了。来自英国的旅游者们面带微笑地参观着外省的"英式花园"：这简直太小了！到了1803年，卡泽诺夫夫人还在嘲笑说有人想给她"展示一个所谓的英式

[1] 阿庞，法国古代的土地面积单位，相当于20至50公亩。

[2] 参见夏洛克的《一位英国游客的信》，第1封，第23封，以及第114页（1776年4月）。——原注

[3] 参见昂热尔的《18世纪的人物与冒险》，第224页。她坚持并强调普雷沃神父发挥的作用，特别是其对于卢梭的影响。见普雷沃神父的《一个品质高尚的人的冒险与回忆录》。——原注。普雷沃神父（1697—1763），法国作家和小说家。

[4] 庚斯博罗（1727—1788），英国肖像画及风景画家，皇家艺术研究院的创始人之一，其竞争对手乔舒亚·雷诺兹（1723—1792）同为英国著名肖像画家。

[5] 洛基特强调了这种不同。参见前文引用的洛基特的作品，布尔德也强调了这种不同。——原注

[6] 参见前注提及的洛基特的作品，第23页。——原注

花园，位于沙博尼耶尔莱班，就在里昂附近”[1]。赫希菲尔德坚持认为，在法国的英式花园是成功的，并列举了一些例子，但他所列的花园没有一个是位于法国南半部的。那么，伏尔泰在费内的花园，会是最南端的“英式花园”吗？

三、普罗旺斯地区城市周边的乡村住宅

我们并不打算给出一张图表，但我们在里昂和法国南部的城市周围已经收集了足够多的要素，足以验证18世纪旅游者的观点并没有错：通常，乡间住宅都很朴素，前后左右很少有真正的、宜人的花园环绕。1740年，蓬皮尼昂侯爵是这样描写马赛周边的农庄住宅的：“小屋实际上既没有庭院，没有树木，也没有花园。”[2]有不少作者之所以提起乡间别墅周围的花园，那大多是为了写葡萄、无花果和洋葱的收成，突出农趣。《里昂启事》上的广告则很少说到花园的名字；而且，没有任何理由说那些园子不是菜园。有时，《里昂启事》上吹嘘的“散步”，不过是在没有收益权的土地上散步的权利。[3]在法国的半个南部，大多数农户不愿为草坪或大片的花丛牺牲掉优质土壤，对他们来说，农业问题至关重要。在《里昂启事》上，对于要出售或要出租的乡间住宅，百分之九十的广告会强调其具有的农业方面的收益。即使在18世纪，在马赛周边的许多农庄住宅中，经济作物也一直种到了露天平台的边缘。在18世纪末，被休闲花园所包围的真正的美丽乡间住宅仍然非常稀少。我们也许可以列出一些位于马赛周边乡村的例子：博雷利城堡，拉蒂莫内，雷纳德戴克斯，米尼亚尔德，丰斯科伦布，索洛内城堡，贾斯德布

[1] 卡泽诺夫：《卡泽诺夫夫人日记》，第144页。——原注

[2] 蓬皮尼昂侯爵：《朗格多克和普罗旺斯游记续篇》，1777年，第110页。——原注

[3] 有三则启事是很明确的：“散步”指的是给房客的、能够在有收益的田地间散步的权利，但房客对这些田地没有收益权。——原注

方[1]等；也可以举几个里昂周边的例子，它们位于索恩河畔；最引人注目的是由苏夫洛所修建的李维特之家[2]。

富有的资产阶级所拥有的这些美丽的房屋或城堡周围的花园，跟英伦风关系不大。它们中规中矩的布局令人想起的不是勒诺特尔[3]，而是意大利花园。在索恩河的侧堤上修建天台，把水流引入喷泉的承水盘和水池，尽玩些这样的把戏！在被称为“没有城堡的花园”、非同寻常的阿尔伯塔斯[4]，在米尼亚尔、郎芳公馆[5]甚至是李维特之家[6]，数量众多的石雕都没有按照凡尔赛宫的美学标准，没有参照宫殿正面的布局来安放，而是自行其是：房主和他的朋友们发现雕像被放在护栏上或者浸泡在喷泉中。小花园中的镶嵌工艺品，由低矮的、不加装饰的黄杨木分隔开来，这和古时城堡的构成十分不同，古时城堡的入口处有众多色彩丰富的装饰品。这些镶嵌了马赛克的意大利式花园，是专门为了能够从二楼观看而设计的。

在法国南部的乡间住宅周围，不像大巴黎地区周边那样有大片森林。人们既不知道森林是座宝藏，也不知道森林可以狩猎，更不知道对于那些感性的灵魂来说，森林是神秘之地。但人们总喜欢小树林；普罗旺斯人喜欢晚上在松树林中散步。普罗旺斯的植物是土生土长的常绿植物，混杂着乔木和灌木。在里昂周围，18世纪之前种的是椴树和栗树，

---

[1] 均为法国南部普罗旺斯地区艾克斯的城堡或农庄住宅。

[2] 苏夫洛在重修了乌兰城堡之后，在里昂的巴布岛近旁又建造了李维特之家公馆和乔利威特公馆，并且为它们设计了花园。参见尼埃普斯的《巴布岛的周围》第383—384页，第438页。——原注

[3] 圣沙马的一片乡村，由于其丰富的水源，被誉为“凡尔赛”。参见《新城Ⅱ》的《数据》，第872页。——原注

[4] 在从艾克斯到马赛的路上。艾克斯审计法院院长阿尔伯塔斯先建造了花园；法国大革命突然爆发，筹建的城堡便再也没有被修建起来。——原注

[5] 郎芳也是一个大法官的家族，郎芳公馆位于艾克斯北部，在盘西奈山谷，该市的水塔就建在那里。——原注

[6] 见前注提及的尼埃普斯的作品，第383页。——原注

到了18世纪又加入了梧桐树和无花果树，所有这些树的叶丛都非常茂密。但是，不用等到18世纪，尤其是在马赛附近，人们已经引入了异国树木，比如木兰树或南欧紫荆[1]。

如果说在巴黎盆地，狩猎小屋通常是乡间住宅的源头，那么这样的演变过程也存在于西南地区，但在东部或东南部便不存在。这显示了文化差异：不管是在里昂还是在马赛周边，乡间住宅的所有者绝大多数是中产阶级，而在艾克斯、蒙彼利埃和格勒诺布尔周边，则都是“穿着长袍的（法官）”。根据距离进行区分是合适的：两法国古里[2]及以外，在波尔多和蒙彼利埃周边，便是地产了。但是，正如莫里斯·加登绘制的一幅地图所显示的，在里昂附近，一直到大约三古里的地方，土地的所有者们从来都不是贵族，而且，从严格意义上说，这些土地并不属于农业范围[3]。普罗旺斯人和波尔多人也经常打猎，很奇怪的是，他们是坐在那个著名的狩猎小屋里面射击，而狩猎小屋被搭建在他们住宅旁边的松林树丛中；旅游者们看到“马赛人格外喜欢这种定点狩猎”[4]，都感到十分惊讶。

四、法国南部的农庄住宅

趣味的变化我们不能否认；然而，在法国南部，英国的影响力仍然很有限。普罗旺斯的农庄住宅和里昂的乡间住宅前那些惊讶不已的外国游客进一步证明了这一点。旅客都对马赛和土伦附近农庄住宅的数量之多感到惊讶。夏培尔早就提到，那里“有数不胜数的简陋小屋”；18世纪，蓬皮尼昂侯爵、舒尔泽、斯摩莱特也是这样说的：“在马赛和土

[1] 参见马松的《罗讷河河口》，第十三章，第123—124页。——原注

[2] 1法国古里约合4公里。

[3] 加登：《18世纪的里昂与里昂人》，第415页和746页。——原注

[4] 德·加利费：《芳香扑鼻的小骚货》，第14页。——原注

伦，（小屋）数量多得惊人。”[1]但它们都很小，有些人甚至说它们很“丑陋”[2]，“不大宽敞”，是“乡村归隐处”“简单的小楼”[3]。德·布罗斯院长曾声称[4]，马赛的所有农庄住宅和它们所带的花园会让人们想到君士坦丁堡。它们一眼望过去就像“一个巨大的花园中的方砖”[5]，这是索绪尔观察到的，这个观察更加准确。

“马赛人对他们的农庄住宅有着非比寻常的热爱”，显然这能解释农庄住宅的数量为何如此之多。17世纪，双桅战船总管阿诺尔在给科尔贝[6]的一封信中声称，这是一种灾难性的热情：

> 您永远不会在这座城市，在马赛，来进行这桩伟大而美丽的交易，即使这种交易是如此有必要……农庄住宅使他们衰退至如此地步了……

冬夏两季，几乎每个星期，都有一群人去他们的农庄住宅，在那里从星期六住到星期一。[7]前往农庄住宅的路程，是一段风景如画的旅程，人们行走在多石子的小径上，男子步行，妇女和儿童骑在驴子或骡子背

[1] 蓬皮尼昂侯爵：《夏培尔游记续篇》，第110页。——原注

[2] 舒尔泽：《旅游日记》，写于1775年，第119页。——原注

[3] 卡拉乔利：《在欧洲理性旅游》，第404页。——原注

[4] 参见德·布罗斯的《家书》第一章，第30页；从韦斯特大街开始，他就喜欢“靠左边”了：“一个布满了农庄住宅的山谷……布满了树和花园，树和花园形成了一堵墙，营造出一个封闭空间，在这个空间里人们建造了一个城市，这个城市是君士坦丁堡风格的。”——原注

[5] 索绪尔，这位博学的日内瓦人曾经去过马赛的守望圣母圣殿，在那里，他欣赏到“那些数不胜数的农庄住宅在陡坡上占据着突出地位，它们不再会破坏景观了，它们坐落在美丽而富饶的山谷中，遍布在沃讷（原文如此），就像是一个巨大的花园中的方砖，数量还不少。”《阿尔卑斯山之旅》，第三章，第309页。——原注

[6] 让-巴蒂斯特·科尔贝（1619—1683），法国路易十四的海军大臣和财务总监，1671年科尔贝主持海事立法工作，1681年法国颁布了第一部系统的《海事法典》，对港口、沿海地区及海滩的管理和归属作出了规定。

[7] 舒尔泽、赫希菲尔德的作品中均有例证。——原注

上，驴子或骡子还背着用具。对此，萨维尼昂·德·阿尔奇埃幽默地说，马赛是“妇女的天堂，男人的炼狱和驴子的地狱”[1]。

在土伦和尼斯，旅游者遵循同样的习俗。它们的相似性令阿尔巴尼·博蒙感到特别震惊，在他居住在农庄住宅的日子中，他也融入到这种普遍的喜悦中去了：“这是一场真正的盛宴”；他观察“他们单纯的娱乐”；“他们玩着滚球游戏，这完全是他们最喜欢的体育活动”；“他们跳舞”；晚上，他们成群结队地回到尼斯，“走在队伍前面的，是打着手鼓的人、吹着六孔竖笛的人和弹着吉他的人”。[2]对我们来说，这些简单的休闲活动形象地预示了乡间小屋所带来的快乐，为18世纪的旅游者们呈现出众多独特的风俗风貌。

我们渐渐地开始理解游客们普遍对此感到惊讶的原因了。来到法国南部的外国游客，脑海中的乡间住宅是他们已经见过的、像在巴黎附近的乡间别墅那样的，那种贵族和资产阶级的度假屋；在给乡村别墅进行分类时[3]，他们把南方人的乡间住宅归到“农庄住宅”这一“家族”，他们之所以喜欢这个名字，是因为这跟他们的语言无关，而且当时在南方，这一用法也不常用。最常见的是，南方人只说“乡间”两个字，把“住宅”都省掉了。旅游者、有特权的富人，对这些“乡间住宅”的所有者或占有者的社会背景感到非常惊讶；索格兰认定房主是资产阶级[4]，爱尔兰旅行作家纽金特更明确地指出[5]，他们是生意人和商人。在土伦，

[1] 引用自博蒙的《穿越滨海阿尔卑斯之旅》，1795年，第89—90页。——原注。阿尔巴尼·博蒙（1753—1811），法国工程师，萨瓦地区地理学家。

[2] 赫希菲尔德在其作品《论园艺》第五卷中，有专门描写“私人花园，资产阶级的花园，种满鲜花的花园”的段落（第48页）。据他观察，在城市的周边，距离不远处，便有非常多此类花园。他举出的例子有众多的瑞士城市周边，意大利的瓦尔达诺，马赛的农庄住宅也被归入此类。——原注

[3] 马松：《罗讷河河口》第八卷，第120页。——原注

[4] 索格兰：《法国新旅游》，1771年，第33页。——原注。索格兰（1763—1820），法国医师、化学家。

[5] 纽金特：《壮游》，1778年，第33页。——原注

“农庄住宅、乡间住宅的数量如此之多，以至于每个工匠甚至都有一栋农庄住宅”[1]，舒尔泽这样写道。至于土伦和尼斯，旅游者们并没有给出一个具体数字，但他们确认说：“就从拥有小屋的居民比例来说，这里和马赛是一样多的。”[2]但是，马赛周边究竟有多少“农庄住宅”呢？有“无数个”[3]，“是一个大数字”[4]，17世纪时的估计还不是非常精确。萨维尼昂·德·阿尔奇埃估计该数字约为2500栋，而德·布罗斯认为有3000栋。奥地利的利涅亲王给出的数字则是4000[5]，在17世纪最后30年里，这个预估值从赫希菲尔德给出的5000变到纽金特、索格兰给出的6000。这些变化是连贯的，显示了其数目不断增加，但也看得出旅游者们难以理解这个现象。

因此，杨格观察后说道：“关于马赛的农庄住宅，有不少夸张的成分在里面。”[6]有好几次[7]，农学家都惊讶地发现，乡间住宅的所有者对花园的收益非常关注，甚至到了忽略花园娱乐性的地步！至于其他旅游者，例如拉罗什富科[8]或勒马尔尚，都曾考虑过将真正的别墅分列出来，比如“富丽堂皇的博雷利城堡……巴黎的那些根本没有可比性”[9]。

在尼斯，斯摩莱特对“当地贵族拥有的豪华别墅”、一些资产阶级的“适于居住的小房子”，以及农民的房舍做了初步的区分。[10]博蒙甚至解释说，“那些没有奢华的农庄住宅的农民或工匠，便在从农民那里

---

[1] 舒尔泽：《旅游日记》，第119页。——原注

[2] 米林：《法国南部之旅》，1807年，第二章，第385页。——原注

[3] 据夏培尔和博蒙的说法。——原注

[4] 来自1673年一个匿名的旅游者。资料藏于法国国家图书馆。——原注

[5] 利涅亲王：《伯勒伊一瞥》，第102页。——原注

[6] 杨格：《法国之旅》，瑟伊出版社译本，第一章，第417页。——原注

[7] 在于沃讷河谷、在奥利乌勒洼地以及尼斯周边的乡村地区。——原注

[8] 拉罗什富科：《法国之旅》第二卷，第21页。——原注

[9] 勒马尔尚：《马赛和土伦游记》，1790年，第63页。——原注

[10] 斯摩莱特：《尼斯书简》，皮拉特出版社，第38页。——原注

廉价租来的小屋里聚会”[1]。

因此，旅游者们发现了南方人向农庄住宅移居的独特现象。他们给这个移居的规模添枝加叶，但他们也已经看到，不仅仅是少数特权阶层，而是社会的各个阶层都对南部的乡间住宅感兴趣。这种经常性的迁移并不是18世纪后半叶的新生事物，而是地中海周边一种古老的习俗。纽金特指出：“农庄住宅只是一个简简单单的小楼吗？在那里，居民们能从城市的喧嚣中解脱出来。”[2]

那么，18世纪下半叶的新生事物是什么呢？主要是在建筑方面，而且不可小觑。如今我们之所以见不到更古老的农庄住宅，并不像马松所写的那样，是一个令人意外的巧合造成的[3]，严格地说，是因为在18世纪以前，那种住宅还是不存在的。当然，贵族们和资产阶级早已经在马赛周围拿到了广阔的地产，但他们很少建造漂亮的独立住宅；当他们来到自己的土地上时，满足于住在分成制佃农家的旁边。“直到18世纪，这种建筑类型才被采纳，然后在19世纪相当长一段时间里一直被保留着”[4]，确切意义上的农庄住宅，是一个巨大厚实、非常和谐的立方形建筑，不再涉及农业活动；它们跟我们今天讲的“农场”是分开的。马赛的农庄住宅，无论在内还是在外，一切都是为能够令人度过一段愉悦的闲暇时光而布置的。根据安妮·普伦普特里[5]的说法，“花园、花坛、池塘和喷泉、绿色空间、松树林”，都是必不可少的补充物。马赛大部分的大型农庄住宅建于18世纪下半叶，有时是把老旧房屋拆毁后改建而来的，比如博雷利城堡，拉蒂莫内，圣约瑟夫城堡……

从狭义上说的农庄住宅，是一种对称型的、和农业活动分开了的新

[1] 博蒙：《穿越滨海阿尔卑斯之旅》，1795年，第90页。——原注

[2] 纽金特：《壮游》，第191页。——原注

[3] 见前注引用的马松作品，第十三章，第120页。——原注

[4] 见前注引用的马松作品，第十三章，第120页。马松注意到，除了农庄住宅之外，通常，豪华住宅与农民的住宅是并列在一起的。——原注

[5] 见前注引用的安妮·普伦普特里的作品，第二卷，第194页。——原注

型建筑，它们的实际数量比旅游者们所说的要少。在收藏于尼斯的马塞纳博物馆的一幅1790年的水彩画上[1]，在进入尼斯的位置，沿着马路以及在大理石十字架街区，可以看到大约50座这样的建筑。在马赛周围，距离市中心不到10公里的地方，仅有200多座农庄住宅，其中大多数要么分布在北部，要么层层叠叠地分布在于沃纳河谷之中。在18世纪，北部的街区成了最适合兴建农庄住宅的地区，这种声誉一直持续到了19世纪中叶。[2]除了视野优势和能够很好地抵御密史脱拉风之外，还要加进来一张决定性的王牌，那就是相对丰富的水资源。因此，埃加拉德街区[3]也变成了最有名的街区；在这里，有两个著名的贵族房产：埃加拉德城堡和封丹尼厄路。勒卡内地区坐落着最新修建的城堡——圣约瑟夫城堡，该城堡属于克拉利家族[4]。在东部，圣贝尔纳丹城堡[5]，特别是在密度最高的于沃讷河谷中，有提蒙-大卫[6]建造的拉蒂莫内[7]，当然还有博雷利城堡[8]。

在17—18世纪，“农庄住宅”是一个模棱两可的词，它既与旅游者们所维持的一个文学神话很相称，也与一个独特的建筑现实（但始于18世纪下半叶）很相符，还与地中海周边一个传统的、具有休闲活动性质的人口迁居习惯有关；显然，无论是里昂周围还是法国其他地区的

[1] 见1790年的尼斯平面图（马塞纳博物馆的水彩画），及1795年阿尔巴尼·博蒙的作品。——原注

[2] 德·加利费：《芳香扑鼻的小骚货》，第14页。关于马赛维斯特街区，他早在1844年便写道：“最近的建筑使得曾经美丽的景色发生了变化。”随着港口的扩建、铁路和工厂的修建，自第二帝国时期以来，这些北部的街区很大程度上已经失去了它们原有的魅力。几乎所有幸存下来的建筑都是在1960年以后才修建的。——原注

[3] 法国马赛一街区。

[4] 克拉利家族，从事批发行业的有钱大家族，该家族的女儿们都嫁得很好，有一个女儿嫁给了瑞典国王贝尔纳多特。——原注

[5] 如今是一家酒店。——原注

[6] 提蒙-大卫（1823—1891），法国牧师。

[7] 这个建筑被纳入了精神病医院，但它的名字沿用了下来。——原注

[8] 如今是一个考古学博物馆，其周围的花园是马赛最美的花园。——原注

乡间住宅，都不具备这三个方面的因素。但是，农庄住宅（一个普通的小楼）对于许多小业主和租客来说，是短缺匮乏的经济中的一个农业补给；然而，真正的农庄住宅，对于少数名人显贵——比如由斯班奈尔研究过的那些——来说，则是显示其在土地上的强大的支配力与影响力的标志。后两个方面给南部的乡间住宅赋予了深厚而又多样化的内涵。那么，里昂周边也是一样吗？

五、舒适的里昂乡间住宅

18世纪，优秀的旅游者们在路过里昂时，常常会描述："这些房屋随时欢迎外国人，里昂人来这里像贵族一样大把花钱。"[1]注意所使用的术语，它们适用于：富有的资产阶级，例如罗兰夫人，她曾在位于拉普拉蒂埃尔[2]的家中接待了杨格[3]；雷伊则接待了热爱索恩河畔的里格比博士——

> 这里风景如画，竟不知如何描述。里昂周边的环境极其优美，那里有无数的城堡和乡间住宅，它们是城里富裕的制造商的财产，全都可以欣赏到极佳的风景，这在世界上可能绝无仅有……[4]

在普罗旺斯的农庄住宅前，旅客们常常感到惊讶；在里昂周围，他们对这些"贵族和中产阶级家庭的房产"则是纯粹的赞美，"这些贵族和中产阶级，希望夏天能逃离城市那令人难受的天气，而又不用走太远：那是按照当今的趣味建造的真正的别墅"。游客们发现，这些房

---

[1] 卡拉乔利：《在欧洲理性旅游》，第394页。——原注

[2] 法国罗讷省的一个村庄，罗兰夫人的庄园以该村庄的名字命名，1780—1789年她在此居住。

[3] 罗兰夫人：《回忆录》第一卷，第84页。罗兰夫人曾在索恩河畔自由城（罗讷省一市镇，距里昂约34公里）附近将一处住所修整成了别墅。——原注

[4] 里格比博士：《书信集》，卡约译本，第120页。——原注

屋“漂亮”,“美妙”,“地理位置优越”。据他们说，大多数是在索恩河边。里格比说:“在索恩河畔所有的斜坡上，里昂人在那里修建了梯形花园。”外国人非常喜欢勒弗雷讷、萨布利埃、米尼奥讷和布罗塞的梯形花园。巴布岛位于圣朗贝尔对面，早在18世纪，它就很出名了，因为它被认为是“消遣娱乐时能度过最快乐时光的地方”；而18世纪末的游客则认为这里是“世界上最美丽的地方”；赖夏德写道:“我从未见过如此迷人的地方。”

但是，乡间住宅的区域范围，是否仅限于里昂上游的索恩河谷呢?而且，除去我们使用的这些字眼，18世纪末的乡间住宅到底是什么呢?怎么区分乡间住宅和地产呢?这两个术语都可以在《里昂启事》的广告中找到；但从1750年至1760年，租房的供求实际上仅限于那些称得上乡间住宅[1]的房屋。在广告中，这些房屋完全有别于地产，且越来越多：大约在1770年，有约20栋房屋要出售，约40栋房屋要出租。不同广告之间的差异在于房屋的品质。诸如“非常美丽的视野”“田园风光”“栗树大厅”“花园尽头的凉亭”“桌球房”和“有时尚天花板的大客厅”之类的标语，在普通的地产广告中很罕见[2]，但在乡村住宅的广告中则很常见，大约有一半的广告中都可以见到。与里昂之间的相对距离，可以更好地区分地产和乡间住宅：若是用“乡间住宅”这个名字，那么它与里昂之间的距离不能超过5至10公里这个范围，超过25公里更是不可能，无一例外；与之相反，作为地产来进行买卖的，80%通常位于距里昂25公里以上的地方，因此，要想去那里就慢得多了。夏季，房主会在乡间住宅安顿下来，但可以轻松地返回城里去照看自己的生

[1] 我的观察和莫里斯·加登在《18世纪的里昂与里昂人》第415页中的观察吻合。——原注

[2] 《里昂启事》有八个栏目，每一期大约有十页。想建立起数据很不容易。有一些广告是重复的，同一栋乡村住宅既被用来出租同时又被用来出售，由公证人经手的广告很多而且不详细，这样就有了“在巴布岛周边待售的地产与乡村住宅”一说。有一件事是确定的：实际上没有地产是用来出租的。——原注

意。乡间住宅密度高的区域位于索恩河的两侧，分布在卡吕尔、圣朗贝尔、圣西尔和蒙多尔山；次要区域是圣富瓦-乌兰和卡吕尔-里利厄区罗讷河的坡地。实际上，以此为圆心，因为有河流，6公里范围内的这个圈，只是一个半圆，想要继续开发，就只有平坦的东部了。等时性，即“主屋与第二住所之间，一个小时的距离，这是一个旅游常数，通过‘舒适系数’阻碍或者加强，这是卡吕尔的一种‘红利’、一种附加值”。法国学者勒内·让用以下方式陈述了这种区位法则：

> 大城市周围第二寓所（现在的术语）的分布呈同心圆式的无线电波状。在交通工具单一的情况下，当决定购置第二寓所时，这个同心圆的最远处，或者说这个波的波腹，都处在对应一小时路程的位置上……[1]

在里昂周边，第二寓所的第一波显现出来了，即“卢梭世代”。到房屋所处的地方，只用步行一个小时；坐马车的话，时间也几乎不会减少，因为马匹走的这些道路路况一般且起伏不平。这些道路通向卡吕尔、屈尔、圣西尔或圣富瓦。在求租或求购的启事中，有一个明确的要求一直不断地出现：“毗邻里昂”，“我们更喜欢离城市更近的地方”。这样的启事还有更加明确的：

> 求购，我们想买一个距离里昂不超过三古里的乡间住宅或者一处地产……我们希望它在索恩河畔，或在距离大路不远的地方。[2]

---

[1] 勒内·让：《大型城市群乡村环境中的第二寓所分布》，载法国农业部《信息技术通讯》第215期，第966—976页。——原注

[2] 《里昂启事》，1772年1月，第222期。——原注

因此，靠近勃艮第公路的乡间住宅，或者靠近通往市镇的大道上的乡间住宅便格外受青睐。索恩河河畔便更加引人注目了，因为那里最靠近位于城市北部最受批发商们喜欢的新街区，可以通向特洛广场、王家大街和圣樊尚码头；最重要的是，人们可以乘船去乡间住宅。旅游者们经常描述这趟风景如画的出行，在那里，人和马扮演着纤夫的角色，拉着绳子，溯流而上。[1]骑马也是同样的节奏。在18世纪末，甚至没有一条从头到尾沿着河边走的小路，很多房产业主都来到了索恩河，在那儿有私人港口。[2]同样是从索恩河，业主或房客可以抵达他们位于屈尔、圣朗贝尔和科洛涅高地上的乡间住宅：甚至有几条广告上明确指出，轿子是可以通过这些狭窄的攀登小路的。

六、模棱两可的乡间住宅：娱乐性、社交功能和农业收益

文学、史学家格外关注乡间住宅的享乐主义方面和美学方面——这是一种个人幸福，却忽略了它的社交功能和农业收益——这两个才是传统的东西。里昂人拥有乡村地产，南方人民迷恋他们的农庄住宅或乡间住宅由来已久。甚至都不能说是在18世纪下半叶。在法国外省，人们发明了消遣、对建筑讲究、观景台及娱乐性的花园。

18世纪下半叶，又出现了新的论调；真正的创新出现在乡间住宅的设计和布局上，还有销售和租赁广告的出现，以及引入一些新的术语来指代这些住宅。社交功能和农业方面的收益这两种古老的动机，在18世纪末依然保留着它们的力量。由于拥有土地而带来社会威望的提高，

[1] 比如米林的作品《法国南部之旅》，第533页。——原注

[2] 有一些作品中特别强调了，而且很详细。比如1810年马扎德·德·阿维兹的作品《给女儿的信》《在索恩河边散步》。萨布里埃尔、拉克莱尔、勒弗雷讷、罗什波松、拉米涅和鲁瓦耶等都有特定的港口。参见尼埃普斯、萨洛蒙作品，多处可见。——原注

这一点依然保持不变。斯班奈尔的文章中也着重强调了这一点。[1]《里昂启事》的小广告中，充斥着大量意味深长的评注。登广告的客户们，毫不吝惜地吹嘘他们想出售的那栋乡间住宅旁边住的邻居地位有多么显赫，有广告在推销一栋位于圣富瓦的住宅时，甚至强调“在本教区中也有一个席位”。[2]

马赛的显贵们纷纷寻求着占有土地；这些显贵们及其家族，仅占马赛人口的0.6%，19世纪初，他们垄断了马赛广大地区全部建筑和地产的21.5%。[3]北部地区近埃加拉德街区、南部圣吉尼耶周边和于沃讷河谷都是以乡间住宅而出名的，在这三个地方，那些显贵所占的比例则高达25%至30%。喜欢占有乡村地产的人主要是旧贵族、上层资产阶级和部分退职的显贵。[4]

在18世纪末的里昂，拥有或购买位于索恩河畔的美丽的乡间住宅，意味着有钱的资产阶级完成了它们的社会阶层上升之路。对于通晓里昂历史的人们来说，他们的名字（很多是来自外国的）就像成功晋升社会阶层的证据。反过来，房屋售卖市场又让很多人破产了。

而马赛的大显贵们并没有将农庄住宅定义为“带花园的小房子”，而是根据常用的说法[5]，将它们定义为“建筑物，有娱乐性，有葡萄园、橄榄树、果树和耕地”。

这样，我们便可以更好地理解外国游客，尤其是英国游客为什么感到惊讶了。在巴黎周边，他们惊讶于少数美丽的乡间住宅和对英式花园

[1] 参见斯班奈尔的《马赛名人显贵们的财富元素》，第123页。——原注

[2] 参见《里昂启事》，1750年5月12日。——原注

[3] 斯班奈尔将《罗讷河河口》中的归档记录进行了追根溯源，他读了从1798年到1820年的文件，然后看到了156封马赛显贵们的遗产继承声明（在18世纪末，财富就这样积累了起来，或者说财富的积累正在形成）。——原注

[4] 马赛的显贵们拥有的财产，有四分之一是位于乡村的资产，而商业权贵之中有三分之一都没有位于乡村的资产。与之相反，对于退休的资产阶级，位于乡村的资产在他们的不动产中所占比例高达53%。参见前注提及的斯班奈尔的作品，第116页。——原注

[5] 参见前注提及的斯班奈尔的作品，第118页。——原注

的拙劣的仿造；他们对费内充满好奇，因为伏尔泰使整个欧洲都知道他拥有一座英式花园。在法国南部，在里昂周边，优秀的旅游者对附近那些有收益的田地感到惊讶，但很快，他们就被景点的魅力吸引住了。乡村房屋主人身上的质朴与卢梭的新观点相吻合：南方人奔赴他们的农庄住宅，是要“逃离城市”，而且他们抱有“复兴乡村的渴望”。“中庸之道”也变得有吸引力了。

第七章　从骇人的众峰到勃朗峰的发现

在18世纪后半叶不到五十年的时间里，人们对于高山的看法发生了巨大的改变：在那些被冰川吸引的旅游者眼中，这些高山不再是“骇人”的存在；勃朗峰由此成为被向往、继而被征服的对象。正如贝拉尔迪[1]和昂热尔在书中[2]写到的那样，这些高山的“史前史”就此结束了。在“勃朗峰被发现”[3]之后，“阿尔卑斯山的历史”[4]翻开了新的一页，相关的文献也随之大量涌现。[5]

[1] 亨利·贝拉尔迪（1849—1931），法国历史地理学家、藏书家、出版商，代表作为1898—1904年间撰写的七卷本《比利牛斯山百年史》。

[2] 贝拉尔迪在《比利牛斯山百年史》中把18世纪中期之前称为“比利牛斯山登山运动前史”；后来昂热尔在其作品《阿尔卑斯山登山运动史》中也有类似的“阿尔卑斯山史前年代”的表述。——原注

[3] 见菲利普·儒塔尔的《勃朗峰的发现》，档案丛书，1986年。——原注

[4] 瑞士诺夏特尔的阿廷杰出版社出版的夏尔·高斯一部专著的书名。——原注

[5] 19世纪的登山故事、著作都是历史编纂者感兴趣的内容。在20世纪，我们选择了：昂热尔的论著《阿尔卑斯山文学》（尚贝里出版社，1930），《这些骇人的山峰》（1934）和《这些雄伟壮丽的山峰》（1936，与夏尔·瓦洛和萨米维尔合著）；罗伯特·欧文著、昂热尔翻译的《征服群山》（1948）；加文·德·贝尔的《在瑞士的游客们》（1949）；纽玛·布洛克的《18世纪法语地区地理学家和博物学家眼中的高山》（1969）……与此同时，不能遗漏的还有高山地区杂志（《高山杂志》《高山》），学术杂志（《塞尼山之友》《拉蒙学会》等）发表的文章，还有瓦洛游览指南，保罗·帕约的《在勃朗峰的国度》（1950），吉德蒂的《人类和勃朗峰》，以及我本人的论著《旅游的发明》（1997，该论著在总共21章的篇幅里，拿出两章专门论述阿尔卑斯山的旅游业）。在19世纪末，勃朗峰的历史被三部反复重版的作品阐明：斯蒂芬·德·阿尔夫的《勃朗峰大事记，著名攀登与事故》（1876）；杜里埃的《勃朗峰》（1877，详见由约瑟夫·瓦洛和夏尔·瓦洛点评的第七版）；查尔斯·爱德华·马修斯的《勃朗峰年鉴》（1898）。——原注

一、被诅咒的、未知的、富有象征意义的高山

这就是高山，巍峨好几个世纪，抑或数千年。极少数的高山孤峰突起而且很远就能看见，它们拥有名字和一段神话般的历史，然而绝大多数山峰都没有被发现：在地图上没有它们的名字。能被18世纪初一个有学问的人叫出名字的山峰相当少：摩西接受“十诫”的西奈山[1]，挪亚避难的阿勒山[2]，希腊众神栖居的奥林匹斯山[3]，阿拉贡国王[4]可能上去过的比利牛斯山的卡尼古峰，意大利人文主义之父彼特拉克可能攀登过的旺图峰……然而在这些屈指可数的、富有象征意义的山峰中，并不包括勃朗峰。“勃朗峰史前时期”精简到一笔带过：它只是地图上的一个名字，或旅游日记里的一个注解。究竟是哪些旅游者或者地图绘制者最先注意到这一片高地，已经很难考究。我们是从何时得知它（勃朗峰）是欧洲第一高峰的呢？差错一再出现，后来大概数字得到了确认。19世纪的登山史学家们在他们充满激情的寻觅过程中，搜集蛛丝马迹，却忘记了勃朗峰在很长一段时间里并没有被看作是最高峰，忘记了阿尔沃峡谷[5]曾经“被撇在一边”，忘记那时的游客通常只对他们看得最清楚的东西感兴趣——也就是前阿尔卑斯山地带、阿尔卑斯山大山口这些他们抵达意大利的必经之路。

对于勃朗峰滞后的认知并不让史学家们觉得惊讶。米什莱将他的散文著作《大山》的第一章全部用来写勃朗峰，并直指问题本质：

> 勃朗峰并不是一条过道。在它的半山腰没有能让法国、德国、

---

[1] 西奈山又叫摩西山，位于西奈半岛中部，海拔2285米，是基督教的圣山。

[2] 阿勒山，又译作亚拉拉特山，土耳其东部的山地。据《圣经》记载，在洪水过后，挪亚方舟搁浅在了阿勒山上。

[3] 希腊最高的一座山，位于爱琴海塞尔迈湾北岸，距希腊第二大城塞萨罗尼基约100公里。

[4] 另译亚拉冈国王，指佩德罗三世（1239—1285），传说他在1285年攀登过卡尼古峰。

[5] 位于法国上萨瓦省的一个高山峡谷。

意大利在此交会的国际大通道。它遗世独立，必须专程赶过去向它致敬，拜见这位俯视欧洲的赫赫有名的隐士。[1]

中世纪和现代对于阿尔卑斯山的认知均仰赖旅游者的路线，即去往意大利的通道。

在海拔上所犯的错误持续了很长时间。在18世纪以前，旅游者们对于当时的人所说的山顶的“海拔”没有任何明确的概念。最近的看起来就是最高的，旅游者们仅凭自觉判断海拔，在地图上也找不到任何指示。他们不停地强调：美隆峰（意大利人称之为“罗恰梅洛内峰”，英国旅行家科里亚特称之为“美庐峰”）是“阿尔卑斯山脉最高峰”——直至1738年依然有一位旅行家秉持这样的观点。[2]直到18世纪下半叶，三角测量法和气压测量法才慢慢被用于估算海拔。

在旅游者眼中，伴随着这些大山的，更多的是可怕的传说而非历史事件。只有一个重大历史事件例外，那便是迦太基统帅汉尼拔骑着他的大象穿越比利牛斯山脉和阿尔卑斯山脉的长途旅游。在读过波利比乌斯[3]和提图斯·李维的历史著作之后，优秀的旅游者们就这位迦太基统帅曾经可能选择的行进路线展开争论，对这类有关名人轶事的关注旷日持久[4]。圣地亚哥、罗马的朝圣者们要求自己穿越险象环生的山口，修道士们早

---

[1] 米什莱：《大山》，第一章。——原注

[2] 见《科里亚特的野游》第一卷，第225页；吉德蒂在《人类和勃朗峰》第19页提到过，18世纪初意大利红衣主教班提佛格里欧（1668—1732）持同样的观点；以及1738年的《20年代的骑士之旅》第104页，国家图书馆法语手抄卷14662号。——原注

[3] 波利比乌斯（公元前200年—前118年），古希腊政治家和历史学家。

[4] 参见约瑟夫·佩罗的《阿尔卑斯山史诗》，以及前注提及的雷曼的著作。有关远古时代穿越阿尔卑斯山的行为，在19世纪的《高山杂志》以及《古代研究杂志》中有大量文献记录。1959年，一支英国探险队（乔利先生带领）尝试过让一头大象通过小塞尼山但没成功，英国医生拉维斯-特拉福德一直断言这就是汉尼拔走的那条道路，并且为了写《汉尼拔翻越的山谷》（1965）而在布拉芒的普拉奈定居下来。有关该主题，详见儒勒·法富尔的《布拉芒》，第55—57页。有关阿尔卑斯山有历史渊源的大山谷，则有美国历史学家和登山家柯立芝的《自然与历史中的阿尔卑斯山》，第188—250页。——原注

先在这些路线上设置了一些招待所来给朝圣者提供救助。人们意味深长地把这些山口称为“峰”：塞尼峰、圣贝尔纳峰、日内瓦峰、伊泽尔峰……因为它们是旅途中的最高点；或者在比利牛斯山脉中更简单地称之为“谷”，龙塞斯瓦耶斯谷[1]、安道尔[2]谷。

在穿过瓦莱州、萨瓦省、多菲内省，深入到比利牛斯山谷的时候，旅游者们对沿途风光并不关心；他们也没有任何可以描述的东西。1730年约翰·斯宾塞用滑稽的口吻写道：

> 要是没有大山的话，我会很喜欢阿尔卑斯山的。[3]

旅游者们究竟能够从大山那里找到什么好处呢？到了近代，大山不再像中世纪时那样属于修道士的静修之地。在18世纪，大山也不再是被人追逼、受人迫害者的庇护所，旅游者们想不起大山曾扮演过的这一角色，也不会把沃州山谷[4]和这样的形象联系起来。他们也看不出彼时的阿尔卑斯山除了矿藏之外，还能有什么经济利益。它只是一个个不能避开的障碍罢了。它还一直是一个“充满传说和恐怖”[5]的世界，一个被诅咒笼罩的“不祥的国度”，正如冰海冰川[6]祸起诅咒一样，旅游者皮埃尔·马泰尔在1742年搜集到这样的说法：

---

[1] 也叫奥雷亚加，是西班牙纳尔瓦拉的一个市镇。

[2] 安道尔公国，通称安道尔，为一微型国家，国土面积468平方千米。是西南欧的内陆国，位于比利牛斯山脉东南部，毗邻法国和西班牙。

[3] 约翰·斯宾塞：《书与人奇闻轶事》。——原注。约翰·斯宾塞（1699—1768），1728年至1738年期间任牛津大学诗歌教授，随后进行多次游历欧洲的壮游之旅。

[4] 意大利西北部的三个山谷，因当地居民信仰沃州福音派教会而得名。

[5] 参见雷曼《法国阿尔卑斯山登山运动的演变》，第17页。柯立芝的《自然与历史中的阿尔卑斯山》，格兰德-卡特里特的《穿越岁月的高山》以及拉鲁斯的《大山》，均转载了很多此类传说。——原注

[6] 位于法国阿尔卑斯山勃朗峰山脉北坡的山谷冰川，长7.5公里，深200米，但如果将其所有支流冰川都考虑在内，则可以认为它是法国最长、最大的冰川，在阿尔卑斯山中仅次于阿莱奇冰川。

这些山谷曾经有人居住……然后一个心怀不满的巫女给这些地方下了诅咒。从此以后，这个国度就一直被冰天雪地覆盖。

这些时常被他们叫作魔鬼的大山是被神父们驱逐的撒旦、巫师和恶魔的居所。[1]

地名[2]就显示了这些地区居民们的恐惧（马莱峰、穆迪峰[3]），或趋吉避凶的意愿（伯南溪、蒙茹瓦山谷[4]）。

在这种令人厌恶的形象的传播甚至创造方面，旅游者们难辞其咎。很多学者甚至那些著名旅行家把恶龙传说记录了下来，瑞士学者余赫泽对传说的恶龙进行了统计、描绘[5]，而另一位瑞士学者阿尔特曼，在他的著作《趣事》[6]中，为此专门辟出了一整章——这得归功于那位苏黎世前辈的成果。旅游者们散布着山妖的传说、狩猎的传奇、强盗的故事，也夸大了雪崩、塌方、暴风雪和狼群这些横贯峰岭的危险。

很容易轻信的旅游者们以文字的形式将阿尔卑斯山地区的传说生搬硬套、改头换面地记录了下来。山民们并没有感受到这些文字中记录的那种恐惧，他们就像牧民、天然水晶猎手[7]或者岩羚羊猎人一样，常常与高海拔亲密接触，当地的文献（譬如霞慕尼修道院的档案和诺瓦莱斯[8]地方志）和当地博物馆里收集到的文献都对此做了非常清楚的记

[1] 马泰尔：《皮埃尔 · 马泰尔在霞慕尼冰川的游记》（1742），亨利 · 费朗德版，第42页。——原注。皮埃尔 · 马泰尔（1702—1761），日内瓦数学家、测绘工程师和登山家。

[2] 详见儒勒 · 布拉奇的《人类与高山》，第98页。——原注

[3] “Mont Malet”“Mont Maudit”法语含义分别为“恶之峰”和“被诅咒之峰”。

[4] “Bon Nant”“Montjoie”法语含义分别为“好的溪流”和“快乐峰”。

[5] 约翰 · 雅各布 · 余赫泽：《瑞士自然史》（1705—1708）第一版，第三卷；以及《赫尔维蒂娅地区的行程》（1723）。——原注

[6] 约翰 · 乔治 · 阿尔特曼：《瑞士的状况与趣事》（1730）第一版。——原注

[7] 指在高山上搜寻天然水晶倒卖的人。

[8] 位于法国萨瓦省的一个小镇。

载[1]。他们虽然不会无缘无故地上山，但对各个地点了如指掌。他们惯于攀登到很高的位置，好让他们的牧群吃到“最后一根草”。在这种条件下，很难设想山民们会是那些有关大山的“魔鬼传说”的创作者或者传播者。为什么不想想，或许他们很早就开始捉弄那些幼稚的旅游者并以此为乐呢？早在大胡[2]的故事出现之前，就有了驱除冰川魔怪的说法了。

像索绪尔一样的最早一批登山者，都强调过作为第一批向导的羚羊猎人胆识过人，这些猎人早就使用了19世纪登山者惯用的核心装备：这些山区的农民使用铁钩、铁头登山杖、护目镜、冰镐，尤其是绳索。尽管他们不知道有滑雪板，但他们会用雪橇来做“坡地滑雪运动”。这项技术的使用者是一些帮人偷渡的“蛇头”，他们是兰斯勒堡一带的居民，在隆冬季节用这项技术把人送过塞尼山。在冻结的雪坡上，“蛇头”们不偏不倚地驾驶着一个粗糙的雪橇前行，需要时就用他们的双脚当刹车。勒塞日[3]早在1518年就做了记载：“它风驰电掣般的速度让人晕头转向。”尽管有当地人的经验做后盾，旅游者们还是心存惶恐。

在“霞慕尼地区的冰川”（1741年）被发现之前，只有极少数的旅游者冒险尝试去了解那些顶峰，这一点足以解释人们的恐惧感何以一直萦绕不去。尽管有德·维尔登上艾吉耶峰（1492年），莱昂纳多·达·芬奇登上蒙波索峰[4]（1511年或1516年），康拉德·格斯纳为消

[1] 在尚贝里（萨瓦博物馆）、格勒诺布尔（多菲内博物馆）、兰斯勒堡、阿尔普迪埃兹等地。——原注

[2] 一种传说中的动物，类似于山羊，生活在法国、瑞士和意大利山区。

[3] 法国杜埃的一名丝绸商人，曾于1518年3月19日从杜埃动身，途经威尼斯、罗马前往耶路撒冷朝圣。

[4] 该山峰并未被确定。根据夏尔·高斯的《登山运动轶事》和柯立芝的《自然与历史中的阿尔卑斯山》的内容，该处所指的是作为罗萨峰观景台的蒙特博。然而达·芬奇却说这是一道“分隔法国和意大利的阿尔卑斯山的山脊”。——原注

除那些讲述本丢·彼拉多[1]阴魂不散的传说[2]而登上彼拉多山，但那些由科学的好奇心激发的猜想在此前的几个世纪中十分罕见。康拉德·格斯纳这位瑞士的人文学者，对奇峰异岭所呈现出的壮美惊叹不已，他开创了带有神秘主义倾向的阿尔卑斯山文学："那些巍峨的大山"是"值得注目凝视的"。还有一个人也是例外：雅克·佩尔蒂埃·杜芒[3]，他是诗人，是对一切事物充满好奇心的大旅行家。他的挚友龙沙[4]是这样说他的："博学的佩尔蒂埃像尤利西斯一样周游列国。"在宗教战争如火如荼之际，他来到阿讷西避难；他热爱给予他灵感、让他在1572年创作出优美诗作《萨沃伊》的萨瓦，该诗献给法国的玛格丽特、萨伏依公爵夫人[5]。佩尔蒂埃把他对大山和自然的祈祷糅合在一起：

> 大自然啊，你广袤无垠却平凡无奇，
> 你层出不穷遍布世界各地却又浑然一体，
> 你有百转千回的崇山峻岭，
> 还有崎岖的小道和寒冷的风景。

因为进行过一些徒步旅游，佩尔蒂埃对山峰有所了解：他曾经登上博讷维尔[6]附近的摩勒山观景台，一直走到阿尔克河畔的博讷瓦尔[7]。他

[1] 这位罗马帝国犹太行省的第五任总督最出名的事迹是判处耶稣钉十字架，传说他死在瑞士的彼拉多山。

[2] 参见瑞士博物学家康拉德·格斯纳（1516—1565）发表的《关于山峰和其壮美之处的全面专论》。——原注

[3] 雅克·佩尔蒂埃·杜芒（1517—1582），法国数学家、医生、语法学家和人文主义诗人。

[4] 皮埃尔·德·龙沙（1524—1585），法国诗人。

[5] 瓦卢瓦的玛格丽特（1553—1615），又被称为玛戈王后，是亨利四世的第一任妻子，法国和纳瓦拉的王后。萨伏依公爵夫人（1606—1663），又称法兰西的克莉丝汀，是亨利四世和玛丽·德·美第奇王后的次女。

[6] 法国上萨瓦省的一个市镇，位于该省中部，也是该省的一个副省会。

[7] 法国厄尔-卢瓦省的一个市镇，位于该省南部。

知道如何描述雪崩，如何叙述登山的感觉：

> 当你往上攀登之时，你好像觉得山顶就在你目力估计的范围之内。但是你的眼睛往往会被蒙蔽，因为到了那里之后总会发现山顶在更高的地方。[1]

只不过佩尔蒂埃没有攀登过任何一座真正的山峰，他也不像格斯纳那样与阿尔卑斯山的大自然有过亲密接触，后者在面对阿尔卑斯山时，表露了对大山的真实的感情：

> 这事已经决定好了……从今往后，在我有生之年，我将每年都攀登若干座山峰，或者至少在植物生长繁茂的季节攀登一座山，为了好好观察这些植物，也为了让我在精神愉悦的同时使身体得到强有力的锻炼……我要抵抗自然的严酷，无论是谁都不能对这些值得持久凝视的高山妄下判断。[2]

康拉德·格斯纳，他的学生乔西亚斯·希姆勒，还有其他几个瑞士德语区的人都是例外，他们的作品不被看好并且很快被人遗忘。[3]

某一些文艺复兴时期的先驱者在17世纪没有找到任何响应。雷曼指出：

---

[1] 布吕谢在《古代旅游者的萨瓦》一书中给佩尔蒂埃贡献了一个章节，从第100页到第125页。同样可参见格兰德-卡特里特《山峰》第一章，第27—244页，以及瓦洛与昂热尔《勃朗峰山脉的文学图表》，第20页。——原注

[2] 参见格斯纳1541年6月给他的朋友雅克·沃格尔写的信。——原注

[3] 格斯纳的作品再也没有被重版。他的学生希姆勒运气则稍微好一点，代表作是用拉丁文撰写的学术概论《阿尔卑斯评论》。瑞士人余赫泽在1716年将其作品《地形与矿物学》做了修订。格斯纳只是在18世纪才有了一点名气。——原注

在17世纪，大山比在其他任何时候都更不受重视。[1]

在法国的花园和意大利的天堂美景之间，阿尔卑斯山就像一道屏障，矗立在两国“壮游”的道路之间，旅游者豪威尔在1650年形容它“又高大又吓人”，是“自然界的巨大而又丑陋的毒瘤”[2]；英国作家约翰·伊夫林途经辛普龙山口时，阿尔卑斯山让他感到“抑郁和痛苦”[3]；阿尔卑斯山也让那些经过塞尼山口的旅游者感到惶恐不安，我们都见识过；而在布鲁内[4]或弥尔顿[5]看来，阿尔卑斯山在任何情况下都没有一点价值。

古典主义作家在他们的某些旅游中，表达出了对山峰的恐惧，而这些山峰往往只是一些山冈而已。拉辛在给拉封丹介绍于泽斯的时候，用上了这样的语句：

不过，关于于泽斯的地理位置，您会发现，它位于一座很高很高的大山之上。[6]

夏培尔和巴肖蒙声称，要花一个小时的时间费老大的劲才能登上贾尔德圣母院[7]，看到土伦北部那些“直插云霄的高山”。至于圣博姆山，

---

[1] 雷曼：《法国阿尔卑斯山登山运动的演变》，第33页。——原注

[2] 《詹姆斯·豪威尔的家书》，1892年，第95页。豪威尔在1650年前后做了此次旅游。——原注。詹姆斯·豪威尔（约1594—1666），盎格鲁–威尔士历史学家和作家。

[3] 伊夫林：《日记和信件：1641—1706》，第139页。——原注

[4] 吉尔伯特·布鲁内，索尔兹伯里的主教，于1685年做了此次壮游。在《一些信件》中，他声称阿尔卑斯山是无趣的。斯平德勒的《英语文学中的阿尔卑斯山》坚持认为在英国的文学和艺术中几乎没有阿尔卑斯山的存在。——原注

[5] 弥尔顿在1639年从意大利回程的时候穿越了阿尔卑斯山，他只说了这几个字：“阿尔卑斯山那些寒冷的顶峰”。参见昂热尔《这些骇人的山峰》，第11页。——原注

[6] 《拉辛文集》，七星文库版，第402页，《给拉封丹的信件》。——原注

[7] 贾尔德圣母院，是马赛的象征，它建于150米高的一个山丘上，配有一座46米高的钟楼。

他们说：

那个地方几乎无法到达，看到它无不毛骨悚然。那是个地狱。[1]

塞维涅夫人为了去德龙省的市镇格里尼昂而穿越了塔拉尔[2]：

不久前还有人告诉我这座塔拉尔的山有多么多么的恐怖，我真恨这座山！有一段路车轮子都是悬空的，我们得抓住马车的车顶。

她把格里尼昂这些让她觉得“可怕”的山冈称作大山，但是这并不妨碍她感知它们的魅力：

我们只呼吸到雪的气息，我们面前的大山在可怕之余，还是很迷人的；我每天都希望有一位画家能重现这片广袤无垠的震撼美景。[3]

中世纪的朝圣者和现代的旅游者们在这些山峰中只看见了障碍；他们因为不得不翻山越岭而哀叹，也怜悯在此居住的人们。在这些通道中，走塞尼山的人最多，这也是收获最多哀叹的地方。旅游者们都熟知厄斯塔什·德尚写的关于萨瓦的民谣：

[1] 夏培尔：《游记》，1777年，第55页。——原注

[2] 法国罗讷省的一个市镇。

[3] 塞维涅夫人：《书信集》，七星文库版，第三卷，第877页，《给库朗的信》。——原注

这个国度是人间的地狱……
从艾格贝勒到塞尼山
必须在峭壁悬崖间跋涉，
在破旧的窝棚里过夜。[1]

他们一边念叨“路途艰难”一边前行，正如16世纪的雅克·勒塞日说的那样[2]。“恶劣的住处”，“恐怖的莫里耶纳山谷”；还有“横渡阿尔河[3]时的险象环生”以及“与狼群的恶遇”，就像1739年依旧在托马斯·格雷[4]和霍勒斯·沃波尔身上发生过的事情那样。一匹狼，当着那些束手无策的侍从的面，吃掉了沃波尔的猎犬，在攻击他们的马时，险些让马车坠入深渊。[5]

穿过阿尔卑斯山或者比利牛斯山的通道，在旅游者们的眼里，就是“一片受限制的空间”，那里没有任何东西能激发人们的赞美之情，即使是山脚下的那些城市也不行。

格勒诺布尔坐落于一个被奇峰包围的小山谷里，当你身处此地，会以为自己到了一个特别的世界。你几乎不知道是从哪里进来的，不知道能从哪里走出去，也不知道从哪里与外界保持来往。

---

[1] 厄斯塔什·德尚（1340—1407）在法国多位国王身边担任过重要职务；这位旅游诗人给我们留下了上千首叙事诗，其中有一首是关于萨瓦的，被布吕谢在《古代旅游者的萨瓦》中引用。——原注

[2] 勒塞日：《耶路撒冷游记事》，雅克·勒塞日当时是绒布商人。——原注

[3] 法国萨瓦省莫里耶纳地区阿尔卑斯山山谷里的一条河流，是罗讷河的支流。

[4] 托马斯·格雷（1716—1771），英国作家。

[5] 霍勒斯·沃波尔是部长的儿子。参见《信件》，1739年11月7日。——原注。霍勒斯·沃波尔（1717—1797），英国作家。

勒内·勒佩[1]在1670年前后做出上述观察。此人在布里昂松自然区还大声疾呼：

> 上帝啊！多么极端的地方！怎么会有人愿意居住在此地？……这里的一切都那么恶劣，没有一样东西令人赏心悦目。

对当地环境的恐惧，对当地居民的蔑视，这两种情绪越来越多地融入17和18世纪的旅游日记中。在杜蒙[2]的游记中也是如此，参观完大查尔特勒修道院，他写道：

> 这些就像是为野狼和野猪而造的高山，居然有一些人类在此居住。确实，这些人长得既像人，又像熊。他们穿着一件极其粗劣的衣服，而且会穿一辈子。[3]

为了到达那些人们最常走的阿尔卑斯山山口，要路过一些山谷——比如通往辛普龙山口的瓦莱山谷[4]，通往塞尼山口的莫里耶讷山谷，在这些山谷里，还有个话题也被人反复谈到，那就是阿尔卑斯甲状腺肿和克汀病。为什么偏偏就发生在这些地方呢？那些自然主义者做出的解

---

[1] 勒内·勒佩，又名普莱西-维勒纳夫爵士，是一名在多菲内失散的布列塔尼人，1662年，国王在多菲内将其任命为间接税税务总监。有关勒佩在多菲内的经历，参看莫里洛的《多菲内学术公告》（1889），第345页。——原注

[2] 让·杜蒙（1667—1727），法国作家、历史学家，曾在欧洲多国游历，写下大量游记。

[3] 莫里斯·赛肯德在多菲内参考文献《旧时的游客》（1899）第573页发表了杜蒙的《游记》。——原注

[4] 位于瓦莱州，该地区是瑞士西南部与意大利接壤的一个州，州府锡永。

释——水质问题——没能令人信服[1]。在我们看来，是路过那里的人多了，夸大了这种现象，差不多炮制了一个神话。那些有大把时间在山里无事可做的旅游者们，可以角逐看谁的学识更渊博：威特鲁威[2]提到梅杜尔人[3]的甲状腺肿，而“crétin”（克汀病）这个词就是“chrétien”（意为“基督教徒”）的瓦莱语变形而来。令人毛骨悚然的阿尔卑斯山甲状腺肿和克汀病，只是人类对大自然的畏惧的补充，是迪恩·麦克康奈尔[4]所说的那种“负面的吸引力”。每一个旅游者都对此添油加醋，科里亚特喋喋不休道：

> 当我到达艾格贝勒[5]的时候，我见到了大量的长着厚嘴唇和大脖子的男男女女，拉丁语管这叫“strumae”（即“甲状腺肿”），体积跟男人的拳头一样大，是因为饮用雪水造成的。他们的一些肿块甚至有我们的足球那么大。[6]

在18世纪末，人们的思考变得更加科学了，威廉·考克斯用了整整一份信函的篇幅来探讨阿尔卑斯克汀病。法国天文学家、数学家拉朗德声称：

> 我不会谈论克汀病，因为几乎只会在瓦莱地区才会见到这种病症。

[1] 医生们知道甲状腺肿是一种生于甲状腺的肿瘤。为什么它会出现在这样的山谷中，而在1840年后又消失了？是由于清洁卫生工程吗？维亚德医生（在论文中）或议事司铎科罗兹如此追问，参见《1815—1860年的莫里耶讷山谷》，第74页。另有路易·夏博特《爱上莫里耶讷山谷》，第22页。——原注

[2] 马尔库斯·威特鲁威·波利奥（前80或前70—约前25），古罗马作家、建筑师和工程师。

[3] 对一个控制莫里耶讷山谷的众多阿尔卑斯山山口的山区部落里的人的称呼。

[4] 参见迪恩·麦克康奈尔《旅游者：休闲阶层新论》（1976），第39页。——原注

[5] 法国萨瓦省的一个古镇，位于莫里耶讷山谷的入口处。

[6] 《科里亚特的野游》第一卷，第220页。——原注

他总结自己对于甲状腺肿的论述时说：

> 它们是如此普遍，以至于都不知道得病是正常的还是不得病是正常的。[1]

19世纪上半叶的旅游者们有同样的思考。托普费的一幅漫画展示了一个克汀病及甲状腺肿患者“在一间小旅馆纠缠游客”并且“戴着一条奇怪的围脖”的画面。众所周知，这位瑞士漫画家就是东走走西看看，有足够的时间驻足观察。自从旅游者们可以坐火车更快地穿越阿尔卑斯山，而不需要看到这些本地人之后，这些早年经常出现的克汀病、大脖子病的主题内容就从旅行文学中消失了。

出现在旅游者手记中的那些针对阿尔卑斯山居民的负面观点持续了很长时间，并没有随着这些旅游者面对山峰时的恐惧和对山顶的无知而消失。在1741年之后，有关野狼和悬崖的恐惧渐渐从旅游日志中不见了，让位给了一个被人们津津乐道的英国人的逸闻趣事，这个英国人在朗勒堡待了8天，从山上掉下来之后还要不停地往上爬，就为了体验被收拾的乐趣。[2]

二、谁是勃朗峰的命名者?

谁是第一个看到它的？是谁给了它一个名字？具体到这个名字又是谁给起的？在1532年，德尼·波索在到达第戎之前做过如下记录：

---

[1] 拉朗德：《意大利之旅》(1765)，第19—32页。——原注

[2] 波利尼茨：《书信与回忆》(1797)，第197页。这个轶事已经在拉朗德的《意大利之旅》第19页中出现。该英国人的名字不得而知，是一个发现了“雪山乐趣”的无名氏。——原注

> 从那个地方（瓦勒叙宗[1]）开始，地势急剧上升，我们一直往上朝一棵栎树方向攀爬，而这棵栎树就在我们刚经过的一座山峰上，从那个山峰可以看到圣贝尔纳峰和德国境内的一些山峰。[2]

夏尔·艾蒂安的《旅游指南》沿用了波索的说法。[3]而专家们都认定那些“德国的山峰”指的就是汝拉山，而“圣贝尔纳峰”指的就是勃朗峰[4]。在艾蒂安的长期影响下，大量的18世纪的作者还是把那个阿尔卑斯巨人称之为“圣贝尔纳峰”，这些作者更熟悉其方位。德·费尔的地图、德利尔的地图和卡西尼[5]1744年绘制的《新法国地图》都把这个名字弄混了。1783年，在第一次攀登勃朗峰的三年前，帕叙莫——卡西尼手下的一名工程师——还在说：从第戎望过去，只有在特殊情况下才能看到圣贝尔纳峰。[6]

圣方济各·沙雷氏[7]会不会就是勃朗峰的命名者呢？《蓝色指南》曾

[1] 法国科多尔省的一个市镇，位于该省东部偏北，属于第戎区。

[2] 波索：《圣地之旅》，评论家谢弗编辑版本，第23页（1532年3月16日）。——原注。德尼·波索（？—1532），法国牧师。

[3] 夏尔·艾蒂安：《法国道路旅游指南》，第25页。“可以在那里伸张正义的圆形栎树（传法国国王路易九世经常在巴黎万森森林的栎树下审理案件，为普通百姓伸张正义，此后‘栎树’成了‘公义’的象征。——译注）；在晴朗的天气，从那里可以看到圣贝尔纳峰和德国境内的山峰。”——原注

[4] 参见梅特里埃的《从第戎看勃朗峰》所做的验证，第8页。从栎树观景农庄（海拔479米）看过去，在极好的天气条件下，勃朗峰确实清晰可见，而其他山峰则不那么显眼了。——原注

[5] 地理学家德·费尔的《法国地图》（1744）标注了勃朗峰的方位，名字是圣贝尔纳峰。在德利尔的地图（1721）和卡西尼的《新法国地图》（1744）中均是如此。——原注。塞萨尔－弗朗索瓦·卡西尼·德·蒂里（1714—1784），也称作卡西尼三世或蒂里的卡西尼，是一位法国天文学家和制图师。

[6] 帕叙莫：《自然历史观察》，第53页。他探讨了远古时期罗讷－索恩走廊的人所做的观察，根据这些观察，汝拉山和阿尔卑斯山良好的可见度是第二天恶劣天气的预兆；他以从第戎可以看见的圣贝尔纳峰来举例。——原注

[7] 圣方济各·沙雷氏（1567—1622），法国主教，“最小兄弟会”会士及方济嘉布遣会会士。

断言过[1]，大学者保罗·帕约也说过（尽管他对此表示后悔）[2]，档案学家勒多讷利埃[3]也持同样的观点。1603年，一封来自日内瓦的主教的信件，把“发源于勃朗峰的阿尔沃河”与一条从骷髅地[4]流出来的“生命之河”作对比。这一“恶劣的语言错误”[5]不过是亨利·戴维·法布尔[6]的一个谎言。这位神圣的主教确实在1606年夏天去霞慕尼做过主教教区走访，他并没有为冰川驱魔[7]，却给圣方济加·尚达尔[8]写信，表达了他的惊恐：

> 这需要莫大的勇气。有人双脚都磨破皮并且鲜血淋漓。
>
> ……过去的这几天里，我看到了这些覆盖着厚达10到12矛[9]冰层的可怕山峰，而且附近山谷的居民们告诉我，有一个牧民下到一个深达十几矛的崖缝里去救他的一头奶牛，结果被活活冻死在里面！[10]

---

[1] 吉德蒂：《人类与阿尔卑斯山》（1957）。——原注

[2] 保罗·帕约：《在勃朗峰的国度》（1950），第219页。霞慕尼的市长曾经告知我这个命名一度被滥用。——原注

[3] 加斯东·勒多讷利埃的报告，《戴尔菲纳学会会刊》1949年10月号。——原注

[4] 又称为“各各他山”，天主教典籍译为加尔瓦略山或哥耳哥达，意译为“骷髅地”。此地乃是罗马统治以色列时期耶路撒冷城郊之山，据《圣经·新约全书》中的四福音书记载，耶稣基督曾被钉在各各他山上的十字架。

[5] 议事司铎思科瑞，时任撒勒爵学术联盟会长。我引用的是他给我发来的一份讲稿中的说法。——原注

[6] 亨利·戴维·法布尔，逝世于1891年，有名的日内瓦造假者（于1864年在里昂被判轻刑），伪造了大量圣方济各·沙雷氏的信件。参看思科瑞的小册子《有关圣方济各·沙雷氏的假签名的问题》。至少有6份这封有关勃朗峰的信件的知名样本，勃朗峰使得这封信在19世纪末一群热爱登山的读者中“价值攀升”。——原注

[7] 参见前注提及的保罗·帕约的作品，第119页。——原注

[8] 圣方济加·尚达尔（1572—1641），原名珍妮·弗朗索瓦·弗雷米奥，与尚达尔男爵成婚。丧夫之后加入到圣方济各·沙雷氏的教区，并在其协助下创立罗马天主教女性宗教组织“圣母往见会”。

[9] 法国旧时的长度单位，1矛约等于1.6米。

[10] 《圣方济各·沙雷氏作品集》，圣母往见会版。——原注

在古典时代最常使用的词汇就是“穆迪峰”“穆迪山”[1]。在1635年，皮埃尔·德·阿维尼[2]没有指明地点，却将它描述了一番：

> 当地最高的山就是那座冰山，因其常年覆盖形如水晶的冰雪而被本地居民们叫作诅咒山。它是如此高耸，以至于从圣塞瓦斯蒂安门走出里昂时，哪怕距离相隔40古里也能看到它，因此在其顶峰必然无法居住，福西尼地区其他的山峰也是如此。[3]

这个说法随后在各种旅游指南[4]中被转载，“穆迪山”或“穆迪峰”[5]被大量标注在18世纪的地图上。山顶被介绍为“当地最高点”，福西尼（而非阿尔卑斯山）被定位在博讷维尔北部的方向，就像从日内瓦看到的那样。这座高地的位置经常被标注于阿尔沃河的两边[6]，这种不精确的标注在18世纪一直持续，索绪尔在追忆年轻岁月的时候对我们说：

> 他所在城市（日内瓦）的老百姓们给予勃朗峰和环绕着它的那些白雪覆盖的山峰的名字，就是那些被诅咒的大山的名字。[7]

“勃朗峰”这个名字本身，出现在1744年的一篇文章——《皮埃

[1] 法语名“Montagne Maudite”，意为“受诅咒的山”。

[2] 皮埃尔·德·阿维尼（1573—1635），17世纪法国前古典时期的士兵、作家、历史学家和地理学家。

[3] 参见梅特里埃的《皮埃尔·德·阿维尼和阿尔卑斯山》。——原注

[4] 库隆：《法国河流或河流历史与地理总述》第二卷，第27页逐字逐句地做了转载。——原注

[5] 以该形式出现的标注最早出现在日内瓦的雅克·古拉尔绘制的莱芒湖（即日内瓦湖）地图上，随后被反复使用，并且嵌入到墨卡托1606年制作的《地图册》中。——原注

[6] 亚伯拉罕·鲁维尔1760年绘制的瑞士地图，只在福西尼镇区域标注了一座位于阿尔沃河畔的名叫马利峰的山峰。——原注

[7] 索绪尔：《阿尔卑斯山之旅》第二卷，第144页。——原注

尔·马泰尔在霞慕尼冰川的游记》——之中，而且到1781年才首次被标注在一张地图上[1]；直到1786年，它才在由皮克泰[2]绘制的地形测量地图中，找到自己真正的位置[3]。而那些“冰峰”或“穆迪峰”之类的叫法，直到1800年之后才从地图上消失[4]。

三、冰川与温德姆

在现代，“glacière”[5]这个词适用于所有即使在夏天也能让冰雪保持不融化的地方，它既可以是冰穴也可以是冰渊，在那个人们还没有掌握制冷技术的年代，居民们夏天来到这些地方获取宝贵的冰块，然后将这些冰块运到城里。马赛就是接收这些来自圣波美冰川[6]的冰块的地方。在18世纪，“冰峰”或“冰川”既指那些终年冰雪不化的高地，也指那些下探到阿尔卑斯山谷底的冰柱或者冰瀑。在18世纪，它们下探到特别低的位置，那些气候历史学家，比如埃马纽埃尔·勒华拉杜里，发现在17世纪末到18世纪的时候有一段地球降温的时期，他们称之为“小冰川期”。在这段寒冷的时期，一些旅游者们发现了冰川，这并不只是一场巧合，就好像冰川是主动迎上去的。事实上，这些旅游者故意避开了那些惯常的登山通道，为的就是深入到高山腹地。1740年后，他们声称发现了“冰川之镇”，在伯尔尼高地[7]山脚下的格林德瓦[8]和霞慕尼

---

[1] 《一位法国旅游者绘制的瑞士整体地图》（1781），作者不详。——原注

[2] 马克·奥古斯特·皮克泰（1752—1825），瑞士日内瓦人，物理学家、气象学家和天文学家。

[3] 为索绪尔的《阿尔卑斯山之旅》而绘制。——原注

[4] 参见马修斯《勃朗峰年鉴》，第8页；杜里埃《勃朗峰》，第19页。穆迪峰如今指的是勃朗峰的一座次峰。——原注

[5] 法语“glacière”旧义指冰川，今指冰洞、冰穴、冷冻库、冷藏室、制冰工场等。

[6] 是一座延伸于法国罗讷河口省和瓦尔省之间的山脊，海拔为1147米。

[7] 位于瑞士首都伯尔尼附近。此地拥有优美的自然景观，依山傍水，阿勒河、少女峰、艾格峰、僧侣峰都位于此区。

[8] 位于瑞士伯尔尼州中部的市镇，是瑞士著名的冬季旅游目的地。

冰川，皆位于勃朗峰之下。

1740年前后，人们是怎么称呼“霞慕尼冰川”的呢？英国旅行家温德姆和波科克的《游记》体现了人们在思想上的模糊。1741年，他们从日内瓦出发，在阿尔沃峡谷的最高处去看那些人们对他们说过的冰川。他们知道，那些去隐修院的旅游者早就注意到了这种不寻常的景观。这两位不列颠人受游览的好奇心驱使着，但是他们并不知道去哪里寻找那些冰川。自1648年以来，“霞慕尼冰川”这几个字就出现在地图上了，但是坐落点各不相同：在最初的版本中，是整个阿尔沃河南岸的山脉；在丹克茨[1]1680年到1752年间的版本中，这些冰川又被置于阿尔沃河的源头；在布劳[2]的《萨瓦剧场》中，它们又被标注在阿尔沃河北岸[3]。温德姆解释道：

> 我们是从当地农民处得知这些冰川的。首先，他们把那些穿过山谷的冰川尾部指给我们看……这些并不能满足我们的好奇心……我们又向这些农民提出了很多问题，就为了搞清楚上山的途中我们能不能看到更多的东西……

温德姆和波科克在探险旅游中将霞慕尼冰川的位置确定了下来。

> 我们穿过阿尔沃河，绝大多数的地图都把这些冰川标注在霞慕尼的同一侧，但都标错了。

---

[1] 贾斯图斯·丹克茨（1635—1701），荷兰阿姆斯特丹人，其家族“丹克茨家族”是17世纪主营地图制作与销售的家族企业。

[2] 琼·布劳（1596—1673），荷兰制图师。

[3] 有关冰川的方位和概念的相关问题，详见昂热尔、瓦洛的作品以及瓦洛与昂热尔合著的《这些骇人的山峰》《勃朗峰山脉的文学图表》，马修斯的《勃朗峰年鉴》。——原注

他们还更正了一处错误：

> 冰川的突进是近期才发生的事情；以前，有一条通往意大利瓦莱达奥斯塔的便捷的通道。
>
> 我们的向导向我们保证说，在他们父辈那个年代，冰川微不足道，甚至有一条从这些山谷中穿过的通道，从那里只用六个小时的时间就进入瓦莱达奥斯塔……冰川大规模地增长，这条通道目前已经走不通了。

这个在18世纪被反复提及的“传说”[1]反映了一个事实：冰川往山下的移动。日内瓦人马泰尔在1742年确认了之前那些不列颠登山者说过的事情；他还补充了有关勃朗峰的细节和温德姆没有提到过的一些山峰。马泰尔写道：

> 我说过，那些人们（从蒙当维尔冰海）看见的山峰或者山尖很高，且数量众多。我能辨认出三座主峰，知道有一座朝向南部的德鲁峰[2]，有两座朝西……马莱峰[3]上的艾格峰和最西边的勃朗峰。正是这个勃朗峰的山尖，高于其他的冰川，或许就是阿尔卑斯最高峰。

值得注意的是这本《游记》把勃朗峰置于冰川之列。这一宽泛的概念在最早由日内瓦物理学家让-安德烈·德吕克提出的定义中就有出现；

[1] 传播者包括马泰尔、拉罗什富科、摩尔、布里等人。——原注

[2] 勃朗峰高地的一座山峰，位于霞慕尼的勒斯普拉兹小镇以东，海拔为3754米。

[3] 勃朗峰高地的一座山峰，海拔为3989米。

1754年，他第一次去霞慕尼旅游[1]：

冰川，是高山、山谷和小山谷的集合体，由冰雪凝结和覆盖；从远处看，它们好像只形成了一个冰层，一个硬冰壳……人们就是把这种冰的流动称之为冰川。

在霞慕尼冰川的不列颠旅游者后面很快跟来了日内瓦人、学者、艺术家等人。从一开始，对英勇的追寻、旅游的好奇和科学的探索就糅合到了一块。19世纪那些旨在弱化1741年那些英国人的角色、以便提升瑞士探险家的功劳的论战是很可笑的。[2]在我们看来，以下几点是确凿无疑的：

一、温德姆和波科克是最早在旅游好奇心驱使下，在霞慕尼的冰川地区游览的旅游者；也是最早描述了他们眼中全新的冰川景致的人。在到达了蒙当维尔冰海后，被美景所震撼并且努力找寻相关资料的温德姆想到了他读过的关于格陵兰岛的书籍，做出如下观察：

旅游者们对格陵兰海作出的描述跟这里的景致无比的接近。应该把这里想象成一个被大风掀起狂澜后又瞬间被冻结的湖面。

二、这个形象，毫无疑问，为之后被采用的名称——“冰海”做了铺垫，不只是霞慕尼，还有格林德瓦——在此处艾格峰俯视下的两座冰

[1] “Chamoimi/Chamougny”都是霞慕尼的传统拼法。然而从19世纪开始，老学究们强行推广“Chamonix”这个拼法。——原注

[2] 马卡姆·舍威尔，其作品为《霞慕尼山谷简史速览》（1832），由他开启的论战，显然是建立在隐修院的文献档案基础上的。杜里埃的《勃朗峰》第66页中的初试锋芒并不影响一些后续发展。如此，布雷若尔特在法国登山俱乐部的月刊《山峰》杂志（1905年6月20日）发表的《征服霞慕尼》一文中写道：“英国人不懂得观赏勃朗峰；是日内瓦人发现并赞美了它。”——原注

山也被称为冰海。

三、温德姆和波科克的探险旅游引发了人们巨大的好奇心，掀起了一股探索高山的热潮。那些“标杆人物”往往是阿尔卑斯山登山者，而登山事件也在1741年的后半个世纪里更多了起来。这首先涉及的，就是海拔越来越广为人知的勃朗峰。

位于大通道外的欧洲最高峰是（或者几乎是）第一个被命名的，第一个被测量和几乎是第一个被攀登的，这有些匪夷所思。

四、温德姆与萨瓦冰川游记

温德姆[1]选择了《游记》这个书名并在他流传的部分手稿中沿用。这部用法语撰写的《游记》冒充“一封写给一位日内瓦朋友的书信”[2]。文本相当有趣[3]，充满真情实感，作者吹牛的话挺逗人开心的。温德姆是第一个完成了一个壮举并把它讲出来的人。他只承认有一位前辈，余赫泽[4]。这位导师和他一起做过一次“壮游”，也使他萌发了此次探险旅游的想法。他当时在日内瓦，并对该地感到厌倦；并不只是他一个人这样，其他与天然水晶猎手打过交道的绅士们也很希望了解人们说过的冰川是什么样。需要找到一个有经验的同伴，1741年6月到来的日内瓦的受人尊敬的牧师波科克是合适的人选。这个探险队就这样轻而易举地组

[1] 威廉·温德姆（1717—1761），出身于一个诺福克的大家族，后成为上校和国会议员。他的儿子是政治家，也是威廉·皮特的朋友。他的导师是他的表亲本杰明·斯蒂林弗利特，威廉·考克斯为后者撰写过传记。——原注

[2] “通信”是一种在18世纪深受欢迎的体裁；这个日内瓦人是雅克·阿劳德（1648—1746），因为在英国摄政王宫廷里获得名望而得到了“摄政王的画家”的雅号。——原注

[3] 大家可以在昂热尔的《这些骇人的山峰》中，或是在我本人的论文《旅游的发明》中读到完整的文本。——原注

[4] 他的《阿尔卑斯山》描述了瑞士冰川。温德姆没有引用瑞士医生、诗人和旅行家阿莱的诗歌《阿尔卑斯山》（1733），因为没有翻译过来！——原注

建起来了：八个主人，都是英国绅士[1]，外加五个仆人。

所有的人都骑着马，全副武装，带着帐篷，给人的感觉就是去远征。在萨朗什[2]，波科克穿了一件“阿拉伯服装”（《游记》中写到），别人还以为他是“奥斯曼大帝”呢。[3]

这些英国人尽可能快地赶到了霞慕尼，打探着冰川的方位，急于找到能当他们向导的农民。这一切，在《游记》中的描述都是惊心动魄的，温德姆着重记录了那些天然水晶猎手走的那条小路途中的各种困难、危险和艰辛——风景被说成是“恶劣的”[4]，这些年轻的不列颠人花了四小时四十五分钟攀登到蒙当维尔冰海，这没什么了不起的！然后，他们下到冰面上，并且在那里溜达了半个小时。他们的好奇心仅限于冰隙和大冰块。他们清楚地意识到他们实现了“第一次”，于是举杯庆祝“英军的胜利”。从这以后，在山顶表达爱国主义就成了一种惯例[5]。他们没做任何探索，也没做测量（他们连罗盘都没有），没有给任何山顶命名，而且很快就离开了。“我们的好奇心得到了充分的满足。”温德姆写道。回程途中，在博讷维尔，这些不列颠人纯粹因为喜欢战功，而且觉得可以不费吹灰之力，于是经不住诱惑攀登了摩勒山[6]；而在五个小时的攀登过后，他们的幻想破灭了，他们发现了一个“很尖很尖的山

---

[1] 波科克到处旅游，一直到了地中海东岸地区。这个旅游团队中还有本杰明·斯蒂林弗利特，一位苏格兰贵族，但是没有任何科学家。——原注

[2] 一个位于霞慕尼地区的小镇。

[3] 据温德姆记载，波科克的这套服装是从君士坦丁堡带回来的。日内瓦博物馆有一幅画，是儒勒·莱奥塔德的作品，画的是波科克戴着头巾穿着长袍的形象。1743年的《赫尔维西亚日报》评论道：“纯粹是开玩笑，几乎与莫里哀的《贵人迷》中的土耳其场景一样了。”——原注

[4] 法语“affreux”有多重含义（可怕、恐怖、丑陋等），最接近词源的词义用来指风景的“恶劣”。

[5] 此类行为从插国旗演变为以某人的名字命名；或者作为一个奖项的名称（比如在19世纪末由阿诺德·伦恩发起的一项滑雪比赛被冠名为“坎大哈杯”）。——原注

[6] 位于上萨瓦省的一座山，俯临博讷维尔市，是冬季滑雪和夏季旅游胜地。

顶”[1]。这些英国人观赏着山顶全景：可以看到“日内瓦湖的迷人景色”和“险峻山峰（未命名）的最秀丽的风景”。在温德姆之后，攀登摩勒山与冰川徒步联系在了一起；摩勒山成为测量勃朗峰尺寸的地方，以及欣赏壮丽全景的宝地。《游记》写着写着就戛然而止，既没有总结也没有延伸就结束了，只给出了一些实用的建议。温德姆交代了应该带上的工具（锁链和笼头），就地购买杀来吃肉的牲畜。这样的话，其他人就可以“探究哪些东西引人好奇”。“引人好奇”，这个在文本中被反复提及的词，就是该游记的结束语。

实际上，冰川旅游的动机是旅游的好奇心，而非对科学的好奇心。“温德姆和波科克的壮举使得霞慕尼的冰川在以沙龙和学府为中心的欧洲广为人知”[2]，一本浪漫主义时代的旅游指南里这样写道。名声被建立起来了，然而温德姆和马泰尔的《游记》却几乎被人遗忘，它的印数相当少，甚至让人以为印出的那些在19世纪末之前就已经遗失了[3]，后人只找到少量的样本并根据这些样本将它们考究地做了编订。在18世纪末，发现勃朗峰的日内瓦人让-安德烈·德吕克、布里和索绪尔并未读过他们通过道听途说谈及的那本《游记》。布里只提到“两位英国绅士”，没有再说别的[4]；索绪尔提及“霞慕尼的老人们”对他说过的事情，“这些老人回忆当时的情景，嘲笑那些旅游者的恐惧和他们那些无用的谨慎”；索绪尔没有点名道姓，如此介绍他们：

> 被看到冰川的好奇心吸引到霞慕尼的头一批有名的外国人或许把这座山谷视为强盗窝，因为他们去那里时全副武装，由一批

[1] 确实，摩勒山（1869米）几乎与蒙特威尔海拔相当，但是博讷维尔海拔为450米。当时没有道路可走；山顶呈长满青草的金字塔状。——原注

[2] 埃贝尔：《霞慕尼山谷旅游路线》（1838），引言。——原注

[3] 温德姆的三部法语手稿以及马泰尔的三本英文版手册。——原注

[4] 布里：《萨瓦的冰川、冰原和冰海之描述》（1773），书中多处。——原注

同样武装的仆人陪同；他们不敢踏入任何民居；他们住在自己带去的帐篷里，让篝火彻夜燃烧，派遣守卫通宵站岗放哨。[1]

五、皮埃尔·马泰尔的冰川之旅

在温德姆完成探险旅游一年后，皮埃尔·马泰尔这位日内瓦测绘工程师做了一次与英国人一样的旅游。他用英文出版了一本题献给温德姆这位“英国绅士”的小册子[2]。他一开篇就说所有的一切都要归功于英国人。“我们采取了和诸位一样的预防措施”，他再次提及那个形象化的、把冰川比作“一个被大风掀起狂澜后又瞬间被冻结的湖面”的比喻。马泰尔为了不在冰川遇上大雪，选择在8月20日这一天出发。他此行也非常短暂，去霞慕尼、攀登摩勒山加上回程只用了一天的时间。所有这些相似之处证明马泰尔把两部游记合成一册是妥当的。[3]

确实是同样的路程，但是由不同的人来走，并有着明确的科学目标。马泰尔的旅游队伍不如温德姆的队伍庞大：五位“主人”而不是八位，除一个人外全都是日内瓦人，没有一个贵族。他们都是中小资产阶级。事实上，这个团队并不是在偶然的相遇中随便组建起来的，而是本着“多学科”（今天可能会采用这种说法）近距离探索高山的意愿。马泰尔的每一个同伴都有各自的专业领域：晶体学、动物学、植物学、制图学。团队的目标就是，完成英国先驱们由于缺少器材和缺乏能力（这一点宽厚仁慈的马泰尔并没有明说）而没能做到的观测。马泰尔是数学家和测绘学家，他带上了罗盘、气压计、绘图工具，一停下来就做测量，测量结果都被他记录在案。马泰尔打算着手研究他的课题：冰川。

[1] 索绪尔：《阿尔卑斯山之旅》（1786）第二卷，第141、144页。——原注

[2] 《两封书信描述萨瓦的冰川或阿尔卑斯冰山》，1744年出版的、印量很少的手册。——原注

[3] 这两本游记最先是用法语撰写的，随后它们以手稿的形式流传至日内瓦，1743年《瑞士信使》月刊对它们做了评析。——原注

他对那些“波浪”——他就是这样称呼那些高地不平的冰面——发表了自己的看法；它们“全部都是往同一侧倾斜的形状”。马泰尔就冰川此消彼长的形状做出对照，并且否定此种运动是周期性的。接着，他提出了一套冰川成型的理论：

如果大家想象一下我说过的那些山顶高耸入云的高山，如果大家想象一下平原上下一点点雨加上这些被大雪覆盖的高山雪融后产生的巨大水量，而且这些水和雪在太阳落山后即转化成冰，那么就很容易发现覆盖这个山谷和这些高山的冰长期不化的成因。

作为创新者，马泰尔考虑制作一份高地的测绘图，为某些山峰命名，这是温德姆之前没有人做过的。他是这么说那些从蒙当维尔冰海冒出来的山峰和山尖的：他描述“德鲁峰”，并把这座矗立于眼前的山峰与“方尖塔”和“哥特式塔”相比较，而在另一边，“四个山尖和德鲁峰风格一致，就叫它们夏尔莫诸峰”。他在地图上确定最高的那几个“尖”（原文如此）的位置，从霞慕尼而不是蒙当维尔肉眼可见，马莱峰，尤其是“被视为冰川地区甚或阿尔卑斯山最高峰的勃朗峰，好几个在此旅游过的本地人向我保证从朗格勒就看见它了，其他人说从第戎就能看到”。马泰尔是第一个将自16世纪以来人们对阿尔卑斯山一成不变的、模糊甚至富有传奇色彩的印象进行更正确定的人，也是第一个将勃朗峰放在正确位置上并给予它一个几乎很精确的海拔的人，他给出的海拔是4495米[1]。

皮埃尔·马泰尔的功劳并不在于他对于勃朗峰的欣赏，德鲁峰更加令他印象深刻；他的功劳在于将霞慕尼周边的各座山峰一一列出，给予

[1] 马泰尔的游记被多位作者转载过，尤其是在昂热尔和儒塔尔合著的《勃朗峰的发现》（档案丛书）中提到了转载内容。——原注

了正确的命名，测出了近乎精确的海拔，并且就此奠定了勃朗峰的卓然地位。与温德姆相比，马泰尔做出的观测的数量和质量都令人印象深刻，他懂得评估、观察、询问、研究当地居民的素质。他的《游记》是第一部关于山岳的专著，当时并没有引起人们的注意，我们却能从中找到那些随后被考克斯和雷蒙发扬光大的主题。马泰尔终于发现了冰海，那是阿尔沃河主要支流阿维龙河[1]的源头。在信息不明的年代，他不仅仅转述了“故事”，“一年揭开两次面纱的冰下宝藏”，还特别表达了一份仰慕之情，多亏了他，这个地方才有幸成为霞慕尼最负盛名的胜地之一：

> 布瓦[2]的冰川最壮观，不仅仅因为它的美丽和宏伟，还因为阿维龙河从这里发源。

六、冰川之旅的流行

登山运动的史学家们坚持认为霞慕尼冰川的发现具有开创性。实际上，温德姆和马泰尔的《游记》，因为发行量极少，并没有立即激起较大的反响。像诗歌《阿尔卑斯山》那样的德语作品的影响比那部《游记》要更大一些。冰川之旅的流行确实是从18世纪中叶才开始的，但那时最有名的冰川是位于伯尔尼高地的、唯一在1757年的《百科全书》[3]中被提到的冰川。霞慕尼没有格林德瓦那么大的名气，在温德姆造访二十年后，除了几个英国人到过，那里依旧访客寥寥。日内瓦人索绪尔1760年首次游览霞慕尼，发现在他之前到过那里的同胞很少，当然让-安德烈·德吕克和马泰尔1754年的到访除外。那些先驱者来过之

[1] 法国南部的河流，属于塔恩河的右支流，河道全长291公里，发源自塞韦拉克堡附近。
[2] 法国夏朗德省南部的一个市镇，属于容扎克区。
[3] 由法国启蒙思想家狄德罗主编的一套大型百科全书。

后，霞慕尼什么也没发生，索绪尔注意到：

> 在这个时期之后的最初二十或二十五年间，做这类旅游的人相当少见，到访的往往是一些住在神父家中的英国人。[1]

昂维尔[2]的拉罗什富科（时年19岁）在1762年把霞慕尼加入他的“环游”路线中，他知道自己是第一个到达冰川的法国人，他是这样对发现冰川表示敬意的：

> 1741年，这一年应该因为冰川这一重大发现而被载入史册……英国人劳苦功高。这比与巨人或翼龙搏斗更壮烈……从那以后，所有来日内瓦的英国人都会到这里游览；一些日内瓦人也来这里游览过，却尚未有任何法国人进行过尝试……我很惭愧，这些离我祖国如此近的高山竟然在我国无人知晓，却在那些离这里远得多的国家广为人知。[3]

这位年轻的公爵[4]与他的家庭教师和母亲一同出游，然后他把他俩留在了日内瓦。他的母亲操持着巴黎最辉煌的沙龙中的一个，并且与日内瓦的上流社会人士有往来，其中就包括索绪尔和让-安德烈·德吕克。于是，公爵与皮克泰、克拉帕雷德和雅拉贝尔这三位出身于日内瓦名门望族的年轻人取得联系，他们在霞慕尼相聚后一起徒步旅游。[5]他的游

---

[1] 索绪尔：《阿尔卑斯山之旅》（1766）第二卷，第732页。——原注

[2] 法国夏朗德省的一个市镇，属于科尼亚克区。

[3] 拉罗什富科：《萨瓦冰川游记》，国家档案文献，法语手稿第15657号，第13页。——原注

[4] 1762年，他刚刚继承公爵的称号。他是“箴言”作家（弗朗索瓦·德·拉罗什富科，出版过《箴言集》）拉罗什富科家族的后代。美国独立战争时期的亲美上校，法国制宪会议时期自由贵族的杰出代表。——原注

[5] 拉罗什富科：《游记》，第14页。——原注

记便是写给他的家庭教师——“我尊敬的神父”的。

在18世纪60年代，游览冰川的客人不像以前那么少了，有十来个游客；在1770到1780年十年间有26个；在80年代至少有52人次；于是霞慕尼的地位超过了格林德瓦。[1]英国人依旧是最多的；各个沙龙都在反复说同一件事：巴麦尊子爵[2]于1767年到访霞慕尼，1770年是布里斯托尔伯爵[3]，然后是作家威廉·贝克福德[4]两次到访（1777年和1782年）。到霞慕尼去打一转按照今天的说法是“必做之事”。在1773年，波尔迪埃写道：“很少有路过日内瓦而不去霞慕尼的英国人。”[5]约翰·摩尔在1781年说到了个中原因：

> 我所听说的有关冰川的一切激起了我的好奇心，然而他们当中有一些曾经做过此番旅游，他们到处吹牛，表现出来的那种高人一等的神气每一天都在刺激我的虚荣心。你刚把一件新奇或稀奇的事情说出口，这些人无一例外都会一脸鄙夷地对你说：“我亲爱的先生啊，您说的那个的确不赖；但是，请您相信我，您说到的那一切跟冰川相比，根本不值一提。”[6]

冰川的盛名在七年战争[7]之后建立起来；这离不开通过手抄本流传

[1] 加文·德·贝尔的作品《在瑞士的游客们》所做的统计。——原注

[2] 一译帕麦斯顿。指第二代巴麦尊子爵亨利·坦普尔（1739—1802），英国政治家，其子曾任英国首相。

[3] 乔治·威廉·赫维（1721—1775），第二任布里斯托尔伯爵。

[4] 参见苏珊娜·加尔津《萨瓦史》（1986）的《在萨瓦的英国人》分卷，第5页。——原注

[5] 安德烈·恺撒·波尔迪埃：《萨瓦冰川的秀丽风光之旅》。——原注。波尔迪埃（1746—1802），法国牧师、参议员、议会理事，是第一个称颂冰川壮美景色的人。

[6] 约翰·摩尔：《一位英国旅游者关于法国和德国的书信集》第四卷，第158页。第24封信描述了在冰川的旅游。——原注

[7] 七年战争发生在1756年至1763年，由欧洲列强之间的对抗所驱动。1763年法国、西班牙与英国签订的《巴黎和约》，以及萨克森、奥地利与普鲁士签订的《胡贝图斯堡条约》，共同标志着七年战争的结束。

开的旅游日记，离不开在沙龙和学院里把它作为谈论的话题，离不开专门的旅游手册的出版以及绘画作品。如此难以用文字描述的冰川之美，用画笔去勾勒或描绘岂不更好？马泰尔在他的《游记》的空白处就画了很多画。雅拉贝尔[1]也画过。像巴麦尊子爵那样的大人物，也带过画家去冰川。日内瓦多才多艺的诗人马克·泰奥多尔·布里，从1770年开始靠画阿尔卑斯山风景画营生。他也有一些竞争对手[2]，在竞争中取胜的关键是画作的质量，而不是画作的主题，首选的主题是霞慕尼和格林德瓦的冰川、阿维龙河的源头、倒映着勃朗峰的歇德湖[3]以及索绪尔登山。

旅游札记和导游手册将霞慕尼和格林德瓦的冰川、阿维龙河和吕奇讷河[4]的源头进行了比较。赖夏德总结道："霞慕尼是最有趣的"[5]；无论如何也是游客最多的。到访游客的人数惊人：1785年，根据布兰德[6]和拉朗德[7]的记载，1500名游客游览了霞慕尼冰川；1786年，根据博讷维尔总督的官方名单，有1700人[8]。这样的客流量，令山谷居民和当地政府感到惊讶，1776年当局向霞慕尼公证员帕卡要了一份报告，报告指出：

---

[1] 夏尔·弗朗索瓦·雅拉贝尔（1818—1901），法国学院派画家。

[2] 马克·泰奥多尔·布里的对手包括：普鲁士画家卡尔·赫克特（1740—1840），巴塞尔画家克里斯蒂安·德·梅切尔（1737—1817），瑞士德语区画家沃彻（1760—1830），日内瓦画家让·安托万·林克（1766—1843，偏浪漫主义）。——原注

[3] 位于日内瓦—霞慕尼沿线上的一个湖泊，1837年因干涸而消失。

[4] 瑞士伯尔尼高地地区的一条河流。

[5] 参见国家图书馆法语手稿1376fol.112匿名文献，和赖夏德《欧洲旅游指南》（1793）第一卷，第476页。——原注

[6] 布兰德的《日记》，被弗雷什菲尔德的《德·索绪尔》在第29页引用。——原注

[7] 拉朗德：《勃朗峰之旅》，《百科画报》Ⅳ，第43页。——原注

[8] 这份存于上萨瓦省文献馆的1786年尊贵游客名单，在泰雷兹·罗巴什的《霞慕尼和征服勃朗峰》（1786）第13页中被转载。该名单还被撒丁国王转阅。它列举了45个大名人的名字，还加上了"1647位其他游客"。——原注

> 山谷里没什么了不起的东西，如果不愿意说到位于那里、值得注意的冰川的话。因为好奇心吸引了很多外国人去那里看相当可观的勃朗峰，它可是我们这个星球上最高的山。[1]

见证者越来越多：英国人数量是最多的，还有很多图尔市的年轻人。约翰·格拉汉姆的导师布兰德在1785年指出：

> 整个夏天，在这里的每个驿站肯定能找到英国人。有些人带着妻女，有些人带着情人，但是最多的，还是跟我们一样，都是没经验的年轻人。

瑞士人（尤其是来自日内瓦和洛桑的瑞士人）和法国贵族占了很大的份额。在法国大革命前夕，全欧洲的贵族（普鲁士的男爵，威尼斯的显贵），和梅克伦堡亲王[2]一样的加冕元首开始到访冰川[3]。在18世纪末19世纪初，来冰川游览的既有一些大作家（譬如夏多布里昂），也有一些贵妇：维热－勒布兰夫人[4]（她的画作已经遗失），作家斯塔尔夫人，雷加米埃夫人[5]；还有两位法国前皇后：约瑟芬皇后[6]和拿破仑的第二任妻子玛丽·路易丝皇后，也分别在1810年和1814年到此一游！

进入此地的条件依旧困难。道路止于萨朗什，旅游者要骑马或者乘

---

[1] 上萨瓦省文献馆的《帕卡的公证数据》（1776），这里涉及的是著名的帕卡医生的父亲。——原注

[2] 即弗里德里希·弗朗茨一世（1756—1837），1785年4月24日成为新任梅克伦堡－什未林公爵，1815年被提升为大公。

[3] 根据1786年的名单。——原注

[4] 伊丽莎白·维热－勒布兰（1755—1842），法国画家，因其女性肖像画作品而著名。

[5] 珍妮·弗朗索瓦丝·朱莉·阿德莱德·雷加米埃（1777—1849），法国社会活动家、著名沙龙主办人。

[6] 约瑟芬·德·博阿尔内（1763—1814），拿破仑的第一任妻子，法兰西第一帝国的皇后。

坐敞篷马车[1]抵达霞慕尼，他们坐在狭小的马车上，面朝风景。攀登蒙当维尔的路途则须步行或者骑骡子；“有些女士坐在绑着木棍的木躺椅上被抬上山”[2]。每个旅游队伍招募相当数量的向导，这个数量是6人[3]。蒙当维尔缺乏歇脚地的情况长期被人诟病，游客们只能在“英国人岩石”[4]那里或者牧羊人的小棚屋中休息[5]。1779年布莱尔领主[6]自掏腰包命人建了个更好的庇护所[7]，歌德戏谑地把它形容成“蒙当维尔的城堡”[8]。一贯敢闯敢干的瑞士登山家布里，筹集资金建造了一个八角形的石头别墅，起名为“自然之殿”，于1795年竣工，可供人宿营。[9]

所有的游客，以这种或那种形式表达了同样的狂热：“我这辈子从来没见过这种在我的心中留下如此强烈印象的景色”[10]，并复述着温德姆描述的景象；“冰冻的海洋之臂”[11]，拉罗什富科这样写道。赖夏德用他的《旅游指南》记录了这样的说法：

> 对此能给出的最贴切的形象，就是翻涌的海洋的形象了，其聚集的海浪应该是突然被一只力量强大的巨手聚拢到了一起，变成一大堆固体。[12]

---

[1] 皮埃尔·德·苏黎世伯爵：《德拉布里奇夫人的旅游》。——原注

[2] 赖夏德：《欧洲旅游指南》第一卷，第503页。——原注

[3] 国家图书馆法语手稿（1783）。——原注

[4] 一块刻着波科克和温德姆两人名字的岩石，据传1741年两人曾在此地休息。

[5] 索绪尔在此处过夜。参照《阿尔卑斯山之旅》，第627页。——原注

[6] 查尔斯·布莱尔，一位居住在日内瓦的英国人，在蒙特维尔的观景处建了一座木材结构的庇护所，供游人在此观景歇息。

[7] 他当时记录为：“布莱尔的收容所。惬意舒适。”参见拉朗德《勃朗峰之旅》。——原注

[8] 歌德的信件，1779年11月5日，收入《萨瓦之旅》。——原注

[9] 这座“宫殿”在19世纪经常被人提到。1923年进行过修复，如今成为一间小博物馆。——原注

[10] 参见让·本杰明·德·拉伯德《1781年瑞士信札》，以及1783年被引用的国家图书馆匿名文本。——原注

[11] 前文提到的拉罗什富科的手稿。——原注

[12] 赖夏德：《欧洲旅游指南》第一卷，第505页。——原注

在那个年代，“冰海”这个表达方式并未普及。在地图上，特别是布里的地图，标注的是“布瓦冰川”[1]。但是，在19世纪初，冰海这个新的词语逐渐被人接受。夏多布里昂于1805年8月的一个晴朗的日子前往蒙当维尔，他自称是个很挑剔的人，所以更加实事求是地做了证实：

> 到达了山顶，那山顶只不过是勃朗峰的一个小圆丘，我发现它被命名为“冰海”是很不恰当的。你可以想象一下一个底部完全被一条河覆盖的山谷……这个山谷另一端有一面斜坡朝着霞慕尼山谷。这个斜坡，几乎垂直，被人们称之为“布瓦冰川”的冰海的一部分占据……冰海，并不是……一片海，而是，如果我们愿意的话，是冰封的莱茵河，冰海会是它的河道，布瓦冰川则是它在劳芬[2]的瀑布。

夏多布里昂给他的这本小册子题名为《勃朗峰之旅》，但是在里面没怎么提到高山顶峰，而更多的是关于冰川的；他对普遍意义上的高山做了一些思考。冰川旅游者们那时经常用漫不经心的眼光来看欧洲最高峰：在人们肉眼瞧见它的地方太容易犯错误了。即使是在索绪尔登顶之后，在这个风景名胜区，头号观光景点显然一直是霞慕尼冰川。

七、霞慕尼和冰海——最古老的“风景名胜”

“风景名胜区”是法国环境部和国际古迹遗址理事会[3]在1997年之

---

[1] 布里：《萨瓦的冰川、冰原和冰海之描述》（1773）。——原注

[2] 瑞士城镇，位于该国北部。

[3] 国际古迹遗址理事会是一个非政府组织，在世界遗产管理方面为联合国教科文组织提出建议。——原注

后推出的一个新概念，其定义是：

> 具有基本的自然特征、巨大的知名度、强烈的象征意义，并有大量游客到访的景点。[1]

我并不认为把文化和自然如此割裂开是恰当的[2]，但是如果在这点上坚持的话，必须注意的是，在若干个世纪中，那些吸引人、声名远播的地方都是一些有深厚历史底蕴的古迹景点，以及那些所谓的“奇迹”或“奇观”（如世界七大奇迹）；这些“具有基本的自然特征”的风景名胜的观光景点，只是在18世纪后半叶才随着冰川的发现而进入游客的视野。

大量客流在1763年之后开始出现，于是霞慕尼的客流量超过了格林德瓦。在勃朗峰被征服之前，霞慕尼在启蒙时代的欧洲就已经广为人知了；游客们则说对此地的迷恋是近期才开始的，罗莎莉·德·康斯坦[3]写道：

> 人们仅仅是从这个年代才开始欣赏这个围绕我们的雄伟壮丽的自然美景。大家从日内瓦远道而来，就为了在长期以来不为人知的霞慕尼进行徒步比赛。没有比这个更能为时尚帝国正名的了。就好像这些巍然屹立的山峰被索绪尔先生观察之后才开始被人发现一样。[4]

---

[1] 该定义于1997年在拉兹海岬举行的第一届风景名胜区研讨会中被提出。——原注

[2] 1999年3月，第二届风景名胜区研讨会在阿尔勒召开，我本人在此次会议上发言时介绍了相关历史，表达了我基本的保留意见。参见研讨会《会刊》。——原注

[3] 罗莎莉·德·康斯坦（1758—1834），瑞士插画家、博物学家。

[4] 康斯坦女士是斯塔尔夫人的朋友。这段文字出现在露西·阿沙尔的《罗莎莉·德·康斯坦，她的家庭和她的朋友们》（1902）。——原注

同时，居住在洛桑的吉本[1]记录称“游览霞慕尼的高山和冰川的时尚流行开来”。时尚、人潮，这些词汇在诸多旅游者的游记中出现，就像1783年那位无名氏作者，他把在阿尔沃峡谷该看什么都列举出来，把这座山谷比作格林德瓦和莱茵瀑布。他还写道，那里尤其有：

> 蒙当维尔的冰山谷，这才是霞慕尼的真正珍品。除了莱茵瀑布之外，我这辈子还从未见过像冰海这样在我心中留下如此强烈印象的地方。[2]

这种迅速的变化大概改变了霞慕尼人的心态，根据让－安德烈·德吕克的说法：

> 那种令人喜爱的山里人的自然淳朴在本区居民身上已经不见了踪影。[3]

性情温和的索绪尔觉得这种变化情有可原。这个村落的变化比村民思想上的变化还要大。没过多久，霞慕尼居民建起了客栈，由于客流量的增加，建这些客栈很有必要。“直至1765年，还没有适合居住的客栈，”索绪尔明确地写道，“也就是一到两家寒碜的小酒馆而已。”[4]布里提到，在不久之后的1773年，寡妇古特朗[5]把她的小酒馆改造成了“可居住的招待所”[6]；索绪尔强调说，“她的房间都非常干净”。就像阿尔巴

[1] 爱德华·吉本（1737—1794），英国作家、历史学家。
[2] 《日内瓦到霞慕尼之旅》（1783），国家图书馆法语手稿1376号，第108—112页。——原注
[3] 德吕克：《关于高山的历史和道德之信》（1778），第397页。——原注
[4] 索绪尔：《阿尔卑斯山之旅》第二卷，第145页。——原注
[5] 霞慕尼地区一位公证员的遗孀。——原注
[6] 布里：《萨瓦的冰川、冰原和冰海之描述》，第47页。——原注

尼·博蒙在1787年画过的那样[1]，坐落在村子一端的“古特朗客栈”样子很好看。她知道自己的客栈是最棒的，给它起名为“英格兰酒店”。为了讨好英国主顾们，在1775年前后开张的泰拉兹客栈[2]变成了“伦敦城酒店”；扩建后，这间酒店就是第一帝国时期霞慕尼最好的酒店了[3]。西蒙在1777年开了第三家客栈。[4]

索绪尔是这些进步的最佳见证者；他把客流量大增归因于冰川之旅的诱惑而非对勃朗峰的挑战，是很能说明问题的。他将1786年的情况与他第一次来霞慕尼时的情形做了比较：

> 从那时起，到霞慕尼的旅游逐渐风行，陆续建起来的三家宽敞又舒适的客栈勉强可以满足来自世界各国的外国人的住宿需求。如此一来，大量的外国人和他们在霞慕尼花掉的大量的钱，也一定程度损害了这个山谷居民古朴甚至纯洁的民风。

然而那些外国人对此绝对没有任何担忧，在他们看来，忠诚是最神圣不可侵犯的……当地人只不过会对他们有所图，做向导时会骗点小钱而已。[5]

游客们称赞霞慕尼的接待，说在路途中（在博讷维尔或萨朗什）找到的客栈不舒适、不干净，与这里反差太大[6]。霞慕尼的客房很快就不

---

[1] 阿尔巴尼·博蒙画的这张彩色版画收在《像奔宁山脉一样的阿尔卑斯山优美风光之旅》（1787）这本漂亮的画册中。——原注

[2] 让·皮埃尔·泰拉兹是这间小客栈的房东，在挂牌“伦敦城酒店”之前，这座客栈没有名称招牌。

[3] 杜布瓦的一幅版画画的是1810年的“伦敦城酒店”。参见保罗·帕约《在勃朗峰的国度》第七册。——原注

[4] 瓦洛导游指南《整体概述》第一章第一部分。——原注

[5] 索绪尔：《阿尔卑斯山之旅》第二卷，第145页。——原注

[6] 参见维克多·奥热尔《游览霞慕尼》，这是他的小儿子帮出版的一部游记。——原注

够住了。在1786年，由于酒店客满，索绪尔多亏了庞热骑士[1]的礼让，才得以住进寡妇古特朗家。从相关档案中可以看出人们对霞慕尼的痴迷，在《1788年旅游季节到访霞慕尼的外国人名单》[2]里也同样可以感觉到，大家请注意“季节”这个词的表达，它有了全新的含义。102位名人被记录如下：

——49位英国人（爱德华王子，莱斯利爵士，骑士，多恩爵士[3]……）

——25位法国人（夏特奈伯爵[4]，罗什塔耶骑士[5]，萨托奈伯爵[6]，德拉里夫[7]……）

——14位日内瓦人（雷维利奥[8]，普兰塔莫[9]……）

——6位德国人（黑森亲王[10]……）

——其他国籍8人

自1779年（歌德到来）一直到19世纪中叶，到访霞慕尼的著名游

[1] 玛丽·弗朗索瓦·德尼·托马（1764—1796），封号庞热伯爵，亦被称为“庞热骑士”，法国文人、法国大革命期间的自由记者。

[2] 收藏于霞慕尼公共文献档案馆。——原注

[3] 爱德华·奥古斯都（1767—1820），肯特和斯特拉森公爵，英国维多利亚女王的父亲，也是英国国王乔治三世的第四子。爱德华·莱斯利（1744—1818），莱斯利世袭准男爵家族的准男爵一世。约翰·克里斯托弗·伯顿·道奈（1764—1832），英国第五任多恩子爵，1780年从父亲那里继承爵位，1797年入席英国上议院。

[4] 埃拉尔-路易-居伊（1748—1830），法国将军、政治家。

[5] 让·弗朗索瓦·贝努（1746—1827），法国上马恩省罗什塔耶镇一贵族家族成员。

[6] 尼古拉-马利-让-克洛德·费伊（1762—1812），法国政治家，曾任里昂市长。

[7] 让·莫迪（1747—1827），法国戏剧演员，德拉里夫是他的艺名。

[8] 让·弗朗索瓦·雷维利奥（1760—1801），曾在黑森-卡塞尔（德国联邦州）和日内瓦驻军担任军官职务。

[9] 18世纪日内瓦的一个大家族姓氏。

[10] 黑森家族是欧洲贵族布拉本特家族的后裔，自13世纪起开始统治德国黑森大公国。

客名录相当可观[1]：一本真正的上流社会和文学界的《名人录》，在通往必去的观光景点蒙当维尔的路上，丰塔纳、弗洛里昂[2]、谢尼埃[3]、谢纳多莱[4]、维热-勒布兰夫人、雷加米埃夫人和德·斯塔尔夫人，还有在瑞士和都灵避难的流亡贵族，正一个接着一个向这边走来；在这些人当中，塞南古对山地自然风光特别容易动感情（详见《奥伯曼》[5]）。夏多布里昂是在1805年到那里的[6]；两位失势的皇后带了一大队随从登上蒙当维尔[7]。从法国大革命爆发到法兰西第一帝国建立的二十五年间，缺席的不列颠人被一些富裕的游客尤其是从中欧（一直到波兰）来的富裕游客所取代[8]。但正如昂热尔所强调的那样，英国人的缺席造成了文学方面的巨大损失。那些伟大的英国"湖畔派诗人"很晚才发现勃朗峰高地，于是很懊悔一直待在威斯特摩兰湖畔[9]。在整个浪漫主义时代，前往冰海的客流持续增长；从1860年——萨瓦归并法国的那一年开始，到访的客流步入到高速增长的阶段。这一年恰逢欧仁·拉比什[10]最著名的喜剧《贝利松先生的旅程》上演，因而更有象征性，这部喜剧是精英

[1] 霞慕尼镇制定了名单一览表；1856年的列表被罗伯特·阿夫祖翻印放在《霞慕尼山谷的旅游业》中，第3页。——原注

[2] 让-比埃尔·克拉里斯·德·弗洛里昂（1755—1794），是伏尔泰的侄孙，创作过长篇小说、中篇小说、喜剧和牧歌式田园诗，37岁入选法兰西学院。大革命期间，他因贵族出身被捕，出狱后不久逝世，年仅39岁。弗洛里昂主要作品是1792年出版的五卷《寓言诗》，他在法国文学史上是继拉封丹后最重要的寓言诗人。

[3] 安德烈·谢尼埃（1762—1794），法国诗人，代表作诗篇为《青年女囚》。

[4] 夏尔-朱利安·利乌尔特·德·谢纳多莱（1769—1833），法国诗人。

[5] 又译《奥贝曼》，塞南古创作的书信体小说。

[6] 夏多布里昂：《勃朗峰之旅》，佛尔出版社，第21页。——原注

[7] 1810年8月26日，约瑟芬皇后带着68名向导，所有人都像她一样骑着骡子。1814年，玛丽·路易丝皇后化名为克洛诺伯爵夫人在一场可怕的风暴中登山，为了赶回内普佩格从博姆山口返回。——原注

[8] 许多为他们特意制作的导游指南在日内瓦出版。详见布歇·德·拉理查德利的《万有旅游丛书》第二册，第465页。——原注

[9] 参见昂热尔的《阿尔卑斯山文学》第104—114页，以及瓦洛和昂热尔合著的《勃朗峰山脉的文学图表》第181页。——原注

[10] 欧仁·马兰·拉比什（1815—1888），法国剧作家。

文化活动传播的杰出典范——它一直传到了那些资产阶级暴发户那里。

大概在一个世纪期间（1741—1850或1860），游客们的行为方式与那些英国发明家的行为方式如出一辙。他们从日内瓦来，然后走同样的路线返回，鲜有例外。他们的目标就是攀登任何人也不会错过的蒙当维尔。平均逗留三天：需要一点准备时间来找向导，某些人会增加其他景点的游览，如阿维龙河的源头，歇德湖，极少人还会去勒布雷旺[1]。

村民变身向导，客栈变身酒店，这是霞慕尼转变最明显的地方，这种转变可以追溯到一个相对具体的日期：在勃朗峰被成功登顶（1786）之后的那十年，霞慕尼人不需要多长时间就学会了从外国人身上挣钱，几年时间就足够了。布里向我们如此介绍米歇尔·帕卡：

> 向导中的元老，行事谨慎，熟门熟路……他尤其擅长担任女士们的向导，因为他殷勤好客，会悉心照顾她们，不让她们过度疲惫；在他家里，还可以看到当地的奇珍异宝，比如说水晶、石棉、高山植物和岩羚羊标本。[2]

在索绪尔和布里开始登山的时候，有20来个霞慕尼农民可以担任向导；为了区分同名者，他们经常有别的绰号。巴尔马[3]，卡夏[4]，夏尔莱，古泰[5]，德沃阿苏，帕卡，图尼埃[6]等，都是这里的乡村贵族的祖姓，乡村贵族确保了这座“内生山谷”的“自我发展”。

法国诗人弗洛里昂，在同时期（1788年8月）离开荒凉的费内去

---

[1] 法国东南部的山峰，由上萨瓦省负责管辖，属于鲁日峰的一部分，海拔2525米。

[2] 布里：《萨瓦的冰川、冰原和冰海之描述》，第6页。——原注

[3] 雅克·巴尔马（1762—1834），法国猎手和登山向导。1786年8月8日，他带着米歇尔·帕卡成功登上勃朗峰。

[4] 让-米歇尔·卡夏（1755—1840），霞慕尼高山向导。

[5] 约瑟夫·安布罗斯·古泰（1867—1942），霞慕尼著名高山向导。

[6] 亚历克西·图尼埃，生平不详，霞慕尼高山向导，与卡夏共同作为向导陪同索绪尔登山。

“游览萨瓦那些著名的冰川”：

> 帕卡讲了霞慕尼的纯朴风俗习惯。一个漂亮的小姑娘走过来，给了我一篮樱桃。我接受并付了钱。她一走远，帕卡就笑着对我说，十年前，就在我们所在的这个地方，一个年轻的村姑像这样走过来给游客送水果，可是要付出巨大代价的。（随即他描述了十年前的霞慕尼状况。）
>
> 您要知道的是，先生，我们的霞慕尼山谷，在十年前可不像今天这么出名的。那个时候，游客不会带着他们的金路易来看冰雪，或者来这里捡我们的小石头。我们很穷，不知道人世的险恶；而我们的妻子们，还有我们的女儿们，忙着做家务，比我们更无知。我提前跟您这么说，是希望您多少原谅克劳蒂娜犯的错误。这个可怜的孩子太单纯了，很容易被骗……[1]

八、从冰川到勃朗峰的登顶

菲利普·儒塔尔以“勃朗峰的发现”做书名，在深入研究后弄清了“现代登山运动的奠基性事件”[2]。关于那些从18世纪末就开始因为好奇而登顶并自豪地实现了诸多“第一”的先驱者，好像都说完了，已经没什么好说的了。[3]为了确保新的叙述能够继续下去，我要设置一些“箭头状”的标杆。那转瞬即逝的光亮在山顶的美中难道不是全部吗？人们

---

[1] 弗洛里昂：《克劳蒂娜》。——原注

[2] 菲利普·儒塔尔：《勃朗峰的发现》（1986，档案丛书），第185页。——原注

[3] 相关旧书如下：杜里埃：《勃朗峰》，1877年第一版，多次再版；马修斯：《勃朗峰年鉴》（1898）；弗雷什菲尔德：《德·索绪尔》（1924）；近期发现但非常重要的珍本书，由布朗和德贝尔所著的《第一次勃朗峰登顶》（1957）（阿尔卑斯山登山俱乐部诞生百年纪念）；更容易获得的，有保罗·帕约的作品，尤其是《在勃朗峰的国度》（1950）和吉德蒂的《人类和勃朗峰》（1957）。有关阿尔卑斯山高山文学方面，参见昂热尔和瓦洛的作品。——原注

的注意力，从1770年还占主导地位的魅力冰川，转到了充满诱惑的勃朗峰上。从山脚下指认它，从与之相望的勒布雷旺和比埃山[1]仔细观察它，绕着它转、估测它的海拔，勃朗峰终于在1786—1787年间被攀登。它有两个出生日期，这要看你是看重帕卡和巴尔马的壮举，还是索绪尔旅游团队的胜利。成功之前经历过那么多的尝试和摸索，这下子菲利普·儒塔尔可以写《总算上去了，勃朗峰》。[2]在那个时候，欧洲最高峰是被攀登的众多奇峰之一；而在这些奇峰中有许多座是更容易到达顶峰的，却连名字都没有。这就是我把自己的论文题目定为《勃朗峰已达！一次早到的征服》[3]的原因。这次"游览"在旅游的缓慢演进中好像是个早产儿。这是不是一次纯科学性质的征服呢？杜里埃讽刺道："索绪尔登上勃朗峰，就为了放一个气压计上去。"[4]那么这是一次体育运动性质的探险吗？那些与世无争的贵族、旅游者们想着靠登上"著名的勃朗峰"来显得卓尔不群；正如旅游者拉罗克解释的那样，如此一来全欧洲的目光都聚焦到他们身上了[5]。在19世纪，登山运动融入了精英旅游的理念，重拾热度：一个本地向导领着一个富裕的客人同时也是一个与世无争、闲来无事的旅游者，登上一个更艰险的山峰。这就是霞慕尼为"恩人德·索绪尔"建立纪念碑的本义。纪念碑于1887年，索绪尔登顶（唯一被真正认可的登顶）一百年后揭幕。巴尔马的塑像用手指着勃朗峰。儒塔尔非常恰当地说出了"多余人"帕卡医生在历史记录中消失的原因：

---

[1] 法国东部上萨瓦省的一座山峰，海拔为3096米。

[2] 参见前注提及的菲利普·儒塔尔的作品，第149页。——原注

[3] 布瓦耶：《旅游的发明》，论文，J节标题，第61页。——原注

[4] 杜里埃：《勃朗峰》，第82页。——原注。夏尔·亨利·杜里埃（1830—1899），法国地理学家、登山者。

[5] 拉罗克：《一个艺术爱好者在弗兰德、萨瓦、意大利和瑞士的旅游》。拉罗克是第一个把勃朗峰纳入艺术旅游指南的人；1776年他登上勒布雷旺峰时，根据所见对此地做了最早的全景描述。——原注

他几乎可以说是一个不正当的竞争对手，德·索绪尔是第一个有这种感受的人。帕卡的悲剧在于他属于一种……“文化杂种”，他太卓著了，因此不能被当成向导；他土生土长，并且社会地位和文化水平不够高，因而不能算是旅行家。在由客户和向导构建起来的组合关系中，这位霞慕尼医生没有自己的位置，而且事实上形成的普遍共识也将他排除在外。[1]

1986年，即两百年后，帕卡医生终于得以正名。登山探险就像这样在传说和历史中随着登山运动员的绳子“摆动”；勃朗峰几乎第一个被攀登，攀登运动长期以来一直是一种罕见的疯狂之举，这是很不正常的。从1786年到1842年间，甚至都不是每两年登一次山！随后这个节奏加快了，在1849年有12次“没有科学目标、纯粹因为虚荣心作祟”的登山，这也让瑞士人感到愤慨[2]。在此之后，勃朗峰就成了世界上被攀登得最多的山峰。一开始，游客们都是在冰川地区进行“轶事旅游”；那么这些旅游后来是如何转变为让登山者们找到“凌绝顶、览众山”乐趣的“垂直旅游”[3]的呢？是时候提到某一些会面了……

九、歌德和索绪尔的冰川之缘

1779年10月，在去意大利的路上，歌德在日内瓦驻足停留。他第一个拜访的就是索绪尔，整个欧洲文化界都知道这位日内瓦大贵族而且仰慕他的学识。索绪尔刚刚出版了他的《阿尔卑斯山之旅》第一卷[4]。

[1] 前注提及的菲利普·儒塔尔的作品，《巴尔马与帕卡》那一章，第185页。——原注

[2] 《沃洲记者》（1849年9月10日）。详见布瓦耶前注提到的论文，第四部分。——原注

[3] 我曾反复陈述我对观光名胜的诠释：有三个主要的分类法。详见《论文》，1999年在阿尔勒举行的风景名胜研讨会的总结和会刊。——原注

[4] 《阿尔卑斯山之旅》之讷夏泰勒篇（1779—1796）；1779年，索绪尔提前两年宣布第二卷开始动笔，但直到1786年才问世。——原注

“他独霸了他的领域，没有人能与他真正竞争，德吕克不能，布里也不能。”[1]纽玛 · 布洛克如此写道。歌德询问索绪尔：前往蒙当维尔是否晚了。消除疑虑后，歌德前往此地并且比任何人都更好地描绘了冰川的壮景：

> 当我们终于抵达霞慕尼山谷的时候，天色更暗了。只有那些巨大的块状物还是可见的。星星一颗接一颗升起，我们发现在正对面的山脉顶峰的上方，有一道我们无法解释的光芒。它很亮，没有像银河一样闪烁的光，而是更加稠密，几乎像是昴星团，只不过延展得更开；它久久地吸引着我们的目光，最后由于我们换了观景的位置，它变得像是一座被内部的一道神秘光芒照亮的金字塔，而这神秘的光芒你只有把它比作一只萤火虫的光才最合适；那道光照到其他山峰上，于是我们认出了勃朗峰。那个夜晚美得异乎寻常；山峰并没有像围绕它的星辰那样闪闪发光，但是就像是一个巨型的锥状物，似乎属于上面的天球。

十、日内瓦——瑞士和冰川的门户

日内瓦，18世纪初被编入“壮游”，是1741—1742年之后进行冰川之旅的出发点。正如布里所写的那样：“它给外国人提供一切有用的东西”；这位敢闯敢干才华横溢的诗人1773年为那些外国人出版了《关于萨伏依公国的冰川和冰群的描述》，然后在1791年又出版了《日内瓦、洛桑和霞慕尼的旅游线路》对前者进行了补充完善，增加了阿尔卑斯山局部地区明细图。布里列举了他的家乡的优势：此地有包括“英格兰酒店”在内的五家高级旅社，足足有十二个寄宿点，以及一些精通各

[1] 纽玛 · 布洛克：《18世纪法语地区地理学家和博物学家眼中的山峰》（1969）。——原注

种艺术门类和五门欧洲语言的“大师”。[1]赖夏德受到布里的直接启发，在1793年出版了《欧洲旅游指南》[2]；他写道：日内瓦，是“从10月份到次年5月份都有美好季节”的惬意城市，在这里“可以租到非常漂亮的别墅”，有很多地方可以参观，有很多人可以看。赖夏德提到卢梭、索绪尔，以及周边地区、萨雷布山，但勉强提到宗教改革家加尔文之墓！日内瓦是瑞士参观游览的基地（排在洛桑前面）。为了看瑞士，“大部分的游客只安排6—8周时间，”赖夏德说，“这不够。”重要的是“徒步”，“没有眩晕的危险，哪怕是女性当中最娇弱的人也不会出事故”。[3]日内瓦，是前往格林德瓦和霞慕尼的出发点；在回答“哪里最有趣?”这个问题时，赖夏德的回答是霞慕尼。日内瓦作为前往阿尔卑斯山，尤其是霞慕尼必经的“前厅”，在以作家塞南古为代表的法国移民的影响下，其作用得以巩固，名声亦得以扩大。

十一、大旅行家索绪尔

索绪尔是无可争辩的先驱者。每个人都可以参考英国人弗雷什菲尔德[4]的传记，以及那部《阿尔卑斯山之旅》，这本书在作者在世的时候就已经是公认的参考书[5]。我们来回顾一下那些已知的观点。首先，对于索绪尔来说，高山是“孩提时代酷爱的东西”。他向往自然的志向一部分归功于他在日内瓦出生：“日内瓦，其位置天生就好像是为激发对博物学的兴趣而设”，还有一部分归功于他与阿尔贝·德·阿莱[6]的相

---

[1] 布里：《日内瓦、洛桑和霞慕尼的旅游线路》，第163页。——原注

[2] 赖夏德：《欧洲旅游指南》（1793）第一卷，第440页；布里的《日内瓦到霞慕尼的旅游线路》对外国人来说是“几乎不可或缺之物”。——原注

[3] 出自赖夏德的《欧洲旅游指南》中引用的有关日内瓦的文章。——原注

[4] 弗雷什菲尔德：《德·索绪尔》（1924），英语和法语版本均出版于同一年。——原注。道格拉斯·威廉·弗雷什菲尔德（1845—1934），英国律师、登山家和作家。

[5] 同样的还有伯索特·范·贝尔赫姆的《霞慕尼山谷的路线》（1790）。——原注

[6] 即前注提到的瑞士医生、科学家、思想家、诗人与文学评论家阿尔布雷希特·冯·阿莱。

遇；索绪尔从很年轻的时候就开始采集植物标本；在1759年的夏天，他在阿莱位于多尔湖边的山区木屋里度过了15天[1]。索绪尔是有钱人，而且在日内瓦深受敬重，他在日内瓦的豪宅是这座城市最华美的点缀之一；拿破仑·波拿巴1800年就下榻在他的府邸。索绪尔相对短暂的一生（1740—1799）却十分充实。他是科学院的教授和博物学家，在领导日内瓦贵族政党期间扮演着重要的政治角色，并且拥有从事大量写作并与整个欧洲文化界保持联系的时间，他还参与了许多所科学院的工作。索绪尔的肖像画呈现出的，是其作为学者和一个身体力行的人的形象。

索绪尔是个大旅行家，他对科学的好奇心驱使他进行大量的实地考察，不仅仅是在山间，他还在妻子和女儿们的陪同下，进行了在18世纪高素质人群中很流行的旅游。作为名人，他所到之处都有最高层人物与他见面。霞慕尼是他的心头之好，他曾15次来到此处。在攀登勃朗峰之前，他已经登过其他的高山，如维苏威火山、埃特纳火山[2]、比埃山以及其他的一些没有那么艰险的山峰（小马特洪峰[3]）。他并不把进入体育竞技榜作为追求的目标，却有着持续旺盛的、学者的好奇心——巨人峰垭口[4]的宿营地便由此而来。

十二、自然主义的、瑞士的新教徒派系

新教徒菲利普·儒塔尔在其著作《勃朗峰的发现》的末尾自问：新教与高山价值之间是否存在关系？他提到了纪德[5]，纪德之前描写过

[1] 索绪尔：《阿尔卑斯山之旅》。——原注

[2] 欧洲著名的活火山，属层状火山。它位于意大利西西里岛东海岸的墨西拿和卡塔尼亚之间，是欧洲最高的活火山。

[3] 位于瑞士南部，由瓦莱州负责管辖，属于本宁阿尔卑斯山脉的一部分，海拔3883米，人类在1789年首次登上该山峰。

[4] 处于勃朗峰山脉3356米海拔的主要通道上，位于奥斯塔山谷的库马约尔和阿尔沃峡谷的霞慕尼–勃朗峰之间。

[5] 安德烈·纪德（1869—1951），法国著名小说家、诗人、文学评论家。1947年获诺贝尔文学奖。

“高山上的瑞士新教徒中的清教徒形象”。是否应该将新教和资本主义的韦伯式关系[1]与新教和自然的发现与崇拜的韦伯式关系并列对比？两者在日期上、事件上有某种相对一致性，但这些事件并没有牵涉所有的新教徒；比如与路德教徒、荷兰加尔文教徒无关，却与法国移居到瑞士的胡格诺教徒[2]和瑞士基督教、瑞士德语区和瑞士法语区的新教徒有关。这个派系，确实首先关乎苏黎世的瑞士德语区人，譬如格斯纳、阿尔特曼、德·阿莱，然后延续到瑞士法语区的人；索绪尔在德·阿莱家中的逗留属于火炬传递。它还有另一个源头，来自卢梭本人，他是新教徒，是日内瓦人，他的观点是：大自然和高山受人喜爱是因为它们的教育功能。18世纪的重大发现就是旅游、大自然以及大山对人的教育和重塑价值。它们纷纷受到赞美——赞美这个词很合适；“壮游”旅游指南的那些最著名的作者均出身于迁居英格兰的胡格诺教派，比如纽金特和杜登斯。索绪尔本人的父亲那一辈来自一个洛林的、于16世纪来到日内瓦的新教徒家庭。布里的祖父母是在17世纪末从塞文山脉地区来到此处的；而马泰尔，冰川地区的日内瓦人，祖籍是尼姆的胡格诺教徒。其他从湖边来的新教徒、“山岳派”人文学者还有：德·阿莱，德吕克兄弟，皮克泰，雅拉贝尔。他们中的一些人，像马泰尔或让-安德烈·德吕克，都和英国建立了联系。新教徒派系随着英国人威廉·考克斯传承下去，他的《关于瑞士状况的书信集》为游客发现瑞士立下汗马功劳；诚然，这些作品的广泛传播得益于翻译者，即当时给枢机主教德·罗昂[3]做秘

[1] 德国哲学家马克斯·韦伯创作的社会学著作《新教伦理与资本主义精神》论述了两个重要问题：西方近代资本主义的产生及其本质；社会伦理与经济行为的关系。该书在肯定精神与文化因素对经济社会发展具有巨大的推动力的前提下，阐述了新教伦理与潜藏在资本主义发展后面的某种心理驱动力（即资本主义精神）之间的某些关系。

[2] 16世纪至17世纪法国基督新教信奉加尔文主义的一支教派，17世纪以来，胡格诺派普遍被认定为“法国新教”，在政治上反对君主专制。

[3] 路易·雷内·爱德华·德·罗昂（1734—1803），法国政治家、罗马天主教的枢机主教。

书的拉蒙·德·卡尔博尼埃[1]——确实，他并不是新教徒，但是我敢说他“也不大算是天主教徒”，总而言之是个斯特拉斯堡人。

十三、在勃朗峰主峰之前的几个标杆

对米迪峰的期待一度被认为没有前途。启蒙时代特有的对科学的好奇心，驱使着一些先驱者为了观测峰顶，并将它们进行互相比较而在多山国家旅游。从18世纪中叶开始，他们到了在萨瓦和多菲内的阿尔卑斯山部分，还有比利牛斯山，甚至是安第斯山脉和洛基山脉。[2]阿莱是第一个在1728年和1731年间登上了伯尔尼高地次峰的知名学者……在1760年，索绪尔登上了被他用作勃朗峰瞭望台的勒布雷旺。但是当时还有更好的瞭望处——比埃山，从勒布雷旺可以“看到那座山的冰顶”[3]。德吕克兄弟在1765年尝试登顶，之后让-安德烈·德吕克在1770年成功登顶。在这之后的20年，对于勃朗峰的兴趣盖过了一切：每个好奇的旅游者都想登上勒布雷旺和比埃山，让-安德烈·德吕克、布里然后是索绪尔曾经攀登过的、理想的瞭望台。

于是，向主峰——勃朗峰进攻的冲锋号吹响了。最狂热的人就是布里，“对于征服勃朗峰这件事，布里先生兴致比我还要高”，索绪尔注意到这一点。布里是个很有才华的人；他很懂得推销他的作品，尤其是将其成功推荐给了路易十六，然后是约瑟芬皇后；尽管他对卢梭充满敬仰，但这并没有赋予他足够的文学才能；他最成功的、在当时最著名的作品是他的版画，这些版画为勃朗峰的推广——我们如今称之为媒体宣传——做出了卓越的贡献。

---

[1] 路易·拉蒙·德·卡尔博尼埃（1755—1827），法国政治家、地质学家和植物学家，被认为是第一批登上比利牛斯山高峰的探险者之一。

[2] 参见纽玛·布洛克前注已经提到过的作品，第264页。——原注

[3] 布里：《日内瓦游览路线》。——原注

十四、“索绪尔的契约”：给第一个到达者的奖赏

起决定作用的触发因素是索绪尔1760年第一次在霞慕尼旅游时承诺给的奖赏。除了索绪尔本人在他的《阿尔卑斯山之旅》第一卷中给出的内容，我们并没有其他的细节。

> 1760年和1761年，我头几次在霞慕尼漫游时，让人在山谷里所有的村庄散布消息说，谁要是能找到一条通到山顶的可以走的道路，我会给他一笔相当可观的奖赏。我甚至承诺过为那些尝试过但未能成功者按日支付其间的费用。这些承诺没有达到任何结果。皮埃尔·西蒙确实在杜塔库峰[1]那边尝试过一次，在博松冰川[2]山坡旁边也尝试了一次，皆无功而返。[3]

我们不知道索绪尔承诺的奖赏究竟是多少钱，只知道在1775年的夏季之前，只有皮埃尔·西蒙做过那两次尝试[4]。当时的雄伟计划还不够成熟。不过，索绪尔首先有了他能够达到的科学目标，因为他找到了像勒布雷旺一样的位置优越的瞭望台，可以“从那儿对冰川有个准确的概念”。他在提到勃朗峰时是这样说的：

> 在一个更高地势的地方观察勃朗峰时，我们发现（它）更高大、更雄伟了。[5]

在高地周围绕行也能提供大量的资料，而这正是索绪尔常年有条不

[1] 勃朗峰高地的一座山峰，位于上萨瓦省，海拔为3444米。

[2] 勃朗峰山脉中较大的冰川之一，位于上萨瓦省。

[3] 索绪尔：《阿尔卑斯山之旅》第二卷，第1102页。——原注

[4] 保罗·帕约：《在勃朗峰的国度》，第221页。——原注

[5] 索绪尔：《阿尔卑斯山之旅》第二卷，第39、42页。——原注

紊做着的事情。

在1775年进行第一次认真的尝试却失败之后，这位日内瓦学者几乎要放弃勃朗峰。[1]既然“山顶是无法到达的”，而远距离估测勃朗峰海拔又是可能的，那何苦费九牛二虎之力就为了“在上面放一个温度计”呢？[2]索绪尔在1775年后确实成功做到了这一点。[3]屈服的索绪尔在他的《阿尔卑斯山之旅》中写道：“阿尔卑斯山上有诸多可到达的峰顶”[4]……但是没有或者极少有感兴趣的好奇者去攀登；1779年的韦兰山[5]登顶[6]，以及1784年米迪峰登顶[7]几乎没引起什么反响。

十五、业余登山爱好者布里

当索绪尔在犹豫的时候，马克·泰奥多尔·布里（1739—1819）拿过了接力棒。作为日内瓦诗人，他一直默默无闻地混日子；他早就看到了“冰川”是个很好的“商机”——就像我们今天所说的那样。作为冰雪画师，他获得了一些名气；他自称“阿尔卑斯山史官”，并编造说自己有登山运动员的天赋。更特别的是，他自封“勃朗峰推广专员，并且夸张地把自己与勃朗峰混为一谈”[8]。歌德随即宣称布里是“富有激情的

---

[1] 确实是第一次。四个由古特朗的儿子带领的霞慕尼人，在1775年7月从拉科特和大米莱山向勃朗峰进发。——原注

[2] 登山家温伯的开玩笑说法。——原注

[3] 由索绪尔和舒克堡爵士从摩勒山测量得出的数据是：4779米。索绪尔随后做过多次类似的估测，与实际数值相差不到30米。参见索绪尔《阿尔卑斯山之旅》第二卷，第616—641页。也可参见德·贝尔的《勃朗峰的历史，科学记录》（1956），第13页。——原注

[4] 该引文和前面的引文均摘自《阿尔卑斯山之旅》。——原注

[5] 位于意大利和瑞士接壤的边境，属于本宁阿尔卑斯山脉的一部分，人类在1779年8月31日首次登上该山峰。

[6] 完成者是穆里斯（1742—1816），他是大圣贝尔纳山口地区的议事司铎。韦兰山高3765米。——原注

[7] 完成者是伊利耶河谷教区神父。——原注

[8] 参见吉德蒂《人类和勃朗峰》，第99页。——原注

业余登山爱好者”，路易十六每年发给他600里弗的年金，加上他的画很好卖，使他衣食无忧。在四十多年里，布里来到霞慕尼的次数多得数都数不过来[1]；他创作了大量的文字和绘画。连索绪尔都求助于他，称赞他“有那种数学般的精确”[2]。

但是驱使布里行动的原因是什么呢？不是科学，不像德吕克兄弟和索绪尔那样；也不是像他的瑞士前辈或者拉斯金[3]式的英国后辈那样的、对哲学–伦理的担忧。山峰的辉煌和个人的功名融合在一起，成就了英雄。他并不是一名经验老到的行者！他总是火速地出发然后又火速地停下并开始折返；他需要他的才能来美化他的探险旅游。他从没当过第一，在容易攀登的比埃山峰被让–安德烈·德吕克抢先，在巨人峰垭口则排到了第三位。他从来没到达勃朗峰顶峰，却也并不是没试过；他所承认的九次尝试中，某几次只不过是简单的探路而已[4]，直到1788年的那次成行：“终于，我第一次到达此处。”[5]这次在1788年8月5日进行的勃朗峰的第四次攀登，只有英国人伍德利[6]和5名向导到达山顶；在这次规模巨大的探险中，28个向导和3个“师傅”倒在了半路上，而感到恼火的布里则停留在了小米莱山[7]；随后他声称他的儿子伊萨克感到很费劲。

日内瓦人并不是那么好骗，他们在18世纪末吟唱道：

---

[1] 甚至在1812年73岁高龄时也到过那里。——原注

[2] 索绪尔的评价详见《阿尔卑斯山之旅》第一卷，第18页。——原注

[3] 约翰·拉斯金（1819—1900），英国维多利亚时代主要的艺术评论家之一，也是英国艺术与工艺美术运动的发起人之一，他还是一名艺术赞助家、制图师、水彩画家和杰出的社会思想家及慈善家，其本人对阿尔卑斯山的情感促使他多次前往霞慕尼旅游。

[4] 布里：《日内瓦到霞慕尼的旅游线路》，第22页。第一条从米迪峰，第二条从“白色通道”，第三条从拉科特（他曾经在米莱山前停留），第四条从古特峰（他只到达了鲁塞山），均是易行的探险路线。——原注

[5] 布里：《日内瓦到霞慕尼的旅游线路》，第234页。——原注

[6] 威廉·伍德利（1762—1810），最早登顶勃朗峰的英国壮游旅游者之一。

[7] 阿尔卑斯山勃朗峰北侧登山路线上的一座山峰，海拔4690米。

布里登顶勃朗峰，每年都做一次许诺。[1]

布里父子实际上都是蹩脚的登山者。“不知疲倦的布里”——老布里总让别人这么叫他——他一觉得冷就下山；1783年，他从比奥纳塞冰川[2]攀登的那次就是如此。又或者是他出发得太晚，就像1785年布里父子唯一一次与索绪尔一起出行时那样。索绪尔对布里之前写过的、有关一条从高地南部出发的新路线感到惊讶，而这条路年轻的帕卡医生在1784年曾经尝试过：也就是说这条路线现在是通往勃朗峰的常规路线。这次任务繁重的全副武装出征队伍有17个人，包括布里父子、帕卡医生，还有第一次尝试登顶的索绪尔。1785年的夏天“炎热而潮湿”；他们直到9月21日才出发。太晚了！他们在圆石峰[3]的一块大石头下方过夜，在古特针峰山脚下……位置太低了[4]！第二天，在布里的要求下，他们在6点15分才出发。又太晚了！古特针峰已经是“打了石膏一样”。许多作品[5]都记录了这次探险：行进使人筋疲力尽，这些日内瓦人状态都不好，都紧紧抓着向导们的拐杖；他们在距离古特针峰200米的高度放弃了；回到日内瓦后，布里父子四处散布不利于索绪尔的消息。他们之间的这种语气激化，如今却给我们留下了一个最早的厚颜无耻的登山者的样本。

伊萨克·布里写信给索绪尔说：

---

[1] 参见帕约《在勃朗峰的国度》，第223页。——原注

[2] 位于勃朗峰高地，该山峰海拔为4052米。

[3] 法语名为Pierre Ronde，意为“圆形的石头”，位于法国中央高原东部山区皮拉山西北方。

[4] 索绪尔随后要明确他们将要宿营的地点便是现在的鲁塞山上的那个高山小屋。——原注

[5] 布里：《萨瓦的冰川、冰原和冰海之新描述》，第159—166页。索绪尔：《阿尔卑斯山之旅》第二卷，第1105页。帕卡医生的证词，在前注提到过的菲利普·儒塔尔著作中被引用，第159页。——原注

先生，难道您不嫉妒我21岁的年纪吗？在这个年纪，会比46岁时候更勇猛，而且一个没有任何东西可以失去的年轻人会比一个已为人父的人要更加勇猛，就这一点而言，谁会觉得大惊小怪呢？

索绪尔得体地回复道：

您表现出的或多或少的狂妄也不是什么大罪过，先生，尤其是在您这个年纪来说；我要指责您的全部内容也就这些了；并且您在给我的来信中又给了我一个新的（有关这一点）证据。您说你们下山步伐轻捷；确实，在路况好的时候你们是自己行走，但是在路况不好的时候，您就像令尊大人那样趴在前方向导的肩膀上，后面还有另一个向导拽着。我完全没有谴责你们使用这些防护措施的意思；这么做是明智的，谨慎的，甚至是必不可少的，但是无论用世界上哪种语言来说，这样的步态都不应被称作步伐轻捷。

十六、第一次成功登顶之前的尝试

1775年的尝试失败了，领头人古特朗坠入一个冰川裂隙中。这次并不严重的事故让他们放弃这次行动。一直到1783年，他们才又重新开始尝试。从1783年到1786年的四个夏天，足以带来成功。这个成果丰硕的时期的特点一直持续到1786年，这种激烈的竞争和争夺发生在两位日内瓦作家之间，在向导之间，在帕卡医生和巴尔马之间。有关可通行的路线的争论只是一方面；不过，这些争论被一次奇怪的竞赛部分地打断了，1786年6月，霞慕尼居民在他们之间组织竞赛来评定那些路线：那些从北壁的山区出发、登上古特峰穹顶的向导们，比那些攀登古特针峰的向导们早一些到达，并且没有那么疲劳。[1]

大事记类型的历史就记载了这些尝试和最早一批登顶！所有的证词都经过精挑细选；有关勃朗峰的历史文献在史料上都是有保障的。

十七、怎样到达山顶

通过编年史和对当地情况的了解（登顶之人何其幸福!）能让人弄明白1786年那次壮举：这是一次登山方法刚草拟出来不久就取得的成功。之前人们只知道哪儿不能通行：布里之前发现冰海不是通往勃朗峰的路，索绪尔则知道意大利一侧的山面非常陡峭。第一个念头就是从霞慕尼经由北壁山直上。1775年霞慕尼人曾经走过这条路；而帕卡和巴尔马，接着是索绪尔，以及19世纪前三分之一时期里的大多数探险，也是从这条路上山的。

关于路线的选择并不是唯一的未知数。如何配置装备？如何对抗"会产生令人窒息的热量的阳光在雪地上的反射"？1775年和1783年一样，妨碍探险的正是这种灼热。在勃朗峰，帕卡医生的眼睛曾暴露在如此灼热的阳光中，以至于他患上了眼疾，且不得不保持房间的昏暗。怎么对抗寒冷呢？不加区别地一味在身上叠加衣物就够了吗？索绪尔说当时"（身上穿了）好多件马甲"。布里甚至想过在脚上多套几双有皮里子的毛鞋，这导致他行走非常困难！而霞慕尼人的鞋套则能提供更好的保暖。

索绪尔认真研究过这些装备问题。他注意到岩羚羊猎人们穿的是一种"钉鞋……非常适用于在雪地或者草地上行走，但是在岩石上行走就很不方便"。他声称发明了一种他自己设计的带钉子的靴子，由于铁鞋早在中世纪就开始使用[2]，这倒不是什么新鲜玩意儿；让-安德烈·德吕

[1] 由帕卡所写的关于此轮竞赛的文章，被前注提到过的菲利普·儒塔尔的作品转载。——原注

[2] 索绪尔：《阿尔卑斯山之旅》第一卷，第479—480页。——原注

克则在比埃山就用过这种鞋子！索绪尔还建议佩戴绿色眼镜、保护脸部的黑色面纱，还有宽檐帽。衣物的面料最好是轻便、白色的，以降低吸热。行走于勃朗峰的人的必需装备则是一根2.5米长的拐杖，索绪尔解释道：

两个向导，一前一后，手持长棍拦在悬崖边……你本人则行走于这个移动防护栏中间，需要时随手抓握支撑。

梅歇尔骑士[1]在登上勃朗峰时所描述的状况正是如此。

这些先驱者们发现，步行登山的疲劳感随着海拔的增加而增加。索绪尔注意到"由于空气稀薄给肌肉力量造成的特殊影响"；在海拔2600米以上，"肌肉力量急速耗尽……走四步路（丝毫不差地）就迈不开腿了……但是这种疲劳感也能以同样的速度得以修复。只需在行走时停下来一次，即使不坐下来，三到四分钟的短暂时间内，体力也能恢复"。在比埃山，"我每走50步停下来一次"。索绪尔记录称"有些人有恶心、呕吐的症状"，而疲劳感让人很快犯困：

我们看见那些向导们一停下来就以令人惊讶的速度坠入梦乡。[2]

他们感受到的这种艰辛激起了夏多布里昂的讽刺，他在《勃朗峰之旅》中写道：

这些名震遐迩的大山的巍峨壮观，只在使人疲惫不堪的时候

[1] 克里斯蒂安·冯·梅歇尔（1737—1817），瑞士雕刻师、出版商和艺术品经销商。
[2] 索绪尔：《阿尔卑斯山之旅》第一卷，第436页和第482—484页。——原注

才是真实的。[1]

十八、勃朗峰征服者——巴尔马和帕卡

雅克·巴尔马一直扮成边缘人物的样子。他属于那些为了不暴露水晶猎手的秘密、不跟别人分享索绪尔赏金而坚持孤身行动的人中的一员。看到吉戴[2]在1784年9月15日，或者是雅克·巴尔马在1786年6月一个人突然出现，探险团队会觉得很惊讶；这种相见更加促使探险团队放弃而不是继续。青年医生加布里埃尔·帕卡也尝试攀登古特针峰，也独自一人探寻过上勃朗峰的道路。当这些霞慕尼年轻人组织了一个团队来登山的时候，他们总是以自己的节奏下山，不加解释就与其他人分开行动。他们的这种态度只是在我们看来很古怪而已：因为当时还没有任何约定的路线，大家都还在探索中；没有任何固定的行走速度；没有保障技术；总而言之，还没出现那种用一根登山绳串成一串的登山队员。我们永远无法知道巴尔马在探寻道路的时候，在哪里独自行走过，也无法知道在1834年，他是如何在找寻金子的时候，在锡克斯特[3]附近失踪的[4]。

帕卡医生（1757—1827）是公证员的儿子。在都灵完成学业之后，他在霞慕尼安了家。他有着强烈的好奇心，并对山峰有着一股青春的激情；他与马克·泰奥多尔·布里先生和苏格兰植物学家托马斯·布莱基[5]保持着良好的关系，并且和后者在霞慕尼周边一起采集植物标本。他与索绪尔的初次见面是很偶然的：这位学者在客栈里找不到床位，就住在

[1] 夏多布里昂：《勃朗峰之旅》，佛尔出版社，第22页。——原注

[2] 弗朗西斯·吉戴，生平不详，阿尔卑斯山高山向导和水晶猎人。

[3] 全称为锡克斯特-费尔-阿舍瓦勒，法国上萨瓦省的一个小镇。

[4] 他的遗体一直没被找到。参见米歇尔·卡里埃《雅克·巴尔马传略》（1854），卡里埃是他的侄子。——原注

[5] 托马斯·布莱基（1750—1838），英国植物学家和园艺师。

加布里埃尔·帕卡（帕卡医生之父）家里——这对父子同名。心生赞赏的索绪尔如此写他：

> 一个喜欢植物学的漂亮小伙子，一个高山植物园的创建者，一心想要攀爬勃朗峰，或者至少想去尝试一下。

索绪尔和帕卡的关系一直很深厚，两人说话的语气总是很恭敬。

几年时间里，这些先驱者已经找到了一些关键点……只有路线除外。他们已经知道可以在岩石的遮蔽下过夜——比如说在北壁的山顶上，或者在古特针峰的山脚下；要在日出之前很早就出发；在有微光的情况下夜里甚至也可以行走；身陷雪地里时，可以在大太阳下艰难地往上爬。这些先驱者继续要求别人为他们承受沉重的负担；向导们则为如何分配这些负担而吵个不休。

最后的决定性贡献是巴尔马1786年6月在雪中度过的那著名的一夜，当时除了盖在头上的包，他没有任何别的保护措施。在那样一个海拔，在当时来说都被认为是不可能的。即使这个事件的细节依旧模糊[1]，还是证明了被困在山上过夜并不会死人。

与此同时，从古特针峰登山的路线被抛弃了[2]。彻底抛弃，他们就是这么想的。索绪尔和布里父子1785年的失败，似乎证明了从岩石道路走是行不通的。当时人们不懂尝试；帕卡多次表达过他的恐惧。在冰川上，相反，人们无意识地向前走，当“巨大的冰隙”被新下的雪掩盖住他们就会觉得很幸运；于是“旅程就更安全也更加容易了”，索绪尔如此写道：

---

[1] 参见布朗和德·贝尔前注已提到的著作，第38页和第352页。——原注

[2] 索绪尔：《阿尔卑斯山之旅》第四卷，第137页。——原注

雅克·巴尔马发现了正确的道路。

索绪尔就是这样概述巴尔马在1786年6月的探险的[1]：

因为他并不是十分聪明，（雅克·巴尔马在回程时）独自行走，甚至走得很远去寻找天然水晶。他大胆露营，也许是无意的，却消除了山民们的惊慌不安[2]。第二天，他决心用一部分白天时间来走遍这片广袤又未知的荒僻之地，同时寻找一条可以通达勃朗峰顶峰的道路。就这样他发现了那条人们已经沿着它走过的、肯定也是唯一可以通达顶峰的那条路。回到霞慕尼后，他一开始对他的发现保密。但是当他得知帕卡医生打算做同样意图的登山尝试时，他将自己的秘密告诉了他并且表示愿意给他做向导。

那时的帕卡还是个29岁的健壮小伙，擅长在山区行走；他下决心做第一个“把温度计带到勃朗峰上面”的人，正如他给索绪尔的信中写到的那样[3]。他用望远镜观察了勃朗峰的正面，并绘制了路线。在阅读学者拉朗德的作品时，他还有些犹豫。“帕卡计划了三条攀登勃朗峰的路线，而巴尔马让他喜欢上了自己走过的那一条。”[4]帕卡和巴尔马那时的关系很好。帕卡医生一直在给巴尔马的女儿看病，女儿后来病重，在父亲凯旋之日即1786年8月8日去世。1796年，帕卡娶了雅克·巴尔马的妹妹。

他们在一次探险旅游中同心协力、各司其职，这不足为奇。“当雅

[1] 索绪尔：《阿尔卑斯山之旅》第四卷，第139页。第一句话写在书页白边上。——原注

[2] 参见帕约《在勃朗峰的国度》，第226页。——原注

[3] 给索绪尔的信，在泰雷兹·罗巴什前注提到的作品中被引用，第33页。——原注

[4] 杰罗姆·拉朗德：《勃朗峰之旅》，刊登于《百科全书杂志》（1796）第四卷。——原注

克·巴尔马提议为我服务时，我接受他的报价并雇用他当雇工。”[1]帕卡写道。雇工，也就是说由他来扛东西。但是他又是一个特殊的、完全有权分享索绪尔赏金的雇工，因为他发现这条道路的功劳是被承认的。这一切都是事先约定，没有争议的。

两位登山者秘密准备他们的出征，随即组成了一个如今所说的登山组……只不过没用绳子；他们在路途中用当时仅有的技术方法互相协助；行进中轮流带队以便留下踪迹，并且在遇到冰隙时用长拐杖互助。当时目击者的证词并没有显示某一个人一直走在前面，也没显示出另一个人拖后腿。[2]1786年8月7日是一个大晴天；有望远镜的游客们和眼红的霞慕尼人，早就看到了他们并对他们的进展进行追踪。在随后的几天，一些游客搜集到帕卡的证据，他一回城，就受到冯·格斯多夫[3]以及8月底赶到霞慕尼的索绪尔的询问。当时还在日内瓦的索绪尔收到了一封来自旅社老板泰拉兹的加急信件，信中讲述了这次探险。8月15日，索绪尔会见了前来领取赏金的雅克·巴尔马；陪着他去的，是帕卡医生的表亲弗朗索瓦·帕卡，也是元老级向导。

我们没有找到帕卡医生那部《在古老大陆最高峰的山顶上的第一次旅游》[4]。这部当即就列入计划（帕卡向格斯多夫提到了此书）并且有人认购的游记没有找到出版社。为什么帕卡没能让他的游记进入公众视野？为什么他没有上《法兰西信使》[5]杂志？是不是上了没什么影响的《洛桑日报》他就觉得很满足呢？在19世纪末，在第一次登顶的一百多

[1] 帕卡写给《洛桑日报》的信件，由吉德蒂在《人类和勃朗峰》中引用，第133页。——原注

[2] 格斯多夫和梅耶，普鲁士人和俄罗斯人兰斯考依。参见前面注释提到过的泰雷兹·罗巴什的著作，第42页。——原注

[3] 阿道夫·特劳格特·冯·格斯多夫（1744—1807），德国博物学家。

[4] 这份手稿存在过；极有可能被索绪尔阅读过，并且被杜里埃看到过。参见亨利·费朗的《第一次登顶勃朗峰的文献目录》以及亨利·费尔班克斯·蒙塔尼埃的文章《有关已散轶的帕卡游记的笔记》。——原注

[5] 《法兰西信使》，原名《文雅信使》，当时巴黎最富权威的文学刊物。

年后，马修斯[1]、费朗[2]和给杜里埃的作品做评注的瓦洛兄弟[3]找到了答案：帕卡医生同时是索绪尔和布里两个人的受害者。索绪尔一得知初次登顶的消息，就下命令在北壁山上预备简陋木屋；他以最快的速度抵达霞慕尼，却发现找不到这个“正在进行勃朗峰第二次登顶的该死的医生”[4]。至少他本来可以等一下自己的！索绪尔想道。这个学者没把帕卡的这些弱点放在心上，但是他必然记得“这个已经被医生付过钱的”巴尔马是个向导。[5]索绪尔要求陪同其上山的，也正是巴尔马，而不是帕卡。

帕卡的强势对手就是“阿尔卑斯山史官”布里。阿尔卑斯山高山题材的文学和艺术都被布里垄断了。艺术方面，他未能保持一枝独秀的地位；在文学方面却有意如此。对他来说，帕卡是个危险的竞争对手。整个日内瓦派系，以及布里的妹夫、也是编辑的贝朗热，都在阻止帕卡医生这个确实“太过分的人”的游记的出版。

8月8日的登顶在整个欧洲及以外的地区都引起了巨大的反响。而把这份荣耀归到一个年轻而又卑微的乡村医生头上行得通吗？我敢说，对于那些“勃朗峰权威专家们”来说这么做是不可接受的；一个没有等级身份的人能用气压计来探究有关峰顶的科学，这正是索绪尔无法容忍的事情。而著名的艺术家布里，也不打算分享他与冰川的“游记”。

而此时，巴尔马轻易地向帕卡作出了让步，签发了一份证书来承认他的这位客户确实进行了步行探索。[6]晚些时候，雅克·巴尔马反复说

---

[1] 马修斯：《勃朗峰年鉴》（1898）。——原注。查尔斯·爱德华·马修斯（1834—1905），英国登山家，阿尔卑斯登山俱乐部领导成员，高山运动作家，著有《勃朗峰年鉴》等作品。

[2] 亨利·费朗（1853—1926），法国律师、地理学家、登山者和作家。

[3] 夏尔·杜里埃的《勃朗峰》第七版1923年由瓦洛兄弟评注。——原注

[4] 索绪尔的通信，由布朗和贝尔引述。——原注

[5] 参见亨利·费朗引述的文章，第13页。——原注

[6] 这份签于1786年10月18日的证书被完整摘录转载于杜里埃的《勃朗峰》第七版第115页。——原注

帕卡在此次征服勃朗峰的过程中做出了最大的贡献；在他的晚年，他很轻易就被1833年在霞慕尼旅游的大仲马操控了[1]，而他的儿子吉迪翁也重新撰写了“富有传奇色彩”[2]的故事版本，在这个故事里，“勃朗峰的巴尔马”[3]作为受欢迎的男主人公，不得不拉拽、推动、等待“那个可怜的医生”。

十九、索绪尔在勃朗峰

当成功登顶的消息传播到全世界，人们便开始像被授予骑士称号前夕一样激动得睡不着，期待着真正的第一次，也就是索绪尔本人的第一次登顶。在1786年8月底，他运气不好，太迟了！然而他的热情不减，还给一位朋友写信说：

> 我的头脑中充斥着我的计划，以至于要是我一时半会儿忘记了这个计划，我就会觉得很累，像是生病了。

帕卡的成功只不过是一次预演；只有索绪尔可以实施那些测量；因为登顶的动机除了科学别无其他。关于这一点，帕卡所说的话，只能让这位日内瓦学者焦急[4]。科学领域非他莫属。索绪尔承认帕卡的功劳，捍卫他，反对布里斤斤计较的做法；他介入到此事中，让巴尔马在一份与布里所说的话相反的事实陈述上签字。在接下来的那几个月中，荣

---

[1] 大仲马：《旅游印象》，载《两世界杂志》第1期，第628页。——原注

[2] 巴尔马：《给勒·皮勒尔医生的信》（1839）。——原注

[3] 布里求来的、由撒丁国王赐予的奖励称号。参见前注提及的夏尔·杜里埃著作，第117页。——原注

[4] 在前注提及的布朗和德·贝尔的著作第170页引述的多封信件显示了这位学者和这个“目标虎头蛇尾的的年轻人”之间的差距。另见前注提及的菲利普·儒塔尔的著作，第169页。——原注

耀归于一位“年轻的医生”，正如索绪尔的叔父夏尔·波奈明确写到的那样：

> 你们都知道之前没有人到达勃朗峰峰顶。在这个时候，一位来自萨瓦的年轻医生，在一个普通山民的陪同下，第一次光荣地登上了顶峰……他的名字是帕卡。这条新路线并不危险，也和我的侄子之前尝试过的那些线路很不一样。[1]

学者拉朗德在写到1786年8月那次登顶时，或许反映出了人们的总体看法：

> 读到这些诗句时，可以看出这次旅游给帕卡公民带来了很多荣誉：
>
> 德·索绪尔迟迟才登顶的勃朗峰已经成为帕卡峰。[2]

可这种荣誉只是昙花一现！帕卡的游记没有出版，无法让他的荣誉保持下去。布里的宣传攻势，以及他利用巴尔马发布的申明材料让另一个征服者名噪一时。自打索绪尔不再需要求助于帕卡进行登山也能成功登顶时起，一切都结束了。这个卑微的医生被抹去了痕迹。而他继续他的登山活动；就在他初次登顶之后的几天，他又找到了另一条通达勃朗峰的道路，在让-安德烈·德吕克看来，也许他又登上去了[3]。在英美学者通过大量研究为他正名之前，他已经被遗忘了一个多世纪[4]；勃朗峰

---

[1] 1786年8月16日，夏尔·波奈写给德·斯德哥尔摩伯爵的信，在马修斯的《勃朗峰年鉴》中第97页被转载。马修斯在日内瓦见过很多封支持帕卡获得荣誉的信件。——原注

[2] 拉朗德：《勃朗峰之旅》（1786），第四卷，第443页。——原注

[3] 参见弗雷什菲尔德《德·索绪尔》，第191页。——原注

[4] 主要出自弗雷什菲尔德的《帕卡VS巴尔马》（载《登山杂志》第19期），《德·索绪尔》（1924）。——原注

的发现在霞慕尼不再被介绍成由巴尔马带路的索绪尔一个人的成就[1]，则是两个世纪之后的事了。

克里斯蒂安·德·梅歇尔在1790年绘制的两块彩色版画[2]，呈现了索绪尔攀登勃朗峰随后下山的场景，正如传说一样：

> 在勇敢无畏的、绰号“勃朗峰”的雅克·巴尔马和17个向导陪同下的日内瓦学者德·索绪尔。

从1786年8月起，索绪尔就下定决心：他会成功的，他会带上雅克·巴尔马，尽可能多地带上挑夫来帮助自己，并且从巴尔马和帕卡曾经走过的那条路，也是他眼中唯一可行的路登山。索绪尔要求巴尔马重启登山行动；在6月进行了两次尝试之后，他于1787年7月5日与向导让-米歇尔·卡夏、亚历克西·图尼埃成功登顶。[3]三天后，索绪尔和他全家人、布里以及一群好奇的人到达霞慕尼。在长达三周的时间内，雨水阻止一切出行；索绪尔利用这段暂缓时间来做非常细致的准备工作[4]。如果考虑到那些翘首以盼的观察者——他们准备就绪，用望远镜来追踪探险过程并描述他们所见，就会明白，真正的登山运动“奠基性事件”是如何开启持续了近两个世纪的高调且沉重的探险历程的。

索绪尔8月1号出发，第一个晚上是在北壁山山顶过夜，第二个晚上甚至在大高原[5]的雪地上度过。于是探险队在第三天到达顶峰，索绪

[1] 1986年在霞慕尼举行的典礼上，第一次将官方头等荣誉颁发给了帕卡。——原注

[2] 在法国国家图书馆的版画室Ec，19a区，可以看到两幅样本。——原注

[3] 参见索绪尔的《阿尔卑斯山之旅》第四卷，第141页；马修斯《勃朗峰年鉴》，第321页。——原注

[4] 存于日内瓦公共和大学图书馆的索绪尔手稿，第四十八卷，第9篇文档，以及前注提及的菲利普·儒塔尔著作，第187页。——原注

[5] 位于勃朗峰登顶路线西南侧的冰川高地。这条登山路线从位于海拔3051米的大米莱山庇护所出发，依次经过小梯阶、小高原和大梯阶以及大高原，往西南侧行进，到达古特峰穹顶后向顶峰攀登。

尔在山顶停留了四个半小时；后来他自称很狂怒，因为“每时每刻都不得不只为了呼吸而中断我的工作”[1]。回程时，他重新睡在岩石上支起来的帐篷里，他给这块岩石命名为“喜归石”[2]。第四天，差不多中午的时候，他们全部安全无恙地回到了勒普瑞厄莱小木屋酒店。

这段简要的概述不能代替文本阅读，尤其是索绪尔的游记的阅读。这个故事有史诗般的风格：

> 我简直不能相信我的眼睛，在我看来这就像是一场梦……我深知它们之间的关系（峰顶之间），它们的连接，它们的结构，而仅仅看了一眼就消除了我多年工作都没能消除的疑云。在我终于到达这个白雪环绕的山峰的最高点时，我带着一丝愤怒而不是喜悦在上面踩踏着。尽管这壮美的风景使我赞叹，我却由于不能将其全部吸收而痛苦难受……我就像一个被邀请参加盛宴的美食家，却因为极度反胃而不能尽情享用美食。[3]

布里和让-安德烈·德吕克根据索绪尔的口述来报道这次登顶的故事，同时为旅游史增加一些重要的细节。据悉，这位日内瓦学者将任何有能力的人排除在探险之外，除了他自己。他既不想带布里，也不想带他的儿子；他只带了他的仆人。人们从他这里获知了霞慕尼的居民和300个好奇者通过望远镜跟踪观看了这次探险旅游，另外霞慕尼所有的大钟都在8月3号中午时分开始敲响！索绪尔把18个陪同他登山的向导名单留在了勃朗峰。

索绪尔登顶引起了巨大的反响，这位学者收获了来自全欧洲的满满

[1] 索绪尔：《阿尔卑斯山之旅》第四卷，第147页。——原注

[2] 这个名称保留了下来。几乎就在之前瓦洛的登山路线分叉路的地方。——原注

[3] 多个版本：他一回到日内瓦就出版了一份《缩略游记》；另一份全本被收进《阿尔卑斯山之旅》，他的《日记》中的其他笔记在前注提及的弗雷什菲尔德的作品第209页被引用。——原注

敬意。人们对他的游记的质量一直赞不绝口。在浪漫主义时代，托普费这样说到读者的惊喜：

> 他是对阿尔卑斯山领悟最透彻并把它诠释得最精妙的人，也是几乎唯一以自己的文笔传达出阿尔卑斯山的特质和雄壮的人，他是个学者……使他的作品出类拔萃，并在所有书写过这些同样的地方的作品中一枝独秀的，是作品让人感受到的、无处不在的新生事物的魅力、活力、探索行为和原始大自然鲜活纯净的色调。[1]

索绪尔一直小心翼翼地维护着他的光环，他很快就出版了《勃朗峰之旅》，为了不暴露自己的胆怯，他还让人修正了插图；他由于身体虚弱而导致的极度疲劳情有可原，但他只字不提。或许他并没有意识到他是多么的走运：第一次尝试就成功，连续享有四天的大好天气。如今的登山者也对这支人数众多的探险队感到吃惊，他们没有用绳子串成一串，却竟也没出一点事故；然而晚出发（6点之后）导致在被阳光晒得融化了的雪地里行走，没带冰镐，也没有在冰块上凿出梯级的技术，像这样在山脊行走是非常冒险的事。这20个人竟然没有引起雪崩，尤其是在鲁日峰[2]这片区域，这简直是个奇迹！

二十、1786年之后的布里和索绪尔

布里“这个不知疲劳的人”曾经梦想成为登上勃朗峰或者至少在某座山顶上的第一人。这并没有发生。由于索绪尔一点儿也不想带上

---

[1] 托普费：《新迂回游》。——原注

[2] 又名“红峰”。是位于法国前阿尔卑斯山脉的冰川山脉，与勃朗峰相对，海拔2965米，因其岩石富含铁元素山脉呈红色而得名。

他，失望的布里就在索绪尔回程的路上也就是拉科特[1]山顶等他，并且希望那些向导们立即跟他一起重新登山；疲惫的向导们拒绝了他。他在1787年和1788年又进行了两次尝试，均以失败告终！并不是因为他缺乏方法的积累。1788年的那次探险是登山运动史上最繁重的一次：22个向导，一群扛着一个巨大装备的挑夫，两顶帐篷，由雅克·巴尔马和“巨人”卡夏[2]做领队；“绅士们”是布里父子、英国人伍德利和荷兰人柯蓝珀[3]。凛冽的寒冷（-13°C）和强劲的风把探险队阻拦在了米莱山上；只有伍德利带着几个向导抵达了顶峰，回来时双脚都冻伤了[4]。每年夏天都会来霞慕尼的布里不再试图登顶，但并没有停止吹牛；他一直让别人相信，他在1787年8月通过翻越巨人峰垭口而到达了一个有利地势，从而登上了勃朗峰；他这样写道：

> 攀登勃朗峰的艰难根本比不上横穿山脉的艰难……冰隙在其恐怖程度上和宽度大小上都超过了勃朗峰。

这样的描述使人相信布里真的登上过勃朗峰！[5]

在1786年后，索绪尔一直是阿尔卑斯山的大旅行家，但是不再对勃朗峰感兴趣。他从来没打算在身上积累那些“第一人”的称号；哪怕体力到达极限，他也要继续探索。在1788年，仅仅是巴尔马露天夜宿之后的两年，索绪尔就选择在巨人峰山谷里留宿尽可能久的时间。他的目标是日夜观察高海拔山区并测试人体在高海拔的反应。7月份在他大

[1] 阿尔卑斯山脉的一座高山，位于法国、意大利边界，海拔4471米。

[2] 前注提到过的高山向导让-米歇尔·卡夏，由于其身材高大，因此得了个“巨人”的外号。

[3] 其中，有个人是殖民地总督之子，另一个是莱登知名医生之子。——原注

[4] 《日内瓦日报》第23期，1788年8月30日。——原注

[5] 在攀登冰海地区和塔库尔冰川时经过的巨人峰垭口是一条从霞慕尼到库马约尔的传奇通道。布里在他的《日内瓦到霞慕尼的旅游线路》一书中提及该地。布里不是最早的，至少有一位英国旅游者希尔和一位萨瓦人艾克斯沙盖分别在1786年和1787年先于他走这条路。——原注

儿子和若干个向导的陪同下，他在山谷支起了帐篷。那个被他叫作“勃朗峰的雅克·巴尔马”则往返于霞慕尼，为这位学者与其停留在霞慕尼的妻子、大姨小姨们传递信件。这些信件[1]向我们透露了这位学者的惊喜：

> 这里的空气并没有让我们觉得不舒服……木炭只能用嘴巴使劲吹燃……我们的胃口好得不得了；并没有感到气闷，连最小的不适也没有。

索绪尔对暴雨和狂风的猛烈程度、植被的稀少（但是草地和苔藓“种类繁多”），对高山的动物（岩羚羊、正式命名的寒鸦等），以及风景都表现出了惊讶：

> 这些在阳光照射下无法维持外观的冰和雪，在柔和的月光下形成一片多么令人惊讶和美妙的景色啊……灵魂得到了升华，精神视野也似乎扩大了，置身于这样壮美的寂静中，就觉得听到了大自然的声音……

索绪尔和他的儿子为他们的征服对象所倾倒。而他们那些“无聊得要死”的向导们在看到他们如此心驰神往的样子时，心里想的是“我们可不想延长在这里的逗留时间”；向导们把所有的补给用品都吃完，“以便让我们迫不得已绝对必须出发不可”。索绪尔在下山来到库马约尔[2]时都饿坏了。[3]

---

[1] 在索绪尔的《勃朗峰之旅》中转载，第366—387页。——原注

[2] 意大利瓦莱达奥斯塔的一个市镇，毗邻阿尔卑斯山。

[3] 索绪尔：《阿尔卑斯山之旅》，第384—386页。——原注

二十一、1786—1842年间罕见的登顶

尽管有着巨大反响，1786年的征服勃朗峰和1787年的索绪尔登顶并未引起一股效仿的潮流。直到1843年，登顶行动才多了起来，勃朗峰的历史不是统计出来的，每一次出征都是一次独特且非常认真的探险。有时好几年都没有一次登顶。

就差了几天，一个叫马克·博福罗伊[1]的英国人，差点成为第一位征服勃朗峰的“绅士”；他恰好在索绪尔的探险之后到达霞慕尼。他是否早就有登顶的打算呢？无论如何，他有着登山者的强烈愿望，并做了如下表述：

> 人们想要到达一些明显海拔很高的国家的最高地区，这太正常不过了……以至于我也无法抗拒心中对登上勃朗峰之巅的渴望。[2]

博福罗伊带上了由让-米歇尔·卡夏率领的向导们，只用了两天，就成功登顶勃朗峰。帕卡发现“他像向导一样行走”。因为科研成就而已经很有名气的博福罗伊，与伦敦皇家学会进行了沟通。巴尔马不在这个探险队中。在1787年8月，他不再帮助青年作家约瑟夫·米肖进行登顶活动，后者只带了两个向导和一件小行李——连气压计也没有。然后，在大米莱山度过一个晚上后，这位作家更愿意胡思乱想，就又下山了。米肖是不是第一个上勃朗峰的游客呢？

无论如何，登顶行动随后就消停了，在法兰西第一帝国时期几乎没有人重拾这项活动。为什么呢？局势占了很大一部分原因，讲究的

[1] 马克·博福罗伊（1764—1827），英国天文学家，上校。

[2] 1817年在《哲学年鉴》公开发表的登顶记录。博福罗伊当时还不是上校。参见前注提及的弗雷什菲尔德的作品，第211页，以及布朗和贝尔《勃朗峰初次登顶》，第354页。——原注

英国人远离此地，再加上巴尔马不乐意干。他在伍德利的探险行动中遭了很多罪，于是对许多登山计划泼冷水。他既没有陪同博福罗伊，也没有陪同米肖。巴尔马此后只在1802年和1818年带领了两组尊贵游客登山，而另外两次探险行动均受挫，即1808年英国殖民者波伦那次，和1809年一个沃州人那次。然而巴尔马在当时似乎是不可或缺的，他作为一名卓越的向导而声名远扬，是唯一永远能够找到通道的人。大仲马夸张地叫他“霞慕尼的哥伦布”，这一称号使他卓尔不群，也使他不肯屈服于向导这个职业附带的义务。就是在这样的背景下，有了1808年玛丽·帕拉迪[1]的登顶，她是第一位登顶勃朗峰的女性。一整队的向导“心甘情愿”参加此次探险行动；雅克·巴尔马带上了他14岁的小弟；同队人员还有泰拉兹兄弟，维克多与米歇尔，爱德华·巴尔马，弗雷塞隆与帕约。两位女性也想加入他们的队伍。向导们把已婚的女性排除在外，只留下了玛丽·帕拉迪，后者的故事相当生动有趣：

> “你是个需要赢的好女孩，”这些向导对我说道，“跟我们来吧，那些外国人都想看你并且给你送礼物。”这让我下定决心并且和他们一起出发……在大高原，我走不动了，我很难受，于是在雪地上躺了下来。我就像热坏了的母鸡一样喘大气。两边都有胳膊搀扶着我，还有人拉着我，但是在鲁日峰，我实在没办法往前走了，而且我对他们说：“就在这个裂缝把我放下，你们继续往前走吧！”“你应该坚持到底。”这些向导们这样回答我。他们托着我，拉着我，推着我，最后我们终于到达了……

她如此总结她的登顶：

[1] 玛丽·帕拉迪（1778—1839），酒店女仆，首次登顶勃朗峰的女性。

我爬上去了，气喘吁吁，险些把小命给丢了；我被人拖着，扛着，看见白茫茫一片，接着两眼一黑，然后我就下山了。[1]

他们带着轻便的装备登顶，而且速度很快，只用了一天半。要不是大仲马那样的新闻报道人才，他们的探险可能不会引起任何反响而且很快就会被人忘记了。

在1788—1818年间，只有5次登顶行动，这太少了。不容置疑的是，绝大部分来霞慕尼的游客，不会问自己是否应该登上勃朗峰，洪堡[2]不会问，更不用说拉贝多耶尔了，后者1804年只求登上比埃山，以悼念1800年去世的丹麦人埃申。[3]科学家考察的时代已经结束——在索绪尔之后人们还能发现什么呢？登山运动员的时代还没开启。数量稀少的攀登者几乎没经过试练；在勃朗峰登顶之后，他们没尝试过任何其他山峰。在勃朗峰的高山区之外，法国大革命和法兰西第一帝国时期并不盛产"第一人"；"登山者—游客"也没创下任何第一。一些瑞士本地人，分别在1811年和1812年登上了少女峰[4]和芬斯特拉峰[5]；一些瓦莱达奥斯塔的本地人在1801—1816年间登上了罗莎峰[6]的一些次峰——而且是奉了大公爵让·德·哈布斯堡的命令，这些农民以赏金做报酬，登上了奥特拉峰[7]的顶峰，也是蒂罗尔[8]的最高点。在所有这些案例中，

---

[1] 大仲马：《旅游印象》，载《两世界杂志》1833年第4期，第342页。参见马修斯《勃朗峰年鉴》，第118页。——原注

[2] 亚历山大·冯·洪堡（1769—1859），德国科学家，近代地理学的主要创建人。

[3] 拉贝多耶尔：《日记》，第379页。——原注

[4] 少女峰海拔4158米，是同名的山脉断层中的最高峰。位于瑞士境内，属阿尔卑斯山脉部分。

[5] 芬斯特拉峰海拔4274米，属瑞士伯尔尼阿尔卑斯山脉中的最高峰。

[6] 是位于瑞士和意大利交界处的一片高地，有数座海拔超过4500米的高峰，其中最高点杜富尔峰海拔4633.9米，为瑞士最高点，也是阿尔卑斯山脉第二高峰。

[7] 意大利北部奥特拉阿尔卑斯山脉中的一座山峰，为奥特拉山脉主峰，海拔3905米。

[8] 蒂罗尔是欧洲中部的一个地区，目前分属奥地利和意大利两国。此地区以国际滑雪胜地及避暑胜地著称。

并没有涉及真正的登山者；这些登顶行为也看不出有立竿见影的前途。

这个时期，缺席最多的，事实上是由于持续的战争而被阻止来到这片大陆上的英国人。诚然，自1801年的停战协议签订后，持续太久的战争挫败感和好奇心将他们英国人带到了法国北部城市加来。但是当时有那么多让人感兴趣的东西，以至于“瑞士”和“山峰”被牺牲掉了。只有几个英国旅游者在1802年来到霞慕尼[1]，他们没有足够的时间对勃朗峰产生兴趣。亨利·佩蒂——兰斯敦侯爵的儿子，算是一个例外。自1801年11月1日一到，这个小伙子就和他的导师艾蒂安·杜蒙一起离开英国[2]；有半年时间，他在巴黎观察法国的新社会，然后从1802年5月到1803年春季走遍了瑞士，在日内瓦、科佩住了一段时期后与内克尔[3]会合，他游览了那些与卢梭相关的景点，但不关心登山的事……过了很久之后，杜蒙在1816、1822和1825年均来到霞慕尼居住。[4]

二十二、浪漫主义时代鲜有人攀登的勃朗峰

冰川地区和勃朗峰的发现，是否开启了夏季高山旅游的纪元呢？诚然，在18世纪末，冰川地区有着稳固的吸引力，越来越多的旅游者登上冰海区，游览阿维龙河或者格林德瓦的发源之处。然而，即便如此，游客们还是没有立刻改变他们的看法：他们依旧认为那些山峰很“吓人”而非“壮美”。只“因为它们在那巍然而立”就要爬上去的想法还是非常另类的；在浪漫主义时代，“登山第一人”的壮举极少实现，而勃朗峰的探险之旅也少得可怜：1786年到1842年间仅有25次；而这个

---

[1] 马修斯：《勃朗峰年鉴》，第117页。——原注

[2] 艾蒂安·杜蒙牧师的手稿被他的一个后裔让·马丁寻回，后者在书中介绍了艾蒂安·杜蒙（1759—1829）的生平。杜蒙已经在1787年的旅游中陪伴了年轻的汤森。亨利·佩蒂爵士随后地位得到提升：他于1806年成为英国财政大臣。——原注

[3] 即前注提及的雅克·内克尔，是法国国王路易十六的财政大臣与银行家。

[4] 参见让·马丁《艾蒂安·杜蒙》，第95页。——原注

总次数在1860年前后的一年左右时间就完成了；而现在每年夏季天气晴好的话，每天登山的三到五次不等。

必须承认的是：索绪尔并没有发明登山运动。他作为开路先锋本意并不在此。他本人并没有被他所征服的东西征服，他也并不打算重回峰顶。霞慕尼人甚至都没有萌生去攀登的想法；向导和挑夫也仅仅是为了报酬才前往，他们中的大部分人在第一次登山时才发现登山是怎么一回事。只有两个例外，不存私心："与众不同的"帕卡医生；以及1809年7月14日进行的，以玛丽·帕拉迪作为赌注的，那次富有爱国主义精神的异想天开的探险之行。

该不该用障碍太多做借口来解释这种登山运动的稀缺呢？这种稀缺跟雅克·巴尔马的赌气做法或许有很大关系，当时不可能去别处找到一个如此在行的向导，直到约瑟夫·玛丽·古泰的出现；在1838年，当巴尔马给昂利叶特·德·安热维尔做向导的时候，那已经是他第9次登顶了——创下了纪录[1]！探险旅游的花费十分高昂——至少要1200法郎[2]，即使这样也不能打消一个富有的潜在客户登山的念头。索绪尔和布里提供了很多"满载辎重"的探险队的例子；在19世纪中叶之前，人们都没做过任何改变来减轻探险队的负担。登山探险需要很多向导和挑夫：1823年导游公司的第一个规则，也只不过是通过强制要求一个旅游者配备至少4个向导和4个挑夫来认可这种惯例[3]。就怕遗漏什么东西，索绪尔曾经用超过半个月的时间来准备登山行李；1838年的昂利

[1] 参见昂利叶特·德·安热维尔《我的勃朗峰徒步游》，费里森罗什出版社，第62页。——原注

[2] 参见《霞慕尼山谷旅游线路》（1833）；埃贝尔《霞慕尼漫步》（1834），第156页；谢克斯《瑞士新导游指南》（1853），第177页；以及阿特金斯、奥德乔等人的证词。——原注

[3] 霞慕尼导游公司成立于1821年，其规章制度制定于1823年。参见阿贝尔·勒莫西尔《霞慕尼向导守则》；罗伯特·阿夫祖《霞慕尼山谷里的旅游业》，第16页。——原注

叶特 · 德 · 安热维尔也是一样的细致——女士版准备工作[1]。必需品和适当的额外用品的清单越来越长：要保证露营设备舒适，食物多样化，做好烹饪准备，还要带上酒精饮料，还要考虑到洗漱，还有观测所需的一切设备——在19世纪上半叶，勃朗峰的登山者的装备充斥着各种他们不懂使用的物理仪器——科研的理由使然。携带一只信鸽报信也是惯例。

然而，寥寥无几的勃朗峰攀登者和冰川游览者几乎没有考虑过最合适的着装。向导们穿的是他们平常穿去寻找天然水晶的衣服，有钱的旅游者又想显得与众不同。他们对高山缺乏了解，所以经常有麻烦：很多人脚冻伤了，患上了眼疾、日射病。缺乏经验是显而易见的：此前没有一个英国人攀登过任何山，甚至连斯诺登山[2]都没攀登过。阿特金斯[3]1837年向勃朗峰进军的时候还从来没踏足过冰川。唯一有过登顶经验的是德 · 蒂里[4]伯爵，他攀登过埃特纳火山！这些对危险毫无概念的勃朗峰征服者们，在下山途中放任自己，净干荒唐事，尤其是在冰上滑行，这极有可能让他们滑到冰隙里或是岩沟上面去。他们想着准备在自己的游记里撰写的内容——每个人都会写的——以及他们的绘画。勃朗峰题材的石版画很快就大受欢迎；苏格兰人奥德乔[5]以及日内瓦印刷商施密特深谙从中获利之道。

恶劣的天气是严重的阻碍。必须在稳定的晴好天气才能出发。昂利叶特 · 德 · 安热维尔记录说，她才下山，霞慕尼就开始下雨，有半个月

---

[1] 昂利叶特 · 德 · 安热维尔在《我的勃朗峰徒步游》中用了一整章的篇幅来记叙准备工作；她列举了她所带的所有东西，甚至还有一面镜子。1851年，史密斯还带上了一百多瓶酒，有波尔多、勃艮第葡萄酒、白兰地。——原注

[2] 位于英国威尔士西北部，海拔1085米。

[3] 亨利 · 马丁 · 阿特金斯（1818—1842），英国登山家，1837年攀登勃朗峰后撰写了《1837年8月22—23日的勃朗峰登顶记录》。

[4] 克莱蒙 · 亨利 · 德 · 蒂里（1805—1875），是法国诺曼底的贵族世家德 · 蒂里家族的后裔，封号为布拉鲁侯爵。他于1834年登顶勃朗峰，是第一个完成此项壮举的法国人。

[5] 约翰 · 奥德乔，于1827年8月9日登顶勃朗峰的一位苏格兰人，绘画作者，生平不详。

时间看不见勃朗峰。她补充道：

> *必须要承认的是，我的勃朗峰之行从头到尾都是顺风顺水的。*

某一些登顶向往者不得不等待时机又无功而返。登山分布的月份是非常明显的；在六十年内，7月只有两次，但是8月有16次，9月是6次，甚至10月都有1次。后来的登山也不是没有危险的。在1827年之前唯一被使用的老路和拉科特的山壁很容易发生雪崩；而8月份只会更危险；9月，甚至是10月的极端天气和降雪的风险都很高。

登山过程非常漫长。第一天，探险队抵达大米莱山休息露营；第二天，凌晨1点就要借着手提灯的灯光出发，在烈日下到达大高原和拉科特山壁；随后的登山就像噩梦了——玛丽·帕拉迪哀求别人干脆把自己扔到冰隙里算了，德·安热维尔则体会了“四个小时的濒死状态”。到达顶峰的时候，精疲力竭的征服者们再没有力气去欣赏美景了；阿特金斯睡着了；没有人详尽地描述他们自己的感受。随即而来的就是无休止的下山路程。在变化无常的气候条件下，绝对不可以直冲下山；鉴于他们并不是经验丰富的老手，各类登山指南更希望他们谨慎行事。

第一起勃朗峰惨剧早就发生了；1820年，当时是第12次勃朗峰探险之旅；恶劣的天气和哈梅尔[1]博士的执拗是这次事故的起因。这位来自俄国皇室的参事，从圣彼得堡远道而来，不愿意无功而返；面对向导领队的反对意见，他强制要求继续行进。一场雪崩卷走了4名向导；三人遇难，遗体于1861年被找到并由幸存者指认出来。

随着第一帝国战争的结束，英国人得以来到霞慕尼。登山记录表显示出他们的人数超过了其他国家，而那些国家的人本来想要成为自己国家或者阶层的头号登顶者。长期以来，许多个“国家”都只出了一个能

[1] 约瑟夫·哈梅尔（1788—1862），俄罗斯学者，俄国沙皇顾问。

代表本国的侨民，波罗的海地区的，俄罗斯的，意大利的，瑞典的，美国的，波兰的，甚至法国的；于1834年第一次攀登勃朗峰的蒂里伯爵，就是一个侨居者。作为女性，昂利叶特·德·安热维尔感受到了跟玛丽·帕拉迪一样的、成为第一位登顶女性的滋味，她一回来就对后者进行了拜访。这位“勃朗峰的未婚妻”自打少女时代起就开始筹备她的探险；1838年她在无人陪同的情况下一举成功，她穿着女装，显示出女性的端庄，一举洗刷身着男装的女作家乔治·桑1836年在霞慕尼街头犯下的耻辱。她的光环超过了乔治·桑。她热爱大山，很长时间里一直在坚持登山。她把自己登顶勃朗峰的经历写成了文字，但只为自己而写，无意出版。

唯一标志着新精神出现的登顶行动，是1838年费迪南·艾森克拉梅尔[1]的那一次。那时他刚来到霞慕尼，而且已经经营过两家最好的酒店——北方酒店和联邦酒店；他想在酒店业取得成功，“皇家酒店”的创建也证明他确实做到了。为了赢得有钱旅游者的青睐，他决定以客户身份，带着5个向导登顶勃朗峰。在那个时候，科学的动机已经从探险旅游中消失了；得第一的虚荣开始衰退，取而代之的是秀美的风景和引人入胜的轶事；苏格兰人奥德乔的画作使勃朗峰声名鹊起。对记者艾伯特·史密斯[2]来说，“勃朗峰狂热”还有很多的“待接石”[3]。

二十三、愈发浮夸的登山感受

法国大革命和法兰西第一帝国时期，英国人不在场，勃朗峰和冰川的发现伴随着庄严的宣告。法国诗人德利尔吟唱道：

---

[1] 费迪南·艾森克拉梅尔（1813—1887），瑞士人，霞慕尼地区酒店经营者。

[2] 艾伯特·理查德·史密斯（1816—1860），英国记者、作家、登山家。

[3] 原为建筑术语，指建筑物边缘预留的用来连接后续建筑的突出的石材。此处用来比喻持续有利可图的生意。

你好，壮丽的汝拉山！恐怖的蒙当维尔！

还有诗人谢纳多莱：

然而勃朗峰呼唤我前往它古老的冰川。
从冬天的圣殿，我看到了它的柱廊。

约瑟芬皇后跟他们同一个调调。1810年，她在有关蒙当维尔的登记簿上写道：

这些高峰连绵起伏，傲然矗立，
目睹了万年时光的流逝，
就像卑微的人类反抗无力的日子，
而人们神往、热爱或默默地为之战栗的正是那里。[1]

冰川游览甚至是勃朗峰游览，并不能抹去在布里口中或是丰塔纳笔下描述的那些旧时印记。

布里：

那些（山峰）的外观，无论有多么可怕，都蕴藏着各种形式的美……灵魂被尊贵和崇高的感情激荡，压抑……[2]

丰塔纳：

[1] 转引自帕约《有教育意义的阿尔卑斯山》，第141页。——原注

[2] 布里：《日内瓦到霞慕尼的旅游路线》，第308页。——原注

它传递的恐惧中更透出一股魅力，
即使在这可怕的时刻，它在我心中依然雄伟壮丽。

夏多布里昂的《勃朗峰之旅》代表了这位作家态度的转变。在他年轻的时候，就曾用奥西昂[1]式的语气写过有关那些“赤裸的岩石”和“蛮荒的峰顶”的诗作，卢梭思想对他潜移默化的影响在他成年之后又回来了，1822年夏多布里昂路过辛普龙的时候如此写道：

巨人的作品，天才的古迹，
您难道会比圣普乐
讲述维纳斯受折磨的那块梅耶里岩石[2]
更有名气？

1829年，在比霞慕尼更加峭壁夹岸的科特雷山谷[3]，夏多布里昂没有抱怨，而是这么说的：“这是我人生唯一的、完全幸福的时刻”——彼时他刚刚与奥唐丝·阿拉尔[4]相识。而1805年则相反，他完成了一项“旅游作业”：通过颇具诱惑力的“新通道”霞慕尼去往意大利旅游，途中不可避免地游览了蒙当维尔、巴尔姆山口和马蒂尼。当时的旅伴是夏

[1] 又译莪相，是传说中3世纪时爱尔兰英雄，吟游诗人。苏格兰诗人、政治家詹姆斯·麦佛森（1736—1796）自1760年起发表以其为主题的史诗《奥西昂》。

[2] 此典故出自卢梭浪漫主义文学代表作《新爱洛依丝》的情节，女主人公朱丽在梅耶里（法国上萨瓦省的一个小镇，位于阿尔卑斯山脚下）与男主人公圣普乐久别重逢，在一块岩石边互诉衷情。此处“受折磨的维纳斯”指的是离乡背井远行归来的男主人公。

[3] 位于比利牛斯山脉，该山谷的大部分区域属于比利牛斯山国家公园，科特雷镇坐落其中，该镇因其温泉和冬季运动胜地而著名。

[4] 奥唐丝·阿拉尔（1801—1879），原籍意大利的法国作家和散文家，与夏多布里昂产生过一段恋情。

多布里昂夫人以及他在里昂接上的“无趣的巴郎什[1]”。

时机不能解释一切。夏多布里昂本打算与让-雅克·卢梭划清界限，并且在贬损山峰的同时赞美海洋。他的抨击性文章发表于他旅游的六个月后，舆论一片哗然，一时间再次引发了人们对蒙当维尔的兴趣。“每个人都想亲自看看那位著名作家所言是否属实。总体来说，大家都认为他有眼无珠。”不被人理解的夏多布里昂反复重申他在1805年所表达过的内容，山峰既不能给他带来遗忘也不能带来兴奋。在1839年，他还写道：“我对于山景的看法让人说我是个想出风头的人，这完全不搭边。”

夏多布里昂在《勃朗峰之旅》一书中谴责那种呼吁高山作品创作参考古代样本的行为以及新古典主义的“回潮”，这种谴责使他而处于有利地位。他说，“在涉及感受的真实性的时候总要提到的古希腊罗马文化对于高山的看法跟卢梭想的并不一样”。他提到了在色雷斯的山峰上受尽折磨的俄耳甫斯[2]，提到更喜欢田野的维吉尔[3]，他展现了“另一个更加美好的古时代”，那是基督教的时代，那时还有“橄榄山[4]上的耶稣”和隐修士，“是他们的灵魂在风暴肆虐的地区传播安详”，而不是相反。夏多布里昂让人觉得“由于离天空更近所以祈祷传到上帝那里需要跨越的距离好像更短”这个过于简单的想法很好笑；让人觉得好笑的还有那个幼稚地认为“当你攀升到尘世之上时所有卑劣和世俗的感情也都会随之放下”的让-雅克·卢梭。夏多布里昂作出决定性论证：

---

[1] 皮埃尔·西蒙·巴郎什（1776—1847），法国作家、哲学家，对19世纪初法国文学领域的神学的进步产生过巨大影响。

[2] 希腊神话人物，父亲是太阳、畜牧、音乐之神阿波罗，母亲是司管文艺的缪斯女神卡利俄帕。据传俄耳甫斯心爱的妻子欧律狄克去世后，他痛不欲生，孤身一人隐居在色雷斯的岩穴之中。

[3] 维吉尔（前70—前19），古罗马诗人。其作品有《牧歌》、《农事诗》、史诗《埃涅阿斯纪》三部杰作，首部曲《牧歌》是一部以乡间生活为题材的田园诗集。

[4] 耶路撒冷老城东部的一座山，得名于满山的橄榄树。耶稣在人生的最后一周来到耶路撒冷，每天翻越橄榄山进入圣殿教导人，《圣经》记载了许多耶稣在橄榄山的事迹和言论。

卢梭认为我们的心绪会随着我们居住地的变化而变化，这种想象出来的变化，与卢梭声称要反对的唯物主义体系悄然联系到了一起。灵魂变成了一种受空气变化影响的植物……

二十四、在18世纪末和19世纪初几乎无甚新意的高山主题

卢梭被反复提及，他的“论说”不适用于高山；夏多布里昂看到了这一点并大做文章。拉蒙作品的一部分和塞南古的沉思录不被人注意。在引入考克斯的作品时，译者感觉到高山那亘古不变的世界可给出一个永恒的形象，随即很快就转变为崇高的形象。塞南古或许是“法国所拥有的最伟大的高山诗人”，他于1804年发表的《奥伯曼》本可以成为夏多布里昂的解毒药，但是他那“出了名的无趣”的名声使读者们对他敬而远之[1]。圣伯夫和乔治·桑小说的再版也只给他带来了一点小名气。1789年19岁时就来到瑞士的塞南古很了解这里；像卢梭一样，他漫无目的行走于莱芒湖的周边地区，并游遍了这些地方。他甚至在1804年去南峭峰探险。他感受那些风景，并且很清楚如何表达出山峰（瑞士的和萨瓦的）的各种形态之于想象力的意义：湖泊（他给所有他遇上的湖泊都命了名）、激流和瀑布是天地间生命力的象征，松柏形象意味着坚韧，水仙花则饱含伤感之情[2]。

法兰西第一帝国在贬低塞尼山的同时大力推销大圣贝尔纳峰。结果就是，前往冰海的探险之旅很随便地被加进了意大利旅游路线中：人们途经日内瓦，再从马蒂尼出发。游客最常光顾的瓦莱州失去了它的美名。阿尔卑斯山有了一个越来越功能化的形象：它是前往意大利的

[1] 正如贝阿特丽丝·勒加尔的作品《塞南古的幻想之地》序言所指出的那样。——原注

[2] 《奥伯曼》第一卷，第285—287页，第292—293页。——原注

通道。有关大圣贝尔纳峰的主题是为歌颂第一帝国的荣耀而设的：司汤达是该帝国姗姗来迟的颂扬者[1]；隐藏在大圣贝尔纳峰的修道院教堂里的德塞[2]之墓成了朝圣之地。意大利的首席主教[3]制度就是在新帝国的范围内恢复的。冰川地区不是受害者，它就在新通道上。相反，登顶勃朗峰这个几乎昙花一现的历史事件，一直代表着一种另类的观光。没有任何名人、任何作家有意去累计那些“第一”。布里没有这样的天分；而1788年登上南比戈尔峰[4]时看起来有60岁的让·迪索[5]也好不到哪儿去。

阿尔巴尼·博蒙这位萨瓦地理学家，尽管有才能，也没能说服英国人同意骑着毛驴去游览“完美地融合了美和浪漫”的滨海阿尔卑斯山脉。[6]而一些格勒诺布尔法官1784年竟去了瓦桑[7]旅游！他们本来无意发表的游记于一百年后被偶然发现。[8]四个多菲内人组成了一个团队来“踏遍群山，并在那里找寻纯净的空气，忘掉自己的背信弃义和腐化堕落”。他们从格勒诺布尔走到莫里耶讷山谷，途经瓦桑，翻越了加利比埃山口[9]。他们在泰拉斯（拉格拉夫[10]上方）品味美景，却没有命名任何一座顶峰。

对于这些不发声的见证者以及所有急于表达自己的感想的旅游者而言，高山一直暗示卢梭式的社会学和伦理学。冰川的发现和勃朗峰的发

[1] 司汤达：《亨利·布鲁拉尔》第二卷，第44—45页。——原注

[2] 路易·夏尔·安托万·德塞（1768—1800），法国著名将军。

[3] 首席主教，圣公会译为主教长，是某些教会给予主教的头衔。

[4] 比利牛斯山脉法国境内山峰，海拔2877米。

[5] 让·迪索（1728—1799），法国政治家、作家。

[6] 阿尔巴尼·博蒙：《穿越滨海阿尔卑斯之旅》（1795），第89页。——原注

[7] 法国伊泽尔省东南部的一个市镇，属于格勒诺布尔区。

[8] 马西姆贝尔，多菲内游客协会成员，1888年在《多菲内游客协会年鉴》第198—222页发表了这篇游记。——原注

[9] 法国多菲内阿尔卑斯山南部地区格勒诺布尔附近的山口。

[10] 法国上阿尔卑斯省北部的一个市镇，属于布里昂松区。

现历程都是如此地惊艳，却一直有些隐晦不明。直到19世纪初，登山运动尚未诞生。

第八章 南方越冬之发源

一、开端之困难 “越冬者”是在哪里、何时、如何、为什么诞生

“越冬者”这个词在18世纪尚无人知晓，无论是在19世纪的字典中，还是在《利特雷词典》（1863）和《拉鲁斯词典》（1873）中，均无从找到。《利特雷词典》只收录了“hiverner”[1]这个词，并如此释义：“指动物和军队度过冬天”，绝对不会用在前往南部地区的上等人身上。

到了20世纪，《拉鲁斯词典》才在它的第一版中诠释了“越冬者”的唯一含义：“那些将要在南部地区、阿尔及利亚等地度过冬季的人。”要等到20世纪才确定这种从秋季持续到春季的休闲人群迁徙行为的含义，旅游史学家对此表示很惊讶。这段为期六个月的漫长的，而且对从北欧来的游客来说路途尤其遥远的逗留期，可以解释为是为了寻求更温和美好的气候环境。

自18世纪末开始，一些游客就拿鸟类的迁徙做对比。1784—1785年间在马赛过冬的立陶宛贵族莫辛斯基伯爵说到英国人时就是这么打比方的，说他们“像燕子一样，在冬天来临之际离开自己的故土去寻找更温和的气候环境”[2]。自这种暂时定居不再是某一个人的行为，而是一定数量的外国人的行为开始，就形成了一种现象。18世纪的观察家们把这种始于《巴黎和约》（1763）之后的那几年、主要出现在尼斯和耶尔

[1] 意为“过冬”，动词。

[2] 莫辛斯基：《普罗旺斯之旅》，第87页。——原注。弗雷德里克·约瑟夫·扬·坎迪·莫辛斯基（1738—1817），立陶宛贵族，曾经担任立陶宛国会秘书长和王室元帅。

市的新生事物，归功于英国人。主要的证词来自学者们。数学家拉朗德1765年路过尼斯，他是这样介绍1763年到1765年间来尼斯旅居的苏格兰医生斯摩莱特的：

> 斯摩莱特满嘴都是对法国人和意大利人的讽刺、辱骂和诽谤；尼斯是唯一例外的城市，他用最绚丽的色彩描绘了他在此地的逗留。这位在英国不走运的作家，郁郁寡欢而又疾病缠身，走到哪儿都带着恶劣的情绪，而他却使人相信正是尼斯这个地方才让他重新寻回健康和公正。[1]

拉朗德暗示，由于斯摩莱特对法国的强烈批判，《尼斯书简》没有译成法语[2]。另一个到此越冬的英国作家斯泰恩因为在《在法国和意大利的感伤旅行》中给斯摩莱特取了个“学究”[3]的雅号来嘲笑他，使得他广为人知[4]。

事实上，正是法国学者米林在19世纪初重拾拉朗德的观点的同时，证实了尼斯的优越地位，以及斯摩莱特的发现：“无论如何，斯摩莱特是第一个让他的同胞们知道这个地区的一切美妙之处的人……自此之后，去尼斯过冬就成了英国的时尚潮流了。”[5]米林的作品在整个19世纪

---

[1] 拉朗德：《成行于1765—1766年之间的一个法国人的意大利之旅》第一版（1763）第一卷，第20页。——原注

[2] 这部作品中的信件被嵌入到了《在法国和意大利的旅游》（1766）中，该作品一直没有被翻译。1919年，只有《1763—1765年间的尼斯及周边的信函》被翻译过来，并且被艾德·皮拉医生发表，我们引用的即该版本。——原注

[3] 原文为“docte Smelfungus”。“Smelfungus”这个词是由“发臭的”和“霉菌感染”两个英语词合成而来，用与其本名相似的发音来指代斯摩莱特医生。

[4] 斯泰恩分别于1763年和1765年在法国南部和意大利度过了两个冬天，这些经历构成了他的作品《在法国和意大利的感伤旅行》（1768）的主要素材。参见迪吉恩1934年翻译版本，奥比耶出版社第三十版，第130页。——原注

[5] 米林：《法国南部之旅》（1807）第二卷，第565页。——原注

被阅读、重读、翻印。米林本人，为了描绘尼斯而抄录斯摩莱特的内容到了令人惊讶的程度[1]。这位医生并没有把“过冬”这个词的发明归功于自己；而当时的见证者们提到英国人在这一概念的发明上的先驱地位时，也并没有提到他。日内瓦物理学家让-安德烈·德吕克，同时也是夏洛特王后[2]的外语教师，他1775年在耶尔过冬，在那里给米林写信，夸赞这个地方：

（这个）在北方居民眼中如此幸福的地区；许多病恹恹的人从其他国家来到这个在冬天有着各方面吸引力、如此让人喜爱的地方，就为了在这个严酷的季节减轻一些病痛。[3]

另一个瑞士人，在柏林教授数学的约翰·吉奥格·舒尔泽，于1775年至1776年间来到南部过冬。在他的朋友让-安德烈·德吕克的推荐下，他首先选择有着他心仪的气候环境的耶尔，同时抱怨为什么这里的人只说普罗旺斯方言[4]；然后他从1775年11月底到1776年5月2日在尼斯居住，他记录了新发现：

英国人，每年秋季都成群结队地前往欧洲最温暖的法国南部各地区，为了在那里躲避寒冷和其他的冬季不适，这使尼斯近年来成为时髦之地，而且我觉得尼斯是当之无愧的时尚城市。

索绪尔早就从让-安德烈·德吕克和1775年陪同德吕克的妹妹那里

[1] 欧仁·若利亚：《斯摩莱特和法国》，第137页和第510页。——原注

[2] 索菲亚·夏洛特（1744—1818），英国国王乔治三世的王后。

[3] 德吕克：《物理与精神的文学》，被德尼在《新旧耶尔》第四版第636页中引用。——原注

[4] 舒尔泽：《旅游日记》，亨夫内1781年翻译版本，第120页。在耶尔的逗留时间是1775年11月。——原注

听说过耶尔市，他分别在1780年和1787年在耶尔和尼斯度过了两个冬季；就像其他的瑞士人一样，他向我们说起了英国人对“越冬”这一概念的发明，但同样也没有提到斯摩莱特。[1]英国人发明去南部地区过冬这一贡献，被19世纪的多种旅游指南反复提及。《外国人尼斯游览指南》（1827）是这样写的：“尼斯的气候环境，自从1760年前后，吸引了很多外国人，尤其是英国人……”类似约瑟夫·鲁在1862年编写的那种统计性专著则提到：

> 自1760年后，诸多家庭大量涌入尼斯。[2]

是否应该停留在这个传统观点上？与蒙彼利埃、艾克斯或者阿维尼翁[3]、里窝那或者比萨这些更资深的涉外居留地相比，或许首先应该要肯定尼斯冬季旅游季的独创性。然后要知道，尼斯是否被耶尔模仿或者超越？本地历史学家们想到了用枚举路过的外国游客数量的方式，来证实游客越冬行为最早是在自己的城市发生，绝口不提这些外国游客是否真的是越冬者[4]，也不明确“越冬度假季节”具体是何时开始的。

二、冬季旅游季的构成部分

通过斯摩莱特、让-安德烈·德吕克、舒尔泽、索绪尔等人，以及18世纪最后三十年的其他越冬者的那些信札或者游记，可以甄别出冬季旅游季的组成要素，以下元素在那些人的信札或游记中都能找到：

---

[1] 索绪尔的《阿尔卑斯山之旅》第231页有关于尼斯内容，第270页有关于耶尔内容。——原注

[2] 约瑟夫·鲁：《滨海阿尔卑斯山统计数据》（1862）第二卷，第9页。——原注

[3] 法国沃克吕兹省省会。

[4] 甚至罗伯特·拉图什的《尼斯的历史》第一卷第69页也有这个缺陷。——原注

——悠闲的外国人长期逗留

——改善健康状况的考量

——对法国南部地区植被和保护得好的绿植的喜爱

——认为由于炎热，在夏季之外游览（逗留）意大利和法国南部明显更可取

——还认为最好在寒冷季节逃离北方地区

——悠闲的外国游客感到在偏远地方形成一个小团体很愉快；由此萌发了选择最好的地方来建立一个小型侨民移民地的愿望

所有这些组成要素在同一个城市汇聚，于18世纪的最后三十多年形成了早期的冬季旅游季。

三、18世纪法国的英国贵族群体

这样一个群体在巴黎的存在是被证实了的，而且这些英国侨民的生活内容众所周知：他们长期旅居，往来于各个沙龙。在路易十六统治时期，这个英国群体变得更加壮大而且尤其引人注目，加剧了当时的英国热现象。英国游客们的游记以及那些“旅游指南”——比如说纽金特所撰写的那些内容[1]，都提到了快乐的“壮游”中的同胞邂逅——“不仅仅是在巴黎，”他们对我们这样说，“还在某些住着悠闲的英国人的外省城市。”

英王詹姆斯二世的拥戴者们[2]在18世纪组成了一个重要的群体，他

[1] 前面注释所提到的托马斯·纽金特，以及他在壮游期间的见闻记录。——原注

[2] 英格兰和爱尔兰国王詹姆斯二世，同时也是苏格兰国王詹姆斯七世（1633—1701），1685—1688年为英格兰国王、苏格兰国王、爱尔兰国王，也是最后一位信奉天主教的英国君主。詹姆斯二世的拥戴者，要求詹姆斯后裔继承王位者，或称“詹姆斯党”。

们一开始在巴黎地区居住，离雅克三世[1]避难的圣日耳曼昂莱不远。1717年，摄政王[2]（奥尔良公爵）与乔治一世[3]的关系变得亲密起来；雅克三世必须离开圣日耳曼，而詹姆斯二世的拥戴者就分散到了法国外省的某些城市里，以及在罗马教皇的附庸区内，如罗马、阿维尼翁、托斯卡纳[4]、比萨和里窝那。这些詹姆斯党以菲茨詹姆斯[5]公爵为核心，在蒙彼利埃人数众多。在此地居住的英国人享有一个悦耳的名声，因为1730年，年轻的让-雅克·卢梭为了献殷勤，陪同德·拉纳日夫人[6]去罗讷河谷旅游，一路去到了加尔省的蓬圣埃斯普里，他当时就把自己扮成了"英国詹姆斯党"[7]。在1746年之后，这个英国人团体更加壮大了，正如《绅士旅游指南》[8]中说到阿维尼翁时解释的那样："数量可观的优雅英国人在此居住"，他们是1746年随着不幸的王子迁居至此的。查尔斯·爱德华[9]——王位觊觎者的儿子，煽动苏格兰叛乱，却在卡洛登战役中惨败。[10]

在18世纪下半叶，并非政治避难的英国人习惯了长久住在水边城市——比如萨瓦省的艾克斯，以及一些外省的大城市——比如里昂、兰

[1] 詹姆斯·弗朗西斯·爱德华·斯图亚特（1688—1766），是英国和爱尔兰国王詹姆斯二世的儿子，在1688年光荣革命后逃往法国避难。

[2] 菲利普二世，又称奥尔良公爵（1674—1723），1715年到1723年的法国摄政王。

[3] 乔治·路易（1660—1727），汉诺威家族后裔。1714年继承英国王位，称乔治一世，成为汉诺威王室的第一位国王。

[4] 意大利中部大区，西濒第勒尼安海。它经常被评价为意大利的最美丽的部分，其首府为佛罗伦萨。

[5] 詹姆斯·菲茨詹姆斯（1670—1734），英国军事领袖，第一代贝里克公爵，曾先后为英国与法国效力。

[6] 苏珊娜·弗朗索瓦兹·米歇尔，丈夫为拉纳日侯爵。1737年成为卢梭的情妇。

[7] 卢梭时年18岁。《忏悔录》，七星文库版，第246页。——原注

[8] 全书名为《在穿越法国旅途中的绅士旅游指南》，作者是约翰·米拉尔德，撰写于1770年。

[9] 查尔斯·爱德华·斯图亚特（1720—1788），是詹姆斯二世之孙，1766年以后自称查理三世。在生前他又被称为小王位觊觎者、小僭王、小骑士。

[10] 米拉尔德：《绅士旅游指南》（1770），第147页。——原注

斯、图尔、图卢兹这些地方的生活。[1]1762年，因为有一群英国侨民在，斯泰恩决定留在图卢兹过圣诞节。根据亚瑟·杨格的记录，在蒙托邦[2]的英国群体在法国大革命前夕已经形成相当大的规模。比如说卡莱尔伯爵夫人[3]生活在法国和意大利的英国移民地，到1780年前后已经在英国之外度过了十年时光。[4]大部分有着一定规模的法国城市，在18世纪都有英国移民聚集地。蒙塔居夫人[5]观察到："住在一个法国城市里，想要不碰见英国人是很难的事情"；为了独处，她最终来到了东南部城市瓦朗斯。如果只是为了避难，那不足以解释英国精英分子在各地的散居，另外还有出于"享受更低成本的生活"的考虑。大部分的英国旅游者向他们的同胞强调，在法国，食品和"服务"的价格低廉，尤其是在南方城市。自从社会学家欧内斯特·拉布鲁斯的著作发表以来，历史学家们就知道，法国南部地区的工资更低，而正是这一地区在18世纪容留了巴黎之外几乎全部的英国侨民。杨格在蒙托邦进行的观察，其重要意义竟然逃过了包括赛伊[6]在内的历史学专家的眼睛。然而，他给出的英国居民对这些问题的回答的文本却是直指问题所在的：

> 众所周知，（这里）生活成本很低廉。有人向我们提到了一个家庭，收入大约是1500英镑，生活条件却跟在英国有着5000英镑收入的人群一样宽裕。对比不同国家之间的高价和廉价，是个有重大意义的问题，但是很难进行分析。我以为在使用工艺和手工制造业方面，英国人比法国人要先进很多，英国本来应该是成

[1] 斯摩莱特的《旅游》中的证言，亨利编辑版本，第96页。——原注

[2] 法国塔恩－加龙省省会，下辖蒙托邦区。

[3] 伊莎贝拉·霍华德（1721—1795），原姓拜伦，是诗人拜伦的姑婆。英国贵妇、作家和旅行家，1743年结婚成为卡莱尔伯爵夫人。

[4] 参见米德《18世纪的壮游》，第84页和第210页。——原注

[5] 玛丽·沃特利·蒙塔居夫人（1689—1762），英国贵族、书信作家、诗人。

[6] 亨利·赛伊（1864—1936），法国历史学家。

本更加低廉的国家。我们在法国发现的，是一种廉价的生活方式，这完全又是另一个问题。[1]

杨格推测“第二产业”（在英国发展势头强劲，但是在法国发展较弱）的“生产率”的提高并不能立刻使大众消费者感兴趣，尤其是那些“生活方式”取决于“服务价格”和“食品”的拥有年金收益者。

为什么英国的服务价格比法国的昂贵呢？那些英国旅游者对于这个问题得出了一致的观察结果，这对于那些认为“农业革命”“圈地制度”让英国退役了一支“后备部队”，并提供大量的工业劳动力和仆役的人来说，是难以理解的；相反，这些观察结果给历史学家们提供了一个证明：英国的“工业革命”是在劳动力相对匮乏的情况下开展的，于是“服务业”自然就随着薪金的上涨而水涨船高。正是由于“英国的发展大大超前”，所有能让那些拥有年金收益者的生活方式变得悠闲自在的东西都能在法国以更低的成本获得：在法国“无需高级资质的第三产业”，也就是仆役，以及“日常服务”对于英国拥有年金收益者来说很实惠。英国的工业革命的开启，与那些享有年金收益的英国人在欧洲大陆上定居几个月或是几年时间，在两者之间建立一种联系是很合理的，况且那些英国人也不都是巨富，那些官员、作家、医生都很会打算[2]。杨格清楚地注意到：在18世纪末，一些英国人领着在英国的年金，可以在法国过上“体面的”生活，而这些钱放在英国是不够用的。“我们每年60英镑就可以生活得很好，”里格比[3]在途经里昂时发现了这一点，“一份几百英镑的年金收入应该是很大一笔财富了。”[4]60英镑，大概相当于法国1450里弗，这跟杨格换算出来的数额差不多；如此算来，对

[1] 亚瑟·杨格:《法国之旅》，赛伊翻译版本，第106页。——原注

[2] 里格比医生和斯摩莱特医生的书信显示出他们当时在开销上的精打细算。——原注

[3] 爱德华·里格比（1747—1821），英国医生、作家。

[4] 里格比:《书信集》，卡约的翻译版本，第128页。——原注

于那些18世纪末的英国人来说，一个“惬意”的拥有年金收益者一年的开销，比国民制宪议会[1]里的神父的年俸要稍稍高出一截：神父的年俸是1200里弗。

1789年，里格比医生就在法国，并且极其无视受危机影响的人们的生活状况[2]；他写下了“里昂的生活成本不高”这样的话。他通过特别的观念联想补充道：

> 这里有很多英国家庭，而且鉴于政府的状况可能会变得更好，我猜测将会有更多的英国人过来。另外，本地居民的风俗似乎尤其有利于社交关系……他们并不像英国人那样拘礼冷漠，而是都非常活泼亲善。

为了在英国以外地方居留，英国人也有传统的动机：在欧洲变得“法国化”的18世纪（路易·雷奥[3]语），学会法语，是比以往任何时候都更加必要的目标。大量的外国人住在蒙彼利埃学医或者在意大利北部城市帕多瓦学习法律。在蒙彼利埃，一些拥有年金收益者来找医学权威看病；在去尼斯之前，斯摩莱特医生就是做这个的。这些有钱的英国人心仪一些按他们的说法可以跟巴黎媲美的外省大城市的社会、文化生活。这些有着议会的城市，在“假期”之外，过着一种“度假季生活”；蒙彼利埃、图卢兹和艾克斯就是这样的城市，而艾克斯早在塞维涅夫人那个时候，就已经有快乐之城的美誉；这位侯爵夫人为她女儿担心：

[1] 成立于1789年7月9日，其前身是法国国民议会。国民制宪议会于1791年9月30日解散，其继承者为国民立法议会。

[2] 这个错误后来变成了常见错误：一个游客仅根据他手上的货币来作出判断，而不考虑他所到访的这个国家的实际情况和该地居民的购买力。——原注

[3] 路易·雷奥（1881—1961），法国美术史学家。

你们今年冬天在艾克斯怎么花了那么多钱啊！……我认为你们两个玩疯了，换句话说，就是被紧跟在你们身后的那些娱乐和快活冲昏了头了。确切来说，你们过的就是狂欢节一样的生活。[1]

一个世纪之后，斯摩莱特依旧认为“游乐是艾克斯社会的唯一正事”[2]。

艾克斯漂亮的酒店和周边优雅的城堡住着那些有着国际声誉和关系的贵族家庭，比如波伊尔·德埃吉耶家族，他们在1760年前后接待了符腾堡[3]公爵、卡萨诺瓦公爵[4]，以及大量英国人——他们都好奇地想要看看这个在卡洛登打胜仗的家族[5]。与负有盛名的人物结交，融入当地社会生活之中，正如我们所见到的那样，对于许多遵照建议来此处的游客来说，是在这些东南部城市驻足并居留的动机：艾克斯在18世纪末的英国人圈子里尤其受欢迎。《绅士旅游指南》（1770）写道：

尽管除了议会开会的时候外，这座城市缺少娱乐，但是它或许比其他任何一座法国城市都讨您喜欢：在冬季，这里极其惹人喜爱。[6]

---

[1] 塞维涅夫人：《给格里尼昂夫人的信》，日期分别是1676年11月18日和1680年2月21日。七星文库版。——原注

[2] 斯摩莱特：《尼斯书简》，第24页。——原注

[3] 一个历史地名，位于德国西南部的施瓦本，今天巴登-符腾堡州的一部分。

[4] 贾科莫·卡萨诺瓦（1725—1798），极富传奇色彩的意大利冒险家、作家、“追寻女色的风流才子，18世纪享誉欧洲的大情圣”。

[5] 波伊尔·德埃吉耶家族拥有艾克斯最美的一座酒店，以及埃吉莱城堡。在18世纪，阿尔让侯爵和埃吉莱侯爵两兄弟获得了欧洲范围内的名声，兄弟两人有着不一样的命运，哥哥是无神论作品《难解的文学》的作者，弟弟则一开始作为二世党人在卡洛登战役中入狱，后来又因为支持耶稣会在1763年被国王流放至埃吉莱。——原注

[6] 《绅士旅游指南》（1770），第162页。也见纽金特《壮游》，第186页。——原注

阿维尼翁有一片英国人的永久移居地；莫辛斯基伯爵在1784年发现："很多英国人选择这座城市作为他们的居住地。"斯泰恩在阿维尼翁居留期间，有了撰写《在法国和意大利的感伤旅行》的构思，为这座教皇之城的扬名做出了很大贡献，使这里成了英国人持久的旅游目的地；在19世纪，斯图尔特·密尔[1]在此定居并享受了一段长时间的退隐生活。1766年的斯摩莱特和1789年的里格比均指出了里昂作为英国移居地的重要性。[2]

四、绿植、花卉和橙树——普罗旺斯等法国南方的魅力之地

"天堂般的"形象——正如今天的心理学家说的那样——在17到18世纪期间就建立起来了，而普罗旺斯是这种形象的第一个受益者。在冬天去意大利时，德·布罗斯院长还把被灌木丛和密林覆盖的南部山丘说成是"芳香扑鼻的小骚货"；18世纪期间，游客们把赞赏的目光集中到了沿海小平原以及种着各类水果的果园；每一个"丰饶的花园"都被比作"赫斯珀里得斯的花园"[3]——因为彼时人们喜欢引经据典。耶尔市的平原第一个出现在大众视野中；而坎帕尼亚[4]平原是最迷人的，也是最遥远的。在这些亲眼看见的四季如春的景致面前，游客觉得找到了伊甸园；在他们的眼中只有这个地中海国家的边缘地区，而这里让人赞叹的物种都透出一种外来的异国风情。

这就是游客们的目光。17世纪的游客们在环游法国时，不会错过游览在蒙彼利埃、耶尔的"国王的花园"，在这些地方夏培尔完成了他那

[1] 约翰·斯图尔特·密尔（1806—1873），英国著名哲学家、政治经济学家、英国国会议员。

[2] 前注已经引用过的斯摩莱特作品，第96页；里格比《书信集》，卡约翻译版本，第126页。——原注

[3] 古希腊神话中由三位仙女看守的天后赫拉的金苹果圣园。

[4] 意大利南部的一个大区，西临第勒尼安海。

部著名的《旅游》。[1]赞美，在18世纪愈加热烈。法国文人和博学家蓬皮尼昂侯爵，于1740年在耶尔写下诗句：

> 赫斯珀里得斯的大花园，
> 呈上的金苹果没以前多……

艾克斯皮里的《词典》描述“耶尔，是个春色常驻的诱人国度”[2]。橙树是“本地的荣耀”[3]；耶尔是“新赫斯珀里得斯的新园”，米林如此写道：“由于其气候之温和、土地之肥沃，整个欧洲都知道这片小地方。”[4]耶尔不是唯一的，却是最具西欧风情的。游客们醉心于这种法国南部地区的特殊的植被。17世纪，甜橙园是所有城堡里用来炫耀的部分——驯化外来物种是一门让人着迷的艺术。凡尔赛就是一个例子！

游客们都知道这些物种是从国外引进的，对它们从什么时候引进的并不关心。或许，中世纪末，甜橙树、柠檬树、棕榈树、甘蔗这些在那时候尚不为人知的物种就来到耶尔了，而且是出于经济目的。这些物种被成功种植，1788—1789年的严冬冻坏了这些甜橙树的说法是错误的；米林和叔本华的母亲一直都对这种树赞不绝口。至于像“美丽的海岸”“黄金岛”“群鸟峰”这些在耶尔周边被广泛使用的地名是热情的游客创造出来的，这种说法也是不准确的；文献档案显示，在17世纪以前它们就已经存在；而给它们加上“天堂一般”的含义的，是那些19

---

[1] 参见夏培尔和巴肖蒙的《在朗格多克和普罗旺斯的旅游》，以及萨维尼昂·德·阿尔奇埃的《法国的美妙之处》（1670）。——原注

[2] 艾克斯皮里：《高卢和法兰西地理词典》（1742），耶尔市文献馆馆藏。——原注。让-约瑟夫·艾克斯皮里（1719—1793），法国历史学家、地理学家。

[3] 德吕克：《物理与精神的文学》，被前注提到的德尼作品引用，第636页。——原注

[4] 米林：《法国南部之旅》（1807）第二卷，第435页。——原注

世纪末的作家们，比如德·沃盖[1]或者保罗·布尔热[2]。在18世纪末，无论是在那不勒斯还是在尼斯和耶尔，令游客赞赏不已的是这些花园非同寻常的收益：甜橙和橙花的销售，时令蔬果和鲜花的发送。让-安德烈·德吕克为普罗旺斯如此写道：

> 这个地方是法国冬季花园的一部分。青豆和鲜花从这里发出，送往所有的周边城市直至首都。[3]

几乎比卡尔[4]早了一个世纪！

对于天气的担忧在所有的本地作品中持续出现：博尼法西在他的《日记》[5]里每天都仔细记录尼斯的天气状况，甚至经常只谈论这个话题。在鲁的《统计数据》中，很容易找到最严重的几次冰冻天气发生的年份：1762年、1763年、1765年、1768年、1769年[6]。1780年，索绪尔和皮克泰一起对从马赛到热那亚的海岸进行了科学调研，使用一种索绪尔之前发明的温度计，测量包括海水深处在内的海水温度；索绪尔说到尼斯地理位置优越能“抵御来自北边高山的风”，并且把它与耶尔作对比：

> 耶尔冬天的空气不如尼斯温和。橙树可以证明这一点，严酷的冬天让它们在耶尔更加遭罪一些。[7]

---

[1] 德·沃盖（1848—1910），法国外交家、旅行作家、考古学家、慈善家和文学评论家。

[2] 保罗·布尔热（1852—1935），法国小说家和评论家。

[3] 德吕克：《物理和精神的文学》，在前注提及的德尼作品中被引用，第636页。——原注

[4] 阿尔封斯·卡尔（1808—1890），法国评论家、新闻记者和小说家。

[5] 该手稿现存于尼斯的马塞纳博物馆。——原注。约瑟夫·博尼法西（1771—1842），法国神父，于1792—1820年期间持续记录尼斯本地事件，其日记成为尼斯历史研究的重要手稿和文献。

[6] 约瑟夫·鲁：《滨海阿尔卑斯山统计数据》第一卷，第203页。——原注

[7] 参见索绪尔《阿尔卑斯山之旅》第三卷，第270页；也见弗雷什菲尔德《德·索绪尔》，第294页。——原注

18世纪路过或者旅居尼斯的外国人，在柠檬和甜橙果园面前显出心醉神迷的样子。一般人的描述往往缺乏个性，但舒尔泽却别具一格：他绕着尼斯漫步，从罗巴卡珀堤岸[1]这条路走过，让他写出了详细又诗意的文字[2]。舒尔泽的《旅游日记》是第一部被翻译成法语的、涉及尼斯和耶尔的旅游日志。

18世纪末，在提高尼斯和耶尔美景的美誉度方面，贡献最大的就是法兰西学院派作家们了。托马斯[3]于1781—1782年在耶尔过冬，然后到尼斯度过下一个冬天，对这个城市做了一番描绘。德利尔神父一直被认为是他那个时代最伟大的诗人，他的《花园》不遗余力地为尼斯欢呼：

啊，尼斯！你是幸福之地，一座座高山，
因为薰衣草、百里香和芬芳的柠檬而美名远扬。

普罗旺斯的形象——丰饶的花园，体现在作家杜帕蒂的作品《意大利之行书信集》的字里行间，他在来到奥利乌勒[4]之后，一心只顾料理他的果园和花园[5]。19世纪的每个导游，每个游客只有从他们的前辈那里汲取信息。德国血统派系：舒尔泽和让-安德烈·德吕克启发了费舍尔[6]，随后，导游赖夏德模仿了费舍尔有关法国南部地区花园的描述，

[1] 位于法国尼斯老城区的一个海边码头。

[2] 舒尔泽：《旅游日记》（1775），亨夫内翻译版本，第181页。该章节还被罗伯特·拉托切在《尼斯的历史》第一卷转载。——原注

[3] 安托万·莱奥纳尔·托马斯（1732—1785），法国诗人、文学评论家和法兰西学院院士。

[4] 法国普罗旺斯-阿尔卑斯-蓝色海岸大区瓦尔省的一个市镇。

[5] 杜帕蒂：《1785年意大利之行书信集》第四卷，第一章，第17页。——原注

[6] 费舍尔：《来自南方的信》（1804）和《前往耶尔》（1805）。——原注

充满着同样的受古代艺术影响的学究气[1]。杨格的派系承袭：他对于耶尔市的甜橙树的赞美传承到了安妮·普伦普特里[2]和拉贝多耶尔[3]身上。最后是斯摩莱特和杜帕蒂，他们是米林的《法国南部之旅》（1807）的主要素材的来源者，而这部作品对于米林来说，凡属他的专业领域（考古学）之外的内容，他都只能抄写他的前辈们列举的、热烈赞美普罗旺斯每一个地点的段落。于是，从奥利乌勒到芒通[4]，尤其是耶尔和尼斯，无一例外全都是“开满鲜花的山丘”、甜橙树果园、柠檬树、香柠檬树、石榴树、棕榈树……书中对果园收益的估价旁边就是作者抄录的古代铭文。[5]

如此一来，尼斯、耶尔、奥利乌勒和芒通等地景点的文学形象被描绘了出来：花园和果园组成的绿洲与干燥的山丘形成对比；游客们除了个别例外的，都不再把关注点放在海洋或是高山上，他们眼中只有那些丰沃的花园。

五、法国南部的“养生之地”

只需要换一个地方就足以舒缓病痛，这种简单的想法并不新奇。富有的古罗马人，在迁往位置更好的别墅时就坚信这一点。为了证明三周或一个月的疗程合理，换地方的好处与水的功效总是放在一起来考虑。18世纪的新观念，就是要考虑地点的选择以及对它们的“利用”。于是，在夏季，一些温泉和海滨度假村（洗浴、海水浴、温泉水疗），以

---

[1] 赖夏德：《法兰西之旅》（1810），第108页。“费尔先生的种植园是由阿尔米德和艾希尔的诗意花园组成的”。——原注

[2] 安妮·普伦普特里：《在法兰西的三年逗留之记事》（1802—1805）第二卷，第280—284页。——原注

[3] 拉贝多耶尔：《萨瓦和法国南部之旅》，第256—259页。——原注

[4] 法国滨海阿尔卑斯省的一个市镇。

[5] 参见米林《法国南部之旅》第二卷，第385页、435页和576页；欧仁·朱丽亚《米林对斯摩莱特游记的使用》，载《比较文学杂志》（1938），第510页。——原注

及一间周边围绕着园子的、既能消遣娱乐又能让人焕发新生的乡间度假屋更被人们看重；所有这些发明，正如前面所说，都是精英阶层捣弄出来的，富有英国特色，而且是单季节的。

这种既是英国式又是贵族式的“养生之地”的选择，在欧洲大陆就不仅仅局限于某一个季节了；居留期经常持续好几个季节，甚至几年。这种始于17世纪末仅仅发生在英国人身上的现象到18世纪下半叶，就传到了欧洲贵族们那里。那些以富有疗养价值而闻名的城市位于意大利的某些地区，如托斯卡纳大区和坎帕尼亚大区，而更多的则是位于法国的南方地区。除了最常被提及的蒙彼利埃，名单中还包含普罗旺斯艾克斯、马赛和阿维尼翁，也包括里昂；在西南地区有蒙托邦、图卢兹、波尔多，以及其他城市。尽管没有说明原因，游客们有时还是会注意到，在瓦朗斯、格勒诺布尔或尼姆这些地方没有英国侨民。

毫无疑问，这一定是以治疗为动机的。1711年给患有哮喘病的沙夫茨伯里伯爵[1]签发的护照上明确注明：

> 因为法国的气候是所有可行方案中唯一对其有好处的。

彼时战争正如火如荼！这个治疗的理由足以让这位伯爵安心地穿越大半个法国并且定居在蒙彼利埃。郎格多克大区的首府因其医生云集而闻名；它还有其他吸引人的地方，法国作家萨维尼昂·德·阿尔奇埃在1670年把它们一一列举了出来：

> ——美味佳肴在那里几乎不花钱
>
> ——轻轻松松就能找到的优秀陪护

[1] 即安东尼·阿什利·库珀（1671—1713），英国哲学家、作家、政治家。第三任沙夫茨伯里伯爵。

——坦诚和亲切的民风

——那里的人长得好看并且有着令人羡慕的精神状态[1]

蒙彼利埃的美名在18世纪末传到了东欧。俄国作家冯维辛[2]，为了照顾他的妻子，1777年从彼得堡出发进行了这次旅游；1777年11月到1778年春季期间，他居住在蒙彼利埃，并且观察了当地气候给在此居留的外国人带来的好处。他给帕宁伯爵[3]写信说："我可能无法向您表达，看到这么多的人因为重获健康而脸上洋溢着喜悦，是多么令人愉快。"[4]1784年，莫辛斯基在蒙彼利埃发现了"大量英国人来此占领了这些温暖的国度"。年轻的俄国贵族克鲁德纳男爵夫人[5]，出于健康原因来到蒙彼利埃居住了两年，有了自己的文学抱负[6]。在18世纪末，"养生之地"的选择成了争论的对象，这是个征兆。真正生病了的斯摩莱特医生在1763年决心在法国南方找到一个地方长期居住。选哪里好呢？他途经里昂，惊讶地发现他的一些同胞竟然选择了这座夏天太热、冬天太冷、秋天大雾笼罩的城市：

里昂居然有"养生之地"的称号，而且据说它的空气对肺部疾病有利，我对此感到惊讶。[7]

---

[1] 阿尔奇埃：《法国的美妙之处》（1670），第500页。——原注

[2] 杰尼斯·伊万诺维奇·冯维辛（1745—1792），俄罗斯讽刺作家、戏剧家。

[3] 尼基塔·伊万诺维奇·帕宁（1718—1783），俄罗斯外交官、政治家。

[4] 冯维辛，讽刺作家和伏尔泰作品的翻译者，其1766—1792年期间的《文集》在圣彼得堡再版。详见《给帕宁的信》，第341页。——原注

[5] 比亚特·芭芭拉·朱莉安娜·弗雷弗洛·冯·克鲁德纳（1764—1824），德国裔出身的俄罗斯贵族、作家，通常以她的法国称呼"克鲁德纳夫人"来指代。

[6] 她与当时享有盛名的法国作家贝尔纳丹·德·圣皮埃尔通信，想通过对法国南部"田园幸福"的诗意的描写来勾引他。——原注

[7] 斯摩莱特：《旅游》，亨利编辑版本，第96页。——原注

斯摩莱特逃向了蒙彼利埃，由于他的同行们无法与这个脾气暴躁的医生相处，最终他又去尼斯居住了一年半，并认为这个地方是个养生之地，却不是一个“严格意义上的”过冬城市。许多游客很惊讶，经常刮风的阿维尼翁竟然也有人选择；不过莫辛斯基补充道：“风净化空气，并使之变得有益于那些选择在此长居好让身体得到康复的人们。”[1]莫辛斯基指出，大量英国人出现在英国作家沃克索尔1775—1776年过冬的马赛，同时沃克索尔庆幸他自己的选择：

> 这里的气候与艾克斯相比有差异。马赛的冬天没有那么严酷，夏天炎热之际这里的天气更加凉快。人们喜欢把狂欢节期间非常惬意的马赛视为全世界最适合冬季居住的地方，如果养生需求并不是期待目标的话，这里比尼斯或蒙彼利埃还要好。[2]

另一些外国人更喜欢普罗旺斯艾克斯，并不是因为那里拥有导游指南上没有提及的矿泉水，而是因为那里的贵族式接待以及非常富有的英裔俄国移民；在这些侨民中，就有图厄姆[3]的大主教和他的家族——沃龙佐夫[4]。1771年居住于艾克斯的达什科娃王妃[5]就属于这个赫赫有名的世系；尽管完全置身于法语区，在艾克斯的这个家族还是很高兴可以“提升英语水平”。这些外国大家族住在艾克斯的豪华公馆里，俄国公主

---

[1] 莫辛斯基：《普罗旺斯之旅》（1785），第13页和第87页。——原注

[2] 沃克索尔：《法国南部省份游记》，第164页和第167页。——原注

[3] 爱尔兰的一个城镇，在11—12世纪，该城镇成为爱尔兰重要的政治、宗教地区。

[4] 俄罗斯的一个贵族家族，其家族成员在1744年获得了神圣罗马帝国的伯爵封号，并在1852年成为俄罗斯帝国的贵族。

[5] 叶卡捷琳娜·罗曼诺夫娜·达什科娃（1743—1810），是俄国叶卡捷琳娜二世女皇的密友，俄国启蒙思想家代表人物之一。

则住在盖丹[1]家里。[2]

斯摩莱特在迷恋上尼斯时，批评了这些选择留在艾克斯的同胞们：

> 我认识一些已经在艾克斯过冬的体弱多病的英国人，他们认为这座城市的气候和尼斯没什么区别。那就大错特错了……艾克斯暴露在北风下，这些风在普罗旺斯跟在苏格兰高山上一样寒冷，然而尼斯却不受这些风的侵袭……

鉴于斯摩莱特是在1763年11月底到达尼斯，1764年夏天留在这里，直到1765年4月底才离开，所以他并不是“严格意义上”的越冬者。[3]而舒尔泽本人，则把养生之地的越冬选择与意大利之旅混在一起。1775年11月1日，舒尔泽带病到达耶尔，11月底，他到达尼斯并在1776年5月2日离开；他本打算在4月回来，但是他又害怕腾德山口的雪崩。他发现，英国人一开春便逃离法国南部是对的：

> 如果说冬天非常宜人，那么由于气候多变的原因，春天就不是那样了。风雨骤然来临；这就是为什么大部分英国人冬天来这里，到3月又重新离开。[4]

舒尔泽没有明确指出这些英国人去了哪里。一些证词显示出他们的

---

[1] 普罗旺斯地区艾克斯的一个贵族家族，祖上从事牲畜贸易，后通过与当地议会政要家族联姻，从而成为议会贵族家庭。代表人物为加斯帕·德·盖丹（1688—1767），是普罗旺斯地区议会议长。

[2] 达什科娃王妃的《回忆录》在沃隆索夫的《家族文献》中发表，第二十一卷。在18世纪，在俄罗斯高层有很多沃龙佐夫家族的人。1771年，王妃28岁，能用法语流利表达，她经常拜访哲学家，并在费内见到了伏尔泰。——原注

[3] 参见斯摩莱特《尼斯书简》（皮拉特出版社）；朱丽亚特《斯摩莱特和法国》，第113页。——原注

[4] 舒尔泽：《旅游日记》，阿莫雷蒂出版社，第239页。——原注

难处：旅途耗时又费钱，所以如果只是为了去尼斯和耶尔过冬，他们是不会轻易考虑做这趟旅游的；提振起精神后，外国人试图游览意大利或者法国，但是像斯泰恩或亚瑟·杨格那样的英国游客，在夏季则待在普罗旺斯或者里昂，并抱怨“被烤熟了”。18世纪末，原因是显而易见的：“必须在别处度过夏天，否则逗留的生活将变得不舒服、不健康甚至危险。”赖夏德的《旅游指南》[1]里说得很干脆。那么，再离开去哪里呢？去到18世纪末已经建立起“度假生活”的那些得天独厚的水边地区？但是在下一个冬季再回到普罗旺斯恐怕就成问题了：旅程耗时太长，太疲劳，太费钱。我们还没有发现18世纪末有越冬者会连续好几个冬天回到越冬之地。最起码，斯摩莱特提出过一个解决方案：去罗克比列尔[2]，舒适水域附近的尼斯山区里度过凉爽的夏天，然后在秋天回到尼斯。但是那里既没有路，也没有住宿的地方；这个想法还太不成熟！

斯摩莱特并不太相信尼斯的优越性。一开始，如果医生们没有太过强调他的病情的严重性，他几乎不知道选择哪个地方并且可能会把目标定在蒙彼利埃。是一个他在布洛涅偶遇的英国人向他说到了尼斯。斯摩莱特在发现这座城市的时候好像非常高兴，但是他在居留结束离开那里之后，却没有再回去。由于一直疾病缠身，他于1768年到了里窝那这个成熟的养生之地疗养，1771年在那里去世。

舒尔泽当时也举棋不定，健康方面的原因使他下决心出发。首先要去的，是读过斯摩莱特作品的柏林的医生给他推荐的尼斯；在途中，他的病情恶化；他不得不在日内瓦停留了一个月，而从耶尔回来的德吕克则向他吹嘘当地的气候。最终，舒尔泽住在了耶尔和尼斯。1776年经过尼斯的德·让利斯夫人对这种全新的越冬习俗深感惊讶，她记录下这样的文字：

---

[1] 赖夏德：《欧洲旅游指南》（1793）第一卷，第139页（与耶尔市的相关内容）。——原注

[2] 法国滨海阿尔卑斯省北部的一个市镇，属于尼斯区。

把肺病患者们送来这里是多么奇特的潮流！这里的空气确实很纯净，但是风如此之大，因此完全不适合肺部敏感的人。

十年后，杜帕蒂则持有不同观点：

我见过楚楚动人甚至很有魅力的英国女人：她们刚来的时候痛不欲生；然后在尼斯的空气中像花儿一样重新绽放。

这位作者回忆道：

周边地区的乡间小屋里，住满了英国人、法国人、德国人；每座小屋都是一个移民地；就是在这里，世界各国的人一起避寒。冬季的尼斯，就是身体虚弱人群的某种温室。[1]

阿尔巴尼·博蒙将这种形象重新呈现，他在法国大革命大爆发期间著书向英国人夸赞了尼斯的气候，“这里是一个为残疾人而设的温室，如果允许我这么表达的话”[2]。从这时候起，可以确定冬季度假这一概念正式诞生了；经过诸多探索，我们应该把某些得天独厚的地点排除在这些“养生之地”之外；另外，来往此地的行为也应该有“季节性特色”，也就是冬季特色。

[1] 杜帕蒂：《1785年意大利之行书信集》第一卷，第18—19页。——原注
[2] 阿尔巴尼·博蒙：《穿越滨海阿尔卑斯之旅》，1795年，第90页。——原注

六、在冬季和春季而不是夏季游览意大利和普罗旺斯：被人遵循的建议

季节性的偏好并不是短时间内强行促成的。在古典主义时代，并没有证据表明意大利游客为了他们的旅游特意选择某个季节；毕竟，这样的旅游会持续一年甚至更久！同样，在17世纪法国的“环游”和普罗旺斯之旅，任何季节都可以进行；可以确定的是，荷兰史学家蓬塔努斯在1606年给出的、选择冬季去参观蒙彼利埃的建议没有引起反响。1696年，萨缪尔·奥利维尔[1]写出了相反的看法：“美好的季节邀请我去朗格多克旅游”，这促使他动了离开瑞士的念头。

直到18世纪下半叶，选择一个合适的季节去意大利的考虑才深入人心。但是哪个季节呢？纽金特的《壮游》见证了游客们的犹豫。他极力奉劝游客不要在“气候严酷、不适合越冬”的冬季去意大利，并补充说阿尔卑斯山的通道也是很危险的。同时，他又自相矛盾地推荐游客去威尼斯参加狂欢节[2]，随后去罗马过圣周。他带着对意大利冬季的不适感回来后，最终建议道：“在中午休息的前提下，最好还是夏天去旅游……另外不要在炎热的时候待在罗马。”[3]这是前后不一致的建议吗？不如说是对贵族游客直到19世纪才找到的解决方案的艰难寻找：不要从遥远的英国前往意大利，而是从附近某个地中海边的越冬居住地出发，比如说尼斯；这个办法，斯摩莱特通过两次分别进行于秋季和春季的、从尼斯出发的意大利之行，以某种方式大致使用过。

七、战争期间的偶然事件

英法两国的对抗贯穿整个18世纪。掌握制海权的英国人，在西部

[1] 萨缪尔·奥利维尔（1675—1735），牧师、家谱研究学者。

[2] 威尼斯狂欢节是当今世界上历史最悠久、规模最大的狂欢节之一，从2月初到3月初之间到来的四旬斋的前一天开始，延续大约两周时间。

[3] 纽金特：《壮游》（1778）第三卷，第37—38页。——原注

地中海寻找停泊舰队的锚地。法国人拥有让人眼红的土伦港，英国人则选择了滨海自由城[1]。他们保证向皮埃蒙特王国[2]国王提供保护，而王国唯一的港口尼斯——即贸易繁华的林比亚港——处于开放状态，并且因为贝里克[3]在1706年摧毁了城市的防御壁垒而受到威胁。除瓦尔省之外，法国人都在昂蒂布[4]城墙后面筑垒固守。自1620年起，英国在尼斯派驻了一个领事，从1761年开始，尼斯便一直归属英国。在发生各类冲突期间，英国军官们发现了这片海岸的气候之魅力。[5]在《亚琛和约》[6]（1748）之后，一些英国人回到了这里。著名的奥古斯特·哈维[7]上尉于1752年到1758年间在尼斯居住，在那里建立起了一个高雅的英国社会群体。能把他们说成是最早的越冬者吗？没有这些人的话，斯摩莱特所发现的尼斯就没有他所讲述的那么精彩了！

在战争期间，英国人向土伦逼近；他们潜入耶尔的公海海域，于1707年暂时占领了一些岛屿，甚至包括耶尔。像在尼斯一样，这里的自然景观让这些英国人赞叹不已，艾克斯皮里的《词典》就做了如下记录：

> 英国军官们不厌其烦地赞叹耶尔的风景之美和宜人气候。

---

[1] 法国滨海阿尔卑斯省的一个市镇，位于尼斯以东约6千米的蓝色海岸地区，与尼斯之间有博隆山、阿尔邦山和维奈格里山相隔。

[2] 即皮埃蒙特-撒丁王国。萨伏依王室于1416年被擢升为公爵，1720年，萨伏依公爵成为撒丁国王，并在日后发展建立了皮埃蒙特-撒丁王国。

[3] 即詹姆斯·菲兹詹姆斯。

[4] 法国滨海阿尔卑斯省的一个市镇。

[5] 参见丹尼尔·费利钱杰利的《在尼斯的英国人》中有关尼斯各方面的文献记录。1993年的《尼斯大学年鉴》，第45—67页。——原注

[6] 此处指的是《第二亚琛和约》，又称《爱克斯·拉夏培尔和约》，由法国、英国、荷兰和奥地利在第二次亚琛和会讨论后于1748年10月18日签定，亦是奥地利王位继承战争的终结。

[7] 布里斯托第三任伯爵，辉格党领袖之一，花花公子，曾被称为“英国的卡萨诺瓦”。《奥古斯特·哈维的日记》为尼斯的声名远播做出了贡献。——原注

英国军官还发现了摩纳哥和芒通。从1764年到1767年，由乔治三世的兄弟、约克公爵率领的一支庞大的英国舰队驶入海岸的公海区域，公爵游览了海岸并在尼斯住下来；在前往热那亚的时候他病倒了，不得不在摩纳哥下船，并于1767年9月17日在那里去世。英国人前来接走他的遗体时排场很大；他们邀请了摩纳哥的奥诺雷三世[1]去伦敦，后者借此机会摆脱了撒丁王国的控制，并试图洗刷掉公国任人宰割的耻辱。直到这时，那些知道圣西门[2]说的“这个小得吐一口痰都随时可能吐出界外的公国”这句残酷语录的游客，都没有游览过这个国家。不管是从陆地还是从海上，他们都能看到它，对它冷嘲热讽，德·布罗斯在1739年这样说道：

> 当时我们路过摩纳哥，这个被人错误地赞美的讨厌的小城市。[3]

还有杜帕蒂在1787年也说过这样的话：

> 800个饿死的可怜人……20个卫兵全是农民……指挥官是个臭鞋匠。[4]

这个公国并不是那么贫穷；人们发现它在芒通肥沃的土地上，拥有最美的花园。这片被祝福的地方，正是皮埃蒙特的探险家让·米歇

[1] 奥诺雷三世（1720—1795），摩纳哥亲王，1733年至1793年在位。
[2] 圣西门（1760—1825），法国哲学家，经济学家，空想社会主义者。
[3] 德·布罗斯：《家书》，第46页。——原注
[4] 杜帕蒂：《1785年意大利之行书信集》，第六封信。——原注

尔·奥拉[1]选择隐退的地方；叶卡捷琳娜二世[2]将他逐出俄国，他用女王之前给自己的2000卢布的财富，购买了圣阿涅斯（在芒通北部）的封地并成了伯爵。1770年，由阿列克谢·奥尔洛夫[3]统领的俄国舰队来到滨海自由城的锚地进行中转，阿列克谢游览了奥拉博纪念馆；1781年，他的哥哥格雷古瓦·奥尔洛夫将军来尼斯待了两个月[4]。在这些来访之后，沙皇在尼斯派驻了领事，但主要职能是由一个法国人来行使。如此，由于这些军事上的偶然事件，俄国移民地从尼斯开始建立。

八、耶尔和尼斯，谁是冬季度假游的鼻祖

我们有关冬季旅游季的组成要素的分析，显示出这种习俗不是一下子形成的。这一点降低了有关“耶尔，尼斯，究竟谁是冬季度假游的鼻祖？什么时候开始的?”这个传统争议的兴趣。可以确定的是，尼斯和耶尔在18世纪最后三十多年开始接待越冬者，而其他任何一个构成“蓝色海岸”的小城市，比如戛纳、昂蒂布、芒通等，都无人留宿过客人。在这一点上毋庸置疑：档案卷宗与报纸和指南手册保持着一致的缄默；另外，人们很容易追溯到这里每一个新度假地在19世纪的“发现记录”。相反，可以确定的是，很多南方的“养生之地”——蒙彼利埃、里昂、马赛、阿维尼翁、艾克斯，在18世纪都接待了外国人，尤其是英国人，偶尔是越冬者，却并没有像在尼斯或者耶尔那样形成一个独立移民聚居地，也没有形成季节性度假的节奏。最后的动机，从结果来推

---

[1] 让·米歇尔·奥拉（1691—1784），法国近代神秘传奇人物，冒险家、发明家、画家、业余音乐家、业余科学家。其自取封号为“圣日耳曼伯爵”。

[2] 叶卡捷琳娜二世·阿列克谢耶芙娜（1729—1796），后世尊称其为叶卡捷琳娜大帝。罗曼诺夫王朝第十二位沙皇，俄罗斯帝国第八位皇帝（1762年7月9日—1796年11月17日在位），罗曼诺夫王朝的两位“大帝”之一，也是俄罗斯历史上唯一被冠以“大帝”之名的女皇。

[3] 阿列克谢·格里戈里耶维奇·奥尔洛夫（1737—1808），俄国军官，奥尔洛夫家族五兄弟中的老三，曾参与政变推翻沙皇彼得三世拥立叶卡捷琳娜二世。

[4] 参见勒罗伊·艾利斯《在滨海阿尔卑斯山的俄国移民地》，第6页。——原注

断，就是为了分隔这些城市；它们在19世纪因各自的季节性功能，完全朝着不同的方向发展。

是否应该区分尼斯和耶尔？在这个问题上，就要引用“蓝色海岸”这一称呼的发明者斯蒂芬·列扎尔[1]的权威论述了：

> 将其得天独厚的资源用于治疗病痛和失忆，耶尔是第一个有此概念的城市。

也许最好还是来证实一下源头吧。在18世纪，关于耶尔的确凿史实很难找到且鲜为人知，而尼斯又被两个世纪的当地历史美化。一些仅仅是路过的人物也被介绍为越冬者，比如约克公爵这样的人！又或者，本地学者们把实际上是前来定居的外国人也算进来，就像先在普罗旺斯然后在尼斯生活的画家范·洛[2]；或者是忽略尼斯“肮脏的主教府”而让人在耶尔为自己建起一座邸宅的卡皮苏奇[3]一样。没有证据，数据是援引来的；内格兰声称，在1719年尼斯就已经有20名越冬者了[4]。某些作家杜撰了一些大人物的来访，比如说法国作家和诗人芬乃伦是来耶尔写下的《忒勒玛科斯》。我们不准备编造事实。我坚持我在1961年写过的内容：

> 尼斯和耶尔在1750—1760年以前没有真正意义上的越冬者，这没有确凿的证据。[5]

---

[1] 斯蒂芬·列扎尔（1830—1925），法国作家、诗人。

[2] 夏尔·安德烈·范·洛（1705—1765），法国画家。

[3] 安托万·卡皮苏奇·德·布洛涅（？—1615），1602—1615年间任迪涅（法国下阿尔卑斯省省会）主教。

[4] 内格兰：《尼斯漫步》，第73页。——原注。爱弥儿·内格兰（1833—1878），法国作家。

[5] 在《普罗旺斯历史》（1962）中有关耶尔市的报告，第162页。——原注

让·德文确认道：

> 对于马克·布瓦耶在这个主题上表述的观点，我没有任何好补充的，除此之外我也找不到任何其他因素可以追溯季节性度假城市的发端。[1]

这也正是1762年，出现在艾克斯皮里《词典》上的词条“耶尔”里面的“过冬”的释义：

> 已故的埃尔伯夫公爵先生[2]（因为该地的气候）而喜出望外，他早就开始让人在这里建造一座宫殿，打算在此过冬。[3]

尼斯和耶尔这两座城市一直是仅有的过冬城市，直到浪漫主义时代，英国人又加上了比利牛斯省的省会波城，然后是戛纳。在法国大革命前夕，它们只是在冬季接待少量富有的外国人，这把它们与那些往往更多地提供给移民者的多季节“养生之地”区分开来。那些在18世纪末经常往来于尼斯和耶尔两个城市之间的大人物，并没有毅然决然地选定其中一个城市；另外，他们中的很多人两地都居住过，比如：让-安德烈·德吕克，舒尔泽，法兰西学院院士托马斯，杜帕蒂，索绪尔，杨格。

九、18世纪末尼斯和耶尔的越冬移民居住地

我们有名单，没有人数。我们知道他们的印象感受，却不知道他们

[1] 让·德文：《摩尔海岸和埃斯特雷尔高地的度假生活之源头》，载《地区研究》1964年第1期，第22页，滨海阿尔卑斯山省档案馆。——原注

[2] 亨利·德·洛林（1661—1748），第四任埃尔伯夫公爵。

[3] 艾克斯皮里：《高卢和法国地理、历史与政治词典》（1762）。这位公爵逝于1748年。——原注

对度假季所做的总结。我们已经可以谈论到移民地了吗？一些或多或少忠于他们职责的“发明者”和“发起人”的形象就显现出来了。斯摩莱特，他的十二封“从尼斯到尼斯的信件”（《尼斯书简》）使他成为尼斯的发现者；这些信件与《在法国和意大利的旅游》[1]的四十封信件混合在一起；那四十封信如此“充满着对法国的偏见”（在摩尔医生看来），因而没有被翻译成法语，减弱了它们的公众影响力。斯泰恩没过多久也来了，并借着嘲笑“带着忧郁和黄疸离开的学究医生”而让这位医生广为人知。[2]

其他一些英国人助长了耶尔的盛名：成为安斯巴赫侯爵夫人的伊丽莎白·克雷文[3]来此越冬，她兴奋热情地在日记里写下“耶尔比尼斯更好”[4]。尤其要提到的是《切莱斯蒂娜》[5]，夏洛特·史密斯的这部小说当时取得了巨大成功。故事发生在18世纪末的耶尔，见证了英国人的越冬习俗。故事动人心弦：莫蒂默夫人，30岁的有钱寡妇，带着两个孩子来法国南部过冬，很快就选择了耶尔并在那里定居下来。她收留了切莱斯蒂娜，一个她从圣克莱尔修道院里接出来的、可爱的孤女。由于出身条件的不同，年轻的莫蒂默和年轻的女孩各自的爱情形成鲜明对比；故事是“大团圆结局”：切莱斯蒂娜的双亲被找到，是富有的英国人。在这个美好的耶尔市英国越冬群体中，一切都圆满收场。随后，英国游客

[1] 写于伦敦的《在法国和意大利的旅游》（1766）采用了虚构通信作为写作手法。只有第18—24封、有关尼斯的信被皮拉医生在1919年翻译成法语，第185页。——原注

[2] 斯泰恩：《在法国和意大利的感伤旅行》（1768）。连书名都是受到斯摩莱特的启发而定。1785年，随后又在1788年被译成法语。——原注

[3] 克雷文（1750—1828），英国作家，嫁给安斯巴赫侯爵克里斯蒂安·弗雷德里奇·卡尔·亚历山大成为侯爵夫人。

[4] 参见《安斯巴赫侯爵夫人回忆录》第一卷，第110页。她的《日记》当时很火，亚瑟·杨格在法国旅游途中随身携带。——原注

[5] 夏洛特·史密斯：《切莱斯蒂娜》（1791），一部四卷本小说，1793年被翻译成法语。——原注。夏洛特·史密斯（1749—1806），英国浪漫主义诗人和小说家。

们慕名前来寻找小说女主人公生活过的那些地方。[1]

在冬季度假城市发展之初，耶尔或许有着英国式的特点；这是杨格在1789年路过时的印象；他记录说：

> 英国酒店的老板不厌其烦地向我展示一份来耶尔过冬的英国人名单。

这份名单使人印象深刻：第一波热潮来自战争期间发现此处、并且故地重游的海军军官们，如1767—1768年的阿尔贝马尔[2]总参谋长和普雷沃[3]将军；第二波热潮则来自上流社会的贵妇们，如克雷文夫人，卡莱尔伯爵夫人，总理的妻子安娜·皮特[4]。起到决定性推广作用的，是1778—1788和1788—1789年，乔治三世的儿子奥古斯都·腓特烈王子[5]两次于冬季在此地的现身。法国大革命前的最后一个冬季是引人注目的；英国人头一回在复活节组织了一次庆祝冬季结束的盛大舞会[6]。所有的欧洲贵族都被一些越冬者邀请到场，包括埃施特哈齐王妃[7]，奥

[1] 安妮·普伦普特里：《在法兰西的三年逗留之记事》（1802—1805）第二卷，第284页。——原注

[2] 乔治·凯皮尔（1724—1772），第三任阿尔贝马尔伯爵，英国政治家、军事家，因在七年战争中“攻占哈瓦那”一役而闻名。

[3] 奥古斯丁·普雷沃（1723—1786），瑞士日内瓦出生的英国军官，曾参与七年战争和美国独立战争。

[4] 安娜·皮特（1772—1864），英国贵妇、作家，当时统治英国政治的皮特家族的成员，英国总理威廉·温德姆·格伦维尔之妻。

[5] 奥古斯都·腓特烈王子（1773—1843），萨塞克斯公爵，英国国王乔治三世的第六子。

[6] 来自律师加辛的证词，《1774—1790年间的信件》，耶尔公共文献档案馆。——原注

[7] 玛利亚·约瑟夫（1768—1845），弗朗兹·约瑟夫一世（1726—1781，列支敦士登亲王）之女，1783年嫁给尼克劳斯二世·埃施特哈齐（1765—1833，匈牙利亲王，埃施特哈齐家族成员）。

索多夫斯基伯爵[1]，罗伊斯亲王[2]，和乌克塞尔公爵夫人[3]。

耶尔，这个远离主干道的乡村小镇很快变身。1775年的时候，一个越冬者还觉得在此居住是一件烦心事；当时，在让-安德烈·德吕克的推荐下，舒尔泽住进了一间乡村小屋，他还为能不能“雇用那个唯一懂法语的厨娘”[4]而担心。在法国大革命前夕，越冬者，是有选择的：最有钱的人选择“米拉波之家”；许多围绕着锚港广场专门建造的房子里设有带家具出租的舒适的房间；最后还有一家好酒店，它毫不犹豫地取名为“英国大酒店”，甚至英国人都夸它好。这个越冬移民群体包括50多个家庭，主要是英国人。

在18世纪，尼斯的主要优势，就是发现者斯摩莱特和“发起人”格洛斯特公爵[5]的相继到来；后者作为乔治三世的兄弟，1783—1784年的那个冬天在此度过，随行的还有他的妻子——亦是沃波尔[6]的女儿，他的孩子们，以及一帮人数众多的随从，其中就有他们的家庭教师——阿尔巴尼·博蒙。这位萨瓦的工程师是熟练的绘图师：他的《图册》是第一本关于尼斯郡的英文旅游指南[7]。在斯泰恩谈论到斯摩莱特之后，英国人也阅读那些“游记”，他们认出了这个生了溃疡的“老辉格党人”也是伤痕累累的神父、逃离英国不知前往何处的失意作家[8]；他们发现

[1] 即斯坦尼斯瓦夫·奥古斯特·波尼亚托夫斯基（1732—1798），本名斯坦尼斯瓦夫·安东尼·波尼亚托夫斯基，波兰-立陶宛联邦末代国王与大公（1764—1795）。

[2] 罗伊斯家族是11世纪位于萨克森、图林根、巴伐利亚和捷克交界处的福格特兰的地方长官家族。该家族的几个分支在13至14世纪成为格莱茨、格拉等地的领主。1778年，格莱茨伯爵（1723—1800），即亨利十一世，被封为罗伊斯长系亲王；1806年幼系诸伯爵被封为亲王。

[3] 生平不详，与塞维涅夫人是好友，经常出入当时的欧洲贵族社交场合。

[4] 舒尔泽：《旅游日记》，亨夫内翻译版本，第121页。——原注

[5] 格洛斯特公爵在英国贵族当中是第一个公爵爵位，通常是封给国王的儿子。前四次颁授爵位是英格兰贵族爵位、第五次是联合王国贵族爵位。此处指的是威廉·亨利王子（1743—1805），格洛斯特和爱丁堡公爵，英国王室成员，英王乔治二世之孙。

[6] 罗伯特·沃波尔（1676—1745），第一代奥福德伯爵，英国辉格党政治家。

[7] 博蒙：《穿越滨海阿尔卑斯之旅》（1795，英文版）。——原注

[8] 他失去了年仅15岁的女儿，他的八卷本《英国史》未获得任何成功。——原注

了另一个斯摩莱特，是他发现了尼斯，并喜出望外：

> 我不得不承认，自从我来到尼斯，我呼吸得更自由，而我已经有很多年没有这样呼吸了。

第二个人数众多的移民群体是法国人，不包含附近的普罗旺斯人，却是一些在巴黎或者宫廷里的显赫人物：波旁–孔代公爵夫人[1]，彭蒂耶夫尔公爵夫人[2]，财政总监杜鲁丹[3]和夫人；在1776年冬天，还有一些作家和诗人，比如说法兰西学院院士安托万·托马斯和雅克·德利尔，后者的诗作《花园》给尼斯做了宣传。

这些有钱的外来移民，尤其是英国人，对于尼斯人来说，是一个意外的收获。一名法国游客于1783年写下这样的评注：

> 尼斯及其周边的人民非常讨厌法国人[4]，却对人数众多的来到尼斯康养、消费很多钱并使本地富裕起来的英国人青睐有加。[5]

彼时方兴未艾的法国大革命，难道不会干扰这种移民形势吗？如果里格比医生声称英国人会出于好奇心人数更多地来到这片大陆，那么亚瑟·杨格的看法则恰恰相反，他认为这场革命会使他们折返。1792年，格雷古瓦神父[6]和博尼法西神父提到了“过去的”冬季度假旅游季。格

[1] 路易丝·伊丽莎白·德·波旁（1693—1775），是法兰西孔代亲王路易·阿曼三世的妻子。

[2] 玛利亚·特蕾莎·菲丽西塔·埃斯特（1726—1754），摩德纳（意大利北部城市，埃斯特家族统治时期是一个独立城邦）公主，1744年与彭蒂耶夫尔公爵（1725—1793，路易·让·玛丽·德·波旁）成婚。

[3] 丹尼尔·夏尔·杜鲁丹（1703—1769），时任法国财政总监，也是著名土木工程师，是目前法国道路系统的主要开发者之一。

[4] 1861年前尼斯属于撒丁王国。

[5] 《一个游客未出版过的日记》，国家图书馆法语匿名手稿第13376号。——原注

[6] 亨利·让–巴普蒂斯特·格雷古瓦（1750—1831），法国神父、革命家。

雷古瓦神父说“当时的尼斯，那些男爵、伯爵、侯爵像雨点一样纷纷而来”，博尼法西神父则一直在算账：

从这些越冬者身上，可以提取到300,000英镑的年收入，相当于橄榄油丰年的收成，城市可以借此自给自足。[1]

橄榄油的出口，确实是18世纪末尼斯郡的首要收入来源。弗德雷[2]于1802年做出了一个类似的估算，一百多个外国家庭的高消费在一个冬季的时间内给本地区带来的收入：

普通年份，本地居民从这个（外国人的）产业和成千上万具备强烈刺激消费能力的小服务业中，拿到一笔超过300,000法郎的金额。[3]

十、冬季度假旅游季诞生了

18世纪末，冬季度假旅游季是新生事物，并且只有100来个家庭待在尼斯，50来个家庭待在耶尔，另外马赛、艾克斯、阿维尼翁和蒙彼利埃也有一些群体。在尼斯、比萨和里窝那中间的那些地方则完全没有，后面这两个托斯卡纳的城市也接待越冬者。重要的不是人数，而是这一现象的独特性。“吸引力完全来自气候”。在法国南部地区的越冬行为，事实上是一种“反季节”行为；这并不是文字游戏。主要与水域相关的

[1] 在1792—1830年间，博尼法西神父记了一本有关第一帝国时期生活内容的日记（藏于尼斯切索莱图书馆）。——原注

[2] 弗朗索瓦·埃马纽埃尔·弗德雷（1764—1835），法国法医，被誉为“法医学之父”，也是一位细致敏锐的时代观察者，在记录时代变迁的同时，支持知识的进步，也批判自由主义和物资过剩现象。

[3] 弗德雷：《滨海阿尔卑斯之旅》（1802）。——原注

"社交生活",使这个地方成为一个独立的"二次创新点"!相比在年收入有限的前提下好好过日子的兴趣,"炫耀式支出"的生活方式逐渐处于下风。而且,某些外国人"在这个如此贫穷的地方花的钱",已经构成了当地经济收入的首要组成部分。

十一、18世纪的旅游革命

本书的上半部分介绍了16世纪旅游的萌芽和18世纪旅游的新发现:一些有钱有闲、"出身高贵"的人造访一些地方,然后把这些地方变成了旅游胜地。难道不应该给这一系列的新发现起个名称吗?我建议把它们称之为"旅游革命",它与"工业革命"属于同一时代,是英国人弄出来的,正如"壮游"、巴斯那种自成一体的带有社交性质的浴疗、温德姆的冰川游、斯摩莱特对尼斯的发现,或者对"浪漫花园"环绕的乡间住宅的热衷,都是英国人弄出来的一样。

一个世纪以来,历史学家们研究了所有这些革命——当然首先是政治革命,但也包括工业革命、农业革命、人口革命……这些革命是人类自发明了农业的新石器时代以来经历的最重大的鼎新革故。"它们是在哪里发生的、什么时候发生的、如何发生的?为什么会发生?"比利时经济历史学家拜罗克[1]这样问道。回答都是一样的:它们有前提地发生在18世纪的英国。就像圈地运动和壮游出现在17世纪末期那样,很好理解。困难的是要找到这些现象发生的原因和它们之间的关联。人们一致认为罗斯托[2]的分析过于简单:仅靠一个因素是构不成这一切"起飞"的前提条件的,否则他现在就可以很轻松地解释第三世界国家的崛

[1] 保罗·拜罗克:《16世纪至今世界经济社会史》第四卷,伏利奥版,1907年,其中建议对此做出一个权威的概括。参见《序言》,第一部分第1章和第2章。——原注

[2] 沃尔特·惠特曼·罗斯托(1916—2003),美国经济学家、教授和政治理论家。1960年提出"罗斯托经济成长阶段论"(又称罗斯托起飞模型),该模型假设经济增长有五个基本阶段:传统社会阶段、为起飞创造前提条件阶段、起飞阶段、趋向成熟阶段和高额大众消费阶段。

起了。

关于18世纪系列革命的根源和本质的争论并不只是学术上的争论，到了20世纪这种争论依然存在。结论是：发展不是一蹴而就的；不能用任何成功手段或第一动因来解释英国的先行发展及其发展的持久性。历史学家们罗列了以下这些：岛国的特性，能源和各种工业原料的存在，包括蒸汽机、织布机、休闲地种植芜菁等技术革新，汇率稳定的英镑，强大的国力。最后，拜罗克还加上了英国人的开放精神，但没有给出这种开放精神的内容。我的书来提供这些内容，我介绍了壮游和被此后不久的浪漫主义称为旅游的这种现象的发生。

这种现象不能被简单归结为各种大革命的一种后果，这与年代顺序不符。把对自然的回归、阿尔卑斯山情结的产生、对海滨新生的渴望、对南方冬天的追寻看成是对工业城市的逃离的话，时间上可能对不上。这种在18世纪出现、很快就带有明显的季节性特征并把疗养地分等级的没有理由的迁徙，可以用英国贵族的精神状态来进行解释。旅游革命不是当时处于上升状态的商业和制造业的作品，而是18世纪处于危机之中的贵族的作品。英国的贵族阶层希望自己不仅区别于那些不懂得贵族价值的暴发户们，而且也要区别于那些躺在居所里睡大觉的欧洲大陆贵族。从17世纪末开始，英国贵族想要摆脱“太阳王”路易十四的法兰西的文化统治，而对古希腊罗马文化的狂热、对新古典主义的热衷、来自意大利的召唤，尤其是壮游，是摆脱法兰西文化统治的最佳手段。在整整一个世纪中，只有英国人进行这种启蒙式的旅游，它引导出身高贵的年轻人去发现欧洲大陆，并在旅游中学习成长。18世纪旅游的所有创新都是英国人搞出来的，都带有炫耀性质。对旅游地的发现都会得到今天的人们称之为“媒体报道”般的好处：温德姆发现的冰川，或者斯摩莱特发现的尼斯就是这样。“旅游日记”、“旅游信札”、以“壮游”做书名的著作在书店中大受欢迎。

这些旅游创新的重要性在于它们本身的意义，而不是它们的普及程度，因为刚开始的时候旅游是很少人才去做的事情，就像当时霞慕尼的游客或尼斯过冬者的人数所证实的那样。这些标新立异的姿态是对当时快速变化的社会中的那些基本问题的象征性回应。以其无动机、悠闲和文化的价值观显得与众不同，同时与伟大的18世纪最深刻的思想追求相吻合，这便是精英主义的特征。

第二部

旅游季与旅游地：19世纪和20世纪精英旅游史

引言

一、重来的“壮游”，潮水般涌入的英国人

“壮游”富有18世纪英国的文化特色，它并没有被法国大革命的风暴扫荡掉。相反，英国人迫不及待地想看看法国变成了什么样。1802年《亚眠和约》[1]刚签订，他们就重返法国，然后在1814和1815年也回到法国旅游。这时，他们的好奇心不是那么明显了：欧洲的神圣同盟已经没有什么新奇之处了。这不是偶然的。越来越多的英国人出发去“壮游”，重新开始他们的活动，包括为他们的绅士教育打基础的意大利之旅，游历冰川，夏季到欧洲大陆做浴疗，冬天到南方过冬。为了总是显得与众不同，英国人创建了许多新的旅游点，这些旅游点变成了疗养地，其中的大部分疗养地都在英吉利海峡对岸。精英旅游活动在继续它的进程。

这些英国人都是一些享有年金或定期收益者，战争期间的通货膨胀使他们的地产收入剧增。滑铁卢战役的战胜者无疑很自豪，因为他们打败了拿破仑，但他们不仇恨法兰西，并且随时准备赞扬法兰西的魅力。比如一位叫伯贝克的游客的溢美之词，就显示他们在复辟王朝时期领略到了不同于英国的法兰西特色：

> 在如此人口众多，如此丰衣足食、征税适度的法兰西，没有

[1] 《亚眠和约》是1802年3月于拿破仑战争发生期间，由当时法兰西第一共和国第一执政者拿破仑·波拿巴的兄长约瑟夫·波拿巴及英国的康沃尔侯爵代表法英双方所缔结的休战条约。

纸币，没有什一税，穷人不纳税，而且几乎没有穷人；高等级道路四通八达，五谷丰登，吃的油和喝的酒应有尽有，它必定是、实际上就是一个富裕的国度；然而富裕的个体却很罕见。[1]

从1820年起，英国人潮水般涌向欧洲大陆。为了访问大陆，他们都带着同样的重版的纽金特、杜登斯等人编写的《旅游指南》，以及在巴黎常住的书商加里尼亚尼向他们提供的各种版本的新的《旅游指南》和游记。所有的英国人从巴黎出发开始他们的欧洲游，他们在那里购买加里尼亚尼出版的考克斯、亨利·马修斯和玛丽亚娜·斯塔克[2]编写的旅游指南；1840—1850之间，这些旅游指南垄断了整个旅游指南书市场，直到约翰·默里的《默里指南》出版。

从1815年到1850年这个时期，没有一个贵族出身的英国人能逃脱壮游的义务。而此后，欧洲大陆的贵族开始效仿他们。英国人的这场运动不仅仅限于年轻人，而且也包括到法国南方过冬的其他年龄段的人，还有矿泉水饮用者（不再仅仅是SPA水疗）和游泳者（从荷兰海牙的斯赫弗宁恩到诺曼底海岸）。许多英国人在巴黎住了下来，估计有五万人[3]，而在布洛涅、诺曼底，估计他们的人数达一万人[4]。1830年，仅仅为了休闲旅游而渡过英吉利海峡的英国游客，估计有10余万人，而到了1869年，这个数字已接近50万。

---

[1] 莫里斯·伯贝克：《法国游记》。——原注

[2] 考克斯：《法国、意大利、瑞士旅游指南》。亨利·马修斯：《一位病人的日记，1817、1818、1819年葡萄牙、意大利、瑞士和法国追求健康的旅游日记》。玛丽亚娜·斯塔克：《欧洲大陆旅游者信息指南》。——原注

[3] 数据来自英国杂志，转引自马塞尔·莫朗的《复辟王朝时期的法国》。——原注

[4] 参见布里的《19世纪的英国与诺曼底》，《诺曼底年鉴》，1958年，第二辑，第266页。——原注

二、英语新词“tourist(e)”的出现

浪漫主义时代，英国人的壮游很出名并得到承认。英语中出现了一个形容词“tourist”，进入法语后演化成了“touriste”，这个词刚开始只适用于英国人。1863年的《利特雷词典》、1877年出版的《拉鲁斯词典》收入了这个词，而且还给出了英国人的例句。这个词一开始就用来指称外国的阔气游客，尤其指当时出现的英国游客。1816年，作家西蒙写道：“touriste，这个词首先适用于英国人。”[1]1837年，《鲁昂杂志》发表了一篇名为《游客》的文章，没给这个名称打引号，作者泰奥多尔·翁贝格在文章中描绘了一群英国人，并致力于给这些英国人贴上“滑稽”和“爱吹牛”的标签。

1841年，法国博学家艾尔维厄在《一位游客的回忆录》[2]中也以同样的方式描绘英国人。让人大感吃惊的是，其实早在1838年，亨利·贝尔（即司汤达）就用这个题目写了《旅人札记》[3]，描写一位旅游推销员在法国的长途旅游；这本书引起了当时人们的激烈批评，后人甚至忘记了他写过这部作品。[4]然而，司汤达却懂得什么是为了乐趣而进行的旅游。1817年，司汤达出版了《罗马、那不勒斯和佛罗伦萨》；他兴之所至写出的诸多日记汇总后形成的《法国南部之旅》也证明了这一点。在戴尔·利托[5]看来，平心而论，《旅人札记》“标志着旅游史的一个新阶段和转折点”。

---

[1] 西蒙：《一位法国人游英国》。——原注

[2] 艾尔维厄：《一位游客的回忆录》，1842年，第239页。这是这位诺曼底古城巴约的博学家唯一的著作。——原注

[3] 书名直译应为“一位游客的回忆录”，中译本书名翻译成《旅人札记》，见百花文艺出版社2003年版。

[4] 参见1838年7月27日出版的《法兰西报》之《他为何要写这本书?》一文。——原注

[5] 戴尔·利托导言，《旅人札记》卷一，第6页。——原注。维克多·戴尔·利托（1911—2004），原籍意大利的法国学者，著名的司汤达研究专家。

鲁道夫·托普费对阿尔卑斯山徒步客饶有趣味的速写，可以看出优雅的英国游客与其他游客的不同之处

三、19世纪的旅游史首先是一部精英主义的扩散史

1840年以后，随着英国游客的扩散和富裕的欧洲人甚至北美人的竞相效仿，几乎所有的语言中都慢慢出现了“游客”这个新词。这种在19世纪末才被称为“旅游”的现象的扩散在拥有定期收益者的社会阶层中进行，并且蔓延至欧洲大陆的精英阶层。18世纪末由“旅游革命”初步形成的旅游季节奏在19世纪得到了精细化和加强。旅游的时光在依然由英国人组成的开创者和“守门人”发现的旅游点度过。这些旅游点变成了时髦的景点、得天独厚的空间和让人梦寐以求的旅游胜地。在19世纪，成为游客是一门艺术，这门艺术被写进旅游季和旅游地的双重历史之中，无论是旅游季还是旅游地都具有精英主义的风格特点。

在18世纪，创新性的旅游点不太多，所以很容易分辨出来，譬如那些创新性很突出的地方：巴斯、布莱顿、霞慕尼、格林德瓦、尼斯……在19世纪，这些地方仍然威名不减，而且增加了许多旅游点和各种旅游项目。各种旅游信息铺天盖地向人们扑来。正如当时的人们所说，旅游是十分时髦的活动。历史学家描述各个伟大的时代的特点，他们在思忖，从20世纪初起，游客数量的显著增加是不是由于文化和娱乐活动在向新的社会阶层蔓延？而社会心理学家则质疑现代游客的虚荣心，他们认为自己所持的这种看法丝毫没有过时。浪漫主义时代比过去任何时代都更能产生“生理学”。

第一章　19世纪的浪漫主义旅游、自然主义旅游、希腊游和旅游指南系列

Tourist(e)刚开始时是一个形容词，后来变成名词，单数时特指一个古怪的、奇特的个人，奇特是因为他是外国人。他们奇异的服饰已经让他们很吸引眼球了；他们的兴趣点也很让人惊讶，他们的流动性让大部分宅在家里或者有事要办才出门的欧洲人觉得不可理解。那些英国旅游者则是悒悒不乐地逃出家乡；他们在自己的家乡处境不佳，“心情不好”（这些拥有定期收益者的权力越来越被削弱），在这个追求平等的社会中（托克维尔[1]的反应具有典型性），游客已经被异化（马克思主义的异化概念）了，不过在英国游客身上发生的一切颠覆了马克思的劳动观，因为压迫他们的并不是劳动，而是不劳动。

“浪漫主义时期是一个伟大的旅游时代。”法国作家让·卡素[2]这样写道。成为游客的艺术是浪漫主义的基石之一。19世纪所有的伟大作家都是大旅行家，他们认为留下他们的旅游日记，甚至写一些旅游指南或者写一些文章给《两世界杂志》那样的畅销杂志很有必要。从1820年起，泰勒男爵和夏尔·诺迪埃出版了《在古老法兰西的绮丽浪漫游》[3]。

[1] 托克维尔（1805—1859），法国历史学家、政治家和社会学家。主要著作有《论美国的民主》《旧制度与大革命》等。

[2] 参见《交流》第1期，特别是卡素的《从出行到旅游》，第25—34页。——原注。让·卡素（1897—1986），法国作家、评论家、诗人。

[3] “绮丽”一词出自18世纪的论说，而“浪漫”和“古老”让人想到的是复辟王朝时期。——原注

英国旅游者发起了“哥特复兴”[1]：他们沿着莱茵河、塞纳河[2]、卢瓦尔河、加龙河[3]以及时间的长河溯流而上，回到中世纪时代，欧洲让这个中世纪恢复了声誉。大教堂、修道院、防御性城堡成为新的景点。浪漫主义游客走到更远的地方，发现了古老的文明；就这样，夏多布里昂到了耶路撒冷，诗人拉马丁到了东方。他们的“异国情调”是双重的，包括时间和空间中的“异国情调”；他们的“复辟”是二元的，包括对旧的等级制以及对古建筑的“复辟”。七月王朝[4]甚至对梅里美和维奥莱-勒-杜克[5]委以重任。他们二人都是大旅行家。

由于旅游者越来越多，一些明智的出版商推出了许多旅游指南丛书。手工印刷出来的作品——一位作者、一个地点——让位给了大批量生产，用卡素的话来说就是，这些旅游指南是那些“成群结队的游客”和“乌合之众”的必备之物。1858年，泰纳[6]列举了“六种旅游者”[7]；以“生理学”做书名的读物大量增加。浪漫主义无疑是“被打上人道主义烙印的人类历史的最后阶段”（语出卡素）。1840年前后，游客不再是一些出门解闷发泄的人，而成为一群开始观察的人；泰纳说：“这类游客关注真实的小事”，他们探查各种地点、城市的街道和各种建筑，

[1] 出现于18世纪到19世纪的建筑文化与书写层面，将中古世纪的阴暗情调从历史脉络的墓窖中挖掘出来。

[2] 塞纳河是法国北部大河，全长776.6千米，它是欧洲有历史意义的大河之一，巴黎就是自中世纪初期以来，在该河一些主要渡口上建立起来的。

[3] 加龙河是位于欧洲西南部，穿越法国和西班牙的一条河流，是法国五大河流之一。

[4] 奥尔良王朝，1830年至1848年统治法国的君主立宪制王朝，因国王路易·菲利普出自奥尔良家族而得名，又称七月王朝，始于1830年法国七月革命，1848年法国二月革命后被法兰西第二共和国取代。

[5] 维奥莱-勒-杜克（1814—1879），法国建筑师与理论家，最有名的成就为修复中世纪建筑。法国哥特复兴建筑的中心人物，并启发了现代建筑。

[6] 泰纳（1828—1893），另译丹纳，法国文学批评家、历史学家、艺术史家、文艺理论家、美学家。主要著作有《拉·封丹及其寓言》《巴尔扎克论》《英国文学史引言》和《艺术哲学》等，在欧洲文艺界引起过强烈而广泛的反响。

[7] 参见泰纳的《比利牛斯山之旅》，1858年，第22版，第281—290页。——原注

详细了解大自然，寻访当地居民，了解风土人情。旅游指南系列丛书上的文字对旅游的描述很快采用了实证主义的语气：指南中给出的建议和分类，据说都是客观理性的。旅游指南还善意地指定哪些景点是必须看的、用什么方式去看，里面转载了一些旅行作家的偏好，比方说梅里美对西班牙和科西嘉岛的偏好，而福楼拜对意大利的偏好使得意大利成了一个神话般的旅游目的地。

19世纪旅游业的巨大变化是靠社会文化的进步推动的，并没有特别受惠于包括火车在内的出行条件的改善，因为浪漫主义者们根本就没把火车看成是一种进步。我们是否应该强调这一点？

一、旅游者的生理学

1840年前后，书店里的各种“生理学”著作“浩如烟海”[1]。“生理学”这个词是布里亚-萨瓦兰[2]于1825年在他的《味觉生理学》[3]中抛出的，1830年巴尔扎克在《婚姻生理学》中让这个词出了名。1841年，阿洛瓦出版《游客生理学》，古尔东在1842年出版了《驿车生理学》。[4]游客生理学是一种讨人喜欢的题材，它的成功对旅游指南和旅游日记不会有损害，因为旅游类读物是保证书店盈利的图书品种。游客生理学著作的特别之处在于它不会呈现你需要去看或者在那里度过几天的地点，而是呈现游客如何看和如何观察；这些作品的笔调介乎于幽默与滑稽之间。游客就像他们遇见的当地人一样进入了一幕更广阔的“人间喜剧”，巴尔扎克已不是唯一作者。

---

[1] 转引自皮西瓦的《生理学》，1957年，第81页。——原注

[2] 布里亚-萨瓦兰（1755—1826），法国美食家和法官。其作品*Physiologie du goût*直译为《味觉生理学》，中文译本译作《厨房里的哲学家》。

[3] 基于贝莱的一位匿名美食家和法官的同名著作。——原注

[4] 阿洛瓦：《游客生理学》，巴黎，奥贝尔出版社，1841年，第122页。古尔东：《驿车生理学》，巴黎，特里出版社，1842年，第122页。——原注

摩纳哥

鲁道夫·托普费的浪漫主义素描

19世纪还有许多没用“生理学”命名的文章，是那种“类型学”随笔，包括司汤达1838年以难理解的反讽风格写的《旅人札记》，艾尔维厄1841年描写旅游者滑稽可笑的《一位游客的回忆》，托普费1844年出版的《迂回游》以及1846年出版《新迂回游》，再加上泰纳1845年出版的《比利牛斯山之旅》。托普费曾带着他的学生旅游队在阿尔卑斯山游览，圣伯夫为其1846年的遗作撰写序言，他为这位日内瓦小学教师描写风景的才华所倾倒；不过如今人们更欣赏这位小学教师的风景素描：托普费速写画被插入游记文本，他是连环画的先驱；他在带着他的寄宿生旅游途中邂逅了许多旅游者，从中塑造出许多典型人物。

在为“他的那些老兄”画速描的同时，托普费认为：

东想西想，太累；多做一点无聊事，开心！

NOUVEAUX VOYAGES

EN ZIGZAG

A LA GRANDE-CHARTREUSE, AUTOUR DU MONT-BLANC

DANS LES VALLÉES D'HERENS, DE ZERMATT, AU GRIMSEL

A GÊNES ET A LA CORNICHE

PAR

R. TÖPFFER

PRÉCÉDÉS D'UNE NOTICE

PAR

M. SAINTE-BEUVE

DE L'ACADÉMIE FRANÇAISE

Illustrés d'après les dessins originaux de Töpffer

TOME PREMIER

VOYAGE A LA GRANDE-CHARTREUSE

ET AUTOUR DU MONT-BLANC

PARIS

LIBRAIRIE GARNIER FRÈRES

6, RUE DES SAINTS-PÈRES, 6

托普费《新迂回游》封面

不管是在描述还是在画素描时，漫画家的羽毛笔画出的线条并不残忍。这种评价也适用于加瓦尔尼1841年的游客速写，适用于同一年为阿洛瓦的书画插图的多米埃；适用于陪伴泰纳的居斯塔夫·多雷[1]，当然也适用于托普费。正如托普费描述的那样，他的“版画文学”展现了一些“旅游精灵”；托普费也是一部名为《相面术小随笔》的小书的作者。阿洛瓦这样打趣游客的那种心痒痒的状态：

> 游客生理学就是一幅运动着的画作，这运动不停地把人类往前或往后推，让游客在地球东西半球的陆地和海洋间游来荡去……像游客那样生活，就是过居无定所的生活，就像野鹿依靠四条腿，喜鹊依靠树枝，猴子依靠争斗那样地生活。每年大地回春变绿，燕子飞回来之时，游客就不再只关注他的诺曼底，他的脚板会奇痒难忍，会急不可耐地想着往外面走。[2]

冰川学家福布斯1843年在介绍其《穿越萨瓦地区阿尔卑斯山之旅》一书之时问了“为何旅游?”这个问题，他指出：

> 人们旅游的动机很多样……旅游的癖好和披露的形式也很多。

并不是每一个外出的人都是游客；古尔东在《驿车生理学》中指出：当军人、奶妈、工人在驿车的后车厢挤成一堆时，游客却拥有最好的座位。火车车厢从一开始就至少把旅客分成了三等。

---

[1] 居斯塔夫·多雷（1832—1883），法国著名版画家、雕刻家和插图作家。

[2] 阿洛瓦：《游客生理学》，1841年，第5、第9页，明显是对弗雷德里克·贝拉的《我的诺曼底》的影射。——原注

弗雷德里克·多雷在他的关于瑞士、萨瓦和法国的《出游回忆》（1843年）中写道：

> 英国游客又可分为两类……第一类认真记录所有吸引其目光的一切，不会省掉任何枯燥乏味的细节。回到家中后，他们都会写出一本厚厚的书。

第二类由爱时髦的游客构成，他们是些“印象游客”：

> 要在这群新型游客中取得成功，只需用大家都熟悉的风格和无拘无束的时髦手法讲述所见所闻……这样你随便走哪条路线都没关系；到过什么地方不重要，重要的是讲述他们自己的故事和举动……这是旅游方式中最简单，最容易的。[1]

艾尔维厄嘲笑这类贪图安逸的游客，他说：

> 他们时不时地停下他们的四轮大篷车，举起剧场里用的单筒望远镜，静观阿尔卑斯山的巨大舞台！（不过他既不攀登瑞奇峰也不去蒙当维尔冰川），因为这要弄湿他的衬衫——想象一下吧，一位绅士竟堕落到……要出汗的地步！——有时他还会摘下太阳帽，让自己的皮肤晒得稍稍变成棕色，让自己显出一副半野蛮的样子……回到巴黎时他大声叫道：瑞士，太迷人啦！……可是气人的是，瑞士人不知道给衬衣衣领子上浆！[2]

---

[1] 弗雷德里克·多雷：《出游回忆》，第2—5页。——原注

[2] 艾尔维厄：《一位游客的回忆》，第2—5页。——原注

这样的“旅游印象”只能由大师来纠正了。泰纳在其《比利牛斯山之旅》中直接把游客生理学推向了昆虫学的地步；在这本书中，他把游客分成了六类[1]：

——像在树枝上的，像有翅羽的，像爬行类的……

——装备拐杖、铁棍……为步行而步行的徒步游客……

——真诚地相信导游信息、亦步亦趋的“乖乖游客”……

——结伴步行和举家远足的游客……爱睡午觉，在草坪上午餐，显示出平民精神……

——爱想入非非的游客……他们是些春风得意的有产者，大腹便便，自视甚高……

——第六类游客较少：他们是学者游客……

——第七类很多：他们是些休闲游客。他们从窗户里面往外看山……他们只去他们的英国式花园里散步。

二、忧郁与异国情调

这两个词差不多跟“游客”和“旅游”同时出现在法国，它们步调一致但又不是纯粹的巧合。“忧郁”（spleen）是个英文词，它的本意是“脾脏”，引申义是“黑色幽默”；法语中只收入了这个词很罕见的衍生义——莫名的烦闷，包含这个意义的“忧郁”一词于18世纪上半叶被引入法国，在浪漫主义时期十分光鲜亮丽。仿佛法语中没有词来指称这种无缘无故地让富人们感到烦闷的萎靡状态——只有旅游才能舒缓它：

我陷入了绝望之中，确切地说，我深深地厌恶巴黎的生活，

[1] 原文有误，应为“他把游客分成了七类”。

尤其是厌恶我自己的生活。我觉得自己什么都不好；我想成为另外一个人。我到伦敦去了，找那种解郁的良方，我发现有足够多。[1]

“异国情调”（exotisme）一词在法国找到自己的位置时费了更多的劲。这个词源于希腊语，给人的印象不错。从词源学来看，这个词的意思是“异乡的”。法语中有一个甚至一系列表示不同程度的异质：用“créole”指称海岛居民，用“bon sauvage”指称印第安人，用“métèque”（外国佬）表示对异乡人的蔑视。因此，“异国情调”这个词进入法语的速度很慢；它是浪漫主义旅游的一件行李。利特雷认为，这个词只是一个形容词：“非本土的”。这个词很晚才作为名词进入《法兰西学院大辞典》。这时的旅游者已经和古典的、把他们带到意大利走进希腊罗马文明的旅游方式决裂，因为那种古典的旅游方式只是一种“勘测”。在《在欧洲理性旅游》一书中，卡拉乔利侯爵关注的只是知识渊博的人。孟德斯鸠则问道：“怎样才能成为波斯人呢？”18世纪末造就了人与人之间的最简单的区别：文明人与（善良的）野蛮人的区别，大自然与（使人堕落的）文明社会之间的区别。

这种区别表现在旅游的动机上，而不是走过的距离上。事实上，多个世纪以来的朝觐和探险之旅，以及18世纪的“奇异的旅行”都能让人们走得很远。从浪漫主义者们开始，旅游者追寻的便是离乡，哪怕不太远。他们的异国情调是一种“梦中的异乡，浪漫主义者们在到达之前就已经想象过异乡了”[2]。司汤达这样描写旅游者的目光：

令人好奇的是街上发生的、似乎不会令任何当地人感到好奇

[1] 司汤达：《自大回忆录》，七星文库版，第473—474页。——原注

[2] 马尔提诺：《法国文学中的东方》，第3页。——原注

的事情。[1]

对于历史学家而言，毋庸置疑的是：忧郁与异国情调都是浪漫主义杜撰出来的。忧郁是一种促使人们离开的心灵状态；异国情调则是一种离开故土去往他乡的梦。我的著作《旅游》（瑟伊出版社1972年出版）将旅游分为三个阶段：想象、亲历、延伸。事实上，这个三部曲始于浪漫主义时代；每个民族都有自己的大作家，他们在其旅游著作中引导各自民族的浪漫主义感情：夏多布里昂、拜伦和雪莱，歌德、普希金……

每位浪漫主义作家在自己的旅游日记中，首先关注的就是他自己；夏多布里昂就承认了这一点：

> 其实，就是人本身，而远非人们随处可见的那种作者；我永远都在谈论自我。[2]

在法国学者儒尔达看来，夏多布里昂的作品延续了卢梭的风格，并且多了一种傲气：

> 卢梭于18世纪揭示出了大自然的美；勒内[3]要去陶醉于蛮荒的大自然之中……他将向他的同代人揭示它，令他们浮想沉醉。夏多布里昂告诉19世纪的法国人，有一种过去从未见过的深层次的、让人自豪的快乐。[4]

[1] 《旅人札记》，第二卷，第293页。——原注

[2] 《巴黎到耶路撒冷纪行》，马拉基斯出版社，第一卷，第72页。——原注

[3] 夏多布里昂浪漫主义小说《勒内》中的主人公。

[4] 儒尔达：《夏多布里昂以来的法国文学中的异国情调》，1938年，第23页。

第二帝国[1]时期，泰奥菲尔·戈蒂耶[2]直截了当说出了忧郁与异国情调之间的联系：

九月，我到了威尼斯……我有什么理由出现在那里呢？除了旅游者十分熟悉的、令我身不由己的、对异乡的向往外，没有任何理由……当这种症状向您袭来时，您会觉得您的朋友们令您心烦，您的女友们也提不起您的精神，所有这些女人，甚至别人的女人都令您讨厌……为了驱散这些特殊的忧郁，唯一的办法是拿起一本护照，去西班牙，去非洲或者去东方……[3]

龚古尔兄弟[4]恣意搬移了这种说法：

泰奥菲尔·戈蒂耶总在解释为什么"他会去他乡寻找某种新奇感"。

龚古尔兄弟：是的，您有一种方尖碑[5]相思病……

泰奥菲尔·戈蒂耶：这是圣伯夫没有弄懂的。他没有弄明白我们都是病人……让我们与别人不同的，就是异国情调。异国情调有两个意思。第一个意思是，它能给我们女人般的情趣，对黄色、绿色产生情趣……是一种更加细腻的情趣，一种更有高度的境界，是穿越时空的异国情调；比如，福楼拜在迦太基[6]与人私通就会很开心；你们想要的是那个女人，可是我，没有什么能像

[1] 法兰西第二帝国（1852—1870），法国历史上最后一个君主专制政权。

[2] 泰奥菲尔·戈蒂耶（1811—1873），法国唯美主义诗人、散文家和小说家。

[3] 《当我们旅游时》，1865年，第161页。

[4] 哥哥埃德蒙·德·龚古尔（1822—1896），弟弟儒勒·德·龚古尔（1830—1870），兄弟二人均为法国作家，著名的龚古尔文学奖即以他们的姓氏命名。

[5] 埃及方尖碑，暗喻古风和异国情调。

[6] 迦太基，古国名。存在于公元前8世纪—前146年，位于今北非突尼斯北部，临突尼斯湾。

木乃伊那样激起我的兴趣了。……[1]

浪漫的旅游者非常兴奋；他踏着伟人们的足迹行进，有汉尼拔从迦太基经过阿尔卑斯山去卡普阿[2]的足迹，有彼特拉克的足迹，还有拿破仑的足迹。司汤达、大仲马，所有大旅行家都会去“当地”追忆历史事件——拿破仑从囚禁他的厄尔巴岛卷土重来——以及各种传奇：因为大仲马的小说和小说中的人物基督山伯爵而风靡一时的伊夫岛的囚徒，有人甚至做起了法利亚神父[3]遗物的生意。政治上的王朝复辟之后，接下来正常进行的应该就是“激活过去的事”，“拯救恢复历史遗迹”。这些目标就是浪漫主义大旅行家们的目标，维克多·雨果、诺迪埃、大仲马、蒙塔朗贝尔[4]……都把他们的熟人和关系介绍给了《两世界杂志》。这家杂志于1829年创刊，1830年吞并了《旅游日报》，成为最大的浪漫主义异国情调杂志。1830年，法国还设立了历史古迹总检察官一职，1837年又成立了历史古迹委员会，普罗斯佩·梅里美在维奥莱-勒-杜克的协助下在那里供职长达三分之一个世纪。因为雨果的小说《巴黎圣母院》，中世纪得以再现，进入了文学。

浪漫主义异国情调没有损害古代文明，而是完全相反。官方和许多个人自发地发掘、修复古代建筑，表现出对直至那时一直被忽视的史前文化的新的兴趣……梅里美保护了那些游客们开始造访的史前巨石柱和支石墓。对古代遗迹的猎奇甚至还涉及古代的习俗、传统的歌谣与民间文化。梅里美曾在科西嘉整理记录了“沃瑟鲁”[5]和“复仇”[6]，《高龙

[1] 龚古尔兄弟收入其《日记》中的1865年10月29日的对话。——原注

[2] 意大利坎帕尼亚卡塞塔省的一个城市，建于公元前6世纪，后发展为重要的工商业城市。约前4世纪后期属于罗马。第二次布匿战争中为汉尼拔与罗马军队的必争之地。

[3] 大仲马著名小说《基督山伯爵》中的人物。

[4] 夏尔·德·蒙塔朗贝尔（1819—1870），法国记者、历史学家、政治家。

[5] 原文“Voceru”，意为科西嘉岛原住民古老的民歌，以发泄愤怒为主要内容。

[6] 原文“vendetta”为意大利语，意为复仇、法国科西嘉岛的复仇故事。

巴》[1]赋予了科西嘉一个有别于拿破仑的故乡的形象。就这样，浪漫主义时代丰富了“参观景点”的名单，拓宽了视野，触及了今天联合国教科文组织所称的非物质文化遗产。旅游者反而对更现代的建筑没那么感兴趣；古时的异国情调对这些现代建筑不利，渐渐地就形成了资历上的差异——“越古老，就越美”——这种说法出现在了各种旅游指南中。

最终，这种先是浪漫主义、后来是自然主义的旅游大大拓展、丰富了游客对于他们特别青睐的两个地方——意大利和瑞士——的认识。

三、浪漫主义旅游者的意大利

19世纪初期，英国学者马歇尔所经历的那个漫长的时期是一个“受意大利影响的高潮期，在此期间，新古典主义取得了胜利……浪漫主义的航船已经做好出海准备”[2]。对于越来越多的和急于前往那里的浪漫主义游客来说，书中描绘出的图景是很有吸引力的。现在，这些游客更喜欢从海上抵达热那亚[3]，或更多的是像诗人拉马丁那样从海上抵达里窝那。他们不会花时间去溜达，而是尽快赶往他们想要看到的城市。当他们经过并远远看见阿尔卑斯山时并不会感到兴奋，也不会对波河平原[4]有什么兴趣；司汤达是少有的一个例外，他喜欢看风景。浪漫主义游客从米兰[5]——他们撇开了都灵——开始他们的游览，他们在意大利到访的旅游地全是城市。[6]

几乎所有的浪漫主义者——作家、艺术家、学者——都到过意大

[1] 梅里美写科西嘉岛上复仇和仇杀故事的小说。

[2] 罗德里克·马歇尔：《英国文学中的意大利》，第263和365页。——原注

[3] 热那亚是意大利利古里亚大区首府，也是意大利最大的港口、地中海沿岸仅次于马赛的第二大港。

[4] 位于意大利北部波河流域。原为古海湾，被波河冲积而成冲积平原。波河平原也叫作米兰平原。

[5] 米兰是世界时尚艺术中心，世界历史文化名城，欧洲四大经济中心之一。

[6] 参阅诺里的《法国浪漫主义者与意大利》和马里奥迪的《斯图里亚游记》。——原注

利，而且经常是多次到访；有些人，比如夏多布里昂、拉马丁、缪塞兄弟[1]都在意大利长期旅居；司汤达在意大利旅居长达十五年，他觉得自己是米兰人。许多浪漫主义者满怀激情地将意大利和西班牙，或许还有希腊和东方国家相提并论。在他们眼里，这些旅游目的地不分等级，也没有冲突，全都具有巨大吸引力。梅里美认为西班牙更具有异国风情；泰奥菲尔·戈蒂耶在1850年第一次到访意大利之前，曾数次赴西班牙旅游；众所周知，希腊和东方对一些像夏多布里昂、拜伦或拉马丁那样的作家，以及像德拉克洛瓦[2]那样的画家有着不可抗拒的吸引力。浪漫主义者们给这些国家塑造了一个强大的、内容丰富的形象。福楼拜第二次到意大利旅游后仍认为意大利是“一个奢华的、血性的和享乐的国家”。梅里美强调游客眼里的西班牙拥有非凡的地位，这种地位是由西班牙的女性气质造就的。梅里美在1825年去西班牙旅游之前写的《克拉拉·加祖尔戏剧集》中就描写过西班牙了。《卡门》于1845年面世，书中将西班牙和颇具吉普赛风格的安达卢西亚[3]做了比较。

渐渐地，浪漫主义游客们“谢绝”意大利，如果人们不反对使用这个过时词汇的话。所以最好看看司汤达在一系列作品中是怎么写的，在一封给他的姐姐们的信中，他以令人愉快的手法列举了在意大利旅游的乐趣：

1. 呼吸清新纯净的空气
2. 欣赏壮丽的美景
3. 让人献一点儿小殷勤
4. 欣赏绝美的油画

---

[1] 保罗·德·缪塞为19世纪的法国贵族、作家，其兄弟阿尔弗雷德·德·缪塞亦为法国著名的剧作家、诗人、小说作家。

[2] 欧仁·德拉克洛瓦（1798—1863），法国著名画家，浪漫主义画派的典型代表。

[3] 位于西班牙最南的历史地理区，也是西班牙南部一富饶的自治区。

5.聆听绝美的音乐

6.欣赏绝美的面容

7.欣赏绝美的雕像。[1]

司汤达特地选择了同一个形容词来写下这个分类名单。

第一个主题：气候和植被。这个主题在古典主义时期是二流的主题，而在浪漫主义者那里则成了一流主题；拜伦满怀激情地写道：

意大利，你是世界的花园！

事实上，手握王牌的意大利献出了它的土地的一部分，从耶尔到拉帕洛[2]沿海一线的旅游地很自然地出现在旅游指南中；英国游客把这个异国情调花园命名为“里维埃拉”[3]。

“美景”主题是相对新的，而且只用于很少的、很有限的、神秘的景点：环礁湖、威尼斯水道、那不勒斯湾[4]、维苏威火山，和几处热那亚的、一直延伸到尼斯的里维埃拉“突出部位”。有时候游客们也会到罗马的乡村（夏多布里昂）、科莫湖[5]（福楼拜）、巴勒莫去感受一下。但是在旅途中，这些浪漫主义者对景色并不感兴趣，“伦巴第大区[6]这个愚昧狭隘的地方让福楼拜感到厌烦”[7]。这些旅游者一般是注意不到托斯卡

[1] 亨利·贝尔：《给波利娜和泽娜伊德姐姐的信》，1827年10月10日。——原注

[2] 拉帕洛小镇位于意大利的利古里亚省。

[3] 里维埃拉，地中海沿岸区域。原本指意大利利古里亚的海岸，自中世纪已有此词语。包括意大利的西北海岸和法国的蓝色海岸地区。

[4] 那不勒斯湾，一称“那波利湾”。位于意大利南部那不勒斯西南的米塞诺岬与坎帕内拉角之间。

[5] 科莫湖，也称拉里奥湖，是意大利阿尔卑斯山脉一冰川湖，最负盛名的旅游胜地，属伦巴第大区管辖，面积146平方公里，为意大利第三大湖。

[6] 伦巴第大区是位于阿尔卑斯山和波河的一个意大利北部大区。

[7] 居斯塔夫·福楼拜：《游记》，收入“美文”丛书，第1卷，第134页。——原注

纳大区[1]和翁布里亚大区[2]的魅力的。

意大利于是成了一个被截断了的意大利，或者更确切地说，只是个用来承载阳光、炎热和色彩之国的梦想的地方。越具有地中海风情就被认为越美。1840年，尚未去过意大利旅游的福楼拜从科西嘉回来后表达了他对阳光国度的深深的热爱：

> 我什么时候才能再看到地中海呢？把我心中满满的热吻送给它……我愿意做安达卢西亚的赶驴人、那不勒斯的流浪者，或者仅仅给从尼姆到马赛的驿车做司机。[3]

在意大利、西班牙或者普罗旺斯旅游的幸福感主要来自那些地方的神话的力量，而很少依靠对那些乡村或城市风景的兴趣。

19世纪中叶，有些游客试图为这种南方的异国情调吸引力寻找一种“理论依据”，也就是今天的人们所说的“确定一个概念”。大仲马写道：

> 从阿维尼翁开始，人们就能感受到、看到南方。对于北方居民来说，与南方大自然的初次相遇充满莫大的喜悦：人们感觉自己更高人一等，好想引吭高歌、放声大哭……普罗旺斯是欧洲福地的第一站。[4]

为了去意大利，泰纳于1864年在马赛登船：

---

[1] 托斯卡纳大区，是意大利的一个大区，其首府是佛罗伦萨。

[2] 翁布里亚大区位于意大利中部，是意大利唯一没有海岸线的大区。

[3] 《给埃尔奈斯特·歇瓦利耶的信》，1842年10月21日，载《通信》，卡纳尔出版社，第117页。——原注

[4] 大仲马：《旅游印象》，1847年。——原注

> 这里已经是真正的南国了；它从塞文山脉就开始了……这里的一切都是灰色的、暗淡的：光秃秃的山麓、白森森的岩石，干燥广阔、布满石子的平原；除了在一些缓坡上，一些堆满小石块的凹洞里，几乎没有树；在缓坡上和凹洞里，苍白的橄榄树和扁桃树庇护着它们体弱多病的树列。这里就像一幅没有颜色的朴实的素描，纤细、雅致，配上了佩鲁吉诺[1]式的底色。田野就像一块灰色的亚麻布，画着纵横交错、整齐划一的线条……突然，南方壮丽的景色展现在眼前，贝尔湖湖面蓝莹莹的，妙不可言，静静地躺在白森森的山口中；接下来就是大海了……环绕着条理分明的山峦，山上仿佛笼罩着天使般的荣光。[2]

泰纳完美地表现了法国南方的各种反差，他是第一批捕捉到普罗旺斯和翁布里亚大区风景的相似之处的人之一。泰纳还是一位敢于创新的文学批评家；上面这篇文字揭示出一个新的意大利概念，一个博物馆般的、巨大的绘画收藏馆般的意大利，就像福楼拜在1851年第二次游历意大利时所看到的那样[3]。

1845年，福楼拜不带个人想法、走马观花般地在意大利进行了第一次旅游；那一次他只是去意大利这个爱情、性爱自由的国度找寻浪漫神话，“在那里，人们都在向女子献殷勤”；那还是一个充满暴力和阴谋的国度，历史的情绪和现实的情绪在各种阴谋中交织。有些人记得意大利的罗马在基督教和教皇制度下的角色；夏多布里昂于1803年表达的一种最初级的对罗马天主教的感情对其他游客影响不大，比如对司汤

[1] 彼得罗·佩鲁吉诺（1446—1523），意大利文艺复兴时期画家，擅长画柔软的彩色风景。

[2] 泰纳：《意大利之旅》，1864年，第6页。——原注

[3] 参见布鲁诺的《居斯塔夫·福楼拜的两次意大利之旅》，载《四方文集》。——原注

达来说，这种感情就被压缩成了一种对奇闻趣事的好奇心，在一次教皇选举会议期间，司汤达就兴致勃勃地跑到了罗马。只有基督教的源头才能引导浪漫主义从冷漠中走出来[1]；地下墓穴和斗兽场的那种旧时的异国情调让游客激动不已；在普罗旺斯引入君主制的那些地方（勒兰修道院[2]、圣维克多教堂[3]），或者在令人想起圣人或殉道者的里昂，也有这种效果。

福楼拜这位浪漫主义作家造访意大利，和他的前辈一样“察看”古代遗迹，但是他品味的是另一个意大利，一个把他带回到16世纪的那个意大利[4]；在那个意大利，他追忆威尼斯的波吉亚家族[5]、美第奇家族[6]、威尼斯的总督们和马基雅维利[7]。他似乎重新看到了那里的阴谋诡计、肉体享乐追求、乱伦和任人唯亲、用匕首和毒药来行使的权术；他的异国情调似乎把他带回到了那个时代，他为那个时代的意大利的消失感到惋惜。英国人提出了“意大利衰落”[8]的概念。

在浪漫主义游客眼里，有些人——冒险家、烧炭党人[9]、盗匪——和那些小岛，都保留了古代的德行。在他们看来，科西嘉、西西里、巴

[1] 浪漫主义文学家夏多布里昂曾写过《基督教的真谛》（1800年）、《墓外回忆录》（1821年）。

[2] 勒兰修道院位于圣奥诺拉岛，修建于5世纪，西多会的修道士们在那里进行宗教活动，戛纳最早实际上是修道院的封地，后来才逐渐发展为人丁兴旺的城镇。

[3] 圣维克多教堂原本是公元三世纪时所建的一座规模很大的修道院，1040年阿拉伯人入侵马赛时将其毁坏，仅剩下这座公元五世纪建造的教堂和地底墓穴。

[4] 意即文艺复兴时期的意大利。

[5] 来自西班牙的贵族。15世纪起，波吉亚家族在意大利开始显赫起来。尤其是教皇亚历山大六世在位期间，波吉亚家族在宗教、军事、政治上都颇有影响力。然而，波吉亚家族也因为贪婪、谋杀、荒淫而闻名天下。

[6] 16世纪意大利文艺复兴时期佛罗伦萨的著名家族，建立于1434年，1737年因为绝嗣而解体。美第奇家族在欧洲文艺复兴中起到了非常关键的作用。

[7] 尼科洛·马基雅维利（1469—1527），文艺复兴时期意大利著名的政治思想家和哲学家，在西方政治思想史上占有很重要的地位，其主要理论是“政治无道德”，在他的著作中包含了一系列对于获取和掌握政府权力的建议。

[8] 参见马歇尔的《英国文学中的意大利》，诺里出版社。——原注

[9] 烧炭党是19世纪后期活跃在意大利各国的秘密民族主义政党，在意大利统一的过程中发挥了至关重要的作用。

里阿利群岛都保留了荣誉和家族团结的意识，那里的人们蔑视金钱，家族之间有世仇，遵循缄默法则——“乌默它”[1]，梅里美就这样硬生生制造出了一个神秘的科西嘉[2]，与瓦雷里[3]在其《意大利之行》中给出的形象一致，也和福楼拜1840年的发现相似[4]。

浪漫主义作家们将意大利看作一块自由的土地，这也是斯塔尔夫人在《柯丽娜》一书中所表达的：

> （意大利）社会不对任何事情做自行裁决；它容许一切。英国人在那里从自己岛国的禁条中解放出来，放任自己进行所有古怪的行为——譬如异装癖。意大利接受一切极端男女欲望：拜伦和雪莱、缪塞和乔治·桑，以及玛丽·德·阿古伯爵夫人和李斯特[5]在那里“五年旅居朝圣”[6]。意大利不是一个适合家庭游的国度，福楼拜是个少有的例外。

那么，意大利就是一个皮条客吗？是一个漂亮女人能在那里接受轻佻艳遇的国家吗？每个人都可以在那里自以为是大情圣卡萨诺瓦吗？英国人经常将意大利这样简单化，但这种认识是肤浅的，司汤达这样说：

---

[1] 黑手党之间的一种行为准则，黑帮人员不管是谁出了意外都不能报警，对警察和政府要保持沉默。

[2] 通过他去意大利之前写的《马特奥·法勒格纳》，及此后《科西嘉游记》和《高龙巴》。——原注

[3] 瓦雷里：《科西嘉之行》，第58—61页。——原注

[4] 福楼拜是在科西嘉发现地中海的。他根据科西嘉雇佣兵队长、冒险家桑皮埃罗·科尔索的轶事写了一部悲剧。杜丽女士出版了《福楼拜和他未出版的作品》的提纲，巴黎，1950年。——原注

[5] 弗朗茨·李斯特（1811—1886），匈牙利著名作曲家、钢琴家、指挥家，伟大的浪漫主义大师，是浪漫主义前期最杰出的代表人物之一。1833年初，李斯特在巴黎邂逅了玛丽·德·阿古伯爵夫人，她成了李斯特的挚爱。玛丽·德·阿古伯爵夫人自1835年开始陪伴了他十年，为他生了三个孩子。

[6] 玛丽·德·阿古伯爵夫人的表述。——原注

英国人离开时诅咒意大利习俗，那只是他们混在最下等阶层当中时了解到的习俗。[1]

意大利，让人产生错觉的地方！福楼拜就是一个典型，他从臆想“意大利女子的热吻”开始，然后写道：

在夜晚上灯时分悄悄地躲在神工架后面谈恋爱一定很甜蜜。[2]

最终，为了从意大利的火山形象过渡到放荡行为，他提到了作家缪塞：

是为了让自己得到一个好的评价，他才说：您试试吧，我让那些意大利女子很疲惫，人们总在她们的短裙下看到维苏威火山。错！意大利女子离东方女子更近，她们的屁股更柔软……[3]

布鲁诺评论这种“苦涩的知识，也就是旅游中总结出的知识”[4]。缪塞这位浪漫主义者有他自己的异国情调：他喜欢从女人和爱情自由出发对意大利、西班牙和东方国家进行比较。

意大利是个“能给人快感”的地方，人们可以通过造访它的城市，以及司汤达向他的姐姐们列举的、好看的和好听的一切中得到快乐；这个主题是司汤达式的，贯穿了司汤达的人生和作品；“自恋的快乐”，这

[1] 儒尔达：《异国情调》。——原注
[2] 《给勒布瓦特万的信》，收入《书信集》，1852年4月1日，第1卷，第170页。——原注
[3] 福楼拜给露易丝·科莱的信，1852年6月26日，《书信集》，第2卷，第456页。——原注
[4] 布鲁诺：《居斯塔夫·福楼拜的两次意大利之旅》，第166页。——原注

几个字用来概括《罗马、那不勒斯和佛罗伦萨》[1]这本书恰如其分，这实际上是他于1817年撰写的旅游指南。他专注于那些浪漫主义作家所作的游记；所有的或几乎所有的浪漫主义作家都到意大利旅游过，讲述过在那里旅游的乐趣。

浪漫主义时期的旅游者和那些“游学”的年轻人不同：他们不带任何任务。也和当代游客的被动观光游不同，他们对某件孤立的艺术作品[2]不感兴趣，他们没有把自己关在一个封闭的世界里。他们被神话吸引着在意大利或在西班牙寻找异国情调；但是这种异国情调并非一穿过阿尔卑斯山和比利牛斯山就开始出现。浪漫主义游客对里昂和多菲内没有热情，对波河[3]两岸平原上的城市不感兴趣；差不多只有司汤达喜欢过米兰；对于其他的浪漫主义游客，这片平原只是意大利到奥地利的“过渡地带”[4]。“在米兰，意大利黯然失色。”[5]至于都灵，它毫不含糊地让人厌恶，因为它太古典了。有人用热那亚的科莫这样的地方来跟都灵做对比，福楼拜这样说过：

> 热那亚，它也是意大利的，它落拓不羁，多姿多彩……是一个美丽的城市。人们行走在大理石上，一切都是大理石的……
>
> 科莫和它的湖水，平静柔美，情意绵绵，意大利味儿十足。
>
> 都灵，一个美丽，但整齐划一，让人厌倦，蠢头蠢脑的城市……
>
> 如果到了热那亚却跑到都灵去住，那我宁可回鲁昂[6]住。热

---

[1] 司汤达的游记。

[2] 诺里的《法国浪漫主义者与意大利》和儒尔达的《夏多布里昂以来的法国文学中的异国情调》。——原注

[3] 波河是意大利最长的一条河流。

[4] 福楼拜：《游记》，第1卷，第140页。——原注

[5] 保罗·德·缪塞：《坐出租马车出游》，1845年，第2卷，第348页。——原注

[6] 鲁昂是福楼拜的出生地。

那亚有少女般纯洁的特色，胸衣紧实，平平的，不惹眼，爱心小嘴儿、小杏眼，脚蹬半筒靴，身穿齐臀短裙，像旧时的交际花，有的露着肩膀，浓密的头发用金丝束着，倚着大理石雕像，脚上穿着色彩绚丽的凉鞋……[1]

梦幻与遐想！“美的音乐”也能在你心中将它们激发出来；司汤达在给他的姐姐们的信中就这样说过；他本人在米兰的斯卡拉大剧院寻找他所谓的“音乐的和谐”时，曾和拜伦就音乐上的记忆有过深刻的交流。另一位多菲内人埃克托尔·柏辽兹[2]讲过“音乐游”如何引出“风景如画的意大利”[3]。几乎所有的浪漫主义音乐家都到过意大利；其中许多人在意大利小住两日，带着爱人散步。这并不让人惊讶，意大利语是一门音乐般的语言，斯卡拉则是一座“优美歌曲的殿堂”；他们体验到那种弗朗茨·李斯特任由自己被卷进去的、“令玛丽·德·阿古不寒而栗的艺术家的生命旋涡”[4]。我们大致可以把在意大利的旅游分为三个时期：

——18世纪，那时的意大利是学府。那时候意大利培养绅士，教考古学，教艺术学；那时的意大利排在首位的是罗马。这样的意大利不那么使作家感兴趣，除非他们自称热衷于艺术。这样的意大利也鲜见音乐家光顾。

——在浪漫主义时代，意大利是一个富有异国情调的国度，但不是唯一有异国情调的地方。几乎所有的浪漫主义者都造访过意大利，包括艺术家、音乐家、作家；不过他们并不是从意大利开始旅游的，法国的

---

[1] 参见布鲁诺的《居斯塔夫·福楼拜的两次意大利之旅》，载《四方文集》，第171页。——原注

[2] 埃克托尔·路易·柏辽兹（1803—1869），法国作曲家，法国浪漫乐派的主要代表人物。

[3] 柏辽兹的《意大利音乐之旅》被收入《风景如画的意大利》1834年，第1—16页。这是一部收入了包括大仲马等浪漫主义作家的作品的集体杰作。——原注

[4] 见丹尼尔·斯特恩（又名德·阿古伯爵夫人）的《回忆录、散记和日记》。——原注

东南部、萨瓦地区的一小部分也都加入了这个神话之中。大家都来此冒险，最热衷来到这里的是音乐家、艺术家。所有人都去那里寻找奇遇。

——把意大利作为博物馆旅游目的地是1845年以后的事。布鲁诺的示范讲解最有说服力：这种变化出现在1845年至1851年之间，是从福楼拜两次来到此地旅游开始的。他为他的第二次（逗留时间更长）意大利之旅做了充分的准备，读了很多学术价值很高的书，旅游途中带着旅游指南，探究那些被发现的、个性鲜明的艺术杰作。

几年时间里，这种异国情调的神话就被“想象中的艺术博物馆”取代了；意大利被缩小成一个艺术遗产，游客变成了它的艺术朝圣客，如去西斯廷教堂[1]和乌菲兹美术馆[2]……变化发展如此迅速，以至于很难确定是谁最先开始的。在这里，精神病学家马盖里尼[3]对此前很少被涉及的旅游心理学进行了讲解；他谈到过“司汤达综合征”[4]：在意大利的博物馆里，自恋的司汤达可能受到过艺术的刺激。19世纪，博物馆先是作为分类艺术品的收藏馆，后来成了一个封闭场所，导致艺术“失实症”。[5]

几年时间出现的趋同现象让人印象深刻。首先是诗人泰奥菲尔·戈蒂耶，他从1830年起就用诗歌颂扬了意大利的文艺复兴；1859年他第

[1] 西斯廷教堂在意大利的罗马城中，属梵蒂冈所有。建于1473年，是以教皇西斯都四世的名字命名的。

[2] 见布鲁诺《居斯塔夫·福楼拜的两次意大利之旅》，第180页。——原注。乌菲兹美术馆，又译乌非齐美术馆，是世界著名的绘画艺术博物馆。以收藏欧洲文艺复兴时期和其他各画派代表人物如达·芬奇、米开朗琪罗、拉斐尔、波提切利、丁托列托、伦勃朗、鲁本斯、范戴克等作品而驰名，并藏有古希腊、罗马的雕塑作品。

[3] 格拉齐拉·马盖里尼（1927—），意大利精神病学家。

[4] 1817年，法国大作家司汤达流连于佛罗伦萨参观博物馆之际突感心脏颤动、头脑纷扰。1979年意大利精神病学家马盖里尼将这种症状命名为“司汤达综合征”，病因是受到艺术之美的刺激，症状有心跳加速、晕眩、昏厥、慌乱甚至出现幻觉。

[5] 格拉齐拉·马盖里尼：《司汤达综合征》，1990年，数次被引用，她甚至将博物馆和精神病院做了比较。——原注。失实症是一个对外部世界的感知或经验的改变，让人觉得周围环境奇怪或不真实。

一次到意大利旅游，接下来又多次到此；意大利对他来说是“艺术之乡”；他只造访博物馆[1]。同一时期，泰纳来意大利进行了极具特色的游览；龚古尔兄弟也是同一时期——1855年——来意大利旅游的：他们唯一急于看到的就是意大利的艺术品、博物馆和历史建筑[2]。苏伦贝格[3]在很晚之后的1868年才来到意大利，他先是在法国和瑞士走了许多地方；他自称是那个时代最伟大的旅行家，后来经常回到意大利，从不同的线路走遍这个国家，就是为了在某个游客罕至的城市寻觅购买到一幅画，他旅游只是为了艺术。[4]

这只是一些标杆人物。但变化是持续性的，“博物馆般的意大利”是“另一个我们可能依然赖以生存的神话”，布鲁诺写道[5]。他言之有理：意大利人通过出色的调查，证明意大利总是呈现出一种非常强烈的艺术之乡和历史之乡的形象，他们发现，正是这个形象激励着现代游客不断前往。

四、浪漫主义者的瑞士

游客眼中的瑞士不如意大利那样古老，但它先于它的政治而存在，因为瑞士联邦直到1848年才在它现在的边界内建立。浪漫主义者眼中的瑞士没有明显的边界；它是一个容积大于容器的地方，是一个因为卢梭，因为威廉·考克斯及其作品的翻译者拉蒙而魅力大增的地方。在浪漫主义时代，这个神秘的瑞士变成了开始被人们称之为游客的人的目的地之一。这是圣伯夫于1853年观察到的，他在《风景画家托普费传略》中写道：

---

[1] 贝利达：《泰奥菲尔·戈蒂耶及其意大利之旅》，第5—8页，及第15页。——原注

[2] 龚古尔兄弟：《冬天的意大利》，序言。——原注

[3] 居斯塔夫·苏伦贝格（1844—1929），法国历史学家，对东罗马帝国有深入的研究。

[4] 苏伦贝格：《我的回忆》，第2卷，第3—10页。——原注

[5] 布鲁诺：《居斯塔夫·福楼拜的两次意大利之旅》，第180页。——原注

假期到了，该去瑞士转转了，该去参观阿尔卑斯山了。[1]

同一时期出现了许多旅游指南丛书：《默里指南》《贝德克尔指南》《若阿纳指南》。在这些指南丛书中，瑞士都是第一卷，不但包含对瑞士联邦的描述，也有对萨瓦、瓦莱达奥斯塔和意大利湖泊的描述。瑞士和西阿尔卑斯山在同一系列的旅游指南丛书的法国卷和意大利卷中都占有很大的篇幅。

卢梭去世后，瑞士在半个世纪的时间里成了一个极具魅力的旅游目的地。对自然的崇拜同时蔓延到田野和山岭，它们都被认为是“别处的”和“昔日的”。就是说，城里的浪漫主义者受卢梭式敏感的影响，在瑞士找到了一种异国情调。到了意大利后，司汤达的旅游目的地又延伸到了日内瓦湖畔，他走在湖边朱丽走过的小路上，将意大利和瑞士的异国情调融在了一起[2]。浪漫主义者不怕把自己的各种思想混杂在一起；1828年，作家米尼亚尔的《韵文故事集》[3]呈现了哥特式背景下的田园风光；骑在马背上的浪漫主义游客造访了卢梭住过的萨瓦，他们向那些茅屋和纺纱女投去怜悯的目光。

给19世纪旅游者带来灵感的大自然也有其伦理——也就是卢梭的伦理，可大自然中虽有许多可以游览的景点，但是没有什么有趣的区域让人留恋[4]。这不是一些空间，而是像千篇一律的旅游指南中所写的“带着偏好选择出的地方”。这些自然景观都被设置成了一处文化锚地；用德国诗人恩岑斯贝格尔的话说，他们就成了一些“看点”和“观光

[1] 《风景画家托普费传略》。——原注

[2] 参见《亨利·布鲁拉尔的一生》（自传体小说）。——原注

[3] 米尼亚尔的书，收藏于法国国家图书馆印刷品部。该书封面上的那两幅彩色石版画中可见这些场景。——原注

[4] 19世纪对大自然的狂热与现在生态学家的环境分类保护所关心的事情毫不相关。——原注

点”。他们有自己的发现者——游客、作家和艺术家，如：温德姆、卢梭、塞南古、夏多布里昂和斯塔尔夫人，还有歌德、湖畔派的诗人、拜伦和雪莱、所有的法国浪漫主义作家艺术家、托尔斯泰和所有的俄罗斯作家、居斯塔夫·多雷、柯罗[1]和所有的印象派画家；这还不是完整的名单。就在这些地方，游客体验到了那些伟大启蒙者表达的情感；他们认出了法国人、英国人、意大利人画的阿尔卑斯山、山上的湖泊，比利牛斯山以及瑞士的风景画，这些画经常被人临摹，用来装饰客厅。1860年以后，“摄影成了一种平常的艺术”[2]。

这些被造访的地方，无论是自然景观还是文化景观[3]，都成了“大景点”，不是因为大自然的恩赐，也不是因为有其科学标准的审美等级，而是因为一段长长的文化过程[4]，在这个过程中，文学、绘画和摄影功不可没。那些地方的名字有了别名，他们的真实形象被加上了先入之见，成了梦想中的形象；在旅游发现的传播中，过程是最重要的[5]。从浪漫主义时代起，“瑞士”这个词的头上就戴上了一串魅力无限的星星，那就是勃朗峰、萨瓦、日内瓦湖、布尔热湖、科莫或者马焦雷湖[6]……然后还有马特洪峰、少女峰、莱茵河的瀑布。在瑞士的地盘之外，很多地方都成了最具吸引力的自然景点，例如莱茵河谷、比利牛斯山脉和它的加瓦尔尼冰斗[7]、佩尔迪多峰[8]；它们都有“垂直地理”的特点，“越是高的和深的地方就越美”。与此相同的是，浪漫主义强推“垂直历史”，“越是久远的就越值得造访”。

---

[1] 卡米耶·柯罗（1796—1875），法国画家，常常被认为是印象主义画家的先驱者。

[2] 参阅布迪厄和阿里的《摄影的社会用途》。——原注

[3] 这种区分恰当吗？联合国教科文组织在《世界遗产盘点》中重提的区分也不确定。——原注

[4] 即我在《旅游的发明》一书中所提及的，该书收入伽利玛出版社“发现”丛书，1999年出版。——原注

[5] 参见布瓦耶和维亚隆合著的《旅游交流》，第67页下引。——原注

[6] 位于意大利西北部，是意大利第二大湖泊，面积仅次于加尔达湖。部分湖域位于瑞士国境内。

[7] 位于比利牛斯山，1997年被联合国教科文组织列为世界遗产。

[8] 位于西班牙东北部韦斯卡省的山峰，是比利牛斯山脉的一部分。

19世纪和20世纪坚信美与趣的浪漫主义标准：游客首选的是高山，那里往往有庙宇教堂，有要塞城堡，视野开阔，景观美丽，还有瀑布和深谷；地图上总会标出能“提供远眺”地点的路线。同时，从18世纪便已开始的窥伺“隐秘”与“绮丽”风光的旅游得到了大发展。游客到处寻找迷人的小河谷和林中空地（类似卢梭的故居夏尔梅特那种）、凄凉伤感的湖岸（拉马丁的《湖》写于1817年）、有水磨房的小河、可以让人沉思默想的悬崖峭壁（如日内瓦湖边的石头小镇梅耶里），以及田园风光。

19世纪初的新古典主义时期仅仅是一个小插曲。浪漫主义很好地接替了卢梭；整个19世纪拓展了18世纪的各种倾向，田园风情、湖畔格调、山野趣味等等。从此，无论在希腊的阿卡迪亚还是在休伯特·罗伯特画笔下的那种废墟遗址，游客的激情都可以自由表达，再也无需借口或古代参照。游客颂扬大自然，尤其是阿尔卑斯山的自然风光。日内瓦一位名叫布里的阿尔卑斯颂扬者十分崇拜阿尔卑斯山的勃朗峰，在蒙当维尔[1]建了一座“自然庙堂”[2]。流亡贵族塞南古一家和斯塔尔夫人等逃亡到日内瓦湖湖岸，对那里的美景大加赞颂；无疑，正如保罗·吉绍内[3]指出的那样，这个湖在文学和艺术中占有很重要的位置[4]。

受到如此青睐的不只是日内瓦湖，所有的湖泊都有其颂扬者。布尔热湖也很受欢迎，它的湖岸就有著名的艾克斯旅游大本营和奥特贡布修道院；今天人们所说的“媒体曝光率非常高”的诗人拉马丁就准

[1] 勃朗峰上看冰海全景的一个最佳位置，海拔1913米。

[2] 位于霞慕尼的蒙当维尔，是建于1795年的一座供登山者休憩的高山小屋，因为拜伦、雪莱、雨果、大仲马等著名诗人、作家到过而享有盛名。

[3] 保罗·吉绍内（1920—2018），法国地理学家和历史学家。

[4] 载《日内瓦湖旅游指南》，工场出版社出版，最后一章，第82页，下引部分。这一章从卢梭开始，专写到过日内瓦湖的作家，收有作家语录和日内瓦艺术与历史博物馆收藏的插图复制品。——原注

确指出了他的诗歌[1]的写作地点；1848年，这个湖就已经成为文学朝圣地，1927年，这里建起了一座石碑，石碑上写着“这里从前栗树成荫，是拉马丁创作诗作《湖》之地”。科莫湖离米兰很近，司汤达尤其喜欢它。而曾被长期忽略的阿讷西湖在1851年以后开始被移居至此的作家欧仁·苏大加赞赏：

> 希望能让人们了解到我居住的这个美丽的地方，大革命中一个偶然的机会把我带到了这里。在我看来，阿讷西湖和它的周边还没有获得它们理应得到的名气……我认识许多对瑞士充满恰如其分的热情的上流社会人士和艺术家，甚至对萨瓦也一样，他们对萨瓦一些美景也赞赏有加，萨瓦的美景享誉欧洲，就像霞慕尼、勃朗峰、布尔热湖；不过这些游客中还没有任何一位游客的远足一直延伸到阿讷西湖。

欧仁·苏小说中的这篇“序言”是一流的文章[2]；我把其中的一些词句用斜体标出，因为这些词句在今天已经成为导游词的一部分，成为旅游必看的内容。

托普费的《新迁回游》（1854）热烈赞扬阿讷西湖，这个瑞士人赞不绝口地说：

> 这个小小的、偏远的地方绿树成荫，有自己的湖泊，四周是清新的果园、徐徐上升的小河谷，触手可及的山峦……树木浓密，

[1] 指拉马丁著名诗篇《湖》。

[2] 欧仁·苏：《柯奈丽亚·德·阿尔菲侯爵夫人与阿讷西湖》，这部1852年创作的小说没有得到传播，因为小说主人翁是个“魔鬼”；不过欧仁·苏之前的小说《巴黎的秘密》十分有名气，这使得阿讷西湖的名字广为流传。——原注

湖水纯净清澈，是沉思默想之地……[1]

阿讷西最早的旅游指南，是儒勒·菲利普编写的旅游指南《阿讷西及其周边》(1852)，它在大名鼎鼎的日内瓦湖面前论证和确定“其他湖泊的魅力毫不逊色”。日内瓦湖——人们还常常这样称呼它[2]——是最佳的浪漫主义参照，它魅力超群，唯有大仲马所言维苏威火山俯瞰下的那不勒斯海湾可与之相媲美。

这些阿尔卑斯山麓边的湖泊是任性的、变幻莫测的，它们向浪漫主义者提供强烈的激情：在从布尔热到奥特贡布的途中，从艾克斯来的温泉浴游客们常常会被突如其来的暴雨淋到；1816年，拜伦和雪莱差点在日内瓦湖里被淹死。19世纪的游客喜欢环湖散步；其中有浪漫主义游客的神圣线路和“雷打不动的”登山俯瞰。艾克斯周围的那些温泉浴游客步行或骑马来到费耶峡谷、米昂的天坑、格雷西的瀑布。上山很有必要，能够去到俯瞰点；但上山并不都是轻而易举的，不过到了19世纪末期，大部分地方都修建了齿轨铁路。瑞士比法国更加懂得保留齿轨铁路。最感兴趣的是视野[3]，外来游客都这样说，在瓦隆山[4]和萨雷布山徒步的日内瓦人也这样认为。还有，对于日内瓦人来说，这些高地的重要性一样，但能给人带来不一样的乐趣：索绪尔在那里采集过植物标本，拾过化石；19世纪末期，某些大胆者仅仅为了乐趣而攀崖，虽然从1899年起，“十三棵树”观景台就可以通过齿轨铁路抵达了。原本没有这种说法的“攀登岩壁”就在萨雷布山诞生了。同样，海拔气候医疗卫生学也诞生了；从1860年起，莫奈蒂埃-莫奈克斯[5]就建起了能将日内

[1] 托普费：《新迂回游》，加尔尼埃出版社，第2卷，第166—172页。——原注

[2] 法国人把日内瓦湖叫作莱芒湖。

[3] 参见雪克斯的《瑞士新旅游指南》(1853年)，和戴萨克斯的《依云温泉浴》(1859年)。——原注

[4] 位于法国上萨瓦省前阿尔卑斯山地带，距离日内瓦十来公里。

[5] 法国上萨瓦省的一个市镇，靠近日内瓦。

瓦尽收眼底的旅馆；玛丽·雪莱[1]、拉斯金、威尔第[2]、瓦格纳[3]，画家柯罗和库尔贝[4]，作家拉马丁、泰奥菲尔·戈蒂耶、科佩都来过；1864年，德国社会主义者拉萨尔[5]在这里决斗死亡。

从1840—1860年代起，瑞士和阿尔卑斯山成为最有诱惑力的地方：它们满足了卢梭主义者的那种敏感情绪，使人产生崇高的感受；它们还能使人感受到“别处”和“往昔”，因为老城镇的居民偏爱祖先神秘的田园古风。很快，游客便开始迷恋这些召唤他们前来的地方……到处都是瑞士；旅游指南都在介绍“诺曼底的瑞士”[6]和“勒芒[7]的瑞士”；人们在黎巴嫩山和留尼旺岛高地都会想到瑞士。争议很快产生了，比利牛斯山中部加瓦尔尼冰斗或者戈贝湖难道不比阿尔卑斯山的景点更自然？罗素伯爵[8]和比利牛斯山崇拜者所持的便是这种立场[9]。

比利牛斯山也和阿尔卑斯山一样，再也不是游客忌惮的障碍。阿尔卑斯山曾在很长一段时间里让进入意大利的游客感到恐惧，而比利牛斯山那时也是一道不可逾越的障碍。后来，这些山脉都变成了巨大的诱惑。从19世纪初开始，贬义评语、令人毛骨悚然的描述、恶龙、对当地居民的蔑视话语在旅游指南和游记中消失了；游客们不再被人引导去

[1] 玛丽·沃斯通克拉夫特·雪莱（1797—1851），诗人雪莱的妻子，英国著名小说家、短篇作家、剧作家、随笔家、传记作家及旅行作家，她因在1818年创作小说《科学怪人》而被誉为科幻小说之母。

[2] 朱塞佩·威尔第（1813—1901），意大利歌剧作曲家。

[3] 威廉·理查德·瓦格纳（1813—1883），德国作曲家、剧作家、指挥家、哲学家。

[4] 居斯塔夫·库尔贝（1819—1877），法国写实主义画家。

[5] 拉萨尔（1825—1864），德国社会主义者、作家，参与创建德国首个工人政党，该党后来发展为德国社会民主党。

[6] 19世纪诺曼底的很多地区都被称为“诺曼底的瑞士”，或像欧洲的许多地方一样被称为“小瑞士”。诺曼底今天仍然有个风光优美的自然区叫“诺曼底的瑞士”，位于卡尔瓦多斯省和奥恩省的交界处。

[7] 法国西北部城市，卢瓦尔河大区萨尔特省的一个市镇。

[8] 约翰·罗素（1792—1878），英国辉格党及自由党政治家，曾任英国首相。

[9] 参见贝拉尔迪的《比利牛斯主义》。——原注

看那里的克汀病患者、甲状腺肿瘤患者、野狼，也不再被人误导认为那些悬崖峭壁可怕。从那以后，阿尔卑斯山人被考古学家和作家让·巴尔描写成下面这样：

> 挺让人感动的矮个子，住茅草屋，放牧，他们能够向你提供清除锅炉管道积垢的小工具。

让·巴尔总结道：

> 至少在这里，在田野里干活和放牧的人不会让大自然失去魅力。[1]

浪漫主义游客看到什么或者听到什么都会狂喜……阿尔卑斯山或比利牛斯山的号角，《奶牛之歌》[2]……他们欣赏一切；他们认为把属于湖泊和属于山峰的东西分开是没有意义的，也不需要表明自己究竟是喜欢湖泊还是喜欢山峰。首先，这些浪漫主义者没有进行过系统的旅游——他们没有"打造瑞士"，瑞士不过是他们来来回回路过的地方，所以他们没有发现现在的地理学家发现的那些差异[3]，他们没有看到日内瓦湖和苏黎世湖的优势地位部分取决于日内瓦和苏黎世这两座城市，这两座城市因为是加尔文和茨温利[4]的故乡而成为古老且魅力十足的城市。

阿尔卑斯群峰因为是最高的，所以也是最有吸引力的；这很明显：人们在很远的地方，几乎在任何地方都可以看见它们，因为那些最高峰

[1] 巴尔：《尚贝里、艾克斯莱班》，1834年，第8页。——原注

[2] 流传于围绕阿尔卑斯山和附近的法国、德国和意大利所属区域的传统歌曲。

[3] 现在的地理学家把阿尔卑斯山的湖、阿尔卑斯山区与周围平原间的过渡地带的湖和汝拉山的湖做了区分。——原注

[4] 宗教改革家加尔文1559年正式获得日内瓦公民身份。茨温利（又译作慈运理，1484—1531），基督教神学家，瑞士宗教改革运动的领导者，1518年成为苏黎世大教堂的神父。

是最高的，因而也是最早受到关注和被征服的。勃朗峰的优势地位就这样被全方位地和决定性地建立起来了。在19世纪和20世纪，只要是去瑞士旅游，第一要务就是去看勃朗峰；这是到日内瓦湖和日内瓦旅游必须附加的旅游项目。游客在日内瓦的“勃朗峰之堤”散步时远远地看见勃朗峰，他们还想带着望远镜，到霞慕尼抵近观察它。而且从霞慕尼开始，要在冰海冰川来一次必不可少的远足。如果游客不那么着急——但多数情况下并非如此——他会在霞慕尼周围收集一些浪漫主义“景点”，譬如各种全景图，勒布雷旺峰全景图、阿维龙源头那样的魅力之地。但是他们都不会试图去攀登这些高山之巅，破例的情况极其罕见。布里、林克[1]、托普费，以及后来的居斯塔夫·多雷的素描和版画都让这些偶像一般的地方变得神圣起来。林克的三幅版画画了三个地方的风景：

——从塞尔沃兹看过去的古特针峰。在那里，浪漫主义游客只能徒步。[2]

——歇德湖和勃朗峰美景，勃朗峰白雪皑皑的尖顶倒映在湖面上。（索绪尔）最喜爱的美景……可惜，1837年的一次塌方塞满了歇德湖。[3]

——从巴勒莫山口看过去的勃朗峰。这里是下山去马蒂尼[4]的游客与勃朗峰告别的视角。[5]

浪漫主义游客面对山峰时最喜欢的是全景图；很少有人有能力仔细描述他们所看见的一切，他们还没有阿尔卑斯山登山者那样的感觉，司

[1] 让-安托万·林克（1766—1843），日内瓦画家。

[2] 弗朗西斯·鲁-德维拉藏品。——原注

[3] 阿慕德鲁兹藏品。藏于日内瓦人种志博物馆。——原注

[4] 马蒂尼小镇位于瑞士，位于罗讷河在下瓦莱州的河湾处，文化的传承、地中海风情以及可口美食是其突出特点。

[5] 弗朗西斯·鲁-德维拉藏品。——原注

汤达很好地解释了这种情况。少年时，他曾登上巴士底城堡[1]：

那里的景观实在太壮丽了，特别是往埃邦镇那边看的时候，因为它的后面就是最高的阿尔卑斯山，它提升了我们的灵魂。

身体到了高处，对灵魂会有提升，这是卢梭主义者的观点。可是和卢梭一样，司汤达也不太在乎对高山的认知和命名。《旅人札记》也很少为山峰命名：只提到“大山峰”，因为就在查尔特勒山脉的上边，是有名的“铁雕”[2]——人们不禁要问，它何以获得了这样的美誉？司汤达并不登山，然而他却喜欢山，因为：

对于他来说，一处风景是不是优美完整，就看那里是不是有山。这是他毕生的需求。[3]

这也说明了他对城市的看法。如果城市是建在一座小山上或者它周围的话，他会原谅它的丑陋（比如蒙彼利埃这座“我见过的最丑的城市”），因为这样的城市还能让人远远地看到阿尔卑斯山（譬如格勒诺布尔和里昂），能看到海（譬如马赛），它们有坡度的街道也十分生动别致。兴奋的司汤达重复了蒙彼利埃人的夸张，他们对他说，从贝鲁广场[4]上可以看到旺图山和卡尼古峰。

对平原上的城市，他却感到更加失望，从巴黎开始，他就开始表达对平原城市的幻灭感：

---

[1] 法国格勒诺布尔的主要旅游景点，海拔476米，位于查尔特勒山脉南端的悬崖峭壁之上，可俯瞰城市。

[2] 《旅人札记》，“发现”丛书，第2卷，第153页及其他部分。——原注

[3] 参见加布里埃尔·福尔的《文学风景》，第59页。——原注

[4] 贝鲁广场是法国南部城市蒙彼利埃的标志性景点之一。广场上有座六角形水塔，气势恢宏。

没有山，我的心都凉了……倒霉的是，巴黎附近没有高山；要是上天给这个地方一个湖和一座高一点的山该多好，那样的话，法国文学就会是另一种秀丽风景了。真遗憾，我们的好仙子没有把格勒诺布尔附近那些非常棒的山搬几座到这里来。

把根本就名不符实的东西叫作“山”真是荒唐，司汤达在谈到圣米歇尔山[1]的时候这么认为；他从阿夫朗什[2]——一座真正建在小丘上的城市——那边看到圣米歇尔山，斗胆说道：

圣米歇尔山在我眼里是那么矮小，平庸得我都不想去。这块孤零零的石头在既没有见过阿尔卑斯山也没见过加瓦尔尼山的诺曼底人眼里，可能也真的是一座巨大的山峰了。[3]

在19世纪中叶甚至以后，山峰景点名单还是很简短的；阿尔卑斯山脉中主要有勃朗峰上的一些景点、格林德瓦和最新的跟随马特洪峰景点一起出现的采尔马特。瓦努瓦斯山[4]和瓦桑镇在很长时间里都不被人所知。瓦桑镇布尔日的一位医生鲁西荣博士在1854年曾抱怨道：

观赏大自然美景，欣赏其威力，是人类的一大需要……大群大群好奇的人来到瑞士旅游……好像阿尔卑斯山只为瑞士而存在……多菲内完全可以被称为法国的瑞士，也有自己的伯尔尼高

[1] 圣米歇尔山是法国著名古迹和天主教朝圣地，位于芒什省一小岛上，距海岸两公里。
[2] 阿夫朗什是法国的一座城市，属于下诺曼底大区的芒什省。
[3] 参阅司汤达的《旅人札记》，以及由伏尔和弗雷德·洛必达辑录的《语录集》，还有《人道主义与旅游——司汤达发出的警告》（弗雷德·洛必达在摩纳哥国际学术院的学术报告），1962年。——原注
[4] 瓦努瓦斯山位于阿尔卑斯山的塔朗泰斯和莫里耶讷山谷之间。

地。[1]

瓦桑的“发现者”是英国人詹姆斯·福布斯，他的《多菲内的上阿尔卑斯省远足日记》于1853年问世[2]。和几位同乡一起，他于1839年和1841年间在瓦桑做了他所谓的徒步旅游，他知道自己是这个项目的创造者：

> 游客们去巴勒斯坦和埃及……可是没有造访非常有意思的、多菲内的阿尔卑斯山。

他于1839年开始进行的徒步旅游并不是什么稀罕事，他的一些同乡也同样在做。他去看过布里昂松和伏多瓦山谷[3]；1860年，法国地理学家和作家雷克吕[4]写道：

> 英国旅行家深入瓦卢伊斯河谷[5]，仅仅是为了去拜谒巴尔姆教堂——一座曾经作为被追击的伏多瓦派[6]教徒的防卫堡垒，伏多瓦教徒在那一带被士兵袭击过。其中一部分教徒往弗雷西尼耶尔[7]逃走了。[8]

1841年，福布斯从不同河谷溯流而上，进行了他的系统探险：维

---

[1] 鲁西荣：《瓦桑旅游指南》，1979年，第2页。——原注

[2] 詹姆斯·福布斯：《挪威和1851年冰雪游暨多菲内、伯尔尼高地和萨瓦的上阿尔卑斯省远足日记》，爱丁堡出版社，1853年，第24卷，第349页。——原注

[3] 位于意大利皮埃蒙特大区的河谷，因为居民大部分都是伏多瓦教派教徒而得名。

[4] 雅克·埃利泽·雷克吕（1830—1905），法国地理学家、作家。

[5] 法国上阿尔卑斯省的一个河谷，位于阿尔卑斯山。

[6] 12世纪法国富商伐尔得斯创立的基督教教派，又称伐尔得斯派。

[7] 法国上阿尔卑斯省的一个市镇，属于布里昂松区。

[8] 雷克吕：《多菲内远足游》，载《世界环游》，第412页。——原注

内翁[1]、瓦尔高德马尔[2]……他是通过阿勒瓦尔的七洛村来到阿勒蒙[3]、佩尔武高地[4]的；从维内翁出发，到达瓦尔高德马尔，最后在瓦卢伊斯[5]结束行程。他写的游记大受欢迎，点燃了一些人到多菲内的“处女”山峰游览的新热情；从1860年起，登山探险家爱德华·温伯、塔克特、马修斯开始了他们的征程；从1870年开始一直到1886年，令人尊敬的英国历史学家和登山家柯立芝[6]列了一个旅游地光荣榜——瓦桑地区的首批53处旅游目的地。

但这是另一个故事；从1860年代开始，阿尔卑斯山冒险之旅不再是浪漫主义旅游的继续。出于对湖泊和山峰的好奇的游览，和体育运动开拓游之间的区别一直是存在的。

五、旅游指南丛书

1840年前后，在touriste（游客）这个词出现的同时，也出现了许多旅游指南丛书。这并不是意外的巧合，因为那时兴盛的一个浪漫主义宣言也被用在了旅游中，推动了异国风情游。[7]旅游地点可能是人们熟知的，但视角却是崭新的。旅游指南陪伴着游客，由于不断地重复无甚新意的内容，[8]便把浪漫主义的文化内容传递给了21世纪的游客们，把我们变成他们的继承者。[9]

[1] 维内翁山谷是法国埃克林斯国家公园中最深的山谷。

[2] 法国埃克林斯国家公园的一座山谷，它源于冰川，十分深邃而狭窄。

[3] 阿勒瓦尔、阿勒蒙都是法国伊泽尔省的市镇，位于该省东北部，属于格勒诺布尔区。

[4] 法国阿尔卑斯省的一个旧市镇，已于2017年1月1日和相邻的瓦卢伊斯合并成为“瓦卢伊斯-佩尔武”。

[5] 法国上阿尔卑斯省的一个旧市镇，位于该省东北部，属于布里昂松区。

[6] 威廉·奥古斯都·布雷沃特·柯立芝（1850—1926），美国历史学家、神学家和登山家。

[7] 载《交流》，第10期，卡素在其中介绍了浪漫主义这个伟大的旅游时代。——原注

[8] 参见1988年巴黎第七大学学术讨论会论文集《16世纪至20世纪出版的旅游指南》，我发表在其中的文章是《关于旅游指南丛书》。——原注

[9] 我的博士论文《旅游的发明》，其中的“结论篇”试图证明这一点。——原注

对旅游地的选择应该是不受限的。在大革命时期和第一帝国时期中断的旅游有可能翻开新的一页。“游学”被中断了，以此为书名的旅游指南没有什么用了；它们不再被出版，他们的作者改弦更张适应形势变化。[1]欧洲比任何时候都更法兰西化了；赖夏德不再重印他的《手册》，而是推出法语版的或英语版的《欧洲旅游指南》和各国旅游指南。18世纪的古典指南已经不再使用了；英语版的纽金特－杜登斯－沃克索尔的指南以及法语版的指南（皮加尼奥尔·德·拉佛尔斯、都德、德尼、德思诺斯等人撰写）已经不再印刷了。以法文或英文信札形式呈现的17、18世纪的游记不再有人阅读。浪漫主义敏感情绪不再被认可，在夏培尔、巴肖蒙这儿得不到认可，在布罗斯院长、杜帕蒂、拉朗德这儿也得不到认可，只有蒙田那本刚被发现的《游记》[2]除外。

这些很快就被称为旅行家的游客对最新的旅游指南十分喜爱；1815年后重返法国的英国人会急匆匆赶到巴黎加里尼亚尼书店抢购最新的旅游指南。除了少数例外（譬如赖夏德指南），这些作品不再是百科全书式的；它们更加精确、实用，总之更加方便使用，真正无愧于“指南”之名：手册、导览、指南，大部分都只涉及一个国家、一个地区，甚至一个旅游地，或者一个旅游主题。意大利更受宠，许多指南都是关于意大利游的[3]。阿尔卑斯山和瑞士从第一帝国时起就受益于不断再版的考克斯的著作、阿尔巴尼·博蒙的《旅游指南》，继而是埃贝尔和吕茨的《旅游指南》的出版，以及托普费的《迂回游》。

---

[1] 1806年，杜登斯出版了《一位停止旅游的游客的回忆录》。1767年，努根推出《新法英词典》。这部口袋词典于1882年再版。——原注

[2] 于1774年偶然发现的。狂热的激情是在浪漫主义时代出现的，这要归功于让－雅克·安培（他是物理学家安培的弟弟）。——原注

[3] 从1823年起，就连续出版了雅克·巴尔兹莱的《意大利旅游指南》、阿尔塔利亚的《意大利新旅游指南》、福尔斯特的《意大利旅游手册》4卷本、玛丽亚娜·斯塔克的《欧洲大陆旅游者信息指南》、司汤达的《罗马、那不勒斯和佛罗伦萨》、瓦雷里的《舒适的意大利，旅行家手册》。——原注

法国拥有许多道路概况汇编；其自身也有很好的道路，游客们知道这一点。第一帝国继续改善道路网络，并开始延伸这些道路，比如连接尼斯到芒通的峭壁公路。这些道路上有了马拉邮车，《邮政年鉴》列举过这些邮车线路[1]。出现了大量的《道路概况》，比如杜布瓦、维瑟·德·维里埃、吉罗·德·圣法尔若编撰的《概况》[2]发布了实用信息，告诉游客哪些路段有什么东西可看，但不要远离旅游线路。没有了不期而遇和随心所欲！游客在享受越来越舒适和快捷的驿车服务的同时也成了囚徒般的游客。临近1840年时，一切都近乎完美，是时候出现新的运输方式了，于是在大的河流上就出现了汽船，陆地上出现了铁路。一个名字自命不凡、叫作拿破仑·谢克斯的人从1853年起推出一套名为《游客书架》（又名《给火车和汽船游客的建议》）的丛书；他出版了大量介绍旅游线路的小册子，还试图垄断火车站的书架。阿歇特[3]打了多次官司后，成功地取代了他。

19世纪的旅行家比起前一个世纪的游客，休闲旅游逗留的时间更长。在那些数量大增的乡间住宅，在如雨后春笋般冒出的温泉浴和海水浴疗养地，在越冬的城市——南方的城市和其他大西洋海滨城市，最后还有阿尔卑斯山山脉的中央，处处可见他们的身影；他们在那里漫步，仔细地探访周遭景点。地理范围更小但更详细的指南顺应了这些游客的需求。法国南方以及意大利皮埃蒙特地区，很长一段时期都用文物学家米林的作品做样本，他的兴趣首先是考古学[4]。让利斯伯爵夫人[5]1805

---

[1] 首先是勒库斯图利埃的《11世纪至1829年法国邮政概况》，然后是法国邮政管理部门编发的《1833年至1859年法国邮政年鉴》。——原注

[2] 见杜布瓦的《法兰西新旅游：帝国不同地区的24条线路》，1806年，第2卷，第431—499页；维瑟·德·维里埃的《法兰西帝国道路与地理概况》，1813年，20卷，从1817年到1835年变成了《法国和意大利道路与地理概况》丛书。——原注

[3] 法国著名出版商。

[4] 米林：《国家古建筑》，5卷；《法兰西南部省旅游》，1817年，6卷；《萨瓦、皮埃蒙特、尼斯和热那亚旅游》，1816年，2卷。——原注

[5] 即前文注释提到的法国作家德·让利斯夫人。

年介绍了宗教建筑[1]。司汤达的《在罗马漫步》和《罗马、那不勒斯和佛罗伦萨》对城市的地方志进行了创新。1855年，普波拉特推出了一部艺术杰作游的《旅游目录》，陪伴那些去意大利艺术博物馆的普通游客。

去做温泉浴、海水浴或到南方旅游的游客大都有其健康借口。医生们也会迎合这些“病人”，因为这些“虚弱的人”可能会成为他们的病人。他们的旅游指南为游客提供所有被称作“处方”的实用方法，像《南方水的功效》这一类。这类指南增加了水温记录和水质分析、疗效介绍等。他们想要证实浴疗站客观上存在的优势，所以指南的后面就出现了一章，承认浴疗站的成功仰赖时尚，仰赖一位“大人物的”到来。1825年，英国作者亨利·马修斯推出了一种新题材的指南——《一位病人的日记》。在第二帝国时期，有几位作者试图进行百科全书式的旅游介绍。1855年，法国医生康斯坦丁·雅姆博士推出一本《法国、比利时、德国、萨瓦、意大利温泉浴和海水浴医生和病人实用指南》。1860年，英国生理学家贝奈特博士专心致志地为他的同胞们在法国南部的旅居写出了《地中海岸的冬天与春天》，他的系列指南列举了有利于病人的“冬季气候”疗养站点，还分别描述了“地中海地区—海滨—岛屿”的详细信息；随着版次的增加，贝奈特的书系名单越来越长，增加了阿尔及利亚、比亚里茨[2]、阿尔卡雄[3]等等，但他始终最喜欢他之前发现的芒通，某个冬季他曾经在那里锻炼过。

在19世纪，旅游指南精心致力于对旅游景点、旅游胜地、度假地进行分级。1855年，法国作者杜佩耶在他的《意大利旅游指南》中有个创新的建设，就是在值得更多地前往参观的景点或者建筑门前装饰一

[1] 参阅让利斯伯爵夫人的《欧洲宗教建筑概况、细化与批评——为年轻的艺术家、游客和青年教育而作》。——原注

[2] 法国海滨城市，是大西洋沿岸最豪华、最庞大的度假胜地。

[3] 阿尔卡雄是法国西南部的一个小镇，位于波尔多旁边的大西洋沿岸。

枚五角星。一些大的旅游指南不甘落后，纷纷效仿，但采取了一些歧视性的做法。所有这些，加强了旅游指南的专业性甚至实用性。

与此同时，一种旅游印象文学发展起来了，它们被认为能让人怦然心动。作者们在这些作品中倾注了微妙的内心感情。他们的作品被称为“印象”“记忆”或者简单的“旅游”，被认为只是为友人而作——作者们在“前言”里就已告知了这一点。“为什么要出版？”提这样的问题是不礼貌的。那么，为什么选择这些最受大众青睐的旅游目的地呢？事实上，浪漫主义“印象”首先涉及意大利和瑞士。出版这些作品有挣钱糊口的动机，司汤达没有掩饰这一点。“印象”应该是真实的，司汤达就曾做得很成功；他的读者——游客们相信自己真的跟着他的脚步在“罗马散步游”，或者相信书中的马口铁商人确实写过在法国的一次真实旅游的回忆[1]。维克多·戴尔·利托在编辑《旅人札记》和《法国南部之旅》时，写出犀利的文章，指出了杜撰的旅游和真实的旅游之间的区别；不过也许这一点并不像看上去那样重要。

重要的是描述者的才能。司汤达的这种能力当然是很强的，托普费也很强，他依据手稿讲述了他在寄宿学校放假期间的徒步游（1844年和1854年）。这些信息也出现在了一些诙谐幽默的旅游日记中，它们显然增强了这种旅游方式的吸引力：如法国剧作家拉比什的《贝利松先生的旅程》，大仲马那部竭力营造出阿尔卑斯山征服者巴尔马的神秘感的《瑞士旅游印象》，或者还有都德的《阿尔卑斯山上的达达兰》。缺乏灵感的读者只能在这些“印象”中看到千篇一律的重复；这些“印象”的作者不露声色，最大限度地挖掘了同样的旅游指南中的信息[2]，把各种指南之间竞争未涉及的内容作为追求的目标。同样在1839年，作家保

---

[1] 《旅人札记》出版，这的确与1838年的一次旅游有关。——原注

[2] 很难有看得见的证明；人们不知道旅行作家们拥有什么样的旅游指南，读起来很乏味的旅游指南如今严重存量不足，包括在国家图书馆也只保存了旅游指南的三分之一左右。——原注

罗·德·缪塞——阿尔弗雷德·德·缪塞的哥哥——和另一位法国作家儒勒·雅南各出版了一本《意大利之旅》。这不是第一本也不是最后一本过时的旅游指南。诗人海涅这样写出了他的厌倦：

> 在这个世界上，没有比读一本意大利游记更让人心烦的事儿了，除非你也很想写同样的书；作者几乎让人无法忍受，除非他尽量少讲意大利。[1]

在《比利牛斯山之旅》和《意大利之旅》中，评论家泰纳表明他没有上当；他在那里旅游期间给一个虚构的朋友写了一大堆信，他在其中写道：

> 因此也不要在这里寻找某种完整的描述，也不要寻找某种目录；最好是买默里、福尔斯特[2]或瓦雷里[3]的书；那些书会向你提供关于艺术和考古方面的信息。[4]

安托万·克洛德·帕斯甘曾经试图使自己的法语版意大利指南在“兜售市场”上取代阿尔塔利亚[5]，而福尔斯特则用德语版占领了赖夏德的位置[6]。英国人默里第一个成功地推出英语旅游指南丛书。法国印刷厂老板兼出版商奥丹用了一个假名字——“地理工程师和邮局职员理查

---

[1] 海涅：《旅游图》，1834年，第1卷，第238页。——原注

[2] 恩斯特·约阿希姆·福尔斯特（1800—1885），德国画家和艺术评论家，专注于德国和意大利艺术史研究。

[3] 安托万·克洛德·帕斯甘（1789—1847），又名瓦雷里，法国作家。

[4] 泰纳：《意大利之旅》，巴黎：阿歇特出版社，1866年，第一卷，第151页。——原注

[5] 1831年，瓦雷里出版了《意大利历史游、文学游、艺术游》；1842年，出版《舒适的意大利：旅行家手册》。1830年前后，米兰书商阿尔塔利亚仍在统治着旅游指南的出版，而且为保护自己的书免遭盗版，还用法语出版《意大利新旅游指南》，到1855年就已6次再版。——原注

[6] 福尔斯特博士：《意大利旅游手册》，4卷本，1840年前后出版，1855年译成法文。——原注

德”，这个假名字有利于慢慢吸走赖夏德的忠实读者；这些读者会在这个假名字作者的新指南中找到许多相关的完整章节，而且确信自己在其中看到了著名作家们编写的旅游指南丛书的内容，比如奥丹本人、玛丽亚娜·斯塔克、瑞士问题专家埃贝尔和吕茨；加里尼亚尼旗下的作者被这位“理查德”挖了过去，因为这位理查德“把拿过去的文献资料都整理得井井有条”。1823年他出版了《欧洲旅游指南》，接下来1826年出版了《意大利旅游指南》，到1851年一直连续再版，接下来又出版了一些其他国家和地区的旅游指南。仅在1833—1834年一年之中，奥丹出版社就推出了10部不同地区的旅游指南，萨瓦、多菲内和瑞士都名列其中。

理查德“西塞罗般的”[1]指南是可以信赖的。它们的前言强调：书中所有实用性信息都经过仔细核实，如所有驿站之间的距离、货币比价、宾馆质量等；参与这些指南撰写的都是高水平的作者，他们把最好的资源都写进了指南；理查德还援引了“司汤达先生（原文如此）”，因为“他极好地描写了意大利”。不过理查德没能建立起他的垄断。在1833—1840年间，他接连推出《旅人札记》和《美景旅游指南》；1835年推出阿贝尔·雨果[2]的《法兰西美景》，接着在1837年出版了吉罗·德·圣法尔若[3]的6卷本《法国美景旅游指南》，这套百科全书式的指南随后出现了许多节选本和按省份出版的小册子。

1840年，理查德的指南就不再是旅游参考书了。对于博学的游客来说，理查德的指南还是不够详尽，而且在路途中使用也不够方便。这时约翰·默里来了，他在手册的前言里指出了自己这套指南的独特之处：它们是旅游指南市场上最方便携带的，它们有着同样的布局和同样

[1] 西塞罗是古罗马著名政治家、演说家、雄辩家、法学家和哲学家，此处意在表示理查德的旅游指南非常能说服人，令人信赖。

[2] 阿贝尔·雨果（1798—1855），法国随笔作者，大作家维克多·雨果的哥哥。

[3] 吉罗·德·圣法尔若（1791—1855），法国作家。

的书名——“×× 旅游手册”……读者能在约翰·默里的不同手册中的同样的位置看到他所需要的总的信息；手册也能很好地定期再版并及时更新信息，护照、货币、交通工具和住宿等，无所不包，因为他声称自己博览群书，能收集到最有用的资料；他引用法国地理学家和历史学家维瑟·德·维里埃的书；他本人也于1830年到1841年期间在欧洲大陆进行过5次旅游。默里出版的指南中按国别设专章，1841年的法国版包括了“法兰西环游大观”（游学）和一段说明：“为什么英国人在法国不受欢迎?”1839年默里出版的第一本指南《瑞士、阿尔卑斯、萨瓦和皮埃蒙特》特别关注“伏多瓦山谷”——这是给新教徒游客的恩惠，列举了“阿尔卑斯山游的危险”、强制注意事项和“预防措施”，包括“冰川、雪崩、甲状腺病和克汀病”等。

默里的指南将铁路、公路和驴马路的描述混在一起，铁路线用粗黑线条。这本指南用非常简洁的风格提供了所穿越的城市的实用信息：历史建筑、博物馆、各类活动和客栈，还不时在其中插入一些经济信息，而这种信息类似于那种逸闻趣事；默里就是这样给罗讷河谷的葡萄酒和养蚕场命名的。没有从一个小镇到另一个小镇之间的风景描述，却有对路况和可用交通工具的准确标识。只对山峰使用赞叹的语气，赞颂山上树木花草和冰川的美丽。默里在细心描述那些山间小路时自己也很惊讶，比如“158号路”（原文如此）把圣让德莫里耶讷[1]的徒步客引向瓦桑的中心，然后是圣让达尔沃[2]……最后到达瓦桑地区的圣克里斯托夫[3]。默里的指南紧跟阿尔卑斯登山业的发展，所以对普拉洛尼昂[4]做了精细描述；他注意到，这里的所有居民都叫法富尔，威廉姆斯·马修斯

[1] 法国萨瓦省的一个副省会。

[2] 法国东南部滑雪胜地。

[3] 法国伊泽尔省的一个市镇，位于该省东南部。

[4] 法国萨瓦省的一个市镇。曾举办1992年冬季奥运会的冰壶比赛。

1860年攀登过大卡斯峰[1]。

默里出版过很多指南。从1839年——这一年他出版了第一本瑞士旅游指南——到1870年，他推出了20部新《旅游手册》。英国的所有地区都被写了进去；意大利专享7部《手册》（其中一部写的是撒丁岛-科西嘉）；德国、法国和伊比利亚半岛各自拥有2部旅游指南；土耳其帝国有3部。整个欧洲，包括俄罗斯都被覆盖了；甚至连印度都包括了。这些旅游指南不断地再版；《法兰西旅游手册》在1870年前就再版过11次。那个时候，默里自称已经占领了盎格鲁-撒克逊旅游指南市场；他说每年有“15000位英国和美国旅游者”使用他的旅游指南，这促使那些广告客户争相预订页面（每页5英镑）。旅游指南丛书是赚钱的生意；欧洲大陆出版社出版了默里旅游指南的法语版、德语版。1843年，巴黎出版家科林将默里的《瑞士旅游手册》译成了法语。与此同时，出现了许多盗版书，默里警告那些“盗版书商”，列出了英吉利海峡对面200家被他认可的书商的名单。从第二帝国开始，默里指南就在英语客户中奠定了垄断地位，成为整个欧洲有文化修养的游客的必备参考书。

但这不妨碍其他国家旅游指南的出现和发展，法国国内出版的旅游指南沿袭了默里的朴实无华和使用方便的特点。印刷厂老板兼出版商奥丹曾经用“理查德”作为笔名试图冒充赖夏德的继承者；出版商阿歇特盗用了直到1873年还在出现的理查德的名字，把他作为《若阿纳旅游指南》的作者。德国出版商卡尔·贝德克尔则将赖夏德的成果据为已有，最后还吸收了恩斯特·福尔斯特的成果；福尔斯特在1840年至1867年间6次再版他的《意大利旅游手册》，这是一部浪漫主义时代意大利旅游的参考著作。1839年贝德克尔推出第一部比利时旅游指南；1841年“若阿纳”推出他的第一部覆盖瑞士的旅游指南。1845年，贝

[1] 法国的山峰，位于该国东南部，由萨瓦省负责管辖，属于格拉耶山的一部分，海拔3855米，英国登山家、植物学家威廉姆斯·马修斯（1828—1910）在1860年8月8日首次登顶。

德克尔出版了《瑞士》，这是一部出色的开山之作，厚达374页，在25年时间里再版了15次。贝德克尔出版社定址德国科布伦茨后，制定了集约出版和翻译旅游指南的策略。1852年，法语版和英语版《瑞士旅游》问世；德国、奥地利、法国、意大利、英国也很快被覆盖，每个国家都有了贝德克尔出版社出版的多种语言旅游指南。

阿歇特出版社开始做旅游指南时没有那样的闪电速度。他们最早找到一位名叫阿道夫·若阿纳的律师，此人十分喜爱旅游，以至于最终放弃了律师职业。他和不久前创办了《插图杂志》的出版家保兰合作；《插图杂志》是一本传播旅游意趣的杂志。1863年，当阿歇特决定出版一套旅游指南丛书时，就委托阿道夫·若阿纳来做主编，他在丛书前言中这样赞扬若阿纳：

> 阿道夫·若阿纳配得上这套书的主编，他的声望无与伦比；现在他的这些著作比赫赫有名的英文版《旅游手册》更加受到旅游者的青睐。

涵盖阿尔卑斯山的《瑞士旅游》第一卷出版之后，若阿纳这套旅游指南首先致力于法国旅游，没有被翻译成别的语种。它的开本和默里版一样，但贝德克尔的版本更小，是16cm×14cm的，配以红色的封面，非常醒目。贝德克尔首创使用四种字体：黑体表示市镇，斜体表示旅店和“可看的东西”，普通字体用做文本描述，小号字体用于实用信息。若阿纳则采用交替使用正体和斜体来让那些值得到访的地方更显突出。这些指南有一个共同点，就是会从一个城市跳到另一个城市。

阿歇特出版社为了抢占到访法国的游客市场，把指南分成三部分出版。《法兰西旅游通用线路指南》覆盖了整个法国；红色封面的小《钻石指南》涉及的目的地有限；大部分“钻石”的作者署名为“若阿纳”，大地理学家埃里塞·赫格吕斯也写了几本，比方说《从尼斯到芒通》。若阿纳最后推出《法国铁路指南》丛书，描述所有站点城市的信息。他看到了铁路的重要性，观察到铁轨一旦铺好，长途旅游的游客就不会再使用公路了。人们都见识了阿歇特是怎样猛烈地阻挠印刷商拿破仑·谢克斯推出火车站文学的企图的。

游客也可能是一些拥有年金或定期收益者，一些喜欢自己所在地区和省份的殷实的中产阶级，他们希望通过铁路和马车甚至步行去探究这些地方。根据他们的意愿，阿歇特出版社从第二帝国开始，就出版了法国所有省份的《旅游线路与历史概况》；重新归并到法国的萨瓦省的《旅游线路与历史概况》是首批出版的指南之一。在第三共和国时期，阿歇特出版社陆续出版了若阿纳主编的《各省地理》系列丛书，其中持续再版的指南都包含每个法兰西小镇的专章。另外还有1879年出版的主题指南如《地中海冬季旅游站点指南》，从耶尔到波尔迪盖拉[1]的地中海海岸都被包括在内。19世纪末，阿歇特出版社的旅游指南开始了统一化进程，蓝色成为该社出版的所有旅游指南的唯一颜色，开本大小——像贝德克尔指南那样——也更方便实用，无论是铁路还是公路连接起来的景点，都在指南中进行了详细描述。

旅游指南之间疯狂的竞争开始了，竞争全都体现在细节上和矫饰的内容上，体现在更好的开本装帧、更令人动心的文字介绍、更多的信息、更高的信息可信度上。贝德克尔甚至获得并发表了一份对自己有利的判决，被告声称出版商贿赂一位指南作者好让他为其出版社唱赞歌。竞争主要在三大出版商之间展开。默里是英语游客指南的老大，没有敌手，但是他出版的指南的翻译本却没能攻破欧洲大陆市场的堡垒；只有同时用德语、法语和英语出版的贝德克尔旅游指南才真正称得上是欧洲的、大旅行家们喜爱的、以信息可信度高著称的旅游指南。阿歇特出版

[1] 意大利因佩里亚省的一个市镇。

社占领法国市场的策略是将法国领土进行细分，这家出版社出版的旅游指南没有漏掉法国任何可看的东西。19世纪最后十年中，阿歇特出版社遭受了来自新的专业旅游指南出版商的猛烈攻击；我们可以举出1896年由铁路和水运航线企业联合赞助的《波洛旅游指南》丛书；还有《孔蒂旅游指南》，这套丛书以公路为主要线路，服务对象首先是自行车运动爱好者，以“孔蒂”为丛书名称的这些旅游指南都被法国的“旅游俱乐部”订购。圣克莱蒙的索泰隆伯爵夫人用了一个更容易被人接受的化名“莱昂·萨尔蒂”，出版了一套《萨尔蒂旅游指南》丛书，描述了那时已经开始被称为蓝色海岸的所有旅游站点；这套指南得到了南部各地市政府的支持，主要瞄准的是最富有的顾客，也就是那些越冬的游客，让他们在海边尽量长时间地逗留。阿歇特展开反攻，将旗下的指南改头换面，推出了《蓝色旅游指南》。

新的竞争和别样的战斗随着20世纪的到来而来。游客自行组织了“驴友俱乐部”，并有了他们自己的出版物。阿尔卑斯登山俱乐部最先开始这样做，法国旅游俱乐部紧随其后。接下来是汽车旅游俱乐部，它们创办了自己的杂志，就像许多大型的旅游指南一样图文并茂，但充满了战斗性，因为它们致力于提高旅游质量，也致力于开辟新的道路。轮胎制造商的攻势取得了很大的胜利：自行车的车轮，接着是汽车的车轮裹上了橡胶；新的旅游者在路上行进时不再遭受铁路时刻表的束缚，而是把很久以来被忽略的道路连成网络；他们很难在那些大的交通枢纽以外的地方找到合适的旅店和车辆修理工。大陆轮胎（德国）、科莱贝－科隆布轮胎（法国），还有米其林从20世纪初就抛出了自己的旅游指南，更好地适应了新的旅游模式。众所周知，从20世纪中叶开始，克莱蒙－菲朗公司以其《绿色和红色旅游指南》成为领袖；我们还知道，在20世纪下半叶，阿歇特出版社更新了它的《蓝色旅游指南》，开发了新的产品，但又遭受到诸如伽利玛等其他出版社的别出心裁的挑战，因为从这时起，旅游已经从精英旅游变成了大众旅游，旅游指南的出版也成了出版商大战的输赢的关键。

六、千篇一律的旅游指南

浪漫主义时代对旅游来说是具有决定意义的，因为那时涌现出了许多大旅行作家，出版了许多大型旅游指南丛书。我赞同法国作家让·卡素的意见[1]。人们希望知道究竟是谁、怎样影响旅游者的，法国学者让·布鲁诺认为，这很难回答[2]。虽然他很难说清究竟是谁制造了观光景点，但可以肯定的是，正是这些旅游指南传达了旅游者的喜好，建立了旅游层次和条条框框，奠定了声誉；事实上，那些旅游指南基本上是在重复同样的内容。怎么可能不这样呢？它们都受制于残酷的竞争——价格、使用的方便性、更新的速度等等；可是更新会增加成本且速度变慢。然而对于旅游者来说，他们就像驯服的仆人一样跟着指南走即可。从18世纪起，游客的迁徙就已经和动物的迁徙有得一比了[3]。接下来是"游客"这个词的贬义内涵持续了很久；法国社会学家让-迪迪埃·乌尔班曾提到过这种"蔑视的历史"。[4]

无论是什么原因，结果就是这样：19世纪的旅游指南是将大部分源自18世纪的资料进行分类分层次加工而成的，它们强制人们接受旅游地、历史建筑、旅游景点和旅游季旅居的"度假村"。占统治地位的"可看之物"的概念是德国作家、出版人汉斯·马格努斯·恩岑斯贝格尔提出的：

[1] 卡素：《从出行到旅游》，载《交流》1967年第10期，第25—34页。——原注

[2] 布鲁诺：《居斯塔夫·福楼拜的两次意大利之旅》。——原注

[3] 参阅布瓦耶《旅游》，瑟伊出版社，1972年，以及我的博士论文《旅游的发明》。我引用了布洛赛镇长的话"英国人像蚂蚁一样来到这里聚集"（罗马），还有莫辛斯基伯爵在18世纪将冬季来到南方的英国越冬者和燕子的迁徙做比较。——原注

[4] 乌尔班：《旅游白痴》，布隆出版社，1991年。第一部分副标题是"一种蔑视的历史"。——原注

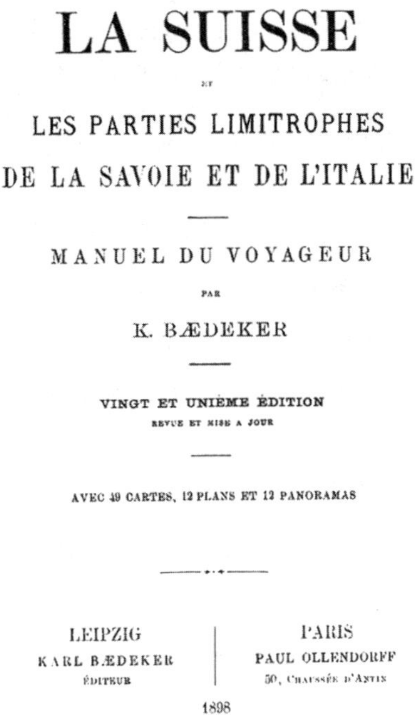
LA SUISSE

ET

LES PARTIES LIMITROPHES

DE LA SAVOIE ET DE L'ITALIE

MANUEL DU VOYAGEUR

PAR

K. BÆDEKER

VINGT ET UNIÈME ÉDITION

REVUE ET MISE A JOUR

AVEC 49 CARTES, 12 PLANS ET 12 PANORAMAS

LEIPZIG
KARL BÆDEKER
ÉDITEUR

PARIS
PAUL OLLENDORFF
50, CHAUSSÉE D'ANTIN

1898

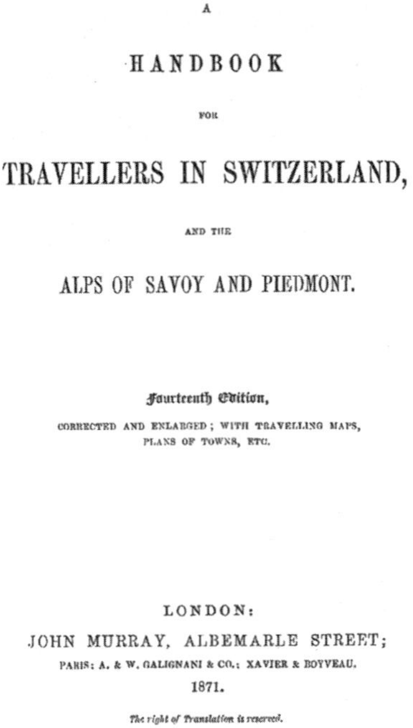
A

HANDBOOK

FOR

TRAVELLERS IN SWITZERLAND,

AND THE

ALPS OF SAVOY AND PIEDMONT.

Fourteenth Edition,

CORRECTED AND ENLARGED; WITH TRAVELLING MAPS, PLANS OF TOWNS, ETC.

LONDON:

JOHN MURRAY, ALBEMARLE STREET;

PARIS: A. & W. GALIGNANI & CO.; XAVIER & BOYVEAU.

1871.

The right of Translation is reserved.

默里和贝德克尔出版的瑞士旅游指南封面

可看之物的概念对于旅游者来说有一种决定性的重要性，值得认真分析……它否认了旅游的非理性特征……游览观光是履行一种制度化了的义务：认真察看值得看的东西。当旅游者逃离了某种社会束缚时，他会受到另一种约束：美丽风景的构成、历史原因和审美动机等。[1]

[1] 恩岑斯贝格尔：《文化或环境创造》，译自德语，巴黎朱利亚尔出版社，1965年。——原注

谁是罪魁祸首呢？罗兰·巴特[1]和《交流》[2]上的文章指认是《蓝色旅游指南》。1975年，一位叫贝尔纳·勒里弗莱的议事司铎和社会学家为《蓝色旅游指南、绿色旅游与玫瑰色眼镜》[3]题写书名。于是马上就有了《〈蓝色旅游指南〉气红了脸》一文，阿歇特出版社的旅游指南丛书的主编在《世界报》上提出了批评，通过谴责作者来引领读者；而且还不满足于此，他还提到了恩岑斯贝格尔和布瓦耶[4]。《蓝色旅游指南》改变了吗？过去曾经僵化的"旅游指南文集"——即该文所暗示的——已经走出僵化主义了吗？这种辩论当下正在进行。不过可以确定的是，大型的旅游指南丛书——所有的——都是赖夏德、理查德、默里、贝德克尔和若阿纳的继承者，它们都在几十年的时间里拥有同样的文化内涵，它们都强制游客看"值得看的东西"；从《达达主义宣言》[5]中的著名反驳和萨尔瓦多·达利[6]对佩皮尼昂火车站热闹场景的嘲笑上看，"历史建筑不应该存在，因为没有人去造访"，这也是那些大型旅游指南里的话语。[7]

---

[1] 罗兰·巴特：《神话》，瑟伊出版社，1975年，《蓝色旅游指南》，第121—124页。——原注

[2] 1957年第10期，儒勒·格里蒂的文章《〈蓝色旅游指南〉的文化内容》，以及奥利维尔·布尔热林的《旅游学评判》。——原注

[3] 1975年出版，赛尔富出版社，《注意》丛书，第155页。主要是对《蓝色旅游指南》（阿歇特出版社）和《绿色旅游指南》（米其林出版）关于诺曼底旅游内容的比较。——原注

[4] 载1975年6月14日《世界报》，《〈蓝色旅游指南〉气红了脸》由加西奥-塔拉伯撰文。——原注

[5] "达达主义"是1916年至1923年间出现的一种艺术运动。1916年7月14日，在这个组织的第一次公开集会上公开宣读了所谓的"达达主义宣言"。

[6] 西班牙加泰罗尼亚著名画家，因为其超现实主义作品而闻名。

[7] 阿尔勒I.C.M.O.S.国际学术研讨会论文集，1999年。马克·布瓦耶为该论文集撰写了划时代序言《旅游史上大景点的地位》。

第二章　被发明的阿尔卑斯登山运动，被升华的高山和被扬名的霞慕尼

我们刚才展示了浪漫主义游客建立的公式：假期=瑞士=阿尔卑斯山。我们还发现法国文艺批评家圣伯夫提出的“假期必去阿尔卑斯山旅游”的建议并没有推动人们攀爬到山口以上的地方，也没有让人越过蒙当维尔。直到19世纪中叶都没有达到政治稳定的瑞士是一块神秘之地；人们对阿尔卑斯山或比利牛斯山的赞美长时间里只限于那几个高峰：勃朗峰、伯尔尼高地、马特洪峰或者卡尼古峰和佩尔迪多峰……阿尔卑斯文学变得丰富起来，到处都有描绘它的版画和素描风景画[1]，高山不再被认为是骇人的；可是它是不是真的那么雄伟壮丽呢？除了极少数例外，很少有从山脚下看山顶的图画。山被当成风景来品味，因为它赋予这个地方居民以美德，因为这里有许多壮美的峡谷、瀑布、小湖等奇异景观……

从1860年前后起，一切都开始改变。另一段历史，也就是阿尔卑斯登山运动的历史开启了。英国作家莱斯利·斯蒂芬的一些论文在《阿尔卑斯报》发表，接着又以《欧罗巴运动场》[2]为题结集出版，表达了一种全新的感觉：阿尔卑斯被看成是欧洲的运动场。为了走到这一步，花了多么长的时间啊！从1492年的“不可能接近的山峰”（艾吉耶峰）

[1] 参阅克莱尔-爱莲·昂热尔的博士论文《阿尔卑斯山文学》（1930年），及《这些骇人的山峰》（1934年）、《勃朗峰山脉的文学图表》（1930年，与瓦洛合著）。——原注

[2] 莱斯利·斯蒂芬：《欧罗巴运动场》，伦敦，1894年初版，1911年再版；法文版翻译者昂热尔，纳沙泰尔出版社，1935年，第270页。

到征服勃朗峰（1786年），三百年或差不多三百年过去了；从威廉·温德姆到访冰川（1742年）到1857年在伦敦创立“阿尔卑斯登山俱乐部”，之间相隔了一百多年；而1857年则是阿尔卑斯登山运动真正诞生的日子，虽然那时该运动主要是英国人在做。二十年后，迈耶峰[1]这个一直未遭侵犯的最高峰被一名法国人征服——这表明登山队伍的扩大和登山运动向其他高峰的蔓延。

我们不会停留在征服高峰和创建高山旅游点及旅馆的大事记上——每个旅游站点都有专门介绍——那会是舍本逐末，我们要找寻这种新的激情的意义所在，这种新激情与阿尔卑斯山紧密相连，并很快被人称作“登山运动”。在另一边也形成了一种被安德烈·蒙格隆[2]称为“比利牛斯登山运动”（pyrénéisme）的不一样的迷恋，但是pyrénéisme这个词没被人们使用。接着，为了跟阿尔卑斯山竞争，从19世纪末期开始，喜马拉雅登山热开始了；从马默里[3]的尝试开始，到征服珠穆朗玛峰，中间相差了一个世纪。还应该告诉人们，直到19世纪80年代阿尔卑斯山都只是在夏季才对人们产生诱惑吗？上述这些时间点也提醒我们登山运动的一个主要特征是：发展得太慢。

一、攀登勃朗峰——1786—1850年间罕见的疯狂

历史学家菲利普·儒塔尔的书《勃朗峰的发现》中提出的“发现”一说并没有像18世纪的那些旅游发现那样被普及。它不是冰川旅游热的继续。是早产吗？来得太早了吗？在半个多世纪里，不再有学者攀登最高的山，索绪尔本人也不再登山。科学考察的动机消失，没有别的动

[1] 位于上阿尔卑斯和伊泽尔省的边界，瓦桑盆地的一座山，海拔3984米，人类在1877年首次登上该峰。

[2] 安德烈·蒙格隆（1888—1969），法国学者，格勒诺布尔大学文学院教授。

[3] 艾伯特·弗雷德里克·马默里（1855—1895），第一个登上阿尔卑斯山鲨鱼峰的英格兰登山运动员。

机替换；只有几位勃朗峰登山者还带着他们不会使用的仪器前来，而且有时还会弄坏这些设备。我们不能毫无根据地硬说阿尔卑斯登山运动的动机一直在延续，那个时候这个词和这个观念都还没有被发明出来呢；“登山运动员”这个词于1877年才在《利特雷词典》中出现，而“登山运动”在1882年才进入《拉鲁斯词典》的增补本。

从1786年的“首次”到19世纪中叶，对勃朗峰的攀登活动都很少见，只有少数几个怪人——主要是英国人，他们因为夸下海口而登山；比如英国探险家博福罗伊上校就是这样，他在索绪尔登山几天之后也登上勃朗峰，他这样说道：

> 登上某些高原地区的最高区域的欲望是人很自然的本性……我没能控制住攀登勃朗峰的欲望。

很自然！这个非常具有18世纪特色的说法是不确切的；相反，在很长时间里，使人害怕的登山运动是一种文化创新，它等待着“文化守护者”。博福罗伊的名气不够，担不起这个角色；法国大革命突如其来，在1788年至1819年之间，没有一个英国人攀登勃朗峰。登山探险记录是英国人缺席这一运动的最好证据——从1786年到1840年，登山探险不到30次，其中许多年份里没有任何登山活动。有一份完整的记录可以让人们感到自豪：这批登山者带着旅游指南从霞慕尼出发，留下了许多记录。19世纪的历史学家发现了他们的足迹。[1]

登山活动的稀少并不使人感到奇怪；但1841年的例外却让人吃惊：那一年中竟有9次登山探险活动，而在同一时期，一般年份最多也只有

---

[1] 参见夏尔·杜里埃的《勃朗峰》（1877年）、斯蒂芬·德·阿尔夫的《勃朗峰大事记，著名攀登与事故》（1876年）、《勃朗峰和霞慕尼山谷史、著名攀登与事故》（1878年），以及保罗·吉绍内的相关作品。——原注

3至4次。《沃州日报》这样描述这种令人不解的现象：

> 没有任何科学目的的阿尔卑斯登山运动纯粹是一种疯狂和虚荣，可这一年这种登山活动次数特别多，有100人参与其中。

从1850年开始，出现了一个变化。在这一年，首次出现了10次登山活动。自从萨瓦回归法国以后，登山活动快速增长，在1863年到1865年间每年都明显超过50次；阿尔卑斯登山俱乐部诞生后，新的历史开始了，新的精神状态出现了。

这种高频出现的登山探险至少持续到了1860年前后，也可以说这种运动的原始特色持续到了1870年。每一次远征登山活动都有一位发起者，通常是一位富有的外国人，他直接来到霞慕尼，下定决心攀登勃朗峰。没有人指派他到那里去，他之前从来没有登过山；昂热尔记载说，英国人甚至没有攀登过斯诺登山和本尼维斯山[1]。这位只登过一次山的登山者不是一位"重犯错误者"，他们中的任何一位都没有再次登山；只有一个例外：1843年，艾克斯的一位名叫奥尔迪奈尔博士的温泉疗养所医生。1850年之前，没有任何一位勃朗峰的征服者产生过征服其他山峰的欲望，因为毕竟其他的山峰那时还没有阿尔卑斯山那样的威名。登山者一旦失败便不会再来了。布里的顽固不化曾经显得十分可笑！登阿尔卑斯山是唯一为荣誉而战的无偿行为。很少有例外：玛丽·帕拉迪，她的同伴们让她相信，她在客栈里会拿到最优厚的小费！客栈老板艾森克拉梅尔曾认为她要是登上勃朗峰，他在面对霞慕尼的顾客的时候就能抬头挺胸了。摄影师比松兄弟[2]成功地在勃朗峰顶拍下照

[1] 不列颠群岛最高的山峰，位于英国苏格兰西部的格兰扁山脉，毗邻高地的小镇威廉堡。

[2] 法国摄影师兄弟，哥哥路易·奥古斯特·比松（1814—1876），弟弟奥古斯特-罗萨莉·比松（1826—1900）。

片，其壮举主要是技术方面的。

接着，英国人成为登山者队伍的重要组成部分：从1819年至1841年，有一半的阿尔卑斯登山者是英国人；从1843年至1880年，这个数字上升到三分之二。其他国家的登山者要么人数很少，要么单打独斗。第一个有组织的外国登山队是美国人组建的，美国的登山队能做到相互配合。从1819年开始，有一个美国登山队登顶勃朗峰；19世纪，美国人的勃朗峰登山队人数占第二位，南北战争时期（1861—1865）除外。统计表上所列的萨瓦人和瑞士法语区（日内瓦、沃州、弗里堡等）居民——因其原住民身份——紧随其后；法国人来得更晚些；如果不将移居国外的蒂伊伯爵计算在内，法国人在1837年至1838年间才开始到来。有些欧洲国家往往只有一个人作为其代表，这些作为第一个登顶勃朗峰的波兰人、库尔兰[1]人或那不勒斯人的代表是幸运的。最早占领伯尔尼高地的瑞士德语区人、德国人和奥地利帝国的臣民都缺席了；意大利人那时根本就没有想过要从库马约尔向勃朗峰进发。

在最早的阿尔卑斯山的登山探险中，往往是发起人说了算，他是“顾客”，是“老爷”，亲自指挥；从选择向导开始，他什么都要最好的；人们知道雅克·巴尔马经常退缩，这使得登山运动的次数大大减少。在向导头儿的协助下，登山发起人选择另外一些向导和挑夫；出发前，有人看见昂利叶特·德·安热维尔郑重地对他们进行检阅。登山者们从一开始就雇用了多名向导和挑夫，索绪尔带了10名向导和8名挑夫，安热维尔带了10名向导和同样数量的挑夫，这两位登山者都是他们各自的登山探险队中的唯一“顾客”。从1821年创立初期起，霞慕尼向导公司就做出了一个规定，每位游客最多只能雇4名向导和4名挑夫。这在我们看来已经很多了。的确，人们从出发时就知道他们中会有几个人到不了山顶；对于那些只到达过蒙当维尔的向导，这就成了他们的实习期。

---

[1] 位于现拉脱维亚西部的一个旧地名。

发起登山活动的旅行家挑选自己的同伴，不是看他们攀登阿尔卑斯山的能力，而是根据社交准则：他选择一个亲戚、一个朋友、一个他圈子里的人，甚至是出发前夕遇到的富有的旅行家。那么，难以想象的就是索绪尔带着日内瓦一位名叫布里的诗人，也很难想象布热的贵族昂利叶特·德·安热维尔和同一天出发的客栈老板艾森克拉梅尔结伴去登山。不过在1820年，一位叫哈梅尔的俄国贵族接受了两位头天晚上还不认识的“牛津人”作为同伴，发生“灾难”——勃朗峰登山史上第一次——之后，他追悔莫及。1865年的马特洪峰惨剧仍然是人们心里的阴影：英国登山家爱德华·温伯在最后时刻接受毫无经验的年轻人哈罗的方向指导，结果在下山时失足掉下，造成四人死亡。不过温伯却是新一代阿尔卑斯登山运动中首批“吃螃蟹者”的头儿。

至少在1860年前后，勃朗峰攀登者的体能训练还不够，没有经验，对危险没有足够的认识。在这种情况下，没出那么多事故才让人觉得奇怪：在登山运动开展的头十来年，老线路上出现了许多一脚踩空和雪崩致死事故，现在再也没有人去那些地段冒险了。出发时间常常被推迟；人们顶着大太阳在融雪上行走，那时还没有真正的串联式登山绳，向导头儿一般会在有危险预兆时通知大家；下山时也没有任何保险措施，只有让向导走在前头。当坏天气突然来临时，作为“上帝”的顾客可能会坚持继续前进，不想说“下一次吧”那样的话。怎么描述那时登山者的装备呢？他们拒绝像山里人那样装备自己！带着那些装备实在太重了！这些老爷要的是和在山下一样的舒适，让人带上能做出真正美食的一切用具；其中有些人还让人带上好几桶酒；1851年，史密斯就曾带着100瓶酒和其他最好的东西登山。装在笼子里的信鸽是必须的——要能够把消息传下去；有许多鸽子的骨头曾被用来帮助辨认1820年的那些失踪者。安热维尔坚持要携带的必需品多得令人难以置信：[1]她的游记中有

[1] 安热维尔：《我的勃朗峰徒步游》。——原注

整整一章用来描述她的行前准备工作；连文具匣、洗漱用品都不缺。下山时更夸张！这些胜利者没有用将他们串成一串的保险绳，而是疯狂地顺着冰雪往下滑行，说不定就会滑进冰川的裂隙里。其中有些人，如奥德乔或者史密斯，只想着那些素描，想着回去后能根据那些素描画出点什么。

在今天，我们欣赏这些令人惊讶的石印版画和雕版画，是一种乐趣——真过瘾，对于收藏者来说还是一种财富；这些都让我们有机会看到一些读起来趣味横生的旅途故事。总有人不时出些怪招儿：霞慕尼人曾经把一位名叫玛丽·帕拉迪的女子抬上了峰顶；阿特金斯则带上他的爱犬登山；20年后，令人尊敬的柯立芝神父详细记载了他和他的姑姑布雷沃特小姐及其爱犬的登山经历。这三位中，令人尊敬的神父登山技术最差。干吗为了显得与众不同，宣称女人是人类中形象最高大的呢？少年时就憧憬勃朗峰的昂利叶特·德·安热维尔，坐在向导们的肩上登上了峰顶。她身着最完美的女装，以最端庄的姿态，弥补了1836年乔治·桑穿着男人服在霞慕尼大街晃荡造成的恶劣影响。在她于1838年完成了她的远足登山游之后，其“勃朗峰未婚妻”的美名就超越了浪漫主义时代的所有女明星。

二、勃朗峰瘾与阿尔卑斯登山俱乐部的创立

1850年前后，当记者艾伯特·史密斯进入登山运动的舞台时，阿尔卑斯情结促使游客们走向那里的各种峡谷、瀑布和两三个冰川……史密斯在奥德乔素描画的基础上创造了透景画来表现攀登勃朗峰的情景；他在伦敦举办了许多讲座，吸引了许多观众。等挣到了足够的钱后，他于1851年开始的他自己的登山活动——和30多人一起——成为他在自己

的著作《勃朗峰历史》[1]一书中的一个重要事件。他的那些透景画十分风行；他从1852年到1857年间进行了两千次透景场景表演，打破了所有戏剧演出记录。英国王室也很想看到大名鼎鼎的透景画表演，史密斯就为维多利亚女王献上了三场专场演出[2]。这让这位冒险家和勃朗峰一起走红。“勃朗峰瘾”的说法广泛流传开来。于是，一切都得到迅速发展：登山者，尤其是英国登山者的数量成倍增长；1853年，史密斯兴建了第一个大骡避难棚[3]，同时创建了一个“大集体”，有50位成员；从此以后，就算不去勃朗峰，只要爬上“大骡棚”，就能过把登山瘾。在英国，那些看过立体透视模型的年轻人受到山峰的极大诱惑，后来就变成了登山运动员——现在可以用这个词了；他们说，他们最先是受到史密斯先生的感召才立下了成为登山者的志向。英国人重新有了索绪尔的那种科学好奇心，例如发现阿尔卑斯山多菲内一侧的冰川学家福布斯、博物学家约翰·波尔、登山家塔克特。

1857年，上述几位联合起来，在伦敦创建了一个十分封闭的俱乐部：阿尔卑斯登山俱乐部，只接收男士；入会条件十分严格，而且还要有人担保。开始时俱乐部只有34位成员，1859年增至124位，到了1870年，还不到300位。不过在此期间，“登山运动”受到了英国精英阶层的热爱。第一个原动力无疑是因为可以建立伟绩；俱乐部所有的话题都跟登山有关，讲述的都是“最先者”的故事。《阿尔卑斯报》刊登了这些“科学性贫乏，审美情感丰富”的故事。[4]

《阿尔卑斯报》是登山俱乐部的一份季刊，它的副标题很有特色：“高山冒险集锦”。阿尔卑斯登山俱乐部从各方面讲都是一个精英俱乐

[1] “这是一个花掉我2388法郎的梦。”他详细记载了他的开销。——原注

[2] 1852年在伦敦；1854年在奥斯本；1856年在温莎城堡。——原注

[3] 法国阿尔卑斯山勃朗峰山脉的避难所，位于勃朗峰北侧的一个金字塔形的岩石岛上，在波松冰川的两条河流的交汇处，海拔3051米。1960年重建。

[4] 参见雷曼的《法国阿尔卑斯山登山运动的演变》，第209页。——原注

部，它的成员挑选极其严格：被人们称为“阿尔卑斯山登山运动员”的人，也就是出身上层社会的、有志于一项新运动——登山体育运动的人，“运动”这个词和运动项目在那时是典型的英国专属。在阿尔卑斯登山俱乐部创建初期，有两位伟大的登山家爱德华·雪莱·肯尼迪和威廉姆斯·马修斯，他们乐意和其他登山者一起共进晚餐[1]。没有宣言，没有规章，没有行动计划，没有任何外围组织发展成员。这种实用主义的封闭方式并没有为欧洲大陆的其他俱乐部所接受；欧洲大陆的俱乐部是有外围组织的，他们发布信息，尤其是爱国的信息。英国人很擅长得体地卖弄他们精英的优越，这种优越是自不待言的。还有个“自不待言”就是，阿尔卑斯登山俱乐部成员清一色都是男性，也对非英国人开放——只要他们讲英语且属于上流社会——这事无须解释：因为这是一个俱乐部！苏格兰人、爱尔兰人、北美洲人都可以成为阿尔卑斯登山俱乐部的成员。所以富有的纽约人柯立芝也是其中之一，但是他的姑姑布雷沃特小姐却不能进俱乐部，尽管她的社会地位足够高；她只能把她的登山故事用自己侄儿的名义发表出来，不过阿尔卑斯登山俱乐部最后还是宣布她为荣誉会员。

阿尔卑斯登山俱乐部的成员都是很活跃的登山运动员，没有“老战士”！1857年，有几个登上过勃朗峰之后就没有再登峰的英国人没有被俱乐部接纳，连1827年就提出创建阿尔卑斯登山俱乐部想法的约翰·奥德乔爵士都没被接纳。所有阿尔卑斯登山俱乐部的英国人都是从攀登阿尔卑斯山开始进入俱乐部的，但这些攀登活动不一定都包括攀登过勃朗峰。阿尔卑斯登山俱乐部首先是一代人的俱乐部，是1850年到1870年间英国征服者那一代人的俱乐部，那个时代是“登山运动的

[1] 有人记下了1857年11月的某天的一次聚餐，那是阿尔卑斯俱乐部的成立宴会。这次聚餐的想法是在8月进行一次攀登芬斯特拉峰（位于瑞士西南，为伯尔尼山的最高峰）的活动后提出的。——原注

黄金时代”（语出法国登山家让·库兹）。这些人都认识福布斯，他在1840年前后就走遍了到那时还一直无人知晓的多菲内的大山；他和俱乐部的那些人不是同一代人，登山动机和他们也不一样；阿尔卑斯登山俱乐部让福布斯有了荣誉会员的资质……却没能接纳他加入。

新的阿尔卑斯登山者的积极性是由建立功绩的野心和对功绩的热衷调动起来的。查尔斯·哈德森和爱德华·雪莱·肯尼迪于1856年共同署名出版了具有奠基意义的著作《有志者，事竟成》（*Where there is a will, there is a way*），借用了吉卜林的这句格言。他们出版的作品的书名都很简明醒目：《攀登》《探险》《第一次攀登……》《山峰》《穿越冰川》，这些著作都由阿尔卑斯登山俱乐部第一任主席约翰·波尔于1859年出版。这位俱乐部主席是爱尔兰人，是一位植物学家，但是从阿尔卑斯登山俱乐部创建时起，他就只从事登山活动，他率先登上了好几座峰顶，而且觉得自己就是英国人。

在19世纪中叶，登山运动分岔出了两条道路：一条路是纯粹的、为了取得体育方面的成绩，没有其他动机，这就是登山之路；另一条是为了去崇敬大山，为了静观、绘制、描写、拍摄山峰。在这些新形势下，讲述在霞慕尼冰川的旅游已经不再时髦，徒步旅游越来越多。再把远足当成功绩来讲述是可笑的，就像法国剧作家欧仁·拉比什在《贝利松先生的旅程》中所嘲笑的那样；这是一部喜剧，在1860年，也就是萨瓦回归法国的当年上演。那时，用加利福尼亚大学教授迪恩·麦克康奈尔的话来说，登上那些冰海冰川变成了“一种神圣的旅游”[1]。

1860年以后，勃朗峰被看作是法国的，法国的登山爱好者们在峰顶展开了一面三色旗；年轻的摄影师比松也登上了峰顶，实现了他的价值。但是，这已经不再是伟大的运动战绩了。每当看到一个登山队到达顶峰时，人们就肯定会在霞慕尼发射几发礼炮，不过人们已不再出版登

[1] 迪恩·麦克康奈尔：《旅游者：休闲阶层新论》。——原注

山的故事书；艾伯特·史密斯的《勃朗峰的故事》（1855年）难道没有把所有的故事都讲完，他的透景画没有把所有的美景都展示完吗？霞慕尼的警长斯蒂芬·德·阿尔夫曾这样记载：

> 自从勃朗峰成为法兰西的勃朗峰之后就变得平庸了。[1]

进入勃朗峰的常规道路于1861年才由莱斯利·斯蒂芬开辟出来，这是一条和30年前发现的那条完全不同的路，如今成了一条经典之路。如果说人人都选择走这条路，那是因为它使那条经过大骡避难棚的更古老的路降低了等级，虽然它更加暴晒，但是它保留了从霞慕尼出发登山的优势。霞慕尼和圣热尔韦[2]之争存在于整个60年代，而且还在继续。在当时，人们还不相信有哪一条路是没有危险的；随着登山次数越来越多，在1860年至1870年之间，发生了至少6起事故，造成20多人死亡[3]。但这些事故在1865年的马特洪峰事故面前就不值一提了。不管怎么说，人们的确（暂时）停止了对马特洪峰的攀登，但没有停止对勃朗峰的登山活动，而且登山次数于1865到1869年增加到了70次，这不是最终的记录。为了创造纪录、增加次数，许多旅游者来到霞慕尼，从山脚往上欣赏勃朗峰，这就是旅游指南作家维伊博士感到遗憾的地方：

> 旅游中的那些平庸之辈直接向勃朗峰前进。这些东游西荡的糊涂虫径直向勃朗峰行进，为的是满足其粗浅的惊愕的感觉。[4]

---

[1] 斯蒂芬·德·阿尔夫：《勃朗峰大事记，著名攀登与事故》，第146页。——原注

[2] 即今天的圣热尔韦莱班，法国上萨瓦省东部的一个市镇，是距离勃朗峰最近的城市之一。

[3] 1864年，库泰博士被困在了一处石缝中；1866年，詹姆斯·杨格爵士在山里的大雾中迷了路；同年10月，昂克莱特走旧路登山时遭遇雪崩被卷走。参阅斯蒂芬·德·阿尔夫的《勃朗峰大事记，著名攀登与事故》，第13、20、28章。——原注

[4] 维伊博士：《上萨瓦省：史学家和旅游故事》，1865年，第67页。作者意在推介阿讷西湖。

在这种情况下，我们明白为什么“阿尔卑斯风景画”能够获得越来越大的成功，它们不同于一般的旅游回忆录，它们可以延长已经完成了的观光游览。勃朗峰显然是排在第一位的绘画目标，要超过伯尔尼高地，格林德瓦、劳特布伦嫩[1]和采尔马特附近地区。这幅新画卷从60年代起开始风靡，要归功于居斯塔夫·库尔贝的巨大影响。作为头号绘画大师，他不但善于“呈现”大山，而且善于“鉴别”大山，人们不需要成为大地理学家就能认出《奥南的葬礼》[2]（1850年）后面的那个单面山。从此，大山不再是幻影般的，在它身上增减任何东西、弄虚作假都是徒劳的。山峰的雄伟和在山中冒险的人类的渺小形成的反差，足以表现英雄主义的伟大。

在这些风景画中，人是处于中央位置的。旨在锁定一个登峰场景的摄影作品也是这样，首先是攀登勃朗峰的场景。第一位让登山爱好者在摄影棚里画出来的背景布前摆好姿势拍照的，是法国摄影师约瑟夫·泰拉兹；接下来，他才想要“在自然环境”中拍摄；1861年，他带着200公斤的装备登上勃朗峰峰顶。但在此之前的1859年，比松兄弟已经到达霞慕尼，拍摄了那些冰川。1861年7月，比松兄弟在做了大量的准备工作之后登上了勃朗峰。那时，卡特林刚刚被任命为体育监察官，他用“警官文风”描写了这次带着25名导游和挑夫的探险[3]。他们央求大画家罗普陪同前往，请奥古斯特·巴尔马[4]给他们当导游——有人给这位霞慕尼导游取了个外号叫“高山上的克里斯托夫·哥伦布”，因为他曾经12次登上勃朗峰峰顶。巴尔马已经不再年轻了，他失去了一只眼睛，

---

[1] 瑞士伯恩州因特拉肯－上哈斯利区的一个小镇。它位于少女峰地区的西面，从山崖上落下来70多个瀑布和小河，所以“劳特布伦嫩”的德语直译是“很大声的泉水”的意思，这个小镇是名副其实的瀑布镇。

[2] 法国画家居斯塔夫·库尔贝创作的一幅油画，是19世纪法国美术的重要转折点之一。这幅画记录了1848年9月其家乡奥南大伯的葬礼。

[3] 1861年7月28日的报告，载《勃朗峰大事记，著名攀登与事故》，第135页。——原注

[4] 奥古斯特·巴尔马（1808—1862），霞慕尼导游和登山者，雅克·巴尔马的侄孙。

但是他仍然希望带领探险队，“为的是再看看成为法兰西之巅之后的勃朗峰”。各种条件都具备，天气好；摄影师们都很有耐心，支起帐篷，为的是胶片曝光时获得足够暗的光线；摄影师在现场对照片进行修饰。就拍摄技术而言，摄影是成功的；比松兄弟声名鹊起，连他们的名字“奥古斯特”和“路易”也广为人知，里昂的工业家卢米埃尔于1862年和1864年也给自己的两个儿子起了同样的名字[1]……他们是电影的发明者。

三、征服阿尔卑斯山顶峰和其他山峰

对大山特别是对阿尔卑斯山的征服主要是在1850年到1880年这将近三分之一个世纪的时间里完成的；攀登阿尔卑斯山的次数占比如此之大，以至于这类征服活动被命名为“阿尔卑斯登山运动”，那些从事登山活动的人当中有三分之二是英国人，他们被称为“阿尔卑斯登山者”。所有这些登山者原本都是家境殷实的旅游者，其中第一批、第二批或第三批攀登山峰，只是为了取得体育运动方面的胜利。在那个时期，所有人都像“老爷”们那样依靠导游和挑夫；远征队的首领们争抢阿尔卑斯山那些村子里最有名的导游，他们成了霞慕尼、采尔马特、格林德瓦、劳特布伦嫩的“登山硬汉”。

成功的登山会受到大众媒体的追踪，登山者的事迹会被写进小册子出版或者登载在以《阿尔卑斯日报》为首的登山运动杂志上。在这种阿尔卑斯文学中不会出现失败故事，不会出现科考动机，也不会为登山唱抒情赞歌，更不会描述登山者的赫赫战功：人们从最不险峻的道路到达峰顶，人们发现新的“通道”——这些故事也大多是真实的。但是必须再去几次，反复试验，总怕被人抢先一步。显然，这就是勃朗峰不平凡

[1] 哥哥奥古斯特·马里·路易·尼古拉·卢米埃尔和弟弟路易·让·卢米埃尔，即卢米埃尔兄弟，电影的发明者。

的地方。大部分顶峰都经历过同样的故事。1778年就为人所知的罗莎峰直到1820年才有人去攀登，1855年才有人登上了它的最高点祖姆斯坦峰顶和杜富尔峰顶。为许多文学和争论提供过素材的马特洪峰和迈耶峰终于遇到了对手。

应该从哪个山坡开始登山呢？霞慕尼立刻让人承认它是登上勃朗峰所有巅峰的最佳出发地；不过也可以从圣热尔韦出发。在一个世纪的时间里，意大利的小镇库马约尔都错误地被排除在最佳出发地之外。人们曾长期犹豫：不知道究竟该从瓦莱达奥斯塔还是瓦莱出发，去白牙峰、马特洪峰、罗莎峰等所有的山峰。在瓦桑同样纠结不已：究竟选瓦卢伊斯、瓦尔高德马尔还是拉格拉夫？人们忘记了，从瓦桑地区的圣克里斯托夫出发最容易进入阿尔卑斯群峰。1870年，人们只想到把普拉洛尼昂[1]作为进入瓦努瓦斯山峰[2]的唯一可能的出发地，那里已经作为准温泉疗养站接待游客。

总的来说，一个被攀登过的高峰不会紧接着被再次攀登；1850年后的登山胜利者会到别处去登山；新的登山者有他们自己的计划。1850年至1880年之间，大部分的首次登山者并没有更新他们的登山活动。至于模仿者，他们的人数直到1870—1880年间还很少；到后来，随着阿尔卑斯登山俱乐部创建后登山设施的增加完善，模仿者才逐渐多起来，阿尔卑斯登山俱乐部建造了许多避难所，并在他们众多的杂志上发表文章进行宣传扩散。

山地旅游史不是线性发展的：它不像走向珠穆朗玛峰那样是持续渐进发展的，而是由多个很不相同的阶段构成，所以很难在这些阶段之间建立一个统一体。第一阶段持续时间最长，它是从1492年那次空前绝后的攀登艾吉耶峰开始的；这段历史在几个世纪里都让人对山峰十

[1] 法国东南部萨瓦省的一个市镇。

[2] 法国的山峰，位于该国东南部，由萨瓦省负责管辖，属于格拉耶山的一部分。

分恐惧，对这些山峰完全不了解，甚至连它们的名称都不知道！这种状况到18世纪下半叶才得以改变，此时冰川探险——旅游性质明显——在霞慕尼开始兴起（1744），勃朗峰科学考察活动开始出现（1786—1787）。在索绪尔之前，少数已经实现的登山活动与任何一个严密计划的登山活动都不相符，它们是非正规的登山活动。其中的一些是根据君王授命进行的，为的是满足他的突发奇想，如1492年查理七世的登山活动，以及1520年科尔特斯[1]在波波卡特佩特火山[2]的登山活动。另一个类似的登山活动是穿越塞尼山上的罗恰梅洛内山口。还有一些属于很短暂的好奇心带来的结果，如希腊作家普鲁塔克在旺图峰、穆里斯神父在韦兰山的登山活动。

这些登山活动中的大部分在很长时间里都没有继续推进——比如攀登艾吉耶峰；或者在之后的几十年时间里很少再次尝试，如登勃朗峰。下面这些是登山活动中最容易的，远远不能被看作是探险，它们只算得上是长途旅游：罗马的朝觐者去罗恰梅洛内山上的小教堂祈祷；加泰罗尼亚人以特有的方式在“他们的”卡尼古山顶上领圣体；启蒙时代的人在蒙当维尔一处科学探索发现地——永久性冰川带——进行仪式性的登山活动。

直到18世纪末才出现了征服峰顶的意愿！这种新的欲望最初仅仅出现在几个日内瓦人的心中：索绪尔、布里、德鲁克兄弟，也仅限于攀登几座峰——勃朗峰、比埃山。每位登山者都有着不同的目的，但没有任何一人试图取得体育方面的成绩；最多也只有索绪尔，他不希望自己在勃朗峰留下一个令人讨厌的形象，让人修正了那些版画。英国人博福罗伊1787年产生了征服勃朗峰的念头——无特定目的，1855年大部

[1] 埃尔南·科尔特斯（1485—1547），殖民时代活跃在中南美洲的西班牙殖民者，以摧毁阿兹特克古文明并在墨西哥建立西班牙殖民地而闻名。

[2] 波波卡特佩特火山位于墨西哥境内，是世界上最活跃的火山之一。

分登山者也产生了这样的念头；对于他们来说，登山活动中不用操心或很少操心科学或者美学方面的问题，尤其是仅进行一次的那类登山活动，这种特点使其和后来的登山不同。这些孤立的登山活动只是富人们的突发奇想，它们担负着——总是带着导游走被认为正常的路线——攀登勃朗峰或者比埃山的使命。英国人完成了这些标志性登山活动中的大部分，但是他们很少出现在19世纪上半叶实现的、少数“第一个吃螃蟹”式的登山活动中。尝试攀登直到那时尚未被攀登过（或许人们忘记了有可能攀登过那些山的登山者的名字）的山峰的登山活动次数则很少——每年一至两次，而且分散在阿尔卑斯高原各处，并非专门集中在勃朗峰。总的来说，这些攀登活动大部分都是比较容易的。有些旅行家受“第一个吃螃蟹”乐趣的驱使，实现了这些登山行动，例如俄国上校柏拉图·德·契拉乔夫，他游遍了比利牛斯山，接着于1842年完成了阿内托峰[1]（3404米）的首次攀登；而有一些绘制地图的军人、地方上的名人，常常还有教士，出于好奇心或为了巩固他们的地位而去攀登这些山。各国都在寻找测绘点，希望得到准确的海拔高度以便实施三角测量法，奥地利皇帝曾派人去攀登过比较容易攀登的奥特拉峰（3909米），在那里可以俯瞰阿尔卑斯山中的很多景观。法国则组建了由巴黎综合理工学院毕业生构成的专业队伍，测量了整个比利牛斯山、法国中央高原和阿尔卑斯的多菲内区域[2]。最早有一位名叫科拉波夫[3]的人曾经陪同过拿破仑到埃及对那些金字塔进行了测量，前者征服了那座号称“比利牛斯的马特洪峰”的危险的巴拉伊杜斯峰[4]——他证明拿它来参照阿尔卑斯山的做法太陈旧了。在攀登了康塔尔火山[5]后，杜朗上尉想抵达法

[1] 位于西班牙北部阿拉贡自治区韦斯卡省贝纳斯克市，是比利牛斯山脉最高的山峰。

[2] 阿尔卑斯山多菲内区域是阿尔卑斯山属于法国的部分。

[3] 指让-巴普蒂斯特·科拉波夫（1777—1859），法国地理工程师，曾随拿破仑远征埃及。

[4] 比利牛斯山脉的花岗岩地块，位于西班牙和法国交界处。

[5] 位于法国中央高原中西部。

国的最高山峰——法国于1815年失去了勃朗峰。那么佩尔武峰[1]是最高山峰吗？杜朗于1830年登上了峰顶——现在这个峰顶以他的名字命名——他登顶是为了观察另一个稍高一点的峰顶（即作为旅行家的皮瑟于1848年登上过的那座），也是为了证明埃克兰山[2]（4101米）更有优势；当这个最高峰被征服时（于1864年被英国登山家温伯征服），勃朗峰重新成为法国的山峰。

在这半个世纪里有名的登山者中，我们可以列举出一些宗教人士——一位主教登上了大格洛克纳山[3]，一位僧侣登上了特迪峰[4]，一些修道士登上了格劳宾登山[5]，克莱蒙神父登上了米迪峰；人们也可以看到几位学者，像奥尔迪奈尔那样的医生、像帕罗那样的博物学家，帕罗从1811年起就前往高加索。还有冰川学家如路易·阿加西兹和德索尔[6]——这两人在讷夏泰勒[7]教书，在夏天带他们的学生去格里姆塞山口[8]附近的冰川，他们的宿营地就被取名为“讷夏泰勒人客栈；”1842年，他们的登山队登上了少女峰，“教授登山”属于第四批。他们的邻居，在贝藏松学院的数学教授维克多·普伊瑟热衷于去多菲内的阿尔卑斯登山；1848年——真的是第一次——他独自一人到达佩尔武峰最高点；他可能还实现了许多别的“第一次”，他可以毫不夸张地声称他和他的侄子皮埃尔是法兰西阿尔卑斯登山俱乐部的创建者之一。也是在

[1] 法国的山峰，位于该国东南部，由上阿尔卑斯省和伊泽尔省负责管辖，属于法国阿尔卑斯山的一部分，海拔3946米，人类在1826年7月30日首次登上该山峰。

[2] 法国的山体，位于该国东南部，横跨上阿尔卑斯省和伊泽尔省，属于多菲内山的一部分，最高点是海拔4102米的巴尔德塞克兰峰。

[3] 奥地利的最高峰，海拔为3798米。被认为是东阿尔卑斯山脉最重要的山峰之一。

[4] 是瑞士的山峰，位于该国中东部，由格拉鲁斯州负责管辖，属于格拉鲁斯阿尔卑斯山脉的一部分，海拔3613米，人类在1824年首次登上该山峰。

[5] 位于瑞士东南部格劳宾登州。

[6] 阿加西兹后来好像去了美国教书，他在那里自然也会将对登山游的热爱传播开来。德索尔是德国人，是来到讷夏泰勒的政治流亡者。——原注

[7] 法国诺曼底大区滨海塞纳省的一个市镇。该地生产同名的讷夏泰勒奶酪。

[8] 瑞士的一座山口，以2164米的海拔穿越伯尔尼阿尔卑斯山。

40—50年代，福布斯和他的苏格兰朋友西斯——也是地质学家——一起系统地造访了阿尔卑斯山，从瑞士到多菲内；这些“步行者”——正如他们自称的那样——发现了贝拉尔德和许多直至那时尚不为人所知的山口，把他们的故事写进《穿越萨瓦地区阿尔卑斯山之旅》，向世人传播。1842年，福布斯参加了少女峰登顶活动。正是由于有了像他那样的游记作者，登勃朗峰和冰川的英雄叙事史诗才刚刚结束不久，阿尔卑斯文学就在50年代快速发展起来；也是在那时，待在山脚下——阿维龙河畔或者湖泊边——的文学家们的浪漫喧嚣也结束了。阿尔卑斯文学是最好的描述性文学，但大多显得很枯燥，局限于对1860年以来的登山探险故事和成绩的记述。

直到1855年，一位旅行家一旦成为一位大登山家，登山便是他唯一的成就。阿尔卑斯登山俱乐部诞生以后，登山就成了成员们一生的激情。阿尔卑斯登山俱乐部创始者那一代和接下来的那一代人构成了“第一批征服者”，登山公告牌简直就成了光荣榜。那些拥有年金收益者、特权者（教授、神父等），他们的地位使他们有许多闲暇，于是安排了长长的暑期活动，从6月到9月甚至10月，只要有可能，他们就会和老伙伴们，尤其是老向导头儿一起，一周接一周地在山野攀越。

人们写了许多史诗般的登山故事：这些大登山家尤其是盎格鲁-撒克逊登山家和他们来自采尔马特或霞慕尼的导游结伴旅游的故事；他们是：肯尼迪和苏佩尔萨克索，莱斯利·斯蒂芬和梅尔西奥尔·安德尔格，柯立芝和克里斯蒂安·阿尔莫，弗雷什菲尔德和德沃阿苏；塔克特、哈德森、温伯则共同分享霞慕尼向导米歇尔·科罗兹的陪伴。瓦勒托坦向导卡莱尔被人争相聘请，温伯曾和他结成完美旅伴去安第斯山旅游，却没能在攀登马特洪峰时带上卡莱尔；那时他的搭档是卡莱尔-奎提诺·塞拉，因为那时米兰的巨富加富尔首相刚创建了意大利阿尔卑斯登山俱乐部，他希望年轻的意大利“自力更生”攀登高峰。他差一点就成功了。[1]至于法国人，那时他们在征服阿尔卑斯山运动中基本上是缺席的；1870年法国人失败后，他们带着多菲内向导亨利·杜阿梅尔和塞文向导布瓦洛·德·卡斯泰勒诺从瓦桑登顶，追了上去。他们和瓦桑地区的圣克里斯托夫地方上的农民——罗蒂埃和被提升为向导的加斯帕父子，以非霞慕尼模式组成了一支登山队伍。1877年8月16日，年仅20岁的布瓦洛·德·卡斯泰勒诺和加斯帕父子一起登上了人们一致认为不可能成功攀登的高大的迈耶峰（海拔3983米）：这是阿尔卑斯山最后被征服的高峰……法国人完成的。真丢人。柯立芝这样写道：

> 登山者们征服了所有的高峰……特别的例外是1877年，迈耶峰竟然意外地被一个法国小青年“赢去了”，而他更多是个霞慕尼的小猎人，而不是高峰猎手。[2]

在上面列举的故事中，还要加上一个“大团圆结局”：伊莎贝尔·斯特拉顿小姐和她的向导让·夏尔莱的婚礼给出了这样一个结局。他们1876年1月共同实现了第一次冬季登顶勃朗峰，带动了后来好几次冬季登山；1876年11月，他们在上萨瓦省的山村阿让蒂耶尔完婚，成为维多利亚上流社会一大轰动事件[3]。可总体来说，还有比这更正常的吗？接下来就有许多英国女子以此为榜样；这样的纯真之爱刺激了登山运动，刺激了讲述登山运动的小说和电影。同样，也没有比这更加舒服的了！斯特拉顿－夏尔莱太太在两次怀孕的间歇也不需要工作了，她只需自己带上向导就行了，一心一意沉醉在登山娱乐中……夏尔莱作为一位考虑周密的有产者，经常参加阿尔卑斯山的各种聚会，最后作为一位

[1] 温伯仅在他之前一点。卡莱尔曾从布雷伊出发登过50次马特洪峰。——原注
[2] 柯立芝：《自然与历史中的阿尔卑斯山》，第297页。——原注
[3] 参阅麦瑞·帕荣的《阿尔卑斯女登山者》。——原注

受人尊敬的白发老人，在阿尔卑斯河谷地区去世（1925年）。伏里松-罗什也像夏尔莱一样，一直在霞慕尼向导公司，是一个象征性向导的角色，获得了学界的赞誉——“登山组的领头人”。

这些狂热的登山者参与了对勃朗峰或者其他已然变得“神圣”的高峰的首次（或者是前5次中的一次）和后来的数次攀登。斯蒂芬·德·阿尔夫所列的名单中包含了所有那些在第一次登顶后又数次攀登过勃朗峰的、名气很大的登山者，上面有：图科特、福布斯、布雷沃特小姐和她的神父侄子、哈德森、肯尼迪、杨格兄弟、失望归来的亨利·罗素伯爵[1]；夏尔·杜里埃则相反，他决定写一部名叫《勃朗峰》的巨著[2]；画家加布里埃尔·罗佩每两年就要带女儿和朋友们一起去登勃朗峰。在19世纪末期，勃朗峰多次被登山者和阿尔卑斯崇拜者攀登，其中就包括索绪尔的后代，目的是为了纪念那些先行者。攀登勃朗峰已不再是罕见的壮举；19世纪末，登峰开炮庆祝的习俗消失了；发放登山证的习惯继续保留，但是有些人不在登记簿上填写自己的真名字，所以从1870年起，斯蒂芬·德·阿尔夫创建了勃朗峰匿名登山遇难者名单。

由人类实现的伟大的阿尔卑斯征服活动经历了两个辉煌的十年（1855—1875），这些征服活动是由那些把登山运动作为唯一激情来源的人来实现的；这种欲望使得爱尔兰人约翰·丁达尔忘记了自己曾经是物理学家；同样是爱尔兰人的约翰·波尔忘记了自己曾是植物学家，并轻松当选阿尔卑斯登山俱乐部首任主席，他内心对新艺术的迷恋显而易见。柯立芝、他的姑姑、他的爱犬和他的向导一起奔向一个目标：完成尽量多的登山活动。柯立芝还自费发表了阿尔卑斯登山活动的记录，一共1700次，这其实就是最高纪录；这1700次登山活动全都是攀登阿尔

[1] 罗素伯爵在山顶转悠过后，在回程时决定以后只去攀登比利牛斯山的山峰。参阅贝拉尔迪的《拉蒙身后的登山历程》，第137页。——原注

[2] 夏尔·杜里埃于1869年攀登了勃朗峰，于1877年出版《勃朗峰》，该书此后多次再版。——原注

卑斯山，其中大部分都是从多菲内一侧上山，从来都不是特别艰难。此外，他还用长寿的一生出版了关于阿尔卑斯山的著作和文章，在这方面也创下了最高纪录；他于1926年去世。在采尔马特的一次聚会上，他还腾出时间去和温伯重归于好，那时，他们之间已经有50年没有说过话了；他们中的一位是特别优秀的登山者，另一位是饶舌的作家；二人都是出生于荷兰的新教徒，也都是著名的大卫·里斯曼（美国社会学家）排名中“最特立独行者”[1]的典范：他们非常自信，也有充分的理由自信。

莱斯利·斯蒂芬富有且才华出众，具有从事文学创作的全部条件；作为作家萨克雷的女婿，他进入了伦敦的文学艺术界，并频繁出入；他和第二任妻子所生的女儿就是弗吉尼亚·伍尔夫。他热爱大山，在登山艺术方面有很高的造诣，而且乐在其中，他想通过创作《欧洲竞技场》一书，把这种快乐分享给别人。爱德华·温伯则是一位才华横溢的版画雕刻家，他的这种才华给他的最初几次远行带来了滚滚财源[2]。一直到1865年，他征服了马特洪峰，之后他的登山生涯像闪电一般结束。人人都知道这个悲惨的故事（即前文提及的马特洪峰惨剧）和后来的论战波及的范围之广。“有责任，但无罪。”温伯也许可以借用胡格诺派教徒乔治娜·杜富瓦[3]的这句名言为自己辩白。温伯在《紧急起飞》（1871）一书中介绍了责任和罪责的区别，他在其文章和讲座中称：事故是由技术错误引起的，当时的动作没有错。受伤后温伯拒绝再次去阿尔卑斯登山，在后来的几年中，很多英国人也跟他一样。到1873年为止，“第一次登顶”的名单还很短。但是温伯没有放弃大山，他在采尔马特和霞慕

[1] 里斯曼：《孤独的人群》。——原注

[2] 原籍荷兰的温伯家族获赠一处产业；爱德华的父亲有12个孩子，这使他的财富显得有限。他天才的版画、他的著作和他做的讲座仍然能使他过着享受年金的生活。——原注

[3] 法国政治家，1991年法国发生血浆污染事件，总理和部长们被推上审判政府长官的共和国法院。结果前总理罗朗·法比尤斯和社会事务部部长乔治娜·杜富瓦被法院判定无罪，因为没有任何书面文件证明他们知晓使用污染血浆的事情。

尼之间度过夏天。1911年，他在霞慕尼，在一个他住了半个世纪的旅馆房间里与世长辞。他是一位卓越的步行者——一次走80公里他都不怕！他总是乐不可支地用脚步丈量那些山谷和高山牧场；冬天里，他经常和卡莱尔一起在安第斯山脉实现他们的“首次”。他的写作，他做的讲座全都是关于山的；全世界都向他发出邀请；加拿大太平洋铁路公司请他去落基山脉[1]为其做旅游促销。温伯成为高山征服者的原始典范，多亏了他，马特洪峰才成为高山的象征，才有那么多画家去表现它，才成为广告的载体，让勤劳聪明的瑞士人赚得盆满钵满，直到将马特洪峰的石头当纪念品卖给全世界。

杨格[2]——写温伯传记的作家之一——写道：

> 温伯成天向我们喊：“那里是山，这里是我！”……（他的故事的尾声部分）……我们发现了这个：我们当时正把它与马特洪峰等同起来……这个令人震惊的悲剧是对一种新式冒险的总结，对维多利亚平静时代敲响了警钟，也使他获得了世界性荣光和威望。这个黑色的光环从此没有离开过他……植根于他粗犷的和坚定的品格中，和许许多多维多利亚人一样，他很快成熟起来，但他本性几乎未改——他本性中有一种因素一直持续到他的后半生，将他在公众面前定格为马特洪峰攀登者中唯一的幸存者，和这次历史性灾难的化身。[3]

法国历史学家昂热尔站在自己的角度，重提过这段对维多利亚顶峰时代的分析。温伯就像是英国高人一等的样板。他是最卓越的阿尔卑斯

[1] 又译作落矶山脉，是美洲西部的主要山脉，绵延超过4800公里。

[2] 杰弗里·温思罗普·杨格（1876—1958），英国登山家、诗人和教育家。

[3] 杨格：《大山预言家》。——原注

登山者，他知道这一点；他一生都在操心如何维持自己20到25年间建立的丰功伟绩，人们从未见过的、最令人印象深刻的、被马特洪峰的第一场悲剧“加冕”的成果。温伯是一个很有特点的“守门人”，他的社会地位预设了他的这个角色；他与“喜欢征服的资产者”没有联系，而是属于“绅士阶层”；他的荷兰先辈从奥兰治亲王威廉三世[1]那里获得了一份位于萨福克郡[2]的产业。他也是一位很出色的版画家和油画家。他那可憎的性格给他带来的只是敌人。尽管如此，“阿尔卑斯登山时尚的发起者”这一身份在他生前和死后一直为他保持着一个不同寻常的光环。

1865年以后，登山活动从来没有完全停止过，暂停时间也很短。重新开始攀登往往干劲更足，尤其增强了自娱自乐的体育色彩。对此，英国登山家和作家穆梅瑞（1856—1895）可能比任何人都表达和体验得更好。1879年，他开始攀登马特洪峰（首次登上兹穆特山脊）；成功登顶后，他在向导亚历山大·布尔日奈的帮助下成功完成勃朗峰和高加索山脉的首次登顶；他是第一个在没有向导帮助的情况下于1893年登上格雷篷峰[3]和1894年从布朗瓦一侧登上勃朗峰的旅行家。他后来企图攀登喜马拉雅山，但他低估了攀登喜马拉雅山的困难；1895年他不带向导攀登南迦帕尔巴特峰[4]，再也没有回来。他在其著作《我的阿尔卑斯和高加索登山记》中留下了对登山体育运动的留恋之情，其中包括应对登山活动中出现的危险的中肯建议。他是继温伯之后第二位登山艺术的歌颂者，他曾经这样说过：

[1] 奥兰治亲王威廉三世（1650—1702），出生即为奥兰治亲王，1672年7月任荷兰省、泽兰省执政，1674年4月26日任乌德勒支省、海尔德兰省及上艾瑟尔省执政，1689年即位为英格兰国王和爱尔兰国王威廉三世。

[2] 英国英格兰东部的郡，东临北海。

[3] 法国的山峰，位于该国东部，由上萨瓦省负责管辖，属于勃朗峰的一部分，该山峰海拔3482米，人类在1881年8月5日首次登顶。

[4] 位于喜马拉雅山脉西段巴控克什米尔地区，海拔8126米，是世界第九高峰。

登山运动最重要的不是登上顶峰本身，而在于与困难作斗争的过程……即使不再有风景可供欣赏，甚至攀登运动只在山洞中进行，我也会继续攀登。(《我的阿尔卑斯和高加索登山记》序言)

在完成所有高山的首次登顶之后，就只剩下以穆梅瑞为榜样的标新立异了，因为登山运动本来就是与众不同的运动。人们可以在冬天再次做同样的攀登——这是英国登山者斯特莱顿小姐和她的团队不无莽撞地实现了的目标（她的两个手指头被冻伤）。在技术层面上，这种冬季登山扩展活动将开启无数的可能性；一位叫杜阿梅尔的多菲内登山爱好者在冬季去贝勒多讷山脉[1]远足后突发将挪威滑雪运动引入法国的念头——最早是为了能够更容易地登山（穿着海豹皮）。人们还可以尝试从别的更艰难的路上山，此前走的路线大多是那些最正常的道路；这种寻找艰难道路的尝试付出过许多代价，有许多人像奥地利登山家埃米尔·兹斯格梦迪在迈耶峰南壁那样遇难了。那是在1885年8月6日他24岁的时候，坠崖前埃米尔的最后一句话是："如果没有希望，我们还有什么呢？"越来越多的登山者不再聘请向导，向稍低一些的山峰进发，仅仅因为它们稍低一些就一直被人们忽视，比如霞慕尼山一些峰尖。从19世纪末开始，又有人不带向导攀登多洛米蒂山脉[2]。接下来他们开始从不同的侧面进行尝试，用不同的特别是凌空的方式进行攀登。所有这些在20世纪初因为一种现在看起来很平常的装备而得以实现：最基本的成套安全绳保险装备和适用于各种环境的登山钉鞋，可是竟然有些登山者觉得登山钉鞋碍事而将它们脱掉，只穿着袜子登山（譬如马默里在

[1] 法国的山脉，位于该国东南部，属于多菲内阿尔卑斯山脉的一部分，长60公里、宽10公里，最高点是海拔2977米的大贝勒多讷峰。

[2] 阿尔卑斯山的一部分，位于意大利东北部三个省，其70%地区位于贝卢诺省，其余位于波尔扎诺自治省和特伦托自治省。

格雷篷峰）。反正，从1880年开始，人们就已经尝试攀登各种各样欧洲以外的大山，例如欧洲最边缘的高加索山脉，尤其是喜马拉雅山脉和安第斯山脉。在远方，他们遇到了18世纪和19世纪初的登山先锋们遇到过的同样和更糟糕的困难：找到登山路线更加艰难，更高海拔山峰的登山束缚常常被低估。登山成果迟迟达不到；喜马拉雅山的远征从1883年开始；人人都知道第一个8000米高峰——安纳布尔纳峰[1]是在1950年才被征服的；珠穆朗玛峰更高（8840米），在1919年之前都是被禁止靠近的，1919年达赖喇嘛才允许人们攀登这座高峰；1953年，一队由新西兰人、英国人、尼泊尔人组成的重量级登山队成功登顶。

这个欧洲之外的登山故事成了许多文学作品的素材。20世纪末，登山艺术转向远方，转向那些长久以来不可接近或很少被接近的山峰；和19世纪的欧洲不同，那些地方的登山基础设施很少，或者至少是不足的。喜马拉雅山脉、安第斯山脉成为神话般的山；在阿尔卑斯山脉那些拥有神圣地位的山峰，重复登山活动与体育运动竞技并存。有些山成了纯粹的竞技场，以至于在19世纪，关于旅行家攀登一般山峰，尤其是攀登阿尔卑斯山峰所使用的登山技巧的讨论总是最热门的话题。

四、崇高的和使人振奋的山

征服马特洪峰（1865）和迈耶峰（1877）之时，阿尔卑斯山作为“欧洲的竞技场”（语出莱斯利·斯蒂芬）而名声大振。这种称谓接下来被用于所有的山，在有限的社会范围内流传。它在今天看来可能已经过时了，法国登山爱好者让·弗朗哥不无遗憾地发现，夏季的登山活动已经广泛地被等同于一种为少数人保留的登山运动[2]。现在人们会问：怎样才能改变这种看法？

[1] 安纳布尔纳峰，又译安纳普尔那峰，位于尼泊尔西北部，属于喜马拉雅山脉，世界第十高峰。
[2] 见《法兰西文献》发表的《关于夏季山地旅游的报告》。——原注

然而，大山真的成了极少数登山爱好者的领地了吗？在不同的历史时期，大山激起人们矛盾的情感。在许多个世纪里，大山在平原地区居民和旅游者的眼中是“骇人的”：只有极少数人一边到山里去冒险一边同情山里的居民，因为居民都是“阿尔卑斯克汀病患者”，都是“大脖子”。可是山里人自己却似乎并不觉得孤独，并得意地认为自己能远离入侵和流行病。大山可以作为避难所，伏多瓦山谷就是这样的避难所。在18世纪，旅游者们在那里发现了更公平的社会，那里的人们热爱自己的自由；不过他们也保留着对大山的敬畏。

1750年以后，对大山的关注开始改变，恐怖的大山故事越来越少，塞尼山口的旅游者“恐惧与惬意”交集。好奇之旅依次出现，主要有冰川游和“发现勃朗峰”。不可辩驳的是，对大山的发现和对大海的发现是并行的[1]。这两者都是无人之地，都充斥着恶龙，也都在1750—1850年的一个世纪中成为人们向往的对象。诗歌《阿尔卑斯》[2]、卢梭、学者索绪尔、版画家布里、考克斯、浪漫主义者们、阿尔卑斯画家都是标杆，代表一次次对山峰的科学的、情感的、象征式的发现，这种发现创造了“一个神秘的瑞士”和“浪漫的比利牛斯”。19世纪是决定性的：旅游指南丛书的出版给了大山，尤其是基于阿尔卑斯越来越重要的地位，文学与艺术界培育出了对大山的欣赏。成为山地旅游者需要具备欣赏旅游美景的禀赋，让美景穿透身体和灵魂，这就是1820年左右加里尼亚尼书店出版的最好的书——马修斯的《一位病人的日记》想要表达的。这位旅游者在欧洲旅游，参观品味，日复一日，他的身体重新好了起来。尤其在阿尔卑斯山中，马修斯如数家珍：山峰、岩石、激流、

---

[1] 请同时阅读儒塔尔的《阿尔卑斯山的发现》，“档案”丛书；科班的《空旷的地域，西方与海滨的渴望（1750—1840年）》，弗拉马里翁出版社；布瓦耶的《法国东南部旅游开发》，博士论文，1997年。——原注

[2] 瑞士博物学家、诗人冯·阿莱1729年创作的一首诗。

瀑布、深渊、森林、自由的国度[1]。还要加上比利牛斯山脉，令人惊艳的冰斗（加瓦尔尼），和那些山口（龙塞斯瓦耶斯），对健康有益的水，卢尔德[2]的有神效的泉水；而阿尔卑斯山这边，有争取自由的传奇英雄威廉·退尔[3]，有徒步旅游的卢梭，有道德高尚的瓦莱人，有清扫烟囱的小个子萨瓦人，有勇武的阿洛布罗基人[4]，有随草场迁移的牧人[5]。

大山激发的情感表达，成了法国学者勒内·詹特森的精神分析读物，他从那些演讲中，最终找到隐秘的埋藏的结构，为的是最终将“直立人”[6]和“回归母体”[7]作比较[8]。有什么要解释的呢？登山的人是“有宗教信仰的”，他被带向天国。他直立的身躯具有阳具的特殊内涵，暗示对大自然的令人骄傲的胜利。回到子宫去——这句话是含混的！这既是卢梭式回归（自然），能享受封闭空间、美丽的小山谷和林间空地的惬意，同时也是一种毁灭——突然坠入冰隙和深渊。詹特森的分析是非历史性的，然而人们对山的情感富有历史阶段性，卢梭式的、接下来的浪漫主义式的对山的敏感性是难以磨灭的。做过这些观察后，我们就可以将詹特森著作的副标题——这里用引号标明——“与一个关于浪漫大山的论说”联系起来了。对于旅游者，山成为一个无依托的“地点”、一个“隔离带”，成为一个“奇妙”的空间，使人有归属感，使人“狂

[1] 亨利·马修斯：《一位病人的日记：1817、1818、1819年葡萄牙、意大利、瑞士和法国追求健康的旅游日记》，巴黎加里尼亚尼出版社，1825年，第419页。列表见于第287页索引。——原注

[2] 法国西南部城市，奥克西塔尼大区上比利牛斯省的一个市镇。

[3] 瑞士民间传说中的英雄。13世纪的史书中有所记载，而席勒的剧本《威廉·退尔》（1804年）和罗西尼的同名歌剧（1829年）则使他闻名世界。

[4] 古代高卢人的一支，生活在罗讷河和日内瓦湖之间的地区。

[5] 参阅吉绍内的《当多什峰的亚瑟》和夏尔·加尔戴勒的《高山牧场，夏日的土地》（2卷），两卷均由拉封丹·德·斯洛埃出版社出版。——原注

[6] 直立人，学名Homo erectus，又称猿人。

[7] 指永生神话中回到母亲子宫——山洞的母体情节。

[8] 勒内·詹特森：《大山与象征》，里昂大学出版社，第385页。他在此处直接使用了拉丁语原文。——原注

喜”，使人变得崇高。在“旅游革命”之前，大山和海洋都只提供恐怖的轶事，这些轶事中充斥着各种魔怪；不同的是，大洋面向无限，而山的顶峰看到的是天际线；这两者都成了快乐的对象，都是“使人振奋的”。1820年，法国“胸腔医学之父”雷奈克告诫我们说，“只要改变环境，就没有治不好或缓解不了的病”。从18世纪末开始，医生们大力推荐冬季去南方，夏季到大西洋泡浴；1820年，马修斯出版了《一位病人的日记》，这本书将生病的旅游者带到瑞士并得到康复。Invalid最早是个英语单词，它很快传遍整个欧洲大陆，在很长时间里指一种慢性病——“世纪病”——真实的或者常常是想象出来的疾病。法国微观史专家阿兰·科班在他的《难词词典》中这样定义invalid一词：

> Invalid，指慢性病患者，或者至少自己觉得患了这样的病的人，随着人们的听觉灵敏度不断提高，这种疾病的患病人数也在激增。

无论是通过突然进入大西洋泡浴，还是在顶峰上看到的全景带来的惊异发现，这样的震惊都能减轻或者治愈疾病；攀登的艰辛本身就是有益于健康的。美能使人获得新生，日出的美就能带来这样的新生；马修斯在他的《一位病人的日记》中把瑞奇峰当成一种“必选项”来介绍：“一生中一旦看过一次，就永远不会忘记。”所有的旅游指南和报刊都在重复这个建议；瑞士人于19世纪在高山景观旁建了大旅馆。这些成为各国游客云集之地的旅馆，和希尼格山[1]（海拔差不多2000米）或者彼拉多山（2100米）上的旅馆那样，都在19世纪末通了令人印象深刻的齿轨铁路；这些旅馆接待了许多杰出的旅行家，他们天亮前就登上峰顶，只为一睹有名的高山日出。满满的震撼和狂喜，阿尔封斯·都德在

[1] 伯尔尼高地的一个山脊。

《阿尔卑斯山上的塔尔塔兰》中复原了这样的场景。

去山里度过夏天在19世纪很快成为体弱多病者的重要疗法。温泉经常被推荐给他们，尤其是比利牛斯山的温泉，当然还有萨瓦的圣热尔韦或瓦莱的洛伊克温泉。高山所具有的让人获得新生的价值与水的功效结合在一起。医生们常讲有氧的低强度运动的益处，向哮喘病人、萎黄病患儿和重度百日咳患者推荐大山（蒙多尔峰[1]，海拔1400米）；我惊讶地在几个省的档案馆里发现了这方面的行政通报。19世纪末期，气候疗法和矿泉疗法一起成了医学院的教学课程。

瑞士很快占据了这个市场空缺，开展肺结核治疗。从1870年起，那里的医生宣布停止送肺结核病人去地中海的做法；他们说那是一个万劫不复的错误："地中海的湿气太重，那里的气候使人萎靡。"山地干燥的空气才是有好处的，纯粹的阳光照在南面的阳台上。旅店老板们为那些有钱的肺病患者修建了豪华旅店，它们都带有大阳台，很容易认出来。新的疗养地建了起来，在1400米左右的最佳海拔高度悉心规划景点，远离村庄，避免疾病传染。直到1960年之前的四分之三个世纪里，沃州的莱森镇[2]一直是那些富有的肺结核病人的疗养站典范。其他的地方也依样画葫芦，包括瓦莱的维尔马拉、上萨瓦省的阿西高原、比热地区[3]的奥特维尔、南阿尔卑斯的托兰克。1960年以后，青霉素的发现使旅游治疗地被迫进行困难的转型。

令人愉悦的气候治疗术更多的是一种精英技艺而较少具有治病意义：它是对高海拔平台的合理利用；它依靠的是湖泊和森林的魅力，而不再是建立在朝着高山出发的基础上。那里有场地，业余运动员们打高尔夫球、网球，练马术。在这些上流社会的高山之地中，海拔1500

---

[1] 位于法国多姆山省的蒙多尔镇。

[2] 瑞士西部法语区沃州下设的一个镇。

[3] 法国地理和历史上的一个传统地区，主要位于里昂和日内瓦之间的安省。

米的达沃斯是个样板。在格劳宾登州、圣莫里茨[1]及其篷特雷西纳卫星镇、西尔玛利亚村，从一开始（19世纪末）就住着许多具有同样特点的附庸风雅的人。阿诺德·伦恩[2]正是在达沃斯发明了高山滑雪和速滑。直到今天，这个疗养地仍然是许多世界性峰会的举办地，其中所有与政治和经济相关的峰会都是为全球化做准备的……顶层设计！

自18世纪，尤其是19世纪，所有的山地活动都是游玩性质的，是由英国人发明的。总的来说，这些发明内容多样，且标新立异。只要人——旅游者仍占据中心位置，这些活动相互之间都能和谐共处。对于"养病者"来说，大山能让人获得新生；对于那些智者来说，大山是带来灵感的地方——人们在霞慕尼见到了拉斯金和维奥莱–勒–杜克，在圣莫里茨见到了尼采和马塞尔·普鲁斯特。英国人发明了各种体育运动，在1850年前后的那个时期，有些人把他们的体能推向了巅峰；阿尔卑斯登山俱乐部的创始者们牢记忒奥克里托斯[3]的名言："我们攀登，因为我们有腿。"

从浪漫主义者们开始，人们谈论大山和阿尔卑斯山时，就是在谈论山的伟岸，就像夏尔·诺迪埃所解释的：

> 在勃朗峰脚下是很难理解油画、诗歌和散文中那些雄心勃勃的意图的。您会在端详这些大山时吃惊地发现在所有卓绝但缩小了的画作中没能画出来和描述的东西（大山）。[4]

同样是夏尔·诺迪埃，他于1825年在《霞慕尼画报》上读到了这

[1] 瑞士恩加丁山谷的一个度假小镇，位于瑞士格劳宾登州的马洛亚区。

[2] 阿诺德·伦恩爵士（1888—1974），英国滑雪者和登山家。他和奥地利人海因斯·施耐德发明了现代高山滑雪比赛，1936年成功地将高山滑雪纳入冬季奥运会的比赛中。

[3] 忒奥克里托斯（前310—前250），古希腊著名学者，西方田园诗派创始人。

[4] 诺迪埃对雨果说过的话，载《两世界杂志》1831年第4期，第117—118页。——原注

样一组押着韵的罗列：

> 拿破仑，塔尔玛[1]
> 夏多布里昂，巴尔马。

他感到了“强烈的冲击”，于是就像今天人们说的那样对这组名单进行解码。他在这两句写勃朗峰的诗后面发现了“所有人类的伟大：光荣、才华、天赋、本真”。难道夏尔·诺迪埃在那个时候就预感到了当今广告代理商常用的“中国肖像”[2]吗？把拿破仑放在这里，无论如何都是颇具深意的[3]。

维克多·雨果最出色地表达了勃朗峰的至高无上，他在《世纪传奇》和《无私》还有《巴尔马》等不同作品中都倾注过这种感情。他写道：

> 人们不知道是在表现勃朗峰还是上天。

将勃朗峰和上天相混淆是不是等于将上帝和大自然相混淆呢？维克多·雨果向来喜欢辉煌的形象：

> 勃朗峰带着三重冰冠，披着白雪袍，庄严地站起来。[4]

---

[1] 弗朗索瓦-约瑟夫·塔尔玛（1763—1826），法国喜剧演员，是拿破仑最喜欢的演员。

[2] 中国肖像是一种普鲁斯特问卷类型的文字游戏，它通过问卷检测个人性格的某些方面或确定其品味或个人喜好的问题。它的形式是si j'étais...je serais...（如果我是……我会是……）

[3] 1991年，B.B.A.旅行社在一份关于查尔特勒修道院声誉的调查问卷中问道：“如果说查尔特勒是一个人，那这个人是……？”回答统计中，居首位的是圣布鲁诺（不言而喻），其次是拿破仑，接下来是戴高乐和维克多·雨果。——原注

[4] 见《见证者讲述的维克多·雨果》。——原注

雨果也把霞慕尼的尖峰比作哥特式尖塔。这一切都不是什么新鲜事，维奥莱-勒-杜克和包括约翰·拉斯金在内的英国人已经说过了。英国人加上了一个新的维度：神秘默想的维度。这种神秘默想是英国诗人柯勒律治传授的；柯勒律治从来没有去过霞慕尼，也没有去过阿尔卑斯山；1802年，他创作了一首《写于下霞慕尼河谷太阳升起前的赞美诗》，他在其中对英格兰教礼拜仪式上的那种“圣歌”进行了发挥：

> 啊！您，冰与雪啊，赞美我们的主吧！[1]

柯勒律治对着勃朗峰呐喊：

> 你拥有叫停晨星那让人晕眩的步履的魅力吗？她似乎迟迟不愿离开你那骇人的秃顶。阿尔沃河伴着阿维龙河在你的脚下咆哮不停。
>
> 啊！寂静而恐怖的大山！我注视你物质的实体，直到它在我的思绪中消隐；我沉浸于祈祷中，我只爱着无形！

我们在华兹华斯的作品中也发现了这种阿尔卑斯自然神论，而且这种自然神论在其作品中不止一次出现；尤其是拉斯金，对他来说，阿尔卑斯不是用来征服的，而是用来热爱的。他不禁发问：

> 为什么上天创造了阿尔卑斯山，给岩羚羊以腿弯，给龙胆以淡蓝，还给了人们一颗爱她的心脏？

[1] 参见昂热尔的《阿尔卑斯山文学》，第147页，及《勃朗峰山脉的文学图表》，第292页的页下说明。——原注

他的回答是：

> 上帝改变人类全部的心灵，上帝创造的杰作美不胜收，阿尔卑斯的使命便是为缓解人们对上帝的杰作之美的渴望。

对于懂得如何观看那些石山和将《创世记》作为《圣经》重点来读的人们，《霞慕尼的宝石》[1]也许会呈现“大地之骨”是如何成为“上帝金字塔”的。新教主义摒弃了上帝是人类的象征的观点，在大自然中，尤其是上帝最壮丽的造物中找到了新神秘主义的养料[2]。约翰·拉斯金喜好静观大山，他的夏天都是在静观大山中度过的；拉斯金的那块岩石——他久久地凝视着勃朗峰时所站立的那块岩石变成了霞慕尼的一个景点。而他，拉斯金，除了比埃山，其他山他是不攀登的；他画“大地的教堂”——他在《现代绘画》第四卷中就是这样称呼大山的。他为他的同胞们的行为感到愤慨，他谴责艾伯特·史密斯的促销活动，将他的团体活动称为“伦敦佬的远征”；人们也经常列举他怒斥阿尔卑斯登山俱乐部里的那些运动员的话，他从来也没有进过那家俱乐部：

> 你们的诗人如此敬爱的阿尔卑斯山，你们只不过把它们当成你们的夺彩杆，你们就像赶集一样去攀登，然后兴奋地叫喊着下山来。[3]

人人都知道，温伯于1865年登上了不可侵犯的艾吉耶维尔特峰[4]和

[1] 拉斯金的作品。

[2] 在拉斯金的著作中，人们将读到《现代画家》的第四卷《现实主义》。他的易怒情绪影响了他创作《霞慕尼的宝石》。——原注

[3] 拉斯金：《芝麻与百合花》，第一章。——原注

[4] 另译绿针峰，法国阿尔卑斯山的一座山峰，海拔为4122米。

马特洪峰。马特洪峰事故引发了人们对走极端的登山者的激烈抨击，温伯和穆梅里首当其中。人们指责这些登山运动员玷污了高山的威严，指责他们不懂得欣赏壮丽的景色，毫无意义地跑去冒生命危险。法国作家保罗·艾尔维厄则揭露“杀人犯阿尔卑斯”，法国作家戈斯写了《马特洪峰的十字架》；1865年事故的情节在一些故事和小说中再现，比方说阿尔封斯·都德的小说《断绳》，都德试图将两位登山者同时砍断把他们连在一起的保险绳的行为当成笑话来展示。

1870年左右，出现了新的阿尔卑斯登山漫游运动员，他们不像阿尔卑斯登山俱乐部那些精英登山者那么傲慢。此时，在阿尔卑斯山（所有的阿尔卑斯山峰）、比利牛斯的山峰、巴尔干半岛，甚至汝拉山和孚日山的所有山峰都诞生了山地远足运动社团，他们都希望让人们了解和喜爱他们家门口的大山。并不是所有的社团都叫俱乐部，但这已经是一个兆头；对阿尔卑斯登山俱乐部的那些贵族来说，希望推销和普及登山运动是一个不可思议的目标。后面各国出现的登山俱乐部无疑都是精英阶层的俱乐部，聚集的都是全国著名人物，但毕竟比以前要开放一些，开始在地方分部接收大批阿尔卑斯山中市镇里的中产阶级。1863年，在尚贝里诞生了“多菲内旅行家协会”，这个协会制定了章程，它想要：

使全国人民和外国人都认识和欣赏萨瓦省。[1]

1865年创建的、由比利牛斯人组成的拉蒙协会具有相似的目标。[2]

“通过大山，热爱祖国”，这是法兰西阿尔卑斯登山俱乐部1874年

---

[1] 《萨瓦的法兰西阿尔卑斯俱乐部的开端》，第15页。萨瓦游客之家由一些萨瓦名人（梅纳布雷亚、梅米洛德等）所创；俱乐部制定了一部有17个条款的规章，出版了《阿尔卑斯通讯》，成员多达45名，1875年并入法兰西阿尔卑斯登山俱乐部。——原注

[2] 参见贝拉尔迪的《比利牛斯山百年史》，第三卷，第69页。——原注

诞生时选定的座右铭，它很明确地表达了对1870年的失败[1]所作出的爱国主义反应。儒勒·米什莱的书《大山》于1867年出版，是这位历史学家系列著作的继续；他在书中用饱蘸诗情的妙笔，讴歌了作为最天然国界的阿尔卑斯山和比利牛斯山，并指出这种天然边界是使法国变得伟大的因素之一。共和主义者儒勒·法福尔[2]的选举资料翔实；这位法官应博讷维尔自由派的请求，被突然安插在上萨瓦省参选。令人惊讶的是，他参加选举并非出于政治目的：他宣称他的祖父是一位上萨瓦人；面对官方候选人对这种感情流露的讽刺，儒勒·法福尔用一段多情的信仰表白来进行反击，他颂扬“伟大的山峰”“美轮美奂的萨瓦”[3]，而萨瓦则是法兰西阿尔卑斯登山俱乐部的真正摇篮。正是1870年在艾克斯的温泉度夏期间，法国矿业总工程师米歇尔·德·比利、地理学家和旅游指南作家阿道夫·若阿纳相见了。后来，他们二人撰写了法兰西阿尔卑斯登山俱乐部的章程并开始招募俱乐部成员；普法战争爆发时，俱乐部已经有了40位成员。事实上，1874年的宣传是战败后的一次重复宣传，富有国家大事的色彩：人们又见到俱乐部的创始人，但后者被淹没在一群上流社会的名流之中；上流社会和政治名流们出资创建了另一个俱乐部，其中真正的登山运动爱好者只占少数[4]。德·比利被选为主席，但很快布里昂松的议员塞尚就接替了他。1874年，俱乐部的946名成员分成两组：一组是巴黎人，占了一半，全都是“名人”；另一组是“阿

[1] 1870年爆发的普法战争，以法国战败告终。

[2] 儒勒·法福尔（1809—1880），法国大法官、政治家。

[3] 参见吉绍内《儒勒·法福尔1869年在上萨瓦省的竞选战》，载《历史手册》，第一卷，1956年，第65—102页。——原注

[4] 读一下俱乐部巴黎成员的名单，人们可以看到这少数几位成员代表着一个伟大的事业：三位奥尔良亲王，好几位作家（从大仲马到乔治·桑）；一些将军和国会议员，一些学者，一些艺术家和建筑学家（居斯塔夫·多雷、维克多·普伊瑟、夏尔·加尔尼埃）；所有阿尔卑斯山本地成员，其中最著名的是：罗什伯爵和拉塞拉兹侯爵、科斯塔·德·波尔加尔侯爵、夏尔·德·阿斯尼埃尔侯爵，银行家安东尼奥兹，还有一些省长和副省长、大法官、森林总监官。隶属意大利的萨瓦名人如梅纳布雷亚将军也参加了萨瓦的法兰西阿尔卑斯登山俱乐部。——原注

尔卑斯人”组，构成尚贝里-格勒诺布尔-加普-布里昂松分部，它们的成员中有名流，也有真正的登山实践者。

因此，法国的登山运动兴起并不像人们常说的那么晚。阿尔卑斯登山俱乐部成立后的十到十五年后，欧洲登山运动几乎同时普及开来。于是：

——1862年，在维也纳，成立了奥地利阿尔卑斯登山俱乐部；

——1863年，在奥尔滕，成立了瑞士阿尔卑斯登山俱乐部；

——1863年，在都灵，成立了意大利维索-阿尔卑斯登山俱乐部；

——1869年，在慕尼黑，成立了德国阿尔卑斯登山俱乐部；

——1869年，在艾克斯，起草了一部法兰西阿尔卑斯登山俱乐部的规章提纲（成文法规），1874年1月正式发布。

像英国登山俱乐部一样，这些社团都被看成是阿尔卑斯登山俱乐部，并且都属于精英俱乐部；不过和阿尔卑斯登山俱乐部不同的是，这些俱乐部都是以国家的名称来命名的，即使他们诞生在“外省”，譬如巴伐利亚州、皮埃蒙特大区，甚至是在萨瓦地区——法兰西阿尔卑斯登山俱乐部规章的起草之地。

与此同时，而不是在阿尔卑斯山和欧洲其他高山登山俱乐部出现之后，登山爱好者、运动员，还有学者，都在自己所在的省份组建俱乐部。所有这些俱乐部的成员不断增加，他们的精英色彩明显比不上法兰西阿尔卑斯登山俱乐部。所以从1863年起，在法兰西阿尔卑斯登山俱乐部之前，在尚贝里就诞生了“萨瓦旅行家协会”，这个俱乐部后来成为法兰西阿尔卑斯登山俱乐部的一个分部。1875年5月，格勒诺布尔的城市中产阶级创建了“多菲内旅游者俱乐部”，它拥有自己的专业杂志，经营自己的、“排斥巴黎人”的高山小屋，拒绝和法兰西阿尔卑斯登山俱乐部合并。格勒诺布尔人菲利普·布尔多明确强调第三共和国统治下的这些多菲内阿尔卑斯登山俱乐部充满勃勃生机。

法兰西一侧的比利牛斯山早就有了自己的登山协会。1865年，在巴涅尔德比戈尔诞生了“拉蒙协会”，以约翰·罗素[1]为首的英国人曾在这个登山协会中扮演重要角色；这个登山协会的成员最初是以学者为主的。1865年诞生的“汝拉山俱乐部”、“维埃纳旅游者Q俱乐部”（创建于1869年）、“孚日俱乐部”和“施泰尔马克[2]高山之友协会”（1869年）聚集了许多徒步旅游者，它有着明确的实用性目标：修整道路和高山小屋。其他中部欧洲的俱乐部在这些考虑之外还增加了“建立民族自豪感”：奥地利蒂罗尔地区的意大利人于1873年在多洛米蒂山创建的“特伦蒂诺[3]阿尔卑斯协会”便是如此；还有如1873年匈牙利裔人创立的“喀帕苏斯[4]的凯尔斯马克俱乐部”，以及“阿尔卑斯山塔特拉山脉克拉科夫[5]俱乐部”（加利西亚[6]的波兰人曾说他们也有……自己的阿尔卑斯）。

这些地方性协会在城市平民中招募会员，所以他们的人数相当可观：多菲内旅游者俱乐部成立时便拥有500名成员，相当于法兰西阿尔卑斯登山俱乐部成员人数的一半。但接下来，这些地方性协会发展缓慢，因为它们不到家乡之外发展。各国的俱乐部也由于需要入会介绍程序而限制了扩张；保持其精英性质是根本原则，就是不要把登山家与旅游者混为一谈。1912年，柯立芝给出了阿尔卑斯登山俱乐部成员的统计数字。直到那时，最早建立的阿尔卑斯登山俱乐部的成员仍然是最少的，仅为13000名，比其他国家性质的大俱乐部的人数都要少。这并不反常：因为唯一不显示国籍的阿尔卑斯登山俱乐部，也是唯一保持精英身份的登山俱乐部。

---

[1] 约翰·罗素曾多次担任英国首相。

[2] 奥地利的一个联邦州，位于奥地利的东南部。

[3] 意大利特伦蒂诺-上阿迪杰的一个省。

[4] 希腊东南部爱琴海岛屿，为十二群岛中第二大岛。

[5] 克拉科夫为波兰著名旅游城市。

[6] 西班牙一地区。

五、霞慕尼及其旅社、向导和冰海冰川

这个标题就像一个久远的广告一样响亮，它显示出霞慕尼的知名度拥有坚实的基础；从18世纪起，霞慕尼就占据并一直保持“阿尔卑斯游第一目的地”的位置。1850年，法国作家、记者阿梅德·阿夏尔就确认了它的这种名气，他说：

> 从前，霞慕尼只是一个山谷；如今，它是一座旅社。那里到处都是小木屋，还有十来栋根据威廉·退尔的描述仿造的茅草房。但是人们在那里见得最多的是很宽敞的旅店；至今已有十五万英国游客到过那里。这些旅社中的每一座似乎都能住下一个村子的人，要是再稍微费点心，简直能住下全省的人。那些出资建造这些旅社的投机商知道，欧洲的那些王国、帝国和共和国的人们都会去霞慕尼旅游……欧洲给了他们这个理由。全欧洲，去了它（霞慕尼）那里，又从那里回来。[1]

此话说得太早，因为19世纪中叶，霞慕尼仍然是贫穷的福西尼的一部分，样子十分简朴，是用于承接流亡贵族的；1848年，圣热尔韦的主教训谕只有11586位居民聆听[2]；他的8个教区，包括圣热尔韦镇都只是些平庸的小村子，其中的一些房子也不是古屋，而是屡遭火灾后不断重建的；1855年，霞慕尼一共有25座房屋被烧毁。新建旅店的砖石结构房屋，与版画及摄影作品中的旅社形成鲜明的对照。

19世纪下半叶和20世纪初，霞慕尼的惊人变化发生在山谷深处的狭小空间中，那里出现了许多当地风格的房屋，它们没有变化，仍然是

[1] 阿梅德·阿夏尔：《艾克斯莱班小镇一季》，1850年，第277—278页。——原注

[2] 参见吉绍内《1848年的福西尼》，第16页。他引用了1838年的统计数字和《1848年的雷格诺日历》。——原注

山间小木屋，数量很多，有部分是新建的；还挤进了一些高大的砖石结构房屋，高达三到五层，这些新建的旅店没有任何一栋想要尊重当地的风格。各种旅游设施都建在旁边。没有“新霞慕尼”，而那个时期，已经有了一个“新尼斯”。在霞慕尼，没有英国街区；1860年建造的一座英国圣公会教堂是唯一的一座英式建筑，建在蒙当维尔的公路旁的牧场中央，等待从冰海冰川回来的旅游者，而且还在旁边建了一处墓地，以便安葬在山上遇难的死者[1]。1860年，《霞慕尼的两教堂》一书将两座都建在村子外的宗教建筑进行对照：隐修院照护“天主教徒”，英国圣公会教堂则陪伴旅游者。

从19世纪中叶开始，接待功能变成霞慕尼最重要的功能；主要的劳动人口都在酒店和商店工作，至少导游或者挑夫有一部分时间都在干这些。初看起来，这应该是勃朗峰和冰海冰川“旅游神圣化”的结果。人们经过思考，惊异地发现这种升华只对霞慕尼十分有利。从萨朗什到瓦洛西讷镇[2]山的大小村子里都没有旅店服务业，只有一个寒碜的乡间客栈。不过大多数时候——在圣热尔韦、莱苏什[3]、勒普拉兹[4]——都有明媚的阳光，都可以看到激动人心的勃朗峰美景，和一些可利用的土地。在第二帝国末期，霞慕尼的土地就不够用了；旅店周围无法进行修整。可那时在比利牛斯山的高山温泉疗养地[5]，巨大的英式花园已经占据了许多空间。和在科特雷一样，那些导游等待着远足旅游者再回来：在霞慕尼，旅游者到这里来是为了去攀登冰海冰川，是一种“写生式”

---

[1] 1856年，一位圣公会牧师向马蒂约·德萨尤购买了一块地，然后发动英国游客认捐，得到足够的钱建了一座小教堂，其风格非常接近同一时期在戛纳和耶尔的圣公会教堂。在旁边的墓地中，安葬着遇难的登山者（如1866年遇难的阿克莱特）；还有受伤下山后在病床上死去的登山家如温伯，也长眠在这个村子里。——原注

[2] 法国上萨瓦省东部的一个市镇，和意大利接壤，属于博讷维尔区。

[3] 法国上萨瓦省东北部的一个市镇，是距离勃朗峰最近的城市之一，属于博讷维尔区。

[4] 霞慕尼一小山镇。

[5] 参见泰纳：《比利牛斯山之旅》。——原注

远足或攀登；他们会在山下等待好天气。整个19世纪期间发展起来的旅店，接待能力得到极大的提升，满足如潮水般涌来这里进行短期度夏的游客的需求。这些越来越富有的游客对旅馆的服务要求变得更高了；旅馆的舒适度也越来越高。许多先驱店家做出了榜样：古特朗家的儿子将他母亲的客栈改建成了“英格兰酒店”；与此同时，泰拉兹兄弟就将他们的客栈改建成“伦敦城酒店”。选择这些店名是因为它们更加“有发展潜力”。在“撒丁岛式酒店”盛行时期，其他霞慕尼著名导游家族创建了“联合酒店”[1]，还有和约瑟夫·泰拉兹合资建的“塔楼酒店”“桂冠酒店”；还有另一个姓泰拉兹的维克多在1846年买下了两家老旅店，将它们拆除重建成一座更豪华的大酒店，取名为“伦敦和英格兰大酒店”，以此招徕英国富人顾客。19世纪中叶，一位德裔瑞士人登上了舞台，他就是费迪南·艾森克拉梅尔。他的人生就是一个传奇般的“成功故事”，就像19世纪旅游史所提供的许多例子——尤其是在瑞士——那样。1838年，他还是一名旅社员工，就开始筹划租赁经营“联合酒店”，后来他把这座酒店买了下来，做了改建，让它适合英国人的口味；默里的旅游指南对其大加赞赏。他和一位遗产继承人亨利叶特·西蒙的婚姻使他在霞慕尼顺利扎下根，他在那里买下了“塔楼旅店”，把它更名为“皇家酒店”。1860年，他创建了霞慕尼“酒店集团”；他的财团从日内瓦人那里买下了泰拉兹遗孀新建的“帝国酒店”。到了第二帝国末期，只剩下“伦敦和英格兰大酒店”和几个小客栈逃脱了艾森克拉梅尔的吞并。1880年艾森克拉梅尔去世后，他的企业集团垮塌了，所有酒店一个接一个被卖掉。

霞慕尼就是这样经历了它的酒店业的第一个辉煌时期，和“大兼并时代”基本同步。第二个辉煌时期紧随其后并且和第一个很相似，受到新建铁路的刺激，铁路建到圣热尔韦，接着通到霞慕尼，最后于1908

[1] 联合酒店由夏尔莱兄弟和西蒙合伙经营。

年到达蒙当维尔[1]。趁此机会，20世纪初的霞慕尼酒店业变得更加奢华，但总是被瑞士人，尤其是日内瓦人控制；豪华装修和舒适设施也是典型的瑞士式的。除了少数客栈，20世纪初大部分酒店——比起1870年左右增加了两倍——和之前的类似酒店之间有着许多共同特点；主要的不同是顾客的不同；旅游指南会标识出英国游客钟爱的酒店——所有的老式酒店——和其他如德国、美国等国游客喜欢的酒店的特色。它们的价格都非常接近：在第二帝国时期，酒店房间每晚2法郎，一顿午餐1.5到2法郎，但是晚餐要翻倍，这种差异表明这里的英国游客占多数。这些酒店大小不同，有的可以让50余位游客住得很舒适。每一家都在一楼设了许多会客间和那时常见的“外国游客沙龙”。这些酒店还订了外国的报纸，安排有娱乐活动，让游客遭遇坏天气时可以打发时间。这些酒店是“本国游客和外国游客云集之地”，正如法国学者路易·维尼埃抱怨的那样：

> 这些酒店由股份集团创立和经营，由那些来去不定的经营者团队、饮料供应商、厨房小学徒和仆人管理，他们在英国人和德国人面前卑躬屈膝，在其他国家游客面前傲慢无礼，常常被人指责，说他们是一些……市井小人。[2]

霞慕尼的扩张是自然发生的：只需要一个阿尔卑斯乡村客栈常见的拉丁十字架就可以做出一个简单的方案；第一家酒店是在采尔马特镇开始建的。有的酒店集中建在有人居住的山间激流一侧，有的集中建在一个自然形成的“交汇点”。很简单，霞慕尼正好位于萨朗什-马尔提

---

[1] 参见《默里旅游指南》《贝德克尔旅游指南》的“瑞士”部分，或《瓦洛旅游指南》的“霞慕尼-勃朗峰”部分，第110页。——原注

[2] 维尼埃：《一位老游客的绝密文件》，1886年，第1卷。——原注

尼公路和从普利厄雷隐修院下来通往阿尔沃河上唯一的“庭院”桥[1]之间的小路的交汇处，当时那里只有这一座桥，把通往冰川的道路连接起来。霞慕尼人把他们的这个地方叫作巴尔马，大大提高了它的身价；从1838年起，他们就准备在这里建一座“大人物方尖纪念碑”，其中为索绪尔当过向导的巴尔马的雕像在其诞辰百年纪念日才得以落成[2]。1860年，霞慕尼人为庆祝酒店大合并而建了一个纪念性喷水池，它一直存在，具有很强的象征意义。商业和服务业集中围绕着中心广场：开始有了一家银行，接着又开了一家[3]，还有一个邮局、一个比松照相馆、一个矿物陈列馆、一间瑞士钟表店、几家女士美发店，还有在帕卡的故居上建成的自然历史博物馆。这样的特种商业集成设施与一个普通山间小镇的体量是很不相称的。于是，霞慕尼于1865年就成了这个地区的首府，而且于1869年拥有了一条可以通行车辆的道路。

这些商业设施和新式酒店满足了游客们的需要。相反，旧的服务如向导、挑夫、小酒馆和小客栈则开始受到批评，尤其在撒丁时代不断被人抱怨；在第二帝国时代，递交给博讷维尔专区区长的请愿书引起了驻当地专员卡特林的重视。游客们在路上、酒店里，在街道上都会受到霞慕尼当地人的滋扰，当地人总出来找游客，带他们远足或登山。在路上，游客常常突然遇到“意外”，而回来后，他们常常被要求在原来谈好的价格上再额外加钱。不过这种很早以前就被人诟病的事在1821年霞慕尼导游公司成立后就消失了。世界上最早出台的旅游法规——1823

[1] 此称谓起源于中世纪；普利厄雷隐修院的本笃会修士建起了这座小桥，方便回到他们的“庭院”——他们的领地。——原注

[2] 1838年和1856年的建碑募捐均未成功。——原注

[3] 第一家英国银行开在“英国酒店”里，接下来的1875年，在一家始于1834年的魁北克式“百货店”之后，“帕约”银行开张。这样的银行业升级在格勒诺布尔（费拉杜银行和拉菲内歇尔银行）、尚贝里（香布尔银行）、阿讷西（夏博奈和莱德尼埃银行）开展起来；但所有这些银行在20世纪60年代都消失了。参见拉巴斯的《资本与区域》（1955年）以及雅克·帕约（帕约银行第五代）提供的信息。——原注

年颁布的“埃贝尔导游法”这样写道：

> 此法规保护旅游者在旅游中免受强制消费之困扰。[1]

这部法规并没有得到很好的遵守，因为游客们的抱怨仍在继续。撒丁当局，接着是法国当局又先后于1852年、1859年、1869年颁布了其他的法规。法规主要用于整顿秩序：旅游公司建立一个持证导游名单，他们都是霞慕尼人，但他们必须按名单顺序“排队”出发给人做导游。导游领班有责任使法规得到遵守，但很少能达到目的，因为游客有自己的喜好，导游们则用各种手段混入其中。于是，在1859年，人们给了女性游客一个优待，她们可以挑选自己喜欢的导游，这反而让霞慕尼的导游垄断了导游市场。我们只要列出1833年导游名单上的19位导游的名字就够了——帕卡、巴尔马、德沃阿苏、帕约、库泰、西蒙、夏尔莱、卡里埃、图尼埃。这几位导游理论上提供了“道德高尚”、“身体健康”（他们必须提供健康证明）、技术能力（他们在登记上岗前必须经过一系列能力测试）上的保证。他们的职业是不分季节的；他们必须年满18周岁，最大年龄为60岁；登山路途是分类和规定了价格的；这些线路的导游有人数和报酬最低规定。登勃朗峰的导游是最贵的，每一位游客至少必须有四名导游，每位导游40英镑酬劳。其他特殊线路，例如勒雅尔丹[2]、比埃线路，一位游客至少两名导游，每名10英镑酬劳；所有其他一般的、最容易走的线路，譬如蒙当维尔，一名游客就只需一名导游，返回后只需支付7英镑即可。1800年之前，游客们似乎没有想过要撇开导游，但有人试图贪便宜，雇佣瓦洛西讷[3]和圣热尔韦的山民或

[1] 埃贝尔：《瑞士旅游手册》，巴黎，1834年。——原注

[2] 法国科雷兹省中部的一个市镇。

[3] 法国上萨瓦省的一个市镇，位于该省东部，和意大利接壤，属于博讷维尔区。

非官方向导；在19世纪中叶，这些人都是霞慕尼导游公司的强大竞争对手。这类竞争直到今天还在继续，现在还有些非霞慕尼本地人创建了与老公司竞争的导游公司。

应该质疑这种竞争角色和注册体系吗？吉绍内引用了1848年夏霞慕尼人泰拉兹的一封信，泰拉兹批评道：

> 这个规定对大部分人有害。最好是让每个享有公民权的个人都可以自由做导游，然而一个60来人的队伍就要霸占整个导游市场，就是这样的局面制造了今天导游与非导游之间的仇恨。[1]

导游的人数从1830年的19人增至1848年的60人，到第二帝国末期达到100余人，此后增长缓慢；传统的徒步旅游，例如冰海冰川远足已不再受重视——这是贝德克尔和其他人于1870年证实的。最受不了这种规定的是挑夫们，他们会粗鲁对待顾客。卡特林曾于1867年引用过一位英国圣公会主教的抱怨：他的妻子雇了4名挑夫，抬着她上蒙当维尔山；雇用的人数是合规的，可是挑夫们在半路上把她放下来，说她"太胖了"。卡特林制裁了他们，将他们从挑夫名单中清除。甚至连骡子也被纳入法规管理：从5月开始，经过评审委员会审定的200头骡子在霞慕尼的山里鱼贯行进。这个仪式从头一天上午8时持续到第二天凌晨3点，显示旅游季的开始。

在霞慕尼旅游的游客经常投诉客栈"宰客"——那个时候就已经在使用"宰客"这种说法了。有些游客怕在山上的时间段看不到什么好风景，于是带上各种必需品，以免到山顶后需要加购服务。价格很贵：占一个位子4法郎，1升红酒6法郎。这种倒霉事就在蒙当维尔的山间小屋被荷兰亨利王子遇到过：他和夫人萨克森-魏玛公主拆包取出自己准备

---

[1] 转引自吉绍内的《1848年的福西尼》，第79页。——原注

的食品，小木屋主人卡夏知道他们的身份，于是很不客气地对他们说：

一些英国人给的钱比你们给得多……你们最好永远也不要再来。

卡特林处理这个投诉时很为难。最后，他责罚卡夏赶到马蒂尼向正要离开的王子道歉。但是他怀疑这是不是惩戒的最好办法：

霞慕尼人对这样的警告并不在意，因为这不会对他们的钱包造成任何损失。

他们认为自己有权用任何方式向他们的顾客要钱。1863年在勃朗峰博松冰川的客栈老板米歇尔·帕约那里就出现了这种情况：他在附近的冰川发现了哈梅尔旅游队遇害者遗留在那里的一只“圣物手”和一只“圣物脚”，这个旅游队是于1820年在勃朗峰失踪的。米歇尔·帕约“将它们放在灵酒瓶中”，“向游客收费展示”，“游客们对这种竟然容忍如此阴森恐怖场景的事情十分愤慨”。卡特林专员证实了此事，他希望将这些遗骨安葬了，但帕约不同意，并告到了博讷维尔专区区长那里。

现在，警察局长要求卡特林收回成命（原文如此）……

有许多游客来看这个纪念物。最好马上去预定参观，因为价格已经涨到25法郎了，这是维护费。[1]

首先，这件事揭露了一个“钻在钱眼里的”霞慕尼人。但其次，这

[1] 1867年帕约的申诉和卡特林给博讷维尔专区区长的报告。参阅上萨瓦省档案“霞慕尼Z卷”。此次事件僵持了多年。——原注

件事表明从18世纪起，“冰川的情结”一直在持续。[1]在壮丽的冰川中间找寻阴森，这是在“检验”大山的魅力，看它是否存在美丽与恐怖之间的辩证关系。

无论怎样，冰海冰川在整个19世纪和20世纪初都是最大的旅游魅力所在。1867年卡特林的一份报告列举了霞慕尼主要的登山和远足线路[2]。我翻阅了19世纪下半叶20来卷导游手册汇编资料，与我在档案馆员阿维祖那里得到的资料记载进行了比照[3]。一切都指向一个目标，即建立一个星级分类标准：

——蒙当维尔，四星，一直被列为最值得看的景点。卡特林说它有1066条登山线路，那里每户人家拥有3.5头骡子。

——勒雅尔丹，二星，仍是被看好的备选旅游地，尽管有些旅游指南认为那里有诸多不便。登山线路为36条。

——勒沙坡，一星，冰海冰川游的备选地，适合那些希望从勒拉尔当榭出发轻松登山的游客。登山线路6条。

——阿维龙河的源头，二星，几乎总是被推荐，因为它的壮丽美景。它没被看成是一条登山线路。

——勒布雷旺，二星，尽管入口处很难走，但它是阿尔沃河另一侧的观景台，常被推荐。登山线路92条。

——福来热尔十字架，二星，拥有勒布雷旺的一切功能，但入口没有那么难走，所以很受女游客青睐，维尼埃于1840年这样说过。第二帝国时期，福来热尔从二星升至三星。登山线路137条。

[1] 迪恩·麦克康奈尔：《旅游者：休闲阶层新论》，纽约，1976年，第71页。——原注
[2] 《卡特林的报告》，“霞慕尼Z卷”，上萨瓦省档案馆。——原注
[3] 阿维祖：《霞慕尼山谷的游客》，第2页和21页。——原注

——博松冰川，二星，到了霞慕尼后，冰川在这里开始下坡，它因勃朗峰光影流溢其上而备受赞美，激发人们到此一游的兴趣。

——南针峰[1]，较少被提及。

——歇德湖，二星，还有塞尔沃兹大峡谷，在前往霞慕尼的路途中，会给人留下两段必不可少的、印象强烈的时光，这与经常被引用的圣热尔韦浴场的宁静氛围形成鲜明对比，可是好像还没有对游客发出参访的召唤。

——巴勒莫山口，二星，被列出，并有简短描述，从这里出发去马尔蒂尼的游客是很少的，只有差不多五分之一。因为经过这个山口是一段很艰难的路程，就是这个原因，冲淡了这些山的美景。瓦洛西讷以上就很少有描述，比埃山口被忽略，那里能看到的远比在勃朗峰能看到的要少；很少有人攀登它，因为它会给你带来太多的疲劳，得到的却是零荣耀。卡特林的报告只一次提到比埃山口，但却168次提到巴勒莫山口。

——勒沙坡5次被提及，勃朗峰周边5次被提及；在1870年左右，在这些景区远足无疑被认为是很艰苦的，满意度却很低。

冰海冰川之旅具有压倒一切的优势，远在蒙当维尔铁路修通之前就已经是这样。这种旅客流的存在甚至让资本家蜂拥而至：他们不惜重金建造复杂的机器，因为他们确信能从中赚到大笔的金钱。从几十年的经营业绩上看，他们没有失算。所有最著名的浪漫主义作家都来过霞慕尼和周边地区，十分卖力地歌颂它；维克多·雨果在发行量很大的《两世界杂志》上大胆地用巴洛克嫁接法来比喻：

[1] 南针峰是法国阿尔卑斯山勃朗峰的一座山峰，海拔3842米。

勒德鲁[1]在方尖碑上……霞慕尼山谷在大自然奇观的办事处里，在上帝的实验室里，他说着阿尔卑斯山上的可怕风声和那一队牧人歌声之间的差异；他感叹：

萨朗什山谷啊，一座剧院，
塞尔沃兹山谷啊，一座墓园，
霞慕尼山谷啊，一座圣殿！[2]

读过雨果、诺迪埃、大仲马等作家的游客一到冰海冰川，就不由自主地马上在他们的游记、“大自然圣殿”的来宾簿、酒店的登记簿上[3]记录下他们的万丈激情。“惊愕”、“狂喜”、“恐怖与卓绝”、“我一生中最美的一天”（语出佩尔雄）……这些词句常常会在游客笔下重复出现。但是很少有很简练的题词，只有一位年轻的英国人于1836年的题词是个例外，得到皮西斯的欣赏：

眼见了，心动了！[4]

最常见的是一些蹩脚的诗句。但一位名叫奥热罗的游客是值得称赞的，因为他的诗激起了自然史学教授阿尔封斯·德·奥热罗在冰海冰川上的灵感：

面对这可怕却壮丽的大自然美景，
我怎么会没把奥迪儿和孩子们带在身旁？

[1] 法国画家。
[2] 《两世界杂志》，1831年，第三卷，第397—402页。——原注
[3] 参见《霞慕尼山谷游指南》，1836年。那座神庙建于1785年，已经开始毁坏。蒙当维尔的酒店建于1840年，那时就开始有游客在它的住店登记簿上记载自己的感受。——原注
[4] 皮西斯：《旅游记忆与感受》，1836年，第75页。——原注

让他们在我的声音中找到热切的共鸣，
让他们和我一起享受我的震撼。[1]

可是在享受之前，需要先攀登。攀登蒙当维尔或者勒布雷旺是19世纪所有旅游指南都推荐的项目，尤其是令人印象深刻的艰难的徒步攀登。1841年，有位来蒙当维尔旅游的“时髦游客”回忆道：

艰难的路程！你想象不到在羊肠小道上走三个小时有多苦。[2]

19世纪中叶，大部分去蒙当维尔山的游客都骑骡子上山；山路已经过数次整修，尤其是1860年为了迎接皇帝拿破仑三世的到来[3]。有些贵妇人则让人用轿子抬着她们上山。[4]那时冰海冰川凹陷得没现在那么深，所以进到冰海冰川还是很容易的。可是要穿过那些冰海冰川裂隙是更需冒险精神的，游客不带向导不能前往。欧仁妮皇后[5]去游冰海冰川时甚至带了60名向导，向导们在冰川上凿出梯级，警惕地注意着前进的每一步。比松的一张照片展示了1860年这个皇家旅游团：

在冰海冰川最高的冰浪上，
皇后扭动着身子向前冲，所有人都奋力紧随其后。
有人崴了脚，有人伤了脸，众人大笑……
冰浪太尖，皇帝都难以立足。[6]

---

[1] 阿尔封斯·德·奥热罗：《登阿尔卑斯山》，1836年，第75页。——原注
[2] 参见艾尔维厄的《一位游客的回忆录》，1841年，第6页。——原注
[3] 现在这些行程都需步行。参见《瓦洛旅游指南》，第222页。——原注
[4] 如《芒热旅游指南》那样的指南上都记载了这次冰海游的价格。——原注
[5] 拿破仑三世之妻。
[6] 参阅保罗·帕约的《在勃朗峰的国度》第69页。——原注

小心谨慎绝不是多余的。所有的《旅游指南》都强调山地游的危险性；新闻媒体详述所有的事故；霞慕尼的警察局长向博讷维尔专区区长提交事故报告。仅仅在1868年夏天，卡特林就报告了好几个游客的死亡：康巴塞雷斯伯爵在巴尔姆遇难，向导米歇尔·西蒙在艾吉耶峰遇难，斯蒂文斯小姐在阿维龙遇难。可是所有这些游客都有一到数名导游，事故的发生应该有别的原因：康巴塞雷斯伯爵遇难那天吃得太饱，而且喝醉了；另外两位是因为山石坠落而亡，被看成是不可避免的偶然事故[1]。这些发生在马特洪峰的事故足以证明，登山的危险不仅仅与线路的难度直接关联，更多的是因为大意所致。这就是卡特林不断在霞慕尼的《蜜蜂报》上提醒游客需要注意的；他开始“对女性登山者不方便的着装开战”，揭露“短裙和硬布裙不仅影响登山，而且在登山时会造成危险”。

霞慕尼游客数量的增加并不是持续性的。从1821年的3000人增加到1846年的8000人[2]，接下来直到1860年都增长缓慢，但从这一年起，由于旅游公司的合并和皇帝的到访，人们对登山活动的兴致又被激发起来。卡特林精确地统计了1867年夏季的游客数字为12185人，其中英国游客占40%，美国游客紧随其后，占25%，法国游客占20%，德国和普鲁士游客占10%。这些登山者80%都是享有年金或定期收益者和“地产业主”。这个数字远比南部的温泉游和过冬游的数字高。

1870年到1900年之间，旅游增速放缓，而且几乎没有新增的酒店，除圣热尔韦铁路外没有新的铁路，这也是影响游客增加的障碍。1901年，一条新铁路（窄轨）在霞慕尼建了车站；蒙当维尔也于1912年通了铁路，大大便利了去往冰海冰川的明星景点的游客。1901年到1914年之间，霞慕尼有了12家酒店，还有好几家旧式客栈进行了升级

---

[1] 卡特林专员的报告，分三次报告了这些事故，它们分别发生在1868年的7月和8月。参见上萨瓦省档案馆资料。——原注

[2] 参见热克斯神父的《在法国所属的阿尔卑斯山中》，第225页。吉绍内的《1846年的福西尼》，第78页。——原注

改造，有几家酒店还建了中央供暖设备；霞慕尼是全法国高山旅游点中第一个推出冬季体育运动项目的，第一个组织高山滑雪和雪上速降比赛的。新酒店建设发起人都是霞慕尼人（卡夏、西蒙），他们得到了帕约银行或已组成金融集团的日内瓦银行的帮助。霞慕尼的第二个繁荣期和第一次有很多共同之处，它很短暂，因为战争于1914年卷土重来；而游客大多数都是外国人，占了三分之二，1910年到1914年之间达到35000人。游客们主要住在豪华的大酒店里，那里更加舒适，更适宜长期住宿。去冰海冰川远足成为不可逆转的趋势，此外还有许多登山游和徒步旅游。我为1870年这个时间段的景点做了一个分类，发现那时的星级酒店很少。1910年至1930年，旅游指南对许多山峰和景点做了分类，它们中许多都被赋予了星级：勒沙坡、勒布雷旺、巴尔姆山口、勃朗峰环游等，或者享受到特别待遇，连福来热尔、若里峰、博松冰川等都被旅游指南确定为可以独自攀登的景点。

勃朗峰仍然是最重要的登山游目的地；从1908年开始，一条齿轨铁路将游客带到了沃扎山口的圣热尔韦，正常的线路经过了古特针峰。勃朗峰不再是许多高峰——比如南针峰——中唯一被描述为可以在导游带领下进行攀登的高峰；1920年之后，就有人第一次尝试在南针峰建设一条空中索道。

这种旅游方式多样化的结果是：勃朗峰地区的小村庄或小村落也增加了酒店和客栈；有的时候，那些小村落里也有一些很舒适的酒店，甚至拥有比霞慕尼的酒店还要广阔的视野。圣热尔韦的温泉旅游地战胜了1892年的洪水，以后就渐渐成为季节性温泉游目的地和徒步旅游出发地。上萨瓦省离勃朗峰最近的村镇莱苏什、勒普拉兹、阿让蒂耶尔、瓦洛西讷都建有自己的客栈，但游客们还是比较青睐霞慕尼。1920年以后，旅游业恢复得很快，但还没有大的飞跃；霞慕尼不再兴建酒店；唯一的旅游新设施就是勒布雷旺的空中缆车（1925年）。霞慕尼在冬季运动旅游方面遇到新来者的竞争：罗斯柴尔德家族[1]和比利时国王和王后一手推动的梅杰夫滑雪胜地享有盛名。于是山地魅力游的历史又翻开了新的一页：冬季体育和滑冰运动的宣传广告越来越常见，夏季山地旅游游客增加，游客的成分越来越多样混杂。1930年到1970年是霞慕尼旅游业的艰难时期。

六、山地旅游总结：疗养地与村镇

我有很多山地旅游村镇和疗养站的资料，可以编成一本冗长的专题集。各种山地旅游方式都在霞慕尼和它的周边地区出现，包括圣热尔韦的温泉游。可以说冰川旅游热、“勃朗峰瘾”和霞慕尼过早的旅游认可都显示出了一种进化意义。简要回顾一下整个阿尔卑斯山和其余高山，就能快速做出几个简单的总结报告，列出旅游发展的阶段，测算出相互间的差距。

1741年是一个象征性的年份。自从温德姆到蒙当维尔旅游之后，到冰川旅游就变成了一种精英行为。霞慕尼和伯尔尼高地的格林德瓦是欧洲的两个因冰川而驰名的村子，也是在这个海拔高度上唯一拥有乡间客栈的村子。“勃朗峰的发现”是从霞慕尼开始的，它就是这样引领着其他的村子。在19世纪上半叶，最值得前往的山地旅游景点名气已经确立。人们从旅游指南和游记中可以看到，这些景点在不断增长并分成不同的等级：领头的是冰海冰川，接下来是加瓦尔尼的冰斗——这两个在浪漫主义时期出了名的旅游胜地被列进了“瑞士”和“比利牛斯”这两大神话般的山岳群里。

接近1840—1850年期间，那个被称为“瑞士”的地方成了一个“经典的旅游之国”[2]。圣伯夫创建了一个一目了然的方程式：假期＝瑞士

---

[1] 罗斯柴尔德家族是欧洲乃至世界久负盛名的金融家族。

[2] 见道尔的《游记》，1843年，第1页和第261页。——原注

游[1]。所有浪漫主义者的游记都有自己关于冰海冰川、巴尔马、瑞奇峰和莱茵河瀑布的“英勇惊险小故事”。19世纪最有名的旅游指南都会有（再版次数最多的）瑞士专卷，其中给了萨瓦地区较大的篇幅。1848年，意大利学者大卫·贝尔托洛蒂因此确认了这种“深渊与顶峰爱好者”的新嗜好[2]：

> 阿尔卑斯山的经典之地，夏季游的极佳享受，这个山地之国是留给人们最长久、最珍贵记忆的地方。它被欧洲最高的高山俯瞰，萨瓦所有的山岭在这里集结。它的周围也布满尖峰和花岗岩山冈；长长的冰川的反射光投在花岗岩上，砸成碎块，一直撒向山谷旁边的绿色的森林。巨大的冰窟，瀑布，无与伦比的美景，清澈的山泉，迅猛的水流，外界从未见过的动物，极其罕见的阿尔卑斯植物；时而惬意，时而让人敬畏的感觉无休无止交替袭来；总之一句话，阿尔卑斯所有的神奇都集中在这片不算大的地方。

这里提供了一幅将宁静崇高和惊心动魄并列展示的阿尔卑斯画卷。霞慕尼拥有这些高峰中的大多数，包括最高的山峰，是游客们必游之地；1870年，有三个酒店的格林德瓦被甩在了后面，因为那些旅游指南提到那里的冰川时非常刻薄，说那里“雄伟壮丽的美景没有罗讷冰川那么多。最近这些年，那里的景致出现了明显衰退”。[3]

别的地方呢？在卡特林于1867年就证实了的、霞慕尼的强大的实力（10个酒店、20名向导，12000名游客）面前，只有少数人去游览的河谷里的几个小村子，酒店设施的匮乏显得很惊人。就连离得很近的

[1] 圣伯夫为托普费的《新迂回游》（1844年）所作序言。——原注

[2] 贝尔托洛蒂：《萨瓦游》，第1卷，第122页。——原注

[3] 贝德克尔：《萨瓦》，1869年，第119页。“冰川时代”事实上已初步形成。——原注

村镇莱苏什、阿让蒂耶尔和瑞士的夏特拉尔镇都只有一两座简陋的小客栈，瓦洛西讷镇则什么都没有。在瑞士所有的山区里，可能勉强有十来个拥有一两家酒店的村镇：在伯尔尼高地有劳特布伦嫩河谷、米伦[1]小镇和格林德瓦谷地（三间），在瓦莱区有埃沃莱讷、齐纳尔、当时还不叫萨斯费镇的萨斯因格兰，以及有个温泉疗养站的洛伊克巴德[2]镇。只是在格劳宾登那些村镇才各自有一家酒店，达沃斯和圣穆尔赞（旅游指南是用罗曼什语[3]写成的，所以没有写成圣莫里茨），因为这些村镇都有温泉。在阿尔卑斯山的南坡，库马约尔、布勒伊[4]和马库尼亚诺各自在勃朗峰、马特洪峰和罗莎峰山脚下都只有一家或两家酒店。只有采尔马特例外。

霞慕尼以外的法兰西旅游画卷尚不那么亮丽。和霞慕尼截然相反，那些地方的村镇没有一个被旅游指南提及说那里值得一游，只是偶尔会指出几处很不起眼的小客栈或“凄凉的”地方。所以，在代沃吕地区圣艾蒂安[5]，“法兰西最贫穷区域”的“首府”那里，“夏天有时候也会下雪和冰雹”。大约在1870年，山上的一切仍然让人联想到冬天，甚至更糟，被认为很恐怖。对代沃吕，人们的总体印象是“有一种枯燥与崇高的丑陋”[6]。各种评论都不看好这里的旅游商业价值。对于已经拥有“居日”酒店的拉格拉夫，赖夏德旅游指南指出：

> 这个村子要不是建在山谷中间的话，它一定是最丑陋、最枯

[1] 瑞士伯尔尼州因特拉肯－上哈斯利区劳特布伦嫩镇的一个山村，海拔1650米。

[2] 法国人称之为洛伊克莱班，是瑞士瓦莱州洛伊克区的一个市镇，该地拥有65处温泉，每日可涌出共计390万升的温泉水，是世界著名的温泉度假胜地。

[3] 瑞士的四种官方语言之一。

[4] 位于意大利西北部瓦莱达奥斯塔大区。

[5] 代沃吕是上阿尔卑斯山脉、代沃吕高原中心的一片自然区域。代沃吕地区圣艾蒂安是法国上阿尔卑斯省的一个市镇，属于加普区。

[6] 若阿纳：《多菲内游记》，1863年，第2卷，第117页。——原注

燥、最悲惨的地方了。那里的自然环境是贫乏的、冷冰冰的、令人沮丧的。[1]

这部旅游指南列举了从山脚下眺望山顶的观景地，建议游客“不要到危险的山口处去冒险”，并指出了这里和瑞士的不同：

在这里找不到既让人震惊却又优雅的风景，只有在格林德瓦和霞慕尼才能找到这样理想的景点。

讲到贝拉尔德[2]时，赖夏德旅游指南明确地说：

人们在金牌导游罗蒂埃父子的山间窝棚客栈里受到的殷勤接待是最简朴的：客人们只能在谷仓里过夜，躺在一捆干草上。那些英国和美国太太们也不得不将就睡在那里。

对瓦卢伊斯的描述更为糟糕：1856年的洪水摧毁了许多房子，满目疮痍，“这些村子给人的印象只是建筑破败和脏乱”。这里没有任何小客栈被标注，而且当地一个导游都没有。赖夏德推荐了贝拉尔德的罗蒂埃[3]，因为布里昂松的塞尚于1875年成为法兰西阿尔卑斯山登山俱乐部的主席，在冰川脚下卡尔莱夫人的牧场建了一个住处，成为埃克兰地区登山运动发展的象征。

1870年的瑞士有好几个例外：格林德瓦、采尔马特、观景酒店和洛伊克巴德。从浪漫主义运动初期起，在观景峰看日出被认为是游客能

[1] 同上书，第2卷，第128页。作者还说：“人们不难理解为什么它的许多居民离开了这个令人沮丧的地方。”——原注

[2] 法国伊泽尔省圣克里斯托夫－昂瓦桑镇的一个村庄。

[3] 赖夏德：《欧洲旅游指南》，第一卷，第180页和185页。——原注

够为自己提供的最盛大的节目之一……但也有差不多一半的游客认为为此付出的体力太多。瑞士人便开始关注如何能更方便地接近这处景观，瑞奇峰随之就有辅助登山设备出现了。站在这个接近1800米高的孤零零的小山岭上，人们就能看到在阿尔卑斯才能看到的最激动人心的阿尔卑斯全景和琉森湖[1]其中三段湖面的俯视景。同时，彼拉多山和施尼格普拉特山[2]也建了辅助登山设备。1870年，瑞奇峰有了7家观景酒店，彼拉多山和施尼格普拉特山各自有一家很大的离山峰较近的商队旅馆，出了旅馆几分钟就可以开始登顶。1875年，从维茨瑙和阿尔特[3]开始的两条齿轨铁路可以让游客横穿瑞奇峰的支脉，还可以让徒步旅游客在中途上车休息几次。1885年，另外两家高山观景酒店也建了齿轨铁路。

采尔马特成了霞慕尼的“对手”，瓦莱村的旅游发展得益于马特洪峰的景观魅力和1865年温伯登峰的影响力。瓦莱的发展复制了许多霞慕尼的旅游特色：一个自然的交汇处，“集合点”由两条铁路的交汇处构成，其中的一条铁路经过一座桥，桥底是那条暴躁的激流。在采尔马特村中心有一座教堂，旁边有一座公墓；跟霞慕尼不同，在19世纪，采尔马特的导游是被强制要求参加礼拜日弥撒的。在1870年，采尔马特的导游在人数和名气方面都能和霞慕尼形成竞争。采尔马特没有乡村住宿的传统，一切都是从19世纪中叶一位德国裔瑞士人的到来开始的；这个人叫瑟莱尔，是艾森克拉梅尔的对手。瑟莱尔在采尔马特市中心一连建了三座大酒店，但是没有什么新颖之处，他给它们取名为马特洪峰酒店、勃朗峰酒店和采尔马特酒店；在1870年，除了瑟莱尔王国，这个地区几乎没有其他旅游客栈。瑟莱尔曾经想在比采尔马特更高一些的牧场和树林间，在马特洪峰、勃朗峰和采尔马特所有高峰上那些能抓人

[1] 琉森（另译卢塞恩）湖位于瑞士中部，处于四森林州之间。

[2] 伯尔尼高地的一个小山脊。

[3] 均为瑞士中部城镇。

眼球的惊艳景点建一些高山客栈。19世纪末期，齿轨缆车将里菲拉尔普峰（2200米）和里菲尔贝格峰[1]（2500米）连接起来，始发站就在火车从维埃日出发到此的终点站旁，这就使里菲拉尔普峰和里菲尔贝格峰失去了徒步攀登的意义；不过齿轨缆车只在夏天每天用2小时30分开到采尔马特。从1900年开始，开通装备精良的火车是一种极大的优势，50年后，汽车已无法进入。但在1870年，非常有潜力的采尔马特还没有伯尔尼高地南部的洛伊克巴德的那种酒店接待。洛伊克巴德在海拔1415米处建有9座宾馆，这使它处于瑞士山地旅游度假点之首；它是许多徒步旅游线路的出发地；它的温泉全世界闻名，比如莫泊桑就曾来此进行过温泉治疗。

在19世纪，温泉治疗为高山旅游的成功立下了汗马功劳；人们有时在大山深处发现那些拥有温泉的村镇（洛伊克巴德、科特雷、阿克斯莱泰尔姆[2]温泉疗养所……），有时在山脚下发现这样的温泉村镇。在浪漫主义时期，这些地方人来人往，温泉带来了温泉疗养爱好者和他们的陪同者和旅游者，他们来这里一住就是很久，天天看山，发现大山里的乐趣。可以说有一种比利牛斯时尚，这种开发是从温泉疗养站开始的，从阿里埃日省的阿克斯镇到比利牛斯大西洋省的康博莱班镇都有许多这样的疗养站。游客夏天来这些温泉疗养旅居的时间很长，一般是一个月，他们都是在那些拥有有名的英式花园的舒适宾馆中度过。有好几类游客，泰纳在《比利牛斯山之旅》中幽默地列举过。这些疗养地——以及拥有“圣泉”的卢尔德——都是比利牛斯山徒步旅游的出发地。一种更多亲切随意更少过度极端的、与大山亲密接触的方式和仪式建立起来了，游客不再只能骑着骡子爬上加瓦尔尼的冰斗。从齿轨铁路缆车到20世纪的空中缆车的建设，使游客很轻易就能去那些可以看到更加出

[1] 均为瓦莱州采尔马特市的小山村。

[2] 法国奥克西塔尼大区阿列日省的一个市镇，位于阿列日河畔，属于富瓦区。

色景致的地点。同样在瑞士，在圣莫里茨、达沃斯或克莱恩[1]都很快打起了气候治疗这张牌，比利牛斯山也利用高山阳光旅居游的优势，对温泉游做了有力的补充。这样，到了1920年，就在赛尔达涅[2]诞生了由南方铁路公司打造的丰罗默[3]。

在整个19世纪和20世纪初期，大部分山区客栈都建在阿尔卑斯山、比利牛斯山或其他高山温泉疗养地里面或者周围的地方。这里只需举几个例子，在阿尔卑斯山北麓的圣热尔韦、法国最重要的艾克斯温泉浴场、瓦诺瓦斯[4]中心地带的布里德、孚日山疗养站、中央高原、蒙多尔峰和坐落在海拔1400米处的布尔布勒都有客栈。圣热尔韦莱班温泉疗养院和高山景点的融合天衣无缝；多次滑坡后，温泉疗养院都很快重建，因为它是登勃朗峰的标准起点。在1900年前后，有人就曾提出乘有轨电车接近勃朗峰，超越从瑞士斜坡登峰的大胆设想；1908年，一条从法耶村起始建设的齿轨铁道到达沃扎山口，取名为T.M.B.（勃朗峰有轨电车），最终于1920年到达海拔2400米的比奥纳塞冰川脚下，工程在这里停了下来，这个地方就变成了著名的“鹰巢”。

从依云出发，温泉疗养学者和旅游者在夏布莱[5]地区来回转悠；在今天，依云继续以它是“来自冰川之水”作为最大卖点！水和游客的联系最紧密的情况是在比利牛斯山，那里的一切都是从喝水客开始的。从18世纪末起，那些经常光临比利牛斯山疗养站的人常常在没有导游的情况下完成对高山的征服（罗素伯爵[6]等），刺激了人们对那种被称为“比利牛斯山登山运动”的特有敏感性；这种敏感性让拉蒙旅游集团名声大振，成为野游景点的强大竞争者，还通过比利牛斯山的景点，拓展

[1] 瑞士瓦莱州一市镇，旅游胜地。

[2] 法国和西班牙之间比利牛斯山脉东部的天然海岸和历史悠久的地区。

[3] 法国东比利牛斯省赛尔达涅区的一个市镇。

[4] 法国的山峰，位于该国东南部，由萨瓦省负责管辖，属于格拉耶山的一部分。

[5] 原为萨伏依公国的领地，现分属法国和瑞士。

[6] 比利牛斯山脉探险的先驱者之一，他以对维涅马尔峰的痴迷而闻名。

了比利牛斯山卢尔德圣水朝圣热。巴雷日曾是加瓦尔尼冰斗徒步旅游的出发地点，维克多·雨果将这个冰斗称为“大自然的巨型斗兽场”。而在泰纳看来，科特雷所有的温泉养病游客和他们的陪伴者就像在用望远镜为山峰进行望诊。许许多多的人涌向“西班牙桥”[1]和戈贝湖[2]。卢雄村大力推介多奥湖；1865年，最早的山地旅游公司拉蒙旅游集团成立之时就落户巴涅尔德比戈尔。渐渐地，比利牛斯山麓之上的温泉疗养院的观景楼式酒店从开始的几家到成倍增长；人们骑在骡子背上走山间小路到达，不久之后又有了齿轨铁路，或者公路。在冬季体育运动占优势之前，卢雄村之上的上巴涅尔村、巴涅尔之上的蒙吉村都是俯瞰风景之地；在比利牛斯山，滑雪运动是温泉浴疗之子。

也是气候疗养之子。19世纪末，医生，尤其是瑞士的医生推翻了19世纪占主流地位的关于南方气候有利于治疗多种疾病尤其是肺结核的说法，于是引发了在高山建设气候疗养站的热潮。医用矿泉学专家、巴黎大学教授朗杜奇于1900年提出“疗养后的康复期”一说：“治疗二十一天之后，您不要直接回家，要在一个山里的村子或者离治疗所不远的高山酒店里逗留七到十天。”这就使比利牛斯山的双重功能得到了利用，让类似帕拉洛尼昂这样的山村名声大振。瓦努瓦斯中心地带的所有小村子在1870年前后都还十分贫穷，只有一家简陋的小客栈。一些英国人在布里德村发现了它具有疗养的潜力；众多登山运动爱好者，比方说柯立芝，看出这里是通向征服高峰要道的入口。从1875年到1895年的二十年间，五座酒店在帕拉洛尼昂建了起来，它们坐落在冰川中心深处的高台上，旁边散落着那些贫穷的村子。帕拉洛尼昂是布里德的“疗养后的康复期”驻地：拥有一座豪华的大宾馆，宾馆有一座花园，

[1] 位于法国比利牛斯山脉的高处，这座桥过去曾是穿越山脉连接西班牙和法国的桥梁。

[2] 比利牛斯高山湖，海拔1789米。

很受英国人喜爱[1]。帕拉洛尼昂有优秀的当地导游：1896年，约瑟夫·阿米埃完成了第60次大卡斯峰[2]的攀登，这位始祖留下了许多子孙后代。1897年8月，费利克斯·福尔[3]总统到访帕拉洛尼昂和随后的大规模建设是一件十分引人瞩目的重大事件；1902年，夏尔莱的法兰西阿尔卑斯登山俱乐部在瓦努瓦斯山口举行揭幕仪式，人们对中央高原的兴趣被它取代；夏尔莱酒店被称为费利克斯·福尔酒店。法国学者费朗当时便写道：

> 塔朗泰斯的这块珍宝将和采尔马特平起平坐，和它一样受到游客青睐，并将在规模上超越霞慕尼。[4]

这个名单还可以继续列下去。迪沃纳可以通往雪山顶，阿勒瓦尔可以通向法兰西底村和七洛村[5]，圣马丹迪里亚日镇可以同时通往依泉温泉、尚鲁斯山和贝勒多讷峰顶。莫奈蒂埃莱班温泉疗养院是19世纪重要的疗养院，因为有了它，人们才发现了布里昂松自然风景区。在孚日山区，很长一段时间里只有温泉游，那里有维泰勒温泉小镇[6]、孔特勒克塞维尔温泉小镇、班莱班温泉小镇、吕克瑟伊温泉小镇、普隆比耶尔莱班温泉小镇。正是由于这些温泉小镇，人们才发现了孚日山的价值。

---

[1] 1875年，法弗尔神父的住所变成了瓦努瓦斯的酒店。大酒店与小勃朗峰的酒店，是1900年最好的酒店。参见本人《瓦努瓦斯的多隆的旅游生活》，载《里昂地理杂志》，1955年，第二期，第110页（引用部分）。——原注

[2] 法国的山峰，位于该国东南部，由萨瓦省负责管辖，属于格拉耶山的一部分，海拔3855米，人类在1860年8月8日首次登顶。

[3] 费利克斯·福尔（1841—1899），法兰西第三共和国第六任总统。

[4] 参见费朗发表在《多菲内旅游协会简报》上的文章和莱马里的《普拉洛尼昂–拉瓦努瓦斯式帕洛尼昂》，1990年。——原注

[5] 法兰西底和七洛均为法国伊泽尔省上布雷达镇的村庄。

[6] 维泰勒（另译伟图）是法国东北部的温泉小镇，位于法国水源保护区内，著名的伟图矿泉水的水源地。

拿破仑三世曾多次光顾普隆比耶尔莱班温泉小镇，那是前往孚日山远足的出发地；孚日山脉热拉尔梅附近的湖泊群湖畔、隆日梅村和赫图讷梅村都成了夏季季节性山区旅居的住地。

19世纪，由于受到莫泊桑小说《温泉》的传播影响，越来越多的精英人士去中央高原的那些温泉疗养站。由于它们的海拔高度和它们在谢讷德皮[1]老火山口的发现中所扮演的角色，这些温泉疗养地也被称为“某某峰”，如蒙多尔峰、布尔布勒峰，或者提示人们想起附近的山峰，如鲁瓦阿镇可以让人想起“多姆山”，或者瓦尔斯温泉能让人想起热尔比埃德荣峰。

“阿尔卑斯山游”，这项19世纪的伟大经典游通常开始于沿着山麓湖畔的长期旅居，那里有许多温泉疗养地，如艾克斯莱班温泉、依云和托农[2]温泉，以及一些令人惬意的城镇，它们都很快拥有了非常舒适或奢华的酒店。这些酒店占据了湖岸最佳地段，面向雄伟的山峰；其中有几家建在极其特别的风景点——比如湖中岛（如博罗梅群岛大酒店）之上。从以上列出的简短名单中，我们已经能看到瑞士、法国萨瓦地区的湖泊群，以及阿尔卑斯山南坡的那些意大利大湖泊群了。在阿尔卑斯山区与周围平原间的过渡地带的日内瓦旅居是最有特色的，这种旅居从春天持续到秋末，自从温德姆开创徒步旅游以来，这段旅居中会有几次从冰海冰川开始的、到阿尔卑斯中心地带的徒步旅游。在湖水之间（因特拉肯[3]）的度假，就包括了对格林德瓦冰川的造访。

在阿尔卑斯山，各种湖边的旅居休闲和山地远足交替进行。各种精

---

[1] 部分文献中又误称为多姆山链，是法国中央高原的一条由众多火山渣锥、火山穹丘和低平火山口组成的南北走向的长链。该火山链长约40千米，已确定的火山地貌包括48个火山渣锥、8个火山穹丘、15个低平火山口和喷发口，其最高点是位于该火山链中部附近的火山穹丘多姆山，高1465米。

[2] 全称为托农莱班，法国东部城市，奥弗涅-罗讷-阿尔卑斯大区上萨瓦省的一个市镇，也是该省的一个副省会。

[3] 因特拉肯是少女峰山脚下的一个瑞士旅游观光城市，因特拉肯的意思是“在湖水之间”。

英长期度假游在巴伐利亚的湖边开展起来；路德维希二世[1]率先垂范，常常在奥地利的萨尔茨卡默古特[2]的康斯坦茨湖[3]畔、林道湖畔[4]和布雷根茨湖畔[5]度假旅游。这些精英中的每个人都熟知瑞士那些拥有高档酒店的湖滨城市：苏黎世、卢塞恩、因特拉肯、蒙特勒、沃韦、洛桑和日内瓦。法国则有依云莱班、阿讷西、艾克斯莱班。这些阿尔卑斯山脚下的湖泊无论是法国萨瓦地区的、意大利的还是瑞士的，都出现在所有名为《瑞士》的旅游指南中，但这并不妨碍它们中的多数都在名为《法国》或《意大利》的作品中被描述。这些湖泊隶属于多个具有象征意义的区域，加入好几处象征性很强的地方，它们都被纳入“阿尔卑斯游”，那里气候温和，令人想到伊甸园。它们具有多重功能并且各个季节均可游览，因而赢得了许多称号，吸引了许多精英游客的到访，变成了“多季节旅游地”。四季游是一门艰难的艺术，它需要在夏天上高峰，去冰川，而冬天则要去南方；冬季旅游者往返途中都会在阿尔卑斯山区与周围平原间的过渡地带的湖泊边作中继性逗留。“迂回游的游客”一边“收集景点”，一边从一个疗养院跳到另一个疗养院，然后再到阿尔卑斯山中走上几趟。从18世纪中叶起，游客们从日内瓦或者因特拉肯出发去“访问冰川”。山脚下的大多数城市都扮演着大门的角色：它们把游客的好奇心引进了门，比如格勒诺布尔和尚贝里就把游客引向了大查尔

[1] 路德维希二世（1845—1886），维特尔斯巴赫王朝的巴伐利亚国王（1864—1886年在位）。路德维希二世在巴伐利亚的历史中一直被认为是最狂热的城堡修建者，在民间被称为“童话国王”。

[2] 奥地利的一个度假区，它从萨尔茨堡到达赫施泰因山山脉，跨越上奥地利州、萨尔茨堡州和施蒂利亚州。

[3] 又称博登湖，位于瑞士、奥地利和德国三国交界处，由三国共同管理，湖区景色优美，风景迷人。

[4] 林道又译作林岛，是德国巴伐利亚州的城市，位于欧洲第三大淡水湖博登湖东岸的岛上。——原注

[5] 布雷根茨湖位于奥地利西部城市布雷根茨。

特勒修道院，苏黎世和卢塞恩把他们引向了伯尔尼高地，因斯布鲁克[1]把游客带向蒂罗尔，特伦托[2]把游客带向晚些时候发现的多洛米蒂山。在整个19世纪，法国波城都是典型的英国式冬季旅游城市；那些住客欣赏着比利牛斯山景，等待着被它邀请造访。

19世纪构建了一个复杂的山地旅游体系。它有其中心枢纽，这就是游客最多的阿尔卑斯山脉，其次是比利牛斯山脉，1900年以后还有喀尔巴阡山脉。它有其锚地，有其神圣的吸引力。这个旅游体系是季节性的而不是地区性的；历史学家抛弃了地区旅游吸引力这一虚幻的概念，在19世纪，整个社会文化历史学界都盯着某些有名声的地方，这些地方仅在夏天才有人到访；高海拔站点（霞慕尼类型）、高山冰川景观、眺望台的游览也是这样。冬季体育运动的发明改变了高山的形象和季节的梯级；冬季运动很及时地出现在1880—1900年间，但是滑雪运动却发展缓慢，直到1960年才有了覆盖一切滑雪运动的“白金杯”（Or blanc）奖项。而阿尔卑斯山的湖滨疗养院主要是在春季和秋季游客较多。冬季体育运动的热潮，1930年以后南部地区冬季旅游的逐步衰落和夏季“古铜色”日光浴的兴起，尽管没能改变阿尔卑斯山下湖泊的声望，但对游客造访的方式产生了一些影响，如今是夏季占上风。

这也丝毫不影响湖泊成为旅游季衔接时期的最美去处；19世纪有旅游爱好的享年金或定期收益者很喜欢湖泊和山峰的强烈对比感，他们品味温和的气候和植物的华美，当山顶白雪皑皑或者开始银装素裹时（10月），山下的红杜鹃、黄杜鹃、白玉兰开得漫山遍野。一座座孤峰俯瞰着那些湖泊，成为所有旅游指南极力推荐的观景台；为了游客，它们被“装修”过了，有标识明显的道路、齿轨登山铁路和1880年以后兴建的观景旅馆酒楼。瑞奇峰就是一个参照，它被模仿，彼拉多山和佩

[1] 奥地利蒂罗尔州的首府。

[2] 意大利特伦托省首府。

勒兰峰[1]就是其仿制品。从1890年起，乔维峰被看作是“塔朗泰斯山谷的瑞奇”，法兰西阿尔卑斯登山俱乐部在离山顶20分钟路程的地方建了木屋酒店。萨雷布山的全景实在太美了！日内瓦人很早就把这条小山脉占为己有了，1890年以后，他们在那里修建酒店和木屋，并建了一条齿轨缆车道，让游客能坐缆车到达那里。雷瓦尔山[2]经历了类似的发展过程：1892年，在去艾克斯莱班的山下就建起了机械化设施进行接驳，建起了大酒店，并很快把各种功能整合起来；雷瓦尔山是布尔歇湖全景的最好的观景台，是艾克斯温泉疗养者的散步地和“后期疗养地”。

在阿尔卑斯山南麓，瑞士意大利语区提契诺州的湖泊之水同出于一条非常大的冰川；这些湖水都很深，并且被分割成多个湖泊。这些湖中有些小岛，它们很早之前就变得像一座座天堂一般美丽，还有许多令人惬意的山峰观景台。文艺复兴时期的封建领主们早已看上了这些得天独厚的景点；19世纪和20世纪初的贵族游客把它们据为己有，他们先从小岛开始：圣朱利奥岛（奥尔塔湖）、博罗梅小群岛（科莫湖）、蒙泰伊索拉岛（伊塞奥湖中央）、加尔达岛和西尔苗内半岛[3]（加尔达湖）。从莫塔罗纳山[4]和萨索德尔费洛峰[5]高处看壮丽的湖景（马焦雷湖），从瓦雷泽峰[6]看瓦雷泽湖，从西吉尼奥拉峰[7]看卢加诺湖……19世纪，风景的吸引力是分等级的，从高到低依次为高山观景台、岛屿式观景点、观景楼、花园。19世纪还提升了温泉疗养院的知名度，但是瑞士的众多

---

[1] 瑞士的山峰，位于该国西部，由沃州负责管辖，属于瑞士高原的一部分，可俯瞰日内瓦湖。

[2] 法国萨瓦省的一座山峰。

[3] 意大利北部布雷西亚省加尔达湖中的一个半岛。

[4] 意大利的山峰，位于该国西北部奥尔塔湖和马焦雷湖之间，海拔1492米，是阿戈尼亚河的发源地。

[5] 意大利伦巴第大区的一座山，海拔1620米。

[6] 位于意大利瓦雷泽省北部的一座山，海拔1227米。

[7] 卢加诺湖东南岸的一座山峰，海拔1320米，地跨瑞士和意大利边境。卢加诺湖，瑞士和意大利的边境湖泊。

湖泊并未将瑞士中部和伦巴第大区[1]北部变成旅游区域；在温泉疗养院之外，旅游点的设置局限在由带有巨大花园的城堡和别墅连起来的弯弯曲曲的湖岸线上。

阿尔卑斯湖畔疗养站的名气一直保持着，而且时至今日都在不断增长。其中有些或多或少持续扮演着关键角色；也有许多疗养院引来了各种艺术节（洛迦诺国际电影节、萨尔茨堡音乐节、蒙特勒爵士音乐节，等等），被选择作为国际组织机构的所在地（日内瓦的国际联盟总部、洛桑的国际奥林匹克委员会总部），并见证了许多历史性谈判的过程（斯特雷萨[2]、洛迦诺[3]、依云小镇等）……甚至还被许多名流作为政治避难所或避税宝地。那里的自然和历史相互补充，使那些本来很一般的疗养站拥有了丰富多样的内涵。所以萨尔扎梅尔古说，看到萨尔茨堡就会想起莫扎特，想起巴赫；每年夏天，弗朗索瓦-约瑟夫都会到那里的圣沃尔夫冈“白马木屋”去住一段时间。苏黎世和日内瓦就是精心打造的避难港湾，是休闲广场和银行，是国际聚会场所。这些温泉疗养院都建在日内瓦湖岸边，在洛桑、蒙特勒、依云，曾经和现在仍然在举行各种国际会议或者会谈。在阿尔卑斯山南麓，眷恋的目光常围绕着卢加诺[4]和意大利的金皮庸[5]，也会投向斯特雷萨[6]的马焦雷湖；特雷梅佐[7]的加尔达湖对面就是精英之地西尔苗内和曾短暂地做过墨索里尼政府首都的

---

[1] 伦巴第大区是位于阿尔卑斯山和波河的一个意大利北部大区，意大利最大的大区之一，与瑞士接壤。

[2] 意大利韦尔巴诺-库西亚-奥索拉省的一个市镇。

[3] 瑞士联邦提契诺州的一个直辖市，位于马焦雷湖北边湖畔，而洛迦诺东北方连接阿尔卑斯山脉的南方山脚。

[4] 瑞士提契诺州的一个意大利语区城市，也是瑞士最南端的城市。

[5] 另译坎皮奥内。意大利城镇，与意大利本土并没有直接接壤，是意大利的外飞地与瑞士的内飞地。

[6] 意大利韦尔巴诺-库西亚-奥索拉省的一个市镇。

[7] 意大利科莫省的一个市镇。

萨洛[1]。

20世纪前三十年加强了19世纪已经形成的旅游优势。一些新的酒店建成，建在沿湖岸边疗养地的酒店规模更加庞大。1906年，霞慕尼以其28家酒店，成为名副其实的“登山运动的麦加”；周边的村镇也建起了更加舒适的酒店（莱苏什、勒普拉兹、阿让蒂耶尔）。采尔马特紧紧跟随霞慕尼，瓦莱的其他山谷渐渐发展起来了，包括萨斯费、齐纳尔、埃沃莱讷等山谷。伯尔尼高地也巩固了它通过建设壮观缆车道获得的牢固地位，比如增设通往少女峰的缆车道；蒂罗尔和阿尔卑斯的巴伐利亚区域增加了它的温泉疗养院的数量和设施，那些最早建立的疗养院都已很好地将夏季游和冬季游结合起来了。

在法国，在勃朗峰之外，以及在意大利、在多洛米蒂山之外，旅游画卷仍然是暗淡的。在今天的人们眼里，处于次要地位的山谷（比如瓦莱达奥斯塔和盖拉山谷）都是因为它们的真山实水而具魅力，可是1930年甚或1960年前，人们并不清楚。在20世纪初，山谷里的酒店并不多；各种旅游指南对它们的描述都是一带而过。1960年，普拉洛尼昂这个毫无争议的萨瓦景区中心仅有4家酒店，还不及布里的酒店多。1906年，人们再看贝德克尔的同一部指南——《法国东南部旅游指南》时，发现塔朗泰斯的大部分村庄（普拉洛尼昂和布里德除外）和莫里耶讷山谷的村庄里连一家酒店都没有。那时被称为远足中心的蒂涅和瓦勒迪泽尔[2]竟然也没有任何酒店客栈；经常有人说：没什么可看的；有时候说得更尖刻：“贝桑镇又破又脏。”

在同一时期，瓦桑和佩尔武因为周边的城镇发展而惶惶不安：布里昂松建起了5家酒店，其中有一家被称为大酒店；瓦桑镇拥有4家，其中有一家即“法兰西伯尔尼高地大酒店”公开炫耀它的雄心。在高地

[1] 意大利伦巴第大区布雷西亚省内的一个小镇，位于加尔达湖畔。

[2] 均为法国东南部萨瓦省塔朗泰斯谷的市镇，与意大利接壤。

的中心地带，格拉维的居日酒店规模日益扩大，1906年，它拥有了80间客房，旅游指南上承认它“看起来很宏伟”；迈耶峰的照片经常被复制。山谷尽头的每个小村庄都拥有一到两家正规的酒店，比如维诺斯克酒店、圣克里斯托夫酒店、维拉尔达雷讷酒店、瓦露易丝酒店，甚至还包括瓦尔茹夫雷酒店。所有的旅游指南都介绍了导游们的情况，介绍了位于景区入口处舒适的夏尔莱连锁酒店；法国阿尔卑斯登山俱乐部在艾勒弗鲁瓦德山[1]上面修建了塞尚酒店和多菲内旅游集团，还在瓦桑的贝拉尔德山上建了一家山区木屋式酒店。但还是引来了许多批评的声音；“瓦露易丝的居民还有些人受着克汀病的折磨。”贝德克尔于1906年这样写道。这些指南仍然将代沃吕看成是“法国最穷最凄凉的地方”。同一本旅游指南对阿尔卑斯周边旅游地也颇有微词，认为那里没有什么有吸引力的东西，也没有发现什么有魅力的地方，没有什么可描述的：“维拉尔德朗斯本身没有任何有趣的东西……过了迪埃之后，游客就在凄凉的圣纳泽尔–勒戴赛尔地区穿行。”旅游的最好时光还未到来，人们还没有品鉴到“阳光阿尔卑斯”（地理学家夏尔·阿沃卡给予的美誉）的魅力；要到20世纪初，“德龙省的山峰”的高大才会受到赏识。1899年，盖拉山谷的阿贝里艾斯村有一家大酒店开张，这的确是一个例外。

盖拉山并没有太大的吸引力，也不大可能有人攀登，但它的旅游业在1920—1939年之间两次世界大战的间歇却开始起飞。正如学者米耶热1930年在其对萨瓦旅游所做的研究中指出的那样，萨瓦的阿尔卑斯山麓、夏布莱镇、波尔讷镇都在起飞之列。这是受到了邻居瑞士的影响吗？其实，将冬季游和夏季游的优势相结合才是游客迁移不断增加的主要原因，在这些时段里，经常见到的情景是举家出游；除了萨瓦、瓦桑、“阳光阿尔卑斯”的本地人，还有从巴黎、里昂、马赛或尼斯的候鸟游客再次来此度假，甚至来到他们祖先的村子里度过退休生活。

---

[1] 法国的山峰，位于该国东南部，属于多菲内山脉中埃克兰山的一部分，海拔3954米。

游客乘坐“高山车”游览阿尔卑斯山，照片上是一辆贝利埃牌（Berliet）汽车。游客跟那些环法自行车赛的骑手一样，最喜欢的是加利比耶山口（Col du Galibier）

在20世纪20年代，中产阶级喜欢乘坐贝利埃牌“旅游车”观光（照片来自A. 布瓦耶）

还有另一转折点：汽车的出现。为了给汽车打通道路，山地的道路被整修，在大山谷口修建了宽阔的沥青路，直达山顶（维科尔峰、韦尔东高地）。发展旅游是一个很好的动机，法国旅游俱乐部资助了与此相关的某些工程（伊瑟朗山口工程、韦尔东……）。1920年后，在这些冒险之路上，游客们乘着阿尔卑斯山旅游车，乘着他们的敞篷汽车，去寻找强烈的刺激：维科尔令人头晕目眩的盘山路、韦尔东的峭壁、塔尔纳的峡口、阿尔卑斯山的巨大山口都可以给他们提供这种满足。这些高山公路中最高的伊瑟朗公路于1937年开通，是当时的一个重大事件：连勒布伦总统[1]都大驾光临了。为了方便那些使用这条公路的精英游客，也为了避免疲劳驾驶，公路沿途都建了酒店、餐馆和停车场[2]。从1900年起，环法自行车赛使阿尔卑斯山和比利牛斯山的那些山口成为史诗般的传奇地带。高山夏季游吹来一阵新的春风。

七、大山——难以经营管理的景点

大山上夏季旅游的多样性是不是一张王牌呢？这种多样性会使信息的协调受到损害吗？经历了不同的时期之后，山中旅游呈现出趋同性；在经历了无知和恐惧的时代之后，在1740—1786年间迎来了冰川诱惑的时代。接下来的几十年间，人们的眼光只盯着勃朗峰，认为这是唯一真正值得欣赏、唯一让人有兴趣攀登、一生中唯一渴望登顶一次的山峰。1850年以后，一些新兴俱乐部发起长达数十年的“第一”竞赛，阿尔卑斯山变成了“竞技场”和征服地。其他地方的旅游者抗议“这座山就是我们眼里最崇高的山”，认为这样的话简直是“独裁”。19世纪末，旅游指南和缆车助力了一到两代旅游者，使他们能在山里巡游，欣

---

[1] 阿尔贝·弗朗索瓦·勒布伦（1871—1950），法国政治家，法国第三共和国最后一任总统。

[2] 参见《伽利玛旅游指南——大阿尔卑斯山路卷》，1999年，我本人在本卷中撰写“驾车游”部分。——原注

赏日出，陶醉于阿尔卑斯山美景之中。出行装备更加轻便；疗养色彩浓厚的气候旅游论说于1900—1930年间占了主导地位。从1900年开始，山路变成了两个轮子的（环法自行车赛和环加利比埃山口自行车赛）或小汽车和大汽车的征战场所。第二次世界大战以后，冬季登山和高山雪地运动占了上风。

实际上，以上这些简单的看法混杂于许多历史书中，可读性并不强，我们主要是想给出一个旅游的复杂形象。直到那时冬季体育运动仍是被忽视的，因此这样还能留给冬季体育运动一个展示的机会。这将是一个新的主题，它可以包揽一切，因为雪统一了一切。冬季里，坐上登山交通工具来到一座山的顶峰的人，都可以感知到：勃朗峰丧失了它的高傲模样；一切看起来都一个样，白茫茫一片。在1840—1860年左右，大山已经成为夏季第一旅游胜地，但是却没能保持下去。旅游指南和其他著作指出了一些旅游疗养院的急功近利，这些疗养院抬高自己，贬低别人。普拉洛尼昂试图超越霞慕尼，佩尔什[1]和勒芒[2]附近的山丘都把自己比作瑞士。在同一时期，温泉疗养站或冬季旅游城镇也参与了类似的竞争，但是至少，它们拥有能够实实在在参照的标准：1月份的平均温度、温泉水的成分等。夏季的大山，只是随着海拔高度的不同而变化。这样的嫉妒行为盛行于整个19世纪，其后果是严重的，批评声持续了很长的时间。总的来说，在当时，这些行为让很多有识之士感到担忧，比如霞慕尼的专员卡特林。1867年，在看到过去一个季节的游客潮水般涌向霞慕尼时，他观察到在下大雨的情况下游客量的骤降——游客们并未离开这里，只是不再登山；他给出了原因：

> 日内瓦的酒店老板不会忘记在这样的情况下向他们的客人强

[1] 法国的一个传统地区，是阿摩里卡丘陵与巴黎盆地之间的过渡地区。

[2] 法国西北部城市，卢瓦尔河地区大区萨尔特省的一个市镇。

调说，不能在这种情况下在霞慕尼登山。这样就可以让他们的客人在酒店里多住些日子。

还有一次，卡特林还讲过日内瓦人竟然会制造恐慌，说别的地方发生了霍乱，为的就是让他们的顾客老老实实留在他们的酒店里[1]。还有其他的证据显示，酒店老板们还会用其他各种各样的谎言说服顾客们，让他们打消在霞慕尼旅游的念头。

[1] 引自卡特林的工作报告，1867年，上萨瓦省档案馆。——原注

第三章　度假的艺术：乡村，运动，自然，户外娱乐

一、预留的度假空间

“持久”“变化”“时机”，这是对历史学家很有用的三个概念。在这里，历史学家发现，以各种名称出现的度假，自有文明之日起便已经存在，而对于欧洲来说，文明之始就是古希腊罗马文化。人们常说，文明产生自城市：城邦，城市，都市，所有的一切都是从这三个名词衍生而来。而在乡下悠闲的生活，对于精英阶层而言是一个由来已久的传统，至少在夏天，他们可以通过让土地长出东西来享受田园的乐趣。18世纪的“演变”归纳为两个观念的突然出现，一个是“幸福观”（参见罗贝尔·莫兹的论著[1]），另一个是“自然观”（参见艾哈尔[2]的论著）。新的快乐——愉悦——至上观念的诞生，“时机”助了一臂之力。

自18世纪起，在乡下建造和整修房屋是一门困难但能让人获得满足感的艺术[3]。必须像莱昂·巴蒂斯塔·阿尔伯蒂[4]教导的那样，把“愉悦”和“实用”结合起来；必须驾驭空间，因为与城里不同，乡下房子的空间可以自由支配；必须加上第四维度，也就是随季节变化的时间维度，这种维度可以让植物环境出现外形和色彩的变化。在18世纪，先决条件已经得到满足：乡间住宅，即使是一座城堡，也不再需要履

---

[1] 罗贝尔·莫兹：《法国18世纪文学和思想中的幸福观》。

[2] 让·艾哈尔（1926—），法国学者，曾任布莱兹·帕斯卡大学教授和法国18世纪研究会主席，出版专著《启蒙运动早期的自然观》等。

[3] 在18世纪出版了许多关于“乡村房屋建造艺术”方面的论著。——原注

[4] 莱昂·巴蒂斯塔·阿尔伯蒂（1404—1472），意大利人，文艺复兴时期的建筑师。

行防御功能，而两性的社交生活也首先安排在外面。在18世纪，人们参考的再也不是凡尔赛的布局和豪华，而是娱乐和“私生活”如何交替进行。意大利和英国有先例可效仿。从意大利来的游客熟悉罗马周边的、有瀑布和池塘的别墅，以及布伦塔[1]那些“风景如画”的威尼斯别墅；他们知道，从哥尔多尼[2]那个时代起，那里就已经“嗜假成瘾”，他们并非不知道在普罗旺斯，人们对于“农庄住宅”的狂热跟他们有得一比。英国模式是在18世纪和19世纪发展起来的，当时相当多数量的“自传”都提到了“安逸”（很长一段时间这个词都是以英语形式出现[3]）。英国人设计了很多为了显得自然而故意不加修饰的“英式花园”，被欧洲大陆纷纷仿效，他们把广阔领地的一部分变成花园。庚斯博罗[4]对这种集社交、狩猎和娱乐于一体的生活投去了令人动容的目光。18世纪发生了天翻地覆的变化：以前，城市就是一切，“城市使人自由”，人们如此写道；从18世纪末开始，住满“危险阶层”的城市染上了恶习，弥漫着污浊的空气，而乡间则能呼吸到纯净的空气，感受到幸福和美德。

19世纪，度假迎来了黄金时代。时机仍然是有利的。货币出奇的稳定保障了到手的财富，作为开路先锋的英国捞到了大把的好处。1846年，保护农业的“谷物法”[5]被废除，有利于把土地用于娱乐；对于贵族绅士们而言，把麦田变成树林，他们并不觉得惋惜；与此同时，他们通过出售或出租那些工业化的城市所需求的土地而大发其财。一年中的一部分时间他们会在乡村悠闲地度过，他们与那些不得不在加工厂烟雾

[1] 意大利瓦雷泽省的一个市镇。

[2] 卡罗·奥斯瓦尔多·哥尔多尼（1707—1793），出生于威尼斯共和国的意大利剧作家。

[3] 英语的comfort（安逸），法语为confort。

[4] 托马斯·庚斯博罗（1727—1788），英国著名的肖像画家和风景画家。19世纪最伟大的风景画家约翰·康斯特勃曾说：“看着他的画，我们就会感到眼中有泪水，却不知是从何而来。”

[5] 1815—1846年英国强制实施进口关税，借以“保护”英国农夫及地主免受来自生产成本较低廉的外国所进口的谷物的竞争，史称“谷物法”。

里生活的、自命不凡的资产阶级们的区别就在这里。

那些“出生高贵”的拥有年金或定期收益者热衷于一些他们先前就制订了规则的体育活动和游戏；就这样，他们把19世纪变成了“乡村体育运动”的世纪。时至今日，那些已经成为世界级表演的运动项目都拥有一个名称，一个在19世纪的英国乡村由有钱的业余爱好者命名的或者为了这些业余爱好者而起的名称。愉悦的徒步旅游需要自主性：由于公共马车以及后来的火车的局限性，人们选择了骑马，这一传统随之保留下来；19世纪末，自行车，然后是名字好听的汽车也加入了进来。一种新型的旅游艺术破茧而出。运动、身体的发现以及与二者相关的健康快乐全都来自乡野。这种一直都属于精英主义的演进的成果就是“户外休闲”（Outdoor Recreation）；这个在20世纪由美国人创造出来的词语专指所有的户外娱乐活动，即在美丽的、荒野的或野外的、有园林绿化的公园这些自然环境的背景下开展的娱乐活动，也就是在户外进行的娱乐活动。英国的发明还有贝登堡的童子军[1]，这对训练人的野外生活能力大有裨益。

乡间度假有一个鲜明的特点：在一个“家”里和一个自然环境中的享乐性的逗留是最古老的旅游形式，这种形式让“乡间度假”这个陈旧过时的词多了几分味道。在第二寓所、在亲朋好友家中度假而没有主题活动，这是乡间度假形式在现代的延续；相比之下，人们逗留的时间最长和夜宿次数最多的还是这种旅游度假。可以肯定的是，夏天度假一直排在旅游的第一“次等级”[2]。根据不同的时期、地点、面积大小，度假所使用的居住场所被称为城堡或别墅、豪华花园宅邸（在巴黎周边）、农庄住宅（普罗旺斯地区）、庄园、小房子、乡间小屋、山区木屋，以及今天所说的第二寓所或旅游寓所；这些以前是、现在也一直都是“私

[1] 罗伯特·贝登堡（1857—1941），英国陆军中将，童子军运动创始人。

[2] 《旅游概览和假期的回归》，报告，法国文件，1998年，第64页。——原注

人地盘”，正如盎格鲁-撒克逊人所说的那样，可以保护“隐私”。按照让-迪迪埃·乌尔班的说法[1]，度假者就是一个鲁滨逊。怎么就不可以呢？一说到笛福，就会让人们想起“幸福的孤岛”，这是18世纪的“新观点”；但周围不需要大海。度假的孤独不是非要不可的，选择性的社交更经常是这种类型游客的选择。

乡间度假除了寻求休息外，没有什么特别的目的，除了为了自住者开心而布置的自然环境外也没有什么合适的空间；虽然这样的度假最经常安排在夏天，但它并不受行程的限制。这些特点使其有别于其他形式的旅游，以及旅游地点和期限固定、主题明确的旅居。有形形色色的“在路上的人”：让-迪迪埃·乌尔班偏向于鲁滨逊，而反对探险家费利亚·福克[2]；我们也可以想到司汤达、福楼拜、托普费和所有的浪漫派作家、艺术家，想到贝利松先生[3]时就如同想到威廉·柯立芝。在19世纪，人们常常把旅客和游客混为一谈，就如《利特雷词典》在1863年定义的那样：游客就是出于好奇和无聊才去旅游的人。字典里给出的例子有贬义，但是对于地点固定的度假还算友好。

度假也与我所提议称之为主题逗留或特色旅游的项目不同，主题逗留或特色旅游可以用一些简单明晰的表达方式来定位：“去南方过冬”；“去海边”，“泡温泉”，“登山”，“在海滩上晒日光浴”，“在热带阳光下待一个星期（或半个月）”，“滑雪”。这些特色度假方式不是在任何地方、任何时间都可以进行的。一些度假村可以接待，度假机构会在一年中的特定时期、在旅游季向度假者推荐，这种旅游季（根据情况会有所不同）的持续时间是一以贯之，甚至是像仪式一般规定好了的：度假村

---

[1] 见《在海滩，海滨风俗习惯》，1994年。——原注

[2] 费利亚·福克是儒勒·凡尔纳的小说《八十天环游地球》中的主人公，他用了80天时间和仆人环游世界。

[3] 贝利松先生是法国喜剧作家欧仁·拉比什的作品《贝利松先生的旅程》中的主人公。作品讲述的是暴发户贝利松先生带着妻女去旅游，途中差点选错女婿的故事。

有开放和关闭的日期，旅行社也有自己的季节性宣传册。过了旅游季，游客的停留是不可能或者不舒服的。那些去疗养的人经常会收到去乡间度假时会免掉的治疗指示，医生的医嘱、导游的建议都引导着游客在冬天离开寒冷的北方，去到“南方”（从18世纪到20世纪中叶），即今天的热带地区。对健康的忧虑会让人去喝某些水，去寻找强身健体的海洋。一些季节性的体育运动——登山、皮划艇，及危险型运动，它们因竞赛的开展而得到了促进，俱乐部的《年鉴》又对这些竞赛进行了大肆渲染：这种竞赛旨在挑战身体极限，“达到最高水平”。所有的主题逗留都是在度假村，在城市，在家喻户晓的地区，比如一些大型的温泉疗养站、海滨浴场、滑雪站，以及大的旅游首都（不是所有的首都都是旅游胜地），狂欢节城市（威尼斯、尼斯、里约），郁金香之国荷兰，城堡林立的都兰[1]……所有的这些地方，从19世纪开始，多亏了游客的到访才广为人知。但凡时尚都会过时的，“过时”的那个只能自认倒霉了。

度假地在另一个地区，即便它在边缘地段，也可以受益于近邻的美誉度，比方说萨尔拉[2]让整个佩里戈尔德[3]受益，戈尔德[4]让沃克吕兹省受益。住在度假村外的游客会选择一些受到完整保护的区域，比如蓝色海岸的那些贵族式的半岛（法国的昂蒂布角，费拉角[5]），这些半岛从一开始就受到了保护。在通常情况下，度假村的活动范围不会仅限于度假村。在70年代，一些人想要打造一些“绿色度假村”，那简直是违背常理的！这一计划以惨败收场。如今，可能没有人能说出那十几个所谓“绿色度假村”的村庄的名字。度假地不能依靠标签或是打造，要保持审慎。许多法国的市镇，还有奥地利、瑞士等地的市镇，它们既没有旅

[1] 法国历史上的一个行省（1789年已取消），首府是图尔。

[2] 法国多尔多涅省的一个市镇。

[3] 另译“石头城”，法国多尔多涅省的一个市镇。

[4] 法国沃克吕兹省的一个市镇。

[5] 又称费拉角圣让，法国滨海阿尔卑斯省的一个市镇。

馆、度假村，也没有大餐馆，在旅游指南里面也没有标出这星级那星级的，然而当地的人口会在夏天增长50%，甚至一倍。我们可以在那里找到第二寓所、乡村会所、农场露营地；游客们可以在亲戚和朋友家里度假。幸好有在夏季的额外收入，许多乡村商店都生存下来了。面粉、烟草、汽油、邮票的月度消耗量，甚至垃圾回收量的变动，都是旅游度假者到访过的毋庸置疑的证明[1]。

为什么这些“地区”受欢迎？像人们经常做的那样，把它们受欢迎的理由归因于它们的自然魅力和小气候，这恰当吗？领土整治工作者提出的旅游吸引力概念是没有太多根据的。

对于这些地区中的任何一个，历史可以揭示其发展进程，并作出解释：朝圣或者对健康有益的泉水是人们早已熟知的动机；大多数时候，老式的度假地在旅游大潮到来之前就存在了，半个世纪以来这股旅游大潮被一些关心当地发展的积极参与者推动起来了，但不是他们引发的。必须通过这种复杂的演变找到度假地存在的四个主要原因，它们分别如下：

——大型的地产。法国的地产一直胜过英国的土地。这种地产覆盖了法国西部一半的地域，采取土地收益分成制，一直持续到1946年的法案颁发。这种类型的地产需要有一定的土地拥有者的存在，事实上这也导致了城堡和豪宅的激增。儿童文学作家塞居尔伯爵夫人书中描写的长假就是在这样的地方度过的，她在布列塔尼和诺曼底就拥有私人城堡。地租的捍卫、城堡主在常常是由他担任镇长的乡镇上的社会威望、假期的娱乐活动和快乐，这些因素以前是，现在有时候仍然是这种多元度假地的支柱。

---

[1] 参见由法国国家统计与经济研究所完成的《公共服务清单》。对于基本产品的每月不同份额配送的各种研究，这种极具技术性的方法启发了我写作《罗讷–阿尔卑斯的旅游盘点》一文。——原注

——城市周边度假地。度假地出现在18世纪，从那以后它单一的目的就是提供享受，这种享乐的满足推动了越来越多的乡村别墅的修建或修缮，它们呈同心圆光环形排列。它们以前是，现在仍然还是与中心城市等距：一小时到一个半小时的路程。随着交通条件的改善，圈子越来越大，于是第二寓所的数量增加了，但是却没有让景观承载过重的压力。第一个圆圈，是在18世纪形成的，直径在十到二十公里之间。最后一个圈子，在20世纪末形成，形似折线，与现在的高速公路相对应；多亏了高速公路，我们可以在同样时间里走得更远。度假地可以建在距离巴黎和其他主要城市150公里，甚至200公里的地方；可以抵达一些最初人烟稀少的地区，谋求第二寓所的人们会在那里找到可以购买的特色房屋，和可以修复的小农舍。莫尔旺[1]和诺曼底，德龙省和阿尔代什省，沃克吕兹高原，南阿尔卑斯山，这些地方都受到巴黎人的青睐。里昂人成了普罗旺斯海岸城市的居民。与此同时，第一个圈子里的乡村别墅被城市化吞并，被摧毁或变为主要住所。

——叶落归根。法国乡村的历史就像一个钟摆。19世纪有一个向心运动，是为了城市的利益而清空农村，结果便只剩下“巴黎和法国荒漠”。在20世纪，一场离心运动使得城市居民在夏季迁移到城外，在这种形势下，弗朗索瓦·克里比埃[2]研究了旅游业。在垂暮之年，为了享受退休生活，城市居民会回到他们祖先的村庄。选择退休地点的策略比较复杂。

事实上，自19世纪的人口高峰以来——如热尔省从1836年起——至少有四分之一的法国领土人口在不断减少，这种人口荒漠化现象也在其他欧洲国家出现。这些人口稀少的村庄没有了神父、学校、邮局、公共服务部门，一些房屋也被废弃了。半个世纪以来，甚至更长时间，一

[1] 法国中部高原地区。

[2] 弗朗索瓦·克里比埃（1930—），法国地理学家。

些城里人不管原来是不是本地人，都经常跑来霸占并修复这些房子。出于什么原因？弄清其中的一些动机并不容易：因为老移民们对故土的眷念，因为村庄和没有被现代化破坏的乡土的魅力，因为废弃建筑的低廉价格，也因为像欧洲这些文明古国不喜欢空落落的大自然。只有美国人才会产生“关闭村庄”的想法，就像在魁北克人们所说的那样。在20世纪末，对于城里人占绝大多数的居民而言，乡村变成了神话。人们也因此对巴黎盆地这样的农业生产区，对法国南部、布列塔尼西部以及中央高原的巨大魅力失去了兴趣。

众所周知，法国是世界上拥有第二寓所最多的国家——1990年统计时数字是240万，现在到了300万。此种强烈的共生现象主要发生在“回归故土”的居民、度假者、一年中大部分时间都在度假的退休人员和所有这些选民的数量超过长年在此居住的居民的地区；科西嘉岛内部、阿尔卑斯山南部、利穆赞的乡村、中央高原的南部、阿基坦的很大一部分区域都是这种情况。

——地区的吸引力。一些与该地毫无渊源的城市居民以此为借口，在此地度假，最终选择在此地隐居下来。他们想象出一些祖籍来源，是他们的美丽新家乡的最佳歌颂者。这种现象经常发生在作家和艺术家身上，他们热爱自己的省份，但选择了一个出生地之外的住所，或者接受另外一个环境，特别是普罗旺斯。我们可以列出很多：成了“诺昂夫人[1]”的伟大的旅游者乔治·桑；福楼拜和布拉克[2]提到他们对于诺曼底的热爱；沃居埃[3]找到了他们的祖先所在的维瓦莱；都德把自己想象

[1] 乔治·桑从小和祖母住在距离巴黎数百公里远的诺昂庄园，之后继承了诺昂庄园，在这里长期居住，并接待了一些法国文学界名流，死后也被葬在诺昂，故被称为“诺昂夫人”。

[2] 乔治·布拉克（1882—1963），法国立体派画家。

[3] 法国一个古老的贵族家族，祖籍在维瓦莱地区。这个家族出过企业家、政治家、银行家、学者等各界精英。

成普罗旺斯人；莫拉斯[1]在马蒂格把自己装扮成希腊人；柯莱特[2]和杜诺瓦耶·德·塞贡扎克[3]诉说他们对圣特罗佩[4]的阳光的热爱；弗朗索瓦·莫里亚克[5]与马拉加[6]是不可分割的；保罗·克洛岱尔[7]隐居在布朗盖[8]；皮埃尔·洛蒂[9]在巴斯克地区。印象派画家、立体派画家们热爱普罗旺斯那些耸立在高处的村庄，而且还搬来了他们的画架。

自20世纪中叶以来，外国人通过度假的方式参与了这项土地占有活动。购买了城堡和老房子的英国人待在佩里戈尔德的家中，最近活跃在加来附近的科唐坦[10]。比利时人和荷兰人在上普罗旺斯阿尔卑斯[11]地区、德龙省南部或者阿尔代什以及热尔省的那些几乎被遗弃的村庄里建立起了移民地。瑞士德语区的人已经移居到夏布莱，这是他们以前的“自由区”，但也有人住到了喀斯[12]。丹麦人在梅多克[13]；意大利人越过了边境，定居在蓝色海岸，不再作为那里的泥瓦匠，而是周末度假的游客或短居者。

这是一种非常个性化的做法，也是传统的做法，所以这种度假方式很好地抵抗了时尚的影响。它通常融入景观和环境，为常住人口所接受，被当地人拒绝的情况很罕见。南方地区通过一些社交活动和比赛项

---

[1] 夏尔·莫拉斯（1868—1952），法国作家，法兰西学院院士。

[2] 茜多妮-加布里埃尔·柯莱特（1873—1954），法国女作家。

[3] 杜诺瓦耶·德·塞贡扎克（1884—1974），法国画家、雕刻家。

[4] 法国瓦尔省的一个市镇。

[5] 弗朗索瓦·莫里亚克（1885—1970），法国小说家，1952年诺贝尔文学奖获得者。

[6] 马拉加是弗朗索瓦·莫里亚克的庄园的名字。

[7] 保罗·克洛岱尔（1868—1955），法国诗人、剧作家、外交家。

[8] 法国伊泽尔省的一个市镇。

[9] 皮埃尔·洛蒂（1850—1923），法国作家，法兰西学院院士。

[10] 法国西北岸半岛，在下诺曼底大区芒什省。

[11] 上普罗旺斯阿尔卑斯是法国普罗旺斯-阿尔卑斯-蓝色海岸大区的一个省。

[12] 法国一个地区名，位于法国中央高原。

[13] 法国吉伦特省的一个地区，在吉伦特河口左岸。

目来使这种融入变得更为容易，如露天咖啡座聚餐、滚球[1]比赛等。一些热爱传统的村镇在盛夏举办主保瞻礼节[2]以吸引大量的度假者。这就是在许多的旅游区观察到的，在普罗旺斯、阿基坦、阿尔卑斯山，在北欧那些“赶时髦的人”度假的希腊岛屿，在德国人晒日光浴的达尔马提亚[3]海岸，处处可见度假者。

如今第二寓所受到了房车野营方式的反常助力，除了一些例外，房车野营并不是移动旅游的手段。大部分住房车的营员和“活动房屋”的房主在假期都是深居简出的，他们的社会出身并没有让他们凌驾于当地人之上，他们的生活方式也并不会让他们与众不同。假期里他们生活在“简化的家”中，无拘无束，简简单单。他们总喜欢回到同一个地方，他们的房车就固定在那个地方了；或者跟他们的度假地轮换一下：他们每三年或六年回来一次，就像轮作一样。

二、乡村悠闲生活的形式

从春季到秋季在乡村居住，对于以土地租金为生的土地所有者而言是必须的；许多人没有其他的居所，只有他们的城堡或他们的碉堡式房屋[4]，在那里过着长久的悠闲的生活。富裕的意大利人从很久以前就已经是拥有双住宅的典范了，他们在罗马、佛罗伦萨、锡耶纳、威尼斯、博洛尼亚、米兰等地拥有豪宅，一面继续开发他们那些有租金收益的土地，剥削着那些种植他们土地的农民。在18世纪，英国那些拥有土地的贵族做了一项革新：夏季在乡下居住的快乐对于他们而言变得至关重要，城堡和庄园都进行了翻新，甚至推倒重建。1846年，“谷物法”的废除

---

[1] 法国南方的一项运动。

[2] 起源于朗格多克和普罗旺斯的法国传统节日，节日期间一般会举办巡游活动。

[3] 克罗地亚南部、亚得里亚海东岸的地区，东接波斯尼亚和黑塞哥维那。

[4] 法国一种坚固的、有防御设施的房屋。

翻开了新的一页：因为通过谷物销售来获得的收益越来越少，通过城市或工业获得的利润反而越来越多，所以英国乡村中的很大一部分地域变成了娱乐性公园。19世纪的英国人为了娱乐而“重新创造了自然”[1]。

乡下悠闲的拥有租金收益者认为他们就是“社会”，就是“世界”：他们遵守斯塔夫男爵夫人[2]提出的为人处世之道。这些有着极好教养的人，这些“淑女典范”，这些塞居尔伯爵夫人描述过的品德良好的表兄弟表姐妹们，大多是来自外省的拥有租金收益者。巴黎的拥有租金收益者比较少；艾德琳·多马尔揭示出他们更像是取款者[3]。在北美的专门术语中，在19世纪这就是“上上层阶级”，他们有财力和文化手段去“保持他们的社会地位”，度假时大搞排场。这个特权阶层为19世纪和20世纪初一直到马塞尔·普鲁斯特的小说提供了几乎所有的主人公。

想弄清楚这些拿租金收益的度假者们的财富和花费，原始资料并不难找。一些历史学家——主要是女历史学家[4]，为了还原19世纪时夏季的悠闲、舒适、柔和的生活氛围，浏览了19世纪的账本和儿童故事，这些故事书的作者也是女性。整个19世纪[5]，这些悠闲的乡下人在他们的城堡和别墅里靠自己的地产过的差不多是自给自足的生活。在他们登记在册的花销中，并没有看到在夏天有额外的项目；全体仆役都被带去了，没有临时佣工。由于他们都是精心地在一个城堡与另一个城堡之间互相发送邀请，一切花费都能互相抵消。我们还观察到，在19世纪的账簿中，旅游项目非常少见。主题旅居，就像我说过的那样，保留着相

[1] 参见劳克的《假期和自然重游》，第90页。——原注

[2] 斯塔夫男爵夫人是法国女作家布朗西-奥古斯蒂娜-安热尔·索瓦耶（1843—1911）的笔名，她的作品《为人处世指南》曾风靡法国。

[3] 艾德琳·多马尔，《1815到1848年间的巴黎资产阶级》，论文，1969年。——原注

[4] 雷吉娜·佩尔努的《法国资产阶级的历史》，1960年，第二章；玛格丽特·佩罗的《资产阶级家庭的生活模式》，1961年；皮埃尔·布莱顿的《第二帝国下的社会生活》；艾德琳·多马尔，见前引；莫娜·威尔逊的《维多利亚早期的英格兰，1830—1865年》；亨利·潘苏的《财富分析和家庭账簿——19世纪末一个里昂大资本家的案例》。——原注

[5] 玛格丽特·佩罗，《资产阶级家庭的生活模式》，第266页。——原注

对特殊的性质；只是度假是按年度的。

19世纪中叶的法国有多少这种拿租金收入的地产业主？允许那些“淑女典范”的父母亲“保持他们的社会地位”需要什么样的财富水平？这是两个我们不打算提供新的答案的难题。法国国家统计与经济研究所的一项研究估计，1850年的法国有一百万达到工作年龄的拿租金收入的地产业主，而当时的总劳动力为1500万。一百万的自由职业者可能会部分地加入闲散阶层。我们不会加入数字的争论。10%至12%的法国人口当中可以找出可能会参加悠闲文化活动的民众。商人、工厂主甚至银行家都不在其列；巴尔扎克在这一点上很清楚，而塞居尔伯爵夫人故意无视了这些人，尽管他们都是有钱人[1]。

为了过高贵的生活，“淑女典范”们的父母亲拥有一百万到两百万法郎的财富，至少能拿到五万法郎的定期地租[2]。这些财富首先是土地，它们提供每日消费的重要部分和主要的收入来源。土地足够宽广，地产业主们就可以专心打猎，这是他们的第一大消遣。屹立在土地中间的一座城堡或者有些规模的豪宅可以安排亲戚和朋友住宿，可以邀请附近的人到那里参加重要的宴会，就像包法利夫人[3]参加过的那场舞会一样。在这些豪宅里，设有藏书丰富的图书室和音乐厅。

在阅读了塞居尔伯爵夫人的作品之后，皮埃尔·布莱顿[4]写道：

> 这个特权阶级的生活是一种休闲的生活，这种休闲往往与闲散相混淆……这种存在……反映了旧制度[5]下的观念。伯爵夫人并没有责备上层阶级的悠闲生活，但是也没有把他们视为虔诚和

---

[1] 在《弗朗索瓦·勒博苏》一书中，一位银行家少有的、轻视的表现。——原注

[2] 对雷吉娜·佩尔努、玛格丽特·佩罗、皮埃尔·布莱顿的作品的综合评估。——原注

[3] 法国作家福楼拜同名小说中的主人公。

[4] 皮埃尔·布莱顿（1924—1985），法国社会学家。

[5] 指法国1789年前的王朝。

爱德的例子。[1]

重要的是生活方式而不是财富的水平。所有的文学见证都是趋向同一结果的。有更详细的分析表明，这些拥有租金收益者当中的一部分人也参与工商业活动，不过是以合股、参股的方式，并不像塞居尔先生[2]那样参与管理，后者本人就担任PLM[3]的董事[4]。

最令人羡慕的是有钱的外国人，尤其是拥有广袤土地的俄罗斯人，如杜拉金将军[5]，他拥有四千名农民，年租金收益高达250万法郎[6]。当父母亲有着25000到40000法郎的租金收入时，他们不能“维持社会地位”，但是他们的孩子如果受过良好教育，则不会被抛弃。他们可以常来常往，不是靠工作，而是通过落实可观的“有希望拿到的遗产”以及与有钱人联姻来实现提升。并不单纯的婚姻策略，在所有这些文学作品中都占有很重要的位置[7]……在度假地也是如此。

绝大多数拿租金收入的地产业主都参加地点固定的休闲活动，悠闲是他们的特征。就如蒙特利马尔家族，该家族每年有40000法郎的地租收益，在需要纳税的整个君主政体时期，他们只去了一趟巴黎，但是他们有时去东南部疗养，还去了萨瓦地区艾克斯、依泉和瓦凯拉斯（在沃克吕兹省）。这么一个在索恩省和卢瓦尔省拥有地产的富裕家庭，在整个第二帝国时期只进行过两次旅游，一次在巴黎，一次在里昂。只有少部分更加富裕的地产业主，除了庄园之外，在大城市还拥有一套公寓，

[1] 参见皮埃尔·布莱顿《第二帝国下的社会生活》，第30页。——原注

[2] 菲利普·保罗·德·塞居尔伯爵（1780—1873），法国将军、历史学家、贵族，曾任法兰西学院院士。

[3] 巴黎–里昂–地中海铁路公司。

[4] 参考皮埃尔·布莱顿《第二帝国下的社会生活》，第55页。——原注

[5] 塞居尔伯爵夫人同名小说中的主人公。

[6] 参见皮埃尔·布莱顿《第二帝国下的社会生活》，第66页。——原注

[7] 参见皮埃尔·布莱顿《第二帝国下的社会生活》，第64页。——原注

公寓主要是在巴黎，他们冬天才会在那里小住一下，庄园才是真正的主要居所。在欧洲大陆，并没有像维多利亚时期的英国贵族那样有着习惯性的、房子轮换着住的做法[1]。

从18世纪到20世纪初的两个多世纪期间，拥有租金收益的地产业主和资产阶级的生活方式是截然相反的。前者有着一笔稳定的财富，不会受到通胀影响也不会受到征税的威胁；这些有定期收益的人知道他们没有必要工作，他们的悠闲使得他们合法地成为19世纪的“享有政治权利者”。在19世纪，对法国而言直至1848年，其他国家则是19世纪末，制度仍然是纳税制。只有那些有闲暇管理公共事务并且在管理公共事务时不拿任何补贴的人才能管理公共事务，这么说是说得过去的。相反，那些被夏尔·莫拉泽[2]非常兴奋地称之为“傲慢的资产阶级”的人，根据新教徒基佐[3]的说法，他们是“通过劳动和省吃俭用来致富”的。

阿纳托尔·勒罗瓦–博利厄[4]谈到了19世纪那些主张“快乐就是犯罪”的资产阶级清教徒身上的“工作狂”精神；他们“对今世所有能给我们带来快慰的东西都充满仇恨，因为这些快慰我们到来世才有权享受”[5]。这些制造商、银行家、大商人，他们的积极进取和对商业活动的热爱使得19世纪的经济得以飞速发展，他们没有时间也没有钱浪费在旅游、娱乐和社交活动上面。没有任何东西可以让他们偏离最重要的东西：那就是发财致富。他们的榜样形象和言论使无产阶级确信“因工作累垮身体”是正常的。我们知道保罗·拉法格1883年在他的檄文[6]中是

---

[1] 关于这个问题，请参看莫娜·威尔逊的《维多利亚早期的英格兰，1830—1865》，第二卷，第十四章。——原注

[2] 夏尔·莫拉泽（1913—2003），法国历史学家。

[3] 弗朗索瓦·基佐（1787—1874），法国政治家和历史学家。

[4] 阿纳托尔·勒罗瓦–博利厄（1842—1912），法国历史学家。

[5] 恩斯特·博伊德，由拉尔夫·巴顿·佩里在《清教主义与民主》一书中提及。——原注

[6] 保罗·拉法格：《懒惰的权利》，1883年。拉法格是著名社会学家，卡尔·马克思的女婿。——原注

如何揭示工人任凭这种工作狂热摆布的，而这种工作狂热是“资产阶级的形而上学手段”；他对1848年工人们手里拿着武器要求得到工作的权利感到愤慨。保罗·拉法格说这是个多么大的错误，可他的观念直到1968年左右才在马尔库塞[1]那一派中得到理解。

19世纪的资产阶级只知道工作的义务；城市和乡村的劳动者们尽管喜欢“圣周一”[2]的违规行为，但他们很长一段时间没有提出过缩减工作时间的要求。在19世纪，“懒惰权”不是社会需求；它是一种现实，对于凡勃伦称之为“悠闲阶层”的那个群体来说是一种生活方式[3]。19世纪的文学强化了社会文化的等级；它有助于支持“出身优先于金钱”的观念。像托克维尔写的那种政治性著作，说到了对美国平均主义的焦虑；斯塔夫男爵夫人按照《为人处世指南》的重版节奏，把体育运动放在越来越重要的位置，因此受过良好教育的年轻女性就可以在保持端庄的情况下从事体育运动。

拥有租金收益者和资产阶级互不来往，但会并肩前行，互相蔑视；各方可能都会承认一条当代广告语中说到的：“我们的价值观不一样，传达员先生。”[4]拥有租金收益者鄙视批发商以及其他从商的人，因为商人们的财富似乎是不义之财。而1914年之前的老板们对这些闲人也没有任何尊重。“这些人无所事事。”一位名叫戈麦兹的老板毫不客气地说。在1977年，记者阿里斯和塞杜伊[5]采访大家族老板的继承人时惊奇地发现，在1914年之前，他们当中没有任何人，包括贝金[6]、米其林

[1] 赫伯特·马尔库塞（1898—1979），德国裔美国哲学家、社会学家和政治理论家，法兰克福学派的一员。他主要研究资本主义和科学技术对人的异化。在1968年法国五月风暴中，与马克思、毛泽东并称为“3M”。

[2] “圣周一”是欧洲从中世纪就有的一个民间习惯，这一天旷工比较普遍。

[3] 托斯丹·凡勃伦：《有闲阶级论》，1899年。这个美国作家在1965年才被译介到法国，由雷蒙·阿隆作序，题为《您读过凡勃伦吗?》。——原注

[4] 法国肉食加工企业吕西埃·波尔多·谢斯奈尔公司在1986年发布的一条电视广告的广告词。

[5] 安德烈·阿里斯和阿兰·塞杜伊：《老板们》，1977年。——原注

[6] 法国著名糖业公司贝金公司的老板。

和前面提到的戈麦兹，都没有度过假。在他们的住所附近有一栋乡村别墅，他们会在夏天送家人去那里度假，而他们自己只会时不时地去那里过一个“乡村周日”。与此同时，戴高乐家族虽然不是很有钱，也会在租来的房子里消夏，就像让·拉古图尔[1]在其传记中所记载的那样。确实，这是另一种价值观。

在整个19世纪以及20世纪初，在乡村度假的大部分都是那些拿租金收入的人，不过这些悠闲人士中的少数人的队伍在扩大，他们外出旅游，到疗养胜地或是南方的过冬城市旅居。当季报纸排列出外地人名单，发现度假村所接待的客人中有80%—90%都是拿租金收益的地产业主。人们很少发现有旅游者是工业家、商人。但是这些名单里包括有头衔的人，他们也有年金，并且自豪地表示自己是主教、令人尊敬的神父、大学教授（当时没有学生）、法官（对司法机关的拖拉见怪不怪）、众议员和参议员（像梅里美[2]一样经常缺席）、英属印度陆军前任军官（不用打仗的高级军官）。尽管词义可以深究，但是这许多的荣誉并不是讽刺。19世纪法国大部分的拥有租金收益者，由于缺乏足够的资源，所以要依赖土地生活，他们生活悠闲，但花钱并不大手大脚，就像塞居尔伯爵夫人通过许多细节展示的那样。许多文字你只要稍微破译一下，就能看出这种谨小慎微：民法典里的一些条款，比如关于未成年人的财产管理方面或博弈游戏的详细规则方面的条款；所有的有教化作用的文学作品和旅游指南都警告不要挥霍自己的财产，要当心在旅游中有被敲诈的危险。这导致了“游客”这个词在最初的定义中含有贬义，导致了对英国习俗的挖苦讽刺；1877年的《拉鲁斯词典》中引用了大仲马的话：

> 他是那些在旅游中把所有钱财挥霍一空的英国游客中的一个。

---

[1] 让·拉古图尔（1921—2015），法国记者、历史学家和作家，代表作品《戴高乐全传》。

[2] 法国作家梅里美1834年被任命为历史文物总督察官，但他大部分时间都在欧洲各地游历。

这就是法国那些拥有年金或定期收益的人不会效仿的一个例子。如果按照19世纪不变的比例，游客当中的欧洲大陆人尤其是法国人比英国人要少许多许多，那并不是因为法国拥有租金收益的人就比英国少，而是因为法国外省上层社会的领袖们“封锁”了旅游的普及，并且以炫耀当地生活和普通活动为导向。

在19世纪，英国的拥有年金或定期收益者和中东欧贵族的名声与众不同：他们都被视为挥霍无度的人。对还是错？很难证明；但是人们可以在福楼拜的《庸见词典》中找到确认：“所有的英国人都是富有的”；他原本完全可以补充说：“所有的英国女人都是红棕色头发”或者“所有的游客都是拥有租金收益者”；《利特雷词典》对游客的定义“就是一个庸见”。实际上，关于英国人，欧洲人只了解一些富有的闲人；在他们的城镇和路上看到的富有外国人也是一些无缘无故跑出来旅游并且花了很多钱的人。

拥有年金或定期收益者对度假和无趣旅游的垄断持续了很长时间，资产阶级的长期弃权成全了这种垄断。在20世纪，一种文化模式在“低等”阶层中普及的情况较少——这个阶层的人鄙视浪费，人们更多的是在乡村住宅与旅游方式、自行车和汽车兴起的同时，自己去适应文化活动。

三、乡间住宅、农庄住宅和乡间小屋，城堡和领地，别墅和第二住所

一直保持着的含糊不清

上面的标题里列举的名单可以更长，因为一直以来尤其是现在，用来称呼这些撑起乡村休闲和度假产业的房屋的名称太多了。有些称呼在其他称呼出现的时候就不再使用了；它们当中的大多数含义是含糊不清的，因为它们既没有显示这些特别的居所的大小，也不能显示它们的功

能，只是表达了房主们可能的意图。这种持续了三个世纪的含糊不清，让人不敢尝试定量和定性的方法去进行统计。既然不能说出如今被称为第二寓所的住宅的数量演变，那我们就试着弄清楚得到和占有这些住宅的意义，试着在现场发现结果。让我们做一些评定：首先是关于“第二寓所”这个表达方式，它属于统计学家的用词，但它既不会被房产经纪、开发商，也不会被住在第二寓所里的人使用，住在第二寓所里的人不会说他们的第二寓所，只会说他们的房子、小屋或别墅。“公寓”（简写成appart.），“单间”，小旅社（乡村）是参照类型学而言的。它们的特点使其明显有别于传统的度假地；它们实际上是标准化的，占用是季节性的，用于主题假期，如冬季运动、海水浴或温泉疗养。人们考虑的不是个人住宅的灵活性，而是产品使用的逻辑性。

这些旺季之后空置的临时住所由开发商建造；它们是规划的一部分，优势是靠近身体锻炼场所，譬如海滩、滑雪场的“青蛙栖息地[1]”、温泉、马术中心。第二次世界大战之后，法国开始大量并系统地建造度假屋；在旺代[2]海岸，梅兰[3]就是梅兰海滩的创始人，梅兰海滩是一个全副武装的海滨浴场，建在海边的几乎一模一样的小楼随时准备接待客人入住。在仍旧原始的沿海地区和在最有利于高山滑雪的高山牧场（尤其是塔朗泰斯），在“辉煌三十年”[4]间，开发商们十分活跃，他们包括费里奈、布雷蒙、西蒙贝里奥、戈迪诺、施内贝伦、布瓦索纳，以及所有负责开发朗格多克–鲁西永的一批新的度假村的公司。在列入“白雪计划”（1960—1975）的滑雪村里，发起人也是“开发者”；每一个新

[1] 滑雪场所有滑雪道的交汇点的俗称。

[2] 法国中西部旺代省的一个小镇。

[3] 指乐华梅兰集团的创始人萝丝·梅兰，阿道夫·乐华先生和萝丝·梅兰女士1923年在法国北方里尔开办了一家仓储店，销售美军一战后的盈余物资，1960年名称由“美国仓储”更名为“乐华梅兰”。

[4] 另译“黄金三十年”，指二战结束后，1945年至1975年这段时间。

生的滑雪村都有自己的商标，有好（是阿沃里亚兹[1]、贝莱科特[2]、瓦尔莫雷尔[3]或者福勒恩[4]吗?）有歹（复制了萨尔塞勒[5]的莫纽尔度假村[6]吧）；由来自法国存托银行[7]的同一批城市规划师们把萨尔塞勒和莫纽尔这两块处女地给糟蹋了。

今天的度假者可以选择什么？一个地方，也就是说一个景区、滑雪区域和海滩的质量。一种风格。他不能在他的酒店房间添加任何个人色彩；如果他办得及时，就会很幸运地拿到一个朝向好的房间（阳光和景色），楼层高，房间大小也很合适。他选择了分时度假[8]吗？那他不得不在同一时段去那里；他可以交换时段，这倒是真的。

在诱人的话语下，隐藏着对巨大利润的追求。购买者必须相信他买下了“自己的”居所和度假的权利；“皮埃尔假期”[9]是一个特意选择的名称。开发商的利润取决于他的能力：他要懂得拿地，甩掉建设公共基础设施的负担，在建造公寓之前现场出售公寓。开发人员的机智体现在对产业的管理上，体现在良好的租赁能力和推出其他项目的禀赋上，新的项目能给之前的项目提供资金。在20世纪90年代，购买者遭受了所购买的度假公寓市价的大幅度下跌，一些开发商被清盘。

乡下和市镇的小旅社有如此的不同吗？有一个发起者，既像市政厅、省级地方议会那样是官方性质的，又像农业商会那样是行业性质

[1] 位于法国上萨瓦省莫尔济讷市的滑雪胜地。

[2] 贝莱科特是冬季运动胜地，位于萨瓦省阿洛埃斯市。

[3] 瓦尔莫雷尔是塔朗泰斯山谷中的冬季运动胜地，位于萨瓦省阿旺什–瓦尔莫雷尔市和雷歇尔市。

[4] 福勒恩是法国的滑雪胜地，位于上萨瓦省的马戈兰市和阿拉斯拉弗拉斯市。

[5] 位于法国法兰西岛大区，最早的集体住宅就建在此地，位于巴黎以北15公里处。

[6] 莫纽尔（另译美尼尔）度假村是法国萨瓦省塔朗泰斯山谷里面的冬季运动度假村。

[7] 法国存托银行，也称为法国存托局，是一个成立于1816年的公共金融机构。

[8] 分时度假的概念最早起源于20世纪60年代的欧洲。顾客可以分享某个度假资产的不同时段，在每年的特定时期对某个度假资产拥有使用权。它是一种度假资产的形式。

[9] “皮埃尔假期”度假乐园集团（简称PVCP集团），成立于1967年，欧洲旅游住宅及度假领军企业。

的，而且还是私人性质的，这个发起者便是当地的地产业主。包括房屋协会在内的那些省级机构负责对一些乡下小旅社进行推进、管理、补贴、控制并最终使其商业化，实现信息化的预订，这些标准化的旅社由一个乡下人——不一定是农民——或者一个市镇建造（同时兴建好几个）。我们就不要过于吹毛求疵了：一种非商业性的关系能够在出租房屋者和返回的度假者之间建立起来。

宅地分块出售建房在度假地不是强制性的，当买主在一块非常宽的地皮上建造他想建造的东西时，反而能显出很大的优势。那可以确保自己不用忍受令人感到不舒服的近邻，确保自己从一个异乎寻常的环境获益，因为度假村的创建者懂得并且有能力打造一个高质量的景点。从18世纪一直到20世纪初，大量的度假村就是这样打造出来的，从巴斯和布莱顿开始，浪漫主义时期典型的海滨浴场紧随其后，在迪耶普、埃特雷塔[1]、莱萨布勒多洛讷[2]和特鲁维尔[3]出现。一些作家（福楼拜、大仲马、阿尔封斯·卡尔）、画家（伊萨贝[4]）和皇室成员（德贝里公爵夫人[5]、路易·菲利普一世）等等的到来起到了决定性作用；分散的建筑物建在欣赏海景的绝佳位置。

大肆的投机活动在多维尔开始了，莫尔尼公爵[6]是拿破仑三世的同母异父哥哥，他拿到了所有的土地，设计了一个大型的矩形度假村，度假村的中心就是上流社会的赌场。房地产公司在1862年成立，但是公爵在1865年去世；多维尔项目直到三十年后随着科尔努歇[7]的到来才得

[1] 法国塞纳省的一个市镇。

[2] 位于法国中西部，隶属于旺代省卢瓦尔河地区的一个市镇。

[3] 法国卡尔瓦多斯省的一个市镇，在多维尔附近，也是法国作家杜拉斯作品中多次提到的小城。

[4] 指法国画家让-巴蒂斯特·伊萨贝（1767—1855）和欧仁·伊萨贝（1803—1886）两父子。

[5] 即玛丽·卡罗琳（1798—1870），西西里公主，1816年玛丽·卡罗琳和法国路易十六的侄子、查理十世的儿子查理·费迪南即贝里公爵结婚，成为贝里公爵夫人。

[6] 夏尔·奥古斯特·路易·若瑟夫·德·莫尔尼（1811—1865），被称为莫尔尼公爵。

[7] 欧仁·科尔努歇（1867—1926），巴黎著名西餐厅马克西姆餐厅老板，1912年在多维尔建立了第一家赌场，随后是豪华酒店。

以实现。1865年开始，波尔多的银行家佩莱尔为海滨度假村推出了消夏阿尔卡雄，它与过冬的城市截然不同；在地中海沿岸，埃米尔·德·吉拉丁（报刊老板）、费利克斯·杰曼（里昂信贷银行的创始人）等人出售了大片的地块，在那里为过冬游客建造美丽的别墅。不过他们的期望往往被辜负；马赛法罗宫[1]周围的度假住宅区，以及由里昂地产公司（子公司）在1950年后才出售的波尔迪盖拉的地块也是如此。

在优雅的海滨旅游中，居家度假更为成功。1875年后，一家房地产公司得到了欧仁妮皇后在比亚里茨的广阔土地，并把它分成几块；被公园和花园环绕的美丽别墅很快迎来了上流社会的度假者，让他们观赏到怒涛汹涌的大西洋。1880年至1914年间，随着铁路的到来，法国滨海度假区开始实施土地分块出售建房计划，在诺曼底的卡布尔[2]计划采用同心圆模式[3]；在鲁瓦扬[4]，森林中开辟出宽阔的马路，被分成了面积广阔的几大块；在芒什海岸，一家英国公司——勒图凯有限公司[5]——开发了功能设施齐全的“巴黎沙滩”，这是离巴黎最近的海岸！

由于1929年的经济危机和纳粹主义的兴起，两次大战之间度假村的建设发展缓慢。一些有名气的度假村仍在打造，譬如有美国人加入的“朱安雷宾”[6]。第二次世界大战之后，人们以更坚定的意志重新开始在分块的土地上建造豪宅，这些豪宅尽可能地与众不同，远离尘嚣。一些滑雪场准备了大面积的个人住宅区，每个人都可以按照自己的意愿

[1] 法罗宫位于法国马赛西海岸，当时为拿破仑三世及皇后建造。

[2] 法国卡尔瓦多斯省的一个市镇。

[3] 此模式于1924年由社会学家欧内斯特·伯吉斯基于芝加哥的情况而创建。同心圆模式描绘城市土地利用空间结构形式为五个同心环状地带，核心为中心商务区，其余的土地利用从商业中心区由内向外扩张。

[4] 法国西南部滨海夏朗德省的一个市镇。

[5] 1902年英国人约翰·惠特利（1843—1922）在勒图凯（法国北部–加来海峡大区加来海峡省的一个市镇）买下了1100公顷的土地，并与银行家朋友艾伦·斯通纳姆创建了勒图凯有限公司。1912年开发了勒图凯巴黎普拉日（Le Touquet-Paris-Plage），即巴黎沙滩。

[6] 昂蒂布的一个海滨浴场。

建造具有刚刚重新粉刷成蒂罗尔色[1]的精致木屋式别墅的那种深厚内涵的房子。在美利贝尔，在高雪维尔的贝莱科特，当然还有梅杰夫，都是这样。[2]在蓝色海岸，最好的地段继续私有化，被一些豪宅霸占，这些豪宅集中在有保安看守的保护区域，禁止外人进入，其范围从博尔默[3]附近的贝纳角[4]，一直延伸到埃斯特雷尔海岸[5]和戛纳的腹地。海岸保护局[6]成立了，但为时已晚。

我们想列出数据。目前每一种类型的第二寓所在总的第二寓所中所占的比例是多少呢？这很难说。实际上，全法国统计及经济研究所统计过非主要住宅的总数，因为是非主要住宅，所以被称为第二寓所。我们在这些统计数据中发现了空置的住宅、带家具的季节性出租屋、城市临时落脚处、高山牧场的小木屋和葡萄种植者的房子等等，没有加以甄别。我们不会希望度假住宅的类型被割裂开来。依照的是哪些标准呢？

为了看得更为清楚，我们必须从基本的事实着手：自18世纪起就存在的、用来休闲放松和度假的房屋，它们的区别是极度模糊的；有些只有一个用途（比如滑雪假期期间使用），其他的则兼具多种功能。简单地说，我们可以找到五种功能。休闲或娱乐的住所可以仅仅是或者同时是：

——地产业主的住所：他看管他的庄稼，控制他的佃农（而不是农民），实现一定程度的自主消费。这个住所可以是永久性的或是只在夏季才住；包括狩猎在内的乡村快乐总是存在的，还有着或多或少的重要性。

---

[1] 蒂罗尔是欧洲中部的一个地区，属于石灰岩地质，因此蒂罗尔色是指铅灰色，有时指灰绿色。

[2] 美利贝尔和高雪维尔（另译库尔舍韦勒）都是法国冬季运动度假村。贝莱科特是法国阿尔卑斯山瓦卢瓦兹高原北方山脉的一座顶峰。梅杰夫是法国上萨瓦省的一个市镇。

[3] 法国瓦尔省的一个市镇。

[4] 法国地中海沿岸的一个海角，位于耶尔岛的对面。

[5] 法国地中海沿岸。

[6] 法国1975年成立的一个保护海岸的官方机构。

——社会地位提高的标志，通过名字的选择，塔楼、鸽舍的增加，池塘或湖泊的建造来彰显。

——对邻近闲暇娱乐提供支持。这样的房子可以在周末使用，并遵守最佳的时间规律，即一小时到一个半小时就能赶到。太近了，会斩不断各种关系，体会不到外出度假的感觉；远了吧，这个旅程又会让人觉得很漫长。

——长假房或/和消夏住所。相隔遥远不再是障碍。通常可以跟其他功能组合，在海边，这些住所现在可以是独家小楼或者公寓；在乡村，花园的布局被认为是必不可少的。

——功能明确的短期临时住所。包括城市临时落脚处（主要是巴黎）——这些落脚处在某些情况下曾经或者现在可能很宽大（在19世纪是那些拥有地产租金收益者的，现在是明星们在使用），也包括冬季运动站或是海边的公寓或者单间。

从18世纪到如今，我们都能找到所有可能的组合，用来指称这些住宅的词语只是区分它们的一个不完整的符号标记。从19世纪中叶起，马赛人称之为cabanon（海滨木屋）的屋子，肯定指的是一个非常靠近城市并在周末使用的小房子，与农业没有任何关系。但是并不能肯定是不是所有的château（城堡）都名副其实。社会地位提高的愿望往往使得人们把建筑物看得过重。根据地点和时间，其他已被使用的词语有：在西南部使用的castel（城堡），gentilhommière（小宫堡），maison-forte（武装房屋、碉堡式房屋），manoir（庄园大屋），但manoir在法国很少有人使用。《利特雷词典》不知道manoir，浪漫主义作家则给它加了一个形容词“英国的”。在许多情况下，这些住宅没有名字，而且它们的功能也随着继承的业主的改变而发生变化。

人们在各省漫步时，常常会发现多种功能的合并。让我们来看看多菲内省吧：佩里埃家族[1]是社会地位提高的一个极端的例子，他们忽略了位于凄凉的代沃吕的、他们原有的“武装房屋”，更喜欢位于维齐尔的莱斯吉耶尔城堡。让我们跟随格勒诺布尔的作家司汤达去到格雷西沃当[2]或者他同样喜爱的萨瑟纳日[3]的周围，他会把我们带往许多小宫堡，这些住宅的所有者是闲散的居民，很少是中产阶级。艾克斯、蒙彼利埃、波尔多和第戎都被乡村包围，临近乡村的则是城堡、别墅和美丽的房子，这些房子兼具度假村功能和看护收成（尤其是葡萄园）的功能；同时那些富有的知名人士在城里，比如在艾克斯的米拉波大道，还拥有他们的邸宅。

萨瓦省布满了传统的城堡，但该省那些朴实无华的城市——尚贝里或阿讷西——并没有被乡村别墅的光环笼罩。芒东家族[4]，塞瑟尔家族[5]，格雷菲·德·贝勒孔布家族[6]，科斯塔·德·波尔加尔家族[7]，福西尼-吕善日家族[8]，在他们的土地上过着一种优雅休闲的生活，然后前往首府尚贝里和都灵任职；他们通常在这些城市中的一个或另一个拥有一座邸宅。在里昂附近，在被葡萄园环绕的博若莱[9]拥有一个城堡是社会

[1] 佩里埃是法国多菲内省的一个显赫家族，出过许多包括总统在内的政治家、企业家和银行家。

[2] 法国阿尔卑斯山的一个山谷。

[3] 法国伊泽尔省的一个市镇，属于格勒诺布尔区。

[4] 1008年圣贝尔纳·德·芒东出生在安讷西，是阿尔卑斯山圣贝尔纳避难所的创始人，其出生地——一个简单的木制哨所现已成为芒东-圣贝尔纳城堡，位于上萨瓦省的芒东-圣贝尔纳镇上。芒东家族一直拥有着圣贝尔纳城堡，至今已经是第23代。

[5] 塞瑟尔家族分布于罗讷河两岸。这个家族出过历史学家、医生、教父、作家、市长、议长等人物。

[6] 自16世纪起的萨伏依贵族家庭，起源于法国上萨瓦省的阿讷西。

[7] 科斯塔家族是热那亚的一个家族，其历史可以追溯到12世纪，该家族于17世纪初定居在萨瓦的尚贝里。

[8] 福西尼-吕善日家族是法国一个王室家族。

[9] 法国古省名，位于中央高原正东、里昂以西，以出产葡萄酒闻名。

地位提高的一个明显的标志[1]。19世纪上半叶，从讷维尔[2]、卡吕尔到格里尼[3]的第一个城堡和乡村别墅圈曾经让18世纪末的游客赞叹不已，现在已经被城市扩张尤其是工业化全面突破。1831年后，吉美[4]就在他位于弗勒里厄[5]的乡间别墅里建造了他的群青[6]厂。然后，位于圣朗贝尔的拉索瓦热尔[7]和卡吕尔的翁布罗萨花园住宅都变成了学校。瓦伊斯[8]省长把阿尔比尼[9]镇布西埃村的美丽伦巴第花园住宅变成了乞丐收容所，现在是济贫院。

19世纪的普罗旺斯一直是“农庄住宅”之乡，确实这个名字只存在于那里，而且农庄住宅的数量一直让人惊讶。1834年的《外来人专辑》强调了这一点：

> 马赛周边的景观在世界上是独一无二的。在法国的很多城市，在里昂、图卢兹、波尔多都有美丽和富饶的周边环境，但是并不像马赛那样风景如画。在这里人们把马赛附近的乡村房子叫作农庄住宅；它们数不胜数，又小又白，飘忽不定；它们在一个密集的城市周围稀疏地存在着……每一个富裕的居民都有他的农庄住宅。许多在城市里没有房子的人在乡下有农舍。因为在马赛的风俗中乡村是必需品……人们周六晚上过去，周一早上回来……门

[1] 参见加里耶：《1800—1970年里昂和博若莱的农民们》，第2卷，以及《罗讷河和里昂》。——原注

[2] 位于法国维埃纳省的市镇。

[3] 位于法国法兰西大区埃松省。

[4] 吉美（1795—1871），法国工业化学家，人工群青的发明人。

[5] 法国市镇，位于法国大里昂地区，属奥弗涅-罗讷-阿尔卑斯大区。

[6] 一种蓝色颜料。

[7] 圣朗贝尔是法国的一个古镇，今天是里昂九区的一个街区。拉索瓦热尔曾是圣朗贝尔镇的一个街区。

[8] 克洛德-马里尤斯·瓦伊斯（1799—1864），法国律师，在法兰西第二帝国时期，他被任命为罗讷省省长，曾对里昂进行过大规模的城市改造。

[9] 法国市镇，位于法国大里昂地区，属奥弗涅-罗讷-阿尔卑斯大区。

前，有桑树、葡萄园、橄榄树……屋后，是“射击房”[1]（作者用了一整页纸来描写）……这是一种偷猎，坐着不动，太阳晒不到，人也不会累，是很多女士都允许自己接受的快乐。农庄住宅遍地开花的最大好处就是，每个周日都不用接待城里朋友的来访。在马赛，乡村食客很少见，因为那里几乎是每一个人都有自己的农庄住宅。晚上都是在邻居之间玩罗多游戏[2]中度过的。[3]

与此同时，约瑟夫·梅里[4]展开了同样的关于农庄住宅繁殖扩散的主题，认为这些农庄住宅全是“沙漠中的绿洲”，并强调“在瀑布声中入睡的城市”和“滚烫屋顶下的风雨如磐城市”之间的反差。[5]从梅里到第二帝国晚期的作者们，如泰西埃[6]，所有人都强调马赛通过运河[7]引来杜朗斯河[8]的河水而发生蜕变。与埃斯佩朗迪欧[9]建造的宏伟辉煌的隆尚宫[10]相呼应的，是一大批漂亮的乡间别墅，它们与成荫的绿树一块成长。每个人都夸奖埃加拉德[11]地段是最令人惬意的[12]。多亏了水流，马赛披上了绿腰带。

根据泰西埃的说法，在第二帝国时期，数十座农庄住宅在埃加拉德被建造或修复，包括著名的埃加拉德城堡，该城堡的主人是卡斯泰拉纳

[1] 专门建来狩猎斑鸠的小窝棚。
[2] 一种摸子填格游戏。
[3] 《马赛的外来人和游客专辑》，1833年，第125—128页。——原注
[4] 约瑟夫·梅里（1797—1866），法国新闻记者、小说家、诗人和剧作家。
[5] 约瑟夫·梅里和巴泰勒米：《埃加拉德和封丹尼厄》，1834年。——原注
[6] 泰西埃：《马赛和它的建筑物》，1867年。——原注
[7] 修建于1839到1849年间。——原注
[8] 法国东南部的一条河流。
[9] 法国建筑师，在马赛为拿破仑三世设计了隆尚宫作为行宫。
[10] 马赛1862年建成的一座宏伟建筑，位于第四区的动物园大道。
[11] 马赛一座公园的名称。
[12] 参见胡阿的《马赛向导》，第58页。——原注

侯爵夫人[1]，城堡周围被大花园包围，让她的同代人赞不绝口[2]。封丹尼厄城堡经过翻新后——用梅里的话来说——变成了“水中绿廊”。在圣安德雷的图尔城堡[3]是一些贵族翻修的。农庄住宅被抬得很高，1863年的《利特雷词典》给出的定义是与现实脱节的“一种小型的乡间别墅”。从18世纪后期开始，富有的批发商博雷利就已经在海边建成一个由宽大公园包围着的真正的城堡，到19世纪，这座城堡成为德·帕尼斯侯爵的尊贵府邸。《外来人专辑》在1833年时这样记载：

我希望，先生您不要把这座建筑叫做农庄住宅。[4]

第二帝国时期的马赛以便宜的价格获得了博雷利[5]，突然间它有了一个与里昂的金头公园[6]匹敌（但逊色不少）的城郊公园，以及一座用来建考古博物馆的建筑，马赛人继续把它称为城堡。19世纪的马赛是法国通向东方和非洲的门户，是法国殖民冒险的重要出发港；一些大型的新兴产业（榨油业、制皂业等）发展起来了。许多暴发户在他们的农庄住宅炫耀他们在社会上取得的成功。1854年，雷吉斯家族建造了美丽的米里埃尔农庄住宅[7]；在圣梅奈街区[8]，雷纳德城堡模仿了舍农索城

[1] 1861年儒勒·卡斯泰拉纳伯爵去世后，埃加拉德城堡由其女儿卡斯泰拉纳侯爵夫人所有。1898年侯爵夫人对城堡进行了修复。

[2] 17世纪由维拉尔元帅修建，曾庇护过巴拉斯，还有卡斯泰拉纳将军。保罗·巴拉斯（1755—1829）是法国大革命和帝国时期的政治人物，1806—1813年曾被软禁在埃加拉德城堡。后来，卡斯泰拉纳伯爵装饰了城堡，并修建了一个仓库。——原注

[3] 位于法国图尔的一座城堡，兴建于11世纪，是加洛林王朝时期的建筑。

[4] 《外来人专辑》，第189页。唯一的继承者博雷利与侯爵帕尼斯结婚了。——原注

[5] 博雷利公园位于法国马赛，是法国文化部列出的法国著名园林之一，公园内有三个不同类型的花园。在1880—1915年期间，博雷利公园曾经是一座植物园。

[6] 里昂的一座城市公园，是法国最大的公园之一。

[7] 路易·雷吉斯（1812—1899），马赛船运富商，与兄弟维克多在非洲做外贸，并在1860—1865年间修建了米里埃尔农庄住宅，也称雷吉斯城堡，在马赛第11区。

[8] 位于法国马赛市的第11区。

堡[1]；他们的邻居伊莱尔·库尔丁建造了布尔津城堡[2]。福宾·德·欧佩德家族在圣马塞尔[3]，格朗瓦尔家族在圣玛格丽特[4]同样建造了城堡。在第二帝国期间，保兰·塔拉波[5]建造了他的卢卡斯白色城堡，该城堡巍然屹立在伊夫堡[6]对面；在他度假期间，他还负责监督巴黎－里昂－马赛铁路的工程建设。

最后让我们再说一下马赛最美丽的度假城堡法罗宫吧。这座城堡的建造有些模糊不清的地方。马赛市政厅在有些迫于压力的情况下，决定把南港口入口的一块土地送给皇帝，让他来建造一座皇宫，并为此借款100万法郎。然而这笔钱不够，“对于这么一个凄惨荒凉的海角来说需要130万法郎，那里只有寸草不生的荒寂的岩石和肮脏丑陋的小咖啡馆”[7]。

拿破仑三世支付了差价和建造费用。所有这一切就为了建一座偶尔去住一下的宫殿。马赛人和投机商人们（譬如德·吉拉尔丹）认为这可以确保一座过冬城市和一个海水浴场的开发。但什么也没发生。1870年后，吝啬的马赛人想收回法罗宫。宽宏大量的欧仁妮皇后在赢得了诉讼之后，把法罗宫作为礼物送给了这座城市。

在19世纪，马赛周边的乡村住宅出现分化，被用作各种用途，并且多种多样，大大小小的都有。同时代的人都被搞糊涂了，说出的话都

[1] 参见康斯坦的《圣梅奈的城堡和农庄住宅》，《马赛月刊》，1959年第38期和1960年第40期。——原注。舍农索城堡位于法国安德尔－卢瓦尔省的卢瓦尔河流域，靠近舍农索小村落，建立在卢瓦尔河的支流谢尔河上。

[2] 位于贫穷的上阿尔卑斯省，库尔丁因此成为有名的建筑师。他在圣梅奈买了一片乡村土地，推倒了房屋并原地修建了自己的城堡。——原注

[3] 福宾家族是普罗旺斯一贵族，家族成员多在皇室和罗马天主教会任职，家族建造了许多城堡，圣马塞尔在马赛第11区。

[4] 位于法国沃克吕兹省索村。

[5] 保兰·塔拉波（1799—1885），法国19世纪的工程师、银行家和政治家。

[6] 前注提到的法国马赛港海域伊夫岛上的城堡，因《基督山伯爵》而闻名于世。

[7] 参见保罗·科尔蒂基亚托的《法罗的皇家住宅，老马赛》。——原注

前后矛盾。奥拉斯·贝丁[1]在1870年前后曾写道：

> 别墅、安乐窝、临时落脚处已经取代了农庄住所。

与此同时，《拉鲁斯词典》选定了villa（别墅）这个词，但没有意大利语中villa的含义，而把它解释为“优雅的乡村住宅”。

同一本字典里也介绍了“cabanon”：

> 指的是马赛周边的乡间小屋，它取代了农庄住宅。

大约在1900年，帕尼奥尔[2]一家坐上电车去了在拉泰伊[3]租的一个乡间住宅，他们很迷恋那里，以至于不仅仅是夏天才去，在某些周末和圣诞节也要去；为了去那里，他们要穿过一个运河边的大公园，公园是一个城堡主的私产[4]。反差就更加明显了。这种现象在20世纪持续扩散，有两个主要方向。在南部，一直到了在马赛维尔山脉[5]之外、专供普拉多街区[6]的中产阶级使用的卡西斯[7]；在北部，沿着不断地钻隧道的小铁轨，沿着西北海岸线，普通的马赛人抵达了卡里勒鲁埃[8]和索塞莱班[9]，费南代尔[10]曾去卡里勒鲁埃度假。

---

[1] 西蒙·本斯（1842—1917），化名为奥拉斯·贝丁，法国记者和诗人。

[2] 马塞尔·帕尼奥尔（1895—1974），法国剧作家，小说家。1946年当选为法兰西学院院士。

[3] 马赛11区的一个街区。

[4] 马塞尔·帕尼奥尔：《家父的光荣》和《家母的城堡》。——原注

[5] 位于马赛南海岸，马赛和卡西斯之间的一段非住宅区，属喀斯特石灰岩山脉。

[6] 马赛的一个繁华街区。

[7] 法国罗讷河口省的一个镇。

[8] 法国罗讷河口省的一个市镇。

[9] 法国大西洋沿岸城市。

[10] 费南代尔（1903—1971），法国演员，擅长拍喜剧，名作包括1956年的电影《环游世界八十天》。

在南部，不只是在马赛，而且在土伦，甚至在尼斯，这种度假现象并没有在宫殿、城堡、农家住宅、乡村住所、农家小屋这些用词的演变中消失。正如我们今天可能会说的那样，“观念”和“文化认同”保留了下来。这就是bastide（农庄住宅）一词的价值所在。法国记者阿道夫·卡尔在1859年毫不含糊地选择“农庄住宅”作为他创办的周刊的刊名。他在第一篇社论中解释说：

> 农庄住宅是所有马赛人的愿望……每个人都希望拥有自己的农庄住宅，豪华还是简朴都没关系，建在宽阔的空地上或者巴掌那么大的田野上。[1]

人们拥有的房子大小面积不一，但都有着同样的渴望。在第二帝国晚期，马赛的人口数量已经可以确保那份周刊拥有足够数量的忠实订阅者，并且保持订阅纪录。根据约瑟夫·梅里的说法：

> 世界上没有任何地方可以看到如此规模庞大的别墅聚集区……对农庄住宅的热情是马赛人与生俱来的……连工人都会给自己弄一间乡间小屋。

无论是被称为农庄住宅、乡间小屋还是别墅，它们所涉及的都是一个“休闲娱乐空间”，就像当代语言所说的那样。这就是卡尔的杂志抛开政治和商业，却探讨“文学、美术、喜剧、新闻”的原因。这份周刊登载城市的八卦，通报马赛一周当中的娱乐活动，报道周日也会陪伴在农庄别墅周围忙忙碌碌的“身穿斜纹上衣、头戴草帽的马赛人”。它同

---

[1] 参见《农庄住宅，马赛生活场景》，1859年4月3日第1期。被收藏在马赛市政图书馆。——原注

时也会报道一项期待已久的窝棚狩猎活动的开启以及战况报告；平时用来吹牛的“口头文学”跟着都德的《达达兰》[1]变成纯文学。总之，约瑟夫·梅里回忆说：

> 在马赛，狩猎是柏拉图式的激情。在那一年我就打到了一只兔子。[2]

《农庄住宅》周刊还会报道乡间晚会，在晚会上以家庭为单位玩罗多游戏，大家一起朗诵作品；这本期刊还刊登类似的漫谈、诗作和歌曲[3]：

> 周日到来多开心
> 可以去乡村小屋放放松
> 一整天都可以自由行动
> 在自己的特里亚农宫[4]当国君（重复）

这的确是30年代的那首“一个乡间小屋，还不如一块手帕大”的著名歌曲的鼻祖。本着同样低调炫耀的精神，在莱古德[5]、卡勒隆格[6]、尼奥龙[7]、莫尔吉乌[8]都出现了这样的标语，写着“这对我已足够”或者

---

[1] 《达达兰》三部曲是法国小说家阿尔封斯·都德在1872—1890年间完成的作品，包括《达拉斯贡城的达达兰》《阿尔卑斯山上的达达兰》《达拉斯贡港》三部。

[2] 约瑟夫·梅里：《马赛和马赛人》，第62页。——原注

[3] 《农庄住宅》，1859年7月17日。——原注

[4] 本是凡尔赛附近的一个村庄，后被并入凡尔赛公园，并在原地建造了大特里亚农宫和小特里亚农宫。

[5] 位于马赛八区。

[6] 卡勒隆格峡湾位于马赛和卡西斯之间，在马赛第八区的东南端。

[7] 一个位于马赛西北20公里外的可居住的峡湾地区。

[8] 马赛和卡西斯之间最大的海湾。

一些像“哆咪西拉哆来”一类的音符。

度假和休闲房可以分为三种类型：翻新的乡村住宅、城市住宅和临时住宅。

第一种类型是乡里或者村里的房子，由城市居民翻修、改造甚至复制而成，用于度假或者退休养老；它们很好地融入了环境。这种名义上是临时性的甚或永久性的住宅是闲置在那里的，它们不能说继承了，但可以说吸收了18世纪创造出来的乡村之爱的内容；在农村人口外流之后，更多的是回到起点，并对城市化进行补偿。对乡村的自然之爱最初出现在英国，这种爱只是在英国才保存着它的全部力量，两个多世纪以来，很多非常富有的英国人一年中的大部分时间都居住在他们宽广的领地上，享受精英主义者的快乐假期。

欧洲大陆的权贵们很晚之后也糟糕地模仿了英国模式；最富有或最著名的权贵们早在19世纪早期就被“巴黎的生活”或维也纳的生活或另一个大都市的生活钳制住了。1830年后，作家龙泰就注意到在富有的巴黎人中出现的厌倦现象：

> 时髦人士一边说一边差不多要打哈欠：我要去乡下……啊，什么时代！啊！什么风俗！[1]乡下的空间比大革命前还要少！再也没人去那里跟女士说甜言蜜语啦……
>
> 时髦人士在乡下厌倦了……狩猎让他们烦不胜烦，钓鱼又让他们昏昏欲睡。[2]

19世纪末，对乡村感情的复苏很大程度上归功于画家和作家。在

[1] 原文为拉丁语，出自罗马政治家、作家西塞罗诗作。

[2] 龙泰：《时髦手册》，1829年，第88—91页。——原注

印象派时代，都市人欣赏《草地上的午餐》（莫奈），《乡村星期天》[1]（贝特朗·塔维尼埃[2]电影中的氛围）；铁路的发展，尤其是支线铁路，使得人们可以很容易抵达一些新的乡村目的地。1866年后，地理学家埃利泽·雷克吕将这种“新的迷恋”看作是城市化的解毒剂[3]：

> 一段时间以来，旅游者在乡村有一种真正的热情，他们在所有容易进入的地区成群结队蜂拥而至……法国人更喜欢波浪形起伏的乡村……蜿蜒的小河……红瓦白墙的房子……一个披着野生葡萄枝绿装的废墟，一座磨坊……

这些怀旧和理想化的乡村作为一种新“符号”在19世纪下半叶诞生，从那之后多次被一些人的回归接替：要收回自己在村里的房子的农村外流人口的后代的回归；找到了与自己同根同源的故亲并终于前往探访的第一批享受“公众假期”的人的回归[4]；在1968年后意识形态的浪潮中，以及在20世纪末对健康、有机产品的追寻中向绿色大自然的回归。就连乡下人自己也不再只是这种城里人热衷乡下现象的观众了：在1950—1960年代之后，在许多地区，他们已经变成了演员，要从这种乡域旅游或他们组织的农业旅游之中获得利益[5]；他们兴建了乡间小旅社，提供用餐、露营的自然区域，兜售乡村度假艺术，就像兜售农产品一样。

第二种类型：建筑商通过城里人也为了城里人，用一种非常城市

---

[1] 根据法国作家皮埃尔·博斯特（1901—1975）的小说《拉德米拉尔先生就要死了》改编的电影。

[2] 贝特朗·塔维尼埃（1941—），法国电影导演、编剧、监制、演员。

[3] 《现代社会里自然的感受》一文，见《两世界杂志》，1866年，第352—381页。——原注

[4] 参见马克·布瓦耶的《大众旅游史》，“我知道什么”丛书，1999年。——原注

[5] 关于法国的乡村旅游组织，请参阅米歇尔·波诺、格罗洛和拉姆的报告《乡村空间，旅游空间》，1986年。——原注

化的折中主义的风格，在19世纪和20世纪建造了数量众多的、用于度假的房子和建筑，但是与农村的环境形成了对比。与当时的城市社会相比，这些住所并没有任何独特之处；人们在乡村、在山区、在海边建造或重建在城市周边已经建造过的那种房子。在19世纪，特权阶层——常常是同一批人，他们实现了西部和南部大城市（勒韦西内或者索镇、埃库里等）的城市化，并在多维尔、鲁瓦扬[1]、迪纳尔或者勒图凯（即巴黎沙滩）许多新的海滨浴场的分块土地上建起了许多漂亮的房子。他们的房子有宽广的住宅区，林荫大道相通，单独耸立在大花园或有围墙环绕的宽阔的花园里。自从布鲁厄姆勋爵[2]、泰勒和其他的英国人在戛纳作出榜样以来，南方的过冬城市就被装饰成稀奇古怪的样子，新古典主义、新哥特式、拜占庭式和摩尔式风格都能见到；这些别墅也分布在优雅的郊区，在戛纳的卫兵十字架[3]，在加利福尼亚[4]，在尼斯的大理石十字架[5]，在希米耶[6]，在博隆山[7]都可以看到。

20世纪也经历了住所的复制，到了今天，再也不可能说清楚是谁抄袭谁了。城市文明或后工业时代文明造出了“市郊”；个人住所或多或少集中在神话般的村庄和所谓的自然区域（森林、河边、不同名称的高地），这些个人住所有助于显示旧世界和新世界的特征。在北美，大多数人对长途跋涉去工作并不反感。在法国，人们创造了“rurbanisation”（农村的城市郊区化）这个词语来形容这种混合：在城市周围，甚至是小城市，新的郊区在扩展，在那里每个人都建造他的

[1] 法国西南部滨海夏朗德省的一个市镇，著名的海滨度假胜地。

[2] 布鲁厄姆勋爵（1778—1868），原名亨利·皮特·布鲁厄姆，第一任“布鲁厄姆和沃克斯男爵”，英国政治家、演说家和作家，他生命的最后30年大部分时间都是在戛纳度过。

[3] 戛纳市内的一座小山名称，也被称为“圣十字花园”。

[4] 戛纳市内的一座小山，19世纪起，许多名人和富豪纷至沓来，在卫兵十字架和加利福尼亚两座小山之间建了许多别墅。

[5] 法国尼斯大理石十字架广场。

[6] 位于尼斯市东北，一座山丘的名称，也被称为希米耶高地。

[7] 博隆山是尼斯最东侧的林山。

“小楼”，这是一栋与邻居家隔开（一点点）的房子，有车库、小花园和草坪。这受益于卢舍尔法案[1]（在两次世界大战期间）和库朗计划[2]（法兰西第四共和国），以及其他各种各样的扶持。这种促使人们娱乐和回归大自然的住所充满了对神话般乡村的怀旧情绪。城市文明催生了类似的度假屋，它们大都靠近海边。梅兰海滩，还有西蒙·贝里奥海滩[3]，在朗德省[4]的新型海水浴场（类似米米藏[5]的那一类型），等等，就是这样建起来的。北美人在湖边或新英格兰[6]海岸用木板建造同样的周围都是草坪的房屋，他们去那里消夏。

60年代，在欧洲尤其是在法国，人们建造了许多大型建筑物，高楼大厦和带状建筑；我们在新的城市（萨尔塞勒[7]、曼盖特[8]等）可以看到它们，在从无到有的滑雪胜地和海滨浴场（朗格多克-鲁西永[9]）也能看到；当然，那里的套房和单间公寓价格更贵，但是建筑物并不会更坚固，隔音效果也不会更好。

我们是否应该说，就像阿莱[10]的笑话所讲的那样，人们把城市搬到了乡下？或者说人们在城市周围播种了乡村——当然是假的而且是没有田地的乡村，但是有什么地方会比大面积种植谷物的地区能给人一种更正面的形象？现在我们看到了这波浪潮的结果：城市文明催生了一种休

---

[1] 1928年，为了解决住房供给矛盾，法国政府开始直接参与廉价住宅的建设，通过了《卢舍尔法案》。

[2] 1953年法国重建与住宅部部长皮埃尔·库朗（1897—1965）推出的一项在财政和土地方面支持自建住房的计划，史称“库朗计划”。

[3] 位于法国普罗旺斯-阿尔卑斯-蓝色海岸大区瓦尔省萨兰耶尔，这是一处有着绝美风光的地中海盐地海滩。西蒙·贝里奥（1896—1984），法国女演员、歌手、制片人和戏剧导演，1934年在萨兰耶尔建立了一个起初供演员们使用的房地产综合体，即西蒙·贝里奥海滩。

[4] 法国阿基坦大区所辖的省份，濒临大西洋。

[5] 法国朗德省的一个市镇。

[6] 位于美国大陆东北角、濒临大西洋、毗邻加拿大的区域。

[7] 法国法兰西岛大区的都市，位于巴黎以北约15公里处。

[8] 法国东部罗讷省维尼西厄的一个住宅区，位于里昂南部郊区。

[9] 法国南部的一个大区，别称为“法国南部”。

[10] 阿尔封斯·阿莱（1854—1905），法国记者、幽默作家。

闲的、位于乡村的住所与房舍。在奉行农业生产本位主义的乡村地区与其他农村、市郊或者所谓的自然空间之间存在着二元对立。有时差异化模式允许精英们保留他们的美丽自然空间，有时标准模式——独家小楼或大型建筑物——在度假村或郊区住宅区已经覆盖了乡村，甚至是“我们再也认不出来”的山岳或海滨；神话色彩已经不复存在。

休息（在“睡城”）、娱乐（傍晚和周末）和度假如今和一些不再从事农业生产或不大从事农业的广袤区域休戚相关。这些区域既包括城郊地区，也包括旅游胜地、海滨（或湖畔），甚至一些被外来移民抢救回来的古老村庄。

第三种类型：能抵抗时间和时尚的非标准化房屋。这些在风景中很常见的大型的建筑物远离村庄，几乎全都是古老的、建在比较高的位置，它们曾经有或者现在仍然有着不同的用途：永久性住宅，工作之中或退休之后的休养场所，度假村。有些房子是城堡，其他的是中产阶级的楼房，甚至是碉堡式住宅。一些房子炫示业主在社会上取得的成功，另外一些则显得很破败。这些领地不在数据统计范围之内，但没有离开人们的视野。它们见证了当地的历史，许多作家、画家、政治家的传记都提到了它们，现在许多旅游指南都邀请人们去追寻他们的脚步。可以列出多少名字啊！他们当中有那些过着文人和拥有年金收益者的双重生活的尊贵的作家们，比方说龚古尔兄弟。在巴黎周围（梅塘[1]，沙图[2]），在诺曼底，在巴斯克地区，在鲁西永海岸，都有那些画家和作家们珍爱的地方；还有普罗旺斯，退隐在普罗旺斯的作家、艺术家让那些坐落在高处的南法小镇名扬天下。

这些领地曾经和现如今都成了退隐之地：接受退隐的如埃米尔·卢

[1] 法国伊夫林省的一个镇，有左拉的故居，著名的《梅塘夜话》就是在这里诞生的。

[2] 位于巴黎西南郊塞纳河畔的一个小镇，有雷诺阿、莫奈等印象派画家寻找灵感的著名的沙图岛。

贝总统[1]回到了拉贝居德-德-梅藏克[2]的城堡，法利埃尔[3]回到洛特-加龙省，而被迫退隐的如克里孟梭[4]回到了旺代，“穿越沙漠”[5]回到了拉布瓦斯利（科龙贝双教堂村[6]）；这些城堡可以在一个人的职业生涯时期作为撤退的大后方，比如保罗·克洛岱尔大使在布朗盖的城堡、爱德华·赫里欧[7]的布洛泰尔城堡，皮埃尔·赖伐尔[8]将首都（维希）安置在他的沙泰尔东城堡[9]附近，还有吉斯卡尔·德斯坦[10]在夏诺纳的城堡。在大多数情况下，这些都是买了产权的城堡。

在于拜埃谷地[11]有一个极端的例子：在19世纪末、20世纪初，那座山谷里建造了五十多座城堡，一些被称为“墨西哥人”的人在墨西哥各地发迹之后，回到他们从前移民离开了的国家，想要向巴尔塞洛内特[12]人或若谢尔[13]人炫耀他们的成功。再怎么豪华都不为过，他们挑选了最好的建筑师去建造一些十分招摇的房屋，而几年之后，这些房屋注定无人看管或者很难脱手。若谢尔最杰出的一栋建筑由一位瑞士建筑师

---

[1] 埃米尔·卢贝（1838—1929），法国政治家，法兰西第三共和国第8任总统，1906年2月任期满后没有寻求连任，而是过起了退隐生活，直到去世。

[2] 法国德龙省的一个市镇，位于该省南部偏西，属于尼永斯区。

[3] 克莱芒·阿尔芒·法利埃尔（1841—1931），法国政治家，他从1906年至1913年任法国总统，任期满后没寻求连任，理由是“总统的职位不赖，但不能晋升”。

[4] 1919年底，法国政治家乔治·克里孟梭（1841—1929）抱着必胜的信心参加总统竞选，没想到遭到惨败。于是，他从1920年起退出政坛，离开巴黎，返回他离别了数十年的旺代省。

[5] 代指戴高乐将军。1953年戴高乐将军呼吁改革宪法失败，宣布彻底脱离政治后，就完全隐居在科龙贝双教堂村的拉布瓦斯利别墅，一直到1958年才再度出山。那段时间是他人生中最为艰难落寞的时光，被称作“穿越沙漠时期”。

[6] 位于法国大东区上马恩省的一个市镇。

[7] 爱德华·赫里欧（1872—1957），法国政治家和作家。

[8] 皮埃尔·赖伐尔（1883—1945），法国政治家，曾任总理。第二次世界大战期间，支持菲利普·贝当上台。法国沦亡后，任维希政府总理。

[9] 位于法国多姆山省蒂耶尔的沙泰尔东镇。

[10] 吉斯卡尔·德斯坦（1926—），法国政治家，1974—1981年任法国总统。

[11] 位于上普罗旺斯阿尔卑斯省，在阿尔卑斯山脉。

[12] 上普罗旺斯阿尔卑斯省的副省会，是于拜埃谷地最大的城镇。

[13] 法国上普罗旺斯阿尔卑斯省的一个市镇，属于巴尔塞洛内特区巴尔塞洛内特县。

仿照巴伐利亚的路德维希二世的城堡建造；它现在被列入历史古迹，有可能会被一个宗教教派收回。

我尝试过在一个限定的区域内计算这些城堡领地：北多菲内区，也就是说伊泽尔省和德龙省的北部地区，罗讷河以北和以西，伊泽尔河[1]以南，查尔特勒高地和吉耶河[2]以东一个明确划定范围的地区，这个地区直到里昂的城门和沃雷普[3]的横谷处结束。这个地区（三个选区）带来了很多意外的惊喜：大量的城堡领地，有多少市镇就有多少城堡领地，其中一些市镇有两个或三个城堡领地；这些城堡领地年代久远，其中大部分在18世纪时已经存在，而且它们的出现并不是因为领主热爱大自然；另外，与城郊度假地的不同之处在于它们拥有自主权，在那里几乎找不到里昂或格勒诺布尔的地产业主。如果我将调研扩展到索恩河的两岸，到博若莱，到格雷西沃当[4]，那会是别样一番风景：别样的风格，别样的功能。

在北多菲内区域内的城堡领地与一些地产相对应，最初尝试过从地产中获取租金。仍然是在19世纪，那些拥有城堡领地的人处住所处的位置大大高于当地的资产阶级。选择一个居高临下的位置建城堡，以及塔楼的存在证明了旧时在防御上的忧虑[5]；建造者们并没有寻求视野与景色。这些城堡领地的主人经常更换。在2000年，没有一个可以称得上“我们祖先的城堡”，甚至维里约[6]家族的领地也不例外；他们的贵族身份当然是自古就有的；早在1000年，他们就在以他们的姓氏命名

[1] 法国东南部罗讷-阿尔卑斯大区的一条河流，发源于意大利边境的阿尔卑斯山脉，在瓦朗斯以北注入罗讷河。

[2] 法国罗讷河左岸的支流。

[3] 法国伊泽尔省的一个市镇。

[4] 法国阿尔卑斯山的一个山谷，大部分位于伊泽尔省。

[5] 在这个山区里，位置高的景点容易被找到。多菲内有个习俗是添加一个人造的城堡瞭望塔楼。——原注

[6] 维里约是法国伊泽尔省的一个市镇。文中提到的城堡是维里约城堡，第一任主人是维勒弗里·德·维里约，后几经转手。

的村庄附近建造了一幢有安全防御设施的碉堡式房屋，之后他们把它变成了城堡。但是，这座城堡在1220年就废弃了，直到1874年，他们才将它收回，并从1924年才开始对它进行修复[1]。

不管是对领主城堡的拥有还是维护都没有延续性，大多数都经历过被忽视的阶段；有些城堡只是在20世纪被偶尔翻修过[2]，今天看起来像是被遗弃的[3]。

从18世纪起，北多菲内的大部分城堡领地都已经不再合乎时尚，它们适合一种过时的生活方式，显然不是为了度假而建造的；筑有防御工事的外形构成了许多类似的城堡领地的特点。很少有城堡领地像圣瓦利埃城堡[4]的勒诺特尔花园[5]那样从整修中受益。我们勉强能列出十五个左右的城堡（在超过二百多个领地当中），在重大的整修中获益，或者像德龙丘陵区的博桑布朗[6]或特里奥尔[7]一样被建造得非常时尚。

这些18世纪或19世纪的城堡在修复时着重外观而不是舒适性：外墙或花园会让它们看起来像是小凡尔赛宫。在19世纪，人们不再破坏

---

[1] 城堡位于布尔布尔河畔的维里约，由亨利·德·维里约侯爵（记者皮埃尔·亨利的父亲）修复，他把布朗盖城堡卖给保罗·克洛岱尔时支付了工程的费用。——原注

[2] 布罗特尔要塞，就如鹰巢似的，建于15世纪，由埃里奥特·瓦辛修复，在莫雷斯泰镇附近，1502年修建，1967年修复。——原注

[3] 蒙坎城堡，让-雅克·卢梭1766—1770年来到这里，城堡在莫贝克附近，外形平庸。位于德龙山区里的蒙舍尼镇和沙尔姆镇的那些城堡实际上只是一些没有得到很好保养的“武装房屋”。——原注

[4] 位于法国德龙省瓦朗斯区圣瓦利埃镇。

[5] 虽然露台和花园使得这个城堡看起来像个城塞一样，但黛安娜·德·普瓦捷还是在那里度过了一段难忘的时光。圣瓦利埃城堡今天属于贝里贵族。——原注。黛安娜·德·普瓦捷（1499—1566），在圣瓦利埃城堡出生，是圣瓦利埃领主让·德·普瓦捷的女儿，也是法王弗朗索瓦一世和其子亨利二世在位期间的一位重要的宫廷女性。

[6] 博桑布朗城堡由巴泰勒米·德·拉夫马斯于1640年重建，他在亨利四世时任商业总检察官而致富。在第二帝国时期，它成为众议员和德龙省总委员会主席保罗·莫尼尔·德·拉西泽拉纳的私产。——原注。巴泰勒米·德·拉夫马斯是法国经济学家，出生在博桑布朗镇。

[7] 特里奥尔城堡由瓦尔博奈侯爵于1764年修建，150米高的外墙后面就是宽阔的露台。在19世纪，特里奥尔是杜布查日家族的私产（他们中有人曾是拿破仑时期的省长）。现在它是一家修道院。——原注

城堡，而且修建得很少。建筑物的框架能保持多久与那些大的地产业主有关，在北多菲内每个村庄大概就有一个这种大的地产业主。在19世纪末和20世纪，只在布尔关、瓦隆[1]或罗芒[2]附近建成了十来座奢华招摇的领主城堡，新哥特式或新古典式的风格（可能会看走眼），建造者以此炫耀自己在当地社会地位的上升。如今，这些领主城堡是不能游览的，只有几个城堡加入了遗产日的对外开放。有些城堡是被一些团体修复的，比如圣多纳的德尔斐娜宫殿[3]或者奥特里韦城堡[4]。这些城堡并未被充分使用，或者本身已经变成游客住宿接待之处：拉夏培尔-德-拉图尔[5]的驿站和城堡，瓦卢瓦尔[6]的豪华露营地，圣多纳附近科隆热[7]的比利时度假屋，以及让游客度过一段时光的莎波城堡[8]酒店。大部分的城堡给人的印象更多是在混日子。显然在这个地区，就像法国许多其他地区那样，并没有英国或者法国某些地区（如佩里戈尔德、卢瓦尔河谷）一样的环境——那里适合接待自费的客人，有能举办活动的城堡，这是度假地的驱动元素。

四、乡村运动和安静的自行车革命

“安静的自行车革命”是来自《地球之友自行车运动宣言》[9]的一个有趣的文字游戏。有比这种快速的“小脚踏车”更安静的机器吗？它在

[1] 布尔关、瓦隆均位于法国伊泽尔省。

[2] 法国德龙省的一个市镇，属于瓦朗斯区。

[3] 位于法国德龙省，为原来的多菲内议会宫。

[4] 位于法国德龙省瓦朗斯区，奥特里韦也是一个市镇的名称。

[5] 法国伊泽尔省的一个市镇，位于该省西北部。

[6] 法国萨瓦省最南端的一个城镇。

[7] 位于法国东部安省。

[8] 这座城堡是中世纪古堡也是综合型酒店，位于法国里昂近郊。

[9] 1977年3月，法国出版人、作家让-雅克·博威尔（1926—2014）出版了1976年5月地球之友草拟的《地球之友自行车运动宣言》。地球之友是一个国际非政府机构，1969年成立，旨在保护人类和环境，分支机构遍及70多个国家和地区。

19世纪末的成功是如此辉煌，我们才敢用“革命”这个词。1885年第三届自行车展的开幕仪式上，儒勒·格雷维[1]激情飞扬地说：

> 如果布封[2]仍然活着，他可能会承认，人类最美丽的征服不再是征服马，而是自行车。[3]

这种类比是有意识的；共和国总统指出，自行车已经代替马匹成为人们去森林漫步或去乡村小路兜风的工具，但是他并不想用来自英语的这个外来词“cycle”。同时代人可能知道，在1800年前后，人们发明了一个法语词叫做“vélocifère”，是指“一个小的木马，有两个轮子，通过骑手操纵而飞速前进”，或者更确切地说是指“齐地面快速行驶的”骑手。19世纪中期，vélocipède被选中，用来表示一种有轮子但没有脚，并且从1855年起被米肖[4]配了一个“manivelle”的机器，manivelle这个词第一次出现，也很奇怪，用来指那个踏板。

世界博览会让它一炮而红。全世界的人都想骑自行车，企业开始往英国出口。1869年，一个名叫戴维侬的里昂人想到了在轮辋上放置橡胶圈。人们把三轮车丢给了胆子小的人，把独轮车丢给了那些古怪的人，自己则爱上了有两个几乎一模一样轮子的机械——两轮车。在1870年至1891年间，技术的进步突飞猛进，不无探索或荒唐之举（比方说三米高的车轮），直到有了现如今的这种机械，也就是说只有后轮驱动——从那之后，进步仅限于换挡装置。19世纪末以来，在材料和名称的变化上当然都取得了进展，但是自行车运动总是与体育娱乐和旅游联系在一起，它一直是在户外放松的体育活动。这种在1870年还被叫

[1] 儒勒·格雷维（1807—1891），法国共和派政治家，法兰西第三共和国总统。

[2] 即法国博物学家、生物学家、作家布封伯爵。

[3] 引自古戎的《法国百年旅游》，第15页。——原注

[4] 皮埃尔·米肖（1813—1883），通过在自行车的前轮上添加曲柄从而发明了踏板。

做两轮车或者“敏捷”的机械，后面就成了单车，或自行车或脚踏车，而骑在车上的人则被称为自行车骑手。到1870年前后，骑车的人则被更简单地称为骑手。学骑自行车很容易，首批培训课程大概在1869年推出；骑自行车是高雅行为，那些拥有自行车的人都跻身上流社会俱乐部。最古老的一个俱乐部是1869年在格勒诺布尔创建的，二十年后，这个俱乐部的一些成员为了促进所在城市旅游业的发展，决定采取一些创新的举措。1889年，这些神气十足的资产阶级骑着自行车，在蒙托奇路正在建设的第一个旅游服务处总部前合影。

在1890年前后的十年间，这项高雅的发明取得辉煌的成绩。在自己的庄园周围使用“自行车”的英国人齐聚“骑车人旅游俱乐部”，随即就被诞生于1891年的法国旅游俱乐部仿效。一些非常有钱的人，也只有他们才有钱买到这种新型机械，因为这种机械的价钱相当于一名制造它的圣埃蒂安[1]的工人一年的工资[2]。让精英们感兴趣的，是死板的公共交通工具无可比拟的行动自由，为进行旅游探险提供了更多可能性。人们对自行车的热情通过大量的关于自行车的出版物表现出来。从19世纪末到20世纪初的三十多年时间里，鲍德里·德·索尼埃[3]一直是自行车然后是汽车领域的权威，这个权威不能不让人想起另一个贵族——奥林匹克运动权威顾拜旦男爵。巴黎和大城市的“社交界”很快被自行车征服了；作家埃德蒙·德·龚古尔嘲笑“骑自行车的胖子左拉”（原文如此）；但是法国自行车旅游俱乐部（T.C.F.）在成立四年之后，就发展了两万名会员。卡特琳娜·贝尔托–拉维尼尔[4]的作品《车轮与钢

[1] 法国卢瓦尔省的首府。

[2] 我们可以从《圣埃蒂安的武器和自行车生产目录》当中看到福尔萨蒂所做的演算。尤其可以参考《历史和价格理论文献》。——原注

[3] 参见法国记者和作家鲍德里·德·索尼埃的《自行车通史》，让·黎西潘作序，1919年第四版，以及《自行车运动的理论与实践》。——原注

[4] 卡特琳娜·贝尔托–拉维尼尔（1953—），毕业于巴黎文献学院，现任新索邦–巴黎第三大学现代史教授。

笔》[1]揭示了法国自行车旅游俱乐部里会员们的作用，俱乐部的杂志登载的全是他们热情洋溢的来信。《车轮与钢笔》的副标题“我们是如何变成游客的?”，以及认为意识形态是在技术革新的基础上构建起来的媒介学家雷吉斯·德布雷[2]的所谓哲学思想，都不能令人信服，尤其是它们解释不了这种花了一个世纪才分娩出来的自行车现象！从两轮坐车（1790）和德耐式自行车[3]（1816）演变为自行车，经过了多少次反反复复的探索啊！在拉吉公司[4]进行了决定性的完善和邓禄普的轮胎出现之后，自行车到19世纪末才基本上变成了我们现在所熟悉的那个样子：它有两个同样大小的轮毂，两个上面都安装了刹车装置；前轮由车把来操纵，后轮负责牵引，接收中央脚踏板的能量；1900年它就已经变得很灵活了，只是还没有变速器。

在使用cycle（1869）和cyclist（1886）这两个英语单词时，欧洲大陆的富人并没有想到cycle在希腊语中早已经存在，也没想到vélocipède可能是合适的。充满深情的称谓大量出现——“小女王”便是其中的一个；大约在1890—1900年，有了自行车或单车的称呼。那些正在骑车的人吹嘘说他们在“touring”（旅游）；犹豫不决的法国人在面对旅游（tourism）这个词时，接受了touring这个显得如此文雅的词。自行车刚开始出现的时候特别昂贵，并不是一种实用的交通工具。正如人们所说的那样，这种“毫无用处的发明”并不是“一个催生了假期的重大发明”[5]。相反，它强化了“休闲阶层”的生活观：闲人是最优秀的，可以在大自然的环境里过着有趣的生活；自行车有代替马匹的趋

[1] 《车轮与钢笔》，1999年，“媒介域丛书”，雅各布出版社出版。——原注

[2] 雷吉斯·德布雷（1940—），法国作家和学者。

[3] 也称为“德莱斯自行车”。1817年由德国发明家、“自行车之父”卡尔·德莱斯（1785—1851）发明。

[4] 英国丹·拉吉公司始创于1869年。1870年制造了第一辆拉吉高级自行车。因其商标是“手”，国内译为“手牌自行车”。

[5] 我采用的是卡特琳娜·贝尔托-拉维尼尔的书中第一章节的标题。——原注

势，它可以加入许多其他体育活动中，这些有自行车加入的体育活动使英国人的乡村度假更加富有魅力。

广阔的公园，在城堡或庄园里的长时间居住，各种各样的娱乐和体育活动，这些构成了英国的特色，被欧洲大陆拙劣地模仿着。马术是传统的活动，但是与狩猎相比，这项传统活动变得无法无天了。高尔夫从18世纪开始就有自己的规则。槌球游戏[1]在绿茵上进行，女性们占有一席之地的社交活动在周围展开；槌球没过多久就传到了整个欧洲和北美；顾拜旦先生把槌球运动放进了奥运会比赛项目，一直到1926年；如今，这项运动仍然是优雅的乡村假期的标配。英国贵族们给乡村体育运动制定了复杂的规则，旨在让这些自成体系的体育运动真正属于他们自己。这些业余爱好者在他们用围墙围起来的府邸的私密空间里，自己给自己表演挑战赛，射箭、板球、足球、橄榄球……19世纪末，同样是在草坪上打的网球也被加入这些运动之列[2]。

体育运动、业余爱好者的娱乐和旅游——这些富有闲人们的活动，在同样的乡村度假地的背景下有着唯一的和同样的历史。英国人发明了它们，向欧洲大陆输出他们的比赛项目和设备，它们在欧洲大陆被仿效；19世纪下半叶，一旦一个过冬城市、一个温泉或者一个海滨浴场接待了很多的英国游客，就会配备高尔夫球场、网球场和赛马场；戛纳经常是法国尝试这些运动的第一站。另外一个英国特色：在男性精英俱乐

[1] 一种以木槌击木球钻小圈的游戏。

[2] 查尔斯·温菲尔德是《运动员指南》的作者，1874年打算发明一个比老式网球更容易的“花园游戏”，即“女士网球”。这个非常富有的贵族的城堡曾经是软禁查理·德·奥尔良之处。——原注。该注释有误，应为沃尔特·克洛普顿·温菲尔德（1833—1912），威尔士发明家、英国陆军军官，草地网球的创始人和先驱者。

部里可以满足聚会的需求[1]。欧洲大陆人紧跟其后。1870年前后在登山运动上所发生的事情，1890年前后、1900年又先后在自行车运动、驾驶汽车旅游运动上重演。活动总有两面性：一方面，它是精英主义的，带来荣誉和自由，比方说征服高峰或者经由小路发现风景；另一方面，它有一股发展新教徒的热忱，像那些信徒们一样，需要吹嘘自己做了什么，并鼓动人们仿效他们。

我们在法国登山俱乐部和其他的山民俱乐部观察到的东西又在“法国旅游俱乐部”那里重现了。法国旅游俱乐部最初的名字是“法国自行车旅游俱乐部”，是在1890年由七个富有的巴黎年轻人所创建的，其中有一个是贵族，还有一个是记者，名叫马塞尔·维奥莱特，他是第一任秘书长。法国旅游俱乐部将自行车轮胎作为徽标，并在其出版物中进行了大肆宣传。骑自行车出游带来了旅游日志的复苏，骑手们竞相把自己的观感写下来寄给《法国旅游俱乐部杂志》，杂志会登载他们的投稿；卡特琳娜·贝尔托–拉维尼尔发现“里面充斥着大量的陈词滥调”。排在这些成员们前面并陪伴他们的是一些论文和旅游指南的作者，这些作者几乎全都是贵族。

德·巴隆塞利侯爵[2]早在1883年就已发表了《实用的自行车》一文，说到了骑自行车比骑马和狩猎优越的地方：

> 骑马、以娱乐为目的的驾船旅游和兜风似的狩猎让人获得的快乐花费不菲、非常有限而且不无危险，相较之下，真正的运动女王自行车骑行运动完全独立，有着诱人的魅力。

[1] 一些英国的标志性事件：
——1750年：赛马俱乐部成立，1754年高尔夫俱乐部成立；它们一直享有盛名；
——1857年：登山俱乐部成立，非常难以加入；
——19世纪下半叶，所有的俱乐部都与度假时的球类运动有关；
——1872年，自行车联盟成立，之后变成了自行车旅游俱乐部。——原注

[2] 阿德里安·德·巴隆塞利（1852—1926），封号为男爵然后是子爵，《自行车旅游指南》的作者。

鲍德里·德·索尼埃扩充了他的旅游指南《自行车运动的理论和实践》一书新版本的内容，这本书给游客提供了很多建议，譬如“后轮必须要有个好的刹闸”。

除了这两个贵族，其他人如爱德华·德·佩罗迪尔[1]或者索特龙·德·圣克莱蒙夫人（笔名为莱昂·萨尔蒂）[2]，在19世纪末20世纪初也出版了地区的旅游指南。一些大型的指南丛书，默里、贝德克尔和若阿纳都拥护铁路，他们生硬的描述——从一个站到另一个站——并不适合那些浪迹天涯的游客。游客想要的是一些小书，告诉他们所有的一切，关于他们的度假地，关于他们打算骑自行车周游的省份。譬如在19世纪末就有一本道路指南，推荐用34天以平均每小时12公里的速度骑行（有山坳）的、“萨瓦省和多菲内地区之旅”，其中有实用的建议，还有旅店和修理工的地址，以及游览建议。圣埃蒂安人保罗·德·维维埃[3]是一个自行车运动的狂热爱好者，1887年，他出版了《福雷[4]的自行车手》，然后在圣埃蒂安建立了一家工厂，当地人后来把自行车制造业打造成了自己的特色产业。圣埃蒂安人给保罗·德·维维埃取了个Vélocio[5]的外号，并给这个“自行车旅游的始祖”树了一个牌子。圣埃蒂安是法国19世纪工业化程度最高的城市，也是第一个采用“精英交通工具”——自行车的城市[6]。通过自行车，圣埃蒂安人发现了皮拉山[7]，那是他们的“大自然”，每年都有越来越多的人为了那个“骑自行

---

[1] 爱德华·德·佩罗迪尔（1860—1931），法国自行车运动员、作家和记者。

[2] 索特龙·德·圣克莱蒙夫人（1850—1926），记者、地区导游手册作者，尼斯期刊《艺术与文学》的总编辑。

[3] 保罗·德·维维埃（1853—1930），法国记者、自行车运动员，法国自行车旅游的标志性人物。

[4] 福雷是法国的一个传统地区，位于今天的卢瓦尔省的中部地区。

[5] 意思是“骑自行车飞速而过的人”。

[6] 参见曼登的《文化的倒刺》。——原注

[7] 位于卢瓦尔河地区，圣埃蒂安的东南部。

车飞速而过的人”来到山上。

五、自行车和汽车，19世纪末旅游业的复苏

由于相似的原因，自行车与紧随其后的汽车是两个非常精英的发明：两者在早期都非常昂贵，汽车比自行车更甚，是一种炫耀财富的工具，专供那些享有地产租金收益的有钱人在城堡领地周围兜风时使用。众所周知，福特从1910年起就开始大量成批地生产独有的、价钱要低廉得多的T型车。但是在欧洲，一直到20世纪20年代，几家生产商生产的汽车一定是豪车和高级轿车。这些喜欢探索未通铁路地区的非常杰出的人，把他们的俱乐部——法国旅游俱乐部，还有1905年创建的、更加精英的法国汽车俱乐部[1]——变成了旅游推广机构。法国旅游俱乐部增加了委员会，负责名胜古迹的保卫、森林的保护、山区旅游和滑雪推广；它设置方向指示板[2]，确定旅游路线，推动道路的修建——比方说埃斯特尔的峭壁公路。汽车俱乐部向它的会员告知他们在路上可以找到的所有服务：旅店、加油站、维修点。鲍德里·德·索尼埃还在他的自行车运动指南上增加了汽车旅游指南，他阐述了同样的主题：因为有了自行车，然后是汽车，游客可以自由地旅游：

> 真正的游客不知道自己会在哪里吃饭，也不知道会在哪里睡觉……他刚做出出发的决定，就被一个老教堂吸引而准备变换路线。[3]

[1] 创建者当包括科塞-布利萨克公爵、夏斯卢-罗巴侯爵、图尔基姆男爵、夏尔·德·洛梅尼、戈尔东·贝内、法国旅游俱乐部主席阿贝尔·巴利，还有一些汽车和轮胎制造商：迪翁伯爵、埃米尔·德拉阿耶、安德烈·米其林、勒内·庞阿尔、阿尔芒·标致、莱昂·塞波莱。——原注

[2] 一种刻有方位、指示方向的圆面石板。

[3] 鲍德里·德·索尼埃：《汽车旅游》，1904年，第9页。——原注

在这种背景之下，我们理解莫里斯·巴雷斯的呼吁所产生的反响，他在自己的专著《怜惜法国教堂》中疾呼“我们必须拯救法国的教堂”，他针对的是“快乐的驾车人士”：“驾车人士每天都会碰到十几个这样的教堂样本，然后会记录说：‘这种教堂真是绰绰有余啊！’因为他不能每看到一个就停一次车。”

巴雷斯本人则要求为了“乡村教堂的精神价值”而拯救它们。[1]在不到三十年的时间里，汽车作为一种旅游工具在欧洲取得了辉煌的成绩。自从启动器试图替代手摇柄，方向盘代替了很不精确的“牛尾巴”[2]之后，汽车变得更易于操纵。1899年“汽车驾驶能力证书”开始出现。交通警察制定的针对“马车”的法令慢慢地用到“无马的车”身上。1920年制定了驾驶证和右边车辆先行的制度。1910年，有9万辆汽车在英国行驶，在法国是5万辆；汽车仍然是一种稀罕的、非常奢侈的交通工具。欧洲的情况在美国是不存在的，在1914年前，美国有超过100万辆汽车在行驶。亨利·福特声称他希望他自己的工人也买得起那种一直是黑色车身的T型轿车。在欧洲则恰恰相反，1914年前汽车绝对不是一种专业工具或开去上班的交通工具，而是悠闲的标志和豪华旅游的工具。生产商之间的竞争是美丽的竞争（旅游度假村经常组织汽车选美比赛）和速度的竞争（某些像标致那样的制造商会创办一些自己也会参加的汽车赛）。

轮胎制造商从1900年起就为这群高雅的民众推出了他们的系列指南。大陆公司[3]、科莱贝–科隆布公司[4]、邓禄普公司、米其林公司之间相互竞争。1920年后，科莱贝–科隆布把主要精力用在了最佳菜肴的评定上，而米其林要覆盖所有的需求，比如寻找优质旅店和美食的游客的

[1] 莫里斯·巴雷斯：《怜惜法国教堂》，1914年，第143页——原注

[2] 早期的汽车用方向舵控制方向，这种方向舵俗称“牛尾巴”。

[3] 德国大陆轮胎公司始建于1871年，总部在德国汉诺威市。大陆轮胎也被称为“马牌轮胎”。

[4] 法国一家轮胎品牌，后被米其林公司纳入旗下，成为米其林的品牌之一。

需求，推出了标注了那些著名的“星星”的《红色指南》[1]，从一个推荐的停车点开始的、精简游览景点和城市的《绿色旅游指南》。一个世纪以来，《绿色旅游指南》在欧洲已经成为汽车旅游的必备之物和参考书。一些老的指南，如《蓝色旅游指南》（贝德克尔）也逐渐被接受；新的指南如《背包客指南》或者《伽利玛指南》也在市场上占有一席之地。《米其林指南》被自驾游客视为最优秀的宝典，但是它也仅限于这种形象了；那些已经摆脱老铁路霸权的指南也希望吸引到其他的游客——比如坐飞机到达的游客，抑或能够背个包徒步或者骑自行车游览的游客。

六、户外休闲

在1900年前后的二十多年间，人类与身体与自然的关系发生了革命性的变化。欧洲人，不仅仅是英国人，都发现了身体和自然。“发现身体”既好理解又难以理解：在同一时间发现人有一个身体，身体可以给人带来快乐，身体可以创造优秀的成绩，身体还可以暴露——至少不要再侮辱身体。变化从那个时代的画卷里可以看到，每个人都会想起那些照片：那些身穿礼服、头戴大礼帽或圆顶礼帽的大块头先生们的照片，或者那些穿着法兰绒裤子和衬衣的中学生们的照片，[2]他们在室内跟着退役军人的口哨声待在原地做体操；还有被那些没人帮忙就无法脱下的紧身胸衣所禁锢的妇女们的照片——这些女的想钻到海水里的话，就得穿一种特别的所谓海滩装，这种衣服非常宽，把她们从头到脚裹得严严实实。几年之后，从妇女们的身影就可以看出，她们已经让自己的身体和行动获得了解放：她们再也不穿紧身胸衣，而是换上了跟她们所从事的体育运动相匹配的衣服，包括男式的。不久之后，可可·香奈儿

[1] 另译《米其林红色宝典》。

[2] 参见皮埃尔·阿尔诺的《军人，学生，健身房……》，1869—1889。莫里斯·阿古隆作序，里昂大学出版社，1990年。——原注

推出了T恤，并大胆地在加来的芒什海峡的海边穿上。第一次世界大战之后，男人和女人开始游泳，他们都希望有合适并且贴身的泳装，他们采用相同的泳衣，唯一比较花哨的是衣服上的条纹；不管男女，上半身和大腿上半部都是遮住的。

在1914年之前，更不必说在那之后，几年间从事户外运动的人数量猛增。皮埃尔·德·顾拜旦的创举[1]是一个转折点，这个年轻的贵族既不缺乏大胆，也不缺乏精英主义的信念。他希望古希腊复活，人们之间互相较量，迫使战争停歇，给国家带来和平，颂扬青年男子的美。没有国家的帮助，靠着资助者尤其是希腊资助者提供的资金，雅典在1896年举办了第一届奥林匹克运动会，并提出从此以后打算每四年更换地点举行一次。第一届运动会有9个运动项目43场比赛，马拉松是最负盛名的。这一届运动会有311名选手参赛，全都是男性。从1904年起，参赛人数迅速增加，妇女们也参加了运动项目，不过比赛是分开举行的；在第一届运动会的基础上又增加了其他的运动项目；冬季奥运会使雪上和冰上的竞技成为可能。世界各国的首都都在争取举办奥林匹克运动会的殊荣，奥运会被认定是促进旅游业发展的一个绝佳帮手。他们即时地传播了体育和户外运动的道德，这种体育道德使风俗发生了革命性的改变。

在20世纪初，海军军官乔治·埃贝尔[2]竭力推荐一种截然不同的体操锻炼，他称之为“自然方法”；人们给它起了个外号，叫它埃贝尔自然体操锻炼法。健身馆、军训、“有教育意义的杂役”，全都结束了；男人和女人们混在一起，兴高采烈地在自然环境中一边唱歌一边变化队形。他们穿得很少，他们不会感到拘束，但是他们可以比较自己和战友

[1] 皮埃尔·德·顾拜旦（1863—1937），现代奥林匹克之父，首次提出“复兴奥林匹克运动会”，并促成了1896年雅典奥运会的成功举办。

[2] 乔治·埃贝尔（1875—1957），法国海军军官、教育家，倡导自然体育。

们的成绩。

文明世界在社会精英的带动下参与了这种价值观的颠覆。问题不再是或者说不再只是为战争而准备好身体，而是要让身体快乐；为此，回归自然是必要的。每个国家或国家团体都有自己的享受新的自由的方式，这种所谓的天赋的自由实际上源自文化活动。德国确立了一种自然观，标榜“自由的自然，自由的人”，还创办了数不清的协会，这些协会效仿的是它们当中资格最老的、1905年在维也纳成立的“自然之友”协会。安德烈·劳克[1]写下“自然被重新造访”是有道理的[2]。北美人迷恋荒野，他们对荒野充满崇敬。在这种自然环境中，他们开展户外娱乐活动，这些活动被统称为“户外休闲”，北美人研究休闲和度假时都会用这个作为参考框架。1970年前后，一个有15卷的大型调查报告由美国国会完成，它回顾了人们在自然界的一切可能的活动：狩猎、钓鱼、散步、游泳……在对印第安人实施保护的同时，美国国会颁布法令对大面积的美国领土进行保护，1827年在落基山脉建立了黄石国家公园；其他的国家公园紧随其后，主要是在山区，包括加拿大（譬如班夫国家公园），但在佛罗里达，在东部的沿海省也有。每一次涉及的都是那些没有被人类占据的区域，联邦政府也介入其中防止有人采矿或伐木，以保护它们的天然状态。要让这一代人和后代享受到快乐——《加拿大法案》的第一个条款就明确了国家公园娱乐性的目的。实际上，在北美人的观念中，公园（park）首先是一个野外的自然空间，专供游客休闲，他们可以开车进入，里面可以找到餐厅，有时候是旅店，在某种条件下还可以露营、钓鱼。一些所谓的“阐释自然”旅游线路扮演了教科书的角色：这些旅游线路上设立了许多黄色和棕色的木牌，给人们讲解什么

[1] 安德烈·劳克（1942—），法国历史学家、大学名誉教授，研究方向是体育史以及19世纪和20世纪的教育史和休闲史。

[2] 参见科班的《休闲的崛起》，第81—118页。——原注

是森林、沼泽、湖泊，讲解人们发现了哪些物种和能看到哪些动物。

幅员辽阔的北美公园对人并不友好：森林难以进入，沼泽地（佛罗里达大沼泽地）鳄鱼成灾；人们通过几个入口进入公园，可能谁也不会萌生走进岔道的念头。大部分公园在冬天关闭；在夏季，如果访客与空间的比率（游客密度）显示饱和，这个或那个入口将会暂时关闭。北美公园似乎不像欧洲的公园那样到处都是禁忌：显然，摘花是可以容许的（但他们并没有这样的文化传统），在树上划一道口子（他们有这种怪癖）好像并不会受到惩罚；公园门口有卖木炭的商贩，他们的存在是在鼓动人们弄点这种燃料回去在架好的露天烧炉上煮东西吃；他们对于欧洲人坚持禁止在公园内携带武器和酒精饮料感到惊讶。

欧洲的公园把保护自然放在首要位置，指示牌反复重申：不准打猎，不准捕鱼，不准采摘，不准带狗，不准携带半导体收音机；旅游者不得制造出任何噪音或污染，也不得留下任何垃圾。在严格意义上的国家公园里，唯一可能的交通方式就是步行或滑雪；所有的飞行都是禁止的，即使是悬挂式滑翔；露营是违禁的；除了登山俱乐部事先建立的接待处之外没有其他的旅社。尽管公园的门口设有标识，有停车场、阻止通行的栅栏和标牌，但进入公园和在里面通行在所有季节都是没有阻碍的，进去冒险的人一切风险和后果自负。一些公园以某种残留物的名义，保留了在公园创建之前存在的人类建筑：塞文山脉国家森林公园[1]里的高山牧场小木屋、季节性移动放牧小木屋和一些小村庄，以及克罗港岛国家公园[2]里的房子就属于这一类。这些折中的做法是对许多欧洲国家在有关地区的居民点附近创建公园而引起的担忧的回应。原始大自然不属于欧洲文化传统，法国国家公园的创造者不得不做出妥协。

我们知道，法国是世界上最晚创建国家公园的国家之一；之前它一

---

[1] 位于法国南部，中央高原的东南边缘。

[2] 包括地中海的两个小岛克罗港岛和波克罗勒岛，以及瓦尔省陆地上的一段海岸。

直满足于拥有一些只对科学家开放的自然保护区（如卡马尔格的瓦卡莱斯[1]等）。1960年，朝气蓬勃的农业部部长埃德加·皮萨尼在考虑高山之友游说集团（萨米维尔、博讷瓦尔市市长吉尔贝·安德烈、几位自然科学教授、法国登山俱乐部等）要求创建的瓦努瓦斯国家公园[2]时，推动政府通过了法国国家公园法。1963年建立的这个国家公园扩展了意大利大帕拉迪索国家公园[3]的面积，后者曾经是国王维托里奥·埃马努埃莱三世[4]的私人狩猎场；獭羊和岩羚羊找到了广阔的生存空间。一个带有标签的公园很快就变得家喻户晓，游客们蜂拥而至，迫使园方加强控制，为活动组织者开阔了教育和文化活动的视野，旨在通过现场教学教会游客什么是山、什么是萨瓦。其他国家公园紧随其后地被建立起来，主要是在山区：埃克兰[5]，梅康图尔[6]，塞文山，比利牛斯中部[7]，特别是在海洋中间（克罗港岛）。渐渐地，这些保护区的文化层面得到了更好的规划，周边地区或园区外部也很少被忽视；国家公园管理部门

[1] 卡马尔格位于法国南部阿尔勒附近，1927年被划为国家自然保护区。瓦卡莱斯是卡马尔格最大的湿地。

[2] 瓦努瓦斯国家公园创建于1963年，位于阿尔卑斯山地区，属萨瓦省管辖，是法国第一个国家公园。

[3] 意大利的一处国家公园，位于格雷晏阿尔卑斯山脉，瓦莱达奥斯塔大区和皮埃蒙特大区之间。国家公园的名系来自大帕拉迪索山。公园最初的设立目的是保护羚羊，但现在也保护其他生物。

[4] 维托里奥·埃马努埃莱三世（1869—1947），意大利萨伏依王朝第三位国王（1900—1946）、埃塞俄比亚皇帝（1936—1941）、阿尔巴尼亚国王（1939—1943）。

[5] 埃克兰国家公园位于上阿尔卑斯省和伊泽尔省之间，其内有150座3000多米高的山峰和大约1万公顷的冰川。

[6] 梅康图尔国家公园创建于1979年，位于法国东南部阿尔卑斯山山区，面积685平方公里，是法国最具人气的国家公园之一。

[7] 比利牛斯国家公园位于上比利牛斯山脉和大西洋比利牛斯山脉之间，包括与西班牙接壤的六个山谷。

参与沃邦防御工事[1]的修复和信号设备安装，巴洛克艺术之旅[2]的推广（经过萨瓦的很多教堂），手工艺制作的复兴（比利牛斯，塞文山脉）。国家公园和滑雪场大部分是重叠在一起的，这导致严重的冲突，瓦卢瓦兹国家公园里两者界限的界定冲突尤为激烈。

越来越显而易见的是，最引人注目的自然空间同时面临着经济和文化的双重挑战。自然保护者（组成国家公园科学委员会的科学家们）和想要建造、扩建滑雪胜地和建造滑雪缆车的开发商之间的关系非常紧张。这种两极分化带来双重弊害，一种弊害是过多地请求国家进行监管和投入资金，另外一种是无视当地人群。法国独特的解决方法是1967年创建的“地区自然公园”。“地区自然公园”这个概念是在“吕尔日”[3]（吕尔位于上普罗旺斯阿尔卑斯省）活动期间提出来的，是一项政令而不是法律创造了这些地区公园。在一名临时代办的鼓动下，一些市镇签署了一份宪章：这些市镇共同管理一个有丰厚旅游收益的、在地理上非常相近的区域。国家负责授予也可以撤销“地区自然公园”的标签。重点是精细的整治，保护自然不是通过禁令，而是靠持之以恒的行动来实现的。这些地区的荒漠化逐渐停止或至少得到了减缓。此后，地区自然公园覆盖了法国十分之一的领土。不知道这两种类型公园之间区别的公众，甚至法国公众，已经被这些地区的游览乐趣吸引。这些地区地处野外，可以自由自在地游览，而且往往有着深厚的历史底蕴，公园里的房子更突出了那种独特性；越来越多的人在韦科尔、卡马尔格、科西嘉岛

[1] 由筑城名人塞巴斯蒂安·勒普雷斯特尔·德·沃邦设计的法国12处星形要塞，以及要塞和城市的城墙。在2008年正式成为世界遗产。沃邦防御工事包括了阿拉斯的城堡、贝藏松的城堡和城墙、布里昂松的城墙、滨海卡马雷的黄金之塔等。

[2] 萨瓦地区的一条旅游线路，沿途有八十多座巴洛克风格的教堂。

[3] 1966年法国领土整治与区域开发司在吕尔组织的一场有社会学家、建筑师、城市设计师、技术专家、工程师、政治家、农民、护林员、艺术家、演员等参加的活动，探讨如何实现保护生态和发展经济的完美统一，该活动被称为“吕尔日”。1967年3月1日，戴高乐总统签发创建地区自然公园的政令。

内陆、莫尔旺、吕贝隆、上孚日、布里埃尔[1]等地区公园游览、逗留。

他们在那些公园里漫步。对于许多高品质的区域，无论那里是否有标识，它们的共同点是大家都以徒步这样的旅游方式到达。这并不容易。关键是徒步的乐趣，环游山地（“环勃朗峰山道”[2]到访的游客数量都创纪录了），经由GR20[3]穿越科西嘉岛，从北到南贯穿全境，这个运动壮举是那些在一部电影[4]中被嘲笑过的巴黎人不大可能完成的。这些徒步者重新利用以前被当地的“土著”开辟出来的小路——这些当地人开这些路只是为了去某个地方，比如隔壁的村庄，去做点什么事或看望什么人。这种徒步旅游的艺术是一种继承了卢梭衣钵的文化成果。瑞士是现实中的天堂，有很多标记明显的徒步道；还有很多小木屋，游客每走完一个小时都可以在那里吃点什么或喝点什么。中欧人特别喜欢在从森林中开辟出的小径上或者一些地势起伏平缓的山地上徒步。一个多世纪以来，德国人一直在尝试wandern，也就是徒步旅游；一些年轻人喜欢穿越那些不通公路的地方，晚上能找到什么地方就在那个地方睡觉：谷仓、草料棚、校舍。鲁道夫·托普费后继有人，1908年，一个德国小学教师罗伯特·希尔曼[5]创办了青年旅舍，首先满足徒步旅游的需求，之后在城市里也创建了青年旅舍。1936年，在25个国家（主要是欧洲）都设有青年旅舍，4000多家青年旅舍总计有800万人次入住。波兰人和捷克人早就开始了徒步旅游，而且人数众多，塔特拉山脉[6]浩浩荡荡的

---

[1] 吕贝隆为位于上普罗旺斯阿尔卑斯省和沃克吕兹省之间的低矮山脉。上孚日是位于法国东北部的山脉。布里埃尔是位于卢瓦尔河注入大西洋的河口以北的沼泽地，在卢瓦尔－大西洋省的西部。

[2] 一条环绕勃朗峰山脉，途经意大利、瑞士和法国的全长170公里的徒步道。

[3] 科西嘉岛上一条从北到南的徒步道，全长180公里，穿越科西嘉地区自然公园中的山脉。20是科西嘉省的编号。

[4] 指法国导演菲利普·阿莱尔1997年执导的电影《徒步者》。

[5] 原文有误，应为理查德·希尔曼（1874—1961）。

[6] 塔特拉山脉是位于中欧的一条山脉，是喀尔巴阡山脉中的最高山脉，也是斯洛伐克与波兰的边界山脉。

徒步者队伍蔚为壮观。北欧人主要在冬季徒步，采用越野滑雪的方式。

悠闲的或拥有假期的法国人看起来并没有这种根深蒂固的有趣的徒步传统。或许在1914年前他们就已经留下了陆军强制规定他们负重“步行数公里”的记忆。否则，如何解释以夏尔·佩吉[1]为中心的巴黎知识分子的徒步被视为一种独创？我们知道这个德雷福斯[2]派社会主义者再次发动了对沙特尔[3]大教堂的朝圣，知道他把一些朋友聚集在《半月手册》[4]周围。这些朋友有着并不因循守旧的左派的政治信念，同时也是徒步达人，如丹尼尔·阿雷维[5]或者众议员路易·吉永[6]；他们当中还有拉乌尔·布朗夏尔[7]和安德烈·斯皮尔[8]，还好他们在世的时候我及时地咨询过他们，他们从各方面证实了这项活动的独创性。拉乌尔·布朗夏尔是巴黎高师的毕业生，北方人，为了他伟大的地理作品[9]，在大步走遍所有的西阿尔卑斯山脉的小路之前，他曾经在平原道路上长期行走，这是一个了不起的徒步者！犹太中产人士安德烈·斯皮尔是这个团体的成员，这位诗人从事所有体育运动，只要这些运动是在户外，他是第一批为户外运动写诗的诗人之一。

全体法国人在效仿这些先驱者们方面比较迟缓。不用为征服高峰

[1] 夏尔·佩吉（1873—1914），法国作家、诗人、评论家、预备役军官。1912年和1913年，他曾两次以每小时5—6公里的速度徒步从巴黎地区抵达卢瓦尔省省会沙特尔，到沙特尔大教堂朝圣，三天走完144公里。他的这一举动引发了一股巴黎人到沙特尔教堂朝圣的热潮。

[2] 阿尔弗雷德·德雷福斯（1859—1935），法国军官，19世纪末期法国著名反犹太案件“德雷福斯冤案”的主角。

[3] 法国中北部的一座城市，也是厄尔-卢瓦尔省的首府。

[4] 《半月手册》是夏尔·佩吉创办的一份半月刊。

[5] 丹尼尔·阿雷维（1872—1962），法国历史学家和随笔评论家。

[6] 路易·吉永（1887—1947），法国政治家，1932—1936年任乎日省的众议员。

[7] 拉乌尔·布朗夏尔（1877—1965），法国地理学家和登山运动员。

[8] 安德烈·斯皮尔（1868—1966），法国最高行政法院委员（他骑自行车去行政法院），也是作家和运动员。他是最先参加高山滑雪运动的法国人之一，喜欢划船，还是法国最先露营的人之一。——原注

[9] 1937年他出版专著《西阿尔卑斯山脉》。

和朝圣操心的徒步旅游始于1960年代。此后徒步道越来越多，介绍它们的指南书也越来越多；其中最长的和指示标牌做得最好的都被称为“GR步道”[1]。宿营地和客栈网紧随徒步运动而来，这便是地点不固定的乡村旅游的源头。但是徒步并没有得到整个世界的追捧，北美人无动于衷，地中海人对此也不怎么热衷。

自19世纪末以来，在欧洲的大部分地区，到大自然旅游、去外地度假和到乡下过周末越来越多地与户外运动相结合。划船在很长一段时间里一直很受欢迎，它可以在游乐公园的湖水上进行。这种游乐公园从第二帝国时期起就开始在城市的周围兴建了，比如巴黎的布洛涅森林、万森森林，里昂的金头公园；人们也在缓缓流动的河流和江面上划船，譬如塞纳河、马恩河、索恩河；以及在湖泊上，在地中海上划船。接着，人们引入了更有体育运动性质也更为个体化的独木舟。这些运动与自行车运动一样有口皆碑，让人们从中获得无比的快乐，也能让人无拘无束地探索自然。

住宿的问题出现了。它可以是临时应急凑合的谷仓，也可以是从20世纪初兴起的地方小旅馆，或者青年旅舍。英国人最先发现了一种更好的方式——露营，从1876年起星期六下午都是放假的，露营可以让人们外出度周末。拥有露营设备会很方便。怎么制作设备？20世纪初出版了大量的关于露营装备的专业书籍；一些小的发明也能逐渐提供便利设备。帕特里奇[2]在1910年前后研发了一个真正的露营帐篷，更为轻便，易于携带：之前，两人帐篷重达30到40公斤，而帕特里奇的帐篷只有14公斤，还可以容纳14个人，并且有一个系带系统可以关闭入

[1] 欧洲一个庞大的远足径网络，主要覆盖了法国、比利时、荷兰及西班牙。

[2] 路易·帕特里奇，法国露营先驱者，基督教青年会成员。1906年，他制作了一个帐篷，在复活节时与14个朋友将帐篷放在一起。1912年，帕特里奇开设了一家生产帐篷和露营设备的车间。

1946年，法国自行车旅游俱乐部的第一座帐篷村

口气闸。博纳摩兄弟[1]造出了免洗锅[2]，这种锅一直用他们的名字命名。

起初，露营是在野外的——并没有地盘划拨给这个旅游项目——并且由会员俱乐部组织。最早的一家野营俱乐部1901年在英国创建，名

[1] 夏尔·博纳摩（1878—1962）和亨利·博纳摩（1880—1935），法国新教童子军组织的先驱者，也是青年基督徒联盟的成员。

[2] 在这种锅的底部涂上一种黑肥皂，锅底不会烧黑。

叫“自行车野营协会”，把热爱露营的自行车手聚集到了一起。1912年，法国旅游俱乐部设立了露营协会，其组织者包括博纳摩兄弟、露营者、新教徒、基督教青年会的组织者，以及一些专业书籍的作者，如1913年出版的《露营教程》的作者。这些俱乐部杂志上的所有文章都说：露营“是一项体育运动、是自行车旅游或者溪降运动[1]的必要补充”。在法国旅游俱乐部杂志上的一些激进的文章里能读到以下令人震惊的语句：

> 露营是另一项运动的辅助。人们是不会理解那些住在帐篷下面转动拇指无所事事的人的。
>
> 既然法国旅游俱乐部想发展水上运动，那它必须支持这项名为露营的新运动。
>
> 露营是一项通过自己的手段和唯一的资源在户外生活的体育运动；这也是一门艺术，对日常生活中被称为无聊的苦差发生兴趣的艺术；它最终是一门学问，在面对自然时知道如何独自摆脱困境的学问……有趣的地方在于，可以不时地回归原始的野蛮，同时保持文明的大脑。

这些语句和众多其他语句都以明确的语气迫使别人接受它们。每个人在阅读这些句子的时候，都认为它们适用于自贝登堡[2]以来根据这些原则来露营的所有的童子军。在自然教育的概念里强调了新教徒的参与，这是雷赫尔姆的功劳[3]。在1910年前后，许多露营活动都是由新教

[1] 溪降指的是在悬崖处沿瀑布下降的运动。

[2] 罗伯特·贝登堡（1857—1941），英国作家、陆军中将、童子军运动创始者与第一任英国童子军总会总领袖。

[3] 雷赫尔姆：《夏令营史》，论文。——原注

团体组织的。从1901年起，由基督教学生会[1]举办的露营活动就在莱芒湖的瑞士一侧开展；奥贝兰[2]团会在孚日山脉，马赛高中生基督徒联盟在阿隆港[3]，都举办过此类活动。所有的人都谈到了“青年人的精神回归”。

安德烈·斯皮尔却与众不同。在未经许可的情况下（不过左拉夫人放任他这么做），他于1907年夏天在塞纳河的一个岛上定居下来，就在梅塘对面，而作家左拉在梅塘有自己的乡间别墅；斯皮尔带来了一些年轻人，并且希望在露营时创建一所民间的大学。[4]

你去找的话，就会发现无论在战前还是在战后的那些年里，都出现过大量的露营方面的创举，这些创举一直都是为了达到体育、教育方面的目的，都是以原始露营的形式进行。在1939年的战争之前并没有那种有组织的露营，在1937年瓦尔省的政令推行之前也没有正式的露营法规，在该省几乎是遍地开花的露营弄出了很多问题。今天，瓦尔省是露营的头号大省。我们还注意到，1939年前的露营是混乱无序甚至粗鲁野蛮的，是土气简朴甚至条件艰苦的，而当代的露营由高端讲究的机构组织而且追求舒适，这两种露营的内容是不一样的。在1890年至1914年间，刚开始时的露营只是一项体育活动，属于年轻人和精英分子；更下层的年轻人和家庭在一战结束到二战开始的那段时期把这项活动抢到手中，但是露营仍然很原始，即使有一些家庭把汽车停在帐篷旁边。露营活动经历了被底层年轻人抢占阶段，紧随其后的是1950年之后的投放市场。设备齐全的露营地块的管理者，1945年出售美国二战后剩余军用物资的美国商人，以及设备制造商们都介入了进来，其中一些制造

---

[1] 《播种者》，新教报纸，里面的好几处地方。——原注

[2] 让-弗雷德里克·奥贝兰（1740—1826），阿尔萨斯新教牧师、慈善家。

[3] 位于法国瓦尔省的滨海圣西镇的南部。

[4] 安德烈·斯皮尔：《法国信札》，第30卷，1956年。——原注

商把赌注押在冒险形象上（“老营员”[1]，“茅草屋”[2]，还有安德烈·特里加诺[3]）。

天然主义[4]的历史是相似的。起初，在德国地区这种现象也是在1914年前出现，并以在自然中过苦行生活这样的观念来呈现。在类似波罗的海海边的荒野一样被保护的大自然中裸露身体，让那些无拘无束的男男女女获得了新生。在自然中沐浴是一种净身，把人晒黑的阳光在让整个身体经受磨炼的同时也让它们变得美丽。这些自然回归主义者们必须保护自己免受好奇之人打扰；他们不想要那些被他们轻蔑地称为“织物”的人的陪伴；他们必须组织起来，获得自己的地盘。1926年，杜尔维勒兄弟[5]买下了黎凡特岛[6]的一部分，并在那里建立了他们的村庄，取名为“赫利奥波利斯”；小岛被高高的栅栏分隔开，一边是驻军，另一边是裸体主义者，多么滑稽的并存！这种革新标志着富于战斗性的刻苦耐劳的自然回归主义向享乐型的向光主义的演变，从道德上对大自然的接近向享受身体快乐的演变，从自由行动向度假组织的演变。

七、乡村：被保留的享乐主义

乡村、自然、户外、度假地，它们既是概念，也是实际存在的东西：从18世纪到现在，它们的多样性，它们模糊和多义的特征都得到

[1] 法国的一家经营徒步、野营、潜水灯运动设备的连锁店，创立于1941年。其徽标形象是一个徒步的人。

[2] 法国一家童子军设备商店。

[3] 安德烈·特里加诺（1925—），法国企业家、政治家，安德烈·特里加诺国际公司总裁，在法国、西班牙、葡萄牙拥有八十多块露营地的坎佩欧莱集团的创始人。其父亲雷蒙·特里加诺创办了生产露营设备的家族企业，哥哥吉贝尔·特里加诺则担任过地中海俱乐部总裁。

[4] 或译裸体主义，是一种文化运动与政治运动，倡导和保护在私人和公开场合的裸体社交活动。

[5] 加斯顿·杜尔维勒（1887—1971）和安德烈·杜尔维勒（1896—1979），兄弟俩都是法国医生，是法国自然主义的践行者。

[6] 黎凡特岛位于法国南部普罗旺斯地区的黎凡特岛屿，是有名的裸体岛，常年居住着200多名裸体主义者。

了保留。这种类型的旅游能更好地抵制时尚的影响和知名度现象，因为它从本质上和功能上讲是分散的。然而，它最有能力吸收意识形态的浪潮，并让它们融进去。让我们记住自塞莱斯丁 · 弗雷内[1]以来在各种教育计划中分派给自然的是什么角色；记住回归乡村的力量，自20世纪60年代以来农村的神话般的蜕变，绿色空间和快乐旅游之间的模糊不清；还有生态潮流（68后[2]），这股潮流鼓励乡村人把他们的旅游定性为“绿色”，鼓励他们创建“乡村旅游”“绿色度假村”，鼓励新乡村人在拉尔扎克[3]的基础上开展新的斗争。

[1] 塞莱斯丁 · 弗雷内（1896—1966），法国著名教育学家、教育改革者，提倡让学生自由表达的教学法。

[2] “68后”指1968年5月巴黎学生运动风暴参与者，或者保持1968年5月风暴精神的人。

[3] 拉尔扎克是法国一个地名，20世纪70年代，当地的农民为了捍卫被军队征收的田地而与政府对抗，许多人赶往拉尔扎克去支持农民。之后“拉尔扎克”成为“反全球化运动”的代名词。

第四章　18 世纪和 19 世纪的旅游季和疗养地

旅游用简化的方法来看，其活动可以概括为三个方面：旅游、度假和疗养。前两者诞生的时间并不明确，但是在18世纪前就已有萌芽；相反，精英阶层在疗养地休养则始于18世纪。巴斯、布莱顿、霞慕尼和尼斯是第一批同一级别的季节性疗养地或旅游城市。旅游和度假既不会集中在一个时间里，也不会集中在一个空间里，它们可以在不同的季节进行。当然，旅游要沿着一条交通路线，从一个观光景点再到另一个景点；度假与其他自然的和户外的旅游形式（几乎是）无处不在，特别是在夏季，并且已经被证实可应对所有的变化。上流社会的疗养地有其明确的特殊性。这些疗养地中的每一个，人们都可以知道创建的日期和背景、创建者的身份、传播的过程，可以跟踪其发展阶段，从通常情况下为它打出名声的浪漫主义初级阶段，到1914年大战前夕的顶峰时期，再到经济危机前的1928—1929年间出现的第二个高峰。那么是否有必要明确指出疗养地旅游必然是局限于一定范围并属于精英阶层专享的呢？它是在确切的地点（疗养地）并在特定的时期（旅游季）进行，在别的时候只会闲置。如果游客太多，特别是来自“较低”的社会阶层的游客太多，那就会发现格雷欣法则的另一个版本：劣币驱逐良币。这里说的是客户。

一、疗养地及娱乐活动的发明

旅游季的交替

第一个发明就是1700年前后的巴斯疗养站。在此之前，人们到那里取未经化验的水，据传这种水有很多功效，在水源周围既没有设施也没有娱乐。所有的一切都随着巴斯而改变：这个疗养地的水质有医生去保障。在巴斯，伍德[1]建造了一个罗马式的建筑群（现在被联合国教科文组织列为世界遗产），其剧院式的风格被各处模仿。许多巴斯式的温泉疗养站竞相比豪华；那是赌城和娱乐之城，是城里人社交的场所。1740年前后，布莱顿复制了巴斯的城镇规划；同样是以治疗为借口，人们把身体浸入海水中，这被认为对身体有益。布莱顿提出了在同样的季节，也就是夏天，在海边过一种高品质的疗养生活。就在“冰川的诱惑”刚开始的时候，“海滨的渴望”（语出阿兰·科班）出现了，“冰川的诱惑”孕育了霞慕尼和格林德瓦两个专供夏季旅居的疗养地。1763年后，尼斯和耶尔这两个小村落被开发；它们被吹捧为气候温和、有着常绿植被和鲜花的地方；英国人选择在这里度过漫长的冬天，健康仍然是借口；来到这里的人都是精英阶层，过冬的配套设施较远，在郊区（大理石十字架）。所有这些英国人和贵族们的发明都与工业革命在同一时代出现，英国又是第一个进行工业革命的国家，与此同时英国也实现了农业、人口、银行及其他领域的革命。旅游革命是与工业革命同时发生的，而不是源自这场革命。它是作为一种“特立独行的反文化”出现的，这种文化体现的是拥有土地租金收益者的优越感；而那些由于是贵族出身而不需要工作的人，要体现他们的价值，也要表现出对新生的、拼命工作忙于发家致富的资产阶级的蔑视。休闲向文化敞开了大门，“时间就是金钱”的观念却堵住了入口。

[1] 指英国著名建筑师老约翰·伍德和儿子小约翰·伍德。

追求特立独行是主要的动机，必须要在适宜旅居的时间段去那些名胜：这种双重的需求同时造就了疗养地和旅游季。这样一来，践行旅游艺术的拥有年金收入者就与资产阶级区分开来了——不言而喻，他们也跟大多数不出行或只去乡下的特权阶层不一样。这个过程促使英国人去寻找其他可能更有名气的地方。在英国，这种地方比西欧少，所以更远、更昂贵、更令人感到新奇、更能让那种使人得到消遣的旅游逗留带有更加鲜明的精英主义色彩。

在18世纪末，季节性疗养地仅处于起步阶段。与大量赴欧洲游学的英国年轻人的人数，以及在漫长夏天居住在他们的乡村别墅或城堡里的拥有地产租金收益者的人数相比，在疗养地疗养的人依然偏少。疗养地普及的速度缓慢，几乎没有竞争对手。巴斯那里只有一个正儿八经的水疗中心；在欧洲大陆和英国，只有十来个水域可称得上豪华温泉，那里配套了酒店和高档家具，并试图吸引国际客户。布莱顿这个唯一的真正的海滨浴场，还没有理由担心十几个海滩的竞争，这些海滩从波罗的海到芒什海峡，开始在夏天吸引那些拥有年金或定期收益者，其中大部分人是英国人。至于山区消夏，霞慕尼和格林德瓦仍然是独一无二之地；而在南方过冬，尼斯和耶尔也是如此。每个疗养地只有一两家舒适的酒店，而耶尔和尼斯有带家具的酒店。1786年至1789年间，仅有两百个家庭在这两个南方小镇过冬，其中主要是英国家庭。在这种情况下，它们前景堪忧，因为法国大革命和第一帝国使英国与欧洲大陆隔绝了25年之久。英国人对欧洲大陆的精英旅游季念念不忘，继续出版的旅游指南维持着他们的怀旧回忆，所以1802年的《亚眠和约》刚签订，英国人就迫不及待地重返欧洲大陆，并在1815年之后重新踏上通往他们在18世纪发现的那些欧洲疗养地之路。从1815年到1930年的一个漫长世纪里，所取得的进步是惊人的；在南方过冬的人数，以及各种形式的夏季旅游所吸引的游客数量的增加十分可观。

精英旅游的季节性

"旅游天生是季节性的，从某种意义上来讲，这是原罪。"1962年我在尼斯组织了主题为"旅游现象的季节特征及其经济后果"[1]的会议，在介绍这次会议时，我说了这句经常被重复提及但是从未遭到驳斥的话，但这句话本来是可以被人驳斥的。"罪"这个词是否合适？在那个有经济学家和许多专业人士出席的年会上，这个词主要用来强调经营管理的结构上的困难，而这种困难源于这种消费服务的周期性，以及明显的不可能储存的特性；这个罪需要通过获得赦免来改过自新。但是，没有补救的办法。坚信正是这种季节性的特征造就了这种旅游艺术的魅力和它的卓尔不群，岂不更好？在旅游业中，游客需要季节性，而在类似农业一样的生产部门，季节性是被人接受了的。

在18世纪，疗养地在旅游季之前就出现了，而旅游季从一开始就没有人主张。因此，斯摩莱特[2]在尼斯待了一年（1765），而越冬现象二十年之后才出现。在浴疗流行时期，温泉治疗和洗浴是在夏季进行，但是治疗的期限并不固定。在治疗期限确定为三周或一个月之前，出现过很多犹豫和讨论。很长一段时间，登山者或冰川徒步旅游者只在霞慕尼做短暂逗留，通常他们来得非常晚：9月才到。实际上，直到19世纪中叶，才确立了一个真正的夏季登山季节，这个季节从6月初开始。

在一年当中某个被称为旅游季的时期内确定疗养站开放和关闭的日期，指出每种类型逗留的最佳时长，这种做法属于文化活动；这种选择后来得到了19世纪的那些医生的证明，这些医生得意地提出了气候和治疗方面的论据，他们还是"温泉的正确利用"或"浴场的正确利用"或"南方冬天的正确利用"这一类冗长论文的作者。不让那些没有在正确时间到来的人或者可能不会选择新潮疗养站的人进入疗养站很关键。

---

[1] 《会刊》，第411页，艾克斯大学和大学思想出版社出版，1963年。——原注

[2] 苏格兰诗人、作家斯摩莱特1763年底至1765年初在尼斯养病。

在非旅游季来到疗养地是不可思议的。同样地，在1854年，瓦桑镇的医生鲁西永博士出版了《瓦桑旅游指南》一书，在书中，他夸赞这个地区的夏季美景，声称当地与瑞士一样美丽。他希望说服游客在夏天来到这里，他对冬天不抱任何幻想。在他看来，他书中关于雪山冬季魅力的热情洋溢的篇章没有任何机会被“高雅人士”理解，这些人士在冬天只渴望南方的温暖。

从浪漫主义时期开始，季节性出行的习惯已然建立，疗养地的革新便出现在新疗养地的发掘和地理的或快或慢的扩张上。对于山区而言，速度缓慢；只要估算一下征服勃朗峰和其他阿尔卑斯主要高峰（1878年迈耶峰）间隔了多长时间就可以了。在狂热的登山者中，极少数有去南半球过冬的同时还全年做他们喜欢的运动的念头；爱德华·温伯是个例外，因为在马特洪峰出事之后他还攀登了安第斯山脉。

在整个精英主义的19世纪，改变季节的节奏是不可想象的。从两个英国人发现霞慕尼冰川（1741）[1]到另一个英国人阿诺德·伦恩把挪威滑雪板引入达沃斯，中间的时间跨度超过一个半世纪……而新的运动项目——也就是所谓的高山速降滑雪——一直到20世纪初仍然由某些英国人独享。在此期间，冬天的山区被人无视。从1765年斯摩莱特对尼斯的发现，到1925年朱安雷宾的消夏地中海被住在蒙帕纳斯[2]的美国人发现，两者间隔的时间还要漫长。整个19世纪的人们都觉得这种说法不言而喻：游客在夏季出现在尼斯、出现在蓝色海岸是不可思议的事。年轻的玛丽·巴什基尔采夫[3]因为健康状况不佳且回到俄罗斯会让她感到极度疲惫，而在1873年夏天被迫留在尼斯；她在自己的日记里这么写道（第一卷，28页）：

[1] 1741年英国探险家和冒险家威廉·温德姆及其朋友英国人类学家理查德·波科克，这两个年轻的英国贵族发现了霞慕尼冰川。

[2] 蒙帕纳斯是巴黎的一个街区，曾有很多美国名人居住于此。

[3] 玛丽·巴什基尔采夫（1858—1884），日记作家、画家和雕塑家。

尼斯的夏天真要命，这里一个人都没有，我都要哭出来了，最后强忍了下来。人只有一次生命。在尼斯过一个夏天，相当于糟蹋了半辈子。啊！如果妈妈和其他人知道我待在这里付出了多大的代价，他们就不会让我留在这个可怕的地方了。

作家路易·贝特朗[1]讲述了这么一件轶事：1903年9月底，他偶然到了尼斯，惊讶地看到了那时非常令人瞩目的作家让·罗兰[2]，让·罗兰很尴尬，试图避开他：

让·罗兰压根儿不想在如此不光彩的时刻在尼斯被人看见。

路易·贝特朗发现让·罗兰一头胡椒和盐一样花白的头发，让·罗兰觉得有必要替自己辩护一番：

我只是让头发休息一下……三个礼拜后，您会看到我的头发像小麦一样金灿灿的。[3]

只有在旅游季，才"适宜"待在疗养地。这是社交界的共识问题，而不是资讯方面的问题。当地政府，地中海海岸的酒店老板们费尽口舌地夸赞地中海夏天的温和气候特性，尝试着在5月份挽留过冬者。南方的媒体也发出类似的信息："地中海的海水浴和大西洋的一样好"；"在古老的剧院里看露天表演，你无须忍受热浪"。但都是白费口舌！特权阶

[1] 路易·贝特朗（1866—1941），法国小说家和随笔作家。
[2] 让·罗兰是保罗·亚历山大·马丁·杜瓦尔（1855—1906）的化名，法国作家。
[3] 路易·贝特朗：《我所知道的里维埃拉》，第16页。——原注

层，19世纪的高贵女士们害怕将自己暴露在南方的烈日中，并确信海水浴只能在大西洋中进行。

精英旅游季的更替

从浪漫主义时期开始，人口随着季节变化而迁移的机制就已经建立，一直沿用到20世纪初。最长的季节是南方的冬季：它从10月初持续到次年4月底；这个旅游季比所有的其他旅游季都长，既不会提前，也不会推后。一部分的越冬者确实会待上7个月，而随着时代的前进，占比更多的其他人停留的时间更短，但是至少也有一个月；许多人在圣诞节或者狂欢节时期来探望他们在此越冬的父母。明面上的主要原因是逃避北方的寒冷和雾气。出于相反的原因，最迟5月初，在炎热到来之前离开南方为好。

从5月到9月底的五个月中，普罗旺斯和里维埃拉——在诗人斯蒂芬·列扎尔[1]的作品（1886）出版了之后人们才称之为“蓝色海岸”——人迹罕至。再也没有越冬者，相当一部分“旅游专业人士”也离开了，不是去其他地方休息，而是去各种避暑胜地工作。他们通过名片或招牌上的标注，或者一些报纸上的启事，传播信息：“我冬天在尼斯（或戛纳，圣雷莫[2]），夏天在维希（或艾克斯或蒙特勒[3]等）”。这些专业人士可能是有着两间季节性诊所的医生，他们极力说服他们的“病人”在蓝色海岸过冬之后做一次治疗；他们是商人，不同服务行业的专家——钢琴教师、演出承办人、马车夫、搬运工，他们都跟着从事双季节性的工作。一些通常是来自瑞士并且事业很成功的酒店经营者做了一些比较复杂的重组；那不是连锁酒店，而是私人房产业主同时经营

[1] 他是“蓝色海岸”一词的发明者，提议用“蓝色海岸”来代替“里维埃拉”。

[2] 位于意大利西北部的一个城市，知名观光地。

[3] 位于瑞士沃州日内瓦湖东岸的一个小镇，知名度假胜地。

管理着几家大型酒店，甚至是南方、水城、首府的豪华大酒店。这些专业人士有着相同的目标，出现在最高雅的地方，尽可能地用各种手段使他们的顾客成为老主顾。那些像大酒店一样使用合格劳动力的人，再也不会为自己在旅游季开始或结束时重新雇佣或解雇劳动力感到局促。从南方到温泉疗养站或大都市，职员总是先于客人到达。在1962年的尼斯研讨会上，一些属于酒店世家的发言人，如尚纳，以家族记忆和档案为依据，揭示了19世纪末如何才能成为一个优秀的酒店老板：一个优秀酒店老板要从一个变化不大的客户群中了解一切东西，要对两三百号人的趣味、嗜好、怪诞行为了如指掌。

一些越冬者在4月离开南方，并没有直接返回家中，或者去他们做治疗或洗浴的地方。他们会在半路上，在那些专门从事中间季节旅游的疗养站停下来；这些疗养院坐落在山麓的湖边——意大利的湖泊，日内瓦的湖泊，阿讷西的湖泊……当越冬者去蓝色海岸时，他们有时候会在秋天做同样的停留。这样就打断了旅游，欣赏到的风景是两幅交融在一起的天堂美景：差不多全是地中海沿岸的但更加茂盛的植被被依然白雪皑皑的巍峨大山所俯视。

另一个旅游中间季节是首都的春天，尤其是伦敦和巴黎。人们在说到伦敦的这个季节时很干脆地称之为the season，the season就是春天的两个月里的盛大体育活动和戏剧演出活动的集结，体育活动包括赛马和其他的赛事，譬如网球，而参加演出又是如此的重要。对于首都而言，秋天是春天的复制品，人们重复地组织画展、戏剧节和赛马。

在精英游客的旅游迁徙中，夏天占有一个很重要的位置。三类旅游目的地吸引着那些有年金或定期收益的人。海滨浴和温泉水疗持续三个礼拜到一个月；疗养站的选择范围越来越广。在同一年里，同一批的拿年金或定期收益者似乎不会（但如何才能确定呢?）同时既做温泉水疗又做海水浴。相反，在高海拔的疗养地停留时间非常灵活且可以穿插。只有几个“登山迷”会在山区待一整个夏天，就是为了累积登山的次数；更多的人来到霞慕尼、采尔马特或格林德瓦周边做一些徒步，不久就离开，这些地方都是主要的观光景点。19世纪末，一些中等高度的山提供比较长的夏季停留时间，具有气候疗养的特点。居住在印度的英国人上到尼泊尔的山脚下，塞浦路斯的英国人把特鲁多斯[1]变成了达沃斯的复制品；瑞士人和奥地利人被圣安东、圣莫里茨、达沃斯等以气候疗养为主的疗养地吸引……在科西嘉岛上的维扎沃娜[2]有一个小瑞士，可以乘坐小火车抵达，人们在那里建造了一些木屋。摩洛哥的法国人在1930年前后有了他们的高海拔疗养站——伊芙兰[3]。

无论他们的流动性如何，19世纪那些享有年金或定期收益的游客和20世纪初的那些更混杂的游客，他们都不会去考虑哪个夏天不在乡下逗留。这种度假是一种根深蒂固的习惯，它能让家庭成员团聚。这不是疗养站式的旅游，但在季节的节奏中是一段重要而又漫长的时光。在许多情况下，从6月份开始的度假可以一直延续到秋季，秋季是狩猎会的季节。甚至漂泊异乡的茜茜[4]也回到匈牙利的土地上参加围猎。结束时怎么可能不去想兰波[5]那首儿歌形式的诗作（1871年）？

噢，季节！噢，城堡！

一百年之后，同样的感叹被阿涅丝·瓦尔达[6]作为片名用在一部献给卢瓦尔河畔城堡的短片上：秋天到了，城堡的大花园已经没有了游客，大花园把自己还给了负责将枯叶耙干净的园丁们。两幅截然不同的

---

[1] 特鲁多斯山是塞浦路斯最大的一座山，在岛屿中央，冬天白雪皑皑，有四个滑雪道。

[2] 维扎沃娜是上科西嘉镇的一个小村庄。

[3] 伊芙兰位于摩洛哥阿特拉斯山脉中部，是著名的滑雪胜地，其中的小屋多为阿尔卑斯式斜顶，因而被称为非洲“小瑞士”。

[4] 即茜茜公主，原名伊丽莎白·亚美莉·欧根妮（1837—1898）。

[5] 让·尼古拉·阿蒂尔·兰波（1854—1891），法国诗人，超现实主义诗歌鼻祖。

[6] 阿涅丝·瓦尔达（1928—2019），法国左岸派女导演，被称为法国“新浪潮”之母。

画面形成鲜明的对比；精英旅游使得旅游季发生交替，譬如在疗养站和在城堡旅居并参加狩猎会的相互交替；一百年后，一股“新浪潮”，也就是大众旅游浪潮带来的巨大客流在盛夏、在带薪假期时涌向所有可以参观的地方，而城堡是首选；在9月之后，就再也没有一个人了。

从20世纪三四十年代起，尤其是50年代，精英旅游的季节性节奏被大众旅游淹没，而且正好在夏季，那些疗养地从此只是小众游客度假的地方。对于当代精英而言，首要考虑的问题只会是如何躲避大量的人潮。

二、标新立异的发明和“守门人”

旅游活动、旅游季和疗养站的发明进程是自然发生的。从18世纪到20世纪中叶，这段时期除了少数个例之外，都没有政治权力的干预；在19世纪，洪堡和蒙特卡罗的几个小亲王自发创建一些疗养站，通过其豪华和人们嗜赌的心理——这一点比较不会公开承认——而吸引着游客。更何况，海水或者海滨浴场也能吸引游客；摩纳哥亲王查理三世[1]把自己持有产权的全欧洲第一家赌场蒙特卡罗大赌场以及最豪华的酒店蒙特卡洛巴黎大酒店称为“海滨浴场公司”，两者都是夏尔·加尼埃[2]的作品。找不到资本家的决定性作用；在19世纪他们投资于工业、大企业和大型工程，但他们由于害怕风险而敌视旅游业。他们的投机可能涉及地皮，并且仅限于19世纪60年代和1880—1900年间，或者1920年前后的一些海滨浴场，如莫尔尼公爵投资的多维尔浴场，几个英国人投资的“巴黎沙滩”，南方有军队物资供应商戈迪约[3]在耶尔，或者里

[1] 摩纳哥亲王查理三世（1818—1889），为了解决独立（1861）后的财政危机，开设赌场，使当地越来越繁荣。

[2] 夏尔·加尼埃（1825—1898），法国建筑师。

[3] 戈迪约是法国人熟悉的鞋子品牌。

昂信贷[1]在戛纳（勒卡内[2]）和波内德海岸[3]投资的浴场。

在旅游业中，发明是“守门人”的专长，这些怪人所处的位置比较好，在18世纪和19世纪的金字塔社会的领导层中广为人知，身处这个金字塔社会的顶层，也就是出身高贵、拥有财富和威望的那个阶层，是君王和王室成员，是大贵族和重臣。这些关键的群体关注着他们所熟悉的一些怪人的发明。我们也可以把这些能找到场地、在休闲中做出创新的人群称为“守门人”：因为他们掌握着开启文化大门的钥匙。“疗养地的打造”是由大贵族甚至一些常去新建成的疗养站的王室成员完成的：他们的到访让这些疗养站名声大噪。紧随其后的是特权阶层，包括贵族、教会里的显要、军队里的高级将领和政府部门的高级官员们。最后，这种标新立异的发明渗透到了那些拥有年金或定期收益者的社会内部，但是直到20世纪初才开始撞击那道把资产阶级隔在一边的、牢固得几乎密不透风的堡垒。

在这些“守门人”的长廊中，有许多英国人，从理查德·纳什[4]开始，他是这一类人中的典型；还有他的同行建筑师伍德父子，他们因为在火灾[5]之后重建伦敦而为人所知。温德姆和波科克是出身世家的年轻人，他们做了一次“壮游”[6]；他们不太循规蹈矩，而是另辟蹊径，因此发现了冰川。斯摩莱特医生是一个著名的作家，他的作品《尼斯书简》很快取得了巨大成功；这个“脾气暴躁的人”之所以盛赞这个小镇以及当地的气候，是因为那里值得一去。索绪尔属于日内瓦贵族，他因为对

[1] 法国国家垄断资本金融组织，法国商业银行，1863年7月由亨利·热尔曼建立。

[2] 位于法国东南部滨海阿尔卑斯省的一个市镇，1778年之前是戛纳的一部分。

[3] 指意大利利古里亚海岸的西部海岸。

[4] 文中有误，应为约翰·纳什（1752—1835），英国建筑师，也是英国摄政时期伦敦的主要设计者。

[5] 1666年9月2日开始的伦敦大火是英国伦敦历史上最严重的火灾，连烧4天，有六分之一的建筑被烧毁。

[6] 指年轻的英国贵族温德姆和波科克在1741年发现了霞慕尼冰川。

征服勃朗峰的兴趣以及他设法登顶的事实而开创了新的登山艺术，这比假如是孤独的乡村医生帕卡博士第一个征服勃朗峰要好得多。在索绪尔之后的几天，轮到一个年轻的英国上校博福罗伊登山，他并没有什么科学理由，他是第一个登山游客。

戛纳的打造颇具特色。普罗旺斯人对那个被他们认为是第一个到来的英国人印象深刻；英国的布鲁厄姆和沃克斯勋爵在1834年只不过是辉格党的前任领导人，这个痛苦的“过气之人”想在意大利过冬，但霍乱流行让他滞留在了瓦尔省，他撤到了戛纳，他后来又回到那里度过他漫长人生里的几乎所有的冬天。他有所创新地建造了一栋漂亮的别墅，并鼓动他的英国朋友们也这样做。圣十字花园贵族小区就这样诞生了。戛纳的精英疗养地就此启动：它必须是豪华度假胜地。大家都知道英国人在阿尔卑斯山实现了几乎所有的第一，却不大知道冬季运动尤其是高山速降滑雪也有英国发明家的份。阿诺德·伦恩是一个主教的儿子，他让人把挪威的滑雪板引入达沃斯，在1880年到1900年间与其朋友们在瑞士或奥地利的气候疗养站的雪坡上往下滑，并组织一些业余爱好者进行比赛；英国人曾在印度国门外的坎大哈取得胜利[1]，但坎大哈更为人所知的是坎大哈杯滑雪赛[2]（伦恩赢得了第一场比赛）。

在英国创新者的队列中也混杂了几个法国人：一个大贵族家的年轻女子昂利叶特·德·安热维尔成功地登上了勃朗峰；还有作家普罗斯佩·梅里美，他是欧仁妮皇后的熟人，经常去戛纳过冬，他在一封写给法国所有重要人物的“书信”中盛赞戛纳比尼斯更富魅力。阿尔封斯·卡尔[3]是一个生活在社会边缘的类型，他知道如何为自己大肆宣

[1] 1838年12月，英国首先派遣2万军队，从印度出发，向阿富汗发起进攻，英军取得了重大胜利，以较小的代价占领了坎大哈。

[2] 1911年阿诺德·伦恩在瑞士的普兰莫尔特组织了第一次真正的高山滑雪比赛，即“罗伯特–坎大哈挑战杯”。

[3] 阿尔封斯·卡尔反对君主立宪政体，1848年路易–拿破仑·波拿巴发动政变称帝后，他被迫隐居尼斯，一边创作一边种花并开了一家花店。

扬——用的是他那永远不变的黑色斗篷和从尼斯寄出的紫色花束；他有些夸张地说，是他发现了埃特雷塔和特鲁维尔，尼斯和圣拉斐尔[1]。是法国人布瓦洛·德·卡斯泰勒诺[2]结束了对阿尔卑斯山的征服，他在1877年成功地登顶了最艰难的高峰迈耶峰。

至于地中海消夏旅游发明的进程，参与其中的既有已经出名的法国艺术家和作家，他们无论冬季还是夏季都来到海边位置较高的村庄——类似于卡涅[3]或者一些小型的渔港（圣特罗佩，科利乌尔[4]）——度假，另外还有“迷惘的一代”的美国人在1925年前后发掘了朱安雷宾。

疗养站通过模仿来扩散传播，每一个社会阶层都会模仿一个明显优于它的社会阶层的行为。社会文化的毛细管作用从社会等级的顶层开始发生，在那里有国王和王室成员。维多利亚女王或她的儿子爱德华的到来的确是在1850年到20世纪初之间，这是保证疗养站扬名的最佳方式：艾克斯莱班和蒙特勒[5]，耶尔，格拉斯，尼斯，戛纳，每一个都从中受益。

我们绝不能忽视19世纪社会中的拥有年金或定期收益者在数量（大概占10%）和声望上意味着什么。这个社会群体具有超强的稳定性，他们并没有经历过明显的通货膨胀，这确保了这个群体的可持续性；旅游度假疗养地的传播主要局限在拥有年金或定期收益者阶层，那里有足够的客户来证明19世纪旅游业在数据上的大发展。

富人们对于旅游过度普及的焦虑到19世纪最末时还没有产生。这种过度普及首先出现在英国，这是第一个有假期的国家（公共假日）。19世纪末，巴斯已经过时了，与此同时，布莱顿和南海岸的其他海滨

[1] 法国瓦尔省的一个市镇。

[2] 布瓦洛·德·卡斯泰勒诺（1857—1923），法国登山者，1877年登上了迈耶主峰。

[3] 位于法国东南部阿尔卑斯省。

[4] 法国东比利牛斯省的一个市镇。

[5] 瑞士沃州的一个小镇，在日内瓦湖的东岸，阿尔卑斯山山麓。

浴场在周末时被乘坐火车赶过去的伦敦人挤满；精英们逃到岛上（譬如维多利亚女王喜爱的怀特岛[1]），或者欧洲大陆。1907年，海滨浴场公司在年度报告中担忧地写道："蓝色海岸堕落了"；"快乐的火车"卸下了他们的货物……尤其是"novi"（普罗旺斯方言指新婚夫妇），他们想知道自己在赌博中是否与在爱情中一样快乐！其实在1914年前情况还不是太严重，但也足以说服最富有的人在冬天去往别处，去更远的地方，比如埃及，或者做其他类型的旅居，尤其是与冬季运动有关的旅居。

三、卫生保健学说、过冬的南方、夏天的水和浴场

这个标题反映了那些往往是由医生写出的作品的简单明了，这些医生在19世纪和20世纪上半叶描述了旅游季和疗养地。他们给自己的作品取名为：

——《南方的冬季》《正确利用南方》《地中海冬季疗养地》《里维埃拉》《蓝色海岸》。

——《浴场（法国或欧洲）》《大西洋海滩》《温泉疗养站》《水城》《去温泉浴场》《做温泉治疗》《气候疗养站》……[2]

这些作品列举了现存的所有的疗养站，同时注意按照类别对其进行分类；最重要的区别是冬天（逃避严寒）和夏天（寻求清凉和渴望海水）的区别。

自18世纪发明旅游活动以来，吸引游客的内容并没有改变：趣味、静修、治疗，特别是差异。从前面的书目中仔细分析一下就能发现，不同的疗养地把重点要么放在气候的益处上，要么放在植被环境的优美上——两者在一个旅游季中都受游客青睐；其他重点考虑的还有环境的

[1] 英国大不列颠岛南岸岛屿，是著名的旅游胜地。

[2] 参见贝金博士、杜朗-法尔戴尔、康斯坦丁·雅姆博士和博歇隆博士的书籍，以及若阿纳的许多导游指南。——原注

质量和设备的华丽，温泉浴室，赌场，甚至还有医疗学说的可信度，这种学说旨在根据所谓的客观标准为“疗养”辩护。这些得天独厚的地方有很多的隔离空间，这样上流社会的名流可以确认自己就是精英，他们在健康上为自己辩白，英国人将那里称为“健康场所”。

卫生保健和治疗学说

我们在所有的旅游指南中都能找到这样的学说，包括那些只论及一个疗养站和那些被称为“描述式、汇编式”的医学指南、声称把所有的旅游项目都涵盖在内的书籍。最强有力的论证来自医学科学院[1]，这个创建于18世纪末的著名机构有时会加上形容词“王家、皇家”，有时又把它们舍弃，它对人们今天称之为公共卫生或卫生与社会行动的公共事业有着长久的关注。这个科学院出版了许多论著，大家都知道维也梅[2]关于工人状况的报告[3]。揭开矿泉水委员会的“年度总报告”应该有好处。我看过了。多么好的信息来源啊，真的没得说！多年来一直在职的医学科学院的医生成员、矿泉疗养学专家们，他们提出了一个名副其实的卫生学说：管理良好的矿泉水，当然还有海水浴场，以及到南方过冬，都被认定为可以改善健康状况，不仅是那些经常光顾那些地方的富人们的健康，也包括全体法国人的健康。

总报告员以“水质医生监察员”每年发给他的报告为依据；法兰西第一帝国时期设立的这项医生监察员的职务一直存续到1880年前后。每一个医生监察员都要给他负责的疗养站的前一个旅游季拟出报告。有多少病人来过了？做过什么治疗？结果如何？接纳过穷人吗？哪个国家

[1] 即今天的法国国家医学科学院，其前身为成立于1731年的“王家外科科学院”，1820年改为“王家医学科学院”，1857—1870间改名为“皇家医学科学院”，1947年3月1日起更名为“国家医学科学院”。

[2] 路易·勒内·维也梅（1782—1863），法国医生、医学科学院成员、社会流行病学研究先驱。

[3] 维也梅报告的全称为《在棉花、羊毛和蚕丝加工厂做工的工人身体和心理状况的报告》（1840）。

的货币留在了这个地方？他们所使用的语言像是在开玩笑，但是统计的数据是惊人的：进入温泉浴室的入场券，进账，营业额，疗养院的收入……每一年总报告员都觉得遗憾的是，并不是所有的疗养院都有医生监察员，省级的档案馆向我们揭示了其中的原因：温泉疗养站表示并不乐意接受一个需要额外支付工资的监督员——而且监督员还抱怨薪酬待遇太低。

医学科学院每年都会通过这份总报告向政府提出建议，政府似乎也很重视。它委托矿业部仔细监督引水，建立保护范围。要建造温泉疗养区，用水必须获得许可，必须声明是用于公用事业。这种贴标签式的监管精神后来在所有的疗养站都用上了，并且在1919年的基本法中达到顶峰，这个法律把法国所有的疗养站都做了分类：温泉疗养站、海水浴场、冬季运动站、旅游度假村，甚至有葡萄疗法疗养站。一个分类疗养站可以收取“旅游居留税”，这个税种仿效德国的一些水城的“旅游税”。在旅游季出行的游客被要求通过捐税来投资美化让他们获益的疗养站。赌场也分担这些奢侈的费用；公园和花园的建造，以及旅游季期间的戏剧表演、音乐活动都由这些被称为“casino”的赌场提供资金。这些赌场拥有漂亮的建筑外观；入场要求穿正装；里面会演出有名的剧目。蒙特卡罗动作尤为迅速，专设俄罗斯芭蕾舞剧的演出。医生们前来救援，声称没有娱乐身体就不能痊愈。道德的偏见就此消除；这个论点在第三共和国参议院的长时间辩论中被人提出来，参议院重启了第一帝国所采取的宽容做法。在大城市里因为会腐蚀资产阶级和平民百姓而被禁止被追究法律责任的赌博，在旅游胜地和温泉疗养站被容许、被接受并被合法化。1919年的法律是明确的：旅游点想获得开办赌场的资质的话，它首先必须被归到疗养地那一类。

医学科学院重提向贫困人口和国民免费供水的义务。以中世纪那种慈善的名义吗？这么做是出于对王法的尊重，对法国国王、意大利君王（萨伏依王朝）、哈布斯堡王朝的法律法规的尊重，尤其是以人类进步的名义。他们认为，治疗学要求加强控制，对此，敏感的当局纷纷实施各种法规；水必须“管理好”；温泉疗养站当然还有海滨浴场发布这些规章，所有的治疗行为显然要规定价格。在冬季，尼斯和其他地方的医疗规定责令客人不要轻率行事，不要在5点钟之后出去户外，不要睡得太晚。科学院和听从它的当局试图强制推行温泉浴疗或海水浴疗活动；省级档案馆保管着这种做法导致的纷争的记录。长远来看，在走向自由主义和摆脱约束的19世纪，给医生自由开处方设置障碍，甚至给一个想喝点什么、想随意进行水疗的温泉疗养者进行约束，这些看起来好像是不合常情的。这一定也不正常；饭后禁止洗澡的规定到现在几乎仍有法律效力。

换空气的价值

19世纪强大的卫生保健学说有两副面孔，一个面向人民，另一个面向特权阶层。对工人，它会宣传节制，禁止饮酒过度，谴责工作中的粗心大意，以及“圣周一”的异常行为。它提议，甚至是强行建造工人住宅区，建造花园新村；它把矿工宿舍和法式筒子楼[1]作为例子，并通过对监视隐私来证明各自控制的合理性：它让人建造了非常卫生的理想的城市；伟大的建筑师勒杜18世纪在皇家盐场和塞南[2]建造的城市便是这类理想城市的典范，或者凡尔纳笔下的“海吉亚（健康之神）健康城市”[3]。这个作家想象出了“奇异的旅行”，在月球上，在热气球上，或者在一个“水到处流”的城市，那里每一个住所周围都是“卫生检疫隔

[1] 对法国北部典型的城市化的工业街区的称呼。房子都是一个样子，小小的两层楼，中间一条私家车道，人们可以从一条狭窄的路进入。

[2] 法国杜省的一个市镇，属于贝藏松区坎热县。

[3] 儒勒·凡尔纳和安德烈·洛里共同合作完成的小说《蓓根的五亿法郎》中，法国善良的医生沙拉赛恩用分到的遗产建设的一座理想城市的名称。

离所”[1]。这些住宅区在19世纪由家长式的老板来修建，里昂·穆拉[2]和帕特里克·哲尔伯曼[3]在一部震撼人心的作品中描述了这些工业城。[4]

卫生保健学说建议那些生病的或认为自己有病的拥有年金或定期收益者以及富人换空气，把换空气作为一种治疗方法。在流行病蔓延时，这么做非常正常，而且也是传统的做法。在19世纪上半叶仍然横行肆虐的流行病把大量的特权阶层人群带到了不同的疗养地，尤其是在南方；1832—1834年的霍乱就非常典型。那样的流行病非常多，医生们当时借助听诊器就可以诊断了，但还不知道如何治疗，所以一旦发现其中的一例，他们开的药方就是温泉浴或海水浴，到南方过冬。医学科学院的报告、旅游指南列举了肺结核患者和瘰疬患者，患萎黄病或处在儿童传染病康复期的儿童，神经衰弱者和饱受“抑郁症”折磨的人，关节炎患者和肥胖症患者，上了年纪的女性们，所有遭受过创伤和骨折的人。所有的或几乎所有人都会去，因为海水浴、温泉浴以及到南方过冬至少可以让他们的病痛有所改善；他们各自的治疗医生都给他们开这样的医嘱，因为医生们也听说了雷奈克[5]的名言，他是创立诊断学的权威：

> 没有一种疾病是换空气不能治愈或缓解的。

从那时起，医学论文和旅游指南就在学究式的科学性和对旅游季的

---

[1] 儒勒·凡尔纳：《蓓根的五亿法郎》。——原注

[2] 里昂·穆拉（1945—），法国历史学家、城市史专家，法国国家科学研究中心、全国保健和医学研究所和社会科学高等学院的研究员。

[3] 帕特里克·哲尔伯曼（1948—），法国公共卫生高级研究学院的卫生史荣誉教授，也是公共卫生和战略研究高级委员会传染病专业委员会的成员。

[4] 里昂·穆拉和帕特里克·哲尔伯曼：《不知疲倦的小工人或者再生的无产者》，第25号研究报告，1976。——原注

[5] 勒内·雷奈克（1781—1826），法国医生，发明了听诊器。

简单的信任之间摇摆不定，无论是哪个旅游季，也无论是在哪里度过这个旅游季，都要选择恰当的时候。一方面，医生会讨论矿泉水的成分、它非凡的功效，或者南方1月份的温度或者大西洋海水富含的碘；另一方面，他们吹捧离开城市的好处，外出旅游的乐趣，这一类活动的益处。这可以是一种新型的淋浴，喷水浴，另一种潜入大西洋的方式，或者有其他的护理，甚至是其他治疗方式一起参与，譬如乳清疗法或葡萄汁疗法或树脂蒸汽吸入之类的疗法。在19世纪末，甚至有人尝试在南部建造葡萄疗养站，并在蒂埃[1]附近的松树林中建造了马尔图莱疗养院[2]。

四、温泉与海水浴区

18世纪英国人在巴斯和其他地方推出了上流社会的浴疗，然后又在布莱顿推行海水浴疗。这些仅限于夏季的旅游季以一种非常具有上流社会社交性质的方式进行，被安排在一个相当奢华的环境里，治疗上的考虑倒是其次的。

在欧洲大陆，长期以来温泉水浴只流于民间；在18世纪，即使是生活在大西洋沿岸的居民，他们也没有冒险进入水中。这种情形到了19世纪才慢慢改变。温泉区从西到东出现。首先是18世纪末的矿泉水疗，然后是浪漫主义时期莱茵河畔的温泉浴、在1850—1860年之后奥匈帝国的温泉疗养，尤其是玛丽亚温泉[3]和卡尔斯巴德[4]温泉。总是更奢侈，更豪华，更多欢宴，还有赌博，直到俾斯麦过去制止。我们一

[1] 法国东南部德龙省的一个区，生产白葡萄酒。

[2] 1851年，亚历山大·贝诺瓦建造了马尔图莱疗养院，1852年开业。这是一家做松脂蒸汽浴的疗养院，据说热松脂能治疗风湿病。

[3] 玛丽亚温泉镇是捷克卡罗维发利州的一个镇，以温泉著名。

[4] 卡尔斯巴德，现名卡罗维发利，是捷克西部波希米亚地区卡罗维发利州的一座温泉城市。

边重温《去年在玛丽亚温泉》[1]，一边游览今天的那些捷克疗养站，顺便把这个闪回镜头拉得更长些吧，今天的这些捷克疗养站给人的印象是，1914年之后除了名字斯拉夫化，其他的一切几乎没有什么改变。

温泉浴几乎没有扩散到北欧，但以猛烈的攻势向南方推进，主要是法国和意大利，这两个国家有许多温泉点，这些温泉点都在尝试对设备进行升级，以便吸引到最奢侈的顾客群，有些也升级成功了，譬如艾克斯莱班、维希、科特雷、蒙特卡蒂尼[2]、阿巴诺·泰尔梅[3]就是其中的范例。于是一些南方的温泉就成功地升级到了大型疗养站的水平。许多疗养站都有体面的客户和良好的地方口碑，如奥弗涅[4]、瓦尔斯[5]、迪涅[6]的疗养站，但苦于没有一个国王或王子造访过。它们只能靠把他们的泉水卖个好价钱来聊以慰藉。许多温泉站只是开了个头；承诺的东西并没有兑现；客户总是当地的；美丽的温泉疗养站建设仍处在计划阶段；医生在他们的旅游指南里夸赞过水的质量和治疗效果之后，承认温泉浴的成功取决于某些人说的“有人捧场”，就像那些流行时尚之类的东西一样。有人将这些小疗养站开展治疗视为温泉普及的标志，这种看法严重地违背常识。从1946年开始法国实行社会保险分类，每个温泉疗养站最多只能做两种疾病的治疗，结束了20世纪初自由主义做出的选择。在19世纪的某个时期，法国近四百个温泉疗养站被正式分类过；2000年，法国有一百来个温泉疗养站。

如今仍然在运作的温泉疗养中心在19世纪末就已经存在了，只有一到两家是新创办的。在法国和欧洲其他国家，温泉地图已经很古老了。一些发明或至少是创新在1870年后确实就出现了，但都局限于疗

[1] 通常翻译为《去年在马里昂巴德》，根据法国作家罗伯-格里耶同名小说改编的电影。

[2] 位于意大利托斯卡纳大区北部，是一座温泉小镇。

[3] 意大利威尼托大区帕多瓦省的一个市镇。

[4] 位于法国中部的一个大区，2016年与罗讷-阿尔卑斯大区合并。

[5] 法国阿尔代什省的一个市镇。

[6] 法国南部城市，上普罗旺斯阿尔卑斯省的省会。

养站内部，目的是为了扩大自己的名声。第一种方法就是专业化的治疗，这种专业化在1870年前就开始了，随后不断扩大。此后，每个水域都有它的专一或多种特色。现在温泉医生们都想成为专家，温泉的所有者建造豪华的温泉疗养所，引进高端先进的设备；水变得非常昂贵，这使得附近大多数常客都无法进入。在1880年后，医生检查员就消失不见了，对于穷人的义务也被遗忘了。必须相信在1860年至1890年间设立的温泉资格认证还是恰当的；这些资格认证之后几乎没有变动，如今在社会保险的专业词汇中依然能找到。

美化装饰是造成疗养站等级差异的第二个因素。这种美化包括许多地方性的创新；人们建造了奢侈浮华的温泉浴室和酒吧，号称很“大”的酒店、山区木屋和别墅；人们模仿德国的巴登-巴登规划壮丽的林荫大道供客人在那里乘坐敞篷四轮马车大肆炫耀，仿照维希勾画绿树成荫的大公园供人散步；人们还兴建或翻新了赌场和剧院。所有这些都位于一个受限的区域内，因为必须邻近泉水。

贵族的冬季将有钱人撇在一边，让他们待在自己的精英的山丘和半岛的同时，具有上流社会社交性质的浴疗征服了温泉区，把它变成一个实用的场所，同时又是一个能为“上流社会”提供社交应酬的空间，所有这一切都有戏剧般的布景衬托。没有哪个疗养站的发明不学纳什的那一套[1]，1860年后的趋势是在风格上更加兼收并蓄和富丽堂皇。在大西洋边的海水浴场，精英们的占领是单线发展的：那是一条大肆张扬的海滨大道，沿着海边的石板步道或码头而建。一些过冬城市（譬如蒙特卡罗）和许多海滨浴场、温泉疗养站，它们都从我们今天称之为开发商的协同合作之中受益。通常是温泉所有者的国家，地方行政区域——省和市镇，温泉经营者，酒店老板，疗养站的自由执业医生，都把赌注押在疗养站的治疗效果甚至是它在社交界的口碑上。能看到医疗文学的变

[1] 在这位18世纪的时尚领袖的指导之下，巴斯市成为英格兰一流的温泉城市。

化：作品中对社会的关注度减弱了，对时尚的呼唤到了恬不知耻的地步，在每一个疗养地，不管是自由执业医生们还是酒店老板都在争夺最富有的客户，这取决于谁能做得更好。莫泊桑在《温泉》（1887）这本书中明显戏谑地描写了这种策略[1]，书中写的是发生在拉布尔布尔[2]的事情，但是作者原本可以找别的地方的例子，比方说艾克斯莱班，那里相继而来的有“学界名流”医生（譬如戴斯宾家族[3]），有眼力的资本家（比亚斯[4]），企业主和国家（第二帝国有很多投资），依云小镇在一个强大资本集团的手中壮大起来，而依泉则依靠城堡主家族[5]。在第二帝国时期，伽利玛家族把大量的资本都聚集投放在瓦尔斯。

疗养站朝越来越具有上流社会社交性质的浴疗的演进，至少一直持续到1929年发生的世界经济危机时期。几乎没有什么疗养站被打造出来，新的就更少了，衰落的反倒不少，尤其是在英国。然而，人流却在增长，轻易地就让新的酒店和民宿住满了客人。在19世纪末，在温泉疗养站甚至出现了第二住所。毛细血管扩张现象在那些拥有年金或定期收益者之间发挥了作用，然后这种现象在20世纪蔓延到了中产阶级。在此期间，大西洋沿岸的海滨浴场展开了激烈的竞争，其数量在增加，名声在扩大，而温泉疗养站则用优雅来反击。旅行文学、医学论文以及广告都不太强调治疗功效，而注重的是温泉疗养者的名声（国王、王子、艺术家们等等），以及设施的豪华。每一个温泉疗养站在那种名声的“眷顾”下，就好像能拿到一笔“经济租”[6]一样。我们可以用波士

---

[1] 莫泊桑：《奥利奥尔山》（也译为《温泉》），1887年。——原注

[2] 法国多姆山省的一个市镇。

[3] 法国萨瓦地区的一个古老显贵家族。

[4] 即让-路易·维克多·比亚斯。

[5] 首先是高泰龙夫人，然后是她的侄子圣费雷奥勒伯爵。——原注。1823年马尔克斯·德·高泰龙建立了依泉温泉疗养中心。

[6] “经济租”这个定义起源于土地的地租，后来扩散到其他非土地的领域，如商品成本、房屋等以“准租金”的面目出现。

顿咨询集团[1]的那种措辞，说某一些温泉疗养站希望做自己专业的“明星”，但是没有成功。风湿病流传越来越广泛，治疗该病的萨瓦省艾克斯疗养站被紧追不放，如今它已经被达克斯超越，此外意大利的泥疗效果也非常好。科特雷、阿勒瓦尔、夏尔[2]还有其他几个小镇都在为治疗喉疾而争夺不休。1880年左右，布里德温泉被发现可以治疗肥胖症使得它在法国树立了威望，但是在欧洲名气最响的却是卡尔斯巴德温泉。布里德试图通过一个更具有吸引力的广告赢得胜利；广告在当时用的还是“réclame”这个词，广告的内容是实事求是的。1930年前后，贝尼尼[3]塑造的形象具有说服力；向布里德的“胖女人们”推荐的“梦寐以求形象”是那种年轻、苗条、有运动气质的高雅女子。

从18世纪的英国向19世纪的欧洲（和北美）演变的海滨旅游

英国人至少提前五十年就已经在从事海滨旅游了。“对海滨的渴望”在1810年至1830年左右怯怯地抵达欧洲大陆。

兴趣从冰凉的海水开始。不奇怪，治疗模式是让人窒息地沉潜在海水里。第一批海滨浴场归功于王公们的创举，位于波罗的海；首先是1802年在吕贝克[4]附近出现的特拉沃明德[5]；1820年前后，在波美拉尼亚[6]有十来个海滨浴场。然后波及北海和芒什海峡；在布莱姆[7]附近也修建了一些海滨浴场。海牙附近的斯赫弗宁恩和在新生的比利时的奥斯坦德很快就成为英国人喜欢的、属于上流社会社交界的大型海滨浴

[1] 或称波士顿顾问公司，为一家管理咨询公司，总部位于美国波士顿，在全世界50个国家中设有超过90家分公司。

[2] 达克斯为法国南部城镇，位于阿杜尔河畔；科特雷是法国上比利牛斯省的一个市镇；阿勒瓦尔是法国伊泽尔省的一个市镇；夏尔、布里德都是法国萨瓦省的市镇。

[3] 吉安·洛伦佐·贝尼尼（1598—1680），意大利雕塑家、建筑家和画家。

[4] 位于德国北部波罗的海沿岸，是石勒苏益格-荷尔施泰因州第二大城市。

[5] 位于德国城市吕贝克的城区，是著名的海水浴场和度假地。

[6] 中欧一个历史地域名称，现在位于德国和波兰北部，波罗的海南岸。

[7] 法国北部-加来海峡大区加来海峡省的一个市镇。

场。它们就在对岸，采用的是布莱顿浴场的那种布局。迪耶普是法国最古老的海滨度假胜地，非常优雅，在法国王朝复辟时期附属于圣日耳曼郊区。贝里公爵夫人是一个常客，人们要采取最大程度的预防措施，好让她在沐浴时不被人看见。在七月王朝时期，迪耶普与埃特雷塔、费康、圣阿德莱斯、特鲁维尔和格朗维尔连成一片，它们全都属于诺曼底地区。记者阿尔封斯·卡尔出席了几乎所有这些海滨浴场的启动仪式。这些海滨浴场家喻户晓很大程度上归功于夏季在那里居住的画家（伊萨贝[1]等）和作家（福楼拜、大仲马等）。奥尔良王朝的君主路易·菲利普帮助创办了特鲁维尔浴场，以此来对抗属于正统派[2]的迪耶普海滨浴场，1848年，他就是从特鲁维尔出发前往英格兰的。

我们必须到卢瓦尔河的南部去重新找回早期开发出的浴场。莱萨布勒多洛讷的开发多亏了那里的镇长——这种事很少，因而要特别强调一下。莱萨布勒的年轻人有在夏天翻过城墙去大西洋裸泳的习惯。镇长有其他的野心，他根据1824年的法令对到海里洗澡进行管理，他的密使从英国带来了“游泳更衣车”，他装出很天真的样子在报纸上询问：“在哪里可以找到最美的海滩呀?”莱萨布勒浴场很快就装备好并投入使用。鲁瓦扬浴场和阿尔卡雄浴场有着便捷的通道，波尔多人可以乘船去第一个浴场，乘坐开往拉泰斯特德比克[3]的火车到达第二个浴场。

夏天的伊比利亚半岛呈现在人们眼前的是国王、朝臣和最高行政机构人员的那些风格独特的避暑别墅；圣塞瓦斯蒂安[4]和埃斯托里尔[5]

[1] 欧仁·伊萨贝（1803—1886），法国画家和版画家，路易·菲利普一世的宫廷御用画家。他在诺曼底和英国旅游，完成了许多地景与海景图。

[2] 指法国历史上波旁王朝长系的拥护者。

[3] 法国吉伦特省的一个市镇，属于阿尔卡雄区。

[4] 位于西班牙东北部，濒临比斯开湾，紧邻法国边境，是西班牙吉普斯夸省省会，属于巴斯克自治区。

[5] 葡萄牙的一个公民教区，隶属于卡斯凯什市，位于埃斯托里尔海岸，濒临大西洋，位于里斯本以西18公里处。

从1830年开始就扮演了这个角色。它们有两张王牌——大西洋和温和的气候；圣塞瓦斯蒂安得益于两个独特的海滩。西班牙的大贵族，以及西班牙所有重量级人物都蜂拥而至；大量的人潮很快就涌到了巴斯克海岸[1]。

因此，英国人过冬的比亚里茨旁边变成了西班牙人消夏的比亚里茨，从1835年起，蒙蒂霍家族[2]就经常光临避暑；拿破仑三世与欧仁妮结婚时也选择了这个海滨度假胜地。

在1860年之后，海滨疗养地推出的数量更多，有更多的资本投入；疗养地、海岸兴建的各种设施一应俱全；多维尔便是像这样由莫尔尼公爵按照矩形设计方案建设的；卡布尔[3]则呈中心往外的放射型；前面提到过的勒图凯巴黎沙滩是由一家英国公司兴建的。在圣马洛[4]周围，受到富有的英国人青睐的绿宝石海岸早就开始开发了。1900年后，拉博尔[5]的美丽海滩以及北部-加来海峡[6]的海滩，专门治疗结核病的贝尔克、维姆勒、马洛莱班以及聚伊德科特[7]构成了一个个高品质的景点。

1914年或1929年左右的总结报告显示了海滨旅游业的巨大进步；海滩旅游与温泉旅游发展齐头并进，呈现出惊人的相似之处。这些海滨旅游地有的是优秀的疗养避暑胜地，有的还在简朴的起步阶段：只有一幢所谓的“海滩酒店”和几栋豪华的可以看到大海的别墅。大部分法国海滨对于游客而言还是陌生的：庇卡底[8]的海岸，在圣马洛和拉博尔

[1] 巴斯克自治区在西班牙北部，与法国接壤，拥有着漫长的海岸线。

[2] 西班牙的一个贵族家族，欧仁妮皇后的父亲是第九代蒙蒂霍伯爵。

[3] 另译卡堡，法国诺曼底区的一座花园海滨城市。

[4] 另译圣马罗，法国布列塔尼的一个城市。

[5] 法国大西洋卢瓦尔省的一个市镇。

[6] 是法国北部一个大区的名称，北与比利时接壤。

[7] 均为法国北部-加来海峡大区的市镇。

[8] 法国北部旧省名。

之间、除了佩罗斯吉雷克[1]之外的布列塔尼海岸，朗德[2]的海滩还有上流社会避暑的整个地中海海岸都是如此。只有当地人才在海里快速地洗个澡。马赛人去加泰罗尼亚，尼姆人前往勒格罗迪鲁瓦，蒙彼利埃人去到帕拉瓦莱弗洛，贝济耶人去往瓦尔拉斯[3]，所有的人都是乘坐有轨电车！这种做法与里昂人和巴黎人的行为没有什么两样，里昂人乘坐蓝色火车前往索恩河河滨，巴黎人喜欢在马恩河和塞纳河划船游泳。“美丽的蓝色多瑙河”在整个中欧都扮演着同样的角色。

我们看到了在欧洲19世纪完全没有普及的上流社会社交界光临的海滨旅游胜地的精英式快乐和低调的周末户外休闲娱乐的兴起之间的反差，这种休闲娱乐不管在欧洲内陆还是在地中海沿岸都蓬勃发展，并且在法国、意大利、希腊都不是上流社会人士光顾的景点；甚至在蓝色海岸、科西嘉和伊斯特拉半岛等地的那些越冬城市也都没有成为海滨疗养地。相反，自19世纪80年代之后，在与北大西洋以及附属海域（北海、波罗的海）沿岸国家，出发去海滨浴场的行为越来越普遍。附近的人口众多；铁路直通海边。英国人去不同的海岸人数都很多，荷兰人和德国人经常去往北海海滩；瑞典人、其他的德国人更青睐波罗的海；早在19世纪末，每逢夏季，北美人都会去从加斯佩半岛的佩尔塞[4]到纽约附近的大西洋城之间的海滨浴场，这些海滨浴场显然模仿了欧洲的海滨浴场。

从滨海旅游在英国出现到眼下的海滨旅游，做一个总结是有教育意义的；为了方便起见，总结仅限于法国，因为它与比利时一样正好与英国隔海相望，接待了更多的英国人，是最早模仿英国模式的。1870—1914年是历史上一段风调雨顺的时期，交通工具的进步使方方面面都

[1] 法国阿摩尔滨海省的一个市镇，在布列塔尼地区。

[2] 法国西南部地区名和省名。

[3] 勒格罗迪鲁瓦、帕拉瓦莱弗洛、瓦尔拉斯均为法国埃罗省的市镇，蒙彼利埃为埃罗省省会。

[4] 加拿大魁北克省的一个城市，位于加斯佩半岛的顶端。

感受到了它们的影响。蒸汽船轻易就能穿过英吉利海峡，蜘蛛网状的铁路很容易就能将巴黎人送到海边；一些像迪耶普、格朗维尔、勒克鲁瓦西克、阿尔卡雄那样的铁路终点站城市，都成了得天独厚的旅游目的地。第三共和国的上半段经济持久增长，没有发生什么让人不快的事件干扰这种增长；精英专有的旅游艺术通过同时代的社会学家加布里埃尔·德·塔德[1]（逝世于1904年）所描述的"社会毛细作用"而到处扩散。面向大众的旅游指南随后激增，它们声称会客观地呈现一切并且进行分类。1900年前后，这些旅游度假地被冠上了温泉、滨海、越冬或气候的名头，而最后那种气候疗养站作为新生事物大受欢迎。

我们主要的参考资料源自：

——雅姆博士[2]的《实用指南》（1872年）

——《环球水城掠影》（1886年）

——博歇隆博士[3]的《法国气候疗养地》（1911—1920年的多个版本），马赛古瓦地出版社出版。

最老的笔录由雅姆博士所做，是最清楚明了的：

> 今天海水浴已经深深地浸透到我们的习惯和爱好之中，以至于我们芒什海峡和大西洋的全部滨海地带没有一片海滩是没有游泳者的，只是人数多少的问题……大部分游客都在芒什海峡海滨，因为那里的交通更为便捷；西部铁路开通了快乐火车[4]或者游览

[1] 也被称为加布里埃尔·塔德（1843—1904），法国社会学家、犯罪学家、社会心理学家。

[2] 康斯坦丁·雅姆（1813—1888），法国学者、医生。

[3] 路易·博歇隆（1873—1944），法国学者、作家。

[4] 1837年8月26日开通了巴黎至圣日耳曼的线路标志着快乐火车旅游的开始。该线路的铁路公司创始人艾米勒·佩埃尔（1800—1875）是法国金融家和政治家，他希望让巴黎人享受坐火车出行的愉悦。另外两家铁路公司（巴黎至鲁昂，鲁昂至勒阿弗尔）也从快乐火车中受益。1855年成立的西部铁路公司继续执行快乐火车方案，把更多的游客运送到了诺曼底和布列塔尼地区的海滨。

火车。（第348页）

谈及芒什海峡的气候优势时，雅姆明确表示：

我们在七八月份主要寻找清凉。然而诺曼底海岸是最凉爽的。比亚里茨和阿尔卡雄这个时候却是真正的烤炉……至于地中海的海滩，我们并没有留意过，因为没有一块海滩为洗浴做过适当的整治；不过，我们会在冬季疗养站那部分对它们进行研究。

当时所有的旅游指南都显示，在海边消夏既有治疗作用又能社交，尊贵的客户群需要高质量的住处，需要专业设备：洗浴场所，赌场，海边的散步场所，高尔夫球场，网球场……他们希望能在现场找到各种服务：浴场男服务员和女服务员（指那些帮助游客潜入水中的人），可出租几乎所有东西的出租人，仆人，赌场伙计，医生，等等。旅游指南反复提到海水浴的注意事项；在1872年，雅姆博士列举了这样几条：

——下水前热身（通过步行）

——洗浴时间短，最多十到十五分钟

——每天洗一次澡

雅姆摈弃传统的建议，即在涨潮时游泳。

海水浴正如当时的人们所写的那样是“灵验有效的”：

——对于孩子的淋巴体质和淋巴结结核

——对于青春期的女孩子的健康

——尤其是对于城市女性。

詹姆士明确指出：

压在她们肩上使她们虚弱的因素何其多？

> 我们城市的年轻女子屈服于风尚的专制统治，很少在太阳落山之前出门；步行运动对她们而言完全陌生，除了在一个空气不流通的地方跳舞，而那里的空气因燃烧的油灯和急速起伏的胸部喘出来的气而变得污浊。[1]

是否有必要指出，医生的话只涉及那些在电出现以前休闲条件可能很艰苦的、拥有年金或定期收益的女人？而真正做工的女人却被遗忘！

泡温泉和海水浴只让那些拥有年金或定期收益者以及所有那些能共同分享“国家留下的钱”的人的健康受益。海滩和温泉的设备最好配备齐全，而这种设施齐全的疗养地在1872年只占少数。许多化验过水质的温泉疗养地不为人所知，号称美丽的海滩缺乏合适的洗浴场所，只有简单的住处——一个或两个小旅馆。这种情况在1884年的《画册》中同样存在。真可悲！没有消遣娱乐。难不成那些优雅的人们是为了找罪受才来洗澡的吗？

在设备齐全的疗养站也并非一切都是最好的。游客和温泉疗养者承受着自由被剥夺的痛苦。负责监督水质的医生检查员介入进来，他们要统管一切，即使在海滨浴场也是如此。档案馆保存了“克罗石梅尔式”冲突留下的痕迹[2]。大约在1890年，自由在冲突中占了上风，自由执业医生随意开出处方，病人们怎么喝水怎么洗浴都听从医生们的吩咐。尽管如此，所有的社交生活、疗养地集体活动的组织、旅游季的日常生活都取决于已经取得了娱乐活动和海滩开发经营特许权并拿得了水域周边地块的公司，这些公司或多或少都有一些需要承担的义务。

看到当地的旅游指南一再炫耀这样的改进，人们不禁会想：这之前

---

[1] 雅姆博士：《实用指南》，第334—338页和348页。——原注

[2] 《克罗石梅尔》是法国作家加布里埃尔·谢瓦利耶创作的一部讽刺小说，克罗石梅尔是书中一个村庄的名字，如今用来指代一个“因荒唐可笑的争吵而导致分裂”的地方。

是什么样的？在这些有钱有势的人面前，旅游指南的作者手里拿的是一支奴颜婢膝的笔。阅读时必须在字里行间找出那些不对劲的地方，还有省档案馆或矿业局有时会揭露出来的东西：这些矿泉水受到了污染，这些海滩维护不善，赌场寒碜，娱乐节目平庸乏味，公园被人荒废。游客和温泉疗养者们会与布莱顿或者奥斯坦德，与水疗或者温泉浴进行比较，话说得不大中听；他们会为多维尔海滨浴场鼓掌的，莫尔尼公爵或者莫泊桑写的《温泉》都这么认为。

正如人们所说，只有少数几个真正奢华的法国疗养地才符合“高雅客户群”的品位。因此，有限责任公司从海岸开始把所有东西都垄断了。市政当局只是非常简单地把海滩的经营权转让给他们，让游客付费进入海滩的经营公司把一些权利都据为己有，进行垄断，包括招徕游泳者，建造更衣室，搭建帐篷等；游客自带设备是绝对不行的。这些公司管理浴场，把男女隔开，刁难家庭游客，无耻至极；这种隔离更加引起了“偷窥者”的兴趣。这种做法是违法的，1852年行政法院撤销了特鲁维尔市长下达的一项特许权决议。市政府没有经营海岸的权利，自路易十四的海军大臣科尔贝时起那里就属于公共区域。雅姆提请人们注意：

> 大海及其海岸是一个不可转让和不受时效限制的区域，它不是任何人的私产，而是属于所有的人。

比较1870年至1914年间的旅游指南，并阅读一些见证那个时代的文学作品，譬如左拉的《卢贡－马卡尔家族》[1]或马塞尔·普鲁斯特的小说，就会发现海滨旅游的概念并没有什么发展。洗浴仅限于在海水中快

[1] 《卢贡－马卡尔家族》，左拉著，包括20部长篇小说，约1200个人物，其中的重要作品有《娜娜》《小酒店》《萌芽》等。

速浸泡一下，就像人们所说的，是在“浪浴”。人们一直相信在水里憋气和碘化水对健康有益。洗浴的人穿着衣服下水，泳衣还没有出现；在海边，包括在海滩，男的西装革履、女的身着长裙散步，男的还戴着那种划船时戴的扁平狭边草帽。没有任何证据表明他们会游泳。在经常去特鲁维尔和卡布尔的卢贡－马卡尔家族成员之中，有几位女子坦白承认她们避水，其中一个说：

> 看到有人一头扎进水里，我就浑身发抖。

在小说中，形容词bruni（晒黑的）被使用了两次，只是用来形容男性的脸，白皙的肤色依然是女性魅力的标准。于是，龚古尔两兄弟发现：

> 海滩只是沙龙的延伸。

人们在那里见面、聊天、交流上流社会发生的新闻。度假村的各种体育活动在海滨浴场再度出现：人们在海滩上玩槌球游戏、跳绳和抖空竹，开展各种球类运动，其中就有羽毛球；孩子们堆沙堡。更为大胆的游客在退潮时冒险去滩涂上捡拾抄网里面的虾子。在大型的海滨浴场，最有体育运动性质的设施是高尔夫球场和网球场。1900年前后，“对海滨的渴望”就是在码头上和在沿着海岸修建的石板路上散步，在海水的边缘开展一些微不足道的体育活动[1]，以及一些可以在别的地方开展的度假时的体育运动，包括骑马。

在19世纪的最后三十年里，仅少量增加的海滨浴场只占了法国海

---

[1] 参见马克·布瓦耶的《旅游的发明》，第81页及后页有几幅激动人心的插图，画的是海岸边的这种体育活动。——原注

岸的一小部分，而且从北到南非常不均匀。比起那些所谓的气候特性，根据海滨浴场打造的年资能更好地对它们进行区分[1]，如下面简单的对照所示：

1. 塞利纳喇叭形河口湾以北，一直到比利时，这个离英国最近的地区是第一个配有必要设施的地区。雅姆描述了一些重要的海滨浴场，列举了仍然没怎么配备必要设施的海滩：

——布洛涅，非常有贵族气质，到处都是英国人，还有一个赌场。

——勒特雷波尔[2]有几个酒店，一个小赌场，是“中产阶级的海滨浴场”。

——迪耶普，拥有“一个最著名的海滨沙滩”；有赌场，是高雅的约会地点；海水浴场，最昂贵的海水疗养地。

——圣瓦勒里[3]，漂亮的海滩，有几个酒店。

——费康[4]，“雄伟的赌场”和农舍式小型别墅。有鹅卵石，游泳者不多。

——埃特雷塔，“文人和艺术家的海滨浴场”。简单的酒店，没有赌场，与迪耶普齐名。“如果您的金钱多过才气，请选择迪耶普；如果您的才气多过金钱，那就去埃特雷塔”。

——勒阿弗尔，弗拉斯卡蒂赌场[5]，被过分吹捧的圣阿德莱斯海

[1] 路易·布尔内的气候分类原则见《法国沿海的度假和旅游业》，1963年，蓝色旅游指南丛书。该论文是这个研究领域的先驱者，是将过冬城市和海滨度假胜地融合在一起的一系列专题论文。——原注

[2] 法国北部诺曼底地区滨海塞纳省的一个市镇。

[3] 法国北部上法兰西大区（2014年合并北部-加来海峡、庇卡底两个大区而成）瓦兹省的一个市镇。

[4] 法国上诺曼底大区滨海塞纳省的一个港口城市。

[5] 弗拉斯卡蒂赌场是当时巴黎最著名的赌场之一，位于巴黎黎塞留街。1837年下令关闭，后被拆毁。

滩[1]。

1884年的名单中包括同样的名字，以及同样的溢美之词。它从敦刻尔克延伸到北海，到芒什海峡边的昂布勒特斯[2]、卡约[3]、勒克罗图瓦[4]和科州的圣瓦勒里[5]。

2．下诺曼底海滩，从塞纳河到科唐坦半岛[6]并包括该半岛。那里的海水浴场没有加来海峡和科州地区的资历那么老，但是有好几个浴场雅姆1872年做记录的时候已经名气很响：

——特鲁维尔，大型浴场，有节庆活动，赌场。1884年特鲁维尔比其竞争对手和附近的浴场更受青睐。

——多维尔，这个才兴建的海滨浴场让雅姆印象深刻："以前这里只是一片荒原。"如今，这里有最漂亮的海滩赌场，两座豪华的酒店，宽阔的街道，可以与巴登-巴登或维希相媲美的生气勃勃；莫尔尼公爵也需要的那个赛马场是"全法国最棒的"，瑞士、荷兰、英国风格的别墅鳞次栉比。

多维尔的诺言并没有得到践行，这个城市直到约1900年至1914年科尔努歇[7]到来之后才游人如织，他是法国第一家赌场（博多万）的创始人。

——1872年雅姆的旅游指南和1884年的《画册》都提到过同样的诺曼底海滩，美丽但没什么设备，包括维利耶、乌尔加特、莱昂、卢

[1] 法国上诺曼底大区滨海塞纳省的一个市镇。

[2] 法国北部-加来海峡大区加来海峡省的一个市镇，属于滨海布洛涅马基斯县。

[3] 法国庇卡底大区索姆省的一个市镇，属于阿布维尔区索姆河畔圣瓦莱里县。

[4] 法国庇卡底大区索姆省的一个市镇，属于阿布维尔区吕县。

[5] 指科州，位于诺曼底自然区，属于巴黎盆地，科州占据了滨海塞纳河省的整个西部。

[6] 法国西北岸半岛，位于下诺曼底大区芒什省，临英吉利海峡。

[7] 前文提到过的欧仁·科尔努歇（1867—1926），巴黎著名西餐厅马克西姆餐厅老板，1912年在多维尔建立了第一家赌场，然后还建了豪华酒店。

克、库尔瑟莱、阿罗芒谢、贝桑港这些海滩。

——卡布尔与众不同，雅姆在写旅游指南时，它才刚刚建成，就已经有了一个赌场和许多漂亮的别墅，但是少有游泳者。雅姆没有预计到它鸿运高照，1884年的《画册》也没有，他们都错了；在普鲁斯特时代，那里人山人海。

——被雅姆忽视了而被《画册》夸耀的格朗维尔[1]，受益于铁路的到来，这是一个有赌场的漂亮的新浴场。

3. 布列塔尼海岸，一直到布里埃尔。雅姆的旅游指南中没有任何记载。但在1884年的《画册》里，少数的新浴场被列了出来：

——圣马洛，有赌场和赛船，游客络绎不绝。

——迪纳尔[2]，有赌场，游客络绎不绝，还有英国人。

——康卡尔和圣凯波特里厄（在圣布里厄[3]附近），不大有人光顾。在1884年，无论佩罗斯吉雷克[4]还是基伯龙[5]都还没有被命名。

4．卢瓦尔河喇叭形河口湾到吉伦特河口湾的大西洋海岸

不大有海滨浴场被提及，但是有好几家在1872年已经成为重要的浴场，并在1884年得到了发展。

——勒克鲁瓦西克，在卢瓦尔河的北部，有一个赌场。

——波尔尼克，在南部，也有一个赌场。

——莱萨布勒多洛讷，老浴场，受益于铁路线，是到访人数最多和最优雅的浴场之一。

---

[1] 法国西北部芒什省的一个市镇。

[2] 法国伊勒－维莱讷省的一个市镇。

[3] 法国西北部的海滨城市，布列塔尼大区阿摩尔滨海省的首府。

[4] 法国阿摩尔滨海省的一个市镇，在布列塔尼地区。

[5] 法国诺曼底大区莫尔比昂省的一个市镇。

——鲁瓦扬，有迷人的赌场，有美丽的海滩但被污染了，1872年时没什么游客。

在1884年，《画册》只称赞了鲁瓦扬。

1884年的《画册》只增加了圣纳泽尔和潘伯夫，它们地处卢瓦尔河的河口湾。

5. 南大西洋，从纪龙德河到西班牙

雅姆提到、《画册》证实的两个著名的滨海度假区：阿尔卡雄和比亚里茨，它们既是夏季又是冬季的度假胜地；但是两种旅游功能是由不同的区域和不同的客户来决定的。冬天的比亚里茨和阿尔卡雄都是英国人到访；在大西洋边消夏的阿尔卡雄，是波尔多上流社会的产物；比亚里茨海水浴旅游季是在秋季而非夏天，有着非常浓郁的西班牙色彩。有两个赌场的比亚里茨滨海疗养地是最昂贵的。1884年的《画册》只增加了卡普布雷东，这是朗德地区的第一个度假地，另外一个是圣让德吕兹，在巴斯克海岸。

6. 法国地中海海岸

法国范围内的地中海海岸完全被雅姆博士所忽略，而1884年的《画册》则提到了几个地方的几个海水浴场。其他的旅游指南和我在档案馆里查阅的史料让我发现早期用另一种消夏方式开展的地中海旅游活动，那是在1925年美国人大举开发之前，涉及的地方有：

——帕拉瓦[1]，从蒙彼利埃坐有轨电车要25分钟的车程（《画册》里是这么写的）；1872年为当地利益开通的铁路改变了渔村；蒙彼利埃贵族圣莫里斯伯爵创办了斯泰安海滨浴场公司（资本金600000法郎），还兴建了一家大型的酒店，冠名为“海浪帕拉瓦”。直到1890年都一直

[1] 指帕拉瓦莱弗洛，法国埃罗省的一个市镇，属于蒙彼利埃区拉泰县。

发展迅速，但是仅限于建有别墅的有钱的蒙彼利埃的客户们；葡萄种植危机导致发展停滞（参见地理学家杜蒙日发表在《地中海》上的文章）。

——这是一个被游客频繁光顾的洗浴场所（据《画册》记载）。

——勒格罗迪鲁瓦、帕拉瓦、瓦尔拉斯和卡内附属于尼姆、贝济耶和佩皮尼昂。[1]

——马赛，拥有好几个海滨浴场，随着港口扩张而消失的阿兰克，还有到访人数最多的加泰罗尼亚浴场；博讷维内（自1875年起就有了）。富裕的客户都是当地人，就像发明电影放映机的卢米埃尔兄弟到过的拉西奥塔浴场（他们的到访拍出了最早的电影之一），夏天不大有人去。

——邦多尔[2]，奥拉斯·维尔内[3]的一幅画（藏于卢浮宫）的确画过这个地方，但是在1881年布朗是这样写的："几乎没有人知道它的存在"。一些马赛的名人（譬如鲁维埃等）在邦多尔岛上建造了漂亮的房屋。

——莱萨布雷特，在土伦附近，开启了消夏旅游季，有赌场、大酒店和由官员组成的客户群。

——耶尔海滩，事实上，耶尔海滩本来应该从附近的距离它四公里远的大型过冬城市受益的。在1887年8月，《耶尔棕榈报》愤愤不平地抱怨说："地中海的海滩不受欢迎……因为对南方的夏天存在一些错误的偏见"。1897年，《耶尔棕榈报》告知巴黎酒店的顾客们耶尔海滩上的海滨浴场开业的消息。1914年前属于起步阶段，设施简陋。通过向法国军队供应军靴而发家的戈迪约在耶尔就有一栋漂亮的房屋用来过冬；

[1] 勒格罗迪鲁瓦是法国东南部加尔省的一个市镇；瓦尔拉斯是法国埃罗省的一个市镇，属于贝济耶区；卡内是法国奥德省的一个市镇，属于纳博讷区纳博讷县；贝济耶是法国朗格多克－鲁西永大区埃罗省的一个镇。

[2] 法国普罗旺斯－阿尔卑斯－蓝色海岸大区瓦尔省的一个市镇。

[3] 奥拉斯·维尔内（1789—1863），法国现实主义派画家，法兰西学会成员。

在耶尔海滩，他修建了一座简陋小屋和一个游船码头。

——圣拉斐尔和戛纳有美丽的海滩，他们海滨浴场的首次登场只是他们辉煌的越冬旅游季的简单延伸。艾克斯上诉法院的院长布瓦耶夏天会到圣拉斐尔；1910年前后，弗雷瑞斯[1]的报纸对无力推出消夏旅游季感到懊恼；戛纳在春季的船赛季节有人流，其他日子则人迹罕至。

一直到1925年，要不就是1930年，游客在夏天都对一个被认为不能常去的地中海视而不见。地中海的过冬城市当时被归类为气候疗养地，博歇隆附带地介绍说那些城市有一个海滩，他在一本与众不同的旅游指南中谈及海滨浴场，但这些海滨浴场都在西部。博歇隆的《法国气候疗养站旅游指南》列出了1200个所谓的空气治疗、旅居治疗和休养治疗的疗养站。数量最多的是消夏疗养站，有1150个，而且都在200多米高的地方；因此大部分的温泉疗养站在淡季也没有声称自己是气候疗养站。对于一些海拔在500米上下和有中等高度山岳的小村落，它们自从有了一个哪怕很不起眼的小客栈，都会被博歇隆毫不犹豫地记录下来。他毫无保留地标示出那些大山谷谷底的小村庄，甚至包括高山牧场上的登山俱乐部的小木屋（譬如尚鲁斯木屋、蒙若韦木屋等），好像这些斯巴达式的休息站就是气候疗养站一样！

博歇隆列举了50来个越冬城市，它们也被称为气候疗养城市。虽然数量不多，但它们代表了一种接待能力，意味着在那里过夜的人数要高出其他地方。其中35个在普罗旺斯，从最西边的卡里勒鲁埃[2]到芒通。不管是马赛、土伦、格拉斯，还是普罗旺斯地区艾克斯都没有被列进这个名单，朗格多克和鲁西永也被完全忽略了。博歇隆列了四个阿尔及利亚和突尼斯的越冬城镇，还列了科西嘉的三个，法国西部的五个城镇。阿尔卡雄、比亚里茨和波城被认为是消夏和越冬城市并不让人觉得

[1] 法国普罗旺斯－阿尔卑斯－蓝色海岸大区瓦尔省的一个市镇。

[2] 法国普罗旺斯－阿尔卑斯－蓝色海岸大区罗讷河口省的一个市镇。

意外，但费拉角和佩罗斯吉雷克[1]也被列了进去。

大约从1925年起，海滨旅游发生了惊人的变化。这些变化好像是众所周知的，我就不一一赘述了。最好还是说一说主要的方面。地中海发生了转向；地中海沿岸城市之前一直是越冬城市，当炎热海洋的消夏观光景点被推出的时候，地中海的那种气候疗养功能就已经没落了。这种转变需要单独研究——下一章再说。最主要的是对身体的发现。一种医疗卫生保健学说推动了夏季到海边旅居；一股享乐主义的风气从此被引导到了海滩。海滨风俗习惯在20世纪下半叶发生了彻底的改变。

作家保罗·莫朗[2]的作品《海水浴，梦幻浴》是我们的旅游指南；这个外交官（1886—1976）活得够久了，久到看见了一个旧世界的消亡带走他所有的遗憾，久到看见了新的前景展现在眼前，他年轻时就开始的游泳运动，他如此钟爱的海水（他声称“没有大海就没有幸福”）以及环球旅游，都在向他招手。他那环球旅游者的形象受到同时代的思乡怀旧者（从弗朗索瓦·密特朗到让·端木松[3]）的欣赏，也受到了从一战结束到二战爆发的两次世界大战间歇期的法国小资产阶级的喜爱，在这些小资产阶级的书架上莫朗的书与习惯在耶尔过冬的保罗·布尔热[4]和萨瓦人亨利·波尔多[5]的书被并排放在一起。这可不只是一个“具体乌托邦”[6]，而是很多个通过模仿和交流来传播的乌托邦：可以游泳和被烈日炙烤的大海，驱使人们去翻越的大山，在地中海的冬季植被中的温馨生活，还有以四海为家的环球旅游者。

[1] 法国阿摩尔滨海省的一个市镇，在布列塔尼地区。

[2] 保罗·莫朗（1888—1976），法国著名作家、法兰西学院院士和外交官。

[3] 让·端木松（1925—2017），法国著名作家，法兰西学院院士。

[4] 保罗·布尔热（1852—1935），法国小说家和评论家，1895年当选法兰西学院院士。

[5] 亨利·波尔多（1870—1963），法国作家和律师，曾当选法兰西学院院士。

[6] 德国哲学家布洛克（1885—1977）提出的一个概念，所谓“具体乌托邦”就是指向人类幸福的未来，但并不是盲目的空想，而是有具体的步骤，透过改造世界来创造达到理想社会的更大可能性。这种乌托邦致力于解救那些苦难的、经济上依附于人的被压迫者。

地中海消夏旅游的成功并没有以牺牲大西洋西岸老资格的观光名胜为代价。大西洋那边比地中海这边更有条件开展“水上嬉戏”（语出保罗·莫朗），实施许多运动项目。身体获得了解放，所有的一切都进展得很快。斯塔夫男爵夫人在《为人处世指南》（1929年）中承认：泳衣必不可少；泳衣朴素就好，无须多余的装饰；在颜色和配套的浴帽上体现出花俏。男爵夫人强调，美国人采用两件一套的泳衣是有道理的。从此以后，游客在沙滩上停留很长时间；企业家靠推出海水浴产品发了大财；“阳光琥珀”[1]和它的竞争者们通过广告强迫人们接受一些名称，通过女性的肤色来传播典范女性的形象。《烧烤的海岸》是一本精美画册的书名，其作者是画家杜诺瓦耶·德·塞贡扎克，他也是圣特罗佩的打造者之一，画册收入了他所画的、脱掉了衣服的年轻女子的画像，她们的肤色就像她们所躺的地中海岸一样呈金黄色。再也没人提到鬼天气——酷暑。但是在大西洋沿岸，那些古老的习惯保留了下来，包括去探索那些犬牙交错的海岸，向海岛航行，去深海兜风。有一本游记记载了一个贵族家庭从1921年到1930年每年夏天都去布列塔尼消夏，但每年都会换地方，从圣凯波特里厄[2]到基伯龙[3]；这种假期效果非常好，可以躲开人潮[4]。

四分之三个世纪以来，西海岸再也没有空地。从一战结束到二战开始之前，北海沿岸出现了一些新的海滨浴场，如聚伊德科特。在已经设备齐全的庇卡底和诺曼底海岸新建的浴场很少。“姗姗来迟”的布列塔尼自1920年以来吸引了许多投资者，该地区千姿百态的海岸、新的海滨浴场星罗棋布；海岛向旅游业开放（首先是奥莱龙岛[5]），旺代和夏朗

[1] 法国化学家、欧莱雅公司的创始人欧仁·舒尔莱制造的一种椰子味的助晒油，取名“阳光琥珀”，这种助晒油后来成了海滨度假的代名词。

[2] 法国阿摩尔滨海省的一个市镇。

[3] 法国诺曼底大区莫尔比昂省的一个市镇。

[4] 参见马克·布瓦耶的《旅游的发明》，第142页。——原注

[5] 也译欧雷翁岛，位于法国西南部滨海夏朗德省，比斯开湾内。

德的沙质海岸也一样。朗德的海岸同样如此，开始时浴场兴建呈无政府状态，比如米米藏[1]，然后是由阿基坦海岸管理公司筹划兴建了那些海滨浴场。1953年雅克·塔蒂[2]导演的电影《于洛先生的假期》重现了大西洋假期的过时的魅力。从那以后，推广活动懂得定出新的基调，以前的王牌依然握在手里一个不丢：“能强身健体的布列塔尼”变成了“新浪潮布列塔尼”[3]。

南方的地中海没有这种适应现代性的能力，如今夏天的地中海人满为患，没有继承越冬城市的传统。

五、欧洲南方的冬季旅游季

冬季旅游季正如它从18世纪末到20世纪的前三十年的时间里一直在运行的那样，是旅游业经历过的最长的季节。这个旅游季把它原来的特征一直保留到20世纪二三十年代。这始终是贵族和拥有年金或定期收益者的欧洲旅游季，1865年之后，富裕的美国人和来自世界各地的一些皇亲国戚也加入了进来。

对温暖冬季的向往和对于冬季鲜花盛开的植物的喜爱是这种“换空气”的主要动机，越来越多的医生也推荐这种“换空气”疗法。在19世纪和20世纪初，参加这种疗养的并不是特别年长的客户群，而主要是妇女和儿童，以及相当一部分苦于缺乏灵感的作家和艺术家。

越冬城市的分散及分级

在1815年，越冬的选择仅限于尼斯和耶尔两个越冬城市，两个城

---

[1] 法国朗德省的一个市镇。

[2] 雅克·塔蒂（1907—1982），法国演员、导演、编剧、制片人，代表作有《节日》《于洛先生的假期》等。

[3] 1988年，布列塔尼地区旅游委员会为了给游客塑造一个更年轻的布列塔尼形象，把旅游宣传口号从1981年的“能强身健体的布列塔尼”改成了“新浪潮布列塔尼”。

市都弥漫着一股英伦情调。英国人迅速地增加了其他的旅游目的地：军官们在追击拿破仑的军队时发现的波城，以及1834年布鲁厄姆勋爵偶然间发现的戛纳；其他的越冬城市是由医生们发现的，他们作为伟大的温度计的使用者，把现有的或潜在的越冬城市划分了等级。在1860年和1880年间，班尼特博士[1]作为权威人士，将他的清单扩展到整个地中海及地中海以外地区。他下结论说："芒通是最好的，我已经在那里定居下来。"

"到南方过冬"使得南方的吸引力越来越多样化。医学方面的原因使芒通、格拉斯和耶尔受益，它们留给外人的是可以去那里寿终正寝的城市形象。赌博使蒙特卡罗和蓝色海岸的这一段地区大发其财，游客喜欢坐火车去那里的赌场玩上几把。迷恋猎狐、赛马和高尔夫球的英国精英们在这些活动开展得最好的城市过冬：在1870年前一直都是波城；后来，越冬城市阿尔卡雄把波城赶下了王位。英国人喜欢莫尔[2]或者埃斯特雷尔海岸[3]的一些新度假村的与世隔绝。

那些追求上流社会社交生活的人更喜欢城市。尼斯自"归并"[4]后就宣称自己是头号越冬城市。它通过建造豪华大酒店来巩固其龙头地位。1914年，世界上还没有一个地方的接待功能在经济和社会生活方面拥有尼斯这样的优势。越冬者来自四面八方，但是俄罗斯人挥金如土、出手豪阔，为这座城市定下了基调。尼斯还有一些对手：更加精致的戛纳和更加刺激的蒙特卡罗……还有伊斯特拉海岸的奥帕蒂亚[5]，对

[1] 詹姆斯·亨利·班尼特（1816—1891），英国医生，其1861年出版的专著《地中海海岸的冬季和春季》为蓝色海岸成为冬季度假胜地助了一臂之力。芒通旅游局把班尼特称为"芒通度假地的发明者"。

[2] 法国比利牛斯-大西洋省的一个市镇。

[3] 埃斯特雷尔位于瓦尔省的东南部，一小部分在法国阿尔卑斯滨海省。

[4] 1860年意大利撒丁王国为了在对奥地利的战争中取得拿破仑三世的支持而把尼斯领地划给了法国，签订的条约中使用的词是"归并"。

[5] 位于克罗地亚西部的亚得里亚海边，是伊斯特拉的一个城镇。

于奥匈帝国的贵族们而言，这个位置更加优越。

真正的竞争来自越冬小村落的大量增加。精英主义与世隔绝的度假方式在整个19世纪起了很大的作用。要做到与众不同，方法之一就是首先要选择一些被金合欢花所环绕、远离海洋潮气的山丘；格拉斯就是被维多利亚女王捧红的，一些像卡涅或旺克一样地势较高的村庄都受益于有画家在此地安家落户。其他的隐居地，伊甸园一样美妙的小山谷有耶尔附近的科斯贝拉[1]，此地接连受到了杜潘卢普主教[2]和保罗·布尔热[3]的高度评价，另外还有拉斐尔附近的瓦勒斯库尔[4]。一些越冬者们把越冬城市附近的山丘都占领了；布鲁厄姆勋爵和他的朋友们在1840年至1850年之间占据了圣十字花园街区，其他人则选择了俯瞰戛纳的加利福尼亚街区——很有意思的名字。尼斯（博龙山、西米埃山、圣菲利普山）或摩纳哥（拉图比山）甚至更远的地方（西西里岛的陶尔米纳山）上面的几座小山都被人选中。

1870年后，半岛是贵族最热衷的选择。有一些岩石嶙峋的半岛不管是从海路还是陆路都很难进入。自那时起，昂蒂布海角（一直是同一个塞拉家族经营那里的伊甸豪海角酒店[5]），比利时国王和以弗鲁西·德·罗斯柴尔德男爵夫人都看中了的费拉海角，劫后余生的欧仁妮皇后住了半个世纪的马丁海角[6]，拉帕洛附近的菲诺港海角，意大利南部的索伦托海角，还有位于里斯本西部伊比利亚半岛上的埃斯托里尔和

[1] 位于法国土伦县。

[2] 费利克斯·安托万·菲利伯·杜潘卢普（1802—1878），法国天主教徒、神学家、新闻工作者和政治家。他于1849年成为奥尔良主教，并于1854年当选法国科学院院士。

[3] 保罗·布尔热（1852—1935），法国天主教作家和散文作家。

[4] 位于法国瓦尔省的一个河谷。

[5] 酒店最初是《费加罗报》的创办人在1870年所建造的别墅，1887年被意大利酒店大亨安托万·塞拉买下来改造成海角酒店，1914年改名为伊甸豪海角酒店，同年，安托万·塞拉的儿子安德烈·塞拉建造了现代化的附楼，之后该酒店便成为名流们尤其是好莱坞明星们热衷下榻的酒店。

[6] 位于法国蓝色海岸上的海角。

卡斯凯什[1]，这些地方都成了跌下云端的头面人物的庇护所和亿万富豪们的地标。

在对独特性的同样关注中，越冬者们把目光投向地中海甚至大西洋岛屿。英国人，尤其是那些从印度回国的，喜欢这种反差不太强烈的气候：他们是第一批而且经常是几乎唯一在塞浦路斯、马耳他、阿雅克修、马德拉岛[2]和加那利群岛等地的越冬者。

虽然散居地辽阔，但大部分本来可以用来越冬的地方却没被越冬者纳入活动范围。即使在狭义的蓝色海岸，也有不少空地，例如在昂蒂布海角和戛纳之间。戛纳以西或芒通以东的区域，配套设施有限：除了圣雷莫[3]和拉帕洛，意大利的里维埃拉海岸并没有得到飞速发展。在圣拉斐尔之后，除了耶尔，就只有小岛了，那是文学庇护所；再往远处，就什么也没有了，一直到西班牙南部（阿尔梅里亚[4]）或一直到阿尔卡雄和比亚里茨。阿尔卡雄和比亚里茨有两个旅游季，一个是在内陆的英国人的冬季旅游季，另一个是在海边的夏季海水浴旅游季。在地中海南岸，为把阿尔及尔打造成越冬城市的努力收效甚微。只有埃及，多亏了英国人从1880年开始在尼罗河上引入汽船，成为重要的冬季旅游目的地，游客开始在开罗和亚历山大这样的北部城市停留，使得尼罗河的旅游业也缓慢发展起来了。

在名单上我们不要忽略了克里米亚和格鲁吉亚海岸。雅尔塔、索契和其他一些苏联“疗养院”曾经在沙皇贵族的动产和不动产中存在过。

---

[1] 埃斯托里尔是葡萄牙卡斯凯什市的一个镇；卡斯凯什是位于葡萄牙西部里斯本大区的一座沿海城市。

[2] 北大西洋上一个属于葡萄牙的群岛，马德拉是该群岛的主岛名字。位于里斯本西南约1000千米。

[3] 位于意大利西北部的一个城市，知名观光地。

[4] 西班牙安达鲁西亚自治区阿尔梅里亚省省府，位于西班牙东南部地中海沿海。

一个无名的主题区

事实上，这是一个多么奇怪的地区啊！这种主题区因为那些越冬的大富豪们的到来而经历六个月的紧张生活后，再把自己还给本地人。它没有连续性；由山丘和海角上的一些孤零零的度假村或别墅组成。在19世纪末和20世纪初，它出奇地分散，从马德拉到克里米亚，从阿尔卡雄，从尼永斯到阿尔及利亚，甚至埃及。然而它具有高度的统一性，一种新的进口的植被与地中海的物种混杂在一起，还有墨西哥和加利福尼亚的美洲物种，以及大洋洲的物种。它的统一性，就是要成为人间天堂，成为伊甸园，就像英国人骄傲地把他们拥有的殖民地称为伊甸园一样，但这是一个是受欧洲所有贵族以及现代世界富人们欢迎的殖民地。

这六个月都被旅游业占据的地区——没有边界——有一个地理中心，这个中心也一样在为自己寻找一个名字。英国人把它称为“里维埃拉”，斯蒂芬·列扎尔称其为“蓝色海岸”（1887）。1925年他的去世让世人大吃一惊：人们已经忘记了他的存在，无法想象他还活着。只有他的一本书的名字被保留下来——蓝色海岸；尼斯市长让·梅德森[1]成功地把这个名字强加给了滨海阿尔卑斯省[2]的海岸。然而斯蒂芬·列扎尔长期以来一直是失败的诗人化身：这位原籍在勃艮第[3]的卡庞特拉[4]的专区区长成了都德笔下那个下乡的专区区长[5]；这位多产的作家从未回到法兰西学院；人们不记得这位勃艮第议员为了法国在1880后成为贸易保护主义国家做了许多事情。他在95岁时去世，打破了由布鲁厄姆

[1] 让·梅德森（1890—1965），法国律师和政治家，1928—1943年，1947—1965年两度担任尼斯市长。

[2] 滨海阿尔卑斯省是法国南部的沿海省，首府为尼斯。

[3] 勃艮第在法国中部，盛产葡萄酒。斯蒂芬·列扎尔在第戎出生，第戎是勃艮第－弗朗什－孔泰大区的首府和科多尔省的省会。

[4] 斯蒂芬·列扎尔1864年任卡庞特拉专区区长。卡庞特拉是法国普罗旺斯－阿尔卑斯－蓝色海岸大区沃克吕兹省的一个专区。

[5] 见《专区区长下乡》（另译《知事下乡》），是法国作家都德的小说集《磨坊书简》中的一篇小说。都德是斯蒂芬·列扎尔的邻居。

勋爵保持的在戛纳的越冬生活时长的纪录。

斯蒂芬·列扎尔描述了从罗讷河入海口到阿诺河[1]入海口的整个海岸地区，声称：

> 在民意之风的吹拂下，科尼斯或者里维埃拉或者利古里亚海滨，这些对地中海海岸的不准确或过时的称呼就像在太阳下的雪一样融化了，“蓝色海岸”这个形象、简洁、真实而且富有诗意的词横空出世。从今往后，这个蓝色海洋、阳光和鲜花的国度就叫这个名字……

雷克吕家族认可了“蓝色海岸”这个选项，这个无政府主义地理学家家族撰写了很多旅游指南。奥内西姆·雷克吕[2]在1900年出版的《名胜古迹》丛书中，有一卷就叫《蓝色海岸》，其中写道：

> 蓝色海岸……一个芳香馥郁的温室，别墅、越冬城市、豪华酒店、高大华丽的宫殿和赌场、一望无际的梦幻海景，处处可见。

从本质上讲，这个地区是国际性的。许多喜欢在蓝色海岸旅居的作家把描写这种远离中心的相聚当成一件赏心乐事。1900年前后，波兰人亨利克·显克微支[3]写到“塞满了所有国籍的游客的火车抵达蒙特卡罗：他们当中有波兰人、俄罗斯人、英国人、法国人、德国人，所有的人都因为对赌博充满期待和赌博带来的快乐而兴奋不已”：

[1] 阿诺河是意大利托斯卡纳地区的河流，是意大利中部最重要的河流之一。

[2] 奥内西姆·雷克吕（1837—1916），法国地理学家，“法语区”一词的发明者。

[3] 亨利克·显克微支（1846—1916），波兰作家，曾获1905年诺贝尔文学奖。

可供选择的王子和公主可真多啊……真真假假！这么多的君王啊，在位的和丧权的，流亡的，被废黜的和即将被废黜的！……所有皇族和平民女子婚配，所有皇帝的老情妇，所有的前任宠妃！那些与美国亿万富婆结婚的赌场伙计，被公主们带走的吉普赛人，成为王子秘书的厨房小学徒，在所有的私人音乐会上惊慌失措的钢琴家……受亲王殿下喜爱的炮手，为莫斯科男爵夫人赶车的马车夫，以及为虚无主义的、神智学的和喜欢旅游的沙俄特权贵族服务的阿尔卑斯山猎步兵，说到这里，还有一大批多么怪异的老太太啊！(《怀念美好》)

驾驶“俊友”号游艇在外海巡航的莫泊桑对这些住在酒店里的游手好闲的有钱人做过一番评判：

我寻思，在所有这些酒店，今晚，一些人聚在一起，是在聊天吗？聊什么呢？聊王子！聊天气！……然后呢？再聊天气，聊王子……然后呢？没啥可聊的了。还有什么比在酒店里吃饭时聊天更为恐怖的？我在酒店里住过，感受过人的灵魂在那里表现出的极度的平庸乏味。当你在听别人说话时，必须坚决地表现出极度的无所谓，才不至于因为心烦、厌恶而号啕大哭。普通人，富人，名人，受人尊重的人……这些人什么都不知道，什么都不懂……(《在水上》，1888年)

优雅的流浪生活

19世纪和20世纪初的精英旅游季一直连续不断，在地点的选择、对愉悦的期望和预期的收益的多样性上是相似的。重要的是永远不要待在家里而是一直都在出发。见证者们——尤其是作家们——不止一次地

对这种新型的流浪生活方式做出高度评价，这种流浪生活是对“忧郁”和浪漫主义的世纪病的一种回应。波德莱尔用一首英文做标题的诗来作为他的“小散文诗”的开篇：

> 在这个世界之外的任何地方，
> 生命是一所医院，每个病人都希望换床。
> 一个想靠门，另一个想靠窗。[1]

而为了能更好地被人理解，波德莱尔依次列出了有吸引力的地方：里斯本、瑞典、荷兰……美国作家迪恩·麦克康奈尔特意把这首诗作为他的专著《旅游者：休闲阶层新论》（纽约，1976年）的题铭。

许多拥有年金或定期收益的人无论如何都不会忘记去南方过冬，而另外六个月他们会继续流浪，从海水浴场到水城，从阿尔卑斯山到乡下或他们自己的猎场。这就是从1872年到1882年间巴什基尔采夫家族[2]所做的事情；玛丽[3]在她的《日记》中这么写道：

> 我的生活方式：打包，拆包，尝试，购物，旅游。而且总是这样……

19世纪末，奥地利伊丽莎白皇后[4]和瓦雷里·拉波[5]也一样，都是永远的旅游者，他们对大型客轮和卧铺车厢带来的进步赞不绝口。这种闻所未闻的奢侈交通工具的普及与大型旅游点的豪华酒店的推出同时发

[1] 这首诗出自波德莱尔的散文诗集《巴黎的忧郁》。

[2] 巴什基尔采夫家族是乌克兰一富裕的贵族家族。

[3] 即乌克兰作家玛丽·巴什基尔采夫，由于父母离婚，她从小到大都是和母亲在国外生活，特别是法国。

[4] 即茜茜公主（1837—1898），奥地利皇帝约瑟夫一世之妻。

[5] 瓦雷里·拉波（1881—1957），法国作家、诗人、小说家、散文作家和翻译家。

生。这些豪华酒店的奢华、装潢和服务在最微小的细节上都是相同的。无论是深居简出还是到处走动，上流社会的社交生活一成不变。

可以确定今天的旅游是如此不同的吗？游客的人数大幅度增加，层次也变得丰富多样；各种价钱都有或几乎都有。但是，对于大多数人而言，它仍然不是一种艺术，而是消费一款移动的产品，一个星期在一个假冒的“度假村”，一个“周末在伦敦”……

第五章　雪地和阳光：20世纪新生的旅游季、运动站和疗养地

前一章说到了一些“守门人”的作用，并且点到了这些在达沃斯发明冬季运动和在朱安雷宾发明了消夏地中海的“怪人”的名字。是社会新闻，还是重大事件？这些表面上看起来像是逸闻趣事的新发明产生了经久不衰的影响。19世纪精英主义旅游的季节性节奏被打乱；旅游季节被颠倒；彼时诞生的疗养区带着一大窝子孙后代，不停地扩张。这些非同凡响的发明并非像那些地理学家轻轻松松写到的那样是顺理成章的，因为有得天独厚的自然环境做支撑。它们是旅游艺术在现代发生的深刻变革。

一、滑雪运动的发明

大山在18世纪就不再令人生畏了，反而变成了一种魅力之地。到了19世纪，对游览阿尔卑斯山的痴迷与日俱增，但仅限于夏季。大山在19世纪的大部分岁月中依旧不为人所知，没有任何游客去那里冒险。唯一的例外年代久远，是罗马的朝圣者、意大利的游客一年四季都要与之抗击的塞尼山山口通道。到了18世纪，他们对大山的恐惧大大降低，在旅游日志中不再描述“骇人的山”了。一个英国人甚至说自己从被大山“教训”的过程中获得了乐趣；他再次登上塞尼山，重新开始快速下滑。他的故事让很多人开心，游客们津津乐道，但没人仿效这个离群索居的怪人，甚至连他的名字都懒得提及。假如这种运动已经变成了一种

新型的乐趣，那势必会有人知道。但大家只知道，1871年，弗雷瑞斯[1]隧道开通，导致兰斯勒堡那些“野马向导”的消失，人们不管是急需，还是想纯粹消遣一下，都不再乘坐他们的雪橇了。

自从勃朗峰被人类征服以来，一些登山者登上顶峰，有些是“首次登顶”，有些是重复的探险旅游。虽然都是在夏天进行的，但那个年代还没有科学的气象预测，风暴常常会突然袭击。19世纪许许多多的大型登山活动都是在天寒地冻的环境中进行的，但是登山者都没想到过在夏天以外的季节也可以上山。1875年，阿尔卑斯山的大多数高峰都被征服；阿尔卑斯山登山者的功绩在于虽然都是在攀登同一座山，但选择的路线会大不相同，他们会选择更艰难的、跟普通路线不一样的路线。为什么不选择冬季上山？柯立芝的那位鼎鼎有名的姑妈布雷沃特小姐[2]1875年首次在冬季登上少女峰，到了1876年，斯特拉顿[3]小姐在零下24℃的隆冬季节抵达勃朗峰。两位勇敢的女性当时既没有特殊的装备，也没有滑雪板。

那个时候，“文明”世界里的人还不大知道北欧国家有滑雪工具。从远古时起，欧洲或者美洲最北端的居民，拉普兰人[4]和那些被误称为爱斯基摩人（因纽特人）的土著，都备有便于在冬季出行、打猎、处理日常事务的木板，挪威人把这些木板称作滑雪板，拉普兰人则称之为冰鞋，因纽特人则管它们叫雪鞋。日耳曼人和荷兰人也使用冰鞋。那些绘画作品和考古发掘出的物品可以证明这种活动在新石器时代就已经存在[5]。在温和气候下生活的欧洲人对北欧发生的事消息很不灵通，只有

---

[1] 法国萨瓦省的一个市镇。

[2] 指米塔·布雷沃特（1825—1876），原名玛格丽特·克洛蒂亚·布雷沃特，美国登山运动员，是第二位在1871年登上马特洪顶峰的女性。

[3] 伊萨贝拉·斯特拉顿（1838—1918），英国女登山运动员，1876年1月与后来的丈夫让·夏尔莱首次在冬季登顶勃朗峰。

[4] 斯堪的纳维亚半岛北部地区的居民。

[5] 参见奥斯陆的霍恩多伦和渥太华的博物馆里的馆藏。——原注

很少的例外。塞万提斯在《佩西莱斯和塞西斯蒙达》[1]（1617年）中就讲述了一个挪威人在木板上滑雪的故事。巴尔扎克把他的小说《塞拉非塔》[2]的故事发生地点放在挪威，他从未到过挪威，他的这部小说是某个冬天在日内瓦创作的，陪伴在他身边的是可以让他品味这个季节的波兰女子韩斯卡夫人[3]。几个世纪以来，瑞典人和挪威人一直在组织北欧滑雪赛和跳滑比赛，从屋顶开始起跳。摆动式回转急停的滑雪动作和瓦萨滑雪节[4]一直存在，只是在伦敦或者巴黎没人知道而已。从1840年代起，大量的斯堪的纳维亚人移居到美国和加拿大的大平原，冬季滑雪比赛作为他们生活中一个如此重要的娱乐项目被他们移植到异国他乡，从加利福尼亚（从1856年起）到新西兰都有他们举办的跳雪和北欧滑雪赛事。19世纪、20世纪期间，这种比赛在美国持续传播普及，其成果在今天是显而易见的，如今在美国，热爱北欧滑雪、滑冰的人比高山滑雪的人要多。在那里，民间冬季运动会的出现比贵族阶层的高山滑雪活动要早。

在女性登山先锋开拓性的冬季探险之后，一些狂热的登山者开始寻找办法，使他们无论是在夏天还是在冬天，都可以开展自己热爱的体育运动。一个名叫杜阿梅尔的多菲内人在1878年的世界博览会上发现加拿大的雪鞋和挪威的滑雪板时欣喜若狂。他购买了一些，然后和几个朋友一起，找到几名能制造这种雪鞋和滑雪板的高山运动工匠。法国阿尔卑斯登山俱乐部和多菲内游客协会的期刊把大量的版面让给了新的冬季登山活动；这些登山活动没有把重点放在登山的难度上——毕竟他们都是从正常的线路上山而且身上穿着海豹毛皮大衣——而是把重点放在速

[1] 塞万提斯的临终绝笔，是一部充满幻想色彩和讽刺意味的骑士小说。

[2] 巴尔扎克1834年发表的一部小说。

[3] 波兰贵妇，1850年3月14日和巴尔扎克在乌克兰结婚。

[4] 又译瓦萨国际越野滑雪，1922年2月10日创立，全程90公里，为瑞典的年度赛事，于每年3月的第一个周日举行。

滑获得的乐趣上。他们的狂热极富感染力，法国旅游俱乐部一成立就自愿加入他们的行列。一到冬天山民都像旱獭一样躲藏在被围困的大山里面的凄凉景象该结束了！要让他们学会制作滑雪板和雪鞋并且会使用！法国旅游俱乐部的期刊解释说，制作这些东西需要一些楞木、几块弯成弓形的木板。第一次世界大战前夜，在法国，实用的滑雪运动还没流行起来：学会滑雪的山民少得可怜，只是这个村一位医生（如霞慕尼的帕约大夫）、别个村的一些邮递员和小孩子滑雪更常见一些。在奥地利和瑞士，滑雪的普及速度好像没法国或者意大利那么缓慢。

1888年，南森博士[1]的探险旅游对北欧滑雪器材的推广起到了很大的促进作用，他曾驾驶雪橇穿越格陵兰岛，并于翌年套着滑雪板重新穿越了一次。这些装备随之广为人知。一些有钱的英国人是季节性旅游艺术的老玩家，他们负责把这项运动变成新型娱乐。在一些因登山运动而扬名或者被视作气候疗养站的疗养地，一些大不列颠人想出了用挪威的滑雪板下雪坡，滑雪这个词——用滑雪板滑——很快就用来指高山滑雪，也就是速滑；他们通过回转（英文是slalom）来减速。在同样的地点，跳滑、长橇、小雪橇也加入了进来……一直都是速滑，但不包括低地滑雪。

这些活动最早是在瑞士的格林德瓦举行的，1891年英国人福克斯把滑雪运动引入该地；1893年，柯南·道尔爵士在达沃斯滑雪，那里有格劳宾登赫赫有名的气候疗养站，伦恩父子也赶过去与他相聚：父亲亨利·辛普森·伦恩是卫理公会主教，他儿子阿诺德·伦恩是运动健将，痴迷于新型运动；阿诺德的口号是“只玩速降”，只愿意听别人谈论速滑。他对滑雪设备和技术进行改进，还写了好几本书，向很快就要对这项运动着迷的英国贵族传授滑雪快速入门技巧，包括《滑雪教程》、《滑

[1] 弗里乔夫·南森（1861—1930），挪威探险家、科学家和外交家。1922年，他由于担任国际联盟高级专员所做的工作而获得诺贝尔和平奖。

雪入门》（1910）、《滑雪》（1912）和《滑雪史》（1927）。1902年，他创办了“英国达沃斯滑雪俱乐部”；1911年，他首次组织滑雪大赛，他本人赢得了这场大赛的冠军！这项比赛后来变成了坎大哈杯滑雪赛，然后当举办地迁移到蒂罗尔之后，更名为阿尔堡-坎大哈杯高山滑雪赛。时至今日，坎大哈杯依然是世界锦标赛的精彩绝伦的排演。阿诺德·伦恩由于“为英国滑雪运动所做出的卓越贡献”而被英国国王封为贵族。滑雪可不是凭空想象出来的！要归功于典型的英国式的一大发明创造：冬季到瑞士和奥地利山区一边旅居，一边从事体育运动，用新型运动项目自娱自乐。

英国人在瑞士和奥地利的许多疗养站和村庄推广普及他们的发明；达沃斯无疑把他们喜爱的东西保留了下来，格劳宾登的大型气候疗养站圣莫里茨和蓬特雷西纳从1900年起就是英国贵族频繁光临之地，但欧洲的上流社会也经常造访——马塞尔·普鲁斯特和尼采就在那里旅居过一段时间。瑞士的大型登山运动站（格林德瓦和采尔马特）早于霞慕尼接纳滑雪运动。伯尔尼高地的两面山坡很快就有人抵达；滑雪也占领了蒙塔纳[1]气候疗养站和米伦[2]，1923年伦恩夫人在那里创立了女子滑雪俱乐部。在因斯布鲁克和圣安东[3]周围，在众多的蒂罗尔村庄里，一些年轻的农民很快就学会了高山速滑技术，成了贵族游客尤其是英国贵族的教练。他们发明了滑雪棍的另一种用法，不再是放在两腿之间减慢速度，而是用来转弯和急转弯停步[4]、侧向换步[5]。

军队攫取了这些发明，战争威胁着欧洲，军队希望冬天的大雪不要再阻碍他们前进。一些挪威军官担任起阿尔卑斯山周边国家部队的教

[1] 位于瑞士瓦莱州的世界疗养胜地。

[2] 瑞士伯尔尼州因特拉肯县劳特布伦嫩镇的一个山村。

[3] 靠近瑞士边界的奥地利阿尔卑斯小镇，滑雪胜地。

[4] 也叫“犁式并腿转”。

[5] 参见巴鲁的《滑和冰的冬季》，伽利玛出版社“探索发现丛书”。——原注

官；首次被列为冬季奥运会的比赛项目的，有滑雪射击、十项全能，运动员在比赛过程中会突然停下来瞄准目标射击。在法国举办的首批滑雪比赛就是由部队组织的，地点设在蒙热内夫尔，这个驻防的村庄对面就是意大利。

在20世纪的头几年，有钱的游客在冬季可以让瑞士、蒂罗尔地区的那些大型高山滑雪站的酒店客满。1910年后，霞慕尼的滑雪站也加入进来，该地的很多酒店都安装了中央暖气。驶往霞慕尼（自1909年起）、采尔马特的火车在冬天照常开行。滑雪站炫耀他们的缆索铁路。那些有钱的业余滑雪爱好者穿着海豹皮大衣登山确实觉得不舒服；他们对可以在峰顶看到的壮丽风景并不怎么感兴趣，他们有一个“挑战赛”，那便是速滑，以尽可能最快的速度速降；他们的着装鲜艳夺目，在雪地上显得十分醒目。诗人斯皮尔为那些从雪坡上急速而下的优雅的滑雪女子写下了许多诗作。也许人数依然不是太多，但那都是一些非常有钱的游客。从1910年起，蓝色海岸的酒店经营者开始担忧住客减少，他们当中的一些人想到了派出“探子”到瑞士，到圣莫里茨和达沃斯去刺探情报，那些“探子”回去后禀报说：“我们发现山上有我们的老顾客，他们今年冬天没来我们海岸。”

上萨瓦省小镇梅杰夫在冬季运动旅游艺术的设计制作上是重要的一站。这个上萨瓦省小镇在1914年之前既不为人知，也没有旅游活动；勃朗峰的英姿对位置偏北的圣热尔韦或者孔布卢[1]更加有利，从那里可以一目了然地看见顶峰，但梅杰夫却看不到。梅杰夫是那些受罗斯柴尔德男爵夫人[2]委托的挪威滑雪者的有意识的选择，这些滑雪者在1914—1918年的大战期间，接受委托，游览阿尔卑斯山，寻找一个理想的冬

[1] 法国上萨瓦省的一个小镇，是重要的阿尔卑斯旅游小镇。

[2] 法国银行家、政治家莫里斯·德·罗斯柴尔德男爵的妻子诺爱蜜·德·罗斯柴尔德（1888—1968）。

季运动站点，他们参照当时的标准：宽阔柔缓的斜坡，阳光灿烂，靠近火车站。人们都知道罗斯柴尔德家族这种愿望有一个爱国的版本：男爵夫人和她的女友在大战期间说过在瑞士不得不跟德国女人一起滑雪很不舒服，因为那些德国女人的丈夫和兄弟正在朝男爵夫人和她的女友们的亲人开枪射击。资本家的说法是：法国人和他们的盟友可能会在法国国内砸下巨资，这笔巨资怎么就不可以砸在离巴黎-里昂-地中海铁路的一个车站不远的地方呢？这家铁路公司的最大股东是罗斯柴尔德家族，公司二十年来一直对山区旅游有着浓厚的兴趣。巴黎-里昂-地中海铁路公司在孔布卢，在蒙热内夫尔滑雪场附近布里昂松铁路终点站和雷瓦尔车站[1]都建造了酒店。挪威人于是优先选择了在蒙热内夫尔上面的梅杰夫；那里最方便抵达，坡度也非常平缓，显然很适合低级水平的滑雪者，因为他们忙着上山，根本没有时间学习速滑。

罗斯柴尔德家族拿到了地块——他们保留了很大的一块——建造了许多豪华酒店（比方说1921年建的阿尔布瓦峰酒店）以及第一个专门为冬季运动设计的罗什布鲁纳架空索道，那是阿尔布瓦峰酒店的一个组成部分。表面上看，这些发起者没有想到这种把滑雪者送上雪坡的机械牵引设备的到来会让滑雪者的技术水平得到快速的提升，没想到他们很快就不会满足于拥有阿尔卑斯山最“酷”的滑雪道。从1922年到1935年，梅杰夫被视为第一座真正的冬季运动站：这座让游客流连忘返的山村很快就建起了一个滑冰场，拥有许多豪华商店，而且很幸运地被战

[1] 即艾克斯莱班-雷瓦尔站，简称艾克斯莱班站，是法国的一个铁路车站。位于法国城市艾克斯莱班，“雷瓦尔”是这一地区东部一座山脉的名字。

后那些年最受人民拥戴的王室夫妇阿尔贝一世[1]和伊丽莎白王后[2]选中，他们在1922—1923年以及1923—1924年连续两年到梅杰夫过冬。一座精英主义的滑雪站因为一位国王大驾光临而大红大紫，这种情况空前绝后，为此欢呼雀跃吧！

罗斯柴尔德家族为资本投资提供了范例，引来了效仿者。在皮埃蒙特的塞斯特列雷[3]，靠近边境的地方，一些有钱的意大利贵族想到了兴建一座全副武装、设施齐备的滑雪站，在永久居住区上面，海拔1800米高的地方，那里的积雪更有可能符合要求。从1931年起，他们建造了几栋大楼——这种在山里集中建造旅游居住区也是史无前例的，他们也建了架空索道。1939年之前，罗拉·托蒂诺伯爵[4]设想建造一条空中索道从霞慕尼一直通到南针峰，但这一设想在当时来说太大胆了，最后被搁置了。

山区和山区小木屋的风格不需要受到尊重吗？这是同一时期奥地利人和瑞士人思考的问题，他们在现有村落兴建的旅游建筑设施都遵照了蒂罗尔、瓦莱、格劳宾登的民居风格。在两次世界大战之间的那些年，大多数发现了冬季运动的富人继续保持着对瑞士和奥地利的运动站的热爱，其中的一些运动站在1914年之前就有了，另外一些是战后建立起来的，比方说格斯塔德[5]和基茨比尔[6]，还有德国的加米施-帕滕基

---

[1] 阿尔贝一世为比利时国王（1909—1934年在位）。第一次世界大战期间，保持中立，拒绝德皇通过比境的最后通牒，并领导陆军进行抵抗。战后全力投入重建工作。在一次登山事故中丧生。

[2] 巴伐利亚的伊丽莎白（1876—1965），巴伐利亚王国女公爵，比利时王后，一战期间经常到战场前线和医院慰问、探访士兵。（原文阿斯特丽德王后有误，阿斯特丽德王后为阿尔贝一世和伊丽莎白王后的儿子利奥波德三世的妻子。）

[3] 意大利西北部皮埃蒙特大区都灵省的一个市镇。

[4] 即迪诺·罗拉·托蒂诺，意大利工程师。

[5] 瑞士西南部伯尔尼州德语区的一个小镇。

[6] 奥地利城镇，位于该国中部，由蒂罗尔州负责管辖。

兴[1]。青睐这些村庄和传奇一般的山区木屋的也包括英国人。苏格兰人皮特·林赛和他那些有钱的朋友在游览了法国这边的阿尔卑斯山之后，在塔朗泰斯山谷的莱萨鲁村兴建了一座跟高山牧场一样高的运动站；而贝莱科特则只建造了那种全木（或者覆盖了木板）的山区木屋，屋顶有两个斜面。1937年开始动工；三年之后，英国人已经在贝莱科特拥有40公顷土地；时至今日，美利贝尔滑雪度假村依然保留着完全英国式的魅力和优雅。分散的建筑使得进入滑道并不容易，那又有什么关系？最重要的是环境，然后还有自然条件。这可能是第一次在建滑雪场的时候考虑了方位：这个滑雪场朝向北边，所以积雪是最好的，还有东西两个雪坡，一边在上午滑，另一边在下午滑。塔朗泰斯的这一区域位于阿尔卑斯山内部，经过强力冲刷后的复理层演变成了理想的滑道。

巴黎的资本家（穆福利埃[2]1938年前后在瓦勒迪泽尔，莫里斯·佩舍[3]1940年后在吉萨纳山谷）在现存村落的基础上兴建滑雪场，同时也兴建了高山索道。类似的例子还很多，足以证明冬季运动兴起的第一阶段还不存在把自己一点儿一点儿地装备起来的滑雪度假村。还有一个经常犯的错误，认为在永久居民区外面建造的第一批全副武装、设施齐备的滑雪场是高雪维尔和尚鲁斯[4]，它们分别由萨瓦省议会和伊泽尔省议会兴建。

我们要正确看待那些被“领土整治工作者”反复修改过的过于简单化的图表。滑雪场总共应该出现过四代：

1. 滑雪村世代：没有外面来的开发商；发起者都是本地人，他们慢慢地建起了一个村级的滑雪场。

2. 第二代：功能性的滑雪场。在高山牧场区域建造功能齐全的滑雪

[1] 德国南部巴伐利亚州的一个城市。

[2] 指雅克·穆福利埃，法国企业家。

[3] 莫里斯·佩舍（1895—1951），法国政治家，阿尔斯通公司首任总裁。

[4] 法国伊泽尔省的一个市镇。

站，居住形式、机械牵引装置的出发点和滑道的抵达点都由修建了通道的公共开发商按照自己的意愿进行设计，譬如1950年之后的高雪维尔和尚鲁斯滑雪度假村就属于这种。开发商保留了把滑雪者送上坡的机械牵引装置的经营权，但把场地卖给了建造者。滑雪场没有统一的风格。

3.第三代是1965—1977年“白雪计划”[1]实施的那一代，在国家和该项计划的驱动下，许多冬季综合体育运动站应运而生。这一计划旨在让法国成为全世界在应用滑雪领域独占鳌头的国家；法国想要实现的目标实现了，从那时起，法国的确变成了全世界高山滑雪的头号国家。每个滑雪场都有开发商建造住宅，它们总是集中在一起，所以风格很统一。开发商租下他们建造的部分房屋，推出新的项目，保持滑雪场的活力。1977年吉斯卡尔·德斯坦总统在瓦卢伊斯发表演说后，人们正式意识到那些火柴盒一样的高山建筑和高楼，那些集中了三万张床位的房子是对环境的一种侵害。这些住宅尽管与可滑雪的区域相比位置相当优越，但还是不符合登山爱好者的口味。生产床位的阶段正值“辉煌三十年”时期，这个阶段的全部重点都放在了高山速滑这一体育运动实践上，滑雪技巧则变得更加分化：法国人在1968年的格勒诺布尔奥运会后发现了北欧滑雪，一些人爱上了穿雪鞋或乘雪橇兜风，人们越来越多地做山岳滑雪[2]和徒步滑雪。在滑雪场出现了很多不滑雪的人。1985年，法国人冬季运动假期在滑雪场逗留的时间达到了峰值——他们把超过十分之一的时间都用在了那里，之后就开始下降，而周边城市（里昂、格勒诺布尔、马赛、图卢兹等）一日游的出行人数则在继续增加。有人认为这种新的情况说明了法国人对滑雪场的偏爱。

4.第四代，是个大杂烩，从中可以找到“卫星村”——比方说拉

[1] 法国在1964年提出的一项计划，旨在建造和治理高山冬季运动站。

[2] 远离滑雪场，在崎岖的山面上滑雪。

普拉涅滑雪场[1]的尚帕尼卫星村，阿尔克[2]滑雪场的佩西和维拉罗热卫星村——或者滑雪场（韦科尔地区朗[3]），或者新型的滑雪村（萨莫安斯[4]）。这种不清晰的思路跟国家政策的不明确有很大关联，国家控制新增床位的政策不明确，新旅游联合会的标准也变化不定。

滑雪场的现实情况曾经比、现在依然比领土整治工作者让人相信的图解更为复杂，而且经历了更多的阶段，并出现交叉。我们可以列举出许多重要参与者和时间点：

——登山运动站或者气候疗养站为新的滑雪活动提供支持，譬如1880年在达沃斯，1910年前后在霞慕尼，但也有像莱森在1960年和丰罗默在1960年后那样转行改建的滑雪场。我们还要加上比利牛斯山的温泉疗养区。

——以一个村落为基础通过外部介入积极主动地建造滑雪场：1920年在梅杰夫，还有1938—1950年的瓦勒迪泽尔。

——把一座高山牧场景点变成滑雪场的创举1931年在塞斯特列雷[5]以精简的形式出现，然后在贝莱科特发扬光大时（1937年后），配备了山区木屋住宅。

——小型滑雪村是一项技术革新的成果，这项技术革新就是把滑雪者送上坡的吊缆技术；位于封丹（伊泽尔省）的波马嘉仕其[6]公司在1931—1934年间负责该吊缆的调校。坐吊缆不贵，你可以在任何气候条件下乘坐而无须脱掉鞋子。与此同时，埃米尔·阿莱[7]找到了奇迹一般的“屈—伸—屈”三拍拐弯法。这是大众滑雪的基础。为了证实

[1] 位于塔朗泰斯山谷。

[2] 位于塔朗泰斯山谷的圣莫里斯镇附近。

[3] 法国伊泽尔省的一个市镇，属于格勒诺布尔区。

[4] 位于法国东南部，奥弗涅–罗讷–阿尔卑斯大区上萨瓦省的一个市镇。

[5] 意大利都灵省的一个市镇。

[6] 亦称波马，创建于1936年的法国索道公司。

[7] 埃米尔·阿莱（1912—2012），法国高山滑雪运动员，被誉为“法国滑雪之父”。

1936—1938年间每日和每周的滑雪费用比1980—2005年间要便宜，我用工人工资做参照，做过艰难统计，在此就免去不说了。战前，滑雪器材不会很快就被废弃；山村酒店给出的价格都很公道，把滑雪者送上坡的机械牵引装置不太昂贵。就在1939年前后，诞生了大量的滑雪村。

这些滑雪村多数都是在一个深思熟虑的“当地人”发起下建造起来的，这些人包括阿尔卑斯·德瑞兹滑雪场的古龙博，双阿尔卑斯滑雪场的乔·马丹，索兹滑雪场的库多朗科。多数滑雪村几乎都保留了它们在上萨瓦省（大博尔南、绿山谷滑雪场）、中央高原和比利牛斯山的特点。有一些滑雪场半个世纪以来取得了很大但无序的发展。我们不了解这些滑雪场独特的历史就不要过快地对它们进行归类。阿尔卑斯·德瑞兹滑雪场具有代表性。这个坐落在瑞兹之上的高山牧场朝向南边，积雪的山坡特别和缓，适合初学者；从1920年起，一些里昂的高中生就爬了上去。露台的位置很棒，可以望见迈耶峰；当地的议员帕加农当上了公共工程部的部长，这是瓦赞地区的这些山村梦寐以求的打破闭塞状态的机会，这些山村在1930年还没有通公路（就像乌莱[1]）。这位议员骑在驴背上参加选举，每次选举都很遭罪，所以当上部长后就新修了几条路，而且他还不满足于此，为了圆满，他把公路修到了高山牧场——瑞兹牧场和兰斯峰牧场。他请人在瑞兹建了一栋漂亮的别墅，好安安静静地休养；他的继承人向我证实他的谋划没超过那个范围。今天他的别墅被一座滑雪场团团包围了。

电动架空单轨缆车和架空索道缆车的调校，重型空中运输吊车、岩石或冰层下面的齿轨火车（瓦勒迪泽尔、双阿尔卑斯滑雪场）在滑雪场的发展中起到了决定性的作用。2004年，一条大胆的连接线架设在佩塞山谷上空，把阿克的滑雪场和普拉涅的滑雪场连成一体。如今要说的还是那些可以滑雪的广袤区域，从很多滑雪场可以进入，有些滑雪场非

[1] 法国伊泽尔省的一个市镇。

常庞大，有些则只是些卫星村。具有体育锻炼性质——一系列范围更广的活动——的日间生活，和既可以是社交的、躁动的，又可以依然保持乡村传统的夜生活，这两段生活之间存在着一种非此即彼的二元对立。回首一个漫长的世纪，从阿诺德·伦恩到达沃斯，有趣味的冬季体育活动作为一种独特的旅游方式被人接受了下来。它曾经是现在依然是精英主义的。滑雪场的档次根据出售或出租的每平方米的价钱来确定。按照这个标准，梅杰夫和贝莱科特名列前茅，而这两座滑雪场无论哪一个都做不了多功能的滑雪运动。相隔不远的、把外观变成“蒂罗尔逼样”（一句用来专指十年来创作的、具有蒂罗尔风格绘画的粗话）的高雪维尔、蒂涅和瓦勒迪泽尔——因为它们地域辽阔，还有一直享有盛名的霞慕尼，这几座滑雪场都一直保留着破纪录的身价。冬季运动是导致人满为患的南方冬季旅游开始衰落的毋庸置疑的原因。精英们必须找来别的东西，以彰显自己卓尔不群，那便是去社会名流云集的冬季运动场旅居。最引人注目的，是从那以后，这种旅游活动的持续性，让游客过冬的热带——又名“阳光”——目的地并没有能够使冬季运动场失去霸主的地位。

二、消夏地中海的发明

南方的观光名胜是在什么时候、又是如何、因为什么原因被翻转过来，从冬季度假胜地变成消夏的好去处呢？自然条件嘛，是没有发生过变化的。要从社会文化方面找原因。我们先要毙掉极右翼在1936年找到的一个解释，这个解释就是《格兰高瓦》[1]为“戴鸭舌帽的坏蛋”和“带薪假期”来到蓝色海岸感到愤慨。8月份，越冬的有钱人不在蓝色

[1] 创办于1928年的法国右翼时政和文学周报。

海岸，新来的度假人潮在1936年依然非常有限[1]。蓝色海岸不再处在魅力的巅峰。大西洋暑季旅游的成功向地中海蔓延只是“正常不过的事”，甚至在1925年之前就应该如此，地中海沿岸的居民为在海岸边推行海水浴旅游季做出过巨大的努力，我列举过很多，这些努力一直没有什么结果。

有两个起点，第一个是艺术家和作家纷纷来到普罗旺斯和鲁西永，第二个是朱安雷宾引起轰动的登场。第一个因素在很长一段时期一直被人津津乐道，涉及一个真正的价值观的改变，价值观这个词可以按照那些画家们的意思来理解[2]，这些画家在印象派之后，寻找太阳的强光而不是柯罗和莫奈喜欢的那种从海雾中透下来的朦胧光。雷诺阿在卡涅定居，梵高来到了阿尔勒，20世纪所有的大画家，特别是立体派画家，发现了科利乌尔和巴纽尔斯[3]、圣特罗佩，和许多耸立在尼斯和戛纳之上的村镇（从瓦洛里到旺斯）。所有这些都是众所周知的事，无须再强调。每个人都可以从导游手册中，从巴黎—里昂—地中海列车的大广告中发现语气的变化。从前只有冬天旅游季时，重点都放在开花的植物、生活的温馨上；从那以后，为了确定这个主题地区，“蓝色”被引入：海水的蓝色和天空的蓝色交融在一起，“蔚蓝”占了上风。每位画家都说到了自己对光的热情。女作家柯莱特在圣特罗佩有房子，在作品中充分表达出了这种热情：

> 迎着阳光的出发才是出发。在越来越强烈的光前旅游才是旅游。[4]

---

[1] 参阅马克·布瓦耶的《大众旅游史》。这一说法使得地区的旅游负责人掩盖南方冬季旅游衰落的深层原因，带薪度假的传说在蓝色海岸的旅游报告中可以找到。——原注

[2] 法语价值观（valeur）一词在绘画中指浓淡色度、明暗变化。

[3] 法国东比利牛斯省的一个滨海市镇。

[4] 引自柯莱特的小说《监狱与天堂》。——原注

朱安雷宾的诞生是精英主义新型发明的一个标志。如今，“守门人”和“明星”不再是英国贵族，而是北美洲的知识分子组成的上层社会。这一切发生在朱安雷宾；一个从未在冬季旅游城市手册中提到过的名字，人们只谈论拿破仑登陆过的朱安海湾。几年时间里，“松林”海滩就成了地中海第一个海水浴疗养地。这个地方是被“迷惘的一代”中的一些美国人发现的，美国作家和诗人格特鲁德·斯泰因用“迷惘的一代”这个称谓来指称北美一批遭受一战战争创伤的年轻的作家，他们从格林尼治村[1]漂泊到巴黎的蒙帕纳斯，然后来到蓝色海岸，那里所有废弃的海岸都吸引着他们。海明威、多斯·帕索斯以及斯科特·菲茨杰拉德和泽尔达·塞瑞夫妇是其中最负盛名的。《夜色温柔》就再现了那种疯狂的氛围，那些喜欢夜里在朱安雷宾寻欢作乐的家伙在做过无数古怪行为之后，对泽尔达的如下问题做了否定的回答：

“约翰，你再也不为自己没死在战场上感到遗憾吧？”

朱安雷宾是由一些聚集在“朱安雷宾房产和海水浴公司”的美国人和法国人用三年时间（1924—1927）打造出来的，这些人当中有美国铁路大王弗朗克·杰伊·古尔德，还有他的妻子芭芭拉·古尔德（这位女性在蒙帕纳斯开办过两次世界大战期间最重要的沙龙），已经开了多维尔赌场和“鹦鹉”（尼斯的马克西姆餐厅）的欧内斯特·波多万，拥有好几家大酒店（阿尔及尔、维希，尼斯的内格雷斯古，戛纳的马杰斯逖克）的老板阿莱蒂。这家公司用几年时间兴建了十来家酒店，其中包括拥有250个房间的“普罗旺斯人”豪华大酒店，公司还建造了许多别墅，还有一家豪华赌场，一家夜总会，两者均有新一代艺术家捧场。密

[1] 位于美国纽约曼哈顿社区。

斯丹格苔[1]是《放浪好莱坞》（这名字就够有特点的）里的主角；大牌的明星都是美国来的，像格蕾丝·摩尔或者查尔斯·鲍育，还有罗马尼亚的（爱尔薇儿·珀派斯科）；独特的风格总能得到保障。大家都喜欢女舞蹈演员，都炫耀地穿着奇装异服，比方说女人穿那种宽松长裤；大家能在那里遇见许多国王（希腊国王）、亲王（温莎公爵）、作家（莫里斯·德科布拉）、好莱坞影星。这些无拘无束、喜欢夜间活动的人参与表演，包括俱乐部里的演出和海边的演出。白天里，除了让阳光把皮肤晒成棕色，没有别的事好做。菲兹杰拉德建议采取一些防护措施。莱昂－保罗·法格[2]在其作品《海滨烧烤》中用画家杜诺瓦耶·德·塞贡扎克的画做插图，在第八十四页写下了关于这种新型的、将全身晒成黝黑的妙趣横生的句子：

> 人的身体穿越了几个穿衣服的世纪，然后才在第一次世界大战结束后重新脱掉衣服……一动不动像天使一般在太阳的放大镜下暴晒多少个时辰！海水的气味飘荡在空中，宛如佳音。人们认出了一些女友，但以前从不知道她们的腿那么修长，乳房分得那么开。三角裤，是新的葡萄叶，挡住的，就像阿纳托尔·法朗士所说的那样，只是大家人所共有的财产。体形才是最重要的。大家只是在琢磨，那些已经到了大腹便便、秃顶、静脉曲张、臀部变得像钢琴却把这些惨不忍睹的部位暴露在风中的人到底会怎么想……可是在这里，滑稽可笑的东西不再让人觉得受不了。

该说的全都说了，而且说的有声有色！从1930年到1939年，夏天的海水浴旅游季通过精英主义者的扩散，传播得非常之快。尼斯、芒

[1] 密斯丹格苔（1875—1956），原名让娜·弗洛朗蒂娜·布吉瓦，法国影星和歌星。
[2] 莱昂－保罗·法格（1876—1947），法国诗人、作家。

通、摩纳哥、格拉斯、圣拉斐尔和耶尔，它们首先是冬季旅游城市。但戛纳很快又多了一个消夏旅游城市的名号；从1931年8月起，8月游客的数量达到峰值，比冬季的2月份要高得多。戛纳在海边建有众多的酒店和赌场，有赛船的传统，在二十年左右的时间里兼任了海域最长的夏季和冬季海水浴疗养地。时至今日，它依然是地中海最大的精英海水浴疗养地。其他冬季旅游城市的调整转产常常很艰难，在芒通、耶尔和格拉斯尤甚。1950年后，消夏地中海的巨大进步从一些小海港或者海滩可以观察得到，这些海港或者海滩被大部分《南方之冬》导游手册无视或者低估；瓦尔省海岸、土伦的两边海岸接待的消夏游客比从狭义上讲的蓝色海岸——从戛纳到法国东部边界——要多。地中海保持着遥遥领先的霸主位置，实际上大海已经成了法国人消夏的第一目的地。

三、不稳定的季节性

不稳定的季节性——这便是20世纪在难以预料地发明了冬季体育运动和消夏地中海之后，变化不定的季节留给人们的印象。乔治·卡兹也对此进行了确认：

> 旅游方式和旅游地点的极度不稳定众所周知，这种不稳定从历史的观点看是不可否认的……在旅游领域，需求是失范的。[1]

“失范”这个词从埃米尔·迪尔凯姆[2]时起就属于社会学术语；这一概念适用于那些不把社会规则内化的人，这些人总受到异常行为、违法

[1] 乔治·卡兹：《新型夏令营》，阿尔马丹出版社，1989年，第27页。——原注。乔治·卡兹（1940—2011），法国地理学家、旅游学专家，巴黎第一大学教授，著有《都市旅游》《法国旅游》等。

[2] 埃米尔·迪尔凯姆（1858—1917），法国犹太裔社会学家、人类学家。

犯罪、自杀和选举弃权的诱惑。旅游业季节性的变化没有合理性吗？

19世纪的精英旅游是熟悉稳定的季节性节奏的，那些有固定年金或定期收益的人对疗养地的选择都遵照一些众所周知的标准。“传统导向”[1]型的贵族阶级迷恋那些与世隔绝的地点和活动，“内在导向”型的中产阶层遵守社会习俗。不稳定性是动荡的20世纪的特征吗？我们的同代人没有指南针，会漫无目的，会在随便什么时候去任何地方。但大卫·里斯曼不这么想，对他而言，那些“他人导向”型的人是有雷达的，他们截取媒体上的信息，有方位标和巨大的适应能力，尤其是在休闲方面，对“明星”的一举一动适应能力很强。从19世纪到21世纪，发生变化的，是参照，是传播的方式，而不是旅游进程，旅游进程总是由卓越的发明再加仿效构成。英国的贵族阶层是典范，他们有非常确定的旅游季和疗养地；世界大战见证了“欧洲的衰落”（德曼荣[2]语）和美国的崛起，新的文化价值和休闲产品在美国出现，尤其是加利福尼亚州，从“喷气飞机俱乐部”[3]开始。

冬季运动和消夏地中海的兴起是这种发明方式的写照，这种发明表面上异想天开，放到历史背景下却很容易理解。从1880年到1900年，英国一直统治这个世界，英国的贵族阶层为越来越成功的法国地中海滨海度假胜地定调。有些人在担忧，我列举过“蓝色海岸在堕落”的说法，唯一的担忧是推广普及会导致目的地的改变，因为在别的更远的地方——比方说在埃及——会看到更别具一格的风景。正因为如此，在达沃斯诞生了由英国“守门人”发明的滑雪运动，像圣莫里茨、达沃斯、霞慕尼那样已经准备用于夏天登山旅游的滑雪场被推举到了冬季运动的

[1] 美国社会学家大卫·里斯曼在《孤独的人群》中的说法。——原注。《孤独的人群》讨论美国人社会性格的形成及演变，作者根据传统导向、内在导向和他人导向的社会性格类型对具体的社会阶层美国中产阶级的性格形成和演变进行了全面阐述。

[2] 阿尔贝·德曼荣（1872—1940），法国地理学家，巴黎大学教授。

[3] 喷气飞机俱乐部（jet society或者jet set），指一个由富豪、贵族组成的富有的精英社会阶层，是一个数百人构成的小圈子，常乘坐喷气飞机到世界各地旅游。

至高位置。

冬季运动的发明是文化上的，绝不是技术进步的结果。历史学家拒绝接受雷吉斯·德布雷[1]的观点：

> 媒介“在活体内”观察发生技术革新时意识形态如何构建。[2]

“我们是如何变成冬季运动爱好者、滑雪者、登山运动者的？”对于这个问题，媒介能有什么技术革新可以提供呢？一个也没有。滑雪板、雪橇和小雪板从史前时代起就已经存在了，只是通过在达沃斯的发明才变成了精英运动。由于没有合适的升扬机器，直到接近1935年的时候，享受滑雪快乐之前都要经历苦行一般的攀登。得出的结论非此不可：旅游——不管是以骑自行车旅游的形式还是开汽车旅游的形式，冬季运动以及在海岸边晒得全身黝黑，都是社会现象，其源头不应当从技术方面去找，而要从追求标新立异的行为中去寻找；至于普及，那要感谢精英团体传播信仰般的热情：旅游俱乐部、英国滑雪俱乐部，以及1925年后北美的作家和艺术家。

在1920—1930年代需要把海岸和海岸放在一起（借这个大好机会玩个文字游戏[3]）的背景下，消夏地中海的发明很好理解。

——对身体的发现和新生的、对游泳的爱好，这是喜欢温暖海洋甚于北海的一大原因。

——大西洋相对饱和。一些不为人所知的海岸，就像迪纳尔[4]再过

[1] 法国作家、哲学家和媒介学家雷吉斯·德布雷，著有《媒介学通论》，其媒介学研究技术和文化之间过去与现在的一种互动。

[2] 见法国历史学家卡特琳娜·贝尔托–拉维尼尔的专著《车轮与钢笔：我们是如何变成游客的》（雅各布出版社，1999年）封四。——原注

[3] 法语côte à côte是“肩并肩”的意思，而côte也有“海岸”之意，而原文placer côte à côte可以理解为“把海岸和海岸放在一起”。

[4] 法国布列塔尼地区的一个滨海市镇。

去的西布列塔尼那片海岸一样，在1920年后涌进了许多游泳者，这些游泳者没有多维尔和卡布尔的游客那么精英。接近1930年，可以相信的是，从波罗的海到圣塞瓦斯蒂安[1]，再也没有美丽的海滩可发现了。

——北美人的经验。他们知道夏天扑面而来的热浪是怎么回事，那时还没有空调，北美的夏天除西部海岸外，都会经历真正的酷暑。数以万计的美国兵在1917年到1919年间——因为是伤兵——被安排在蓝色海岸边的酒店里疗养，海岸的风光让他们惊叹，美国人认为地中海消夏的“臭”名声还没有形成。

——经过1914年到1920年那段漫长的中断期，南方的冬季旅游季遭受重创。同盟国的崩溃，拥有地产的贵族阶层的没落和经济危机，使得传统到那里过冬、靠年金或定期收益生活的人几近消失。光芒四射的蓝色海岸在1920年之后倾向于变成一个流亡者的避难所、“穷困潦倒者”的藏身地，即使不算尼斯，至少芒通、格拉斯和耶尔都是这样。从巴黎蒙帕纳斯街区过来的美国年轻人不可能想去那里凑数。

——战后不想回到胡佛总统的美国生活、对现状不满的美国作家的影响的辐射。他们热爱欧洲、蒙帕纳斯和格林尼治村，他们迷恋媚俗的蓝色海岸，喜欢海岸边老式的豪华酒店，也喜欢部分进口的具有异国风情的植物，以及令他们回想起佛罗里达的、长长的空寂的沙滩。

在这种环境下，消夏地中海的“看守人”和朱安雷宾的缔造者属于北美“迷惘的一代”就不足为奇了。

四、佛罗里达——热带度假天堂

佛罗里达跟朱安雷宾的登场有联系，但两者之间的联系不是人为搞出来的，两者都有资本进入，都是北美的资本家在投资；创立朱安雷宾

[1] 西班牙东北部巴斯克地区海滨城市。

的古尔德集团想到了亨利·佛莱格勒[1]。佛莱格勒和洛克菲勒共同创办了标准石油，佛莱格勒同时还是铁路巨头，他建造的东海岸铁路线当然是以纽约为起点，但没有其他沿着边境通向大西部的铁路的优势。佛莱格勒的这条铁路线向南部延伸，没有吸引人的终点站……佛罗里达，这个地处世界尽头、沼泽遍布的半岛，能有什么前途呢？佛罗里达几乎就在北回归线之上，全年气候温和，阳光充足；佛罗里达有“阳光之州”的美誉；到19世纪末那里没有尽头的海滩依然空空如也。美国的东北人冬天为了躲避严寒，都越过大西洋去欧洲；跟他们一起聚在蓝色海岸的美国侨民是人数最多的群体之一，仅排在英国之后，常常与俄罗斯人齐平。为什么不把这一群有钱的顾客留在美国呢？资本家亨利·佛莱格勒就像今天人们所说的那样瞅准了一个“机遇”。从1895年到1912年，他先是将铁路线延长到迈阿密，然后是一座大堤尽头的基韦斯特[2]，这座大堤在墨西哥湾延伸。与此同时，他在大西洋边兴建气候疗养站，在水塘和一望无际的海滩之间，在繁茂的植物里面。很快，迈阿密海滩、棕榈海滩、西棕榈海滩，都整整齐齐地布满了大酒店和为亿万富翁们建造的华丽别墅。像阿迪森·米兹那[3]一样的卓越的建筑师从地中海的生活艺术中吸取灵感，建造让人想起庞贝古城的别墅，让人想起威尼斯的湖上城市、糅合西班牙风格和装饰艺术的彩色粉笔画色调的酒店。

佛罗里达在旅游上取得了巨大的成功。躲避严寒和大雪的北美人坐一天火车就能（今天两到三个小时的火车）找到暖热的沙滩、绿色的树木和柑橘类树木。他们在佛罗里达的生活并没有复制在蓝色海岸越冬者的生活：没有林荫大道上的散步，也没有社交界的聚会。这些在佛罗里达的美国人拥有他们的“家”，买的或者租的；他们接触的是自己

[1] 亨利·莫里森·佛莱格勒（1830—1913），美国工业家，标准石油（美孚）公司的创始人。

[2] 又叫西锁岛，是美国佛罗里达州的一座小岛。在佛罗里达州南端，也是美国大陆最南端的标志。

[3] 阿迪森·米兹那（1872—1933），美国著名建筑师。

的邻居：魁北克人、蒙特利尔人、多伦多人、底特律人、费城人都在海岸边占了一席之地。他们到那里过一个周末或者一个星期；有些人冬天会在那里待好几个月。他们悠闲地躺在椰子树下，那些椰子树是热带伊甸园的象征。他们在游泳池里游泳，凝望着大海和海滩，骑马或者驾车出游。

五、加勒比海和加利福尼亚

1920年后，佛罗里达不再是唯一的美国热带和亚热带旅游目的地。加利福尼亚吸引着游客去那里逗留更长的时间；1950年后，佛罗里达模式被复制到整个加勒比海地区，到了安的列斯群岛、墨西哥的两个海岸和夏威夷。在这些旅游综合体之间存在巨大的差异，因为自然条件不一样——从旧金山雾蒙蒙的亚热带气候过渡到反差很大的信风带，也因为就那个以美国东北部为首的放射区域而言距离较远。游客到访高峰的时间点不一样：加利福尼亚更确切地说是在暑期，而墨西哥湾最大客流出现在冬天。加利福尼亚标志性的树是巨杉，但相似的程度依然非常高：大同小异的、以休闲和游泳池游泳为主的度假模式。大西洋更像是一幅背景，而不是密集的游乐运动区域。在佛罗里达，海水不够深，吸引的人不多；而在加利福尼亚，特别猛烈的海浪又让洗海水浴的人望而却步。旅游设施在开发商建造的旅游综合体、同属北美连锁酒店的豪华酒店和私人住宅之间遍地开花。最漂亮的别墅位于加利福尼亚的旧金山和圣迭戈之间俯瞰大西洋的高地上，就像在佛罗里达一样，这些别墅的设计思路糅合了多种风格，有对地中海风格的参照，也有对西班牙语美洲的豪华住宅或者英国中世纪领主庄园大屋的复制。加利福尼亚是勇敢体育运动的故乡，和夏威夷争夺着冲浪运动的功勋章。从20世纪中叶时起，滑翔伞、滑板运动以及接近1960—1970年代的山地自行车运动这些新的体育项目就是在加利福尼亚诞生的。美国人很长时间都不接受

“脚踏车”，如今以这种纯游戏的方式接纳，然后再把它出口到欧洲，欧洲则从1980年代起，迷恋上了另一种骑登山车的自行车运动。

加勒比海地区是开发商和旅游公司的猎物，从1970年起那里建造了许多巨型的旅游综合体，它们的资金绝大部分由一些大型机构的贷款来支持，排在首位的是重建与发展国际银行（BIRD）。这些由北美人建造并为北美人服务的旅游综合体先是在墨西哥（占了一半），继而在安的列斯群岛（主要是多米尼加共和国）、几个中美洲国家（洪都拉斯等）以及太平洋的一些火山岛（以夏威夷为首）出现。这都是些大型的分块土地上的建筑，北美的游客时而是它们的房东，时而是租客，或者是多方共有产权，这种产权经过了一系列的复杂交易。最广泛流传的做法是购买一段费用全包的旅程，就像美国人说的那种“一揽子交易”。在美洲的热带地区，酒店住宿在南方的冬季从未占据如此重要的地位。实际上，美国是一个庞大的连锁酒店之国，世界排名前五位的连锁酒店都是北美的，其中假日酒店处于领导地位。

美国人的所有这些热带假期都包含着同样特别简单的内容：以自然环境为基础的享乐、大海、阳光和沙滩。三个S，即Sea（大海），Sun（阳光）和Sand（沙滩），是60年代加勒比海人的一项发明，然后Sex（性）也加入进来使享乐得以圆满。我们还在追求旅游的艺术吗？我们没有坠入度假产品的消费吗？再也没有对差异化的追求，只有一个均衡的模式。唯一的差别是价钱：要缴纳的杂费和设备齐全的房子每平方米的价钱。海滩空间本身也变成了用价格来衡量的东西，就像乔治·卡兹指出的那样[1]。

这种旅游模式蔓延到了别的海岸，蔓延到了撒哈拉沙漠以南的非洲、东南亚、太平洋岛屿和印度洋。这些地区大部分都是世界落后地

---

[1] 见乔治·卡兹专著《国际旅游，幻景或未来战略》，阿迪埃出版社，1989年，第200页。《新型夏令营》，阿尔马丹出版社，1989年，第329页。——原注

区，但与其他文明和文化接触无论如何都不是旅游的动机，游客都被圈禁起来，对当地人视而不见。这些从欧洲、中东、日本、澳大利亚或者南非来的游客，1960年之后在热带异国的海滩上人满为患，到那里为了三个或者四个S的享乐；他们住在一模一样的旅游综合体里面，这些标准的建筑很少体现当地的风格。

针对这些相似性，一些作者[1]在介绍20世纪末的旅游时试着把它视为一种完全集成的体系，在这个体系当中，一些和航空公司以及大型连锁酒店——两者都越来越全球化——联系在一起的、越来越强大的公司运送和接待越来越多的游客群体。发达国家是唯一的发射台，以热带地区为主的区域是接收器，相似的海滩成了一模一样的空间载体。“全包旅游”或者“一揽子交易”是旅游公司使用的唯一的市场营销手段。游客没有任何决定权，他看的是他应该看到的东西（“观光”），他必须喜欢最受欢迎的旅游目的地（在一些竞赛中旅游被作为奖品），当场体验诱人的广告里预示的感觉。

这种标准的消费没有变成旅游的全部。很多作者，包括乔治·卡兹、罗扎托-吉奥塔[2]和我本人在《2000年的旅游》中已经指出过，新的夏令营呈现出多样性，欧洲作为发送和接受游客的第一大陆并没有受到美国的影响。在包括法国在内的许多欧洲国家，只有很少量的游客求助于旅行社。旅行社过快地订立了这条“伪规则”：游客去的地方越远，就越求助于旅游专业人员为他安排行程。但游客对此并不认同。相反，显而易见的是，个人（或者团体）的冒险旅游的吸引力越来越大。一些讨厌被称作游客的人，玩起了远足、徒步或搭车游、高山徒步，越来越多的导游手册专门为他们而出版。大型机构一体化的程度没有国际旅游

[1] 最有系统性的作者有朗方（《国际旅游的意义》，法国国家科学研究中心，1975）、特纳和约翰·阿什（《金帐汗国，国际旅游和快乐边缘区》，康斯太勃尔出版社，1975）、朗卡尔（《我知道什么?》丛书，法国大学出版社）。——原注

[2] 让-皮埃尔·罗扎托-吉奥塔（1942—），法国新索邦大学教授，旅游研究专家。

学说所说的那么高，它们的战略常常是游移不定的。起初喜欢实施纵向联合的交通运输公司如今倾向于解除契约和出售旗下的酒店。住宿接待“不是自己的本职工作”，他们如此解释。

70年代大众旅游的强力推进留下了许多不断重复出现因而更加强烈的画面。旅行社的折页广告上出现的是同样的照片，同样酒店的照片，同样的游泳池，同样的日光浴场，而且按照他们的说法都是极其舒适惬意。那些三个S或者四个S从一个海滩跑到另一个海滩，穿越热带和亚热带（尤其是南地中海），到处炮制快乐的假期。在这种背景下，帕特里克·勒孔特[1]的电影《艳阳假期》[2]大受欢迎，然后他还拍了续集《艳阳假期2》[3]。影片中呈现的三个热带地区的S——Sun（太阳）、Snow（雪）和Slope（斜坡），实际上都是冬季假期的旅游消费品，炙烤着滑道或者海滩的太阳占主导位置。这两部被搬上银幕的“艳阳假日”原本是“辉煌”[4]剧组在剧场式咖啡馆[5]推出的喜剧小品，这个剧组的成员后来都在电影领域取得了卓越的成就。所有的人都看了《艳阳假期》，都相信这部电影呈现的是地中海俱乐部，而实际上它是在科特迪瓦的一座村庄里拍摄的，这座村庄不属于地中海俱乐部。1983年，这部电影成了阿尔芒·雅莫[6]的系列电视节目《银幕档案》度假专题的导入部分；我很高兴也能和休闲部部长[7]、吉贝尔·特里加诺[8]和伊夫·雷

[1] 帕特里克·勒孔特（1947—），法国导演。

[2] 片名直译应为《被晒黑的人》，1978年在法国上映。

[3] 片名直译应为《被晒黑的人滑雪》，1979年在法国上映。

[4] 位于巴黎四区龙巴街10号的剧场式咖啡馆。

[5] 一种有节目演出的咖啡馆。

[6] 阿尔芒·雅莫（1922—1998），法国著名的电视节目制作人。

[7] 1981—1984年间，密特朗总统任命过两任休闲部部长：安德烈·亨利和艾德维志·阿维斯，此处指后者。

[8] 吉贝尔·特里加诺（1920—2001），法国商业精英，1963年加入地中海俱乐部并被任命为全球首席执行官。

诺瓦[1]等人一起参与到这期节目当中。我们一致认为这部电影是一幅夸张讽刺漫画。地中海俱乐部不能与如此愚蠢的集体活动画等号，热带假期不等于方便猎艳。最后尤其是，这种类型的度假村只是很多用来度假的方式中的一种。这部能轻易地让人笑两个小时的电影不能视为对法国整个旅游业的一个控诉。

六、度假村和有形乌托邦

从1945年到1975年所谓的“辉煌三十年”是大众旅游的母体，正如我在“我知道什么”丛书中的《大众旅游史》（1999年）中阐述的那样。与接收客源的发展中国家达成一致意见的资本家们投建的热带地区旅游综合体只是这场宏伟运动诸多形式中的一种；实际上，人们用了三十年时间从稀有零落的游客度假过渡到了大众假期；如今，欧洲发达国家有60%—70%的居民外出度假。这些新出现的度假者中的大部分找到了各自出发度假的方法：去亲朋好友家借宿、野营甚至开旅游挂车出游扮演了主要角色；这两种情况下，度假的幸福旨在把自己的“家”搬到一个选好的地点，然后在那里过上一种简单的日常生活。

在欧洲，1945年之后，许多创新的举措来自所谓“社会旅游”——大家喜欢这个术语更甚于大众旅游——协会、施行家长制管理的企业（梅兰日兰[2]）、崇尚行动主义的企业委员会（法国电力公司以及市立社会行动中心[3]），最后还有国家政策（东欧社会主义国家创立和管理的一些为成绩卓著的劳动者预留的“疗养院”）。这些机构中的大多数，包括那些非营利性的协会，都富有强烈的意识形态或者宗教色彩。它们的革新首先是集体度假的形式，譬如那些度假民宿，那些青年度假中心

[1] 伊夫·雷诺瓦（1936—），法国旅游学家，著有《地中海俱乐部传奇》《社会旅游》等。

[2] 创立于1920年的一家法国电气企业，1992年被施耐德电气收购。

[3] 一个可以提供法律援助、社会救助和组织社会活动的法国公共机构。

（例如露天中心协会），那些青年旅社，那些非商业度假中心。它们都力图使住宿成本大大降低，因为住宿是外出度假的主要障碍。这些社会旅游的重要角色走得更远。它们想让一个更加友爱、更加平等的社会提前到来；一些机构提出“按潜力分配”的原则，向最贫困者提供最优惠的价格；五六十年代在度假民宿中流行一时的、所有度假者——包括男性——对某些工作的分摊也是这种集体生活的一个重要组成部分。旅游的艺术在此变成了乌托邦的艺术，预示出一个理想社会。

回顾一下“辉煌三十年”的背景：购买力迅速增强，经济增长强劲，有通货膨胀但没有失业，汽车业发展迅猛，大众、五马力的雪铁龙、四马力的雷诺、菲亚特500型和奥斯汀汽车在欧洲开始流行。幻想破灭在民众中蔓延，前景并没有变得美好，世界和平的希望被冷战毁灭，人类劳动变成了“碎片”；即使从资本主义的束缚当中解放出来，劳动依然不能让劳动者心中充满喜悦，就像乔治·弗里德曼指出的那样。在哪里可以安放一种让人心中充满喜悦、使人成长的生活的希望呢？答案是在自由的社交时间里，在闲暇之中；1962年，若福尔·杜马泽迪埃[1]出版了《去往休闲文明吗?》。这些社会旅游创举想让最广泛的人群，首先是社会待遇最不好的那些人、年轻人、普通家庭，享受到假期。1956年，在法国，国民阵线和1936年制定的带薪休假[2]制度好像有延迟效应……可以肯定，1901年的关于非营利性协会的法律框架令人赞赏。

那些协会的方针和精神在变化。二战前，它们主要是由自己痴迷的党羽、信徒组成俱乐部。1945年后，它们的野心向全球扩张。这是一个“有形的乌托邦”——一位社会学家提出来的，这个标签被贴到了地

[1] 若福尔·杜马泽迪埃（1915—2002），法国社会学家。

[2] 带薪休假制度最早由1936年国际劳工大会通过的《带薪休假公约》（第52号公约）所确定，对各国实行带薪的年休假制度是一个有力的推动。

中海俱乐部的身上，这个俱乐部最初只是一个非营利性的协会，它跟大部分休闲协会和社会旅游协会，跟50年代的那些先驱者不无关联，那些先驱者希望度假时光使人精神焕发，使家长和孩子们之间的关系变得更加亲密，希望激发出一种集体精神，甚至能为世界和平以及不同民族之间的和谐相处贡献力量。这当然就是乌托邦……但随着地中海俱乐部影响力快速扩张，这种乌托邦的个人主义色彩更加浓厚因而也更符合消费社会的精神。其信条是，既“把一切都包括在内”，又享有做或者不做、加入集体或者独处一隅的绝对的“自由”，是“如我所愿的幸福”。

七、地中海俱乐部，从实验室到跨国公司

度假村不是地中海俱乐部发明的。在30年代，巴特林[1]就在英国海岸兴建了很多价格低廉的度假营，这些度假营还是能盈利的，因为他在那里安放了用零钱赌博的“老虎机”。在法国，度假营的兴建在二战刚结束就开始了；1945年，法国旅游俱乐部购买了二战后美国剩余的军用物资，在鲁瓦扬推出非常经济实惠的度假计划。1950年，皮埃尔·拉扎雷夫和埃莱娜·拉扎雷夫[2]夫妇和《她》出版集团创办了“神奇度假村”；蒂蒂和杰拉尔·布里茨（姐弟）创建了一个非营利性的协会——地中海俱乐部，这家俱乐部把一些想做海里潜水和海上滑水的朋友集中在一起，住宿条件很简朴，但那里的海水很洁净，在希腊，在西西里选择的地点也非常理想（希腊的克基拉岛和西西里的帕里努罗等）。俱乐部成立之初是附加了意识形态的：“善良的会员”收到了对抗社会的建议，货币从表面上看被贝壳替代了，成员之间严格规定要用“你”而不

[1] 威廉·巴特林（1899—1980），英国企业家，1936年在英国创办度假营，这种度假营二战后开始在英国流行。

[2] 皮埃尔·拉扎雷夫（1907—1972），法国记者，媒体老板，《法兰西晚报》创始人；埃莱娜·拉扎雷夫（1909—1988）是皮埃尔·拉扎雷夫的妻子，两人共同创办了法国时尚杂志《她》。

是“您”来称呼对方——所谓的阶层融合，大家看见的都是情绪高昂的群体。一种新的等级建立起来了，常见的旅游机构但也包括职业社会那些由专家统治的等级毫无特色，这种新的等级则恰恰相反，级别最高的是那些“善良的组织者”，按照亨利·雷蒙[1]的说法，这些组织者是“奥林匹斯诸神”。活动组织安排是持续不断的，许多“善良的组织者”答应接受微薄的薪资，尝试展示他们的才华，其中的不少人都变成了艺术家。地中海俱乐部现在是而且在很长时间里都将是一个文化革新的实验室。

社会学家阿兰·艾伦伯格[2]（在《别样》，1990年第111期）引用了一个英国人的话：“法国人的幸福是什么？是在希腊的一座茅屋村再加上俱乐部。”二战后，地中海俱乐部呈现的是与前一时代决裂的存在观，与前一时代决裂也就是与1939年前的精英主义旅游观决裂，同时也与社会旅游和文化休闲协会体现出的价值判断决裂。地中海俱乐部允诺让个体获得幸福，提供无限度的消费：所有的体育运动，加上“一切包干”，所有的快乐加上性开放，还有冷餐台上摆放的巨量的“菜肴”。最后这种在食品配给政策结束不久即开始实施的做法让人惊诧不已，这种做法一直持续到1995年前后。

吉贝尔·特里加诺很快就重新回到俱乐部，他承认说：“我是一个被捡回的零件。”他就像布里茨一家以及众多其他的俱乐部领导一样，都是犹太人，出身卑微，思想前卫（他是共产党员）。他没过多久就当上了总裁（1953年），他想让俱乐部快速扩张。1957年，俱乐部变成了股份有限公司，罗斯柴尔德家族的资本进入俱乐部。俱乐部成功进行了多次合并，包括对“神奇的假期”与欧洲旅游中心的合并。其定位和度假目标开始多样化。1956年，地中海俱乐部在莱森开办了第一家冬季运动

[1] 亨利·雷蒙（1921—2016），法国社会学家，曾任巴黎第十大学教授。

[2] 阿兰·艾伦伯格（1950—），法国国家科学研究中心主任，社会学家。

度假村，其他的冬季运动度假村也随之而来。俱乐部很快在霞慕尼、齐纳尔和蓬特雷西纳[1]设立了登山运动项目，在法国科雷兹省的篷巴杜[2]让那些“善良的会员”骑马并开始信息技术的启蒙学习，还可以在维泰勒疗养。俱乐部尤其在更远的南地中海区域、中东（马拉喀什，杰尔巴岛[3]和以色列等地）、非洲和大洋洲海岸兴建了大量度假村。从1970年起，地中海俱乐部在美国开业，也进入日本。其运作方式在欧洲之外似乎同样可行。据说顾客来自四面八方，仔细观察会发现每个度假村都有来自一两个国家的数量可观的常客，那些特权阶层（自由职业者和高层管理人员）所占比例特别大，没有农民和工人。

地中海俱乐部带来的确实是另外一种旅游方式，一种像乔治·佩雷克[4]所写的那样、预示着“物”的世界到来的安逸文化。但这种旅游艺术和地中海俱乐部本身都有自身的局限。俱乐部就曾经尝试过自己设计旅游路线、组建自己的航空公司，但没有成功。在特里加诺父子的努力下，俱乐部总的说来保留了其创办之初的热情，但经营困难数不胜数。从1985年起，地中海俱乐部已经加入世界头一批一体化连锁酒店的队列之中，变成一个由美国人主导、雅高和地中海俱乐部两家法国公司出席的封闭俱乐部。几年来，菲利普·布吉尼翁[5]先生强力推行管理战略，极力使旗下的度假村适应苛求的、更加中产阶级化的顾客群。乌托邦远着呢！目前，小吉斯卡尔[6]负责让俱乐部保持良好运营。

[1] 均为瑞士小镇。

[2] 法国科雷兹省的一个小镇。

[3] 突尼斯东南部岛屿。

[4] 乔治·佩雷克（1936—1982），法国作家，其代表作《物》是法国战后最优秀的“社会学”小说之一，1965年一经出版，便获得了当年的雷诺多文学奖。这本书是对物质时代与消费的早期纪事，在描写1960年代法国物质奢华的同时也对这一现实对人的影响进行了反思。

[5] 菲利普·布吉尼翁（1948—），法国商业领袖，1997—2003担任地中海俱乐部总裁。

[6] 即法国前总统吉斯卡尔·德斯坦的儿子亨利·吉斯卡尔·德斯坦，2003年出任地中海俱乐部总裁。

第六章 旅游的艺术、科学与实践：昨天和明天

这部旅游史正如旅游本身一样，是不可能有结束的时候的。一些读者可能在等待一个结论，也有可能在等待一些针对游客的建议，对旅游业未来的一些振聋发聩的预测，就像世界旅游组织所做的那样。我不会预言说在十年或者二十年内全球游客人数会两倍、三倍地增长。我会仔细探寻那些不确定性，我会向旅行作家求教，探讨“旅游的艺术”[1]，这种艺术才是一个常数项。

这本书雄心勃勃，它展现了旅游的全貌，揭示了旅游的初始阶段，推翻了所谓旅游一直都存在的主张。这部开始时欧洲色彩浓郁、英国部分占了很大篇幅的历史始于“旅游革命”——18世纪其他革命的姐妹。

这部旅游史是通史，但不是百科全书，也不是世界史。我并没有打算把三个世纪的悠闲迁徙统统写出来，没有避讳许多列举出来的个案都来自法国东南部的小部分地区，我曾在该地区做过三十多年的尽可能深入的研究。我的目标不是撰写一部区域史，尽管所涉及的三四个地区配得上有这么一部历史。选择整个法国东南部地区做范例是恰当的，因为那里曾经拥有、现在依然拥有裸露的阿尔卑斯山——冬季滑雪运动就是在那里发明的；因为到南方过冬让位给了在地中海晒日光浴消夏——这是我们的文化对希腊罗马的一个很有意思的借鉴；因为那里有许多诱人的温泉疗养区和度假名胜。

[1] 参见司汤达、瓦雷里·拉波、皮埃尔·洛蒂、保罗·莫朗等人的作品，以及当代作家让·歌诺的专著《旅游的艺术》，巴雅尔出版社，1998年。——原注

这些场所和活动是如何发明出来的，又是如何普及的呢？20世纪大众旅游的入侵会干扰旅游发展进程吗？这种现象总是一种社会文化现象吗？抑或旅游变成了一个普普通通的市场，属于许许多多的其他市场中的一个？它所获得的地位有多大的价值？诸多难题并没有解决。这本书没有结束的时候；它不会得出什么结论，不会做什么总结。但它既有可能推翻那些肤浅片面的认识和陈词滥调，也有可能做到甄别旅游科学获得的某些成果。

我的著作是永久的成果，修昔底德如是说。

一、获得的成果

一、自然和历史的旅游胜地不是从天而降的；那些旅游胜地，推动游客在那里停留和参观的，是文化成果。

二、了解人们为什么外出旅游，为什么到此处而非别处，在该季节而非别的季节旅游，是一项艰巨的任务。必须辨别出那些旅游发明和发明人，必须相信在旅游艺术中，没有任何东西是永远适用的金科玉律。

三、需要无理由地迁徙在很长一段时间里都是小部分人的专属。大部分过去和现在的人没有体验过。他们之所以离开工作和生活的地方，以前是，现在依然是因为迫不得已，因为害怕，为了找到工作或者牧场……或者做买卖。为了快乐或者健康而临时迁徙很长一段时间则是悠闲者的特权；那些享有假期的人当中的很大一部分都渴望像那些悠闲者一样在假期中随心所欲地行动。

四、旅游是由一系列标新立异的发明组成的。发明的进程在18世纪开启，然后一直在持续；发明人各不相同，有的来自脚夫阶层。很长一段时间都是英国的贵族阶层在担任这一角色；今天，是一支与“演艺界”和加利福尼亚密切相连的世界精英。所有到处流传的旅游活动，所有的度假地点和人满为患的运动站都受到威胁。社会文化等级的顶端准备迎接别的地方和别的旅游活动的发明。

五、旅游的演进是社会文化方面的；这是一段独立自主的历史，在这段历史中，国家几乎没有干预，资本的力量很少而且进入得很晚。

六、旅游的艺术按照哲学家帕斯卡的观点，是“挥霍放浪”。不在家里待，总想着到别处去，一定程度上属于精神错乱。我们列举了波德莱尔的诗作《任何地方?》，我们原本可以援引很多作家的，甚至大旅行家保罗·莫朗的文字：

> 从18世纪中叶起，生活变得更简便更乏味；世人想逃避忧郁，试图变回自己。于是，在英国人的影响下，这种新的浪漫的旅游观出现了，它依然支配着我们，在这种旅游中，重要的不是去发现什么，而是让自己消失在旅游中。
>
> 旅游，是最愉悦、最不切实际、最昂贵的自我学习的方式，这就是英国人为何把它变成了一个专业的原因。
>
> ——《旅游》，第15页

保罗·莫朗是在1927年写下这段文字的，它永远都是那么贴切吗?

七、游客总是令人惊讶；游客们常常被人嘲笑；这种现象随着第一批词典——《利特雷词典》《拉鲁斯词典》——的出版就开始了，如今在随笔之中依然随处可见；所有的人都对游客冷嘲热讽。你轻而易举就能把这些揶揄的文字编辑成一本文集。一些专家，而且是令人尊重的专家，说实在话，他们作为旁观者对他们并不了解的旅游大放厥词，把它视为一种奇怪的现象，还横加谴责。让-迪迪埃·乌尔班在《旅游白痴》中建造了一个关野兽的房子，游客在里面被宣判犯了群居罪。

成群，我说过这个词。这是一群游客的第一状态。第二状态是乌合。

——让·卡素：《交流》，第10期

旅游破坏了旅游地，就因为它把人群引到了那里。

——亨利·勒费弗尔[1]：《现代世界的日常生活》

还有下列更恶劣的、浮夸庸俗的言辞：

旅游让年轻一代有点样子，但让他们的裤子走了样。观光客=上了年纪的窥淫癖。

——阿兰·芬季克罗[2]：《在街角，冒险……》

假期的价值，就是价值观的假期。

——埃德加·莫兰[3]

旅游，是对压缩到一张明信片上的世界的象征性占有。

——皮埃尔·布迪厄[4]

八、很多作者只看到旅游带来的冲击，先入为主地做出消极的评价。游客“害死了蓝色海岸”，破坏了环境，使接待他们的当地人口结构发生了扭曲。这种说法站不住脚，因为游客不是整个社会的第一传播媒介，电视有着更强大的渗透能力。荒漠化（人口外流，人烟逐渐荒

[1] 亨利·勒费弗尔（1901—1991），法国社会学家。
[2] 阿兰·芬季克罗（1949—），法国哲学家。
[3] 埃德加·莫兰（1921—），法国哲学家、社会学家。
[4] 皮埃尔·布迪厄（1930—2002），法国社会学家、人类学家和哲学家。

芜）对乡村的危害比乡村旅游更严重。游客常常能让当地民众意识到自己的价值。

旅游，就像魁北克的那些社会学家特别指出的那样[1]，只有在“文化主义范式”之中才能被理解。一个完整的社会，比方说法国社会，迟早会创造出旅游的价值和形式，而旅游是反主流文化的，与正统的主流文化观念大相径庭。19世纪的悠闲游客“只是出于好奇和游手好闲才旅游”，这是利特雷的说法。旅游与工作至上的观念以及新生的中产阶级的致富观念背道而驰。

游客同时在时间和空间中对异国情调的追寻，是对一个很巧妙的问题的回答（德国作家恩岑斯贝格尔觉得这个回答很糟糕），“把改变自己的国家变成换一个国家”。美国学者迪恩·麦克康奈尔则更加粗暴：

> 旅游和革命是现代意识的两个相互对立的极端。
>
> ——《旅游者：休闲阶层新论》

21世纪伊始，忘记、摈弃了所有伟大的革命性变革思想的人类会不会因为旅游艺术让世界平静下来而对它表示感激呢？旅游艺术受到力图统治21世纪的市场全球化思想的严重威胁。市场把旅游降级为一种产品，把游客降级为温顺的消费者。旅游，实际上是以文化准则为依据，这些文化准则把一些地点、一些建筑变成热门景点，变成旅游区。一个半世纪以来，一些敢想敢干的参与者——公立和私营部门——开始人工建造一些热门景点以期接待尽可能多的游客，门票——需付钱购买——的数量是成功的证明。1851年举办首届世博会的英国成了开路先锋，其他的博览会接踵而至；在一个临时性的景点，游艺活动吸引

---

[1] 参见《休闲与社会》杂志（魁北克大学三河分校出版），“关于二十一世纪的休闲”专号，我在上面介绍了“旅游特有的问题”。——原注

了大量的观众，把惯常的流徙人群拉了回来。那些纪念仪式——同样也是人为的——扮演同样的角色，不管是法国大革命一百周年纪念，还是50年节[1]。人类向2000年过渡，典型的、不成其为大事的事件却耗费巨资，变成了一项盛大的活动。英国希望通过建造“千年穹顶”赢得这场竞赛，但那所谓穹顶不过是一个奇形怪状的“茶托”，而像迦百农废墟一样的内部只是一个“庞大的脑洞”，他们期待有一千二百万游客造访——史无前例！这是工党党员托尼·布莱尔的目标，但是这个目标并没有实现。

热门景点越来越多，并且具有长久的生命力。游乐园都建造在方便抵达的地方，但那块地盘本身并无多大价值，地皮不贵，没有土地方面的困难。游乐园提供的内容很简单，比方说迪士尼乐园或者阿斯特利克斯乐园。成功靠的是市场营销：潜在的目标顾客，性价比，恰当的形象推广；理念必须切实可行。成功没那么容易，因为会遭遇种种不测，有些游乐园不得不关门，像未来世界动感乐园[2]那样成绩斐然的，确实令人惊异。一些企业家建造了一些“热带气泡”，很多城里人可以在自家附近热乎乎、蓝莹莹的水池里泡上一个周末、一个星期，周围都是热带植物。与其把比荷卢经济联盟[3]的人弄到热带地区，还不如把热带地区的人送到阴郁的康皮讷[4]，这么做岂不更好？它最大的优势是地处布鲁塞尔和阿姆斯特丹两座城市的中间。

人造景点与历史或自然景点相比有一个巨大优势：它们无须担心客流量超限，它们很容易掌控人流，人流太大的时候，他们就建一座辅园。那些几个世纪游客络绎不绝、令人赞不绝口的著名景点，比方说圣

---

[1] 犹太教每50年大庆一次的节日。

[2] 未来世界动感乐园（法语：Futuroscope）是位于法国普瓦捷市的一个主题乐园，内有数个3D及4D影院。未来世界动感乐园开业于1987年，是法国参观人数最多的主题乐园之一。

[3] 又称比荷卢联盟，是由3个相邻的西欧国家比利时、荷兰和卢森堡组成的经济联盟。

[4] 康皮讷（荷兰语叫德肯彭）不是正式的行政区划，而是一块自然区域。主要位于比利时东北部以及荷兰东南部一小块。

米歇尔山、加尔水道桥、威尼斯、西斯廷教堂……至少在夏天是人满为患、负担过重的。可是，数以百万的游客对它们而言也是必不可少的，因为游客为那里的维护费用提供保障。被列入联合国教科文组织世界文化遗产名录的名胜古迹引发了人们新的兴趣，它们让人相信那确实是些“值得参观”的景点。这对旅游的艺术而言是多么好的一件事，但对管理人员却是多么伤脑筋啊！类似拉斯科洞窟壁画2号[1]这种办法来解决只能是权宜之计，可能也是不可避免的，但不是一个理想的解决办法。通过提高门票价钱，通过下发禁止令，把参观版图上最美的景点、最精彩的部分、大型疗养地弄成精英旅游，这种措施可能会令人难以接受。应该对人类有信心，相信他们拥有获得和保持负责任游客的素质的能力，也要相信避免进行不合时宜干预的政府，这些政府会引导，会灵活调整参观日期和时间，就像卡尔纳克[2]到冬季才能对外开放。

二、在贝尔热、德里达和莫兰的启迪下读懂现时[3]

至于历史，我们采纳了哲学家梅洛-庞蒂[4]的路线，不强迫别人接受某个可能会具有“历史的意义”的真理，而是通过许多看似孤立的事件揭示这种旅游的历史有意义，揭示一种追求标新立异、与生产力主义的工业社会里的日常生活决裂的社会文化现象的意义。

---

[1] 位于法国多尔多涅省蒙特涅克村的韦泽尔峡谷，是著名的石器时代洞穴壁画。1940年被发现，1948年向公众开放，1963年关闭。1979年，拉斯科洞窟同韦泽尔峡谷内的许多洞穴壁画一起被选为世界遗产。为满足公众要求，法国政府在1983年按拉斯科洞窟原样在附近建了拉斯科洞窟2号，里边的壁画作品完全模仿自拉斯科洞窟，供游客参观，被称为拉斯科洞窟2号。

[2] 法国布列塔尼大区莫尔比昂省的一个市镇，有公元前2000年建造的古代列石遗迹、无数的古堡和中世纪小城堡。

[3] 加斯东·贝尔热（1896—1960），法国未来学家、哲学家、企业家。雅克·德里达（1930—2004），法国哲学家、解构主义大师。

[4] 莫里斯·梅洛-庞蒂这位法国20世纪最重要的哲学家、思想家、现象学家在《知觉现象学》中指出人类的历史具有明显的暧昧性，“历史的意义每一步都受到步入歧途的威胁，不断需要重新诠释……历史没有什么意义，更多的是消除无意义”。

埃德加·莫兰刚刚完成他的巨著《伦理学》，他有力地证明了我们的“社会很复杂”，“复杂的思想”很适合它。最近去世的哲学家德里达[1]与主流学说相悖，主张“解构”。我的这本书想要避免大量关于旅游的学院式专著和旅游教育方面存在的普遍的短板，因为它们忽略了所有的一般的文化。我想避开那些研究方法，因为它们旨在把事实简单化，片面地看待旅游存在的各种问题，让专题著作论文大量繁殖，把顾客群割裂开来，孤立地看待各种行为，罗列一些片面的观点，把自然和文化、活动与沉思、古老和新生事物、传统与现代对立起来。那样的言论只能在所谓“信条”——市场——中找到共同语言。所有的一切都可以按需求定做，供必须适应求。

长话短说吧：所有那些都是错的！复杂并不等于难懂，也不等于晦涩（埃德加·莫兰的观点），掩盖在复杂下面的，是不同因素和不同行为之间的相互依存关系。亨利·勒费弗尔早已论证自然被“文化化”到了何种程度。大自然如今很少是“原生态”的；它已经被人、旅游者尤其是观光客的行为或者至少是他们的目光给加工过，大自然孕育了文化，然后文化又改变了自然。

如此多的精神分析学家和伪旅游专家的错误在于他们把那些地点、现象和流动的人群割裂开了，而且以为只要人为地单一化就能抵达现实。但那么做反而扭曲了现实。我跟在德里达后面鼓吹系统、解释方法和课程——比方说旅游营销课程——的解构，因为我喜欢锲而不舍的“对意义的探寻”，这种探寻既是历史的也是社会学领域的探寻。地理学非常可贵，因为它确定人口的空间位移并提供证据。

旅游与人类社会、人类文明是分不开的，它是在人类社会和人类文明中发展起来的。魁北克人的“文化主义观点”是恰当的。用长远的眼光看问题不仅能够照亮过去，也能让人预见将来。加斯东·贝尔热在

[1] 德里达逝世于2004年10月8日。

三十多年前揭示了开展未来展望[1]研究的重要意义，那是一门对未来可能发生的事进行前瞻的学问。最后我也要试一下。

三、曲线的不可能延长

我们先来清除对旅游业的严重预测错误。一些官方机构以为自己能延长游客到访的图表曲线，尝试通过地面设施（住宿、已存的和最近建造的设备）统计表来呈现旅游业在不久的将来的增幅：将来的五六年——这是法国式的规划期限（在法国有规划的时候），或者更遥远的未来——十五或者二十年——所谓的远景。

这种尝试并不令人反感。人们甚至可以正确地看待常常被提到的障碍，那就是不能发生突如其来的天灾人祸。这是明摆着的。必须承认欧洲自二战结束后大体上没遭受灾害，精英旅游充分发展的整个19世纪欧洲一直存在的有利条件重新回来了。1989年柏林墙的倒塌可以看作是欧洲重回正轨，欧洲正在巩固它的游客发送和接收头号地区的特殊位置。从经济形势上看，欧洲相对来说也是个没有遭殃的地区。1929年的那场危机的创伤太巨大了，留下了刻骨铭心的记忆。最近几十年来，我们看到欧洲的一种旅游（部分是大众旅游）对形势的风险的敏感度降低了。与经济学原理相悖的是，外出度假并没有首先受到收入下降的冲击。

人们开始发现，至少在欧洲，外出度假的愿望是如此强烈所以经得起冲击。传统的出发度假的人随机应变，减少花费，把情况也打探得更加清楚，避开一些昂贵的旅游目的地。每个季节之后都有分析说到“零星的趋势”，这是不对的，那可不是“季节性的流行款式”，而是越来越确定的行为……大家可能会希望对这些重大趋势做多年的更精细的研

---

[1] 未来展望学（又称未来学）是加斯东·贝尔热提出的关于研究促进现代社会发展的因素及对未来社会展望的科学。

究。可惜这类研究太少了，媒体很容易在每一个夏季或者冬季之后，报道不同的旅游经营者的抱怨。那些满意的经营者通常喜欢保持沉默，不满意的则喜欢装成一副受害者的样子，避免做一些令人不愉快的评判，类似于这种：“由于价钱昂贵，性价比太低，接待太差，蓝色海岸赶跑了一部分游客。”（这样说可能有些极端，但相反的表达可能又是错的。）

旅游的管理肯定常常是不足的，负责的政府肯定很容易满足于平庸的统计数字。谁敢像揭发丑闻一样说大部分数据是不能相互比较的？这些数据是不能跟世界上不同的国家进行比较的。你简直可以把世界旅游组织的统计数据当成一种欺诈。世界旅游组织很清楚，它认为并且承认，从一个国家到另一个国家，对旅游的定义是不一样的——逗留时间从一天到五天！虽然同属迁徙的人，“游客”的称呼并不对所有的人都适用。世界旅游组织通过不太随机的抽样方式调查评估作为游客进入的外国人，法国对这种方式视而不见。旅游观测所所长莫里斯·贝纳德的一份报告（2000年）尽管保持有意识的谨慎但一点也不含糊。同一家旅游观测所出版了一本珍贵的、根据参观者人数进行排名的法国景点的书，而大多数书只有对景点的评价，并且这些评价只涉及或已经涉及那些特别的景点，比方说圣米歇尔山（人们只知道山北边的奇迹修道院要买门票），或者加尔水道桥。

对这些一遍遍重复的定评该怎么看呢？它们应该受到一点点质疑。法国也许是但不一定是世界上第一大旅游国。巴黎很快就断言自己是全世界游客接待人数最多的城市。法国拥有最广阔、设备最好的高山滑雪场地，这一点很有可能是真实的。在其他方面的比较就不确定了……也许缺乏为一个把实际情况美化了的排行榜进行辩护的证据。因此，外国人对可以用来改造成别墅的乡村房屋的需求量非常大。这种需求抬高了房价（抬高了多少呢?），但每平方米的价钱比别处要低。有多长时间呢？为什么呢？大家不觉得这种问题值得踏踏实实地研究一下吗?

最后这一章相当于结尾，得到了加斯东·贝尔热的道义上的赞助；

这一章也尝试做一个未来展望。旅游不是众多迁徙中的一种，旅游的意义在于它可以描绘工业文明和现在所谓先进工业社会的特征。在前几个世纪里，标新立异的发明曾经是旅游的原动力，它永远都是。我挑动那些反驳者列举一些直接来自社会下层然后在世界不同社会阶层中普及的体育活动、娱乐活动和旅游活动；但指出、确定中产阶层然后是平民阶层把精英旅游活动据为己有的时间和地点坐标却是有可能做到的。我们可以确认的是，被让·弗拉斯蒂埃[1]充分挖掘的所谓“辉煌三十年”（1945—1975）是决定性的时期。我们也可以让自己相信，那些很长一段时期里都不知道特权阶层享受的休闲的价值的普通百姓也尝试过，继而成功地把许多休闲活动和地点占为己有，但同时也抛弃了有时被定性为具有平民色彩的旅游方式。

我们有权认为发明然后模仿最后占有的旅游进程将继续运行下去，但无法保证“守门人”、推广者群体和使一些地点、运动场和旅游季名扬天下的知名人士会持续出现。英国贵族阶层参与发明创造的19世纪已经一去不返了，永远也不会回来了。20世纪末美国人，更确切地说是加利福尼亚人促进了旅游的进程。山地车使从前的旅游俱乐部里的旅游自行车获得了新生；法国人把这项运动照单全收据为己有，给它取了个“越野自行车”的名字。“娱乐”的风行，轻型运动休闲——冲浪、滑雪、滑板、蹦极的成功都源自北美的大力推广。并不是说别的首创就不能在别的地方出现。不应该从产品的角度来考虑。这不是一个需求的问题，而是行为问题。没有一项大的旅游活动，没有一个景点可以保证在接下来的数十年里能够保持其光芒和吸引力。但也没有任何东西能让你去假设将来的游客不再被滑雪吸引，或者重新对消夏的地中海产生不满，或者不了解温泉疗法的功效。不确定的成分太大。但你至少能看到在不管是游客还是负责管护的国土整治工作者的诸多动机中，文化遗产

[1] 让·弗拉斯蒂埃（1907—1990），法国经济学家、社会学家。

“让我们去拥抱生活。”公共假日气氛

和文化遗产的保护方面的因素具有愈来愈强大的力量。从1972年的斯德哥尔摩大会开始，文化遗产就变成了全世界都关心的东西；联合国通过教科文组织负责监督。愈来愈多的游客参观被列入联合国教科文组织世界遗产名录的景点，不管是文化的、自然的，还是混合的，都证明旅游并不是一种普通的休闲方式；旅游强力地融进了若福尔·杜马泽迪埃[1]提出的休闲的3D功能中的发展功能，这种发展功能与娱乐和放松功能是排在一起的。

旅游走过了昨天，走到了今天这个阶段，还会迎来美好的明天吗？

[1] 法国社会学家若福尔·杜马泽迪埃的著作尤其是1962年出版的重磅作品《去往休闲文明吗?》对休闲社会学做过深入探讨。他曾提出休闲的3D功能，即娱乐（distraction）、放松（délassement）和发展（développement）。

附录一

作者的其他作品

-*Le tourisme*. Seuil, 1972, 1982, 1983.

-*La communication touristique* (avec P. Viallon). QSJ n°2850, 1994.

-*L'invention du tourisme*. Gallimard-Découvertes, 1996.

-*Il turismo del Grand Tour ai viaggi organizzati*. Electra, 1997.

-*L'invention du tourisme. Origine et développement du tourisme dans le Sud-Est de la France du XVIe siecle à la fin du Second Empire*, 21 fasc. 1997, Ed. du Centurion, Lille III.

-*Le tourisme de l'an 2000*. Presses Universitaires de Lyon, 1999.

-*Histoire du tourisme de masse*. QSJ n°3480, 1999.

-*Histoire de l'invention du tourisme dans le Sud-Est XVIe-XIXe siècles*. Ed. de l'Aube, août 2000.

-*L'invention de la Côte d'Azur. L'hiver dans le Midi*. Ed. de l'Aube, janvier 2002.

-*Vade-mecum du tourisme en France*. Ed. Management et société. Caen, janvier 2003.

-*Historia do turismo de massa*. EDUSC, Bandeirantes-Bahia, 2003.

-*Le Thermalisme dans le Grand Sud-Est de la France*. Presses universitaires de Grenoble, 2005.

-*Histoire générale du tourisme du XVIe au XXIe siècle*. L'Harmattan, 2005.

-*Le tourisme de masse*. L'Harmattan, 2007.

-*La Maison de campagne XVIIIe-XXIe siècle. Une histoire culturelle de la résidence de villégiature*. Autrement, 2007.

-*Les villégiatures du XVIe au XXIe. Panorama du tourisme sédentaire*. Éditions Management et Société, 2008.

-*Ailleurs. Histoire et Sociologie du Tourisme*. L'Harmattan, 2011.

作者主持或参与的项目

-Colloque Nice 1963: *Le caractère saisonnier du phénomène touristique*. Actes de l'Université d'Aix.

-*Les Guides imprimés du XVIe au XXe siècle*. Colloque Paris VII, 1998. Belin éd. 2000.

-Colloque UNESCO-ICOMOS sur les grands sites. Arles, 1998.

-*Mediterranean tourism*, chap. France, Routledge London, 2000.

-*La Drôme* (ouvr. Collectif dirigé par Marc BOYER), La Fontaine de Siloë, 2003.

-*El turismo en Europa de la edad moderna al siglo XXe*, in Historia Contemporànea 2002(II) n°25-Unad del Païs Vasco-n° consacré entièrement au tourisme.

-*L'Italia nello sguardo degli viaggiatori turisti* in Citta, turismo e comunicazione globale pp.57-66. Uta di Bologne.2004. Franco Angeli ed.

-*Livello globale, livello locale, due tipi di strategia e di comunicazione*, pp.29-35 in Turismo, territoria e identità Uta di Bologna.2004. Franco Angeli ed.

-*Les Alpes et le Tourisme* in Atti dell'Assoc. Intern. Per la Storia delel Alpi, Lugano, 2004.

附录二

主要参考书目

-AMIROU Rachid, *Imaginaire touristique et sociabilité du voyage*. Paris, P.U.F., 1995.

-ASAD Mohammed, *Le chemin de La Mecque*. A. Fayard, La Bibliothèque du voyageur, 1974.

-AUTREMENT, série Mutations n°111, *Les vacances*.

-BABEAU Albert, *Les voyageurs en France depuis la Renaissance jusqu'à la Révolution*. Paris, 1985.

-BARTHES Roland, *Mythologies*. Paris, 1955.

-BAUDRY de SAUNIER L. Plusieurs ouvrages sur la *vélocipédie, l'automobile* autour de 1900.

-BERTHO-LAVENIR Catherine, *La roue et le stylo. Comment nous sommes devenus touristes*. Od. Jacob, 1999.

-BOYER Marc. Voir *Annexe I*.

-BROC Numa, *Les montagnes par les géographes et les naturalistes de langue française au XVIIIe*...1969.

-BOLOGNE (Université de), *Sociologia urbane er rurale*...et plusieurs ouvrages collectifs (A. SAVELLI, P. GUIDICELLI, M. BOYER, E. COHEN, M.F.LANFANT...) dans les années 1980-2004.

-BURGESS Anthony, *Le grand siècle du voyage*. Paris, Albin Michel, 1972.

-CANNELL Dean Mac, *The tourist. A new story of the leisure class*. New York, Shocken Books, 1976.

-CAZES Georges, *Les nouvelles colonies de vacances*. Paris, L'Harmattan, 2 tomes, 1989-1992.

-*Fondements pour une géographie du tourisme et des loisirs*. Paris, Breal, 1992.

-CHESNEAUX Jean, *L'Art du voyage*. Bayard.

-Communications, n°10, 1967, éd. Seuil, n° spécial sur *le tourisme*. Collectif (art. de Jean CASSOU, A. DUPRONT, O. BURGELIN)

-CORBIN Alain, *Le territoire du vide. L'Occident et le désir du rivage 1750-1840*. Flammarion, 1988.

-*L'avènement des loisirs 1850-1960*. Aubier, 1995, ouvr. Collectif.

-CRIBIER Françoise, *La grande migration d'été des citadins de France*. Thèse, 1969.

-DEWAILLY Jean Michel et FLAMENT Emile, *Géographie du tourisme et des loisirs*. Paris, Sedes, 1993.

-DUCHET René, *Le tourisme à travers les âges*. Paris, Vigot, 1949.

-DUMAZEDIER Joffre, Direction du n° spécial d'*Esprit*, juin 1954, sur *Le Loisir*, première manifestation du Centre d'Etudes sociologiques du loisir.

-*Vers une civilisation du loisir?* Paris, Seuil, 1962. Et beaucoup d'autres ouvrages.

-ELIAS Norbert, *La civilisation des moeurs*. Paris, Presses Pocket, 1973. Trad. de l'all.

-ENGEL Claire-Eliane, angliciste spécialisée dans la *littératue alpestre... l'histoire de l'alpinisme*; très féconde 1930-1950.

-GALLIMARD-Découvertes, *Le Mont-Blanc, L'hiver de glisse, Les paquebots, La Tour-Eiffel, L'invention du tourisme.*

-GOUJON Paul, *Cent ans de tourisme en France*. Le Cherche-Midi, 1989.
-JOLIAT Eugène, *Smolett et la France*. Paris, Champion, 1935.
-JOUTARD Philippe, *L'invention du Mont-Blanc*. Coll. Archives, Gallimard.
-LANFANT Marie-Françoise, *Sociologie du tourisme...* Paris, CNRS, 1978.
-LE FRANC G. *Juin 36*. Coll. Archives Gallimard.
-LERIVRAY (Chan. B.), *Guides, guides verts et lunettes roses*. Paris, Cerf, 1975.
-LOZATO-GIOTART Jean-Pierre, *Géographie du tourisme. De l'espace regardé à l'espace consommé*. Paris, Masson, 1990.
-MONGLOND André, *Vies préromantiques*. Paris, Belles Lettres, 1925.
Le préromantisme français. Grenoble, Arthaud, 1930.
-PAYOT Paul, *Au royaume du Mont-Blanc*.1950.
-PY Pierre, *Le tourisme, un phénomène économique*. Paris, La Documentation française, 1993.
-Que sais-je ? la collection phare des P.U.F. comprend une vingtaine d'ouvrages sur les aspects principaux du tourisme, le sport, le loisir.
-RAUCH André, *Vacances en France de 1830 à nos jours*. Hachette, 1996.
-SAVELLI Asterio e aliï (P. GUIDICINI, M.B....) *Turismo e ambiante*. Milano, Marco Angeli, 1993.
-TURNER L. et ASH J. *The golden hordes: international tourism and the pleasure periphery*. London, Constable, 1975.
-URBAIN Jean-Didier, *L'idiot du voyage. Histoire de touristes*. Paris, Plon, 1991.
-*Sur la plage. Moeurs et coutumes balnéaires (XIXe-XXe)*. Paris, Payot, 1994.
-VEBLEN Thorstein, *Théorie de la classe de loisir*.1e éd. New York, 1899;1e éd. fr. 1970.

附录三

译名对照表

A

Abano Terme, 阿巴诺 · 泰尔梅
Abel Bailly, 阿贝尔 · 巴利
Abel Hugo, 阿贝尔 · 雨果
Abraham Golnitz, 阿布拉姆 · 格尔尼兹
Abriès, 阿贝里艾斯
Académie royale de médecine, 法兰西王家医学院
Addison Mizner, 阿迪森 · 米兹那
Adeline Daumard, 艾德琳 · 多马尔
Adolph Leroy, 阿道夫 · 乐华
Adolphe Carle, 阿道夫 · 卡尔
Adolphe Joanne, 阿道夫 · 若阿纳
Adrets, 亚德雷
Adrian de Baroncelli, 阿德里安 · 德 · 巴隆塞利
Agnès Varda, 阿涅丝 · 瓦尔达
Aibitreccia, 埃比特尔西亚
Aiguebelette, 艾格贝雷特
Ailefroide, 艾勒弗鲁瓦德山
Ain, 安省
Aix, 艾克斯
Aix-en-Provence, 普罗旺斯地区艾克斯
Aix-en-Savoie, 萨瓦地区艾克斯
Aix-la-Chapelle, 亚琛
Aix-les-Bains, 艾克斯莱班
Alain Corbin, 阿兰 · 科班
Alain Ehrenberg, 阿兰 · 艾伦伯格
Alain Finkielkraut, 阿兰 · 芬季克罗
Alain Sedouy, 阿兰 · 塞杜伊
Albanis Beaumont, 阿尔巴尼 · 博蒙
Albermale, 阿尔贝马尔
Albert de Haller, 阿尔贝 · 德 · 阿莱
Albert Demangeon, 阿尔贝 · 德曼荣
Albert Frederik Mummuery, 阿尔伯特 · 弗雷德里克 · 马默里
Albert Lebrun, 阿尔贝 · 勒布伦
Albert Smith, 艾伯特 · 史密斯
Albertas, 阿尔伯塔斯
Alberti, 阿尔伯蒂
Albigny, 阿尔比尼
Alcide Bonneau, 阿尔西德 · 博诺
Alcide de Bonne Case, 阿尔西德 · 德 · 博讷 · 卡斯
Aletti, 阿莱蒂
Alexandre Burgener, 亚历山大 · 布尔日奈
Alexandre Dumas, 大仲马
Alexandre Pope, 亚历山大 · 蒲柏
Alexis Orloff, 阿列克谢 · 奥尔洛夫
Alexis Tournier, 亚历克西 · 图尼埃
Alexis-Hubert Jaillot, 亚历克西–于贝尔 · 热约
Alfred de Musset, 阿尔弗雷德 · 德 · 缪塞

Alfred Dreyfus, 阿尔弗雷德 · 德雷福斯
Aliï, 阿里
Allais, 阿莱，参见Alphonse Allais
Allemont, 阿勒蒙
Allevard, 阿勒瓦尔
Alloy, 阿洛瓦
Almeria, 阿尔梅里亚
Alphonse Allais, 阿尔封斯 · 阿莱
Alphonse d' Augerot, 阿尔封斯 · 德 · 奥热罗
Alphonse Daudet, 阿尔封斯 · 都德
Alphonse Dupront, 阿尔封斯 · 杜普龙
Alphonse Karr, 阿尔封斯 · 卡尔
Altmann, 阿尔特曼
Ambérieu, 安贝里厄
Ambleteuse, 昂布勒特斯
Amédée Achard, 阿梅德 · 阿夏尔
Amélie-les-Bains, 阿梅利莱班
Amiens, 亚眠
Amoudruz, 阿慕德鲁兹
Ampere, 安培
Amphion, 昂菲翁
Amsterdam, 阿姆斯特丹
Anatole France, 阿纳托尔 · 法朗士
Anatole Leroy-Beaulieu, 阿纳托尔 · 勒罗瓦－博利厄
Andorre, 安道尔
André Bourde, 安德烈 · 布尔德
André Duchesne, 安德烈 · 杜舍斯内
André Harris, 安德烈 · 阿里斯
André Laurie, 安德烈 · 洛里
André Michelin, 安德烈 · 米其林
André Rauch, 安德烈 · 劳克
André Sella, 安德烈 · 塞拉
André Siegfried, 安德烈 · 西格弗里德
André Spire, 安德烈 · 斯皮尔
André Trigano, 安德烈 · 特里加诺
Andrews, 安德鲁
Angel, 昂热尔
Angers, 昂热
Anjou, 安茹
Ankwright, 昂克莱特
Anna Pitt, 安娜 · 皮特
Anne Plumptre, 安妮 · 普伦普特里
Anne, 安妮
Annecy, 阿讷西
Anne-Robert-Jacques Turgot, 安娜－罗贝尔－雅克 · 杜尔戈
Annibal, 汉尼拔（同Hannibal）
Anspach, 安斯巴赫
Anthonioz, 安东尼奥兹
Anthony Dale, 安东尼 · 戴尔
Anthony van Dyck, 安东尼 · 范戴克
Anthony, 安东尼
Antibes Juan-les-Pins, 昂蒂布－朱安雷宾
Antibes, 昂蒂布
Antoine Bertin, 安托万 · 贝尔丹
Antoine Claude Pasquin, 安托万 · 克洛德 · 帕斯甘
Antoine de Félix, 安托万 · 德 · 菲力克斯
Antoine de Ville, 安托万 · 德 · 维尔
Antoine Sella, 安托万 · 塞拉
Antoine, 安托万
Anvers, 安特卫普
Aoste, 奥斯塔
Apollon, 阿波罗
Aragon, 阿拉贡
Arc, 阿尔克
Arcachon, 阿尔卡雄
Arcs, 阿尔克
Arenc, 阿兰克

Argentière, 阿让蒂耶尔
Arkwright, 阿克莱特
Arles, 阿尔勒
Armand Fallières, 阿尔芒 · 法利埃
Armand Jammot, 阿尔芒 · 雅莫
Armand Peugeot, 阿尔芒 · 标致
Arnold Lunn, 阿诺德 · 伦恩
Arnoul, 阿努尔
Arras, 阿拉斯
Arromanches, 阿罗芒谢
Artaria, 阿尔塔利亚
Arth, 阿尔特
Arthur Young, 亚瑟 · 杨格
Arthur, 亚瑟
Astérix, 阿斯特利克斯
Astrid, 阿斯特丽德
Athènes, 雅典
Atkins, 阿特金斯
Aubenas, 奥伯纳
Auch, 欧什
Audin, 奥丹
Audjo, 奥德乔
Augerot, 奥热罗
Auguste Harvey, 奥古斯特 · 哈维
Auguste Lumière, 奥古斯特 · 卢米埃尔
Auguste-Frédéric, 奥古斯都 · 腓特烈
Auteuil, 奥岱伊
Auvergne-Rhône-Alpes, 奥弗涅–罗讷–阿尔卑斯
Avanzini, 亚旺西尼
Avezou, 阿维祖
Avignon, 阿维尼翁
Avoriaz, 阿沃里亚兹
Avranches, 阿夫朗什
Ax, 阿克斯
Ax-les-Thermes, 阿克斯莱泰尔姆
Aygalades, 埃加拉德
Aymar du Rivail, 埃马尔 · 杜日维尔

B

Babeau, 巴伯
Bachaumont, 巴肖蒙
Bacon, 培根
Bad Doberan, 巴德多贝兰
Baden-Baden, 巴登–巴登
Bad-Ischl, 巴特伊施尔
Baedeker, 贝德克尔
Bagnères-de-Bigorre, 巴涅尔德比戈尔
Bagnères, 巴涅尔
Bagneux, 巴涅
Bains-les-Bains, 班莱班温泉小镇
Balaruc, 巴拉吕克
Bâle, 巴塞尔
Ballanche, 巴郎什
Balmat, 巴尔马
Balthazar, 巴尔塔扎尔
Balzac, 巴尔扎克
Bandol, 邦多勒
Banff, 班夫
Banyuls, 巴纽尔斯
Barbara Gould, 芭芭拉 · 古尔德
Barbeau, 巴尔博
Barcelonnette, 巴尔塞洛内特
Barèges, 巴雷日
Baroncelli, 巴隆赛利
Barral, 巴拉尔
Barras, 巴拉斯
Barrèges, 巴雷日

Barthelemy de Laffemas, 巴泰勒米 · 德 · 拉夫马斯
Barthelemy, 巴泰勒米
Bashkirsteff, 巴什基尔采夫
Basque, 巴斯克
Bates, 贝茨
Bath, 巴斯
Baudelaire, 波德莱尔
Baudoin, 博多万
Baudry de Saunier, 鲍德里 · 德 · 索尼埃
Bayard, 巴雅尔
Béatrice le Gall, 贝阿特丽丝 · 勒加尔
Beau Nash, 博 · 纳什
Beaucaire, 博凯尔
Beaufroy, 博福罗伊
Beaujolais, 博若莱
Beaumont, 博蒙
Beausemblant, 博桑布朗
Bedier, 贝迪耶
Beghin, 贝金
Begin, 贝金
Bellecôte, 贝莱科特
Bellecour, 白莱果
Belledonne, 贝勒多讷
Bellegardes, 贝勒加德
Belley, 贝莱
Beloeil, 伯勒伊
Benjamin Constant, 本杰明 · 康斯坦
Bennett, 贝奈特
Beraldi, 贝拉尔迪
Beranger, 贝朗热
Berarde, 贝拉尔德
Berck, 贝尔克
Berliet, 贝利埃
Berlin, 柏林
Bernard Guyon, 贝尔纳 · 居永
Bernard Lerivray, 贝尔纳 · 勒里弗莱
Bernard, 贝尔纳
Bernardin de Saint-Pierre, 贝尔纳丹 · 德 · 圣皮埃尔
Berne, 伯尔尼
Berr, 贝尔
Berrida, 贝利达
Berry, 贝里
Berthout van Berchem, 贝索特 · 范 · 贝尔赫姆
Bertophe, 博多福
Bertrand Tavernier, 贝特朗 · 塔维尼埃
Berwick, 贝里克
Besançon, 贝藏松
Bessans, 贝桑镇
Besse, 贝斯
Beyle, 贝尔
Béziers, 贝济耶
Biarritz, 比亚里茨
Bionnassay, 比奥纳塞
Birbeck, 伯贝克
Bisson, 比松
Blackwood's Magazine, 布莱克伍德杂志
Blaew, 布劳
Blair, 布莱尔
Blois, 布卢瓦
Blonay, 布洛奈
Boigne, 波瓦涅
Boileau de Castelnau, 布瓦洛 · 德 · 卡斯泰勒诺
Boileau, 布瓦洛
Bois, 布瓦
Boissonas, 布瓦索纳
Bologne, 博洛尼亚
Bonaparte, 波拿巴
Boniface Rotario d'Asti, 博尼法斯· 罗塔里奥 · 德 · 阿

斯缇
Boniffasy, 博尼法西
Bonnamaux, 博纳摩
Bon-Nant, 伯南
Bonne Case de St Maurice, 伯恩 · 卡斯 · 德 · 圣莫里斯
Bonnerot, 博纳罗
Bonneval, 博讷瓦尔
Bonneveine, 博讷维内
Bonneville, 博讷维尔
Bordeaux, 波尔多
Bordier, 波尔迪埃
Bordighera, 波尔迪盖拉
Borély, 博雷利
Borgia, 波吉亚
Bormes, 博尔默
Bornes, 波尔讷镇
Bossons, 博松
Bossuet, 博须埃
Boswell, 博斯韦尔
Boucher de la Richarderie, 布歇 · 德 · 拉理查德利
Boulogne, 布洛涅
Bourbon, 波旁
Bourbon-Condé, 波旁－孔代
Bourbon-Lancy, 波旁－朗西
Bourbon-l'Archambault, 波旁拉尔尚博
Bourbonne-les-Bains, 波旁莱班
Bourboule, 布尔布勒
Bourdieu, 布迪厄
Bourges, 布尔日
Bourget, 布尔热
Bourg-la-Reine, 布尔拉雷讷
Bourgogne, 勃艮第
Bourgoin, 布尔关
Bourrit, 布里
Boutrays, 布特雷
Boyer d'Eguilles, 布瓦耶 · 德 · 埃吉耶
Brachet, 布拉歇
Brand, 布兰德
Brangucs, 布朗盖
Braque, 布拉克
Bregeault, 布雷若尔特
Bregenz, 布雷根茨
Brême, 布莱姆
Brémond, 布雷蒙
Brenta, 布伦塔
Breuil, 布勒伊
Brevoort, 布莱沃特
Briançon, 布里昂松
Brides, 布里德
Brighton, 布莱顿
Brillat-Savarin, 布里亚－萨瓦兰
Brisseux, 布里瑟
Brissot, 布里索
Bristol, 布里斯托尔
Brotel, 布罗特尔
Brougham and Vaux, 布鲁厄姆和沃克斯
Brougham, 布鲁厄姆
Broussin, 布鲁桑
Brown, 布朗
Bruchet, 布吕谢
Brun, 布伦
Bruneau, 布鲁诺
Brunet, 布鲁内
Bruxelles, 布鲁塞尔
Buffon, 布封
Bugey, 布热
Burnaby, 博那比

Bury, 布里
Bussière, 布西埃
Bussy-Rabutin, 布西－拉布丹
Butlin, 巴特林, 参见 William Butlin
Buttafoco, 巴塔福科
Byron, 拜伦

C

Cabourg, 卡布尔
Cachat, 卡夏
Cagnes, 卡涅
Caillot, 卡约
Calais, 加来
Callelongue, 卡勒隆格
Caluire, 卡吕尔
Caluire-Rillieux, 卡吕尔－里利厄
Calvados, 卡尔瓦多斯
Calvin, 加尔文
Camaret-sur-Mer, 滨海卡马雷
Camargue, 卡马尔格
Cambaceres, 康巴塞雷斯
Cambo, 康博
Camille Corot, 卡米耶 · 柯罗
Campine, 康皮讷
Campione, 金皮庸
Cancale, 康卡尔
Candaux, 康多
Canet, 卡内
Cannes, 戛纳
Capbreton, 卡普布雷东
Capharnaüm, 迦百农
Capissuchi, 卡皮苏奇
Capoue, 卡普阿
Caraccioli, 卡拉乔利
Carle, 卡尔莱
Carlisle, 卡莱尔
Carlo Osvaldo Goldoni, 卡罗 · 奥斯瓦尔多 · 哥尔多尼
Carlsbad, 卡尔斯巴德
Carnac, 卡尔纳克
Caroline Stefanie Felicity, 卡洛琳 · 史蒂芬妮 · 菲丽希缇
Carpentras, 卡庞特拉
Carrel, 卡莱尔
Carrel-Quintino Sella, 卡莱尔－奎提诺 · 塞拉
Carrier, 卡里埃
Carry-le-Rouet, 卡里勒鲁埃
Carthage, 迦太基
Casanova, 卡萨诺瓦
Cascais, 卡斯凯什
Cassini, 卡西尼
Cassis, 卡西斯
Castellane, 卡斯泰拉纳
Catelin, 卡特林
Catherine Bertho-Lavenir, 卡特琳娜 · 贝尔托－拉维尼尔
Catherine de Médicis, 凯瑟琳 · 德 · 美第奇
Catherine II, 叶卡捷琳娜二世
Causse, 喀斯
Caussy, 高西
Cauterets, 科特雷
Cayeux, 卡约
Cazenove, 卡泽诺夫
Cazotte, 卡佐特
Célestin Freinet, 塞莱斯丁 · 弗雷内
Celestina, 切莱斯蒂娜
Cerdagne, 赛尔达涅

César, 凯撒
Cézanne, 塞尚
Chablais, 夏布莱镇
Chabrol, 夏布洛尔
Challes, 夏尔
Châlon, 沙隆
Chambéry, 尚贝里
Chambre, 香布尔
Chamonix, 霞慕尼
Champagneux, 尚帕尼厄
Champagny, 尚帕尼
Chamrousse, 尚鲁斯
Chanonat, 夏诺纳
Chapeau, 莎波
Chapelle, 夏培尔
Chaptal, 夏普塔
Charbonières, 沙博尼耶尔
Charente, 夏朗德
Charlemagne, 查理曼
Charles Auguste Louis Joseph de Morny, 夏尔 · 奥古斯特 · 路易 · 若瑟夫 · 德 · 莫尔尼
Charles Avocat, 夏尔 · 阿沃卡
Charles Bonnamaux, 夏尔 · 博纳摩
Charles Bonnet, 夏尔 · 波奈
Charles Boyer, 查尔斯 · 鲍育
Charles Coypeau, 夏尔 · 克瓦博
Charles d'Orléans, 查理 · 德 · 奥尔良（查理一世，奥尔良公爵）
Charles d'Asnières, 夏尔 · 德 · 阿斯尼埃尔
Charles de Loménie, 夏尔 · 德 · 洛梅尼
Charles Durier, 夏尔 · 杜里埃
Charles Estienne, 夏尔 · 艾蒂安
Charles Ferdinand, 夏尔 · 费迪南
Charles Gamier, 夏尔 · 加尼埃
Charles Gardellc, 夏尔 · 加尔戴勒
Charles Garnier, 夏尔 · 加尔尼埃
Charles Gos, 夏尔 · 格斯
Charles Hudson, 查尔斯 · 哈德森
Charles II, 查理二世
Charles Maurras, 夏尔 · 莫拉斯
Charles Morazé, 夏尔 · 莫拉泽
Charles Nodier, 夏尔 · 诺迪埃
Charles Peguy, 夏尔 · 佩吉
Charles Vallot, 夏尔 · 瓦洛
Charles VIII, 查理八世
Charles Wingfield, 查尔斯 · 温菲尔德
Charlet, 夏尔莱
Charlotte Smith, 夏洛特 · 史密斯
Charlotte, 夏洛特
Charmettes, 夏尔梅特
Charpenay, 夏博奈
Chartier, 查提耶
Chartres, 沙特尔
Chasseloup-Laubat, 夏斯卢－罗巴
Chateaubriand, 夏多布里昂
Chateauneuf-Randon, 沙托诺弗－朗东
Châtelard, 夏特拉尔镇
Chateldon, 沙泰尔东
Chatenay, 夏特奈
Chatou, 沙图
Chedde, 歇德
Chenedollé, 谢纳多莱
Chénier, 谢尼埃
Chesterfield, 切斯特菲尔德
Childe Harold,《恰尔德 · 哈罗尔德游记》
Choquet, 肖凯
Chorier, 科里耶
Christian Almer, 克里斯蒂安 · 阿尔莫

Christine de Suède, 瑞典女王克里斯汀娜
Christophe Colomb, 克里斯托夫 · 哥伦布
Chypre, 塞浦路斯
Cicéron, 西塞罗
Cimiez, 希米埃
Claire-Éliane Engel, 克莱尔–爱莲 · 昂热尔
Claparède, 克拉帕雷德
Clarens, 克拉朗
Clary, 克拉利
Claude Lorrain, 克洛德 · 洛兰
Claude Périer, 克洛德 · 佩里埃
Claude-Emmanuel Luillier, 克洛德–埃马纽埃尔 · 卢耶埃
Claude-Nicolas Ledoux, 克洛德–尼古拉 · 勒杜
Claudine, 克劳蒂娜
Clemenceau, 克里孟梭
Clément, 克莱蒙
Clermont-Ferrand, 克莱蒙–菲朗
Cluses, 克吕思
Coblenz, 科布伦茨
Coco Chanel, 可可 · 香奈儿
Colbert, 科尔贝
Coleridge, 柯勒律治
Colette, 柯莱特
Collioure, 科利乌尔
Collomb, 古龙博
Collonges, 科隆热
Cologne, 科洛涅
Colomb, 哥伦布
Colomba, 高龙巴
Colombey-les-Deux Eglises, 科龙贝双教堂村
Combloux, 孔布卢
Côme, 科莫
Comtat, 孔达
Conan Doyle, 柯南 · 道尔
Condillac, 孔狄亚克
Condrieu, 孔得里约
Conrad Gessner, 康拉德 · 格斯纳
Constance, 康斯坦茨
Constant, 康斯坦
Constantin James, 康斯坦丁 · 雅姆
Constantinople, 君士坦丁堡
Contrex, 矿翠矿泉水
Contrexeville, 孔特勒克塞维尔温泉小镇
Conty, 孔蒂
Coolidge, 柯立芝
Coppée, 科佩
Coppet, 科佩
Coraboeuf, 科拉波夫
Corneille, 高乃依
Cornelia d'Alfi, 柯奈丽亚 · 德 · 阿尔菲
Cornouailles, 康沃尔郡
Cornuchet, 科尔努歇
Corte, 科尔泰
Coryat, 科里亚特
Cossé-Brissac, 科塞–布利萨克
Costa de Beauregard, 科斯塔 · 德 · 波尔加尔
Coste, 科斯特
Cotentin, 科坦登
Coulanges, 库朗其
Coupy, 库比
Courbetin, 顾拜旦
Courchevel, 高雪维尔
Courmayeur, 库马约尔
Courseules, 库尔瑟莱
Courtillier, 库尔蒂利耶
Couterrand, 古特朗
Couttet, 库泰

Couttolenc, 库多朗科
Cowes, 考斯
Coxe, 考克斯
Cracovie, 克拉科夫
Cramper, 柯蓝珀
Crans, 克莱恩
Craven, 克雷文
Creuse, 克勒兹
Cuire, 屈尔
Culloden, 卡洛登
Cumberland, 坎伯兰
Cunche, 昆奇
Cuxhaven, 库克斯港

D

D'Argens, 德 · 阿尔让
d'Epinay, 德皮奈
d'Essex, 德 · 埃塞克斯
d'Etigny, 德 · 埃蒂尼
d'Urville, 杜尔维勒
Dachkoff, 达什科娃
Dahu, 大胡
Dainville, 丹维尔
Dalmate, 达尔马提亚
Danckerts, 丹克茨
Daniel Halevy, 丹尼尔 · 哈雷维
Daniel Roche, 丹尼尔 · 罗奇
Daniel Roguin, 丹尼尔 · 罗根
Daniel Stern, 丹尼尔 · 斯特恩
Dassoucy, 达苏西
Daudet, 都德
Daumier, 多米埃
Dauzat, 杜扎
David Bertolotti, 大卫 · 贝尔托洛蒂
David Reisman, 大卫 · 里斯曼
Davos, 达沃斯
Dean MacCannell, 迪恩 · 麦克康奈尔
Deauville, 多维尔
Dedeyan, 德得扬
Delille, 德利尔
Deluc, 德鲁克
Denis Possot, 德尼 · 波索
Denis, 德尼
Deprun, 德普兰
Derrida, 德里达
Desaix, 德塞
Deshairs, 德歇尔
Desmahis, 德玛依
Desnos, 德斯诺斯
Desor, 德索尔
Despine, 戴斯宾
Dévoluy, 代沃吕
Devouassoud, 德沃阿苏
Diane de Poitiers, 黛安娜 · 德 · 普瓦捷
Dickens, 狄更斯
Diderot, 狄德罗
Didi, 蒂蒂 , 参见 Gérard Blitz
Die, 蒂埃
Dieppe, 迪耶普
Digne, 迪涅
Digne-les-Bains, 迪涅莱班
Dijon, 第戎
Dinard, 迪纳尔
Dion, 迪翁
Divonne, 迪沃纳
Dobler, 多布雷
Doire, 多瓦尔

Dolle, 道尔
Domenico Cortice, 多米尼克 · 科尔蒂斯
Domjulien, 东朱里安
Dorne, 多恩
Dos Passos, 多斯 · 帕索斯
Dourakine, 杜拉金
Dréano, 德雷亚诺
Du Bouchage, 杜布查日
Du Pays, 杜佩耶
Dubois, 杜布瓦
Duchêne, 杜舍纳
Dufour, 杜富尔
Duhamel, 杜阿梅尔
Duhot, 杜奥
Dumenge, 杜蒙日
Dumont, 杜蒙
Dunkerque, 敦克尔刻
Dunlop, 邓禄普
Dunoyer de Segonzac, 杜诺瓦耶 · 德 · 塞贡扎克
Dupaty, 杜帕蒂
Durand, 杜朗
Durand-Fardel, 杜朗–法尔戴尔
Durier, 杜里埃
Durry, 杜丽
Dutens, 杜登斯

E

Eaux Bonnes, 欧博讷温泉
Eaux Chaudes, 热泉温泉
Ebel, 埃贝尔
Ecosse, 苏格兰
Ecully, 埃库里
Edgar Morin, 埃德加 · 莫兰
Edgar Pisani, 埃德加 · 皮萨尼
Edgenworth, 埃奇沃思
Edith Sitwell, 伊迪丝 · 西特维尔
Edmond de Goncourt, 埃德蒙 · 德 · 龚古尔
Edmund W. Gilbert, 埃德蒙 · 威廉 · 吉尔伯特
Edouard de Perrodil, 爱德华 · 德 · 佩罗迪尔
Edouard Herriot, 爱德华 · 赫里欧
Edouard, 爱德华
Edward Shelley Kennedy, 爱德华 · 雪莱 · 肯尼迪
Edward Whymper, 爱德华 · 温伯
Egon Schiele, 埃贡 · 席勒
Egret, 埃格雷
Eguilles, 埃吉耶
Elbeuf, 埃尔伯夫
Elie de Beaumont, 艾利 · 德 · 博蒙
Elisabeth Amalie Eugenie, 伊丽莎白 · 亚美莉 · 欧根妮
Elisabeth, 伊丽莎白
Elisée Reclus, 埃利泽 · 雷克吕
Elvire Popescu, 爱尔薇儿 · 珀派斯科
Embrun, 昂布兰
Emil Zsigmondy, 埃米尔 · 兹斯格梦迪
Émile Allais, 埃米尔 · 阿莱
Émile de Girardin, 埃米尔 · 德 · 吉拉丁
Émile Delahaye, 埃米尔 · 德拉阿耶
Émile Durkheim, 埃米尔 · 迪尔凯姆
Émile Loubet, 埃米尔 · 卢贝
Emmanuel Le Roy-Ladurie埃马纽埃尔 · 勒华–拉杜里
Encausse, 昂科斯
Engel, 昂热尔
Enghien, 昂吉安
Enguerrand, 昂格朗
Ens, 恩斯

Enzensberger, 恩岑斯贝格尔
Ephrussi de Rothschild, 以弗鲁西 · 德 · 罗斯柴尔德
Epsom, 埃普索姆
Erasme, 伊拉斯谟
Ermenonville, 埃默农维尔
Ernest Baudoin, 欧内斯特 · 波多万
Ernest Burgess, 欧内斯特 · 伯吉斯
Ernest Labrousse, 欧内斯特 · 拉布鲁斯
Ernst Boyd, 恩斯特 · 博伊德
Eschen, 埃申
Esperandieu, 埃斯佩朗迪欧
Esprinchard, 埃斯普林查
Esterel, 埃斯特雷尔
Esterhazy, 埃施特哈齐
Estoril, 埃斯托里尔
Etienne Dolet, 艾蒂安 · 多雷
Etienne Dumont, 艾蒂安 · 杜蒙
Etretat, 埃特雷塔
Eugène Cornuché, 欧仁 · 科尔努歇
Eugène Delacroix, 欧仁 · 德拉克洛瓦
Eugène Deschamps, 欧仁 · 德尚
Eugène Isabey, 欧仁 · 伊萨贝
Eugène Labiche, 欧仁 · 拉比什
Eugène Shueller, 欧仁 · 舒尔莱
Eugène Sue, 欧仁 · 苏
Eugène, 欧仁
Eugénie, 欧仁妮
Eustache Deschamps, 厄斯塔什 · 德尚
Euzet, 厄泽
Evelyn, 伊夫林
Evian, 依云
Evian-les-Bains, 依云莱班
Evolène, 埃沃莱讷
Exchaquet, 艾克斯沙盖
Expilly, 艾克斯皮里
Eybens, 埃邦

F

Fabre, 法布尔
Fagon, 法贡
Fallières, 法利埃尔
Faria, 法利亚
Faucigny-Lucinge, 福西尼–吕善日
Faucigny, 福西尼
Favre, 法富尔
Fecamp, 费康
Fehmarn, 费马恩
Félix Antoine Philibert Dupanloup, 费利克斯 · 安托万 · 菲利伯 · 杜潘卢普
Félix Faure, 费利克斯 · 福尔
Félix Germain, 费利克斯 · 杰曼
Félix Platter, 费利克斯 · 普拉泰
Fénelon, 芬乃伦
Ferdinand de Saussure, 费迪南 · 德 · 索绪尔
Ferdinand Eisenkraemer, 费迪南 · 艾森克拉梅尔
Ferinel, 费里奈
Fernand Pouillon, 费尔南 · 普永
Fernandel, 费南代尔
Ferney, 费内
Ferradou, 费拉杜
Ferrand, 费朗
Feydel, 费代尔
Fischer, 费舍尔
Fitzjames, 菲茨詹姆斯
Flaine, 福勒恩
Flammarion, 弗拉马里翁
Flandres, 弗兰德

Flaubert, 福楼拜
Fleurieu, 弗勒里厄
Florence, 佛罗伦萨
Florian, 弗洛里昂
Floride, 佛罗里达
Fodéré, 弗德雷
Fonscolombe, 丰斯科伦布
Fontainieu, 封丹尼厄
Fontanes, 丰塔纳
Font-Romeu, 丰罗默
Font-Romeu-Odeillo-Via, 丰罗默－奥代约维亚
Fonvizine, 冯维辛
Forbes, 福布斯
Forbin d'Oppède, 福宾 · 德 · 欧佩德
Fordham, 福特汉姆
Forez, 福雷
Forster, 福尔斯特
Fouquet, 富凯
Foursatie, 福尔萨蒂
Fox, 福克斯
Fragonard, 弗拉戈纳尔
Francis Burney, 弗朗西斯 · 伯尼
Francis Roux-Devillas, 弗朗西斯 · 鲁－德维拉
Franck Jay Gould, 弗朗克 · 杰伊 · 古尔德
François, 弗朗索瓦
François 1er, 弗朗索瓦一世
François Carrère, 弗朗索瓦 · 卡莱尔
François de Dainville, 弗朗索瓦 · 德 · 丹维尔
François Guizot, 弗朗索瓦 · 基佐
François le Bossu, 弗朗索瓦 · 勒博苏
François le Coigneux, 弗朗索瓦 · 勒科瓦尼厄
François Mauriac, 弗朗索瓦 · 莫里亚克
François Mitterand, 弗朗索瓦 · 密特朗
François Waquet, 弗朗索瓦 · 瓦凯
Françoise Cribier, 弗朗索瓦 · 克里比埃
François-Joseph, 弗朗索瓦－约瑟夫
Franz Liszt, 弗朗茨 · 李斯特
Frascati, 弗拉斯卡蒂
Frasseron, 弗雷塞隆
Fred Robida, 弗雷德 · 洛必达
Frédéric Berat, 弗雷德里克 · 贝拉
Frédéric Dollé, 弗雷德里克 · 多雷
Fréjus, 弗雷瑞斯
Freshfield, 弗雷什菲尔德
Freyssinières, 弗雷西尼耶尔
Fribourg, 弗里堡
Fridtjof Nansen, 弗里乔夫 · 南森
Frison-Roche, 伏里松－罗什
Fynes Moryson, 菲尼斯 · 莫里森

G

Gabriel, 加布里埃尔
Gabriel de Tarde, 加布里埃尔 · 德 · 塔德
Gabriel Faure, 加布里埃尔 · 福尔
Gabriel Loppé, 加布里埃尔 · 罗佩
Gadagne, 加达涅
Gainsborough, 庚斯博罗
Galignani, 加里尼亚尼
Gallifet, 嘉利费
Gallimard, 伽利玛
Gand, 根特
Gap, 加普
Gard, 加尔
le lac de Garde, 加尔达湖
Garde, 贾尔德
Garden, 加登
Garmishe-Partenkirchen, 加米施－帕滕基兴

Gaspard, 加斯帕
Gassiot-Talabot, 加西奥－塔拉伯
Gaston Berger, 加斯东 · 贝尔热
Gaube, 戈贝
Gaudin, 高丹
Gautheron, 高泰龙
Gavarni, 加瓦尔尼
Gavin de Beer, 加文 · 德 · 贝尔
Gédéon, 吉迪翁
Gémenos, 热姆诺
Gênes, 热那亚
Genève, 日内瓦
Génissiat, 热尼西亚
Genlis, 让利斯
Geoffroy Atkinson, 杰奥弗瓦 · 阿特金森
George Braque, 乔治 · 布拉克
George Sand, 乔治 · 桑
Georges Cazes, 乔治 · 卡兹
Georges Clemenceau, 乔治 · 克里孟梭
Georges Fisch, 乔治 · 菲施
Georges Hébert, 乔治 · 埃贝尔
Georges Perrec, 乔治 · 佩雷克
Georges-Louis Leclerc, 乔治－路易 · 勒克莱尔
Georgina Dufoix, 乔治娜 · 杜富瓦
Gérard Blizt, 杰拉尔 · 布里茨
Gérard Gailly, 杰拉尔 · 加伊
Gérardmer, 热拉尔梅
Gerin Richard, 热兰 · 里夏尔
Germanes, 热尔曼纳
Gertrude Stein, 格特鲁德 · 斯泰因
Gervais de Tilbury, 热尔维 · 德 · 蒂尔伯里
Gex, 热克斯
Gian Lorenzo Bernini, 吉安 · 洛伦佐 · 贝尼尼
Gibbon, 吉本
Gide, 纪德
Gilbert André, 吉尔贝 · 安德烈
Gilbert Burnet, 吉尔伯特 · 布涅特
Gilbert Saulnier de Verdier, 吉尔贝· 索尼耶· 德· 魏迪埃
Gilbert Trigano, 吉贝尔 · 特里加诺
Girardin, 吉拉尔丹
Girault de Saint-Fargeau, 吉罗 · 德 · 圣法尔若
Grignan, 格里尼昂
Gironde, 吉伦特
Giscard d'Estaing 吉斯卡尔 · 德斯坦
Giuseppe Verdi, 朱塞佩 · 威尔第
Gloucester, 格洛斯特
Godillot, 戈迪约
Godino, 戈迪诺
Goethe, 歌德
Goldoni, 哥尔多尼
Goldsmith, 戈德史密斯
Gomez, 戈麦兹
Goncourt, 龚古尔
Gordes, 戈尔德
Gordon Bennet, 戈尔东 · 贝内
Gordon, 高登
Gos, 戈斯
Goubert, 古拜尔
Goudard, 古达尔
Gougenot de Greuze, 古热诺 · 德 · 格赫斯
Goujon, 古戎
Gourdon, 古尔东
Grace Moore, 格蕾丝 · 摩尔
Graf, 格拉夫
Grand Bornand, 大博尔南
Grandcarteret, 格朗卡尔特雷
Granval, 格兰瓦尔

Granville, 格朗维尔
Grasset, 格拉塞
Grégoire, 格雷古瓦
Grenoble, 格勒诺布尔
Gréoux, 格雷乌
Gresham, 格雷欣
Grésivaudan, 格雷西沃当
Gresset, 格雷塞
Grésy, 格雷西
Greyffié de Bellecombe, 格雷菲 · 德 · 贝勒孔布
Grignan, 格里尼昂
Grigny, 格里尼
Grimm, 格里姆
Grindelwald, 格林德瓦
Gritti, 格里迪
Grolleau, 格罗洛
Gruber, 格鲁伯
Gstaad, 格斯塔德
Gueidan, 盖丹
Guettard, 盖塔尔
Guibert, 吉贝尔
Guichonnet, 吉绍内
Guidet, 吉戴
Guidetti, 吉德蒂
Guiers, 吉耶
Guillaume d'Orange, 奥兰治亲王威廉三世
Guillaume Tell, 威廉 · 退尔
Guillaume, 纪尧姆
Guimet, 吉美
Guisane, 吉萨纳
Guittard, 吉塔尔
Gustave Courbet, 居斯塔夫 · 库尔贝
Gustave Doré, 居斯塔夫 · 多雷
Gustave Flaubert, 居斯塔夫 · 福楼拜
Guyenne, 吉耶讷

H

Hachette, 阿歇特
Haller, 阿莱
Haller fils, 小阿莱
Hamel, 哈梅尔
Hannibal, 汉尼拔
Hans Magnus Enzensberger, 汉斯 · 马格努斯 · 恩岑斯贝格尔
Hanska, 韩斯卡
Harrow, 哈罗
Hastings, 黑斯廷斯
Hautecombe, 奥特贡布
Hauterives, 奥特里韦
Hauteville, 奥特维尔
Hector Louis Berlioz, 埃克托尔 · 路易 · 柏辽兹
Helen Maria Williams, 海伦 · 玛丽亚 · 威廉斯
Hélène Lazareff, 埃莱娜 · 拉扎雷夫
Héliopolis, 赫利奥波利斯
Helvetius, 爱尔维修
Henri Beyle, 亨利 · 贝尔
Henri David Fabre, 亨利 · 戴维 · 法布尔
Henri de Virieu, 亨利 · 德 · 维里约
Henri Flagler, 亨利 · 佛莱格勒
Henri Giscard d'Estaing, 亨利 · 吉斯卡尔 · 德斯坦
Henri Heine, 亨利 · 海涅
Henri IV, 亨利四世
Henri Lefebvre, 亨利 · 勒费弗尔
Henri Pansu, 亨利 · 潘斯
Henri Raymond, 亨利 · 雷蒙
Henri Russell, 亨利 · 罗素
Henriette d'Angeville, 昂利叶特 · 德 · 安热维尔

Henriette Simon, 亨利叶特 · 西蒙
Henry Bonnamaux, 亨利 · 博纳摩
Henry Bordeaux, 亨利 · 波尔多
Henry Brougham, 亨利 · 布鲁厄姆
Henry Brulard, 亨利 · 布鲁拉尔
Henry Duhamel, 亨利 · 杜阿梅尔
Henry Ford, 亨利 · 福特
Henry Matthews, 亨利 · 马修斯
Henry Morrison Flagler, 亨利 · 莫里森 · 佛莱格勒
Henry Petty, 亨利 · 佩蒂
Henry Sampson Lunn 亨利 · 辛普森 · 伦恩
Henryk Sienkiewicz, 亨利克 · 显克微支
Hentzner, 亨兹纳
Hérault de Séchelles, 埃罗 · 德 · 塞歇尔
Herbert Marcuse, 赫伯特 · 马尔库塞
Herbert Taylor, 赫伯特 · 泰勒
Herculanum, 赫库兰尼姆古城
Herder, 赫尔德
Hernando Cortes, 埃尔南 · 科尔特斯
Herriot Varsin, 埃里奥特 · 瓦辛
Hervieu, 艾尔维厄
Héspérides, 赫斯珀里得斯
Hilaire Curtin, 伊莱尔 · 库尔丁
Hill, 希尔
Hippolyte Adolphe Taine, 伊波利特· 阿道尔夫· 泰纳
Hirschfield, 赫希菲尔德
Hombourg, 洪堡
Honoré de Balzac, 奥诺雷 · 德 · 巴尔扎克
Honoré III, 奥诺雷三世
Horace Bertin, 奥拉斯 · 贝丁
Horace Vernet, 奥拉斯 · 韦尔内
Horace Walpole, 霍勒斯 · 沃波尔
Horace, 贺拉斯
Hornoy, 奥尔努瓦
Hortense Allart, 奥唐丝 · 阿拉尔
Houlgate, 乌尔加特
Howell, 豪威尔
Hubert Robert, 休伯特 · 罗伯特
Hudson, 哈德森
Huez, 瑞兹
Humboldt, 洪堡
Humphrey Clinker, 亨佛瑞 · 克林克
Hyère, 耶尔
Hygeia, 海吉亚

I

Ifrane, 伊芙兰
Illiez, 伊利耶
Imperia, 因佩里亚
Innsbruck, 因斯布鲁克
Interlaken, 因特拉肯
Irving, 欧文
Isaac, 伊萨克
Isabella Straton, 伊萨贝拉 · 斯特拉顿
Isabey, 伊萨贝
Iseo, 伊塞奥
Issy, 伊西

J

Jack Lindsay, 杰克 · 林德赛
Jacob Spon, 雅各布 · 斯彭
Jacques Balmat, 雅克 · 巴尔马
Jacques Barzilay, 雅克 · 巴尔兹莱
Jacques Le Coigneux, 雅克 · 勒科瓦尼厄
Jacques Long, 雅克 · 隆
Jacques Payot, 雅克 · 帕约

Jacques Peletier du Man, 雅克 · 佩尔提耶 · 杜芒
Jacques Tati, 雅克 · 塔蒂
Jaillot, 热约
Jalabert, 雅拉贝尔
James II, 英国国王詹姆斯二世
James Henry Benett, 詹姆斯 · 亨利 · 班尼特
James Young, 詹姆斯 · 杨格
Jannart, 让纳尔
Jausier, 若谢尔
Jean Bard, 让 · 巴尔
Jean Bernard, 让 · 贝尔纳
Jean Boisseau, 让 · 布瓦索
Jean Boudout, 让 · 布杜
Jean Bruneau, 让 · 布鲁诺
Jean Cassou, 让 · 卡索
Jean Charlet, 让 · 夏尔莱
Jean Chesneaux, 让 · 歇诺
Jean Couzy, 让 · 库兹
Jean de Habsbourg, 让 · 德 · 哈布斯堡
Jean Devun, 让 · 德文
Jean d'Ormesson, 让 · 端木松
Jean Dusaulx, 让 · 迪索
Jean Ehrardt, 让 · 艾哈尔
Jean Fourastié, 让 · 弗拉斯蒂埃
Jean Franco, 让 · 弗朗哥
Jean Lacouture, 让 · 拉古图尔
Jean Lorrain, 让 · 罗兰
Jean Martin, 让 · 马丁
Jean Médecin, 让 · 梅德森
Jean Nicolas Arthur Rimbaud, 让· 尼古拉· 阿蒂尔· 兰波
Jean Richepin, 让 · 黎西潘
Jean-André Deluc, 让－安德烈 · 德吕克
Jean-Antoine du Baïf, 让－安托万 · 杜巴伊夫
Jean-Antoine Linck, 让－安托万 · 林克
Jean-Baptiste Colbert, 让－巴蒂斯特 · 科尔贝
Jean-Baptiste Isabey, 让－巴蒂斯特 · 伊萨贝
Jean-Didier Urbain, 让－迪迪埃 · 乌尔班
Jean-Frédéric Oberlin, 让－弗雷德里克 · 奥贝兰
Jean-George Sulzer, 让－乔治 · 舒尔泽
Jeanine Demesy, 让妮娜 · 德麦西
Jean-Jacques Ampère, 让－雅克 · 安培
Jean-Jacques Bouchard, 让－雅克 · 布夏尔
Jean-Jacques Pauvert, 让－雅克 · 博威尔
Jean-Jacques Rousseau, 让－雅克 · 卢梭
Jean-Louis Victor Bias, 让－路易 · 维克多 · 比亚斯
Jean-Marie André, 让－玛丽 · 安德烈
Jean-Michel Cachat, 让－米歇尔 · 卡夏
Jeanne d'Albert, 胡安娜三世
Jeanne de Chantal, 圣方济加 · 尚达尔
Jean-Paul de Saumeur, 让－保罗 · 德 · 索墨尔
Jean-Pierre Gutton, 让－皮埃尔 · 居东
Jean-Pierre Lozato-Giotart, 让－皮埃尔 · 罗扎托－吉奥塔
Jérome, 杰罗姆
Jérusalem, 耶路撒冷
Jo Martin, 乔 · 马丹
Joachim du Bellay, 约阿希姆 · 杜贝莱
Joanne, 若阿纳
Joffre Dumazedier, 若福尔 · 杜马泽迪埃
John Andrews, 约翰 · 安德鲁
John Ash, 约翰 · 阿什
John Audjo, 约翰 · 奥德乔
John Ball, 约翰 · 波尔
John Clenche, 约翰 · 克朗什
John Evelyn, 约翰 · 伊夫林
John Graham, 约翰 · 格拉汉姆
John d'Arms, 约翰 · 达姆斯

John Isaac Pontanus, 约翰·伊萨克·庞塔努斯
John Locke, 约翰·洛克
John Milliand, 约翰·米里昂
John Moore, 约翰·摩尔
John Murray, 约翰·默里
John Nash, 约翰·纳什
John Ruskin, 约翰·拉斯金
John Russel, 约翰·罗素
John Smith, 约翰·史密斯
John Spencer, 约翰·斯宾塞
John Stow, 约翰·史铎
John Tyndall, 约翰·丁达尔
John Wood, 约翰·伍德
Joliat, 若利亚
Joseph Amiez, 约瑟夫·阿米埃
Joseph Despine, 约瑟夫·戴思比纳
Joseph Marie Couttet, 约瑟夫·玛丽·古德
Joseph Méry, 约瑟夫·梅里
Joseph Michaud, 约瑟夫·米肖
Joseph Tairraz, 约瑟夫·泰拉兹
Joséphine, 约瑟芬
Josias Simler, 乔西亚斯·希姆勒
Joubert, 儒贝尔
Jourda, 儒尔达
Joutard, 儒塔尔
Jouvin de Rochefort, 儒文·德·罗什福尔
Juan-les-Pins, 朱安雷宾
Jules Blache, 儒勒·布拉什
Jules Castellane, 儒勒·卡斯泰拉纳
Jules de Goncourt, 儒勒·德·龚古尔
Jules Favre, 儒勒·法福尔
Jules Grévy, 儒勒·格雷维
Jules Gritti, 儒勒·格里蒂
Jules Janin, 儒勒·雅南
Jules Michelet, 儒勒·米什莱
Jules Philippe, 儒勒·菲利普
Jules Verne, 儒勒·凡尔纳
Julie, 朱丽

K

Kandahar, 坎大哈
Kant, 康德
Karamzine, 卡拉姆津
Karl Baedeker, 卡尔·贝德克尔
Karl Barth, 卡尔·巴特
Karl Drais, 卡尔·德莱斯
Karl Marx, 卡尔·马克思
Karpathes, 喀帕苏斯
Karr, 卡尔
Kersmark, 凯尔斯马克
Key-West, 基韦斯特
Kiel, 基尔
Kipling, 吉卜林
Kitzebühel, 基茨比尔
Kléber-Colombes, 科莱贝–科隆布
Kleinclauzz, 克莱恩克劳斯
Krüdener, 克鲁德纳

L

l'Aiguille du Dru, 德鲁峰
l'Aiguille du Goûter, 古特针峰
l'Aiguille du Midi, 南针峰
l'Aiguille Rouge, 鲁日峰
l'Algérie, 阿尔及利亚
l'Allier, 阿列省
l'Alpe d'Huez, 阿尔卑斯·德瑞兹

l'Andalousie, 安达卢西亚
l'Aneto, 阿内托峰
l'Annapurna, 安纳布尔纳峰
l'Aquitaine, 阿基坦
l'Ararat, 阿勒山
l'Arcadie, 阿卡迪亚州
l'Ardèche, 阿尔代什省
l'Ariège, 阿里埃日省
l'Arno, 阿诺河
l'Arve, 阿尔沃河
l'Arveyron, 阿维龙河
l'Assezat, 阿塞扎公馆
l'Autriche, 奥地利
l'Auvergne, 奥弗涅
l'Egypte, 埃及
l'Eigger, 艾格峰
l'Empire Turc, 土耳其帝国
l'Espagne, 西班牙
l'Etna, 埃特纳火山
l'Europe, 欧洲
l'Himalaya, 喜马拉雅山
l'Honore, 奥诺尔
l'Huveaune, 于沃讷
l'I.N.S.E.E, 法国国家统计与经济研究所
l'île Barbe, 巴布岛
l'île de Bandor, 邦多尔岛
l'île de Garda, 加尔达岛
l'île de Wight, 怀特岛
l'île d'Elbe, 厄尔巴岛
l'Ille-et-Vilaine, 伊勒－维莱讷省
l'Isère, 伊泽尔省
l'isola San Giulio, 圣朱利奥岛
l'Istrie, 伊斯特拉
l'Italie, 意大利
l'Inde, 印度
l'Oberland, 伯尔尼高地
l'Oisans-Pelvoux, 瓦桑－佩尔武
l'Olympe, 奥林匹斯山
l'Ombrie, 翁布里亚大区
l'Ubaye, 于拜埃
La Balme, 拉巴尔姆
la Balme-Chapelle, 巴勒莫教堂
la Baltique, 波罗的海
la Bastille, 巴士底城堡
La Baule, 拉博尔
la Bavière, 巴伐利亚
La Bédoyère, 拉贝多耶尔
La Begude de Mezenc, 拉贝居德－德－梅藏克
la Belgique, 比利时
la Bérarde, 贝拉尔德山
la Bibl. Univ. de Gênes, 热那亚大学图书馆
La Boisserie, 拉布瓦斯利
La Bourboule, 拉布尔布尔
la Bourbre, 布尔布尔河
la Brenva, 布朗瓦
la Bretagne, 布列塔尼
la Burzine, 布尔津城堡
la Californie, 加利福尼亚
la Campagnie, 坎帕尼亚
la Catalogne, 加泰罗尼亚
la Chaîne des Puys, 谢讷德皮
la Chapelle de la Tour, 拉夏培尔－德－拉图尔
la Chartreuse, 查尔特勒
La Ciotat, 拉西约塔
La Claire, 拉克莱尔
la Confédération helvétique, 瑞士联邦
la Corse, 科西嘉
la Côte d'Azur, 蓝色海岸

La Côte, 拉科特
La Crau, 拉克罗
la Croix de la Flégère, 福来热尔十字架
la Dent Blanche, 白牙峰
la Dordogne, 多尔多涅省
la Drôme, 德龙河（省）
la Durance, 杜朗斯河
la Farnésine, 法尔内西纳宫
La Fayette, 拉法耶特
la Fontaine ardente, 火泉
La Fontaine de Siloë, 拉封丹 · 德 · 斯洛埃
La Fontaine, 拉封丹
la Franche-Comté, 弗朗什－孔泰
la Galice, 加利西亚
la Garonne, 加龙河
la Gaspésie, 加斯佩半岛
la Gironde, 纪龙德河
la Grande Brière, 布里埃尔
la Grande Casse, 大卡斯峰
la Grande Charteuse, 大查尔特勒修道院
La Grave, 拉格拉夫
La Haye, 海牙
la Jolivette, 乔利威特
la Ladoucette, 拉杜塞特
la Loire, 卢瓦尔河
la Lombardie, 伦巴第大区
la Lütchine, 吕奇讷河
la Maison carrée, 尼姆卡利神殿
la Manche, 芒什海峡
la Maurienne, 莫里耶讷山谷
la Mecque, 麦加
la Meije, 迈耶峰
La mer de Glace, 冰海冰川
la Merveille, 奇迹修道院
la Mongie, 蒙吉村
la Motte en Dauphiné, 多菲内地区的摩特
La Motte-les-Bains, 拉莫特莱班
la Normandie, 诺曼底
la Péninsule ibérique, 伊比利亚半岛
La Pierre Ronde, 圆石峰
la Place des Terreaux, 特洛广场
La Plagne, 拉普拉涅
La Platière, 拉普拉蒂埃尔
la Provence, 普罗旺斯
la Provence-Alpes-Côtes d'Azur, 普罗旺斯－阿尔卑斯－蓝色海岸大区
la Réunion, 留尼旺
la Reynarde d'Aix, 雷纳德戴克斯
la Rivette, 李维特
La Rochefoucauld, 拉罗什富科
La Rochefoucauld d'Enville, 昂维尔的拉罗什富科
La Rochelle, 拉罗谢尔
La Roque, 拉罗克
la rue Royale, 王家大街
la Russie, 俄罗斯
la Sablière, 萨布利埃
La Saige, 勒塞日
la Saône, 索恩河
la Sardaigne, 撒丁王国（撒丁岛）
La Sauvagère, 拉索瓦热尔
la Seine, 塞纳河
la Serraz, 拉塞拉兹
la Société Ramond, 拉蒙协会
la Sociéte Royale de Médecine, 法兰西王家医学协会
la Suisse, 瑞士
la Tarentaise, 塔朗泰斯
La Teste-de-Buch, 拉泰斯特德比克

la Timone, 拉蒂莫内
la Tour d'Aigues, 拉图代格
La Tour-du-Pin, 拉图尔迪潘
La Treille, 拉泰伊
La Turbie, 拉图比山
la Vallouise, 瓦卢伊斯
la Vanoise, 瓦努瓦斯峰
la Viste, 维斯特街区
Labasse, 拉巴斯
Labiche, 拉比什
Laborde, 拉波尔德
Labrousse, 拉布鲁斯
Ladmirals, 拉德米拉尔
Laennec, 雷奈克, 参见 René Laennec
Lafénéchère, 拉菲内歇尔
Lalande, 拉朗德
Lamartine, 拉马丁
Landouzy, 朗杜奇
Lanfant, 朗方
Langeron, 朗热隆
Langres, 朗格勒
Languedoc, 郎格多克
Languedoc-Roussillon, 朗格多克-鲁西永
Lanquar, 朗卡尔
Lansdowne, 兰斯敦
Lanskoy, 兰斯考依
Lanslebourg, 兰斯勒堡
Lantier, 朗蒂埃
l'Arc, 拉尔克
Larnage, 拉纳日
Larousse, 拉鲁斯
Larzac, 拉尔扎克
Lascaux-bis, 拉斯科洞窟壁画2号
Lassalle, 拉萨尔
Latonne, 勒托
Latreille, 拉特里耶
Laufen, 劳芬
Lausanne, 洛桑
Lautaret, 罗塔雷
Lauterbrunnen, 劳特布伦嫩
Lavedan, 拉夫当
Lavoisier, 拉瓦锡
Laydenier, 莱德尼埃
Lazowski, 拉绍斯基
le Balaïtous, 巴拉伊杜斯峰
le Bas-Rhône, 下罗讷河地区
le Bas-Valais, 下瓦莱地区
le Ben Nevis, 本尼维斯山
le Benelux, 比荷卢经济联盟
Le Blanc, 勒布朗
le Bourg-d'Oisans, 瓦桑镇
le Bourget, 布尔歇湖
Le Brévent, 勒布雷旺
le Brienzersee, 布里恩茨湖
le Buet, 比埃山
le Bugey, 比热地区
le CAF, 法兰西阿尔卑斯俱乐部
le Calcaire, 骷髅地
Le Camus, 勒加缪
le Canigou, 卡尼古峰
Le Cannet, 勒卡内
le Canton Valais 瓦莱州
le Cap Bénat, 贝纳角
le Cap d'Antibes, 昂蒂布角
le Cap Ferrat, 费拉角
le Cap Martin, 马丁海角
le Caucase, 高加索
le Cervin, 马特洪峰

le Chablais, 夏布莱
Le Chapeau, 勒沙坡
le Château d'If, 伊夫堡
le Chenonceaux, 舍农索城堡
le Cirque de Gavarnie, 加瓦尔尼冰斗
le Col Bayard, 巴亚尔山口
le Col de Balme, 巴尔姆山口
le Col de Cru Nouveau, 新克鲁山口
le Col de l'Iseran, 伊瑟朗山口
le Col de Larche, 拉尔什山口
le Col de Pérouse, 佩鲁斯山口
le Col de Porte, 波尔特山口
le Col de Tende, 腾德山口
le Col de Venosc, 维诺斯克山口
le Col de Voza, 沃扎山口
le Col du Galibier, 加利比耶山口
le Col du Géant, 巨人峰垭口
le Col du Mont-Cenis, 塞尼山口
le Colissé, 罗马斗兽场
Le Comte de Monte-Cristo, 基督山伯爵
Le Comte Russel, 罗素伯爵
Le Comte, 勒孔特, 汉名为李明
le Corfou, 克基拉岛
le Corrèze, 科雷兹省
Le Croisic, 勒克鲁瓦西克
Le Crotoy, 勒克罗图瓦
le D.D.A.S.S., 法国省级卫生和社会事务管理局
le Dauphiné, 多菲内（地区）
le Djerba, 杰尔巴岛
le Docteur Gay, 盖医生
le Du tacul, 杜塔库峰
le Fayet, 法耶村
le Finsteraarhorn, 芬斯特拉峰
le Fond-de-France, 法兰西底
Le Franc de Pompignan, 勒弗兰克 · 德 · 蓬皮尼昂
Le Fresne, 勒弗雷讷
le Galleria degli Uffizi, 乌菲兹美术馆
le Gard, 加尔河
le Gerbier-de-Jonc, 热尔比埃德荣峰
le Gers, 热尔省
le Gex 热克斯地区
le golfe de Naples, 那不勒斯湾
le Grand Paradis, 大帕拉迪索山
Le Grau du Roi, 勒格罗迪鲁瓦
le Greenwich Village, 格林尼治村
le Grépon, 格雷篷峰
le Grimsel, 格里姆塞山
le Gross Glockner, 大格洛克纳山
le Guide Reichard, 赖夏德指南
le Guiers, 吉耶河
le Haut-Vivarais, 上维瓦莱
le Heligoland, 黑尔戈兰岛
Le Jardin, 勒雅尔丹
le Jas-de-Bouffan, 贾斯德布方
le Jungfrau, 少女峰
le Jura, 汝拉山, 汝拉山脉
le Lac des Quatre-Cantons, 琉森湖
le lac d'Oô, 多奥湖
le lac d'Orta, 奥尔塔湖
le lac du Bourget, 布尔热湖
le lac Majeur, 马焦雷湖
Le Lardanchet, 勒拉尔当榭
le Lot-et-Garonne, 洛特 – 加龙省
le Lubéron, 吕贝隆
Le Mans, 勒芒
le Marais, 巴黎玛莱区
Le Marchand, 勒马尔尚
Le maréchal d'Ecosse, 苏格兰元帅

le Massif Central, 中央高原
le Môle, 摩勒山
le Mont Arbon 阿尔邦山
le Mont Blanc, 勃朗峰
le Mont Boron, 博隆山
le Mont d'Arbois, 阿尔布瓦峰
le Mont d'Or, 蒙多尔山
le Mont Isola, 蒙泰伊索拉岛
le Mont Jovet, 乔维峰
le Mont Liban, 黎巴嫩山
le Mont Perdu, 佩尔迪多峰
le Mont Pilat, 彼拉多峰
le Mont Saint-Michel, 圣米歇尔山
le Mont Velan, 韦兰山
le Mont Venegrie, 维奈格里埃山
le Mont-Aiguille, 艾吉耶峰
le Mont-Boron, 博隆山丘
le Mont-Cenis, 塞尼峰
le Mont-Dore, 蒙多尔峰
le Montenvers, 蒙当维尔
le Mont-Joli, 若里峰
le Mont-Pèlerin, 佩勒兰峰
le Mont-Rose, 罗莎峰
le Mottarone, 莫塔罗纳山
le Musée Masséna, 马塞纳博物馆
le Nanga Parbat, 南迦帕尔巴特峰
le Nid d'Aigle, 鹰巢
le Nord-Pas de Calais, 北部–加来海峡
Le Nôtre 勒诺特尔
le Palais Delphinal, 德尔斐娜宫殿
le Panthéon, 罗马万神殿
le Parc de la Tête d'Or, 金头公园
le Parc naturel régional du Vercors, 韦科尔地区自然公园
le Pavillon Lenfant, 郎芳公馆
le pays de Caux, 科州
le Petit Cervin, 小马特洪峰
le Peyrou, 贝鲁广场
le Pharo, 法罗
le Pic du Midi de Bigorre, 南比戈尔峰
le Pilat, 皮拉山
le Pilatus, 皮拉图斯峰
le Pilatus-Kulm, 彼拉多山
le plateau d'Assy, 阿西高原
Le Poitevin, 勒布瓦特万
le Pont d'Espagne, 西班牙桥
le Popocatépetl, 波波卡特佩特火山
le Port d'Alon, 阿隆港
le Port-Cros, 克罗港岛
le Port-en-Bessin, 贝桑港
Le Praz, 勒普拉兹
Le Prieuré, 勒普瑞厄莱
le prince de Monaco Charles III, 摩纳哥亲王查理三世
le Puy de Dôme, 多姆山
Le Puy, 勒皮
le Queyras, 盖拉山谷
le Revard, 雷瓦尔
le Rhin, 莱茵河
le Rhône, 罗讷河
le Riffelalp, 里菲拉尔普峰
le Riffelberg, 里菲尔贝格峰
le Righi, 瑞奇峰
le Rochemelon, 美隆峰（罗恰梅洛内峰）
le roi Albert 1er, 阿尔贝一世
le Royaume-Uni, 英国
le Salève, 萨雷布山
le Sasso del Ferro, 萨索德尔费洛峰

le Schynige Platte, 施尼格普拉特山
le Service des Mines, 法国矿业局
le Sighignola, 西吉尼奥拉峰
le Snowdon, 斯诺登山
le Tödi, 特迪峰
Le Touquet, 勒图凯
le Tour de France, 环法自行车赛
le Tour Galibier, 环加利比埃山口自行车赛
Le Tréport, 勒特雷波尔
le Val d'Aoste, 瓦莱达奥斯塔
le Val d'Arno, 瓦尔达诺
le Val d'Isère, 瓦勒迪泽尔
le Val de Suzon, 瓦勒叙宗
le Var, 瓦尔河
Le Vasseur, 乐瓦瑟
le Vaucluse, 沃克吕兹（省）
le Ventoux, 旺图山
Le Vesinet, 勒韦西内
le Vésuve, 维苏威火山
Léandre Alberti, 利安德 · 阿尔伯蒂
Lecky, 莱吉
Lecousturier, 勒库斯图利埃
Lefevre de St Marc, 勒菲弗尔 · 德 · 圣马可
Legrand, 勒格朗
Le-Grau-du-Roi, 勒格罗迪鲁瓦
Legrelle, 勒格莱尔
Leon Battista Alberti, 莱昂 · 巴蒂斯塔 · 阿尔伯蒂
Léon Sarty, 莱昂 · 萨尔蒂
Léon Serpollet, 莱昂 · 塞波莱
Léon Tolstoï, 列夫 · 托尔斯泰
Léon, 莱昂
Léonard de Vinci, 莱昂纳多 · 达 · 芬奇
Léon-Paul Fargue, 莱昂－保罗 · 法格
Léopold 1er, 利奥波德一世
Leopold III, 利奥波德三世
Lérins, 勒兰
Lerivray, 乐利弗雷
Leroy-Ladurie, 勒华拉杜里
les Allobroges, 阿洛布罗基人
Les Allues, 莱萨鲁村
les Alpes, 阿尔卑斯山
les Alpes-Maritimes, 滨海阿尔卑斯省
les Alpes Occidentales, 西阿尔卑斯山
les Andes, 安第斯山脉
les Baléares, 巴里阿利群岛
les Balkans, 巴尔干半岛
les Bardins, 巴尔丹
les Borromées, 博罗梅群岛
les Bossons, 博松
les Canaries, 加那利群岛
les canaux de Venise, 威尼斯水道
les Cévennes, 塞文山脉
les Côtes-Roties, 罗底丘
les Dents du Midi, 米迪峰
les Dolomites, 多洛米蒂山脉
les Drus, 德鲁峰
Les Echelles, 莱塞谢勒地区
les Ecrins, 埃克兰
les Forges de Eaux, 福尔日温泉水城
les Glacières de Chamouni, 霞慕尼冰川
les gorges du Fier, 费耶峡谷
les gorges du Guiers, 吉耶峡谷
Les Goudes, 莱古德
les Grisons, 格劳宾登州
les Grottes de la Balme, 拉巴尔姆岩洞
les Hautes-Aples, 上阿尔卑斯省
les Hautes-Vosges, 上孚日
Les Houches, 莱苏什

les îles Borromées, 博罗梅安群岛

les Karpathes, 喀尔巴阡山脉

Les Praz, 勒斯普拉兹

les Préalpes, 前阿尔卑斯山地带

les Pyrénées, 比利牛斯山脉

les Pyrénées Atlantiques, 比利牛斯大西洋省

les Rocheuses, 落基山脉

Les Sables-d'Olonne, 莱萨布勒多洛讷

Les Sablettes, 莱萨布雷特

les Salies et Salins, 萨利和萨兰温泉

les Salines d'Arc et Senans, 阿尔克–赛南的皇家盐场

les Satellites Pontresina, 篷特雷西纳卫星镇

les Sept-Laux, 七洛村

les Thermes, 罗马古浴场

les vallées Vaudoises, 伏多瓦山谷

les Voirons, 瓦隆山

les volcans du Cantal, 康塔尔火山

les Vosges, 孚日山脉（孚日省）

Lesdiguières, 莱迪吉耶尔

Leslie Stephen, 莱斯利 · 斯蒂芬

Lessiguière, 莱斯吉耶尔

Letonnelier, 勒多讷利埃

Levant, 黎凡特岛

Leyde, 莱登

Leymarie, 莱马里

Leysin, 莱森

Lichtenberg, 利希腾贝格

Ligne, 利涅

Limousin, 利穆赞

Linck, 林克

Lindau, 林道

Lion Murard, 里昂 · 穆拉

Littré, 利特雷

Livourne, 里窝那

Livre, 里弗（货币单位）

Livry, 利夫里

Locarno, 洛迦诺

Loche, 罗什

Locke, 洛克

Lockitt, 洛基特

Loèche, 洛伊克

Loèche-les-Bains, 洛伊克巴德

Lombard, 伦巴第

Londres, 伦敦

Longchamp, 隆尚宫

Longemer, 隆日梅村

Lons-le-Saunier, 隆勒索涅

Loppe, 罗普

Lora Totino, 罗拉 · 托蒂诺

Lorette, 洛雷托

Lorraine, 洛林

Loucheur, 卢舍尔

Louis Agassiz, 路易 · 阿加西兹

Louis Bertrand, 路易 · 贝特朗

Louis Burnet, 路易 · 布尔内

Louis Coulon, 路易 · 库隆

Louis Dutens, 路易 · 杜登斯

Louis Gillon, 路易 · 吉永

Louis II, 路德维希二世

Louis Lumière, 路易 · 卢米埃尔

Louis Partridge, 路易 · 帕特里奇

Louis Réau, 路易 · 雷奥

Louis Régis, 路易 · 雷吉斯

Louis René Villermé, 路易 · 勒内 · 维也梅

Louis Simond, 路易 · 西蒙

Louis Vignet, 路易 · 维尼埃

Louis XII, 路易十二

Louis XIII, 路易十三
Louis XIV, 路易十四
Louise Collet, 露易丝 · 科莱
Louise de Savoie, 露易丝 · 德 · 萨瓦
Louis-Philippe, 路易 · 菲利普
Louis-Pierre Daudet, 路易 – 皮埃尔 · 都德
Lourdes, 卢尔德
Louvois, 卢福瓦
Lozato-Giotart, 罗扎托 – 吉奥塔, 参见 Jean-Pierre
Lubeck, 吕贝克
Lubéron, 吕贝隆
Lucerne, 卢塞恩
Luchon, 吕雄
Lucidor, 卢西多尔
Lucien Bonaparte, 吕西安 · 波拿巴
Lucien Febvre, 吕西安 · 费弗尔
Lugano, 卢加诺
Lumière, 卢米埃尔
Lurs, 吕尔
Lus la Croix-Haute, 卢拉克鲁瓦 – 奥特
Lütz, 吕茨
Luxeuil, 吕克瑟伊温泉小镇
Lympia, 林比亚港
Lyon, 里昂

M

Macaulay, 麦考利
Macé, 马瑟
Macreadie, 麦克雷迪
Macugnano, 马库尼亚诺
Madeleine de Scuderi, 玛德莱娜 · 德 · 斯库德里
Mademoiselle de Montpensier, 蒙庞西耶公爵夫人
Madere, 马德拉
Madier, 马蒂耶
Madrid, 马德里
Magherini, 马盖里尼
Majestic, 马杰斯逖克
Malagar, 马拉加
Malaucène, 马洛塞纳
Malet, 马莱
Malo-les-Bains, 马洛莱班
Malte, 马耳他
Mandon, 曼登
Mantoue, 曼托瓦
Mantoux, 芒图
Marc Boyer, 马克 · 布瓦耶
Marc Théodore Bourrit, 马克 · 泰奥多尔 · 布里
Marcel Morand, 马塞尔 · 莫朗
Marcel Pagnol, 马塞尔 · 帕尼奥尔
Marcel Proust, 马塞尔 · 普鲁斯特
Marcel Violette, 马塞尔 · 维奥莱特
Marcuse, 马尔库塞
Maret, 马雷
Margaret Claudia Brevoort, 玛格丽特· 克洛蒂亚· 布雷沃特
Margate, 马盖特
Marguerite de Navarre, 玛格丽特 · 德 · 纳瓦尔
Marguerite Perrot, 玛格丽特 · 佩罗
Marguerite, 玛格丽特
Maria Edgeworth, 玛丽亚 · 埃奇沃思
Mariana Starke, 玛丽亚娜 · 斯塔克
Marie Bashkirtseff, 玛丽 · 巴什基尔采夫
Marie Caroline, 玛丽 · 卡罗琳
Marie d'Agout, 玛丽 · 德 · 阿古
Marie Paradis, 玛丽 · 帕拉迪斯
Marie Shelley, 玛丽 · 雪莱
Marie-Henri Beyle, 马利 – 亨利 · 贝尔

Marie-Louise, 玛丽·路易丝
Marienbad, 玛丽亚温泉镇
Marie-Thérèse, 玛丽·特蕾莎
Marin, 马林
Marino Giustiniano, 马力诺·吉奥斯丁尼亚诺
Mariotti, 马里奥迪
Mark Beaufroy, 马克·博福罗伊
Markham Sherwill, 马卡姆·舍威尔
Marmontel, 马蒙泰尔
Marot, 马罗
Marrakech, 马拉喀什
Marseille, 马赛
Marseilleveyre, 马赛维尔
Marshall, 马歇尔
Marthouret, 马尔图莱
Martial, 马提亚尔
Martigny, 马蒂尼
Martigues, 马蒂格
Martin Sherlock, 马丁·夏洛克
Martin, 马丁
Marx, 马克思
Mary Wortley Montagu, 玛丽·沃特利·蒙塔古
Masimbert, 马西姆贝尔
Maspero, 马斯佩罗
Masson, 马松
Matelet, 马特莱
Matéo Falcone, 马特奥·法尔哥内
Mathews, 马修斯
Mathieu Dessailloud, 马蒂约·德萨尤
Maubec, 莫贝克
Maudit, 穆迪
Maupassant, 莫泊桑
Maure, 莫尔
Maurice Agulhon, 莫里斯·阿古隆
Maurice Bernadet, 莫里斯·贝纳德
Maurice de Rothschild, 莫里斯·德·罗斯柴尔德
Maurice Dekobra, 莫里斯·德科布拉
Maurice Garden, 莫里斯·加登
Maurice Merleau-Ponty, 莫里斯·梅洛–庞蒂
Maurice Petsche, 莫里斯·佩舍
Maurras, 莫拉斯
Mauzi, 莫兹
Max Rauché, 马克斯·罗谢
Maxwell, 马克斯韦尔
Mayer, 梅耶
Mayerne Turquet, 马耶讷·图恺
Mazade d'Avèze, 马扎德·德·阿维兹
Mead, 米德
Mecklembourg, 梅克伦堡
Medan, 梅塘
Médicis, 美第奇
Médoc, 梅多克
Médulles, 梅杜尔人
Megève, 梅杰夫
Meillerie, 梅耶里
Melchior, 梅尔西奥尔
Melchior Anderegg, 梅尔西奥尔·安德尔格
Melville, 梅维尔
Ménabréa, 梅纳布雷亚
Menard, 梅那尔
Menthon, 芒东
Menton, 芒通
Menuires, 莫纽尔
Mercantour, 梅康图尔
Méribel, 美利贝尔
Mérimée, 梅里美
Merleau-Ponty, 梅洛–庞蒂
Merlin, 梅兰

Merlin-Gerin, 梅兰日兰
Mermillod, 梅米洛德
Meschel, 梅歇尔
Meta Brevoort, 米塔 · 布雷沃特
Metanes, 梅塔内
Methuen, 美图恩
Meusnier de Querlon, 默斯尼埃 · 德 · 凯尔隆
Mgr Dupanloup, 杜潘卢普主教
Michéa, 米歇阿
Michel, 米歇尔
Michel Bonneau, 米歇尔 · 波诺
Michel Croz, 米歇尔 · 科罗兹
Michel de Billy, 米歇尔 · 德 · 比利
Michel Paccard, 米歇尔 · 帕卡
Michelangelo Buonarroti, 米开朗琪罗 · 博那罗蒂
Michelin, 米其林
Miège, 米耶热
Mignarde, 米尼亚尔德
Migniard, 米尼亚尔
Mignonne, 米尼奥讷
Milan, 米兰
Millière, 米里埃尔
Millin, 米林
Milton, 弥尔顿
Mimizan, 米米藏
Minguettes, 曼盖特
Mirabeau, 米拉波
Mirabilia, 米拉比利亚
Mistinguett, 密斯丹格苔
Mizoen, 米佐恩
Mme de Staël, 斯塔尔夫人
Mme Roland, 罗兰夫人
Moïse, 摩西
Molière, 莫里哀
Mona Wilson, 莫娜 · 威尔逊
Monaco, 摩纳哥
Monboso, 蒙波索
Monet, 莫奈
Monetier, 莫内蒂耶
Monétier-les-Bains, 莫奈蒂埃莱班
Monglond, 蒙格隆
Monnetier-Mornex, 莫奈提埃–莫奈克斯
Montagu, 蒙塔居
Montaigne, 蒙田
Montalembert, 蒙塔朗贝尔
Montana, 蒙塔纳
Montauban, 蒙托邦
Montazet, 蒙塔泽
Montchenu, 蒙舍尼
Montecarlo, 蒙特卡罗
Montecatini, 蒙特卡蒂尼
Montélimar, 蒙特利马尔
Montespan, 蒙特斯潘
Montesquieu, 孟德斯鸠
Monteynard, 蒙特纳尔
Montgenèvre, 蒙热内夫尔
Montgolfier, 蒙格尔费埃
Montijo, 蒙蒂
Montjoie, 蒙茹瓦
Montorge, 蒙洛尔
Montmélian, 蒙美利扬
Montmorency, 蒙莫朗西
Montorge, 蒙托奇
Montparnasse, 蒙帕纳斯
Montpellier, 蒙彼利埃
Montquin, 蒙坎
Montreux, 蒙特勒
Morel-Couprie, 莫雷尔–库普里

Morestel, 莫雷斯泰镇
Morgiou, 莫尔吉乌
Morny, 莫尔尼
Morris Birbeck, 莫里斯 · 伯贝克
Mortimer, 莫蒂默
Morvan, 莫尔旺
Morville, 莫尔维尔
Moszynski, 莫辛斯基
Mouflier, 穆福利埃
Moulins, 穆兰
Mousnier, 穆斯尼埃
Mowat, 莫瓦
Mowbray Green, 莫布雷 · 格林
Mozart, 莫扎特
Mummery, 穆梅瑞
Munich, 慕尼黑
Murith, 穆里斯
Murray, 默里
Mürren, 米伦
Musset, 缪塞
Myans, 米昂

N

Nantes, 南特
Nantua, 南蒂阿
Naples, 那不勒斯
Napoléon Chaix, 拿破仑 · 谢克斯
Napoléon III, 拿破仑三世
Napoléon, 拿破仑
Narbonne, 纳博讷
Nathaniel Wraxall, 纳撒尼尔 · 沃克索尔
Navarre, 纳瓦拉
Necker, 内克尔
Negresco, 内格雷斯古
Negrin, 内格兰
Neipperg, 奈佩格
Nerval, 奈瓦尔
Neuchâtel, 纳沙泰尔
Neufchâtel, 讷夏泰勒
Neuhoff, 讷霍夫
Neuville, 讷维尔
Neyrac, 奈伊拉克
Niccolo Machiavelli, 尼科洛 · 马基雅维利
Nice, 尼斯
Niepce, 尼埃普斯
Nietzsche, 尼采
Nîmes, 尼姆
Niolon, 尼奥龙
Nodier, 诺迪埃
Noë, 挪亚
Noémie de Rothschild, 诺爱蜜 · 德 · 罗斯柴尔德
Nohant, 诺昂
Noli, 诺里
Nostradamus, 诺查丹玛斯
Notre-Dame de la Garde, 守望圣母圣殿
Novalaise, 诺瓦莱斯
Nugent, 纽金特
Numa Broc, 纽玛 · 布洛克
Nyons, 尼永斯

O

Obermann, 奥伯曼
Odile, 奥迪儿
Oisans, 瓦桑
Olivier Burgelin, 奥利维尔 · 布尔热林
Olliffe, 奥利弗

Ollioules, 奥利乌勒
Olten, 奥尔滕
Ombrosa, 翁布罗萨
Onésime Reclus, 奥内西姆 · 雷克吕
Opatija, 奥帕蒂亚
Orange, 奥朗日
Ordinaire, 奥尔迪奈尔
Oreste, 俄瑞斯忒斯
Orezza, 奥莱萨
Orgon, 奥尔贡
Orléans, 奥尔良
Ornans, 奥南
Orphée, 俄耳甫斯
Orsi, 奥尔西
Ortler, 奥特拉峰
Ossian, 奥西昂
Ossodowski, 奥索多夫斯基
Ostende, 奥斯坦德
Oulles, 乌莱
Ovide, 奥维德

P

Paccard, 帕卡
Padoue, 帕多瓦
Pailleron, 帕叶隆
Paimboeuf, 潘伯夫
Palavas, 帕拉瓦
Palavas-les-Flots, 帕拉瓦莱弗洛
Palerme, 巴勒莫
Palestine, 巴勒斯坦
Palinuro, 帕里努罗
Palmerston, 巴麦尊
Pange, 庞热
Panine, 帕宁
Panisse, 帕尼斯
Parabère, 帕拉贝尔
Parias, 巴里亚
Paris, 巴黎
Pâris-Duverney, 帕里斯–杜维尔尼
Parrot, 帕罗
Pascal Paoli, 帕斯卡 · 帕欧里
Pascal, 帕斯卡尔
Pasumot, 帕叙莫
Patrick Leconte, 帕特里克 · 勒孔特
Patrick Zylberman, 帕特里克 · 哲尔伯曼
Pau, 波城
Paul Alexandre Martin Duval, 保罗 · 亚历山大 · 马丁 · 杜瓦尔
Paul Bairoch, 保罗 · 拜罗克
Paul Barras, 保罗 · 巴拉斯
Paul Bourget, 保罗 · 布尔热
Paul Claudel, 保罗 · 克洛岱尔
Paul Corticchiato, 保罗 · 科尔蒂基亚托
Paul de Musset, 保罗 · 德 · 缪塞
Paul de Vivié, 保罗 · 德 · 维维埃
Paul Guichonnet, 保罗 · 吉绍内
Paul Hazard, 保罗 · 阿扎尔
Paul Hervieu, 保罗 · 艾尔维厄
Paul Laffargue, 保罗 · 拉法格
Paul Monier de la Sizeranne, 保罗 · 莫尼尔 · 德 · 拉西泽拉纳
Paul Morand, 保罗 · 莫朗
Paul Payot, 保罗 · 帕约
Paul, 保罗
Paul-Emile Littré, 保罗–埃米尔 · 利特雷
Paulin Talabot, 保兰 · 塔拉波
Pauline, 波利娜

Pauline Bonaparte, 波利娜 · 波拿巴
Pavia, 帕维亚
Payot, 帕约
Peisey, 佩西
Peletier, 佩尔蒂埃
Pelvoux, 佩尔武
Penthièvre, 彭蒂耶夫
Percé, 佩尔塞
Perche, 佩尔什
Peregrine Pickle, 佩里格林 · 皮克尔
Pereire, 佩莱尔
Périgord, 佩里戈尔德
Perouse, 佩鲁兹
Perpignan, 佩皮尼昂
Perrichon, 贝利松
Perrier, 巴黎水
Perros-Guirrec 佩罗斯吉雷克
Perroud, 佩鲁
Pérugin, 佩鲁吉诺
Peter Lindsay, 皮特 · 林赛
Peter Paul Rubens, 彼得 · 保罗 · 鲁本斯
Petit et Grand Saint-Bernard, 大小圣伯纳山口
Pétrarque, 彼特拉克
Pézenas, 佩泽纳
Pfäfers 普费弗斯
Pharo, 法罗宫
Phileas Fogg, 费利亚 · 福克
Philibert Delorme, 菲利贝尔 · 德洛尔姆
Philip Sydney, 菲利普 · 锡德尼
Philippe Bourdeau, 菲利普 · 布尔多
Philippe Bourguignon, 菲利普 · 布吉尼翁
Philippe Joutard, 菲利普 · 儒塔尔
Philippe Paul de Ségur, 菲利普 · 保罗 · 德 · 塞居尔
Philippe Pétain, 菲利普 · 贝当
Picard, 皮卡尔
Picarde, 庇卡底
Pichois, 皮西瓦
Picquet, 皮盖
Pictet, 皮克泰
Piedicroce, 皮艾迪考斯
Piédmont, 皮埃蒙特
Pierre, 皮埃尔
Pierre Arnaud, 皮埃尔 · 阿尔诺
Pierre Bleton, 皮埃尔 · 布莱顿
Pierre Bost, 皮埃尔 · 博斯特
Pierre Courant, 皮埃尔 · 库朗
Pierre d'Avigny 皮埃尔 · 德 · 阿维尼
Pierre de Coubertin, 皮埃尔 · 德 · 顾拜旦
Pierre d'Eboli, 彼得罗 · 达 · 埃博利
Pierre III d'Aragon, 阿拉贡国王佩德罗三世
Pierre Larousse, 皮埃尔 · 拉鲁斯
Pierre Laval, 皮埃尔 · 赖伐尔
Pierre Lazareff, 皮埃尔 · 拉扎雷夫
Pierre le Grand, 彼得大帝
Pierre Loti, 皮埃尔 · 洛蒂
Pierre Martel, 皮埃尔 · 马泰尔
Pierre Michaux, 皮埃尔 · 米肖
Pierre Simon, 皮埃尔 · 西蒙
Piganiol, 皮加尼奥尔
Piganiol de la Force, 皮加尼奥尔 · 德 · 拉佛尔斯
Pilate, 彼拉多
Pillorget, 皮洛尔热
Pimlott, 皮姆洛特
Pise, 比萨
Pissis, 皮西斯
Plantamour, 普兰塔莫
Plateaux du Verdon, 韦尔东高地
Platon de Tchihatcheff, 柏拉图 · 德、契拉乔夫

Plombières, 普隆比耶尔
Plutarque, 普鲁塔克
Po River Plain, 波河平原
Pococke, 波科克
Poitiers, 普瓦捷
Pol, 波洛
Pollnitz, 波利尼茨
Polybe, 波利比乌斯
Pomagalski, 波马嘉仕其
Poméranie, 波美拉尼亚
Pompadour, 篷巴杜
Pompeï, 庞贝
Pompignan, 蓬皮尼昂
Ponce Pilate, 本丢 · 彼拉多
Ponente, 波内德
Pont Saint-Esprit, 蓬圣埃斯普里
Pontanus, 蓬塔努斯
Pontresina, 蓬特雷西纳
Porcheron, 博歇隆
Pornic, 波尔尼克
Portofino, 菲诺港
Potter, 波特
Pouchkine, 普希金
Pougues, 普格莱索
Poupolat, 普波拉特
Poussin, 普桑
Pouzzoles, 波佐利
Prado, 普拉多
Prague, 布拉格
Pralognan, 普拉洛尼昂
Prevost, 普雷沃
Prieuré, 普利厄雷
Prince consort Albert de Saxe-Cobourg, 艾伯特亲王
Prince de Hesse, 黑森亲王
Prince Henri, 亨利王子（荷兰）
Prosper Mérimée, 普罗斯佩 · 梅里美
Puiseux, 皮瑟

Q

Quade, 夸德
Québec, 魁北克
Quelin, 科林
Queyras, 凯拉斯
Quiberon, 基伯龙

R

Rabelais, 拉伯雷
Racine, 拉辛
Raffaello Sanzio, 拉斐尔 · 桑西
Ralph Allen, 拉夫 · 阿兰
Ralph Barton Perry, 拉尔夫 · 巴顿 · 佩里
Ramaker, 拉马克
Ramond de Carbonières, 拉蒙 · 德 · 卡尔博尼埃
Ramsgate, 拉姆斯盖特
Ramus, 拉姆
Raoul Blanchard, 拉乌尔 · 布朗夏尔
Rapallo, 拉帕洛
Rauch, 劳克
Raymann, 雷曼
Raymond Aron, 雷蒙 · 阿隆
Reau, 洛
Récamier, 雷加米埃
Reclus, 雷克吕
Régine Pernoud, 雷吉娜 · 佩尔努
Régis Debray, 雷吉斯 · 德布雷
Regnard, 热尼亚尔

Reichard, 赖夏德
Reims, 兰斯
Rembrandt van Rijn, 伦勃朗 · 梵 · 莱茵
Renaud De La Greslaye, 雷诺 · 德 · 拉格雷斯拉耶
René, 勒内
René Jantzen, 勒内 · 詹特森
René Jean, 勒内 · 让
René Laennec, 勒内 · 雷奈克
René Le Pays, 勒内 · 勒佩
René Panhard, 勒内 · 庞阿尔
Renoir, 雷诺阿
Retournemer, 赫图讷梅
Reusse, 罗伊斯
Revilliod, 雷维利奥
Rey, 雷伊
Rey-Herme, 雷赫尔姆
Reynarde, 雷纳德
Reynolds, 雷诺兹
Richard Moryson, 理查德 · 莫里森
Richard Nash, 理查德 · 纳什
Richard Pocock, 理查德 · 波科克
Richard Symonds, 理查德 · 西蒙斯
Richard, 理查德
Richelieu, 黎塞留
Rigby, 里格比
Rimbaud, 兰波
Riviera, 里维埃拉
Riviera del Brenda, 里维埃拉德尔布伦塔
Roanne, 罗阿纳
Robache, 罗巴什
Robbe-Grillet, 罗伯 – 格里耶
Rober Baden-Powell, 罗伯特 · 贝登堡
Robert Dallington, 罗伯特 · 达灵顿
Robert Irving, 罗伯特 · 欧文
Robert Mauzi, 罗贝尔 · 莫兹
Robert Schirmann, 罗伯特 · 希尔曼
Roche, 罗什
Rocheboson, 罗什波松
Rochebrune, 罗什布鲁纳
Rochecardon, 罗什卡东
Rochers, 罗歇
Rochetaillée, 罗什塔耶
Rockeffer, 洛克菲勒
Roderick Marshall, 罗德里克 · 马歇尔
Rodier, 罗蒂埃
Rodolphe Töpffer, 鲁道夫 · 托普费
Roger, 罗歇
Rohon, 罗昂
Roland Barthes, 罗兰 · 巴特
Romans, 罗芒
Rome, 罗马
Roncevaux, 龙塞斯瓦耶斯
Ronsard, 龙沙
Rontaix, 龙泰
Roquebillière, 罗克比列尔
Rosalie de Constant, 罗莎莉 · 德 · 康斯坦
Rose Merlin, 萝丝 · 梅兰
Rothschild, 罗斯柴尔德
Rouba Capeu, 罗巴卡珀堤岸
Roucas, 卢卡斯
Roucher, 鲁谢
Rouen, 鲁昂
Rougon-Macquart, 卢贡 – 马卡尔
Roussillon, 鲁西永
Roux, 鲁
Royan, 鲁瓦扬
Royat, 鲁瓦阿镇
Royer, 鲁瓦耶

Ruat, 胡阿
Rudge, 拉吉
Rügen, 吕根岛
Ruskin, 拉斯金
Russel, 卢赛尔
Ryswick, 里斯威克

S

Saas-Fee, 萨斯费
Saas-im-Grand, 萨斯因格兰
Sade, 萨德
Sagnac, 萨尼亚克
Saint Christophe, 圣克里斯托夫
Saint Gervais, 圣热尔维
Saint Gothard, 圣哥达
Saint Baume, 圣博姆
Sainte Beuve, 圣伯夫
Saint Evremond, 圣艾福蒙德
Saint Gervais-les-Bains, 圣热尔韦莱班
Saint Lambert, 圣朗贝尔
Saint Martin-d'Uriage, 圣马丹迪里亚日
Saint Maximin, 圣马克西曼
Saint Preux, 圣普乐
Saint Simon, 圣西门
Salins d'Hyères, 萨兰耶尔
Sallanches, 萨朗什
Sallanches-Martigny, 萨朗什－马尔提尼
Salo, 萨洛
Salomon Gessener, 萨洛蒙 · 格斯纳
Salvador Dali, 萨尔瓦多 · 达利
Salvaing de Boissieu, 萨尔瓦安 · 德 · 波瓦斯厄
Salvatore Rosa, 萨尔瓦托 · 罗萨
Salzammergut, 萨尔扎梅尔古
Salzbourg, 萨尔茨堡
Salzkammergut, 萨尔茨卡默古特
Samivel, 萨米维尔
Samoens, 萨莫安斯
Sampiero Corso, 桑皮埃罗 · 科尔索
Samuel Oliver, 萨缪尔 · 奥利维尔
San Murezzan, 圣穆尔赞
San Remo, 圣雷莫
San Sebastian, 圣塞瓦斯蒂安
Sandro Botticelli, 桑德罗 · 波提切利
Sarcelles, 萨尔塞勒
Sarlat, 萨尔拉
Sassenage, 萨瑟纳日
Sathonay, 萨托奈
Saugrain, 索格兰
Saumur, 索米尔
Sausset-les-Pins, 索塞莱班
Sauteyron de Saint-Clément, 索特龙 · 德 · 圣克莱蒙
Sauteyron, 索泰隆
Sauze, 索兹
Savinien d'Alquié, 萨维尼昂 · 德 · 阿尔奇埃
Savoie, 萨瓦
Savoy, 萨伏依
Saxe-Weimar, 萨克森－魏玛
Scarborough, 斯卡布罗
Sceaux, 索镇
Scheuchzer, 余赫泽
Scheveningen, 斯赫弗宁恩
Schlumberger, 苏伦贝格
Schmidt, 施密特
Schnebelen, 施内贝伦
Schopenhauer, 叔本华
Schuckburg, 舒克堡
Schynige Platte, 希尼格山

Scott Fitzgerald, 斯科特 · 菲茨杰拉德
Scotti de Milan, 米兰的斯科蒂
Scuderi, 斯库德里
Sébastien le Prestre de Vauban, 塞巴斯蒂安 · 勒普雷斯特尔 · 德 · 沃邦
Sée, 赛伊
Ségur, 塞居尔
Seidlitz, 塞得利兹
Seiler, 瑟莱尔
Seltz, 塞尔特斯
Senancour, 塞南古
Senans, 塞南
Sénèque, 塞内卡
Servoz, 塞尔沃兹
Sestrières, 塞斯特列雷
Sète, 塞特
Sévigné, 塞维涅
Seyssel, 塞瑟尔
Shaftesbury, 沙夫茨伯里
Shelley, 雪莱
Sherlock, 夏洛克
Sicile, 西西里
Sidmouth, 锡德茅斯
Sienne, 锡耶纳
Signot, 西尼奥
Sils-Maria, 西尔玛利亚村
Simon Bense, 西蒙 · 本斯
Simond, 西蒙
Simone Berriau, 西蒙 · 贝里奥
Simplon, 辛普龙
Sinaï, 西奈
Sinner de Ballaigues, 辛纳 · 德 · 巴莱格
Sir Alison, 阿利森爵士
Sirmione, 西尔苗内
Sissi, 茜茜
Sixt, 锡克斯特
Sixtine, 西斯廷
Smith, 史密斯
Smolett, 斯摩莱特
Solon, 梭伦
Sorrente, 索伦托海角
Sotchi, 索契
Soufflot, 苏夫洛
Southend, 绍森德
Spa, 斯帕
Spannel, 斯班奈尔
Spire, 斯皮尔
St Agnès, 圣阿涅斯
St André, 圣安德雷
St Anton, 圣安东
St Bernardin, 圣贝尔纳丹
St Brieuc, 圣布里厄
St Chamas, 圣沙马
St Charles Borromée, 圣嘉禄 · 鲍荣茂主教
St Clément, 圣克莱蒙
St Cloud, 圣克鲁
St Cyr, 圣西尔
St Denis, 圣但尼
St Donat, 圣多纳
St Etienne, 圣艾蒂安
St Ferreol, 圣费雷奥勒
St Foy-Oullins, 圣富瓦－乌兰
St François de Sales, 圣方济各 · 沙雷氏
St Germain en Laye, 圣日耳曼昂莱
St Gervais, 圣热尔韦
St Gervais-les-Bains, 圣热尔韦莱班
St Giniez, 圣吉尼耶
St Gothard, 圣哥达

St Jean de Luz, 圣让德吕兹
St Joseph, 圣约瑟夫
St Laurent-les-Bains, 圣洛朗莱班
St Malo, 圣马洛
St Marcel, 圣马塞尔
St Maurice, 圣莫里斯
St Menet, 圣梅奈
St Moritz, 圣莫里茨
St Nazaire, 圣纳泽尔
St Petersbourg, 圣彼得堡
St-Pierre-d'Entremont, 圣皮埃尔–当特勒蒙
St Rambert, 圣朗贝尔
St-Rambert-en-Bugey, 圣朗贝尔昂比热
St-Raphael, 圣拉斐尔
St-Rémy, 圣雷米
St-Tropez, 圣特罗佩
St-Vallier, 圣瓦利埃
St-Victor, 圣维克多
St-Vincent, 圣樊尚
St-Wolfgang, 圣沃尔夫冈
St. Bernard de Menthon, 圣贝尔纳 · 德 · 芒东
Staff, 斯塔夫
Stanyan, 斯坦扬
Ste-Adresse, 圣阿德莱斯
Sté An, 斯泰安
Ste-Baume, 圣保曼
Ste-Foy, 圣富瓦
Ste-Marguerite, 圣玛格丽特
Stefanini, 斯特凡尼尼
Stendhal, 司汤达
Stephen d'Arve, 斯蒂芬 · 德 · 阿尔夫
Stephen Liegeard, 斯蒂芬 · 列扎尔
Sterne, 斯泰恩
Stevens, 斯蒂文斯
St-Jacques-de-Compostelle, 圣地亚哥–德孔波斯特拉
St-Jean-d'Arves, 圣让达尔沃
St-Jean-de-Luz, 圣让德吕兹
St-Jean-de-Maurienne, 圣让德莫里耶讷
St-Nazaire-le-Desert, 圣纳泽尔–勒戴赛尔
Stockholm, 斯德哥尔摩
St-Quay-Portrieux, 圣凯波特里厄
Strarcky, 斯特拉基
Strasbourg, 斯特拉斯堡
Straton-Charlet, 斯特拉顿–夏尔莱
Stresa, 斯特雷萨
Strobelberger, 斯特罗贝尔伯格
St-Tropez, 圣特罗佩
Stuart Mill, 斯图尔特 · 密尔
St-Valery, 圣瓦勒里
St-Vallier, 圣瓦利埃
Styrie, 施泰尔马克州
Sulzer, 舒尔泽
Supersaxo, 苏佩尔萨克索
Surate, 苏拉特
Suse, 苏萨
Swinemünde, 希维诺乌依希切
Switzerland, 瑞士

T

T. M. B., 勃朗峰有轨电车
Tairraz, 泰拉兹
Talleyrand, 塔列朗
Talma, 塔尔玛
Taormine, 陶尔米纳
Tarare, 塔拉尔
Tarascon, 塔拉斯孔

Tarentaise, 塔朗泰斯
Tatras, 塔特拉
Taylor, 泰勒
Teissier, 泰西埃
Télémaque, 忒勒玛科斯
Tencin, 唐桑
Terrasses, 泰拉斯
Thackeray, 萨克雷
Théâtres, 罗马古剧场
Théocrite忒奥克里托斯
Théodore, 泰奥多尔
Théodore Bourrit, 泰奥多尔 · 布里
Théodore Homberg, 泰奥多尔 · 翁贝格
Théophile Gautier, 泰奥菲尔 · 戈蒂耶
Thevenon, 戴维侬
Thiers, 提耶尔
Tholonet, 多洛内
Thomas Blaikie, 托马斯 · 布莱基
Thomas Coryat, 托马斯 · 科里亚特
Thomas Gainsborough, 托马斯 · 庚斯博罗
Thomas Gray, 托马斯 · 格雷
Thomas Mores, 托马斯 · 莫尔
Thomas Nugent, 托马斯 · 纽金特
Thomas Platter, 托马斯 · 普拉泰
Thonon, 托农
Thorenc, 托兰克
Thorstein Bunde Veblen, 托斯丹 · 本德 · 凡勃伦
Thrace, 色雷斯
Thucytide, 修昔底德
Thunersee, 图恩湖
Tignes, 蒂涅
Tilly, 蒂伊
Timon-David, 提蒙–大卫
Tino Lora Totino, 迪诺 · 罗拉 · 托蒂诺
Tintoretto, 丁托列托
Tirol, 蒂罗尔
Tite-Live, 提图斯 · 李维
Tobias Smolett, 托比亚斯 · 斯摩莱特
Tocqueville, 托克维尔
Tolozan, 多洛赞
Tony Blair, 托尼 · 布莱尔
Töpffer, 托普费
Toscane, 托斯卡纳
Toulon, 土伦
Toulouse, 图卢兹
Tour sans venin, 无毒塔
Touraine, 都兰
Tournier, 图尼埃
Tournon, 图尔农
Tournus, 图尔努斯
Tours, 图尔
Townsend, 汤森德
Travemünde, 特拉沃明德
Tremezzo, 特雷梅佐
Trente, 特伦托
Trentino, 特伦蒂诺
Trianon, 特里亚农
Trièves, 特列沃
Trigano, 特里加诺, 参见André Trigano
Triors, 特里奥尔
Troodhos, 特鲁多斯
Trouville, 特鲁维尔
Trudaine, 杜鲁丹
Tsar, 沙皇
Tschann, 尚纳
Tscharner, 查尔耐尔
Tuam, 图厄姆
Tuckett, 塔克特

Tunbridge, 唐桥井
Turckeim, 图尔基姆
Turgot, 杜尔哥
Turin, 都灵
Turner, 特纳
Tyler, 泰勒
Tyrol, 蒂罗尔

U

Ulysse, 尤利西斯
Uriage, 依泉
Uxelles, 乌克塞尔
Uzan, 于藏
Uzès, 于泽斯

V

Vaccarès, 瓦卡莱斯
Vachez, 瓦谢兹
Vacqueiras, 瓦凯拉斯
Vacqueyras, 瓦克拉斯
Valabre, 瓦拉布尔
Valais, 瓦莱
Valence, 瓦朗斯
Valéry, 瓦雷里
Valéry Larbaud, 瓦雷里 · 拉波
Valescure, 瓦勒斯库尔
Valgaudemar, 瓦尔高德马尔
Valjouffrey, 瓦尔茹夫雷
Vallauris, 瓦洛里
Valloire, 瓦卢瓦尔
Vallorcine, 瓦洛西讷
Vallot, 瓦洛
Vallouise, 瓦卢伊斯
Valmorel, 瓦尔莫雷尔
Valras, 瓦尔拉斯
Vals, 瓦尔斯
Vals-les-Bains, 瓦尔斯莱班
Van Loo, 范 · 洛
Vandière, 旺迪埃
Vanoise, 瓦努瓦斯
Varennes, 瓦雷纳
Varèse, 瓦雷泽
Vaud, 沃州
Vaysse de Villiers, 维瑟 · 德 · 维里埃
Vegobre, 维高布尔
Venaissin, 维耐辛
Vence, 旺斯
Vendé, 旺代
Vénéon, 维内翁
Venise, 威尼斯
Vénissieux, 维尼西厄
Venosc, 维诺斯克
Venterol, 旺特罗勒
Vénus, 维纳斯
Vercors, 韦科尔
Vermala, 维尔马拉
Versailles, 凡尔赛
Verte, 维尔特
Vevey, 沃韦
Viallon, 维亚隆
Vichy, 维希
Victor, 维克多
Victor Del Litto, 维克多 · 戴尔 · 利托
Victor Hugo, 维克多 · 雨果
Victor Puiseux, 维克多 · 普伊瑟
Victor-Amédée III, 维托里奥 · 阿梅迪奥三世

Victor-Emmanuel, 维托里奥 · 埃马努埃莱三世
Victoria, 维多利亚
Vienne, 维也纳（奥地利）
Vienne, 维埃纳（法国）
Vigée-Lebrun, 维热－勒布兰
Villamont, 维拉蒙
Villar-d'Arène, 维拉尔达雷讷
Villard-de-Lans, 维拉尔德朗斯
Villaroger, 维拉罗热
Villars, 维拉尔
Villat, 维拉
Ville, 维尔
Ville d'Avray, 阿夫赖城
Villefranche-sur-Mer, 滨海自由城
Villermé, 维也梅, 参见 Louis René Villermé
Villiers, 维利耶
Vincennes, 万森
Viollet-le-Duc, 维奥莱－勒－杜克
Virgile, 维吉尔
Virginia Wolf, 弗吉尼亚 · 伍尔夫
Virieu, 维里约
Vitruve, 威特鲁威
Vittel, 维泰勒
Vitznau, 维茨瑙
Vivarais, 维瓦莱
Vivendi, 威望迪
Vizille, 维齐尔
Vizzavona, 维扎沃娜
Vogüé, 沃居埃
Voiron, 瓦隆
Voiturin, 瓦图兰
Volmar, 沃尔玛
Volney, 沃尔内
Voltaire, 伏尔泰
Von Gersdorf, 冯 · 格斯多夫
Voreppe, 沃雷普
Vorontsoff, 沃龙佐夫

W

Walpole, 沃波尔
Walt Whitman Rostow, 沃尔特 · 惠特曼 · 罗斯托
Walter Clopton Wingfield, 沃尔特 · 克洛普顿 · 温菲尔德
Westhing, 沃辛
Westmoremand, 威斯特摩兰
Wey, 维伊
Weymouth, 韦茅斯
Whymper, 温伯
Wilhelm Richard Wagner, 威廉 · 理查德 · 瓦格纳
William Beckford, 威廉 · 贝克福德
William Bromley, 威廉 · 布罗姆利
William Butlin, 威廉 · 巴特林
William Coolidge, 威廉 · 柯立芝
William Coxe, 威廉 · 考克斯
William Turner, 威廉 · 特纳
William Windham, 威廉 · 温德姆
Williams, 威廉姆斯
Williams Matthews, 威廉姆斯 · 马修斯
Williams Romilly, 威廉姆斯 · 罗米利
Wimereux, 维姆勒
Winckelmann, 温克尔曼
Windham, 温德姆
Windsor, 温莎
Wood père, 老伍德
Wood, le père et le fils, 伍德父子
Woodley, 伍德利
Wordsworth, 华兹华斯

Wraxall, 沃克索尔
Wraxall junior, 小沃克索尔
Wutenberg, 符腾堡

Y

Yalta, 雅尔塔
York, 约克
Young, 杨格
Yverdon, 伊韦尔东
Yves Raynouard, 伊夫 · 雷诺瓦

Z

Zelda Sayre, 泽尔达 · 塞瑞
Zenaïde, 泽娜伊德
Zermatt, 采尔马特
Zinal, 齐纳尔
Zinzerling, 金泽林
Zmutt, 兹穆特
Zoppett, 左贝特
Zuccarelli, 祖卡莱利
Zumstein, 祖姆斯坦
Zurich, 苏黎世
Zuydcoote, 聚伊德科特
Zwingli, 茨温利

译后记

《西方旅游史（16—21世纪）》（以下简称《西方旅游史》）所译原著名为*Histoire générale du tourisme du XVIe au XXIe siècle*，若直译应该是《16—21世纪旅游通史》，但鉴于该“旅游通史”涉及的地理范围局限于欧美且主要是英、法等西方国家，故中译本翻译成《西方旅游史》更为恰当。

作者马克·布瓦耶（Marc Boyer，1926—2018）是法国著名的历史学家、旅游研究专家，曾担任法国国家科学研究中心（CNRS）驻马赛研究专员、艾克斯-马赛大学旅游研究中心主任。1991年，他出任里昂第二大学副校长，在该校组建了法国第一个旅游系，他同时还兼任法国旅游理事会理事、旅游社会学地中海协会会长、法国旅游研究院旅游史国家委员会主席，为法国南方冬季度假胜地尼斯入选联合国教科文组织《世界遗产名录》做出过重大贡献。

布瓦耶把毕生精力都投入旅游研究之中。早在1972年，他就在自己的第一部专著《旅游》中率先对旅游做出了定义："旅游描述的是人们在闲暇时间离开住处，进行旅游和短期旅居而产生的所有现象，这些旅游以满足工业文明时代的文化需求为目的。"20世纪90年代之后，布瓦耶取得了斐然的学术研究成果，先后出版了《旅游的发明》（1996）、《大众旅游史》（1999）、《蓝色海岸的发现》（2002）等15部专著。2006年，他撰写的《法国大东南部地区的温泉利用》荣获法国最高学术机构法兰西学院颁发的久负盛名的基佐奖（该奖创立于1875年）。另外，由于他在旅游研究领域的卓越成就还获得了法国政府颁发的法兰西共和国荣誉军团骑士勋章和法国文学艺术骑士勋章。2018年8月6日，布瓦耶在法国东南部城市瓦朗斯逝世，包括菲利普·克莱雷（Philippe Clairay）和约翰·文森（Johan Vincent）在内的欧洲学术界代表、旅游研究专家都为他一生取得“重大的学术成就”向他表示敬意，称他为“法国旅游研究领域的先锋”。

从某种意义上说，《西方旅游史》是马克·布瓦耶的代表作。该书从1492年（这一年哥伦布发现了美洲大陆；被誉为“最高旅游行为”的登山运动在这一年发端——法国国王查理八世派人登上了法国东南部多菲内省的艾吉耶峰）开始着笔，一直写到21世纪初，按照时间的脉络对1492年后的五百年间西方历史上随文明和社会习俗演进的旅游活动进行了系统的梳理。

在马克·布瓦耶看来，旅游是一种特别的社会文化现象，它并非一直都存在，而是在16—18世纪被逐步发明出来的，就像旅游的形式、旅游的地点和旅游季一样，而发明者主要是英国人。布瓦耶研究发现，从第一个具有决定性意义的发明——“Grand Tour”（壮游，指英国贵族子弟到罗马和意大利主要城市的游学）这个词，到该词直接催生的“tourist”（游客）和“tourisme”（旅游），再到巴斯的温泉浴，欧洲大陆的水疗、徒步游、乡村消夏、征服高山和冰川，在法国南方越冬，阿尔卑斯山滑雪运动，等等，几乎所有的旅游活动都是由社会精英们发明的，然后得到了广泛的扩散与传播并被大众接受。

本书征引了大量第一手资料，从文献考证的角度出发，考察各个阶段旅游活动的特点，重点围绕“具有自身明显特征的”游客对旅游史展开研究，内容丰富而翔实，为广大读者深入了解西方国家不同历史时期的旅游活动、旅游资源、旅游观念、旅游文化和旅游发展状况提供了可资借鉴的宝贵的文献资料和全新的研究视角。

《西方旅游史》的翻译历时三年。法国著名的学术出版机构阿马丹出版社（L'Harmattan）版权部寄来样书后，我校法语教研室主任秦琼芳女士对该书进行审读并撰写了审读报告。紧接着，我们成立了《西方旅游史》翻译组，法语教研室的6位老师参与到翻译工作当中，其中引言、第一部分第一章到第三章由黎潜翻译；第一部分第四章到第六章由向东晓翻译；第一部分第七、八章由姚琳翻译；第二部分导言和第一、二章由周金翻译；第二部分第三、第四章由秦琼芳翻译；第二部分第五、第六章由金龙格翻译。金龙格负责对全书进行校译和统稿。

该书的翻译得到了桂林旅游学院党委书记林娜教授、分管科研的钟泓副校长、外国语学院院长黄晓萍教授、梁永飞书记和英语教研室的高琳博士的大力支持，广西师范大学出版社社科分社时任社长赵运仕先生、项目管理伍丽云女士为本书的编辑出版付出了辛勤的劳动，在此一并感谢。"他山之石，可以攻玉"，相信该书的翻译出版能给我校的旅游学科发展，为桂林世界级旅游城市和广西世界级旅游目的地建设以及我国的"旅游强国"建设带来一些有益的启示。

桂林旅游学院旅游文化与翻译研究中心

《西方旅游史》翻译组

2021年12月